明清山东仕宦家族与基层社会

朱亚非 等著

山东人民出版社·济南

国家一级出版社 全国百佳图书出版单位

图书在版编目（CIP）数据

明清山东仕宦家族与基层社会/朱亚非等著 .—济南：山东人民出版社，2023.8
ISBN 978 - 7 - 209 - 13682 - 2

Ⅰ.①明… Ⅱ.①朱… Ⅲ.①家族—研究—山东—明清时代 ②社会管理—研究—山东—明清时代 Ⅳ.①K820.9 ②D675.2

中国版本图书馆 CIP 数据核字（2022）第 202218 号

**明清山东仕宦家族与基层社会**
MINGQING SHANDONG SHIHUAN JIAZU YU JICENG SHEHUI

朱亚非　等著

| | |
|---|---|
| 主管单位 | 山东出版传媒股份有限公司 |
| 出版发行 | 山东人民出版社 |
| 出 版 人 | 胡长青 |
| 社　　址 | 济南市市中区舜耕路 517 号 |
| 邮　　编 | 250003 |
| 电　　话 | 总编室（0531）82098914 |
| | 市场部（0531）82098027 |
| 网　　址 | http：//www. sd－book. com. cn |
| 印　　装 | 山东新华印务有限公司 |
| 经　　销 | 新华书店 |
| 规　　格 | 16 开（169mm ×239mm） |
| 印　　张 | 35 |
| 字　　数 | 650 千字 |
| 版　　次 | 2023 年 8 月第 1 版 |
| 印　　次 | 2023 年 8 月第 1 次 |
| ISBN | 978 - 7 - 209 - 13682 - 2 |
| 定　　价 | 98. 00 元 |

如有印装质量问题，请与出版社总编室联系调换。

**国家社会科学基金项目**

教育部人文社会科学重点研究基地山东师范大学齐鲁文化研究院

齐鲁文化传承与山东文化强省建设协同创新中心

资助成果

# 目　录

# 总　论

　　家族是一个社会的缩影，尤其是明清时期小农经济体制下的基层社会，是由若干个大大小小的家族组成的最重要的社会肌体。家族维系着封建专制政权体制下基层社会权利的运作，保持着社会的稳定和经济的运行，尤其是以科举起家、历代为官的仕宦大家族，它们成为地方望族，在基层社会运作中更是起到了举足轻重的作用。

　　齐鲁大地是中国传统儒学的发祥地，历史悠久，名人辈出。自汉代以后，齐鲁大地几乎历代都出现了以儒学与科举起家，数十年乃至百年长盛不衰的仕宦大家族。这些家族的代表人物在国内有很高的知名度，对当时的政治、经济、文化和社会生活都产生了重要的影响，对家族的发展壮大也起到了至关重要的作用。

　　明清时期是山东历史上仕宦大家族（望族）发展兴盛的一个时期。据相关史书及地方志记载，山东这一时期以科举入仕且三代以上为官的大家族有二百余家，在国内政治生活中有影响的大家族有六十余家。这些大家族的成员为官上至内阁大学士、尚书，下至县令、县丞、学校教谕，成为明清社会最有活力的一个群体。山东的仕宦大家族与其他地方的仕宦大族一样，对基层社会生活的各个方面影响广泛，它们积极参与地方政府人事安排、征取赋税、刑狱诉讼、赈济灾荒、兴办教育、修路建桥、民间祭祀、兴办团练等活动，并且起到了至关重要的作用。这些仕宦大家族发展、变迁的历史，也是一部内容丰富的地方史。对这一阶层的研究，可以有效地弥补地方史和基层社会史研究中的不足。

　　明清时期山东仕宦大家族（望族）之所以发展兴盛和长盛不衰，一是与当时的历史背景和社会大环境分不开。从明初开始，统治阶级尤其重视教育，除了正规的国子监、府县学，各地书院、义塾、社学等各种官方与民间教育机构也相当完善，史称"明代学校之盛，唐宋以来所不及也"。与学校相配套的科举制度也十分严格。学子们只有完成学校学习才有参加乡试及会试的资格。到了明朝中期以后，凡是进入官员行列者多为进士出身，更有"非翰林莫入内阁，非进士莫入翰林"之说。深受儒家传统思想尤其是程朱理学熏陶的士人多怀有"修身齐家治国平天下"的理想，他们必须走科举入仕这条道路。这些望族子孙将科举入仕、求取功名当作人生成长的重要途径。清朝广开科举，乡试、会试录取名额较明朝多。这更加鼓励了仕宦大家族对子孙进行家族教育。山东自古以来重视教育风气甚浓，远超南方一些地区。深受儒学创始人孔子的影响，山东的家族文化和家族教育也是世代承袭的。这也促成了仕宦大家族能够形成科举入世为官的历史传统，并且使其长期沿袭下来。

二是移民的影响。明初由于战乱，山东大片土地荒芜，人口减少，为了发展经济，恢复生产，朱元璋在明初就进行了大规模的移民活动。从史书记载看，山东的移民来自云南、四川、湖北、湖南、河南、山西以及浙江、江苏、安徽等地。这些移民多是聚族而来。移民的大量出现，一方面是明政府迫切地需要恢复经济，另一方面也是通过迁徙削弱一些地区的世家大族在地方的势力和影响，以防止地方分裂势力的形成。从史书记载和对山东部分家族的调研可以看出，明清时期山东各地望族多是明初由外地迁徙而来。这些大族自外省移民山东后，失去了在原地长期积存的实力，为了快速地融入山东社会，只能依靠培养后代读书入仕，从而扩大家族在新迁入地的影响，为家族日后的发展提供政治上的保障。同时，还应指出，这些来自外省的大家族自迁入山东后，也将在原迁入地所受地域文化长期熏陶而产生的长处带到山东，与齐鲁文化相融合，使不同地域文化之间优势互补，在山东地区迅速发展。

三是山东人尤其是乡村百姓长期受儒家传统文化熏陶，吃苦耐劳、正直豪爽、待人热情、善于助人，对于外来移民也是热情相待，并不是依仗地方势力形成小圈子，对外来人口加以排斥。因此，外来移民无论人数多寡，在山东大多数地区皆与当地人相处融洽。在长期的相处中，他们与当地人通婚、交友，相互交流、学习，形成了良好的社会氛围，这有助于外来的大家族在山东这片土地上顺利发展。

一

明清时期山东仕宦家族有其鲜明的时代特征，首先是遍及山东各地。尤其是明朝中期以后，山东仕宦家族在各地蓬勃兴起，且表现出不同的特点。

运河流域的鲁南及鲁西北地区，由于运河的开通，经济发展迅速，南北方文化频繁交流，丰富了人们的物质和精神生活。重视教育、重视文化是这一地区士人的传统。因此，明中期以后，运河沿线的仕宦家族多有涌现。

鲁中尤其是青州至济南地区，先后是明清时期的省府所在地，也是经济较发达地区，学校教育和科举也很兴盛，使该地大家族众多，出现了许多连续几代高中进士并进入朝廷成为高官的仕宦家族。

鲁东濒海，在明初属于山东的欠发达地区，自明后期至清，由于该地区社会相对安定，经济发展较快，也出现了一些仕宦大家族。与其他地方相比，鲁东望族经商者众多，如黄县丁氏家族的商业活动遍及华北各地。

鲁西南地区由于土地贫瘠，战乱丛生，经济发展较慢，因而民间习武者众多，武进士、武举人世家大族不断出现。

其次是山东地区仕宦家族世代承袭，延续时间长。很多家族兴盛长达数百年，出现了为数众多的进士、举人和各级官员。

滨州杜氏家族，自明末至清连续八代人考中进士，出现了父子进士、叔侄进士。其代表人物杜受田，咸丰年间为太子太傅、协办大学士兼吏部尚书和兵部尚书，是皇帝最为倚重的大臣。

新城王氏家族，明清两朝共考中进士 29 人、举人 38 人。代表人物王士祯，曾任左都御史、刑部尚书等，还是当时著名的文坛盟主、一代诗宗。

福山王氏家族，清朝出现了 27 位进士、37 位举人，入仕为官者百余人，出现了父子三人并为翰林、同朝为官的佳话，这一家族兴盛达 300 年之久。

日照丁氏家族，自明末至清光绪年间，连续六代人中进士，20 余人中举人，族人中官员、诗人、文学家、科学家不乏其人，近代还出现了丁惟汾这样的国民党重要人物。

诸城刘氏家族，在清朝连续五代出现了 10 余位进士，有刘统勋、刘墉、刘镮之三代高官，正史中有 6 人入传，红极一时。

莒南庄氏家族自明末到清末出现了 8 位进士、14 位举人，多人在朝为官，经营的商业堂号、店铺遍布地方，在鲁西南盛极一时。

明清仕宦大家族因为历代为官，一些人进入中枢决策层，对朝廷政治起到重要影响，如冯琦、冯溥、刘统勋、刘墉、杜受田等人在朝期间担任高官多年，备受皇帝信任，并参与朝廷中的政策制定、人事任免等重大活动。他们通过主持会试提拔年轻官员，执掌督抚大权惩治不法官员、平反冤狱，在治理地方时也颇有政绩。他们利用高官之间的联姻以及科举中的师生、同门关系与其他高官互为依衬，在明清政坛上形成了一支举足轻重的力量。

二

明清时期的山东仕宦大家族，由于自身具有强劲的经济实力、显赫的政治地位以及望族之间盘根错节的联系，因此在地方基层社会形成了极大的影响力。

（一）仕宦大家族是地方政治生活的参与者和决策者

各地的望族成员，即使没有在家乡担任官员，但是地方官在处理地方政务的有关问题时难以不听他们的建议而独自处理。因为这些仕宦大家族成员多有在朝廷为官者，他们通晓国家政策、法律，有一定的行政管理经验，而且明清时期地方官大多不是当地人，上任伊始，必须走访当地乡绅望族，以取得他们的支持。清人就曾提出："为官不接见绅衿，甚属偏见，地方利弊、生民休戚，非咨访绅士不能周知。"① 如果地方官遇到事情不与地方乡绅和仕宦大家族商量就贸然行事，则很可能遇到阻挠。而一些地方官不便出面的事，也往往由仕宦大家族中的代表人物出计献策。如清初聊城朱氏数代在朝为官，朱辉钰曾任翰林院庶吉士，致仕回乡后"好读书，于历代典故及四方利弊，所由尤殚心讨论，遇有咨访，则条晰以对，郡人士化之，皆知以通经致用为务，所造就者尤多"。其子朱学笃官至知府，致仕回乡后，对地方官经常来咨询政务一事，朱氏"无不言尽其实，事若迫于公义，则又未尝以言辞假借，详而不阿，咸欲重之"②。再如峄阳贾氏大族的贾梦龙能"民有疾苦力言之令长，多所兴革"③，峄县孙氏大族的孙益榆也是"遇大利害，有关民生休戚者或力请当事或默相转移。如宪檄养马不果行，夫价议增中止，勘灾免税诸政，峄民嘉赖皆先生（孙益榆）力也"④。再如雍正十年（1732）赵执信作为地方望族乡绅代表，参与颜神镇设县一事的讨论，他代表地方望族从政治、经济角度力主将颜神镇升格为县，最终获得了朝廷的批准。

每当地方在发展的过程中遇到困难或家乡民众与地方官发生纠纷时，地方望族往往挺身而出，维护家乡民众的利益。如万历二十四年（1596）朝廷派出的税使马堂在临清敲诈勒索商铺，短短两个月内导致数十家商铺破产，以致引起民愤。市民火杀马堂官署，毙其党羽多人。地方官将此事定为民乱，要求朝廷出兵镇压。当时任御史的聊城仕宦大家族成员傅光宅积极为当地商民奔走呼号，"抗疏白珰激变状"⑤，认为民变罪在马堂一伙，不能归罪于当地民众。他的上书尽管未能完全奏效，但也保护了部分当地商民。聊城望族成员任克溥任刑部官员期间，有人到刑部诬告东昌府有白莲教叛民，刑部有官员主张派兵

① ［清］徐栋辑：《牧令书》卷七，第 4 页。
② 宣统《聊城县志》卷八《人物》，清宣统二年刻本。
③ 《峄县贾氏族谱》卷首《传文》，第 41 页。
④ 《峄阳牛山孙氏族谱》卷一《家传·皇清敕授儒林郎济南府训导萤若孙公墓表》，第 95 页。
⑤ 宣统《聊城县志》卷八《人物》，清宣统二年刻本。

进剿。任克溥了解情况后，认为当地并没有白莲教为乱之事，是有人诬告，并上书皇帝，指出派兵会给当地民众带来混乱和不安，还会增加当地民众的财政负担，力阻了这次出兵。

因为明初《大诰》有规定，对于地方不法官员，乡绅有将其绑缚至京师问罪的权力，加之民众性格正直，望族对于地方官员贪污不法行为多不能容忍。如雍正年间，滕州满氏大族满作宾就上书省衙，揭露县令贪污行为，并取得成功。《古滕满氏族谱》："公（满作宾）盛行刚方，文武兼备。好理不平事，虽官府不忌也。雍正年间，县宰贪污、假公济私，民不堪其扰。公上诉省院，卒得其平而害除，民无不交称乐道者。"①

在大多数时期，地方望族与地方官是和睦相处的。因为在明清时期，朝廷也担心地方望族、乡绅干预地方政务，于是在法律条文中对地方望族、乡绅的行为做了种种限制，若民人结党，妄图干扰官府之事，则杖一百。另外，饱受儒家传统思想熏陶的仕宦大家族，自身对干预政务还是有相当的约束的，如果不是为了自身利益和乡亲故人，一般还是与地方官和睦相处，极少干预地方事务。如沾化丁氏大族家训中就有："居家要安分，……勿交结官长、勿把持衙门，凡斗狠健讼皆败行荡检之尤。……读书……勿干谒官府。"② 在山东一些地方志中也多有类似的记载，如德州士绅"重廉耻，敦礼义能，确然自守"③，临邑县"士多知耻，罔事干谒"④。在基层社会，尽管仕宦大户、望族拥有极大的权力，但大多数时间在政治上与当地府县官员相处融洽，相安无事，这样才能在关键时期发挥自己的作用，这也是山东仕宦大家族参与政治活动的一个鲜明特征。

（二）仕宦大家族是基层经济活动的引领者

明清社会仍是封建的地主经济和小农经济占据着经济生活主导地位的社会。地方望族多为各地土地的重要占有者。明清时期，望族成员中具有进士、举人等科举功名且入仕或致仕的成员，均享有或多或少的赋税徭役的减负特权，因此，这些仕宦大家族的族人、亲戚以及庶民等，为规避赋税徭役，也将自己的土地诡寄或投献在他们的名下。清代康熙年间，山东巡抚佛纶在上疏中指出："东省累民之事，第一赋役不均，凡绅衿贡监户下，均免杂差，以致偏

---

① 《古滕满氏族谱》卷一中集，第 7 页。
② 《沾化丁氏家训》，摘引自丁植起主编《滨州明清望族之沾化丁氏》，中国戏剧出版社 2011 年版，第 62 页。
③ 宣统《山东通志》卷四〇《风俗》，民国七年铅印本。
④ 宣统《山东通志》卷四〇《风俗》，民国七年铅印本。

累小民。"① 为了避免赋役不均导致地方矛盾激化,同时为了保证朝廷赋税收入,康熙二十九年(1690),康熙帝诏谕各地:"著照欺隐田亩例,通限两月,绅衿本名下田亩各具并无诡寄甘结,将以前诡寄地亩尽行退还业户。"② 尽管朝廷对地方乡绅的土地兼并有所限制,但仕宦大家族仍占有大量土地。如淄川望族毕自严长期在朝中为官,有土地一千余顷,晚年平分给了三个儿子。新城王氏也有大量田产,"王象乾有绿野园、王象艮有迂园、王象恒有南园、王象春有西清园、王与胤有东园,王象晋、王象春、王象咸等还在长白山中都建有园林别墅"③。这些园林别墅,都附带有大量的土地田产。在鲁南,为奖励巨富,有田过千顷者,官府还颁发"千顷牌",以示褒奖。峄阳王氏是鲁南仕宦大族,最多时有田两千顷,官府两次赐给"千顷碑"。这一方面是对产粮大户多缴纳赋税的褒奖,另一方面在遇到灾荒战乱之年,这些"千顷大户"也要承担一部分赈灾和军饷粮食的供应任务。这些仕宦大家族由于占有大量土地,因此在农作物种植、农田水利建设以及农村习俗等方面有很大的主导权。鲁南临沂等地至今还保留着打响场的习俗,一些占有土地千顷以上的望族,利用麦收之际将数十亩土地平整成平地,将麦子运到平地铺开后,几十匹骡马拉着碌碡奋蹄驰骋,赶骡马人的吆喝声、骡马系的铜铃声此起彼伏。前来看热闹的往往多达几千人,如同赶庙会一样热闹。这种活动也可反映出仕宦大族在地方社会的影响。

为了自己的庄稼丰收,仕宦大家族往往要引领族人利用农闲时间兴修水利,搞农田建设。如民国《临沂县志》就记载了清康雍乾时期县官数次组织兴修水利,都得到了当地望族的全力支持,后者发动、组织民工支持县官的修水利举措。鲁西北地区洪涝灾害频繁,河岸堤坝需要时常修建,多有望族成员捐资出力,并主导其间。如惠民李氏大族的李之庄,就曾组织修治徒骇河:"州东南有徒骇河,每冲决淹没田庐,倡筑堤岸以御水患,阖州赖之。以子甡麟赠翰林院庶吉士,卒祀乡贤。"④ 淄川大族孙廷枢面对淄水泛滥,也捐资修筑堤坝。⑤ 山东仕宦大家族虽然占有大量土地,也享有租税减免的特权,但为了维护自己家族在地方上的威望,面对政府繁重的土地赋税,也不断通过各种形式上奏朝廷,要求给予家乡百姓减免赋税政策。如济宁孙氏望族的孙献恪,

① 《清圣祖实录》卷一四六,康熙二十九年六月十六日。
② 《清朝文献通考》卷二《田赋三》。
③ 何成:《明清新城王氏家族文化研究》,中华书局 2013 年版,第 39 页。
④ 光绪《惠民县志》卷二二《义行》,清光绪二十五年刻本。
⑤ 民国《续修博山县志》卷一二《义行》,民国二十六年铅印本。

在清初顺治年间就不断为减轻当地民众沉重田赋而奔走呼吁，并取得了成功。据县志记载："峄地粮颇重，田百亩纳银九两四钱，邑人大困。献恪与从孙曰泰走诉当道，得援案尽汰冗费，顷地纳银一两八钱九分，永为定例。"① 隆庆元年（1567），德平望族葛氏成员葛守礼任户部尚书，将山东、河北一带赋税不均的状况几次上书皇帝，要求派出御史核查地方，一定程度上减轻了当地民众的负担。仕宦大家族在面对地方百姓赋税过重时，有的主动为当地无力缴纳税粮的百姓承担部分税粮，如清朝济南毕氏望族见到乡间百姓赋税困难，自愿代百姓完税，以此博得当地贫苦百姓的好感。

山东仕宦大家族作为地方经济生活的引领者，还表现在兴办地方工商业方面。明朝嘉靖年间以后，随着商品经济的发展和资本主义萌芽的出现，山东仕宦大家族尽管依然以农为本，依靠土地赚取财富，但也有部分望族将一些资产投入手工业和商业。如聊城望族傅氏就利用运河沿线商人辐辏之便利，从事工商业活动。清初大学士傅以渐的祖父傅谕在明末就开始经商，"时以子姓藩衍，既析箸，俯仰不能给，乃始习计然策延平估客，鬻纸布，闻信义声，来者如归，岁无虑数万，资用稍稍裕"②。其后人傅思义也以经商致富，他年轻时"弃儒习贾，囊仅十余缗，早夜操作，与仆同艰苦，初鬻硝……会海上倭变起，价腾贵，获利数倍。已又贩豆，豆直贱，人弃置不顾……会南北大祲，又获利数倍"③。高唐望族朱美先也是在明末经营致富，史书中记载："先生……操巨资游燕赵，长袖之舞所役使诸疆以四出，货殖千里之外，无不毕力用命，获倍美以归者。先生高曾之传，初不过茅屋数椽，斥卤几亩耳，比且营高第，拥膏腴，骎骎为山左著姓矣。"④ 从这个记载可以看出，高唐朱氏望族起家与经商致富不无关系。淄川孙氏望族从明后期起就从事琉璃业的生产，在颜神镇设立多处琉璃加工场，并形成一定规模。万历三十九年（1611），孙延寿等人发起成立炉行醮会，修建炉神庙，还规定当地琉璃行业从业者每年三月定期在庙中聚会，祭祀数日。炉行醮会成为颜神镇琉璃行业第一个行业性组织。⑤

清朝中后期，山东仕宦大家族普遍开始从事工商业活动。许多仕宦大家族除了拥有土地，还开设了作坊、商店，并通过经商逐渐获得财富，出现了龙口丁氏、莒南大店庄氏等将相当多的财力投入工商业的大族。比如，丁氏家族出

---

① 光绪《峄县志》卷二一《乡贤列传下·耆旧》，清光绪三十年刻本。
② 宣统《聊城县志》之《耆献文征》，清宣统二年刻本。
③ 宣统《聊城县志》之《耆献文征》，清宣统二年刻本。
④ 光绪《高唐州志》卷五《人物》，清光绪三十三年刻本。
⑤ 转引自秦海滢：《明清时期山东孝妇河畔的望族——以淄川地区为中心》，中山大学博士后研究 2006 年工作报告，第 82 页。

了 4 位进士、17 位举人，自明后期即从事商业活动，到清后期有"泰来、金城、东悦来、西悦来等七大商号，遍布省内外一百余县，每座商号有钱一万吊，故号称'丁百万'"，成为国内知名的商业大族。大店庄氏崛起于明万历年间，出了 8 位进士、14 位举人，有土地兼跨山东、江苏，约 10 万亩，清末开设钱庄、当铺百余家。直到民国年间，庄氏开办的银行、煤矿、酒店、油坊乃至电灯公司，仍遍布山东各地，开始了由望族乡绅向实业家的转变。

以土地保本，以工商业生财，这成为明清时期尤其是清中期以后山东仕宦大家族发展的一条路径。

**（三）山东仕宦大家族是地方文化教育事业的积极倡导者**

明清时期山东的仕宦大家族靠读书与科举起家，与当地百姓相比，这些家族的成员大都受过良好的教育，有较高的文化知识，在为官任上或居家期间，能笔耕不辍，留下的丰富著作也成了历史文献。这些望族成员深知，要想自己的家族长盛不衰，对子女后代的教育极其重要。因此在推动地方文化教育活动中，他们成为十分活跃的阶层，成为地方文化的积极倡导者和推动者。

在地方教育方面，由于明清两朝统治者都重视教育，鼓励地方官与乡绅在地方开办各种学校和书院，仕宦大家族也借兴办教育机构扩大自己家族的影响。明清时期山东书院众多，在这些书院中，有相当大的比例是由地方望族所创建的。在聊城，曾任太常寺少卿的任克溥在康熙年间建造龙湾书院；在德州，曾任户部侍郎的田雯所创建的董颜书院等是当时比较知名的书院。有些仕宦大家族还不时出资维修地方学校或捐给学校土地，如招远杨氏家族在崇祯十一年（1438）"置田足二十亩，捐赠本想学宫"，顺治十五年（1658）"义修学宫、启圣祠"，康熙初招远"学宫颓坏，鼎钟公出重资倡修，并亲督其工，数月告竣"。乾隆三十六年（1771），13 世祖城里振煦公与堂兄振炜公，倡修颓旧的学宫。① 这个家族几代人都关心家乡教育，捐资办学，修校舍。还有一些望族除了投资地方书院、学校，还自己开办学校，如莒南庄氏家族于乾隆六年（1741）在大店浔河南岸建成了占地六亩多的"林后大学"，也成为"因学"，吸取学校和书院教育特点，对庄氏族人子弟讲授"四书五经"、书法、诗词等。这一教育机构坚持办学百余年。另外，庄氏族人还兴办"文昌社""文昌续社""思诚社"等，它们都具有学校的功能。如"文昌续社，备试卷，集童生，按期分题较艺，评定甲乙，传观而奖励之，数十年先后成名者，多社中人"；思诚社则"每五日率本村师友子弟，各携笔砚，集于怀古堂，分班名

---

① 杨金山：《招远杨氏族谱》第五卷第二章，2012 年续修，自印本。

题，进行考试，然后评定甲乙几等，奖励成绩优秀者，一时文风大振"①。

除了办书院、学校，山东仕宦大家族中未能入仕为官的成员，也多在家乡投身教育活动。如聊城朱氏望族的朱学笃"里居娱亲之暇，严课子弟。并开笔花馆文社以授生徒，曲意栽培，多所成就"②。傅氏望族中的傅赓安"邑宿儒也，弱冠知名，咸丰元年（1851 年）制科孝廉方正，设帐授徒，循循善诱，成就后学甚众"③。滨州杜氏家族的杜鼐也是"未仕时，家居教授，成就甚众"④。桓台王氏家族在清代担任家乡教育官职者前后有 18 人之多，培养了大批弟子。这些望族成员担任家乡教职，通过培养人才提高家族在地方上的威望。那些受其栽培的弟子一旦日后成名入仕，又与这些望族成员结成师生、同门关系，在朝廷和地方上形成一支强大的力量。

明清时期的山东仕宦大家族还积极投入地方文化建设中。其中最主要的形式是协助地方官编写地方志、组织文化社团及举办各种地方性文化活动。

编修地方志，自明代以后已经形成传统，每隔几十年，地方官就要组织编纂一次志书。在明清时期的府州县志书编写中，仕宦大家族成员是一支很重要的力量。他们既有学问，又在朝廷中为官，在民间有威望，致仕返乡后，也是地方府州县官所依赖的阶层。这些仕宦大家族成员，也想利用自己的能力为家乡文化建设贡献一点力量。编写地方志恰是留名青史的举动。从山东各地明清时期编纂的地方志看，多部志书由仕宦家族成员编纂。如明万历年间冯惟敏主持编修的《临朐县志》；清代莱州望族成员毛赟及其后人毛式丹先后修纂了《掖县志》和《续掖县志》；明万历年间，临邑大族成员邢侗修《武定州志》和《临邑县志》；东阿于氏家族成员于慎行纂修《兖州府志》；宁阳大族成员黄恩彤致仕回乡后，在清咸丰年间先后受邀编纂了《宁阳县志》《滋养县志》，在光绪九年（1883）又再次主持重修《宁阳县志》，连续修了三部县志。这些仕宦家族成员纂修的府州县志具有相当高的学术水平。如邢侗所修的《武定州志》历时四年完成，被方家誉为名志；黄恩彤所修的三部县志，旁征博引，认真考证，形成了独特的治学方法。在明清志书中，水平最高的当属于慎行所修的《兖州府志》。于慎行曾任翰林院侍讲，晚年还担任内阁大学士，有很高的文学修养。该志书考证翔实，内容丰富，史料价值极高，被后世学者和志书编纂者一致评价为明清志书中极有价值的地方志之一。明清望族为保存地方文

---

① 光绪《城阳朱陈村装饰族谱·家传》，光绪三十二年续修。
② 宣统《聊城县志》卷八《人物》，清宣统二年刻本。
③ 宣统《聊城县志》卷八《人物》，清宣统二年刻本。
④ 咸丰《滨州志》卷一〇《人物》，清咸丰十一年刻本。

献多有贡献。然而在修志的过程中，也有少部分撰稿人将家族中并不突出的先人列入方志中，导致望族成员在方志人物中占比过大。

除了参与志书编写，地方望族成员还结伙成立文社，从事一些文化和社交方面的活动。明清时期，山东文人结社在规模上和活跃程度上虽然难与江浙地区文人相比，但一些仕宦大族成员与地方文人也结成各种形式的文社、诗社等文化小团体，在广泛交友的同时扩大自己在文化学术界的影响。如明后期临朐望族成员冯裕致仕后，与青州士人石存礼等八人结成"海岱诗社"，而这"八人皆闲散之身，自吟咏外，别无余事，故互相推敲，自少疵类，其斐然可颂，良亦有由"①。顺治年间，新城王士禛在济南大明湖成立"秋柳社"，诸文人名士常集大明湖。王士禛后到南方为官，又遍交江南名士，与江南文人结社交游，成为清初诗坛盟主。清初济南望族朱氏多人为官，颇有声望，其中朱令昭"倡柳庄社，与淄川张元、胶州高凤翰、义乌方起英等为忘形交。书法学习唐人，两手均能作画"②。枣庄望族成员贾梦龙、贾三近父子多年为官，致仕回乡后也与当地文人结社，声名鹊起，史称贾三近回乡后"日与耆旧结社山水间，所至题咏诗文词赋，咳唾立成"③。再如德州望族成员田霦也是"筑鬲津草堂，多种菊，延致名流，饮酒赋诗，擅风雅者三十年"④。

山东仕宦家族的这些文人结社活动，因为有较强的经济实力作为后盾，有自己的园林、别墅作为活动场所，可以提供食宿以及诗文集出版印刷费用，因此大受文人士子欢迎，在客观上也起到了文化交流的作用，对传承地方文化、促进地方文化发展不无贡献。

明清山东仕宦望族的其他文化活动，还有组织和参与多种多样带有地方特色的祭祀活动，修建文庙、城隍庙，给这些庙宇题词、写碑记等。另外，还有一项重要活动就是组织和参与乡饮酒礼活动。乡饮酒礼是地方官宣传德治仁孝，让老百姓尊卑有序、上下有别、和睦乡邻的活动。各地通过乡饮酒礼达到"凡我长幼各相劝勉，为臣尽忠，为子尽孝，长幼有序，兄友弟恭，内睦宗族，外和乡党，或无废坠，以忝所生"⑤。对于乡饮酒礼这种带有官方性质的集体活动，地方望族自然大力支持，其成员可以作为"大宾""长者"受到地方官的礼遇，从而提高本人与家族的声望。

---

① 《四库全书总目》，中华书局1997年版，第2643页。
② 光绪《高唐州志》卷八《著述》，清光绪三十三年刻本。
③ 《峄阳贾氏族谱》卷首《传文》，第41页。
④ 乾隆《德州志》卷九《人物》，清乾隆五十三年刻本。
⑤ 光绪《高唐州志》卷四《乡饮》，清光绪三十三年刻本。

（四）明清山东仕宦大家族是基层社会事务的积极组织和参与者

明清仕宦家族成员通过科举历代为官，掌握着中央和地方相当一部分权力。为官任上，他们深受理学熏陶，忠于朝廷，恪尽职守，受到皇帝和统治集团高层的信任。致仕返乡后，他们也往往利用自己的威望，协助地方官治理基层社会，尤其是在自然灾害来临时能够赈济灾荒；在兵荒战乱之时，能够组织团练、乡兵保境安民；平时也能拿出部分钱财投入地方修路、架桥等事项，以获得在地方民众中的威望。

明清时期，山东各地自然灾害不断发生，赈济灾民是地方官的重要任务之一。每逢自然灾害发生之时，山东望族大都积极配合地方官进行救灾工作。他们或开仓济贫，或设义仓救灾，或收养灾民流浪之女，帮助地方官和受灾地区百姓度过天灾。如临沂大族成员杨德裕在乾隆年间"值岁饥，出麦一百八十石分给流亡。沂水泛涨，出粟五百石济贫，复贷他人麦豆二千石，令贫民往取而自偿之。又岁大旱，贷人粟八百石拯贫民"①。乾隆五十一年（1786），沂州大饥，沂南望族成员庄汝艺除了开仓放粮赈济家乡贫苦灾民，还将部分粮食运到衙门以助赈，"于赒恤族邻，设施糜粥外，输谷辇公庭以助赈"②，并获得知州表彰。聊城望族傅氏提倡乐善好施，如傅以渐"每闻百姓疾苦，若切于身。间里有义举必赞成之"③，傅斯忱"遇有乡邻义举，戚族窘急，靡不随时资助"④。海丰（无棣）望族成员吴式仪"举乡饮耆宾，躬行节俭，和厚宽易。……尤其急人之急，有负债鬻子者，捐百金赎还之，无吝惜，亦无德色。急公好义，有先民遗风"⑤。再如招远望族杨氏自明天启年间至清乾隆年间，几代人都赈济当地受灾民众。文登望族成员于应第在崇祯年间面对当地大灾，"煮粥道旁凡数阅月，远近来赖以存活，捐义茔以收白骨，立义仓以备凶荒，建义学以教子弟，招集流亡以牛种，自是乡人多规本业"⑥。

除了利用家族的雄厚经济实力拿出部分钱财和粮食助赈外，在朝为官的仕宦望族面对家乡遇到灾害时，也往往挺身而出，上书朝廷要求采取各种办法帮助家乡灾民减轻损失。如鲁南望族成员贾允升在清朝嘉庆年间为鸿胪寺少卿时，得知登莱民众因灾害大饥后，便上书皇帝，"请仓谷改粜为借，以更民命，奉旨发帑赈之"。崇祯年间，山东蝗灾大饥，在朝廷为官的招远望族成员

①　乾隆《沂州府志》卷二六《人物中·耆德》，清乾隆二十五年刻本。
②　民国《重修莒志》卷六五《人物十·耆德上》，民国二十五年铅印本。
③　宣统《聊城县志》卷八《人物》，清宣统二年刻本。
④　宣统《聊城县志》卷八《人物》，清宣统二年刻本。
⑤　民国《无棣县志》卷一三《人物》，民国十四年铅印本。
⑥　光绪《文登县志》卷九上一《人物二》，民国二十二年铅印本。

杨观光不仅让家族"倾储赈贫",还不断"为登莱饥民上书请命"①。

如果说大灾之年,望族能够利用家族资产为民解困,是拯救灾民、为自己赢得声誉的话,那么在战乱之际,面对起事的农民、乱兵以及外来少数民族入侵的威胁,这些望族散财组织乡兵、团练,既保证了地方百姓的安全,也让自己的家族成员生命财产免受危害。尤其是明清之际以及清朝后期,山东是战乱频发之地,保护家族以及四邻安全成为望族在基层社会的一项重要工作。就胶东地区而言,先后出现刘六、刘七之乱,明末孔有德、李九成之乱,明清之际胶东战乱以及清后期捻军之乱。这些战乱给当地民众带来严重危害。胶东望族往往散尽家财组织抵抗,如明崇祯十五年(1642)清军进入莱州,当地仕宦大家族姜氏、宋氏、左氏散财组织乡兵,协助县令守城,英勇抵抗清军。莱州城破后,上万军民死亡,其中"邑绅工部侍郎宋玫、吏部侍郎中宋应享、中书舍人赵士骥、赠光禄寺卿姜泻里、肃宁知县张宏德、广西参将李承胤等皆不屈死之"②。据这些地方望族族谱记载,左氏家族有37位成员遇难,张氏家族也有数十人战死。这些家族都受到严重摧残,多年后才恢复元气。

在鲁西北,望族在战乱中积极协助地方官平定叛乱,保境安民。明末清初,面对清军入犯,滨州杜氏、聊城傅氏、沾化丁氏等大族纷纷组织家丁协助守城,他们死伤惨重,家族受到重创。清朝后期,面对太平军、捻军入境,他们又组织团练、修茸城池、建言献策。如沾化丁作圣"性慷爽,急公好义。同治七年(1868)夏,捻匪扰境,作圣年逾七旬,倡众缮城固守,部伍器械,布置周详,昼夜巡查,衣不解带者两月,乡众藉资保障,捻匪四至城下,均经击退远遁,邑城得以保全"③。海丰张珍"时鼎革未几,土寇蜂起,与从弟璪训练乡勇,捍御有方,寇至抵敌者数次,乡人视为保障"④。

由于在战乱时期,这些世家大族或赈济灾害,或平定战乱有功,明清朝廷往往给予他们表彰,其表彰形式多种多样,其中沂南庄氏就受到乾隆皇帝赐匾褒奖,另外受到省府州县长官表彰者更是为数众多。这些表彰表明了明清政府对仕宦大家族义举的肯定和赞誉。对这些大家族而言,其通过救灾、赈济贫民、输财保家等义举,不仅维护了家族的地位,获得了家乡百姓的好感,而且为地方政府解除了燃眉之急,赢得了地方政府的支持,又为下一步家族的发展

---

① 杨金山:《招远杨氏族谱》第五卷第二章,2012年修,自印本。
② 民国《莱阳县志》卷末《附记》,民国二十四年铅印本。
③ 民国《沾化县志》卷二《人物志》,民国二十四年铅印本。
④ 民国《无棣县志》卷一〇《人物》,民国十四年铅印本。

壮大奠定了很好的基础。

（五）明清仕宦大家族是家族文化传承的倡导者和推动者

明清时期，综观山东许多仕宦大家族之所以能历经数百年昌盛不衰，除了上述政治、经济、文化教育诸多因素外，也与这些大家族中家族文化的传承是分不开的。从现存各种文献资料、档案资料及出土文物资料中可以看出，山东各大望族都保存下来大量的家规、家训、家乘等，构成了极为丰富的家族文化。这些家族文化内容丰富多彩，大到要求家族成员在政治上要忠君爱国，为官清正廉洁、克己奉公，为商则先义后利，买卖公平；小到为人勤劳正直、乐于助人、和睦乡里、尊老爱幼、扶危济困等。如《兰陵褚氏家乘》就规定家族成员要"重祀典、立墓碑、培墓木、尊族长、举族正、息争讼、存忠厚、立义仓、修义塾、戒随姓、务本业"。惠民望族李氏有《宗约》，内容有"立宗祠、讲宗法、明祭奠、崇礼教、垂家训、守俭朴、勤职业、肃闺门、驭家众、恤孤苦"等。滨州望族杜氏也有《述训》，其中有身教重于言教、安贫立志、孝敬父母等多方面内容。山东这些望族十分重视族谱的撰修与传承，通过修族谱来纪念先人，传承先人遗愿，并教育家族成员继承家业，将家业发扬光大。正如黄城丁氏族谱所言："家之谱，犹国之史，其义一也。国有世系载之于史，家有宗派载之于谱，诚为木有本而水有源也。夫远则易忘，支分则难纪。五世祖免而后谁兴水木之思？"①

山东望族将族谱看作家族的历史书，十分重视。其中不但记有家族源流、世系派支的简况，并且还有先祖的画像，称之为"祖影"。这种族谱可以说是家族发展的简史。许多大家族往往代代续修，在修族谱时主修者都要在序言中写上要继承先人遗愿，厘清世系，让后代不忘先人对家族发展作出的贡献，以保持家族文化世代传承。

修建家祠也是明清仕宦家族维系家族文化建设的另一重要途径。明清时期，曾有规定按照官员品级大小设置家庙、家祠，如洪武六年（1373）确定公侯品官家庙礼仪，"别为祠屋三间于所居之东，以祀高曾祖考，并祔位。祠堂未备，奉主于中堂享祭"②。山东望族因为世代多人在朝中为官，多照朝廷礼制兴建家庙、祠堂，并按规定时间对先人进行祭祀活动。如聊城望族傅氏祠堂中摆放着先祖神主牌位，还有傅以渐的彩色影像，每年腊月最后一日，族人都在此举行声势浩大的全族性祭祖活动。祭祀时，本族得功名者文坐轿，武乘马，先向祠堂送匾。这些匾额被安放在祠堂两边墙壁上。在堂前，得功名者要

---

① 《东莱崇儒毛氏族谱·谱序》，明嘉靖十一年修。
② ［清］张廷玉等：《明史》卷五二，中华书局1974年版，第1341—1342页。

向祖先行大礼、叩拜，然后设宴款待族人和来宾，这种光宗耀祖的场面十分隆重。傅氏家族还规定，如家族在外为官返乡者必须到宗祠致祭行礼，如不到则要被罚。另外族人中品学兼优被尊为"乡贤"者，也要到祠堂对先人祭祀叩拜，以感谢祖先的功德庇佑。这些乡贤在祭祖活动后，还要大摆宴席宴请当地官员、老师、乡绅名流及乡邻，以示荣耀。

临朐冯氏家族的祭祀活动也十分完备，规定每年端阳、七月十五、仲秋、重九、十月十三、冬除、年除、元旦、元宵举行祭祀，达九次之多，每次祭祀活动，附近族人必须到场行香，还规定祭祀活动时"少者先至，如长者已至，而少者方至，则属来晚"，要受到处罚，"有事或疾病，先于当事处告假"等。家族祠堂还设有敦睦会。每次祭祀活动结束后，敦睦会要设宴招待族人，一方面联络来祭祀的族人之间的感情，同时处理家族内部的事务。祠堂的祭祀活动，由冯氏大族中的富户轮流主持，所需费用也由这些富户承担。

山东望族在祠堂进行祭祖活动后，家族自此聚会，还有家族中辈分最高者对族人进行训诫活动。如惠民大族李氏在《宗约》中就记载祭祀活动结束后，族长或高辈分长者要宣读训诫。其中写道："凡为吾祖之孙者，敬父兄，慈子弟，和乡里，时祭祀。无胥欺也，无胥讼也，无犯国法也，无虐细民也，无博弈也，无斗争也，无学歌舞以荡俗也，无相攘窃奸侵以贼身也，无鬻子，无大故无出妻也，无为奴隶以辱先也。有一于此，死不入祠也。"[1]

从训诫中可以看出族中长辈对晚辈要求之严格。李氏家族宣读训诫后，还要将当年族中发生的善事或恶事记录下来，对善事加以褒奖，并在族谱中立传，对做恶事之人规定死后不得入祠堂。

山东仕宦家族建祠堂、立家规、家训，除了对后人进行礼仪方面的教育，还有在族内互助的功能。在许多家族的族规、家训中都有"恤孤苦"的内容，就是对族人中死丧、疾病、孤苦、孤儿寡母或遇到天灾人祸时，全族人要有钱出钱，有力出力，给予支援，家训、族规将其列为家族中家境富裕者的一种道德和义务。如聊城傅氏族规中就明确提出："贫不能葬者，近支房长宜向族中丰裕者酌议资助""青年抚孤守志者，贫难自给者，近支房长宜向族中丰裕者酌议周济，以待其子成立。其守志无子者，宜于近支中择人承嗣，终养起身"。[2] 家族救济的形式有多种，除了钱财、义务、粮食外，家族中设置义田

---

① 《惠民李氏家族宗约·立宗祠第一》，摘引自《滨州明清望族之惠民李氏》，中国戏剧出版社2011年版，第140页。

② 李泉：《清代聊城傅氏家族文化研究》，载《山东文化世家研究书系》，中华书局2013年版，第326页。

救济贫寡者，是一种普遍方式，其在山东各地望族中大都存在。如平原县望族赵氏在清代曾有义田四百多亩，并申明家训，将义田收入用于"族人被诬累者力拯之，诸鬻女赎而嫁之，聚中外子姓于家塾，延宿儒教之"① 等方面。鲁南望族贾氏、孙氏、褚氏等都设置了义田或义仓，作为接济本族中因战乱或疾病而变得贫困的亲族。胶东望族即墨孙氏孙兆喜为家族捐助一千多亩义田，还有许多家族将祭田作为族产。这种祭田被租佃出去，然后收取租税，这些收入除了被用于本族的祭祀活动之外，还会被用于对本族中遭遇灾祸或贫苦无以为生者的适当资助。望族中的成员正是利用修族谱、建宗祠、主办族内祭祀活动，乃至利用设置义田、义仓、族田等方式，对族内部分危困成员施以援手，从而达到凝聚家族内部团结力量，扩大在族人中和地方上的影响，通过对家族的影响力扩大在地方的影响力，让地方上的百姓对这一大家族由好感转向拥戴，从而树立起家族在民间的权威性。

## 三

明清山东仕宦家族在基层的影响力还表现在大家族之间通过联姻形成亲家或亲戚关系，依靠自身强大的经济实力强强联合，成为地方举足轻重的力量。山东仕宦大族非常重视门当户对，相近地域的望族通婚十分普遍。如海丰望族吴氏先后与惠民李氏、滨州杜氏、潍县陈氏、福山王氏、高阳刘氏、南皮张氏等望族几代通婚。聊城傅氏则与同城的朱氏、德州田氏、惠民李氏等望族长期保持着联姻关系。鲁南兰陵王氏和苍山费氏、费县王氏则是数代联姻。桓台王氏是清代著名望族，曾与40多个不同地区的名门望姓通婚，包括临朐冯琦家族、淄川毕自严家族、邹平元氏家族、历城朱宏祚家族、惠民李氏家族、滨州杜受田家族等省内知名望族。有些望族之间世代通婚，如博山赵氏与当地孙廷铨家族通婚达58次，与淄川高氏家族通婚19次。

通婚这种望族之间的姻亲关系及其结交的亲支关系，使仕宦大族无论是在朝廷还是在地方，都形成了盘根错节的势力，使其在政治上可以互为依托、互为借助，共图发展。如田雯中进士后长期仕途不顺，但与兵部侍郎、左副都御史李之芳结为儿女亲家后，短时间内连续升职，几年内从七品中书舍人升职为二品江宁巡抚。王士禛在清代之所以无论是在政治上还是在学术上都有很高的地位，除了自身修养和能力，与众多望族亲家成员的支持和协助也不无关系。如王士禛姻亲长山袁氏家族自康熙年间起，出现进士9人，

① 乾隆《平原县志》卷八《人物》，清乾隆十四年刻本。

入朝为官者 200 余人，省内姻亲遍布 28 县，省外遍布 12 省 23 县。王氏与袁氏为姻亲，也就结识了袁氏众多省内外姻亲，形成了相互照顾、相互扶持的关系，保证了自己家族数代人在中央和地方上的重要影响力。这些望族成员之间结为姻亲、好友，除了在政治上互为支援外，还能通过交往取长补短。这些望族来自不同的地区，其家族发展均有不同经历。家族代表人物无论是在朝为官或在乡闲居，都有广泛的人脉关系，他们通过家族之间的密切交往，吸取他人之所长，增长自己的才干，不仅为自己的成长，也为整个家族的繁盛吸取了丰富的养分。

明清时期，许多山东仕宦家族延续长达数百年之久，并经历了改朝换代的风云变幻而不衰，这是与这些家族对家族文化的传承分不开的。浓厚的家风、严格的家训的熏陶，儒家传统思想的教育，让一些望族的代表人物对中国社会的变化有极为深刻的认识，并能适应这种时代变革，顺应历史发展潮流，因此这些家族能长盛不衰。一些难以适应社会变化的家族就逐渐走向衰弱，消失在了历史的尘烟中。

明清时期仕宦大家族曾在两个阶段面临着巨大考验。一是明清之际，山东出现了大动荡的局面。面对农民起义和清军入关的打击，一些在明代显赫的山东望族从此一蹶不振，但另外一些望族能顺应时代变化，在清代获得持续发展。如临朐冯氏家族，在明后期属于豪门望族，出现了礼部尚书冯琦这样的高官，以及冯惟敏、冯惟讷等知名的文人名士。冯氏家族忠于朝廷，在清兵入犯山东之时，聚族反抗，其代表人物冯三仕也起兵抗清，失败后退入朝鲜，但仍坚持抗清。但清朝统治稳定后，该家族成员又积极参加清朝科举，入仕为官，如冯溥在康熙年间成为内阁大学士，得到皇帝的信任，这样就延续了家族的荣耀，维护了家族的地位，平稳地度过了明清之际的社会大变革。

二是鸦片战争以后至辛亥革命时期。这是一个剧烈变动的时代，西方列强势力进入山东，资本主义生产方式得以发展，一些明清时期形成的望族也能顺应时代变化而变化。如日照丁氏、莒南庄氏等家族的子弟纷纷进入新式学堂或出洋留学，掌握了近代比较先进的科技、商业、法律、军事等方面的知识，开阔了视野。一些成员在政治上积极投身于反帝反封建的民主革命斗争。在经济上，这些望族也逐渐摆脱了长期以来靠出租大量土地、以剥削农民收取地租为主的地主生活，开始把积累的大量财富投入工商业中，在家乡和省内、国内其他地方兴办实业，开矿办厂，扩大商号，涉足金融业，宣传实业救国思想，为发展民族工商业以及为地方经济发展作出了较大贡献。这些延续数百年之久的大家族随着社会的变化而转型，因此进入民国年间之后，山东部分仕宦大家族仍保持了旺盛的活力，在国内政界、军界、工商界、科技教育界仍有较大的影响力。有些大家族的杰出代表人物投身于中国共产党领导的新民主主义革命，在国内革命战争、抗日战争、解放战争乃至新中国建设中继续作出贡献。

## 四

　　明清时期山东仕宦大家族（望族）与南方尤其是福建、浙江、广东望族相比，有鲜明的地域特点。

　　山东是孔子的故乡，山东传统士人所受到的儒家思想的熏陶和感染，比其他地区更为深刻，靠读书、依赖科举入仕而成就功业更是仕宦大族不二的选择。重视读书、重视对子孙为官入仕的教育做得十分深入。在明清时期，江浙一带已率先出现资本主义萌芽，许多仕宦家族成员已经开始转化为大商人和手工场主，仕宦家族经商现象多有出现。一面入仕为官一面经商致富已开始成为南方望族的正常选择，而山东仕宦家族仍多坚持儒家传统思想，认为"士为四民之首"，以读书入仕为荣，重本轻末。明清山东仕宦家族的经营情况，多为地方乡绅以占有大量土地并出租土地为主业，也有小作坊以满足生活需求，而很少从事商业，或以大型手工场为主业。除了龙口丁氏、大店庄氏等少数家族在清代经营商业或工厂企业外，其他望族从事工商业的较少，经营规模也较小。这与南方闽、浙望族有着相当大的比例从事商业和手工场活动的情况有较大区别。

　　在政治上，山东仕宦大家族成员更为维护皇权专制体制，在思想上与南方仕宦家族代表人物相比，更加趋于保守。山东望族尽管在地方上有很大势力，但与州县长相处大都比较融洽，对律令规范地遵守，对地方官员的号召和决定认真地执行，极少对抗。值得一提的是明后期到清朝，书院在全国各地兴起，以东林书院为代表的江南书院所汇聚的南方士人评议政治，裁量人物，积极参加各种政治活动，思想活跃。而山东地区在鲁中、鲁南以及鲁西北运河流域也出现了为数不多的书院，但这些书院大都是以讲授"四书五经"以及其他儒家典籍，宣扬传统文化为主，很少参与政治活动，循规蹈矩，远离政治，与江南地区的书院在政治上的活跃程度无法相比。

　　山东仕宦家族与南方仕宦家族相比，还有一点明显的区别，就是前者在地方事务中遵循儒家思想处世信条，凡是以和为贵，遇到矛盾和冲突，多以和平手段通过协商来解决，很少发生诉讼乃至宗族械斗。而南方福建、广东、浙江、江西大族之间为争利益而械斗的现象时有发生，以致严重时"无日不斗，无斗不毙命"。而山东仕宦家族深谙"量斗皆伤"的道理，处理纠纷时主要依靠地方政府，力争通过调停化解矛盾，不仅有利于地方的安定，减少对立，对望族长期发展及家族兴盛也是十分有利的。

从家族的构成看，山东仕宦家族与南方仕宦家族相比，也有鲜明的特征。南方望族多家族而居，族规严厉，族长往往在本族具有无限大的权力，可以不经官府而确定违反族规或犯罪的族人，对族人甚至有生杀大权，其在地方上的声望要超过地方官。族人对族规的重视程度有时要在国法之上。而山东仕宦家族除极少数外，并不聚族而居，家族成员成年后，即分家而居。虽然也有本族中德高望重者被选为族长或族中主事人的情况，但族长权力并不大，多是主持族内祭祀活动或是调解族内成员纠纷，真正有权势的是那些长期在朝中为官或致仕回乡的家族成员；族长也没有对族内成员生杀予夺的大权。一些望族虽然定有族规，但只是起到对族内成员教化和约束的作用，从记载看，很少将族规在族内成员中严格执行。山东仕宦家族在族内成员间倡导和睦相处、公平议事，待人接物、身体力行贯彻儒家传统思想，这在一定程度上削弱了族长的权威性。

当然，山东仕宦家族众多，每个地区望族的情况并不完全相同，但相对南方望族，山东望族的族权相对薄弱，这是不争的事实。

# 第一章

# 明清胶东仕宦望族与基层社会

## 第一节
## 明清胶东的自然环境与社会状况

　　山东东部半岛部分在历史上设置过胶东郡、胶东国，久而久之此地便被称作胶东。其地西起胶莱河，东、北、南三面濒海，与华北平原相接，明清时期，包括登州府、莱州府（除潍县）以及诸多卫所（清朝雍正时裁撤山东卫所，并入登莱二府），大致是今天的烟台、威海及青岛部分县、市。

　　胶东地势东、北部高，西、南部低。山地、丘陵面积占三分之二，主要位于中东部和北部，东西绵亘二三百千米，著名的山有大泽山、昆嵛山、崂山等。山地边缘是低缓的丘陵，山间、河流旁多有盆地和狭窄的冲积平地。"齐东三郡在全域东北，三面环海，而山岛间之，其薮泽中往往多事，古称难治，地又斥卤，数苦饥。"① 西部是胶莱平原，面积广大，土壤肥沃，是胶东农业主要发展地区。沿海有宽窄不等的带状平原，以蓬莱、莱州、龙口平原面积最大，但常受到海水倒灌，盐碱化时有发生。"国初养马，以济兖东三府近畿辅，土肥草茂，故令孳养马匹，其别项钱粮从轻。青登莱三府去京远，马难卒集，又濒海斥卤，不堪牧养，而沿海营卫屯戍防守，军民甚苦，故特免养马，增别项钱粮抵之。"② 文登在明正德元年（1506），"海水忽逆流三十余里，禾稼潏没，土地变为斥卤"③。招远"幅员逼窄"，"又苦蚁封旋焉，……海滨之地斥卤，山谷之险崎岖，胪而列焉"④。黄县，"大抵南北狭隘，仅一十里，依

---

① 乾隆《莱州府志》卷一三《艺文》，清乾隆五年刻本。
② 万历《莱州府志》卷三《马政考》，明万历三十二年刻本。
③ 嘉靖《宁海州志》卷上《地里》，明嘉靖二十七年刻本。
④ 顺治《招远县志》卷一《疆域》，清顺治十七年刻本。

山傍海，半系斥卤沙砾"①。靖海卫，"本卫城三面环海，当东南出入要地，地多斥卤，居民仰渔利以自给"②。福山，"青州之域，厥土白坟，厥田上下。福为古青州地，是亦所称沃野与，但其丛山滨海，非尽平原，斥卤硗确，难言膏腴尔"③。威海卫，"一卫所地土皆系斥卤，不比膏腴"④。常康《上山东军门李讳长庚揭》中直言胶东宁海一带土瘠民贫，田地斥卤化严重，"大东荒服之地，广薄斥卤，其熟地尚皆瘠土，无人耕种，岂有余力而开垦荒田乎"⑤。

　　受山地位置的影响，胶东的河流流向多是南北向，河短流急，单独入海。较长的有老母猪河、黄垒河、乳山河、大姑夹河、五龙河、大沽河、胶莱河。加之胶东季风性气候特征明显，夏秋雨季集中，河水易暴涨，时常有决堤、泛滥之灾，春秋两季也时常出现旱情。对以农为本的明清胶东民众而言，他们只能靠天吃饭。如明嘉靖二十五年（1546）"宁海、文登水，九月初二日地震有声，知州李光先请赈之，是岁夏旱秋大水"⑥。明末"今登州以延袤二百里之海峤，所出有限，况风旱告灾，旧日之二鬴已空，秋来之半菽不饱，廪空困倒，室如悬磬。脱海氛一儆，吾恐脱巾之呼，不在海左而在海右矣"⑦。

　　胶东的自然环境与北方其他沿海地区大致相同，在农业发展上无太大的优势，与内地平原地区相比处于劣势，可谓地狭人稠。莱州府占有胶莱平原，农业发展条件要优于登州府。这一点在望族的地域分布上也大致可见一斑。莱州府平原面积较大，农业较发达，经济条件较好，这为学子们安心读书治举创造了良好环境。其地成长起来的望族也比中东部登州府县多，如掖县（今莱州）、莱阳、即墨、平度、胶州是望族的重要集中地，均在莱州府的胶莱平原一带。

　　胶东三面环海，海岸线长，沿岸海湾众多，黄海近岸水较深，良港较多，渤海近岸水较浅，利于沙船停泊。沿海居民不同于内陆农民，他们不单靠农业过活，还从事打鱼和晒盐。"登郡负山控海，古称斥卤之乡，官斯土者率以地瘠民贫为虑，而闾阎生计世业鱼盐。"⑧ 许多海产品具有较高的市场价值，"五

---

① 康熙《黄县志》卷一《疆里》，清康熙十二年刻本。
② 康熙《靖海卫志》卷一〇《贞节》，旧抄本。
③ 乾隆《福山县志》卷五《食货志》，清乾隆二十八年刻本。
④ 乾隆《威海卫志》卷九《艺文志》，民国十八年铅印本。
⑤ 同治《重修宁海州志》卷二五《艺文志》，清同治三年刻本。
⑥ 嘉靖《宁海州志》卷上《地里》，明嘉靖二十七年刻本。
⑦ 同治《重修宁海州志》卷二五《艺文志》，清同治三年刻本。
⑧ 道光《重修蓬莱县志》卷一三《艺文志》，清道光十九年刻本。

耶。"① 胶东卫所广布，但在战乱面前并未表现出应有的战斗力，在维护地方安全方面也不尽如人意。朱元璋曾惩罚胶东卫所中抗击倭寇不利的指挥使，"管军人员多无谋略，往往失机，不能制敌，惟务贪婪，私役军士，数有犯者已尝斩首号令"。他还指出卫所无心谋略抗敌，而专以谋私利为业的弊病。"近日山东宁海卫指挥赵铭等领军守海遇贼船数十登岸，并不向前设法擒拿，互相推调，致令伤害军民，又敢虚报杀获贼数，欺诳朝廷，已将各官分尸示众。今后守海官员人等常操练军士，葺理战船于紧关岛坞湾，泊遇有贼船到来，不许四散调开，或三五十只或百十只成综一处，驾使并力攻取，如此则势力壮，而贼易擒矣。然治久玩弛，当斯任者亦可警夫。"② 此种情况下，胶东乡民的自我防卫变得十分必需。明清胶东望族在防御叛乱中积极作为，不仅是受内在思想的指引，还有客观上国家安全部署不足的现实原因。

## 第二节
## 从军户移民到乡绅望族：明代胶东社会结构变迁

明洪武年间，朝廷先后在胶东兴建了大量的卫所。莱州卫建于洪武二年（1369），登州卫创立于洪武八年（1375）前，宁海卫建立于洪武九年（1376）前③。到明洪武三十一年（1398）时，胶东又设奇山所、威海卫、成山卫、寻山所、宁津所、靖海卫、海阳所、鳌山卫、灵山卫等卫所。胶东设置如此之多的卫所，必然需要大量的军士。通过垛集，胶东民户可变为军户。但是在洪武二十五年（1392）和二十八年（1395）时，胶东地区迁出了大量人口，庞大的军事人口缺口需要外地军士补充。这也能从胶东诸多家族的先祖故事中找到痕迹。胶东家谱中有先祖明初从"小云南"、四川等地迁居至胶东的记载，并且多是奉旨进行军事移民。

胶东卫所建立后，军户数量增加，外来人口增多，社会结构呈现军民混杂、故家与移民并居的状态。军户在发展中，兼走军功、科举二途，使得家族

---

① 同治《重修宁海州志》卷二五《艺文志》，清同治三年刻本。
② 嘉靖《宁海州志》卷上《建置》，明嘉靖二十七年刻本。
③ 张金奎根据文献判断莱州卫创设于洪武二年（1369），而建成于洪武三年（1370）。登州卫在洪武八年（1375）、宁海卫在洪武九年（1376）前早即有之，只是因为大量军队被调离，兵额不足而裁撤，后来分别于洪武九年（1376）、十年（1377）再建。张金奎：《明代山东海防研究》，中国社会科学出版社2014年版，第57、62、68页。

文武兼备，不断发展壮大，成为当地一类望族，可称卫所望族。随着卫所的军事色彩逐渐淡化，在清代被裁撤后，卫所行政化，胶东军事人口陡降，社会群体多是普通民籍。

## 一、明代社会结构状况：军民混杂，故家少、移民多

### （一）垛集：民户变军户

明太祖朱元璋开国后，创立明朝的基本制度，在军事方面实行卫所制度。为了抵御倭寇，加强海防，明朝在东部沿海设立大量的卫所，其中在胶东主要设有莱州卫、登州卫、威海卫、成山卫、鳌山卫、灵山卫等。

胶东的卫所主要设置于明洪武年间，之后并没有大的变动，直到清朝逐渐被裁撤，合并入县。洪武年间设立的卫所主要有两批，一批设立于洪武元年（1368）至十年（1377），一批设立于洪武三十一年（1398）。其中以后者为多。这样设置也是时代局势不同的结果，前期设置的卫所主要是为了镇抚当地百姓，防止再次起义造反，后期随着倭寇侵扰加剧，增设沿海卫所是为了加强海防。两个时期的卫所设置也与胶东社会发展的大趋势密切相关，其发展变化也对日后胶东望族产生了很大程度的影响。诸多卫所建立之后，军户从何而来是首先要解决的问题。明朝军士的主要来源有四个：从征、归附、谪发和垛集。

洪武十八年（1385）三月，明朝"赐山东等处征南军士六万四千一百三十二人，钞一十三万六千百十锭"①。这其中可能有一部分人员到了胶东所设立的莱州卫、登州卫、宁海卫等卫所，但这仅是一种推测，详细情况还有待直接资料证实胶东诸卫的从征军士的情况。洪武朝胶东诸卫所军士的另一大来源是元朝军籍人口。洪武二年（1369），明朝下令"凡军、民、医、匠、阴阳诸色户，许以原报抄籍为定，不许妄行变乱，违者治罪，仍从原籍"②。同年又"分莱州卫官军以备登州"③。这些军事人口是莱州卫的重要组成力量。洪武前期卫所的军士也有垛集而来的可能性。洪武九年（1376），登州守御千户所升为登州卫时，就曾垛集附近民籍人口。《登州张氏族谱》记有：

张友德，字失考，洪武九年入登州卫籍，承袭世职，复以从军有功，

① 《明太祖实录》卷一七二，《明实录类纂·山东史料卷》，武汉出版社1994年版，第356页。
② 万历《重修大明会典》卷一九，《续修四库全书·史部·政书类》第789册，上海古籍出版社2002年版，第331页。
③ 光绪《增修登州府志》卷一二《军垒》，清光绪七年刻本。

升百户，世职，入邑承恩纶志。张友仁，良弼长支，原河南息县人，明洪武二年，以避难随祖迁居于山东登州蓬莱县城里。九年升州为府，设立登州卫，入卫籍，赋性孝友，不乐仕进，让弟友德承袭，山居色养，里人贤之，入邑乘人物志。①

洪武九年（1376），登州升为府，设立军卫，而洪武二年（1369）避难到蓬莱的张氏一家在洪武九年（1376）很可能被垛集加入军籍。张家应役男丁二人，须有一人参军。兄长张友仁因"不乐仕进"，让于其弟张友德应役。

随着洪武年间设置的卫所数不断增加，原有的从征和旧军籍军士不能满足各卫所军士的需求。因此，垛集当地人口参军的可能性就逐渐提高。洪武九年（1376），登州守御千户所升为登州卫，增设福山守御千户所；洪武十年（1377），宁海守御千户所升为卫，加之洪武三十一年（1398）设立的卫所，极需增加兵员数量，原有的军队无法分配，就需要通过其他途径来解决。除从征、归附外，只有谪发和垛集，而谪发主要是获罪之人谪戍，不是一种大规模持续获得兵员的方法，所以只有通过依托军籍户口的垛集法来补充军队缺额。

雄崖千户所《谢氏祖谱》记其二世祖谢敬曾征伐云南，有专门的军队官员负责垛集。具体垛集的事例较少，仅见威海卫的史料记载，如"山东海右之民，间被倭寇窃发之扰，洪武戊寅正月，特命卫国公徐、都督朱垛集本处之民，置立沿海卫所"。从中看出，洪武三十一年（1398）设立的卫所主要靠在山东沿海垛集获得兵员。是年，山东沿海"自威海而抵安东，凡设直隶卫者七；自宁津而至雄崖，凡设直隶所者四"。这七卫四所全额配备齐全的话，需要四万余人。从相关记载看，确实也与这个数目相差无几："不过垛集四万之民，分设各卫所，号捕倭屯田军，议耕、议守、议战。"② 如果垛集成军的话，这四万余人出自四万余军户，还有两倍于他的贴户，共需要垛集十余万户。"据《明会典》、嘉靖《山东通志》诸书记载，洪武年间，山东人口大体保持在75万户左右，约520万人。"③ 山东沿海七卫四所约占全山东总户数的六分之一，也就是登、青、莱三州每六户就有一户是军户或贴户，而军户数约占十八分之一，所以完全有可能从当地垛集出军户。"明洪武三十一年，析文登县辛汪都三里立威海卫。永乐元年建成，领左、前、后三所，总部系山东都司，

---

①　《登州张氏族谱》，清光绪十三年修，民国二十二年刊刻。
②　民国《威海卫志》卷九《艺文》，民国十八年铅印本。
③　王赛时：《山东沿海开发史》，齐鲁书社 2005 年版，第 225—226 页。

兼辖属宁海州。"① 威海卫的设置可说明当时垜集确实存在。

垜集意味着民户变为军户，这会使胶东的社会结构发生一定的变化，出现军民混杂的状况。

威海卫仅有三个千户所，但三个百户所与三个千户所相比，仍有很大的差距。这样看来，只凭借垜集本地所析出的本地人口，还很难达到组成卫所所需的户数。这说明设置大量卫所会造成短时间内军户缺口。

虽然军卫存在军士缺口，但在洪武三十一年（1398）山东沿海大量建立卫所之前，胶东仍有相当数量的人口外迁。"从《明实录》的记载来看，山东人口的分布很不均匀，呈东密西疏的格局。东昌府属于明初年山东人口分布的最稀疏区。"② 山东呈现由东向西移民的趋势。山东西部的东昌府是主要的人口输入地。洪武二十五年（1392）二月，"监察御史张式奏徙山东登、莱二府贫民无恒产者五千六百三十五户就耕于东昌"③。洪武二十八年（1395）七月，"山东布政使杨镛奏：青、兖、登、莱、济南五府民五丁以上及小民无田可耕者，起赴东昌编籍屯种，凡一千五十一户，四千六百六十六口"④。

洪武年间从登、莱二府析出的大量人口，迁移到其他地区，但这并不代表胶东地区的总人口数一定比其他府多。胶东地区"地狭人稠"，主要原因在于"地狭"，平原面积小，丘陵和山地多，土地上能够承载的人口数量相对于平原而言是有限的。在原本人口数量并不多的情况下，洪武三十一年（1398）之前两次较大规模的移民，无疑也对后来新建军卫的军士缺额产生了不利影响。

综上，明朝洪武三十一年（1398）胶东地区卫所缺少军士的可能性非常大。在这种情况下，还大规模建设卫所或许是不明智的，但迫于倭寇肆虐的形势，朝廷不得不增设卫所。那兵员从何而来？弄清军事来源问题前，不妨再仔细分析一下威海垜集的材料：

> 明洪武三十一年，析文登县辛汪都三里立威海卫。永乐元年建成，领左、前、后三所，总部系山东都司，兼辖属宁海州。⑤

① 民国《威海卫志》卷一《疆域》，民国十八年铅印本。
② 葛剑雄主编，曹树基著：《中国移民史》第五卷，福建人民出版社1997年版，第160页。
③ 《明太祖实录》卷二一六，《明实录类纂·山东史料卷》，武汉出版社1994年版，第703页。
④ 《明太祖实录》卷二三九，《明实录类纂·山东史料卷》，武汉出版社1994年版，第913页。
⑤ 民国《威海卫志》卷一《疆域》，民国十八年铅印本。

其中"永乐元年建成"，也就是说威海卫是在洪武三十一年（1368）下令设立，永乐年间具体建设的。同年的胶东各卫所或许也大致相同。军户存在很大缺口，也就只能在永乐年间解决。这为永乐年间从其他地区向胶东地区移民创造了很大的可能性。

（二）移民：多元化的移民

1. "小云南"移民

明初胶东接纳了大量的外来移民，其中相当数量的家族自称是从"小云南"迁移而来的。当时未留下确切记载，在后人之中也只是传称先祖从"小云南"来。刘德增在其研究中根据《山东省地名志》做了统计，"检索出 101 个村落、55 姓"从"小云南"移居山东。① 胶东地区由"小云南"移民而形成的村落有 95 个，而形成于明初的村落 63 个（不包括含糊为明代者）占绝大多数，证实了胶东地区有诸多外来人口，这些迁入人口中多以"小云南"为原居里。这些村落形成的时间整体呈现由西、南向东、北递减，青岛地区主要是永乐年间之前的，而烟台和威海大都在此之后。这也说明在明代莱州府接纳移民的时间要早于登州府地区。

胶东地方志中亦有关于"小云南"的记载，学界对其做了分析和探讨。《〈明初移民山东的云南地望考〉商榷》一文统计："上述《氏族志》（笔者按：民国《莱阳县志》和《牟平县志》）记莱阳和牟平两县之'云南'籍家族，计有张、迟、于、尹、万、王、李、杨、孙、赵、郑、勇、林、冯十四家。其资料来源皆申明根据当地族谱或采访而著录。"②

民国《莱阳县志》中也对"小云南"做了探索：

> 居民传说其先世率于明洪武二年迁自云南。然按氏族略，其为唐宋故家、金元遗民仅廿余族。余各姓除从军或流寓，历年尚少，则凡传二十余世，历五百余岁者，大率相同。而能确定其原里居，亦无多。族十九八漫称云南，又谓户有占山买山，宋元旧家则为漏户。及诘其所以迁徙及何以占山买山？何以旧家若是之少？新迁如许之多？无论乡僻野老，莫能道其原委，即荐乡绅世家亦语焉不详。③

莱阳许多家族的人多听闻祖辈讲自己的先祖是从"小云南"迁移来的，

---

① 刘德增：《闯关东——2500 万山东移民的历史和传说》，山东人民出版社 2008 年版，第 42 页。
② 朱端强：《〈明初移民山东的云南地望考〉商榷》，《云南师范大学学报》1998 年第 2 期。
③ 民国《莱阳县志》卷末《杂述》，民国二十四年铅印本。

但不知道具体地址是何处。后来成为望族的家族也对此不甚清楚。大家都认为这是传说，不足为信，虽然家谱中对此有所记载，但多是模糊记载或语焉不详。很多人都认为"小云南"不是一个地名，而是一个模糊的概念，甚至只是一个附会的说法，故引出了"小云南"之谜。

许多人认为这些家族是附会云南移民，"小云南"与今天的云南没有丝毫关系，并分析"小云南"的字面含义来揭示其背后隐藏的东西，以此印证"小云南"不是云南，而另有其地。民国《莱阳县志》的作者就透过文本找寻"小云南"一词的由来。

> 或谓云南为豫南之讹，或谓小云南在安徽境，或谓小云南为山西地，亦均之无稽。虽然要自有说，意即洪武四年山后内徙之民也。盖阴山之南，恒山之北，曰郡、曰州、曰府、曰路，自昔即以云称。（晋察绥之交，战国赵曰云中故城，治今托克托；秦汉置云中郡于此；北周置云中县，治今大同；隋改云内县，治今怀仁；唐置云中郡，兼治之州，治今大同；宋于此置云中府路；辽以古望川地置云县，金改为州，元因之，治今赤城县望云堡。）则云中、云州之南或云岗（大同西，为名胜地）、云阳（谷名，在左云县）、云泉（山名，在张家口西）之南，其土人必有以云南称者。①

这是作者自己的推测，他根据"小云南"字面所带有的意思，意会云南之音，来说明"小云南"不是云南，而非直接引用当地人称其地为"小云南"的事实或者相关史料。

胶东望族的先祖记忆之中时常提及"小云南"、云南、乌撒卫等地方。福山王氏族谱中也记有"小云南"，并将之具体化：

> 始祖忠，云南大理府云南县人。旧传为小云南鸡头村王家。任邑之登宁场盐大使，卜居古现集之河北村，旧有王姓数百家与之同处，遂隶孙乔社一甲，取邱氏，子一云。……康熙癸巳沿筮仕云龙州，路经小云南镇，平原空阔，山川秀发，访所谓鸡头村，渺不可得。古云三十年为一世，沿去始祖十世，今更益五世，忆其时当在前明洪永年间，远迹湮，遂无可考。②

---

① 民国《莱阳县志》卷末《杂述》，民国二十四年铅印本。
② 《福山王氏家谱》，清道光二十六年续修。

其中，乌撒卫的移民应该是迁移的军士。在胶东南部青岛地区的家谱中，常见永乐二年（1404）从云南乌撒卫迁出的记述。

青岛市崂山区白埠庄村《杜氏族谱》记载："明永乐二年，吾祖由云南阿密州乌撒卫西北三十里槐树里头，移至青郡南枣行居住，三四年后，复迁至即墨县崂山南头白庙籍，后迁百步庄落户。"①

崂山区后旺疃村《迟氏族谱》记载："吾祖于明永乐二年从云南乌沙卫牛角胡同迁居即墨旺疃。"②

崂山区仲村《王氏族谱》记载："明永乐二年，吾祖自云南哈密县乌沙卫街大槐树村迁至钟鼓村定居。"③

在莱州府及登州府常有记述始祖之云南某地而来，时间在明初洪武、永乐时期。莱州水南村宗氏的先祠碑记："先祖天一公，世居云南狮子口，品重圭璋，英才盖世。明成祖钦其为人，恩封灵山卫，为都督。至纪宽祖迁居平度苏子埠，后又迁郑家屯。有标祖迁居掖北苏郭村，五世祖锡宏由苏郭迁居水南，因号之为水南宗家村。"④

以上材料反映出，永乐二年（1404），很多从云南迁移到胶东的氏族人口自乌撒（沙）卫迁出，乌撒卫设置于洪武五年（1372）。张金奎分析文献后，认为乌撒卫建立后就地整编了自京师而来的征南部队，许多山东籍军士落脚云南，同时朝廷把其家眷也护送至云南，按理不会再出现大规模的调动，若调动应该主要是军官。当然，不排除这批山东征南军士偷逃回山东的可能。另外，他还发现许多宗族的先祖传说中还透露出自己家族来自安南、交趾国，其中还混杂有"小云南""乌撒卫"等地名。他认为，"借明朝撤销安南布政司的机会脱离原伍，辗转海路北上，并最终落户于山东半岛的原云南卫所军户的可能大一些"⑤。即原山东征云南的军士，在征伐安南国后，留在当地，但后来安南布政司被裁撤，他们很多人便借机逃回山东或被安置在山东。无论如何，云南乌撒卫的移民是极有可能存在的，而且大都是军士人口。

---

①　崂山区白埠庄村《杜氏族谱》，转引自葛剑雄主编，曹树基著《中国移民史》第五卷，福建人民出版社1997年版，第196页。

②　崂山区后旺疃村《迟氏族谱》，转引自葛剑雄主编，曹树基著《中国移民史》第五卷，福建人民出版社1997年版，第196页。

③　崂山区仲村《王氏族谱》，转引自葛剑雄主编，曹树基著《中国移民史》第五卷，福建人民出版社1997年版，第196页。

④　碑刻图文照片，程皓（首都师范大学历史学博士，山东莱州人，热心于乡梓文献搜集）提供。

⑤　张金奎：《明代山东海防研究》，中国社会科学出版社2014年版，第599页。

关于"小云南"位于何处的问题，其中许多地方难以核实，但考虑到胶东望族称自己的家族从"小云南"来，可能跟云南有着很重要的关系。故以此为线索寻找文献，发现确实存在独立于胶东的文献中有与"小云南"相关的内容。学界已经形成以下几种观点：第一，"小云南"在今云南的祥云县①；第二，"小云南"是云中（或云州）之南，在河北与山西交界②；第三，"小云南"在淮泗地区，即今江苏连云港地区；第四，"小云南"就在山东青州、胶州、莱州等地。这四种观点各不相同，但都认为"小云南"不是杜撰的，是真实存在的。同时，《宋史》《明太祖实录》《滇程记》中也都有"小云南"的记载。③ 故"小云南"确实存在，至于在云南还是他处都有可能。无论在何处，这些望族的先祖极有可能多是迁徙至现居地的。这些人口多是奉朝廷之命而来的。依据明初军事活动、制度安排以及后世子孙的军籍判断，他们多是军事人口迁移，并且"小云南"移民也与乌撒卫有着某种联系。

2. 四川移民到胶东

在胶东地区，除了云南移民占据很高的比例，从四川移民到胶东的家族也有相当多的数量。④ 东莱翟氏"余家本四川成都府成都县人也，于大明洪武二年奉旨迁于莱之掖邑"⑤。民国五年（1916）《东莱程氏族谱·谱序》记："我始祖蜀之细民也，世传原籍河南，徙居于蜀。明洪武二年由四川铁碓臼程家东迁莱郡，卜宅于城西程家。"⑥ 洪武二年（1369），翟氏、程氏的始祖从四川迁往掖县是奉旨迁移的，这说明他们是朝廷移民，而不是自发的移民，但是同年四川尚在明玉珍的统治之下，因此不会是明朝下旨迁移的，更不可能是明玉珍下令迁移的。因此，他们始祖的迁移时间不成立。其中的"奉旨"移民却值得注意，为何记录始迁祖是奉命迁移呢？奉命迁移即表明是朝廷所为，但洪武二年（1369）是不可能出现的，洪武四年（1371）明朝平定四川后才有可能。洪武二年（1369）无法与四川建立联系，却与莱州卫创立时间相符。

① 胡子龙：《"小云南"与今云南祥云》，《寻根》2011 年第 2 期；鞠明库：《明清史籍中的"小云南"》，《中国地方志》2007 年第 9 期。关于"小云南"的诸多说法可以参考吴光范《小云南地理位置考》，《云南社会科学》2011 年第 3 期。

② 风良：《明初移民山东的云南地望考》，《中国历史地理论丛》1993 年第 2 辑。

③ 张金奎：《明代山东海防研究》，中国社会科学出版社 2014 年版，第 592 页。

④ 程皓：《明代胶东半岛的四川移民——以明代掖县为中心》，《鲁东大学学报》（哲学社会科学版）2010 年第 2 期。

⑤ 《东莱翟氏族谱·谱序》，民国二十五年续修。

⑥ 《东莱程氏族谱·谱序》，民国五年修。

有的家族也较为谨慎，仅说自己的始祖在洪武朝迁至莱州。如莱州刘氏族谱中记载：

> 余尝考吾族翰儒公行状，有云：刘氏先世家于蜀，国初奉令徙掖。传至瀛，力田修行，家用以丰，于掖称巨姓焉，是吾族之祖。至瀛而确，则以瀛为一世祖可也。①

刘氏始迁祖实际是"大公"："吾家相传始迁者，讳大公，则大公即吾之始祖，又何疑焉？无如徒得之于耳闻，而若传若泯。且大公以后，二世三世，皆无可考，何以著之世系之谱也。"② 但事迹不详，难以考证。而刘瀛迁移到莱州的具体时间在其世迹录中有所反映，"瀛……大明洪武时迁莱"③，即刘瀛在洪武年间移居莱州。洪武初年迁入，又是"奉令"，因此刘大公应是洪武四年（1371）明朝控制四川后迁移的。

东莱赵氏先祖也是洪武朝时迁移至莱州的，任职莱州卫。其二世祖赵迪"洪武时任莱州卫指挥副使"，赵信"洪武时任莱州卫千户"。④ 其始祖赵守义较为特殊，他"原籍四川，明初任金州卫经历，以防御海寇功擢金事，因家东莱"⑤，时间也应是洪武朝。

许多胶东望族也记载自己的始祖是永乐年间奉命迁移到胶东的。莱州宿氏道光丙戌年（1826）重修的《东莱宿氏家谱》在其《宿氏家谱后跋》中详细记载了其家族迁移情况：

> 余先树春秋宿男伏羲风姓之后也，以国为姓，历代间有闻人……洎宋太宗时，有讳翰者以平蜀寇，显遂至我。明由楚迁蜀，成祖朝讳善甫者，传闻应诏籍掖，为一世祖。⑥

在明永乐年间，宿氏一支从其居住地"四川嘉定州夹江县"⑦ 迁移到莱州。他们是应诏入籍掖县，属朝廷移民，但并不是军籍移民，因为如果宿氏是军籍的

---

① 《东莱刘氏族谱》卷一《世系图》，清康熙四十六年修。
② 《东莱刘氏族谱》卷一《始祖志》，清康熙四十六年修。
③ 《东莱刘氏族谱》卷二《世迹录》，清康熙四十六年修。
④ 赵琪等：《东莱赵氏家乘》卷五《旁支》，民国二十四年铅印本。
⑤ 赵琪等：《东莱赵氏家乘》卷三《世谱》，民国二十四年铅印本。
⑥ 《东莱宿氏家谱·后跋》，清道光六年续修。
⑦ 《东莱宿氏家谱·谱序》，清道光六年续修。

话，就不可能出现宿善甫在掖县"生二世祖后，以思亲故仍还蜀"的记载。

《东莱林氏支谱》记述：

> 东莱林氏，原籍四川成都府成都县西门里树底下。明永乐中，一世祖讳山奉旨迁莱，为掖人，卜居城东北高郭庄。①

永乐年间，林氏从四川迁移到莱州，在高郭庄住，应该是民籍，但是难以确定。

明初胶东其他移民的来源地区有江苏、江西、陕西等地。登州卫、宁海卫接受过扬州、高邮等地的军士，洪武九年（1376）二月，朝廷"调扬州卫军士千人补登州卫，高邮卫军士千人补宁海卫"②。

福山郭氏始祖郭福辉洪武年间奉命自江西万安到山东福山抗倭。

蓬莱张氏原籍是山东枣林庄，元代"至□年间迁居河南省汝宁府"。其三世祖张衮"元季从征甘肃、云南等省，累功授百户，加世袭。前明洪武二年，明大将军徐达引兵进取庆阳，乃率二孙友仁、友德，由庆阳来居于登之蓬莱县，遂家焉，入蓬邑乘武宦志。……嘉庆乙亥以公为始祖，按嘉庆己巳年谱云：'衮本河南汝宁府息县白亭社土邱村人。元季从征甘肃、云南，以功授百户。洪武二年徙居登州府蓬莱县，隶籍登卫社一甲，始为登著姓。'"③

昌邑《陈氏家乘》记有："始祖（得甫）原居成都南关铁臼巷，洪武二年以军籍来昌邑，遂家焉。二世、三世均充辽东广宁左卫差，至四世乃罢。今该处之姓陈氏者，多吾同族也。"④

这些家族的先祖多是奉朝廷之命而来的，且是军官。

以上胶东望族先祖移民记忆中常带有"洪武二年""永乐二年"字样，这应是他们迁移或落户的时间，但真实性大都不高。学界对此给出了不同的判断。陈世松从四川移民史出发，发现文献中有以洪武初年代替元末四川明玉珍政权纪年的事例，便认为"洪武二年"是"指代明初时代的一种象征符号"⑤。张金奎认为，"洪武二年"应与当年的户籍编纂有关，"山东地区在元

---

① 《东莱林氏支谱》，1988 年修。

② 《明太祖实录》卷一〇四，洪武九年二月庚子条，"中研院"历史语言研究所校印本 1962 年版，第 1747 页。

③ 《登州张氏族谱》卷一，清光绪十三年修，民国二十二年刊刻。

④ 《陈氏家乘·谱系叙略》，民国三年山东印刷公司排印本，转引自张金奎《明代山东海防研究》，中国社会科学出版社 2014 年版，第 599 页。

⑤ 陈世松等：《大移民："湖广填四川"故乡记忆》，四川人民出版社 2015 年版，第 270 页。

末曾是多种力量反复拉锯的地带，大批旧军人被纳入军户系统，发往异地安置。在清理归附军户与严苛的户籍清理政策双重作用下，山东的土著居民应该大多在洪武二年前后即完成了户籍申报及相关事项。移民与土著居民相比，处于先天的劣势，心理上不免要尽力向其靠拢。把始迁祖尽力描绘成与土著居民同时纳入新朝户籍系统，无疑是一个'良方'"①。笔者认为，"洪武二年"应该也与胶东当地的历史有关，而且就移民性质看，应与军事有关。明朝洪武二年确实有军事活动，如设立莱州卫。按照明初异地安置归附的军士之策，莱州卫应该会接收部分莱州府甚至胶东之外的军士。在洪武年间，莱州卫也接纳了四川军士。这样看来很有可能是洪武四年（1371）后移民至莱州卫的四川军士，在莱州卫发展中对自己奉命调拨的时间久而生疏，但对自己从属的卫所创立的时间久而熟悉，便以之作为自己的迁移时间，或后世进行编修谱牒时，耳闻的先祖故事较为模糊，对时间、地点有个大致印象，从而根据始祖的军人身份，将之归为莱州卫创立之初。这一点不仅在移民家族中可见，在土著家族中也存在，如掖县吕氏也记述："洪武二年我始祖彦刚公与城中王（氏）缔姻，……是为居城始祖。"② 永乐二年（1404）或与鳌撒卫、即墨营的设置时间有着一定的联系。这一年，鳌撒卫左千户所正式成立，朝廷为抗击倭寇设置即墨营。洪武、永乐朝调拨到即墨附近的灵山卫、鳌山千户所的军士也多记住了卫所的创立时间。

综上，胶东大多数地区在明初涌入大量外地移民，呈现出土客混杂的社会结构，正如明初莱州府掖县一般，"掖自金元兵燹后，土著者少，惟武官刘氏、坊北程氏、军寨吕氏、王西王氏七八姓，余多成都人，永乐间所迁徙之小民也"③。一些家族记载其始祖洪武二年、永乐二年自四川、云南而来，虽非历史真相，但应是后世子孙追溯先祖迁移时间时，将其所属卫所、营所的创立时间作为了迁移时间。先祖多有卫所职衔，其迁移多属军事人口移动。故明初胶东地区军民混杂，军事人口激增。洪武三十一年（1398），虽建立卫所，但是主要移民的充实还是在以后的时期，而且根据以上材料可以看出，永乐时期有很多移民。故永乐年间外地移民至胶东的真实性远胜过洪武二年。

---

① 张金奎：《明代山东海防研究》，中国社会科学出版社 2014 年版，第 612 页。
② 《东莱吕氏家谱·谱序》，清乾隆五十三年修。
③ ［清］毛贽：《识小录》卷八《识遗》，载《山东文献集成》第一辑第二十五册，山东大学出版社 2007 年版，第 441—442 页。

## 二、从卫所望族到士绅望族：胶东社会土客混一

明代胶东地区卫所遍地，是军人的世界①，其社会结构组成呈现军民混杂的多元化特点，后来朝廷为解决军户生活困难而设儒学。很多军户从事科举之业，发展成望族，可称为卫所望族。卫所望族包括普通军户望族和军卫职官望族。军卫职官望族都是从卫所指挥官的军籍家庭发展而来的，卫所的指挥官主要包括指挥使、指挥同知、指挥佥事、正副千户、百户等。因为卫所指挥官家族既可依靠军功而获得的世袭职位发展壮大家族，又可以送子弟去卫所学校，以后参加科举，这样就兼备了军功和仕途两种发展方向。前者是卫所指挥官家族发展的正途，后者则是开拓家族发展新局面的方式。如此一来，胶东军户逐渐民众化，社会结构逐渐单一化、民众化。

（一）普通军户望族

洪武、永乐年间移民到胶东的家族应该大都是军户移民，准确地说是军士移民，因为这些家族的始祖多是一人，其可能有配氏和幼子跟从，但军户之家的很多人仍留守在原府县，所以称之为军士迁移比较准确。

前面几节分析洪武二年（1369）"小云南"移民胶东的家族是否附会永乐二年（1404）云南移民时，可以发现明清胶东部分望族的始祖由云南乌撒卫迁移而来。这些家谱的记载较为明确，亦仍有些家族只是记载家族始祖从云南迁移而来，没有具体的原居里。鳌山卫南里刘氏族谱中记载：

> 盖闻余氏自明永乐时由云南迁居于平度城，是刚柔福海兄弟四人也，而住不久长四人分居，彼三祖在平度，一在诸城，一在关东，大约共为世家而有世系之谱矣，惟吾柔祖则迁于鳌山卫南门里，一传再传，有在周臣屯者，有在碾子头者，迄今三百余年。②

在云南之外应该还有从西北地区征调而来的军户。灵山卫是洪武三十一年（1398）才建立的，"洪武二年以灵山卫军户迁徙灵山卫东南之薛家岛定居"的说法是难以成立的。从其原籍和其后代是军籍这一情况看，薛氏应该是明初以军户移民到灵山卫的，因为其二世祖中的薛禄在"永乐间，禄从成祖文皇帝靖难，封阳武侯，曾祖安、祖大、父遇林俱追封阳武侯，曾祖母金氏、祖母

---

① 葛剑雄主编，曹树基著：《中国移民史》第五卷，福建人民出版社 1997 年版，第191 页。
② 《鳌山卫南里刘氏族谱·光绪十九年谱序》，民国二十六年续修。

唐氏、母张氏俱追封阳武侯夫人"①。

明朝实行军民分籍，入军籍之家成为军户，军士家室要跟随军士驻防而迁居，"如原籍未有妻室，听就彼完娶；有妻在籍者，着令原籍亲属送去完娶"。这样可以使军士拥有一个完整的家庭，在卫所生儿育女，安稳扎根。移民到胶东后，很多军士成家，生儿育女，因为军籍世袭，他们的后人世代为军。国家分给军户一定的土地，生产粮食补给家用。这为军户的生存与发展提供了一定的生活保障。

卫所的军士不仅要承担军事防御任务，还要从事生产建设。明朝实行军屯，国家分给卫所一定的土地，令其屯田自立，减少国家的负担。对于军事和军屯两种职能，朝廷作了相应的规定。洪武二十一年（1388）十月，朱元璋"命五军都督府更定屯田法，凡卫所系冲要、都会及王府护卫，军士以十之五屯田，余卫所以五之四"②。洪武二十五年（1392），重新规定"天下卫所军卒，今十之七屯种，十之三城守"③。军屯为军户的生存发展提供了一定的物质保障。"每正军一名，受田一十二亩，纳租六石，余军所受所纳，比正军则杀之。"④ 每一个军士有 12 亩田，家属受田 6 亩，这为军户余丁生活创造了条件。

为了保证兵源、防止兵士脱籍，明朝要求军户不能分户，军士不能过房，不能随便入赘。由于移民胶东的军户人口不断增加，家族规模不断扩大，慢慢地发展成大的军户家族。这是家族形成的基本发展状态，而真正壮大还要靠军功和科举。

为了解决军士家庭中余丁的出路，明廷在卫所设立卫学，允许一名男丁入学，参加科举考试。与府县治所相近的卫所不单独再设卫所学校，直接入府县学，如莱州卫和登州卫的子弟就直接进入府县学。胶东卫所单独设置学校的情况如下：大嵩卫学，明永乐年间建，清雍正十三年（1735）裁卫立县改为海阳县学；成山卫学，明宣德二年（1427）建，嘉靖四年（1525）巡道冯时雍移建，万历年间修，天启年间复迁建，清顺治年间知府刘董邑人黎平重修，雍正十三年（1735）裁卫改为荣成县学；安东卫学，明成化年间改建，清顺治十八年（1661）卫人苏敷生倡修，乾隆七年（1742）并于县；靖海卫学，明

---

① 《灵山卫薛氏家谱·嘉靖十六年谱序》，1963 年残本。

② 《明太祖实录》卷一九四，洪武二十一年十一月丁未条，"中研院"历史语言研究所校印本 1962 年版，第 2913 页。

③ 《明太祖实录》卷二一六，洪武二十五年二月庚辰条，"中研院"历史语言研究所校印本 1962 年版，第 3184 页。

④ ［明］王道隆：《野史》，载［明］董斯张《（崇祯）吴兴备志》卷一六。

正统四年（1439）指挥潘兴建，清顺治年间教授周之翰、康熙年间教授马负图修，雍正十三年（1735）裁卫归并县学；威海卫学，明正统四年（1439）建，清顺治年间重修，雍正十三年（1735）裁卫归并县学；灵山卫学，明正统元年（1436）建，清康熙年间地震圮毁，教授常天祚募修，雍正十二年（1734）收并州学；鳌山卫学，明正统年间建，清康熙五十一年（1712）守备李炯教、张可大重修，雍正十二年（1734）收并县学。①

明清胶东军户家庭的发展壮大不仅需要人口的自然增长，还要家族实力的增强。正常途径应该是依靠军功获得仕途晋升，但普通军户处于卫所底层，很难获得晋升的机会，难以为家族发展增添力量，反而受军籍的束缚，难有大发展。家族成员参加科举取得官位之后，诗书传家，出人头地的机会反而比较多。在明朝，军籍的束缚多，负担重，社会地位低，对军户的发展十分不利。有一些军户通过努力最终摆脱军籍，获得了较快的发展。招远杨氏就是其中一例。招远杨氏一世祖杨彦通是洪武年间登州教谕，因职宦游胶东，后任满卜居招远，并入当地籍贯。据此看，招远杨氏应该是民籍，但是从其二世、三世看，杨彦通当时是客籍于招远，而且是依附于军户之家。杨氏二世祖杨嵩"仍以客籍居于招邑，且依附于邑城东苇都河以北军籍强梁之族，需耕种屯田，是典型的'外住户'"②。杨氏本是以儒为业之家，却因客寄军籍，屯田戍卫，负担重而不能专攻科举，发展受到限制，到第三世时家族通过一番周折而成功脱离军籍，转入民籍，从此杨氏逐渐兴盛起来。到四世杨允家道渐起，又因刘六、刘七起义军略招远而中衰，后七世祖渐入仕途，到明末家族日益兴盛，达到了顶点。

登州张氏明初移民蓬莱，第二代张友德时加入军籍，成为军户。张友德承袭军籍，不断在军队建功，累迁百户，成功实现了由士兵向指挥官的晋升，这为登州张氏赢得了一定的社会地位，为进一步发展打下了基础。但真正实现家族繁盛的还在于他们家族后人进入卫学，成为读书士人，并不断在科举上获得成功，入仕为官。科举的成功极大地提高了张氏家族的社会地位，使其成为一方军户式科举望族。张氏第八世子孙除张安"官本卫千户"外，张清"廪生，正统间登州卫岁贡，以子封文林郎、东平知县"，张荣"嘉靖甲午举人，庚戌进士，刑部主事"。③ 他们开启了登州张氏兼备军功和科举双向发展的历史。之后，张氏军功未获得大进展而科举之业一再开创佳绩。在第九世，张氏家族

---

① 宣统《山东通志》卷八八—八九《学校志》，民国七年铅印本。
② 杨金山：《招远杨氏族谱》第五卷第二篇，2012 年续修，自印本，第 82 页。
③ 《登州张氏族谱》卷一，清光绪十三年修，民国二十二年刊刻。

在科举上继续取得大发展，张铭"登州卫庠生，正德己卯举人，北直东明县知县授文林郎"，其父母获得了朝廷赠予的爵位和名号。之后，登州张氏逐渐以科举为主，获得不断发展。到生活于晚明的第十一世张伯龙，第十二世张珍、张瑶时，张氏达到了顶峰，成为登州一门望族。到清朝裁撤登州卫时，张氏摆脱了军籍的负担，家族发展日益强盛。

（二）军卫职官望族

1. 军卫职官家族简况

《东莱赵氏家乘》记载："遐想我赵氏西蜀望族，代有闻人，延及先高祖宦游东莱，占籍业经数传。"[①] 宦游东莱主要是指东莱赵氏的始祖赵守义，在明初"任金州卫经历，以防御海寇功，擢佥事，因家东莱，敕授征仕郎"[②]。金州卫在辽宁大连一带，洪武八年（1375）设立，赵氏始祖应该是在该年之后任职的。为何最终在山东莱州府入籍，无相关资料证实。然而，从其后世子孙赵耀、赵焕的军籍看，应该是军户入籍莱州卫。

胶东卫所指挥官的家族，能从普通的军户提升为卫所指挥官，是凭借军功累授得来的。胶东望族的军功与明代历次大的战乱有着密切的联系（参见表1-1）。

表1-1　鳌山卫卫所军户来源、调配及世袭表

| 姓氏 | 原籍 | 调配及世袭简况 | 资料来源 |
|---|---|---|---|
| 陈氏 | 云南徵江府路南州 | 一世自永乐兴师，始祖安随靖难兵，由总旗进百户进千户又进升保定府知府，封明威将军。至洪熙初年，钦调鳌山卫指挥，诰赠三代，袭爵十世 | 黄济显主编：《鳌山卫古城》，中国文史出版社2007年版，第62—65页等 |
| 姚氏 | 江苏江宁府蒲县仁丰乡深沟 | 一世祖兄弟两人随明太祖起兵滁州效力。帝成业，兄姚阿关封武略将军，从三品，弟姚阿三封龙虎将军，正二品。洪武二十一年（1388），皆封鳌山卫指挥使，世袭 | |
| 韩氏 | 不明 | 其一世祖因战功封武略将军、鳌山卫指挥使，战唐赛儿起义于诸城，大胜，升昭毅将军 | |

① 赵琪等：《东莱赵氏家乘·万历二十九年东莱赵氏族谱序》，民国二十四年铅印本。
② 赵琪等：《东莱赵氏家乘·序例》，民国二十四年铅印本。

续表

| 姓氏 | 原籍 | 调配及世袭简况 | 资料来源 |
|---|---|---|---|
| 东里刘氏 | 直隶省顺天府积庆乡 | 其一世祖明朝时任鳌山卫千户之职,九代世袭 | 黄济显主编:《鳌山卫古城》,中国文史出版社2007年版,第62—65页 |
| 顾氏 | 直隶怀安邳州宿迁县 | 其一世祖顾成,元末明太祖起兵,从韩平章充小旗,或冲阵破敌,或督工修城,凡所任用均有成绩,遂升总旗,进百户,又进升副千户。洪武三十五年(1402)卒于军,以子代。子名旺字大兴,素有大志,授任以来,忠义慷慨,屡有战功,后封为明威将军。永乐二年(1404)钦升府军后卫流官指挥金事。洪熙元年钦调山东都司鳌山卫指挥金事职事,诰赠三代,袭爵十世 | |
| 周氏 | 江南凤阳府寿州县东南乡鹊儿窝 | 其一世祖自明永乐元年(1403)从征有功,蒙恩授任山东莱州鳌山卫世袭指挥,封明威将军 | |
| 潘氏 | 滁州在城 | 二世祖潘义于洪武十六年(1383)充小旗,洪武三十五年(1402)授滁州卫右千户所百户,永乐四年钦调山东都司鳌山卫右所,世袭管军百户户职事,居鳌山卫城南门里潘家石硅,永乐八年迤北征进 | |
| 石氏 | 苏州平山 | 其始祖元末随朱元璋起义,战功卓越,洪武十八年(1385)即授大高镇抚,复为魏国公徐辉祖所知,奉檄筑城于鳌山,以功升鳌山卫指挥使 | |
| 何氏 | 江苏江浦县 | 始祖讳实,原籍江苏江浦县,遭元末扰乱,明太祖起兵,丙申九月充小旗,或从征对敌,或督工修城。……洪武二十五年(1392),告老退役,以子代。子即何氏二世祖,后封怀远将军者也。……随靖难兵,屡建奇勋,以故永乐二十余年间,始充总旗,进而百户,进而千户,升授永清右指挥同知职事,复除常山右护卫,仍前指挥同知职事,钦调山东都司鳌山指挥同知职事,极之诰赠者二代,袭爵者十世 | 《鳌山卫何氏家谱·道光十一年谱序》,民国二十五年续修 |

续表

| 姓氏 | 原籍 | 调配及世袭简况 | 资料来源 |
|---|---|---|---|
| 南里刘氏 | 云南 | 盖闻余氏自明永乐时由云南迁居于平度城，是刚柔福海兄弟四人也，而住不久长四人分居，彼三祖在平度，一在诸城，一在关东，大约共为世家而有世系之谱矣，惟吾柔祖则迁于鳌山卫南门里，一传再传，有在周臣屯者，有在碾子头者，迄今三百余年 | 《刘氏族谱·光绪十九年谱序》，民国二十六年续修 |
| 白梅安梁四氏 | 蒙古 | 始祖兄弟四人世居漠北之地，久仰文明之邦。幸明英宗北巡伯颜以五百骑送还京师兄若弟乐勤王事，并敦女于遂相偕俱从军焉。天顺再元赏护驾之功，赐姓曰梅曰白曰安曰梁，赐名梅曰克贞，白曰京世，安曰志全，梁曰频礼，同封世袭达官于鳌山卫，我贞祖礼祖均语授怀远将军指挥同知，官三品。世祖全祖均语受武略将军副千户官五品，二年赴卫就职 | 《鳌山卫白梅安梁四氏合谱·宣统二年谱序》，宣统二年修 |

注：表中家谱、族谱转引自王晶晶《明清至民国时期山东半岛军户家族组织研究——以鳌山卫、灵山卫为中心》，厦门大学 2009 年硕士学位论文。

分析表1-1可知，这些卫所指挥官家族的发展基本依靠军功。军功与战乱有着一定关联，而战乱并不常有，故军功亦难时时建立，只有在战乱年代才有机会获得。胶东卫所指挥官授职主要与元末明初农民起义、靖难之役、土木之变等大战乱有关。胶东卫所家族成员在这些战乱中累功受封，为子孙留下了一定的世袭权位，为家族发展奠定了基础。

根据现有的望族资料，胶东卫所的指挥官大都是在永乐时期任命的。这与胶东卫所的设置、建设时间有较高的重合度。明代胶东地区的卫所主要设立于洪武年间，而建设在永乐时期。永乐朝对胶东卫所的建设是对洪武及惠帝时期所形成统治体系的调整。为了构建属于自己的权力统治体系，永乐皇帝就要对原有的体系做调整，重新任用一批人，这样便于将他们纳入自己的权力控制体系。

2. 军卫职官家族的一般发展轨迹

卫所军官在卫所入籍，世代生活在卫所之中，除承袭职位的子弟，其他男丁亦要在卫所居住生活。当然，他们还可以送子弟入卫所学校学习，参加科举考试。军功是其发展的基本途径，科举为官是开拓家族发展新层次的主要方式。

牟平常氏家族就是胶东军卫职官望族的一个代表，其发展经历反映了军卫职官家族发展的一般轨迹。明代卫所指挥官常忠入宁海（今烟台牟平）卫籍，常氏家族世代生活在胶东，慢慢发展，后兼及儒业科举，不断壮大，由一个军户发展成为宁海望族。

> 常忠，原籍乐安州，以祖兴从洪武戎，旋拨燕山卫，父敬从永乐戎，累功升武略将军，水军左卫前所副千户，永乐二十年钦与世袭，忠于正统七年袭职，调宁海卫左所副千户，遂家焉。①

常忠的祖父从征加入军籍，后其父世袭军籍，"从永乐戎"，应是恰逢靖难之役，跟随燕王朱棣起兵。他靠这次从征获得军功而提升为副千户，为其家族的大发展赢得了良好的条件。常忠袭职时不是普通军士，而是指挥官，其社会地位自然有提升，这为其家族之后的发展带来了机遇。

> 常礼，忠之子，成化八年承袭；常寿，礼之子，成化二十二年承袭；常泰，解元秉仁之侄，承袭祖职副千户，晋武德将军；常师善，泰之子，承袭。②

这是常氏家族在军籍上的发展之路，但常氏并没有在军功上获得很大的提升，只是承袭原来的祖职。

常寿袭职后本应该由其长子承袭，但是由于长子双目失明，故由次子常秉仁顶替。常秉仁承袭军职，在武科中获得解元，但没有得到提升。他在军功上没有取得进展，却涉猎诗文，注重文化教育，促使家族开始出现转型，其子常康在科举仕途上取得一定的成绩。

> 常康，字晋侯，号济苍，万历壬子举人，丙辰进士。初任礼部行人司行人，转升户部清吏司员外郎，升署贵州清吏司郎中。矢志清白，累上疏奏事剀切，迄今存婺恤草三册，于本道王公之鍮献，宽惠之书，于抚台陶公，朗先议海运之情于徐府，尊清火耗之法，于孙司理论辽饷之捐，于各州守有词讼之清，编审之均火耗加派之却，皆有稿籍行于世，钦差总理易州粮储，弹压紫荆等关，军民戴若父母，有召杜之称，外选承天□知府，

---

① 同治《重修宁海州志》卷一五《职官志》,清同治三年刻本。
② 同治《重修宁海州志》卷一五《职官志》,清同治三年刻本。

以却宿弊，垂永利事一揭，以固牧围图补摄事一揭，及别奸救荒，立有碑
石著郇牍集十册，南中至今能道之嗣，升分守临沅道，寻升云南按察司副
使，崇祀乡贤。①

常氏家族从常康开始逐渐侧重科举，家族在仕途上取得较大突破，获得了朝廷
的封官和相应的奖赏，逐渐享受到朝廷的恩荣。常秉仁获封官衔，进一步为家
族发展创造条件，赢得了社会声望。在城中西门大街有两座专为常氏树立的牌
坊："文武世科坊，为三科武解元常秉仁、丙辰进士常康立"；"宠贶三朝坊，
为赠中宪大夫常秉仁、按察司副使常康立"。② 在一地能够树立两座牌坊，这
是对其家族威望的极大宣传和肯定。

末几，明亡。常氏家族亦有所衰落。在清代，常氏摆脱了军籍束缚，努力
争取在科举中有所斩获，却未获得显著成功。失之东隅，收之桑榆。常氏在商
业上崭露头角。商业上的成功，使其家族可通过捐纳入仕，使常氏声名不衰。

同一卫城的南门里贺氏，也是由明初世袭卫所军官（贺氏世袭百户）转
而读书科举仕进的。

> 贺寿，原籍丹徒县，从明太祖，征常州宁国、江阴、湖州等处，功受
> 宁海卫指挥百户，守御文登，敕封昭信校尉，入卫籍。贺保，寿之子承
> 袭；贺文，保之子承袭；贺兴，文之子承袭；贺成，兴之子承袭；贺凤，
> 成之子承袭……以子景禄贵，赠蓟州知州。③

贺氏在洪武年间入宁海卫籍，子嗣继承军籍，但并未再获得大的军功，整个家
族平稳发展，在贺凤之子贺景禄时出现了转机。"贺景禄，举人，静乐知县，
升蓟州知州。"④ 贺凤"以子景禄晋承信校尉，妻李氏晋安人"⑤。从此，贺氏
逐渐以读书为业，家族也不断壮大。明清易代时，贺氏也一度衰落，后以科举
再度兴盛。

东莱赵焕、赵耀家族也是明初迁移到胶东卫所的军官家庭。其始祖赵守义
任职金州卫，二世赵迪"洪武时任莱州卫指挥副使"，赵信"洪武时任莱州卫

---

① 同治《重修宁海州志》卷一七《人物志》，清同治三年刻本。
② 同治《重修宁海州志》卷二二《人物志》，清同治三年刻本。
③ 同治《重修宁海州志》卷一五《职官志》，清同治三年刻本。
④ 同治《重修宁海州志》卷一七《人物志》，清同治三年刻本。
⑤ 同治《重修宁海州志》卷二二《人物志》，清同志治年刻本。

千户"。赵氏在第三世时就已经开始科举与军功两条路并举,三世赵德"宣德间庠生,军功,授莱州卫指挥佥事"①,三世赵胜"明庠生,貤封承德郎,河南彰德府通判",赵秀"明增生",只是科举状况一般,多入地方微职。到明代隆庆年间,赵氏第六世出现了赵耀、赵焕等进士,任职重要机枢之职。赵耀,"字文明,号见田,隆庆丁卯举人,辛未进士,翰林院庶吉士,授江西道监察御史,……升兵部主事员外郎,……甲戌乡试同考,己卯顺天乡试正考官、詹事府詹事、经筵讲官、兵部侍郎、辽东巡抚兼摄经略倭变,召署兵部尚书,建节东征事平,晋太子太保。准告终养"②。赵焕,字文光,号吉亭,"嘉靖甲子举人,乙丑金石,授浙江乌程县知县,……壬子升吏部尚书,戊午起吏部尚书总摄六部事务"③。第七世赵胤昌,万历壬子举人,丙辰进士,官至副布政司参议、太仆寺卿,因军功授川陕两省经略。④ 第八世功名一般,因在孔有德叛乱之中守城有功,而在功名仕途上获得奖赏。赵士达"明庠生,由恩荫授莱州卫指挥佥事,孔叛以守莱功,加升都指挥同知"。赵士喆"崇祯壬午超贡,由军功荐举,以知县用"。赵士嘉,"明庠生,孔叛以守莱功,准与功贡"。赵士彭"明增生,孔叛以守莱功,准与超贡"。赵士周"明郡庠生,孔叛以守莱功,准与廪生"。⑤ 清代时,赵氏仍坚持耕读传家,然而成绩平平。

明代特殊的军事制度使得胶东地区产生了别具特色的卫所望族。胶东卫所望族在整个明代的发展轨迹具有特色,即兼备军功和科宦两条道路。普通军户望族和军卫职官望族基本都符合这一发展轨迹。卫所望族的军功主要依靠大的军事战争而获得,如初期的开国军功、抵御倭寇等具有很强政治性的军事战争。基层社会的动乱则对其影响不大,可能是因为社会的动乱属于地方治安而非军事范畴,而且胶东卫所的职能主要是海防,而非维持地方治安。军功是卫所望族发展的基本途径,与明代时局有着密切的关系,具有不稳定性,不是长久发展的决定因素。科举入仕则为其发展提供了新契机,成为家族保持长盛不衰的主要途径。

明清鼎革是卫所望族彻底转型的关键点,到了清代卫所逐渐被裁撤,原有的军户摆脱了军籍,家族再度发展壮大,或务农,或经商,或习儒。对家族发

---

① 赵琪等:《东莱赵氏家乘·旁支》,民国二十四年铅印本。
② 赵琪等:《东莱赵氏家乘·世谱卷一》,民国二十四年铅印本。
③ 赵琪等:《东莱赵氏家乘·世谱卷一》,民国二十四年铅印本。
④ 赵琪等:《东莱赵氏家乘·世谱卷一》,民国二十四年铅印本。
⑤ 赵琪等:《东莱赵氏家乘·世谱卷一》,民国二十四年铅印本。

展作用更大的是登科为官，诸多家族获得较大的发展，成为名望一乡的大族。到清代，卫所望族已经与普通望族的发展轨迹一样，多因科举入仕，享受到朝廷的诸多封赏，从而提升家族名望。至此，自明初发生较大变动后，胶东社会结构再次变动，由军民多元社会身份人群组成变为均为民籍的普通家族，准确言之，其他人群不变的情况下军事人群骤减。

综上，明清望族以及普通家族的族谱之中，多会载有自己先祖的故事。先祖的迁移之事是重要内容，而且其中往往会掺杂许多附会意象。学界在讨论诸如此类祖先传说时，多有两种路径：一是采用历史实证的方法，通过考证史料，证明传说的真实与否；二是采用人类学的方法，从记忆中找出相应的符号进行解读，从中发现历史的蛛丝马迹。当然，这两种方法并非绝对排斥，二者多是被共同应用于研究中。先祖传说中确实存在许多与历史文献不合之处，或不符合逻辑之处，或难以考证之处，这让研究难以彻底解决先祖的迁移之事。这也是现在胶东望族先祖移民传说研究中存在的问题。不过，学界将这两种方法结合起来使用，对其中一些问题作出了相近的结论。例如，元末明初胶东的移民应该有相当一部分是官方移民，而这些移民很多是出于补充胶东卫所兵源和打压敌对势力双重目的形成的结果。胶东移民传说是元明之际北方军事活动和人口流动的一个缩影。[1] 胶东望族的先祖移民并非来自单一的地方，身份也不一致。笔者也对这两点表示赞同，同时提出自己的两点思考：一是明初胶东移民来源是多元的，后在发展中逐渐融合，形成地域、群体认同，使得胶东地方社会逐渐淡化异乡人杂居、军事化的色彩，社会结构日趋民众化、同质化。二是明初胶东移民是国家政权构建中的政策安排，在家族的先祖传说中多能体现出国家在场。明朝的建立是政权强制力的结果，同时需要民众发展中形成的文化认同。

# 第三节
## 明清胶东望族生计选择与国家主流政策

明清胶东望族无论是军功起家，还是农耕传家，家道兴起主要依靠科举入仕为官。朝廷对入仕之人及其家族进行诸多的封赏，如优免赋役、授官、诏赐、恩荫等。这些封赏以成功进入仕途为前提，是科举成功带来的延伸效果。

---

[1]　赵世瑜、张金奎、陈世安等学者均持此类观点。

这为家族的发展创造了条件，使其社会地位得到了官方的肯定，获取了官方层面的威望。

## 一、科举为仕宦之家带来的恩荣

### （一）仕宦的恩荣

明清时期朝廷主要以科举取士，辅之荐举、捐纳等。科举与官办学校紧密相连。朝廷在中央设置太学，在地方设府县学校，只有进入学校学习才能够有资格参加科举考试。朝廷对进入学校学习的士人都给予一定优免赋税的特权。洪武十年（1377），朱元璋曾下诏令，"食禄之家与庶民贵贱有等，趋事执役以奉上者，庶民之事。若贤人君子，既贵其身，而复役其家，则君子野人无所分别，非劝士待贤之道。自今百司见任官员之家有田土者，输租税外，悉免其徭役"①。洪武十二年（1379）又下令免除致仕官员的徭役，"自今内外官致仕还乡者，复其家终身无所与"②。朝廷也规定免除科举获得功名者的赋税，并将之恩及其家人。嘉靖二十四年（1545）颁布的《优免则例》规定：

> 京官一品免粮三十石，人丁三十丁；二品免粮二十四石，人丁二十四丁；三品免粮二十石，人丁二十丁；四品免粮十六石，人丁十六丁；五品免粮十四石，人丁十四丁；六品免粮十二石，人丁十二丁；七品免粮十石，人丁十丁；八品免粮八石，人丁八丁；九品免粮六石，人丁六丁。内官内使亦如之。外官各减一半。教官、监生、举人、生员各免粮二石，人丁二丁。以礼致仕者免十分之七，闲住者免一半。其犯赃革职者不在优免之例。③

对大多数读书人来说，优免赋役无疑是一个解决后顾之忧的良策，也成为读书人参加科举的一大动力。参加科举成功登科入仕的概率很小，有很高的风险性，但优免赋税能让读书人享受到最实际的好处，哪怕科考不成功，也不会对家庭造成太大的负担。

在征收赋税之时，胥吏与里长拥有征粮数量的决定权，时常会有鱼肉小民

---

① 《明太祖实录》卷一一一，洪武十年二月丁卯条，"中研院"历史语言研究所校印本 1962 年版，第 1847 页。

② 《明太祖实录》卷一二六，洪武十年二月丁卯条，"中研院"历史语言研究所校印本 1962 年版，第 2011 页。

③ 万历《重修大明会典》卷二〇《户部七》，《续修四库全书·史部·政书类》第 789 册，上海古籍出版社 2002 年版，第 345—346 页。

之举，中饱私囊，巴结大户，"至征比在柜，则止凭粮总送数。在社则止里长开，比朝更夕改，忽少忽多，是粮总里长得以操征比之权，而官总不得其确数。奸里贿粮总以避责，此犹可说。而良弱小户畏里长之开欠，每以钱粮交里长，以希缓比者多矣。至里长侵使后，仍累本户，重纳或赖他户代免，而历年由单止印数张报部院，百姓实不见一纸，全无凭据。欲不受其鱼肉，岂可得乎。以致刁赖成风，良善竟无以自全。宁之大害实首在此。宁之拖欠，亦实由此"①。家族成员有功名后，社会地位提高，可对此类不正之风有一定的抵挡作用，保护自己家族免受不公的对待。

举子参加科举考试，登科及第，步入仕途，获得更好的发展空间。此外，他们亦可通过荐举和捐纳而获得官职。但不论通过何种途径获得官职都是一种实际的奖励。对于科举入仕者，是朝廷对其才智的肯定。对于荐举入仕者，是朝廷对其德行的认可。对于捐纳获官之人，是朝廷与其形成的一种交易，以财物赢得了官方地位。

朝廷不仅奖赏官员个人，还会封赏其家族成员，如颁布诰敕，颁赐爵位、名号给其家族直系先世和妻子。不同级别有不同的诏赐规定，封赏先世一般不会超过曾祖父。明清时，官员的后代可以受其先世的恩荫。受恩荫的一般是自己的直系子嗣，有时也会恩荫自己的堂亲。

朝廷会大力宣传科举入仕之士。宣传的主要途径有立牌坊和修撰志书。举子科举成功后，地方官府会奏请为其树立牌坊，彰其功名。朝廷审核批准后，地方会修建登科坊等荣誉坊。乾隆年间修撰的《莱州府志》记载：

> 坊表之所建（所以）风世励俗，扶进群伦，其即古者树风声，表宦里遗意欤。莱郡科第之盛，甲于东方，而忠臣孝子烈女贞妇复指不胜屈宜乎。三四百年来，绰楔之多至于如此也，备录于篇，庶令后来者知所矜式焉。②

由材料可知，牌坊的作用就是宣传牌坊主人翁，增加其在乡里的威望，也是宣传国家政策与正统文化，引导民众习文尚学。"从明中期开始，境内各望族在城内主要街道修建了七十余座牌坊，其中以毛、赵两家的牌坊最为有名。毛氏家族共建有牌坊十一座，分别是：乡贡进士坊、进士坊、少保坊、尚书里坊、登科坊、登科坊、父子解元坊、兄弟进士坊、登科坊、京兆坊、大学士坊。而

---

① 同治《重修宁海州志》卷二五《艺文志》，清同治三年刻本。
② 乾隆《莱州府志》卷八《坊表》，清乾隆五年刻本。

赵氏家族则建有七座牌坊,分别是:东莱三凤坊、冢宰坊、天宠貤光坊、三世天卿坊、百龄四锡坊、登科坊、登科坊。"①

地方官组织修撰府县志书时,也会选择有宦绩者和科举、荐举等入仕之人载录其中,为其立传传世。志书的记述,十分注重家族成员的关系,常有"某之子""某之孙""某之弟"等等。如万历《莱州府志》记:"毛纪,掖县人,敏之子,有传。""毛渠,掖县人,纪之子,任礼部主事,仕至太仆寺卿,清白不坠家声。""嘉靖乙未科,毛渠,掖县人,纪之子,仕至户部员外。"②修撰志书有一定的滞后性,但整个明清两代朝廷重农抑商、重文轻武的主流价值观并无大的改变,入志之人都符合宣传耕读传家的主流价值观,这也使得入志之人和家族的声望得以提高。

士绅进入乡贤祠也是朝廷重要的褒奖措施。进入乡贤祠者,多是望族功成名就者。掖县,"乡贤祠……国朝尚宝司卿张信教授,赠少保毛敏,户部郎中张斐,少保文简公毛纪,礼科给事中任万里,凡十七人,岁以春秋仲月上丁日致"。平度州,"乡贤祠……国朝侯庸、吕让、戴新、徐聪、官廉,凡十四人"。昌邑县,"乡贤祠……国朝宁波府知府王玭,巩昌府推官邢瑾,岳州府知府孙梦豸,凡五人"。潍县,"国朝广州府知府李公谅,刑部尚书刘应节,陕西副使王渐,山西左参政齐一经,凡十七人"。胶州,"国朝殷哲、薛禄、崔衍、杨可久、李纲、韩福、栾宣、匡翼之、邓中和,凡十三人"。③每年春秋祭祀,士绅在士林和官员中的名望自然不断得到温故和巩固。

(二)朝廷恩荣有助于维护社会稳定

朝廷之所以对登科之家进行奖励,应该是基于扩大统治基础,实现对家族的间接控制的考虑。朝廷对其官僚的家族成员进行敕封、恩荫,为家族带来现实上的利益和精神上的荣誉,使之成为既得利益者,与统治者有着共同的利益。为了保证既得利益,望族就会选择维护统治者的统治,为其效忠,帮助其维护社会稳定,力图长治久安,从而实现自己利益均沾的目的。这应该是朝廷实施一系列封赏措施的主要原因。

朝廷封赏仕宦之家,对获赐家族和其生活的基层社会产生了诸多影响,形成了符合统治者意愿的结果。这些影响的产生更加鼓舞了朝廷对仕宦之家的封赏,使之持续进行,贯穿整个统治时期。

---

① 程皓:《移民家族的崛起与明清时期地方新秩序的构建——以山东掖县旧方志和族谱为考察中心》,《齐鲁师范学院学报》2012 年 27 卷第 3 期。
② 万历《莱州府志》卷四《选举》,明万历三十二年刻本。
③ 万历《莱州府志》卷四《祀典》,明万历三十二年刻本。

学而优则仕，至明清时已深入民心。朝廷对仕宦之家的封赏，目的在于教化，使望族的职业选择更加侧重于仕途，形成诗书传家的家族文化传统。万历《莱州府志》卷四《奉赠》中转引王中丞之言说明了这一点。"王中丞谓貤恩非选也，拥虚名无实职耳，愚谓砺世磨钝，移孝为忠正在于此，故典任子并志之，见国家待士不薄，士宜知图报矣。"① 登科之人和其家族成员也会意识到其受到的奖励完全受惠于科举成功，故特别注重对子孙的教育，鼓励其学习儒业，参加科举，争取进入仕途，而且会在其家谱的修纂过程中加以强调，希望后人以诗书为业，形成崇学尚贤之风。很多家族以耕读传家，客观上将更多的人固定在土地和书房内，这样利于控制民众，实现社会稳定。

"科举制度是 1905 年以前的中国社会分层的一个重要特征。秦以后的两千多年，四民士为首，无论在经济上、政治上，还是教育上。唐代以后，士特指考生和有功名的人。"② 四民之首的社会地位在朝廷赏赐制度的作用下更加牢固、突出。仕宦之家也成为基层社会凝聚的重要力量。朝廷封赏，促使望族坚持当朝的主流思想，参与到地方统治秩序和社会事务中去，进而使得基层民众向其靠拢，形成一种隐性力量。望族得到朝廷认可后，拥有了更强的荣誉感和责任感，会更加积极地贯彻朝廷所倡导的主流思想。诸多望族以科举光耀门楣，对周围的乡邻产生了潜移默化的影响。乡里多会效仿其家族，重文教兴科举，这对崇儒尚学风气的形成产生了重要影响。作为朝廷的恩荣之家，修身、齐家、治国、平天下的社会责任感也与之相伴，督促望族在地方统治秩序和社会事务中发挥积极作用，以维护家族生存环境的安定，兼及维护本地区的稳定，避免大的动乱的影响，以实现社会的稳定发展。这样有利于乡里社会的和睦，使人们多以其行为做标杆，带动整个社会风气的改观。

望族在基层社会的这些作为，不仅使朝廷和民众受益，还为其自身带来了更高的威望。朝廷统治秩序的稳定，民众生活环境的改善，这些都是符合统治阶级利益的主流思想，并有益于乡里。乡里则会产生一种口耳相传的影响，为望族赢得基层的威望。这是一种从下而上的威望，与从上而下的官方威望形成了望族威望的完整来源。基层社会和朝廷成了威望的两大施与体。

**二、登科封赏中的胶东望族**

明清时期胶东是以士为首，各个家族的族人参加科举取得功名后，朝廷通过封赏将这一基层社会的首要社会地位惠及其整个家族。胶东望族在朝廷政策

---

① 万历《莱州府志》卷五《封赠》，明万历三十二年刻本。
② 李毅:《中国社会分层的结构与演变》，肖蕾、李毅译，安徽大学出版社 2008 年版，第 36 页。

的引导下，耕读传家，代有功名，从而为家族赢得了较高的社会地位，也在客观上引导邻里乡党在条件允许的条件下遵从重耕读、轻商贾的主流价值观。

（一）科举入仕家风的形成

胶东望族大都是依靠科举入仕逐渐兴起的，入仕之后认识到科举的好处，进而重视读书传家。在莱州《吕氏家谱》序言中，第七世吕时望写道：

> 洪武二年我始祖彦刚公与城中王缔姻……由来风家质朴，至讳桢祖时以书香致科举，青衿连绵不绝，人谓积德流长云。①

莱州宿氏道光年间续修的《东莱宿氏家谱》的谱序，记述了其家族在移民胶东之后的发展情况，其中就明确说明了其家族发迹于科举。

> 国初迁于东莱郡掖县，占籍西关社而家焉。传闻我列祖质朴而愿，行驯而谨绰，有先民长厚之遗风，植德善，里人咸归之。三世四世始拓厥绪，五世赟擅于乡，六世发迹于科贡，浸浸尚文学矣，七世八世科甲益显，纡金曳紫，簪组蝉联，且累世沐。②

宿氏先祖从外地迁移到胶东，经过几代的发展，逐渐立足乡里，拥有良好的声望，这为六世被举荐入国子监习业奠定了基础，之后家族逐渐注重教育，第七世和第八世时在科举中大获成功，荣登高位，其后世也因此而获得了恩荫的福泽。崇祯四年（1631），九世孙宿而学所作族谱的后跋中详细交代了其家族的科举情况。

> 生二世祖后，以思亲故仍还蜀，其三四五世具详载前叙。至六世祖在蜀有讳进者，登正德戊辰二甲进士，直谏以忠节殉，在掖有讳儒者，登正德丙子科，七世祖在蜀有讳光溥者，登嘉靖丁酉科，在掖有讳应参者，登嘉靖甲辰进士，赐名应麟，历行人直指，按黔越，守严州凤阳楚藩陕同，八世祖先叔登己未进士，自宁波李擢秋官郎，临刑天中，出藩楚，转晋镍长，入为太仆卿，清正至今有声。辛酉先君复登贤书，历宁晋转凤翔令，巩县倅驻扎庄浪，以惠廉闻。九世自中又登崇祯庚午科。③

---

① 《东莱吕氏家谱·谱序》，清乾隆五十三年修。
② 《东莱宿氏家谱·谱序》，清道光六年续修。
③ 《东莱宿氏家谱》，清道光六年续修。

胶东望族也逐渐重视诗书传家，以儒为业，敦促子弟读书，参加科考，形成了崇学尚贤的良好家风。这在一些家族的谱牒修纂中有明确的体现。黄城丁氏的一篇谱序中写道，修谱的目的之一，就是让自己家族的族人能"志诗书之业"[1]。东莱毛氏家谱中亦记述：

> 然谱之作，盖一家之史也，劝惩之道寓焉。匪徒录其讳号生娶于姓之岁月次数而已。其要在于敦孝义、慎名节、笃文学，尊尊、亲亲、贤贤、贵贵，足以励俗而裕后，则兹谱增重多矣，反是祇为先世玷，奚以崇儒名哉。其中所载详略大都职此，亦以时之久近，势之疏戚，不得不然也。[2]

其说明，家谱修撰的一个要义就是让族人以读书为业，专心习儒，形成崇学尚贤的家风，并流传下去，这样的家风"足以励俗而裕后"。毛氏第五世毛绣的谱传中这样写道："绣，……丰硕聪颖，幼承庭训，治举子业。"第七世毛延照"性资颖异，承严训，读儒书，选入郡学，志在科第"。[3] 从中可以看出，毛氏已经形成了一种严格的家训，即以儒为业，子孙大都承之。毛氏后人崇儒尚学，近乎代代都有登科入仕之人，从而毛氏在明清两代兴盛长存，德旺乡里。

### （二）家族成员获得朝廷封赏的惠及

明清给予科举之家的诏封和恩荫，令一人荣耀惠及家族成员。家族的地位和威望随之提升，影响也扩大；子嗣拥有更高的奋斗起点，仕途略易发展，使家族运道保持的时间会更长。

东莱赵氏在明清两代都有数世入仕为官者，是胶东望族中的典型代表之一。"赵惠累赠南京吏部尚书以孙焕贵；赵孟教授累封南京吏部尚书，以子焕贵；赵耀巡抚保定服都御史，以子胤昌庄浪道加赠嘉议大夫；赵祐昌，父焕荫仕，至左军都督府事；赵祐昌都事以子士祎贵，赠中书舍人；赵士祎，祖焕荫仕，至工部营缮司主事。"[4] 可见，东莱赵氏所获的奖赐主要源自赵焕的科举入仕。在赵焕科举奖赐的辐射下，赵氏的先祖连续获得名誉奖励，表明后人获得的奖赐可以扩大到先辈。

敕封赵焕先辈只是朝廷封赏惠及先辈，还有向下恩泽子孙后代的情况。恩

---

① 《黄城丁氏族谱·谱序》，清乾隆三年修。
② 《东莱崇儒毛氏族谱·谱序》，明嘉靖十一年修。
③ 《东莱崇儒毛氏族谱》卷三《谱传类》，明嘉靖十一年修。
④ 赵琪等：《东莱赵氏家乘·封荫》，民国二十四年铅印本。

荫是奖赐向下扩展的主要形式，较之先辈所获的精神奖励，后世的恩荫多是实际的现实利益。赵焕的儿子赵祐昌受其恩荫，获得了在仕途上发展的捷径，终"至左军都督府事"。后赵祐昌又"以子士祎贵，赠中书舍人"，这看似是赵士祎的登科奖赐的向上惠及，实则不然。赵士祎也是受惠于其祖赵焕的登科奖励的下行而获得"祖荫"。赵祐昌获赠中书舍人，在一定程度上是其父赵焕的科举入仕所获封赏的延伸。

清代赵氏坚持诗书传家，积极参加科举，赵凰辉的成就最大，为家族赢得了一系列封赏。"赵复功臣馆誊录，以子继范贵，赠国子监典簿；赵继范国子监典簿，以孙凰辉贵，貤赠铜仁知县；赵伦青城教谕，以子凰辉贵，封文县知县；赵殿揆荫生，以子纲贵，貤封海丰县训导；赵廷佑庠生以孙庆善贵，貤封六品衔宁明州吏目；赵荣禄太医院御医，以子庆善贵，赠桂林府同知。"①

赵氏一代登科就会为数世赢得荣誉和恩荫的特权，提升了家族威望，对保持其家族运势而言，更是最实际、最有效的方式。

（三）形成家族的官方威望

对仕宦之家的封赏措施，除直接的权利赏赐外，朝廷还会依托仕宦望族进行宣传，形成了一种多点开花、近距离辐射的形式，扩大了望族的辐射作用。其主要的宣传方式就是建立牌坊和修志立传。其中，以前者的影响最大。

明清胶东登科望族有很多，每一个府县都建有众多的科第和功勋牌坊。如莱州府的治所掖县（今莱州市）人文昌盛，牌坊林立，其间有东莱崇儒毛氏、东莱赵氏、东莱宿氏、东莱刘氏等望族的多座牌坊。朝廷对于登科入仕之人和其家族成员大都会有一定的奖赐，这在整个地区都是非常荣耀的事情，也是府县官员教化政绩的侧面反映。同时，牌坊的建立也有利于地区之内的教化，以基层教化基层，让人们在生活中感受到朝廷的政策倾向，自觉践行忠孝节义，形成崇学尚功的社会风气。正如《靖海卫志》的作者所言，"自明以来，生齿渐繁，科甲相继，材能辈出，名贤著续于先后，节孝垂光于里闾，地丁钱粮劝输以时，移风易俗是赖贤能"②。牌坊修建后，会存留在乡里很长时间，人们在平时即可耳濡目染，受其熏陶。这就使得仕宦望族的影响逐渐扩大，形成一个个的辐射中心，以点带面、多处开花，最终达到官府政策宣讲所达不到的效果。

---

① 赵琪等：《东莱赵氏家乘·封荫》，民国二十四年铅印本。
② 康熙《靖海卫志》卷一〇《屯名》，清抄本。

朝廷对仕宦望族的封赏高低、多少，主要取决于家族科举入仕之人的品阶高低。朝廷对家族成员的诏赐一般不会超过五服，但也有例外。招远杨氏在明代末年就曾获得过诏赐七世的殊荣。"崇祯十年，四月，州牧公钦赐祭葬祀乡贤祠，状元黄仕俊为之题写牌坊，状元刘若宰为之撰写墓志铭，省、府、县官员具礼拜祭。九月，觐光公铁恤祭葬，省、府、县官员参加葬礼。十月，观光公奉命展墓祭祖，同时着手为纂修我宗族谱筹集资料。"① 这主要是当时招远杨氏家族的杨觐光在朝中任封疆大员的缘故。

以上是封赏措施对仕宦望族内部所产生的影响。明清朝廷对胶东望族科举入仕的封赏之举，其主要意图是构建基层社会发展的伦理秩序，以仕宦家族为统治基础，通过其家族影响力和发展运势的提高，形成家族教化典范，以点带面，产生连锁式的影响，实现对基层社会的全面教化。望族依靠成员科举入仕，不断壮大，其影响在其周围乡里逐渐蔓延。如东莱崇儒毛氏第四世毛敏"奋志于学，遂以儒业显，成化中教授于杭"②，晚年致仕回籍后，"泊然无营，孝友忠直，乡党推重"③。这是一种在基层社会口耳相传带来的效应，形成了望族在基层中的威望。

（四）胶东望族的生计策略：以科举为主，兼及其他职业

朝廷对仕宦之家的封赏促进了望族的发展壮大，使其社会威望不断提高。因此，胶东望族多选择以儒为业，争取科举入仕，保证家道更为绵远。明清两代，胶东望族在科举上确实取得了很大的成就。

明清两代全国共有进士51445人，山东有进士3870人，占全国的7.52%。其中，"省城及济南府驻地历城县进士数量最多，为164人；其他地区依次为：济宁州143人，诸城县127人，莱阳县122人，潍县106人，益都县104人，胶州102人，德州99人，临清州90人，聊城县80人，其他县一般在30—60人范围内，不足20人的县有31个"④。胶东地区以莱阳、胶州为最，分别占山东的3.15%、2.64%，分别位居山东州县的第4名、第7名。这在一定程度上反映了胶东的科举成就之高。其中，望族的科举状况如何呢？王树春曾对明清莱阳地区的文人做过统计，其中的数据能够反映出莱阳望族的进士情况（见表1-2）。

---

① 杨金山：《招远杨氏族谱》第五卷第二篇，2012年续修，自印本，第76—77页。
② 《东莱崇儒毛氏族谱·谱序》，明嘉靖十一年修。
③ 乾隆《掖县志》卷四《政治》，清乾隆二十三年刻本。
④ 王耀生：《明清时期山东进士地域分布特点及与经济、区位、民风的关系》，《中国地方志》2005年第9期。

表1-2 明清莱阳各大望族庠生以上文人数统计表① 单位：人

| 家族 | 总计 | 进士 | 举人 | 贡生 | 庠生 |
|---|---|---|---|---|---|
| 赵植家族 | 525 | 15 | 30 | 60 | 420 |
| 张梦鲤家族 | 227 | 7 | 7 | 39 | 174 |
| 张宏德家族 | 265 | 6 | 4 | 25 | 230 |
| 左懋第家族 | 249 | 5 | 12 | 44 | 188 |
| 宋兆祥家族 | 74 | 5 | 9 | 13 | 47 |
| 宋琬家族 | 46 | 4 | 2 | 14 | 26 |
| 王埒家族 | 203 | 5 | 13 | 19 | 166 |
| 周伯达家族 | 48 | 7 | 7 | 12 | 22 |
| 姜垛家族 | 123 | 3 | 3 | 18 | 99 |
| 初彭龄家族 | 60 | 3 | 5 | 6 | 46 |
| 于懋家族 | 56 | 2 | 1 | 9 | 44 |

从表1-2可以看出，表格内容透露出，莱阳望族的文人数量多，科举及第人数多。其中，进士有62人，占莱阳的50.82%。赵植家族在两代共有15人中进士，名列莱阳诸家族之首，占莱阳的12.3%，远胜于其他家族。赵氏一族的科举成就反映了该家族对科举的热衷程度。

栖霞牟氏家族虽然并非胶东望族中科举考试成就最突出者，但其家族成员世代重视教育。牟其械，邑诸生，"家本小康，渐称富有，而性好施，抚恤族党不稍吝，又好聘名师课子孙，以故采芹食饩者，济济门庭。家法严整，子孙有过不稍贷。……（其孙）雨亮公也。公承累世家训，兼以祖若父善为择师，以故初应童子试，即斩然露头角"②。

科举兴盛并不意味着胶东望族只以科举为业，没有涉及其他职业。《东莱宿氏家谱》中可以窥得明清时期胶东望族对科举及其他职业的态度。

夫族类不一业，亦殊科，或穷经或明农或服贾，各勤其事，皆可以自

① 王树春：《家族文化补遗》，中国社会科学出版社2007年版，第21页。参考自左言新《莱阳左氏家族》，收于张国栋主编《胶东望族研究》，左氏并作有补充说明，"其中左懋第家族'贡生'原表为39人，据《族谱》记载实为44人。赵植家族不含原表中荐举仕官63人"，该文为笔者在烟台实地调查时所获资料。

② 牟日宝、牟珍：《栖霞名宦公牟氏望族》，《现代家教》杂志社1997年版，第138页。

托而立于世。惟各淑其身，无陨厥家声，是之谓念祖，是之谓亢宗，是之谓克家，我祖宗亦永有令闻矣。①

在东莱宿氏族人看来，各种职业都可以使人存活于世，没有什么太大的不同。只要自己在职业中过活时，坚持谨慎笃行，不损害家族声望，就是尊祖敬宗立家。这反映了胶东望族对职业选择的终极标准，就是以尊祖敬宗立家为准则。在他们的观念里，职业没有高低贵贱之分，主要是看能否践行道德。这是一种实用的思想。

明清时期商品经济的繁荣，胶东望族也紧随大势，在经济领域有一定作为。这也反映了胶东望族的多种途径共同发展的思路。科举入仕虽有诸多好处，但成功的概率很小，具有很大的不稳定性和风险性，且学习和考试时间较长，会给家庭带来一定的负担，所以，为了生存和家族的发展，家族不能只依靠科举。尤其是在发展初期家境尚不殷实时，胶东望族的先辈会选择间从商贾等业。东莱崇儒毛氏多个世代有从事商贾的成员，如第四世毛进"业商贾"，第五世毛绣"间从事商贾，唯义是视，不苟求人"②，第九世毛宗岱"幼失特因而废学从商贾"。黄城丁氏更是以商贾成名于明清的胶东望族之一。其族谱中记载"自莅兹土以来，惟课耕读，孝弟传家，迨数传而本支繁炽，人文蔚起，凿井耕田，为商为贾"③。丁氏家族并没有仅仅依赖于科举，而是兼及商贾。招远杨氏、东莱崇儒杨氏也是早先几世以农商为业，待有起色后才致力于举业。

### 三、国家政策下的望族发展

胶东望族致力于诗书传家，其实也是一种最实用的生存思想。因为登科入仕有如此之多的封赏，于己于族都能带来许多实际利益。科举成功之人可以获得官职，保证家庭的生存，又可提高社会地位，家族成员也获得恩荫等实际权力。科举即使有一定风险，但较之农工商之业，仍具有非常大的诱惑。因此，胶东望族对于科举的态度更多的是出于一种实用思想。

明清胶东诸多望族的兴起依靠的是科举入仕，这是明清家族发展的普遍选择。胶东出现了数以百计的进士和举人，在整个明清时期的科举事业中占据较为重要的地位。科举入仕多会使其家族享受到朝廷的封赏，从而使家族获得社

---

① 《东莱宿氏家谱》,清道光六年续修。
② 《东莱崇儒毛氏族谱·谱传类》,明嘉靖十一年修。
③ 《黄城丁氏族谱·谱序》,清乾隆三年修。

会上层的认可，提升其家族的官方威望和地位，有利于家族的发展。

胶东望族在朝廷封赏的激励下成为朝廷在基层社会的隐性统治力量，积极维持社会秩序的稳定，并参与基层社会的事务。这也为望族赢得了基层的威望。上层官方威望和基层民众威望形成望族的双向威望来源。

无论社会阶层怎么分，望族在野就是基层社会的重要组成部分，其所为既可以为自己带来利益，也可以对乡党产生积极影响，这是其对基层的好处。而这些现象产生的背景是胶东望族坚持国家主流政策引导，参加科举，入仕为官。国家也在其中收获了官僚，奠定了统治的社会基础。因此，望族代表的基层与国家产生良性的互动，在一定时期内各有所得、相得益彰，从而保证社会稳定，力促明清国家政局无论如何动荡而基层仍保有顽强的生命力，不断进行着动荡—恢复—兴盛—动荡—恢复的发展，实现国家控制之下社会的正常运行。

# 第四节
## 明清胶东望族的基层威望与地方生活中的支配权

胶东望族的声望实质上是社会和时代的认可，主要来自科举成功带来的朝廷封赏和乡里的褒奖两个方面。以科举奖赐为主的朝廷封赏措施使家族获得了朝廷的认可，成为家族提升社会地位的一种途径，同时也使家族成员有了更大的责任感和优越感参与地方事务，因此发挥着一些合乎伦理的引导作用。朝廷的认可并不是其声望的唯一决定因素，真正带来声望的主要是乡里的褒奖。胶东望族在兴起过程中，并没有与其所在地区脱离开来，而是积极地参与地方事务，发挥着有益于地方社会的作用。正因为如此，胶东望族才获得了所在地区民众的褒奖和认可，扩大了声望。

胶东望族在明清时期所发挥的作用与这一时期其他地区的望族相类似。在社会建设、安全方面，其主要作用是体现社会主流思想，对社会的积极影响更多一些。在经济建设方面，望族成员主要是地主或大商人，由于时代的局限性，他们对当时的人民有盘剥之事。但是胶东望族并没有形成地方宗族自治分裂的势力，更多的是一种互帮互助、精神归属的组织。

### 一、士绅望族抵御明清地方战乱

明清政治局势较为稳定，这是胶东望族能够实现大发展的时代背景，但是在古代专制主义统治秩序下，利益分配得不到及时有效的调节，就会产生矛盾，引发诸多不安因素，久而久之便会出现以农民起义和统治集团分化为代表的动荡事件。生活在其中的胶东望族也受到一定程度的影响。明清两代的稳定对胶东望族发展的影响，也可以通过明清时期胶东的动荡事件反观之，如刘六、刘七起义，徐鸿儒起义，孔有德、李九成叛乱，清军入胶东，捻军起义等。

（一）明清胶东境战乱

明朝山东不断受到农民起义和统治集团内部分化叛乱影响，明初的唐赛儿起义和朱高煦叛乱均发生于山东，直接影响到山东的安定。此时朝廷控制力尚处在上升阶段，很快就平定了动乱，加之这一时期胶东望族还处在休养生息阶段，受其影响并不是特别明显。到了明朝中后期，朝廷政治腐败，土地兼并严重，赋税徭役繁重，人们负担极其沉重，为了打破原有的统治秩序和利益分配秩序，百姓纷纷掀起反抗斗争。

1. 刘六、刘七起义

明正德五年（1510）十月，霸州人刘六、刘七等揭竿起义，攻城略地，转战河北、河南、山东等地。正德六年（1511）三月，起义军"自畿南达山东，倏忽来去，势如风雨"①，"山东居民，凡贼过之处，则乐于供给，粮草器仗，皆因于民，弃家从乱者，比比而是。官军所过之地，即闭门逃遁，棰楚驱逼，犹不肯前"②。刘六、刘七起义军在山东获得极大的支持，发展迅速，波及山东全境。正德六年（1511）和七年（1512），起义军先后两次进犯登州、莱州等胶东府县，冲击了明朝在胶东的统治秩序。

面对起义军的进攻，胶东诸府县官员大都严阵以待，坚决抵抗。在抵抗阵营中，胶东望族也是重要力量。作为朝廷封赏措施的受益者，胶东望族多选择与官府一起抵挡起义军，保护府县城池。正德五年（1510），"霸州刘六、刘七起兵反明，兵犯招远时"，杨允"不惜捐出全部家产，协助知县申良守县城，保城不坠"。③ 招远杨氏积极支持官府抵抗起义军，捐助全部资财，最终取得招远保卫战的胜利，但是家财耗尽，杨氏家运再次出现衰微。资产流失，家道中落，这是战争给家族带来的一大破坏。杨氏从第三世才刚刚转军籍为民籍，家道刚有转机，恰在此时发生了战乱，其影响非常严重。即使家底殷实者，也难以躲避战乱的破坏。

① ［清］谷应泰：《明史纪事本末》卷四五《平山东盗》，中华书局 1977 年版，第 667 页。

② 《明武宗实录》卷七四，正德六年四月壬寅条，"中研院"历史语言研究所校印本 1962 年版，第 1640 页。

③ 杨金山：《招远杨氏族谱》第五卷第二篇，2012 年续修，自印本，第 84 页。

### 2. 徐鸿儒起义

明天启二年（1622），徐鸿儒"于五月十一日在郓城、巨野交界处的梁家楼首举义旗，白莲教徒及农民 2000 余人聚集在他的旗下"①。起义军得到了广大教徒和农民的支持，声势迅速壮大，扩展到山东、河南、河北等地，然而不久便被朝廷剿灭。起义失败后，徐鸿儒的很多部下仍坚持起义活动。其中，李盛明、董大成等人就在莱阳又举事抗明。是年，腊月二十四日，董大成聚众数千人攻打莱阳县城。经过明朝立国以来的休养生息，莱阳望族逐渐兴盛起来，家族实力得到增强。面对董大成之乱，他们支持官府，抵抗战乱。莱阳左氏的左懋第奋不顾身地投入守城抗敌的战斗中。左懋第的好友、给事中姜埰是这样记载的："崇祯二年，妖人董大成以风角之术相诳惑，劫掠聚邑，是时承平日久，人不知兵，公独举炮击贼。炮裂，几自毙，公仰天叹曰：天不佑我耶？再举炮中贼首，贼遂遁去。"② 胶东望族中的一些成员在地方为官，受到了白莲教起义的影响，他们积极采取措施加以抵抗。"天启二年（1622），焌公率武邑县士民击毁白莲教进犯，擒斩头目于弘志。"③

### 3. 孔有德、李九成之乱

明崇祯四年（1631）到六年（1633），胶东地区又遭遇了孔有德、李九成、耿忠明叛乱。伊始，山东巡抚欲平叛乱，实施招抚之策，造成孔有德等人的叛乱未得到及时遏制，终使之祸及胶东大部地区，造成严重危害。"山东巡抚余大成及元化主抚，檄郡县无得邀击，贼长驱入登州据之，遂莱州，分兵徇地，东及莱阳"④ 以及招远等地。面对家乡遭受如此兵燹之灾，胶东望族在朝中为官者极力主剿。四月，"山东缙绅之仕南京者，闻沙河之败合疏攻，刘宇烈且请益兵"⑤。最终，明朝不得不增兵围剿。崇祯六年（1633），孔有德等叛军兵败而逃。在此期间，胶东望族大都坚守节义，支持官府，为保卫诸县作出了一定贡献，同时战乱对宗族发展产生了不利影响。在登州，张氏第十二世张瑶一家，断然不屈服于乱军，坚持忠孝伦理，誓死不背叛明朝，或被杀害，或投井就义。

　　　　崇祯四年，辽人叛围郡，公预以死自誓，与夫人齐氏暨二女贞姑、静

---

① 安作璋主编，朱亚非、陈冬生撰：《山东通史》明清卷，人民出版社 2009 年版，第 44 页。

② ［清］姜埰：《左侍郎懋第传》，民国《莱阳县志》卷三之三上《人事志·艺文》，民国二十四年铅印本。

③ 杨金山：《招远杨氏族谱》第五卷第二篇，2012 年续修，自印本，第 75 页。

④ 民国《莱阳县志》卷末《附记》，民国二十四年铅印本。

⑤ 《崇祯长编》卷五八，"中研院"历史语言研究所校印本 1962 年版，第 3381 页。

姑谋所安置。夫人曰：君但完自己名节，南园甃井，我母子藏身所也……城破贼入其居，需公为安民檄，公峻词拒之，乃牵裾强索，公笑曰：吾岂为贼用乎？贼怒曰：尔不怕死，独不虑尔妻女。公曰：吾都早已算定，岂肯落汝手。取案上砚击之，碎其首。①

张瑶不屈被害，坚守着忠于君主的伦理，成就了自己的名节。其妻子和儿女共四人也投井自杀。

招远杨氏在这次动乱中也有所作为。"崇祯五年（1632），10世祖师德公出资营葬本县义士单经翰夫妇，并为之作'双节碑文'。"② 杨师德虽未参与抵抗，但面对义士之死，他慷慨出资，兴办丧葬。

崇祯四年（1631）到五年（1632），李九成、孔有德叛乱攻略莱州府城时，东莱崇儒毛氏第九世中多人因守城而获功。毛起龙"府增生，崇祯壬申守莱城有功"，毛登龙"府廪生，崇祯壬申守莱城有功"，毛崇儒"庠生，壬申守莱城有功"，毛绍元"庠生，壬申守莱城有功"，毛芹"郡廪生，壬申守莱城有功"，毛之俊"庠生，壬申守莱城有功"，毛应豸"增生，壬申守莱城有功"。第十世毛伟"壬申孔叛围莱，以助饷有功，例应贡，不受，让于叔宗孔"。③

莱阳在孔有德等叛军到来之前做了一定的准备工作，有力地阻击了叛军，保护了莱阳城。叛乱军队分兵莱阳，"知县梁衡、游击徐元奇、邑绅姜泻里、宋继澄等预伏兵城外俟贼，围攻不下，稍疲伏发城亦出兵助之，贼遂败退，大掠而去"④。在实施设伏阻击中，姜氏、宋氏等望族的成员多有参加者。

4. 明清鼎革时胶东境战乱

清军入胶东，围攻登莱诸府县，望族坚守着忠孝君主的原则，支持明朝官府抗击清军，或捐助家财，或身先士卒，纷纷加入抗清之战中。在胶东望族看来，清军曾是明朝统治者的臣属，不遵守君臣之道，反叛作乱，故一定要帮助代表正统的明朝，抵抗清军。加之，胶东望族在明朝凭借科举入仕而发展起来，他们的荣辱与统治者有着密切关系，自然要选择与明朝官府一起组成防御力量。他们共同形成了维护明朝统治的利益集团。清军则是另一利益集团。双方在胶东地区的战争实际就是一个利益集团与另一个利益集团的冲突之战。

---

① 《登州张氏族谱》卷一《世系》，清光绪十三年修，民国二十二年刊刻。
② 杨金山：《招远杨氏族谱》第五卷第二篇，2012年续修，自印本，第76页。
③ 《东莱崇儒毛氏族谱·谱传类》，明嘉靖十一年修。
④ 民国《莱阳县志》卷末《附记》，民国二十四年铅印本。

"崇祯十五年至十六年，在清军第二次侵入山东时，山东各地人民也展开了激烈的抗清斗争，其中尤以莱阳城保卫战最为惨烈。"① 莱阳保卫战也是胶东望族在明清鼎革之际全力支持明朝抵抗清军的最具代表性的战役之一。在此战中，莱阳望族纷纷加入战斗，保卫自家的家族和城池。崇祯十五年（1642）闰十一月，清兵围攻莱阳城，官府增缮工事，以守为攻，城内望族或出资相助，或亲自参加保卫战。"邑绅宋应亨与知县陈显际议守，以城北垝薄，自出千金更筑瓮城，浃旬而毕。于是，宋玫、赵士骥诸绅亦出资治具。"②《姜氏家乘》中也记录了姜泻里亲自率族人参加战斗，"公发炮中北师首，北兵为退舍亡何。北兵夜袭城，公率亲丁巷战，刃中于臂，被执去"③。在官绅一致对敌的情况下，清军败退。次年，清军再次"围攻益急，时官绅分城固守，誓死抵御。……东城宋玫、姜坡，东南城张宏德、姜泻里，南城左懋芬、左懋章"④。莱阳城孤立无援，终被攻陷。

莱阳望族在抵抗中多有死伤，家族势力受到严重破坏，"邑绅工部侍郎宋玫、吏部郎中宋应亨、中书舍人赵士骥、赠光禄寺卿姜泻里、肃宁知县张宏德、广西参将李承胤等亦皆不屈死之"⑤。清军入城大肆焚掠烧杀，"传闻绅民死于锋镝酷刑下者不啻万人"⑥。以此看出，张氏家族、宋氏家族、左氏家族都有大量族众在莱阳保卫战中殉难。据左氏族谱《崇祯癸未莱阳左氏殉难录》记载，左懋芬、左懋章等 37 位左氏族人被杀害⑦。莱阳保卫战对于莱阳望族来说是一次命运的转折，诸多家族都遭受了沉重打击，家道呈现衰象，需要在较长一段时间内休养生息。

是年正月，清兵进攻胶州受挫，招远"（杨）观光公为之作'胶州挫虏全城记'。二月十九日，威公奉命率所部驰往援即墨抗清，而后又'复莱阳，救栖霞。二月间，清兵掠招远时，钟斗公抗清被执遇害"⑧。招远杨氏解救难民，在莱阳、即墨、栖霞等地保卫战中多有表现。

清朝定鼎北方之初，南明朝廷还存在，与清军尚能对峙一时。望族的部分

---

① 安作璋主编,朱亚非、陈冬生撰:《山东通史》明清卷,人民出版社 2009 年版,第 63 页。

② 民国《莱阳县志》卷末《附记》,民国二十四年铅印本。

③ ［清］邹漪:《姜文学传》,《启祯野乘一集》卷一三,明崇祯刻,清康熙重修本。

④ 民国《莱阳县志》卷末《附记》,民国二十四年铅印本。

⑤ 民国《莱阳县志》卷末《附记》,民国二十四年铅印本。

⑥ 民国《莱阳县志》卷末《附记》,民国二十四年铅印本。

⑦ 王埅:《明崇祯癸未莱阳左氏殉难录》,乙亥刻本,转引自刘昕《明清之际莱阳文人政治心态成因探析——以左懋第、姜埰、宋琬为例》,鲁东大学胶东文化研究院编《胶东文化与海上丝绸之路论文集》,山东人民出版社 2016 年版,第 284 页。

⑧ 杨金山:《招远杨氏族谱》第五卷第二篇,2012 年续修,自印本,第 77 页。

成员仍坚持忠孝节义，在北方大部分地区依旧坚持抗清斗争，即使在南明朝廷覆灭后，全国各地也不时有反清复明的起义。这是一个朝代在建立之初必须面对的情况，也是一种新旧秩序的冲突。清初，胶东望族在反清起义中多有表现。招远杨氏和莱阳姜氏是其中的代表。

> 招远生员杨威，阴受弘光帝副总兵职，率千余人据其县城。邑生员姜楷，威旧好也，起兵应之，亦据县城。未几，威为清登莱防抚陈锦诱杀，楷知事不可为，走梅岭。①

虽然胶东望族的反清起义影响不是很大，但代表了当时胶东望族对清朝的态度。在明朝，胶东望族大都受到朝廷的封赏，被拉拢到了明朝统治集团中，其家族的利益与荣辱跟明朝的命运紧密地联系在一起。望族对明朝的忠诚，实际上不仅是对旧秩序的维护，更是对自己利益的维护。

5. 捻军对胶东的影响

清朝中期捻军起义之际，胶东望族也选择了类似于明朝发生农民起义时的做法。经过清朝前期较长时间的发展，胶东望族也慢慢地在清廷的奖赐和重视儒家伦理的影响下，接受了清朝的正统地位，并努力恢复家族的荣誉与地位。于是，在战乱发生时，胶东望族选择站在官府一方，保护自己的家园，维护家族的利益。以下以招远杨氏、登州张氏、栖霞牟氏为例作一说明。

> 咸丰十一年（1861），捻军至招远，八月二十六日毕郭乡团御之，东寨里十七世为标公与两子两侄阵亡。之后捻军过境，全县593名忠勇之士捐躯。其中有我宗十五世勾下店一新公、草沟头书升公、城里爽山公父子，十六世道东华熙公、城里鹏翔公，十八世草沟头春荣公等47人。十七世贺甲庄子橄公"陷贼（捻军）营，经四月余，方归"。同治六年（1867），六月十七日捻军余部踞栖霞艾山，乘闲骚扰招远，十六世南关西庆宗公、世宗公为守城立功，议叙六品衔。②

继李九成等叛乱后，登州张氏家族在捻军起义中又一次遭受重创。十九世张纸田"咸丰十一年捻匪至境，被掠未归"；张良田之妻潘氏"咸丰辛酉殉捻匪之难，祀节烈祠"；张基田之妻门氏"咸丰十一年，捻匪至，氏率媳于氏、

---

① 民国《莱阳县志》卷末《附记》，民国二十四年铅印本。
② 杨金山：《招远杨氏族谱》第五卷第二篇，2012 年续修，自印本，第 80 页。

迟氏同时投火死，敕赐旌表，祀节烈祠"①，迟氏、于氏分别是二十世张霞丰、张云丰之妻。张仲田"咸丰辛酉秋，捻匪入境掠至江南界，始得乘隙遁归"，其子张守丰"年十七，值皖匪之乱，见贼掳其父，急手持父衣哀号，愿以身代，贼以其幼弱，斥之以刃使去，遂大骂，被十余枪死，祭昭忠祠"②；张丰玉"配金氏，咸丰十一年，捻匪范黄境……母女同被乱刃死，敕赐旌表，祀贞烈祠"；张沛源"配杨氏，咸丰辛酉，皖匪突至，氏执石击贼，大骂不屈投崖死，敕赐旌表节烈祠"③。登州张氏家族成员或战死，或被掳掠，或被乱杀，伤亡十分惨重，对其家族发展产生了一定影响。

栖霞牟氏是一方殷实地主，依靠农耕兴家，后亦在科举上有所斩获。捻军过境时，他们不仅只身抵抗，还参与兴办乡团。牟为鹏"系监生，同治六年捻匪东窜，承办乡团。六月十五日，率勇迎剿在狮脑顶地方，打仗身亡。宫保巡抚部院奏请旌恤，奉旨给云骑尉，世职袭次，完时给予，恩骑尉世袭罔替"④。牟墨林积极组织力量抵抗捻军所带来的祸乱，不仅捐银无算，还营办团练，修筑石圩，捐款铸造火器。"咸丰中京津有警，各州县奉檄筹饷，翁命子振首先书簿，捐银二千两。同治九年以子振克襄王事，诰封奉直大夫。咸丰十一年、同治六年捻匪两扰栖境，本社御贼阵亡者，家给粮五石，哭声谢声呼佛声相闻数里。蓬莱、福山等处被掳逃归道，经其村留食宿，日不下数十人。当捻匪未到之先，土匪滋事，人情汹惧，匪视翁家为几上肉。翁令纠合庄佃，联络邻疃，饮食器械皆公承办，助饷城团，遥为声势，禀官设炉铸造火器，匪为胆寒不敢动，远近赖以无虞。又筑石圩于方山西，为离城远者避难地，所费殆以万计，周围二十余村，老幼罔不感激，醵金泐碣以志不忘"⑤。他的义举获得了栖霞民众的赞誉。

对于栖霞牟氏在抗击捻军起义中的事迹，县志上赞扬了牟氏一门贤达。"赞曰：予缉志见牟氏之门，一时何多贤也。考国玠昆季八人于难罹祸者七，三年圜扉，艰苦备尝，已而获释，乃矢卧薪之志，假父命以厉诸昆及其群子弟，以故侧身修行立名树品，迄再世而未艾，凡皆危苦之玉成也。"⑥从中可知在战乱中牟氏伤亡者众多，这对其家道产生很大影响。

胶东望族在面对战乱之时，积极保卫家园，阻止破坏自己生存环境的行

---

① 《登州张氏族谱》卷二，清光绪十三年修，民国二十二年刊刻，第5、7、10页。
② 《登州张氏族谱》卷三，清光绪十三年修，民国二十二年刊刻，第3页。
③ 《登州张氏族谱》卷三，清光绪十三年修，民国二十二年刊刻，第8页。
④ 光绪《栖霞县续志》卷六《人物志上》，清光绪五年刻本。
⑤ 光绪《栖霞县续志》卷一〇《艺文志下》，清光绪五年刻本。
⑥ 乾隆《栖霞县志》卷七《人物志下》，清乾隆十九年刻本。

为。其作为不仅使自己的家族得以存续，还利于乡里生活，对社会的稳定和发展产生的作用是积极的，是值得肯定的。此外，望族参与平定农民起义，增强了封建统治者的力量，在一定意义上，成为镇压起义军的力量。但是，农民起义也是战乱，对于民众生活而言，其对基层社会的破坏是很大的。望族很可能更多的是从家族和乡里生存的方面来考虑的，保卫家园，保护家族的财产和成员的生命安全，免受战乱的破坏，这是合情合理的。

再者，对于基层社会而言，维护社会的安定和生产的发展远大于他们对政治的关心。对于民众而言，不论何朝何代，谁人统治，与其关联不大，且他们对政治的作用微乎其微。因此，他们参与政治的积极性不高，而生活和生产则不然，正常的生活和生产才是生存的根本。对于统治阶级而言，望族积极维护基层社会的安定，维护统治阶级在基层社会的统治，保证了统治阶级利益，客观上是统治阶级的同盟。望族组织力量抵御战乱，使得民众获得安定的生活，为稳定的统治提供了保障。民众获得益处会更加称赞望族，官方也会提升对其的认可。因此，在战乱中，望族获得了民众和官方带来的声望，这对其家族发展发挥了很大的作用。

（二）望族的战乱价值选择

对交战双方而言，战乱都是灾难，但其影响仍存在一定差异。战乱与和平，不是胶东望族所能决定的。但对和平的维护是望族间的共识，这其中蕴含着一种价值选择。战乱不仅会对胶东望族造成直接的破坏，还会对胶东望族造成更为深远的影响，也会因其价值选择的不同而导致战争结局对其利益产生截然相反的影响。

1. 忠于当朝统治，维护稳定的价值选择

胶东望族坚决抵抗战乱、维护安定的家族生活环境的基本做法，可以反映其对当地社会动乱的基本态度。他们的普遍选择是忠于当朝统治，这是诸多因素共同作用的结果。

忠于当朝统治，抵抗战乱，体现了科举入仕家族对统治者的责任感。明清胶东望族多是仕宦之家，其家族受到朝廷奖赐的惠及，获得荣誉和利益，成为朝廷稳固的统治基础。胶东望族多是诗书传家，受忠孝仁义的熏染，所以在朝廷受到威胁时，如若不帮助官府抵抗战乱就是不忠不孝。这种忠孝直接表现在士大夫治国平天下的社会责任感中。宋代之后，士大夫对政治关心日重，无论在朝还是在野，其忧天下的社会责任感始终充沛，助君王平天下是其表现之一，胶东望族自当不能脱离这种观念。在面临动乱时，胶东望族便依靠自己的价值观做出选择，秉承忠孝思想，为天下大治而努力，与朝廷保持一样的立场。

其实，在一定程度上，胶东望族的做法也是完全符合实用思想的，是维护家族利益最为稳妥的方法。首先，战乱给基层社会带来巨大损失，生活、生产环境遭到破坏，望族的生活、生产无法正常进行。从最基本的心理上而言，稳定的益处大于战乱，维护基层社会稳定是最实际的选择。其次，只有抵抗战乱，实现稳定，才能使自己的荣誉和利益得到朝廷的维护，使自己的家族获得更多的肯定。朝廷的肯定是其威望和利益的重要来源，二者的利益紧密相连。在战乱胜负不定的情况下，当政者掌握着更大的话语权和利益分配权，胶东望族选择与当政者一起抵抗叛乱胜算更大，这样更有利于维护自己的利益。当政者胜利后也会对在战争中有所贡献的家族进行难后抚慰和封赏，这在客观上有助于家族快速恢复。

若成功抵抗战乱，望族会获得朝廷的赏赐，为家族带来切实的利益。朝廷会对有功之人进行赏赐，甚至会授予一些有功家族的后代难荫特权，这实际上是一种难后抚慰，也向社会表明了朝廷对忠孝节义之人的态度，以此教化百姓。登州张瑶因不屈服于李九成等叛军而被害，朝廷知晓后，对其家族给予了一定的难后抚慰："赠光禄寺少卿，谕祭葬，荫一子，敕本籍建立专祠，并祀乡贤、忠孝祠及开封名宦祠。"此外，朝廷还对其死去的妻子与儿女进行敕封，"敕赐旌表，祀节烈祠，赠宜人，曾恭人"。[①] 在捻军侵扰登州府时，登州张氏许多家族成员因参加抵御侵袭的战斗而殉难，家中眷属多有节烈而亡的。在战后，朝廷对其进行了难后抚慰，加以敕封，增进府县昭忠祠或节烈祠，让世人知其忠孝贞烈的事迹。因而，家族得到了抚慰，威望也得以提高。

战争可分为未改变统治当局的战争和改朝换代的战争两类。这种分类看似简单，但对于忠于朝廷的望族来说，战争结果不同，其命运也会受到不同的影响。

前者意味着战乱失败，望族与官府一方的抵御胜利。这一胜利将为望族带来极大的利益，十分有利于望族发展。朝廷难后的封赏在一定程度上能提升家族成员的威望，而望族的所作所为也有利于基层社会的稳定，保证人们的生活安定，也能获得颇多赞誉。

若战争后改朝换代，则意味着望族的选择以失败告终。这意味着望族原有利益的丧失，命运会出现转折，实力会衰落。明清鼎革的战争是对胶东望族原有社会利益结构的一种破坏，对望族发展带来极大的破坏，使其失去了原有的利益保护。明朝发展起来的胶东望族，在面临战争时都要做出选择，而多数能

---

① 《登州张氏族谱》卷一，清光绪十三年修，民国二十二年刊刻，第7—8页。

坚持忠孝伦理，选择与明朝官府站在一起，坚决抵抗攻城的为乱之军，保护自己家族的生存之地。这样的攻防战争会直接造成家族成员的伤亡，使得家运中衰。莱阳双山张氏癸未之难，清军围莱阳城，张梦鲤之孙、张嗣诚之子张载徵，次子张嗣谟之三子张善徵、张明征都不幸殉难。张氏十一世祖张瑞徵的墓志铭中叙及此事："辛巳，两公具高等食饩，而公季应童子试，辄皆冠军人，比河东三凤云，皇历将新，流民倡祸蜂起，乌合之众攻抄四出，原隰裒尸，脊令在难，公了然中存，以一身披衾兄季……且慨门运中衰，发愤欲拓先业。"①

2. 望族官员在明清胶东战乱中的积极作为

战乱对人们的生活造成重大的损害，望族也难以幸免。对于战乱，胶东望族大都是坚决抵抗，以维护当朝的统治和家族生活环境的稳定。这多是战斗在第一线的望族成员的行为，是基层成员为社会稳定作出的贡献。望族，特别是在朝为官的望族成员，其作用不容忽视。面对战乱，他们如何应对？对这个问题的探讨，有利于我们了解国家对基层社会稳定的维护到底是如何实现的。望族官员属于统治阶级，其对家乡的所作所为兼具代表国家和基层的两种身份和责任，他们是国家与基层社会连接的重要纽带。

李九成、孔有德叛乱为祸胶东时，胶东望族在朝的成员多有所作为。对于李孔之乱，朝廷内部不能及时作出决策，更多的只能依靠基层的自主作为抵抗战乱，从而导致战乱久悬不决。面对家乡遭受战乱，当时胶东望族在朝为官的成员为平复战乱积极建言献策，主张果断增兵平乱。招远杨氏家谱中记载，杨觐光曾与其他几位在朝的山东籍官员上疏请兵镇压战乱。战乱平息后，"觐光公与弟观光公及延绥巡抚张福臻（高密人）、太仆寺少卿王万象（掖县人）等登莱籍九名朝廷大员，因平叛有功，朝廷'各赏银十两'"②。同治《黄县志·杂事》中亦有类似的记载：

> 莱人户部侍郎刘重庆请兵疏四上，怀宗始命关宁、金国奇、靳国臣、吴襄、祖大弼、祖宽、张韬诸师武臣统兵救莱。③

刘重庆是莱州府掖县人，面对自己的家乡遭受战乱之害，他痛心疾首，力主增兵镇压，在促使朝廷作出平叛决策上起到了较大作用，避免了战抚不定、徒

---

① ［清］杜臻撰：《张瑞徵墓志铭》，载《双山张氏六百年：一本尚未写完的书》，燕山出版社2008年版，第295页。

② 杨金山：《招远杨氏族谱》第五卷第二篇，2012年续修，自印本，第103页。

③ 同治《黄县志》卷一四，清同治十年刻本。

增祸乱的情况出现。最终,李九成、孔有德叛乱被平定,胶东社会恢复稳定。

由此可知,望族官员虽并不一定直接参与具体的抵抗战乱行动,但多有作为,维护了自己家族所在地的利益,这是作为家族成员的角色所决定的。他们为朝廷统治出谋划策,为维护国家社稷贡献力量,这是作为朝廷官员的角色所决定的。这是他们对望族发展的一大作用。

望族的基层成员在维护社会稳定中发挥着基础的作用,而望族官员在统治阶级内部使家族利益与国家利益相结合,形成一种上层保障。于是,望族内部形成了一种维护基层社会稳定秩序的互动关系,同时也形成了统治阶级在基层的一股隐性统治力量,这是对朝廷地方防卫力量的补充。望族与国家在基层设置的行政机关和军事组织共同实施统治,维护基层稳定。

## 二、地域生活支配中的多元策略

在基层社会运行中,明清胶东望族在文化教育、救灾扶困、筑城修庙等方面多有所作为,被世人称为善举。这些作为都对当地社会的稳定与发展产生了推动作用,弥补了朝廷在一些领域的力量缺失或角色缺位。

(一)促文助教兴儒业

1. 著书立说

胶东卫所望族兼备军功与科举两条发展道路,军功是其发展的基础,科举是拓展新法、获得声望的主要途径,故诗书传家之风渐起。仕宦之族自不用说,诗书兴儒是本业。科举虽有不确定性,但在许多实际利益的吸引之下,此类望族重视文教自是顺理成章之事。科举之业在胶东望族中蔚为大观,望族成员的文化素养得到很大提高,作诗习文、著书立说自当经常为之。胶东的地方志中对此多有记载,现择其中一部分,加以说明。

光绪《增修登州府志》中有明代登州望族中较有名望的官员著述。记载蓬莱戚氏第七世戚继光的著述:

> 戚武庄公集一卷,蓬莱戚继光著,已见。按汪道昆戚公志,居蓟余署其路寝曰:止止堂。藏其所著作为止止堂集云,云:今其本佚,此本但近体七言诗十八首,董承诏、孟诸小传,戚少保南北功传,列朝诗集小传,张江陵书一首,王元美书一首,李于鳞书三首,而其父孝廉将军传及诗一首附焉。①

---

① 光绪《增修登州府志》卷六四《集部》,清光绪七年刻本。

记载莱阳双山张氏第九世张梦鲤与其子张嗣诚的著述：

> 交绣阁诗草四卷，文一卷，莱阳张梦鲤著。梦鲤，字汝化，明嘉靖三十五年进士，诗皆近体七律，颇壮丽。秋怀八首，虽仿空同，亦雅健不腐，文只四首，笔意详赡，余皆尺牍及官牒耳。
>
> 丽光楼诗草一卷，莱阳张嗣诚著。嗣诚，字伯行，明万历二十三年进士，此本诗二百余首五言，情惬有意，七言皆少，皆雅致，古体只数首，语意倔强不入破。①

记载宁海常氏第七世常康的著述：

> 松柏堂后集一卷，宁海常康著。康，字晋侯，万历四十四年进士，其父秉仁有诗刻，名松柏堂集，故康称后耳。秉仁，字旨蓭，又有草堂诗余一卷。康祠三阕亦附焉，皆沿元人北曲套数，气息非乐府之正声也。此本刻尤劣，谬字多不可读。②

记载招远杨氏第九世杨观光的著述：

> 证思集十卷，招远杨观光著，已见。拟古沿于鳞派，而魄力远出，其下且多闲以尘俗不见，精采亦子云规模相如之遗派也。③

记载登州张氏第十二世张瑶的著述：

> 持忠集二卷，蓬莱张瑶著。瑶，字琪草，明天启五年进士。此本上卷为奏议启事揭帖，下卷为诗赋。瑶以推官行取，与莱阳宋玫争，欲得吏科，不胜，因相参揭，直入上终以吏议谪。其疏诋玫及高宏图、章光岳等，语同怒骂，唯谓玫支离字句，剽窃经史，掩卷不知为何，题则深中当日莱阳文派之弊。其诗半皆愤语，夏虫赋一篇，尤极毒詈甚矣。公孙之褊也，其安攘十策，颇为剀切。瑶于五月见斥，七月乃上此疏，亦为求进之计耳。宜通政不为上也，且玫在河南知县，事本为瑶属，吏乃不纠其失职

---

① 光绪《增修登州府志》卷六四《集部》，清光绪七年刻本。
② 光绪《增修登州府志》卷六四《集部》，清光绪七年刻本。
③ 光绪《增修登州府志》卷六四《集部》，清光绪七年刻本。

及争进不遂，始揭之，亦非由于公议也。瑶死于崇祯五年叛兵之祸，其气节固足重矣。①

记载莱阳左氏第七世左懋第的著述：

> 左侍郎奏疏一卷，莱阳左懋第著。懋第，字仲及，明崇祯四年进士，其文集凡三刻，此本乃其裔孙中行刻于光绪六年者。懋第明史有传。文亦沉果不苟，作诗古拙不谐，音律于七言尤甚，以其人重故并存之。②

记载莱阳姜氏姜埰和姜垓的著述：

> 敬亭集一卷，莱阳姜埰著。埰，字如农，明崇祯四年进士，明史有传。其文集刻于江南，此本乃抄册，只数十首诗，亦只十余首，盖其后人已籍宁国，而族人居莱者以集中多避忌，语因讳之，不肯出也。文皆典实无藻饰，有资史学。③
>
> 崖西诗稿一卷，莱阳姜垓著。④

胶东望族成员多有著述，具体数目暂无准确统计，通过以上几则材料可见一斑。地方志的记载中，能有著述流于世的望族成员大都是在科举上取得了一定成就之人，未入仕的成员著述较少，流传者更少。胶东望族科举之业大兴，著述丰富，对一地文风多有带动，较为详细的影响难以获知，但对后世而言，其作为历史文献的价值是值得肯定的，为我们了解家族历史和明清胶东发展状况提供了很好的文献资料。

2. 创办文社

明朝后期，士人创办文社的风气尤盛。胶东望族为了交流学术、以文会友、督促后学，创办了一些文社。依靠科举起家的胶东望族，十分重视子孙的家学教育，形成了尚学之风。对于家族子弟的教育，除了直接的教育，创办或加入文社便是最好的教育方式。文社中的诗文交流，为士人作诗习文提供了一个平台，加之文友的指点，极好地提升了读书子弟的水平，为其取得更好的科

---

① 光绪《增修登州府志》卷六四《集部》，清光绪七年刻本。
② 光绪《增修登州府志》卷六四《集部》，清光绪七年刻本。
③ 光绪《增修登州府志》卷六四《集部》，清光绪七年刻本。
④ 光绪《增修登州府志》卷六四《集部》，清光绪七年刻本。

举成就创造了一个良好的环境。

明朝后期最为著名的文社莫过于复社。复社起于崇祯初年，领袖为"娄东二张"（张溥、张采），是士子所结文社，由当时的江北匡社、中州端社、莱阳邑社、浙东超社、江南应社等组成，极盛时成员达2000多人。① 山左大社由莱阳邑社演变而来，领袖是宋继澄。莱阳为复社重镇，邑中左氏、宋氏、姜氏等望族成员是山左大社的重要力量。据民国《莱阳县志》记载，山左大社成员91人，莱阳人占61名。左氏家族左懋第、左懋泰、左懋芬、左懋桂、左良辅等人，姜氏家族成员姜垓、姜埰、姜圻、姜植、姜楷等人，宋氏家族宋继澄、宋玫、宋琬、宋瑚、宋琏等人，皆为山左大社成员。② 此三族在有明一代科第昌盛，人才辈出，尤其是在明清易代之际，更涌现出了如左懋第、姜埰、姜垓等一大批贤良之士。东莱赵氏赵灿之孙赵士喆也是山左大社的组织者。清顺治九年（1652），朝廷规定生员不许"纠党多人，立盟结社"，山左大社随之趋于解散。

招远杨氏在创办文社上也有所作为，而且文社之中有多人取得了很高的科举成就：

> 万历三十六年（1608），焌公与在乡丁艰的觐光公和本村李乃兰、李笃培等结文社。至明亡，文社之士中进士5人，举人3人，贡士11人（不重复计算）。③
>
> 道光元年（1821）前后，十五世钟泰公、晋锡公、特锡公与前招远典史沈莲、贡生张书绅等结诗社，振兴招远文风。④

道光年间，莱阳左氏家族逐渐恢复发展，家族学风、文风渐起，与各地文人学士之间的交流日益增多，逐步形成了浴兰诗社，诗人王之钰担任社长。浴兰诗社是清代胶东地区较有影响的文人社团组织，左氏家族左懋谦支派后裔左庭筠、左会来、左仲来、左厚来、左川云等是诗社骨干，留下了许多脍炙人口的诗作。⑤

明朝后期，胶东望族创办文社、诗社，入清后则受到一定限制。虽然无法具体评定文社的作用，但从其成员取得的科举成就可见其积极作用。以文会

① 王耘壮:《东林与复社》,开明书店1935年版,第70页。
② 民国《莱阳县志》卷三之三《艺文志·宋孝廉继澄传》,民国二十四年铅印本。
③ 杨金山:《招远杨氏族谱》第五卷第二篇,2012年续修,自印本,第75页。
④ 杨金山:《招远杨氏族谱》第五卷第二篇,2012年续修,自印本,第80页。
⑤ 程灿谟主编:《莱西历史文化概论》上,青岛出版社2009年版,第111—112页。

友、切磋学艺的文社，有助于提高文社成员的学业水平。明末胶东望族的科举之盛，可能与之存在一定关联。如是推论，明清两代科举南盛北弱局面的形成，与这种文化交流场所可能存在一定关联。在交流中增长学问，对胶东文脉的延续和科举的发展起到了一定的促进作用。

望族成员诗文水平高，在地方事务之中常能撰文纪念，这样既能拉近与官员的距离，对官员行为多加赞誉，也能在民众中获得文化威望。明代地方官每次修葺庙宇后，都会撰文立碑以作纪念，文章主笔者多是望族士人。"东海庙在府西北一十八里海岸，宋开宝六年建。国朝载于祀典。宣德九年修，金川何章记；成化十九年重修，寿光刘珝记；年久圮坏，万历三十年知府龙文明重修，规模倍昔，检讨周如砥记。"①

3. 兴修教育设施

明清两代，科举与学校紧密相关，学校教育日益重要，官府亦重视学校教育设施的兴修，设立完善的教育体系，地方府县学配以学田，供给学员。在学校教育建设中，并非官府独自操刀，亦有望族参与其中。在经济条件较为殷实的情况下，胶东望族大都会参与当地教学设施的修缮活动。望族是对官府力量的有效补充。现存的地方志书和家谱中对此多有记载。

宁海常氏：道光十四年（1834）宁海州学宫先圣殿破损，常世淦响应号召"捐赀督理，二载告竣"②。道光二十六年（1846），知州博文复劝捐重新修缮牟平书院。"邑绅常世淦、常文遴捐资督工，于二十七年告竣，并为之考棚。"③ 文庙先圣殿是生员祭拜至圣先师孔子的场所，是精神信仰的寄托之所。常氏对宁海文庙先圣殿的修缮，是对文人学士信仰的维护。兴修牟平书院，完善教学设施，都是对当地教育的物质贡献。

招远杨氏，"崇祯十一年……观光公遵父遗命，置田足 120 亩，捐赠本县学宫"。此学田在清代依然为族人经营，以惠学林。"崇祯七年，道缜公重修县城之文昌祠（宫）。""顺治十五年，十世祖鼎铉公，义修学宫启圣祠。顺治十七年，鼎铉公捐建魁星阁（楼）。""康熙初期，招远……学宫颓坏，鼎钟公出重资倡修，并亲督其工，数月告竣。""乾隆三十六年，十三世祖城里振煦公与堂兄振炜公，倡修颓旧的学宫。"④ 招远杨氏家族修缮教学设施，捐赠学田。

胶东望族对教育设施的修缮，改善了当地儒生的学习环境，对当地的教育

① 万历《莱州府志》卷四《祀典》，明万历三十二年刻本。
② 同治《重修宁海州志》卷七《建置志》，清同治三年刻本。
③ 同治《重修宁海州志》卷七《建置志》，清同治三年刻本。
④ 杨金山：《招远杨氏族谱》第五卷第二篇，2012 年续修，自印本，第 77—79 页。

发展有较大的贡献。有士人赞叹牟应震修建书院对文教的推动作用，"吾邑文运久衰矣，赖先生创兴书院，立见育才之效"①。这些贡献也为望族在基层举子之中赢得了良好的声望。更重要的是，这些活动极大地支持了地方官员的工作，更为其政绩增砖添瓦，极易拉近望族与官员的关系。牟墨林在得知乡邻要修书院后，以家族科举发达为名，慷慨解囊，"翁曰：是吾之夙志也。吾恨不能独力举，吾家科名累累，种豆得豆，过桥拆桥，可乎？出制钱五百千，为诸绅倡闻者，风起不月而事蒇"②。实际上，这背后可能有实际利益的考虑。

4. 参与地方志书等历史文献的撰写

胶东望族的文化水平和社会威信较高，在地方文史建设中也有一定的贡献。望族成员有的自行编撰地方文献史料，有的则是响应地方官府号召而参与到地方史志的编写中。他们所编著的地方文献，较全面地反映了当时基层社会的情况，为后世研究当时的社会文化、地方历史等留下了宝贵的资料。据笔者所搜集的资料，作一简表加以说明（见表1-3）。

表1-3　胶东望族参与文献撰写活动情况简表

| 姓氏 | 名号 | 参与文献撰写活动情况 | 相关说明 | 资料来源 |
|---|---|---|---|---|
| 东莱崇儒毛氏 | 毛贽 | 《掖水志林》 | 掖邑旧无志,公网罗掌故,成《掖水志林》一书,惜毁于火 | [清]毛贽:《识小录》卷二《识人物》 |
| 东莱崇儒毛氏 | 毛贽 | 《勺亭文集》六卷《识小录》八卷参与编修《掖县志》 | 嗜古成癖,凡莱之山川名胜及忠孝节烈事,必详加考订所资,每见乡前辈诗文,亦录成帙,虽挥汗呵冻,不少辍。文尤长于传记,著《勺亭文集》六卷梓里掌故,网罗该博,严太守续郡乘,张邑侯(指时任掖县知县张思勉)创邑志,所采甚多 | 嘉庆《续掖县志》卷三《文学》[清]毛贽:《识小录》卷末《识小录跋》 |
| | 毛式玉 | 《掖邑乡贤考记》一卷 | | 张国栋主编:《胶东望族研究》 |
| | 毛式丹 | 参与修纂《续掖县志》 | | 张国栋主编:《胶东望族研究》 |

① 光绪《栖霞县续志》卷九《艺文志上》,清光绪五年刻本。
② 光绪《栖霞县续志》卷九《艺文志上》,清光绪五年刻本。

| 姓氏 | 名号 | 参与文献撰写活动情况 | 相关说明 | 资料来源 |
|---|---|---|---|---|
| 招远杨氏 | 杨晋锡 | 协修《招远县续志》 | 道光二十五年(1845),应知县边象增之聘参与协修县志 | 杨金山:《招远杨氏族谱》 |
| 登州张氏 | 张一渐 | 创修康熙癸丑年《蓬莱县志》 | | 《登州张氏族谱》卷之一 |
| 莱阳双山张氏 | 张瑞徵 | 撰《莱阳县志叙》 | 康熙十七年(1678)续修县志 | 民国《莱阳县志》卷首序 |
| | 张重润 | 撰写《莱阳县志》续志序 | 康熙十七年(1678)续修县志 | 民国《莱阳县志》卷首序 |
| 莱阳左氏 | 左之宜、左之龙 | 校阅、辑录明朝万历版《莱阳县志》 | | 张国栋主编:《胶东望族研究》 |
| | 左起旦 | 参与纂修县志 | 康熙八年(1669)参与纂修县志 | 张国栋主编:《胶东望族研究》 |
| 宁海常氏 | 常文达、常文遴 | 重修《宁海州志》中,任监理 | | 张国栋主编:《胶东望族研究》 |

即墨黄氏有诸多成员在地方史志建设中作出贡献,鉴于人数众多,故单列出。即墨文史资料专辑《即墨黄氏述略》中记载明清黄氏成员参与地方文史建设的情况如下:

1580 年(庚辰,万历八年),即墨县知县许铤主持修《即墨县志》,秋,黄嘉善为县志写"序"。

1637 年(丁丑,崇祯十年),黄宗昌辞官归里,居玉蕊楼,常游崂山道观庙宇,与道长交游,撰写《崂山志》。

1650 年(庚寅,顺治七年),……黄坦完成黄宗昌未完成的《崂山志》。

1657 年(丁酉,顺治十四年)顾炎武来即墨住黄坦家,与黄氏子弟诗文唱和,为黄宗昌《崂山志》作序。

1808 年(戊辰,嘉庆十三年),黄宗昌著《崂山志》刻印出版。

1872 年(壬申,同治十一年),《即墨县志》续修,分辑有候选知州、拣选知县黄念昀,参加采访有廪生黄肇颚、廪生黄肇倮。

1882 年(壬午,光绪八年),黄肇颚编辑成《崂山续志》,共十卷,为手抄本。

1896 年（丙申，光绪二十二年），黄肇颚对《崂山续志》进行补充，编成《崂山艺文志》，共二十四卷，为手抄本。①

胶东其他家族还有诸多参与地方文史建设的事例，不一一列举。以上是笔者目力所及的胶东望族参与胶东史志编写的情况，虽不全面，但可以反映胶东望族在地方文史工作中的贡献。明清两代是全国地方志书编写最集中的时期，尤其是明朝中期以后，更是蔚然大观。

明清时期，官修方志已成为定制。望族成员多是功名拥有者，即地方士绅，社会地位高，官府聘请他们修志，使之造福乡梓文献，乡绅也可在地方一展名头，在修志中顺带为家族成员唱赞歌，如东莱崇儒毛氏毛敏仕宦并不显著，但仍有传记，盖因《莱州府志》的修纂创始人是毛纪。《万历莱州府志》对毛志多有延续。清初毛赟分纂《掖县志》，将其编纂的《识小录》部分内容汇入其中，"梓里掌故，网罗该博，严太守续郡乘，张邑侯创邑志，所采甚多"②。因此官绅互动，各有所得，心生欢喜，进而弱化了矛盾，稳定了秩序。

（二）抗天灾济乡里

胶东地区主要位于胶莱河以东，除胶莱河以东和沿海条状的平原区外，山地、丘陵多，平地较少，耕地面积有限。但是，胶东地区东、南、北三面环海，气候良好，四季分明，由于受海洋的影响，与同纬度的内陆相比，气候温和，夏无酷暑，冬无严寒，气温变化幅度较小，较为适宜人类居住，人口十分繁盛。因此，地狭人稠的人地矛盾突出。清光绪《增修登州府志》中叙及了登州府的地理状况，记载如下：

> 登郡海环三面，卫所而外，州一县七，城在山间，环境计里千，数百无规方五十里之平，畴农力硗，确斥卤耳。故凋敝困乏之形多，丰亨豫大之象少，盖登之土瘠，登之民贫，登之赋繁而徭重。③

明清胶东自然灾害频发，蝗灾、水旱灾害对当地的农业生产造成严重破

---

① 即墨市政协教科文体卫与文史委员会：《即墨黄氏述略·大事记》，载《即墨文史资料专辑》，内部资料，2009 年，第 2—12 页。

② ［清］毛赟：《识小录》卷末，载《山东文献集成》第一辑第二十五册，山东大学出版社 2007 年版，第 471 页。

③ 光绪《增修登州府志·原序》，清光绪七年刻本。

坏，更加剧了地狭人稠的矛盾。面对自然灾害，朝廷不仅制定一些应对措施，还充分发挥望族的作用，倡导捐助施救，引导民众自救自活。一些望族家境殷实，会自觉地采取一些力所能及的措施帮助族党乡里度过灾年。

栖霞牟氏族内互助及对乡邻的救助在其族谱之中有不少记述。牟心海，邑庠生，字瀛仙，"家境虽不富裕，却乐善好施。族人婚丧，凡缺钱粮者，有求必应，亲戚断炊，悉后必倾囊与之"①。"道光十六年，大饥。鬻产赈济，收养小儿全活四十余人。"② 栖霞牟氏牟墨林，"道光十六年岁大歉，人相食，翁开仓以赈，踵门者趾连而肩摩也。有阻翁以后难继者，翁以为多活一人，则少死一人，吾为吾力之所能而已"③。

招远杨氏，天启年间"大饥，道缜公倾储赈粥"。"崇祯十三年，观光公出任春闱同考官。是年，观光公领节，往山西册封安定王妃，并赈晋饥民。年内招邑大饥，九世祖埙公与长子鼎铭施粥五个月；其渊公也罄储济乡邻。""康熙初期，招远大饥，十世祖鼎铭公施粥、捐粟，济饥民。""乾隆五十年，招邑奇荒，十四世祖贺甲庄子培元公'质田一区，竭力施济'；其父停公因操劳赈饥，猝逝。""嘉庆十四年，春饥，培元公分送粮米于里人，且焚其借券，如此三载。"④ 招远一地，地狭人稠，很容易受灾害影响，发展空间、实力有限，但逢灾荒之年，杨氏家族在力所能及的情况下，代代有类似的善举。

在灾荒之年，东莱崇儒毛氏第五世毛绥主动捐献粮食，被授予"义官"⑤。

宁海州常氏第十六代常理基，"生而颖异，志趣远大"，在父亲常建圻去世后，继承先志，"凡救灾恤邻，排难解纷，及一切急公好义事，皆力行之"⑥。

望族官员中也有此类实例，但是与普通的望族成员的做法不同。在朝为官的贾允升采取了动用国家力量的手段，这类似于明代刘重庆等望族官员在战乱中的做法。贾允升在"嘉庆……十七年，为鸿胪寺少卿，请仓谷改粜为借，以苏民命，奉旨发帑赈之"⑦。此外，招远杨氏也有此类举动，"崇祯十五年，山东蝗旱大饥，观光公倾储赈贫，为登莱饥民上书请命"⑧。

① 牟日宝、牟珍:《栖霞名宦公牟氏望族》,《现代家教》杂志社 1997 年版,第 136 页。
② 光绪《增修登州府志》卷四三《文职》,清光绪七年刻本。
③ 光绪《栖霞县续志》卷一〇《艺文志下》,清光绪五年刻本。
④ 杨金山:《招远杨氏族谱》第五卷第二篇,2012 年续修,自印本,第 76—79 页。
⑤ 《东莱崇儒毛氏族谱·谱序》,明嘉靖十一年修。
⑥ 民国《牟平县志》卷七《文献志》,民国二十五年铅印本。
⑦ 光绪《增修登州府志》卷三九《进士》,清光绪七年刻本。
⑧ 杨金山:《招远杨氏族谱》第五卷第二篇,2012 年续修,自印本,第 77 页。

除了临时的应急措施，望族成员也会采取一些预防和恢复建设措施，如建立义仓、发放粮种等。文登于氏成员就有类似的举动。"于应第，号台联，东齐子，岁贡生，积学笃行，士林有声。崇祯庚辰大饥，邑人死亡过半，应第煮粥道（傍）旁，凡数阅月，远近赖以存活，捐义茔以收白骨，立义仓以备凶荒，建义学以教子弟，招集流亡给以牛种，自是乡人多归本业。"① 此外，在族人、乡里的生活出现困难时，胶东望族也会给予一定的帮助。栖霞"牟寏，增生，见有佃人单传三世矣，年三十余，贫不能娶，以馆谷四十金与之，俾成家生子"。"牟相翼，从九品，友有被牵系官者，倾产免之，贫不能存。"② 正因为地狭人稠，胶东的赋税负担相对于土地丰阔的地区要重一些。当族人和乡里难以按时缴纳国家的赋税时，胶东望族也会及时加以帮助，代输赋税，假财解困。如以上救灾之举散见于地方志中。

（三）建庙修寺，维护基层信仰

民间信仰活动是基层社会生活的重要组成部分，民众多有一定的原始神灵观念和崇拜对象，并在一定场所举行供奉活动。崇祀场所与设施也是重要的社交场所，其作用在基层社会中十分重要。明清胶东基层民众的信仰也多承接以前朝代的民间信仰体系，信奉仙道、释教或崇拜一些具有地方特色的对象。而且胶东的民间信仰早在先秦时期就已经十分活跃，是方仙道、全真教等的诞生之地。民间信仰在胶东民众的生活中极为重要。

明清两代官府都在地方建立官定的民间信仰场所，如文庙、城隍庙等，让民众参拜祭祀，接受国家正统思想文化，是官方意识形态宣传手段。因此，这些官定信仰的宣传是地方官的工作内容，其修建和维护亦属于他们的工作范畴。参与这些建筑的建设和修缮，是民众对地方官工作的支持，既能受到地方官的欢迎，也会赢得民众的赞赏。胶东望族多参与其中，而且在很多情况下是主动组织的。东莱崇儒毛氏五世毛绣率领乡人修城隍庙。《东莱崇儒毛氏族谱》记载，"府城城隍庙倾圮，（毛绣）率乡人修葺之，数月讫功"③。招远杨氏也多参与庙宇修缮。崇祯年间，"觐光公、观光公相继捐资重修雾云山圣水庵"。胶州城隍庙得到了匡翼之家族的连续修葺。"城隍庙在州城外正西隅。洪武八年，知州赵礼建，嘉靖二十五年千户匡大伦重修，万历十七年乡宦姜继曾新之，金事匡铎复施地辟门，以拓其制。"④ 掖县孙氏孙梦修建多处建筑。"四

---

① 光绪《文登县志》卷九上一《人物二》，民国二十二年铅印本。
② 光绪《增修登州府志》卷四三《文职》，清光绪七年刻本。
③ 《东莱崇儒毛氏族谱·谱序》，明嘉靖十一年修。
④ 万历《莱州府志》卷四《祀典》，明万历三十二年刻本。

知祠，祀东莱太守杨震，在县城南。宣德五年邑人黄福增修，嘉靖三十年邑人李源洁、孙梦豸重修"。"碧霞元君行宫，在西岩上，隆庆间邑人孙梦豸建。"①

宁海州常氏也多有参与当地的庙宇修缮之人。常世淦先是捐献家财，资助修缮城内的清泉寺，后来道光年间积极响应知州，捐助资金修缮城隍庙。城隍庙是明清的正统官方信仰场所，是国家权力下渗到基层社会的象征。常世淦通过捐资修缮城隍庙，积极维护国家承认的信仰供奉场所，有助于国家文化意识在基层的传播。如此常氏便很容易获得官府声誉，使家族得到官方的认可。常氏参与地方公共事业建设活动，也为其参加地方社会的管理提供了机会。民众有了较好的祭祀场所，从而使常氏赢得了威望。

从以上材料可以看出，在当地的庙宇修建中，望族成员参与了诸多组织工作。这些作为使得人们平时正常的崇拜和信仰得以顺利进行，对于人们的精神生活有较大裨益。宗教多教人向善积德，令信仰者有所寄托，有利于减少现实生活中怨气的积累，避免基层社会矛盾激化，有助于基层社会的稳定。

### 三、地方政治中望族的公私两面

明清地方政治之中多是官绅合作，望族作为地方士绅主体，在其中发挥了重要作用。其中有天下为公的积极作用，也有包藏私心的消极之处。然而限于材料，所见以积极为多。

#### （一）襄助和监督地方官施政

明朝万历年间援朝抗倭之战，让胶东地区的海防问题也得到了关注。一些望族士人积极为家乡备战和军事调整提出建议。如即墨周氏周如砥撰写《与李瀛州邑令论备倭书》《驳迁即墨营于胶州议》，向地方官建言献策，从而获得高度评价，"至桑梓利弊辄昌言无隐"②。周如砥建言备倭之事，是未雨绸缪之举，足见其远见卓识。他主要从"固城池""选强壮""留富室""聚货贿""严法令"③ 五个方面提出建议。其中，为发挥富家大族的作用，利用大族稳定民心，他建议"宜遍召上户，移之城内，财力合而保障完，耳目聚则备倭周"④。他建议借大族威望提高士气，以富室之财奖励军功；官府向乡宦、富室说明先有家国后有资财的道理，让他们捐助抗战、奖赏之费，并表示自己愿

---

① 万历《莱州府志》卷四《祀典》，明万历三十二年刻本。
② 同治《即墨县志》卷九《人物》，清同治十二年刻本。
③ 赵树国：《明代北部海防体制研究》，山东人民出版社 2014 年版，第 439—440 页。
④ ［清］周如砥：《与李瀛州邑令论备倭书》，载同治《即墨县志》卷一○《文类上》，清同治十二年刻本。

意带头垂范。周如砥从军队生活不便、地理位置等方面论述即墨营不能搬迁的原因，其中不乏真知灼见，但存在地方本位之嫌。

常康目睹地方政务中的种种弊端，为民请命。明末辽东战事频仍，朝廷为应付军需、军费，征收辽饷，开通登莱海道。胶东成为辽东的战略后方、补给基地。登莱一带原本就境况一般，如此频仍的海运、辽饷，让民众疲于奔命，困苦不堪。"今岁且倾倒殆尽矣，况此处报数已足，彼处解到未收，而今又催矣新运矣。"① 他担忧胶东会生民变，且不亚于辽东之乱，从而建议"暂宽米豆之运，或许江淮并运，或淮西三府通运，在西者径入天津，在东者径入北海，庶粟米不至匮竭，而转输亦不至偏累矣"②。海运之事，常康并不反对，但认为将此等重担完全压在胶东民众肩上，实有不公。"夫海道，非独东方有也。在南则淮安可以接海道，在北有天津可以直抵辽阳。今独以海运责之登州，因而搔动入属文登宁海之扰尤甚，始而报渔舡不堪矣，继而议造作不能矣。又转而勒令商人向淮安以雇募矣。彼淮安之人且乘急而肆逗留之计，方且揹勒推阻不前，以致东人棰楚监禁而受比破家荡产，以奔命。夫以公家事也，彼何安其逸，而我独当其劳。"他建议各地分工合作，共襄辽东海运之责，"会同饷部，移檄淮抚，令彼处出舡，我任雇价，再行青州凡通海道天津等处，许分运粮饷，庶公务克济，而一方亦免重累也"③。

常康看到禁海之所以难以杜绝海患，在于民众利欲熏心，内外勾结，"有等败残亡命之徒，据岛屿以为生，乘隙射利之辈又结连以相通，或假商贩而窥探虚实，或结内地而变生叵测，登岸则祸延于沿海之居民，纵舟则警扰斥堠之侦报，甚有居近富势之家结交远人，利其货物与之通贩，即夹带违禁之物以溃大防"。胶东也有参与其中者，难以惩治，"甚有逃租逋负之民，潜匿其中，官法莫治，深为不便"④。他便建议"行令各处该管文武衙门领兵乘舡相机捣捕，驱逐其党与，烧毁其舡舍，不许潜藏为患，仍移文其地会同本省，各将居民归之版籍，编设保甲，申严私贩之禁，间有运舡，严责起程日期，登舡人数，两下稽查不致假托为奸。然后遇有可疑之舡，可异之人，即严令随在盘掣，勿俾遗孽"⑤。

里甲头目与官吏在赋税征收过程中贪污火耗，鱼肉百姓。"贪婪辈辄以添

---

① 同治《重修宁海州志》卷二五《艺文志》，清同治三年刻本。
② 同治《重修宁海州志》卷二五《艺文志》，清同治三年刻本。
③ 同治《重修宁海州志》卷二五《艺文志》，清同治三年刻本。
④ 同治《重修宁海州志》卷二五《艺文志》，清同治三年刻本。
⑤ 同治《重修宁海州志》卷二五《艺文志》，清同治三年刻本。

头火耗为外加之名，在官长为应得之利，在合封为润囊之私，在柜头借为媚上之计，有以一钱而加六分者，又有一钱而加七分者，甚至一钱而加一者。官长自为羡余取之，不以为异，往时正项有之，今并加项亦有之。此其明知之侵渔也，外此又每里有押票之公差，有包揽之总催，又有保头之主家种种，打发□□分外之出。而后言正粮之入此，又不知而暗销者也。嗟嗟小民何辜，而堪此疮肉之割耶。"① 还有地方官巧立名目，名为征税，实为假公济私。"各票事平，尚可稽名而去，有等贪夫利其征收羡余，一承加派之票，反添润囊之喜，且下役因而巧承，其欢曰各征不便。"加收之目，甚至超过正额，"杂项之票则难数计，签押票拘监捘，追呼反甚于正额"②。

明末里甲制度日益废弛，民众逃亡诡寄情况频发，国家赋役难以保证，地方发展的自生能力受到限制。"向来大荒四方逃窜者，多有越境而就食者，有避差以潜居者，远而千里之外，近而一二百里之间，以迁徙间而姓名根柢无由觉查，或托富势之庄客，匿豪家之肆，犹东西易向，彼此无着将见，彼以有所容，而为之招此，以无所禁而听之去，究之逃民益多，而本处实贻其害，流移虽广而此无所收之为利，皆由保甲不明不严而两失之也。"常康建议"合无请檄申明保甲之法令，编为什伍，注为图籍，设立粉壁，各记其年貌籍贯名口，使去之者有稽查，为连坐来之者，有盘诘。……即目前可以杜流移逃避之端，此久废之法一整饬之，而大有益于地方者也"③。

常康发现地方官不顾实际，盲目鼓励垦荒，致使民众为逃避责罚而谎报垦荒数量，最终使得熟地难以保证耕种，新增虚假之地难以收缴田赋。他建议保证在册熟地之地力，责罚抛荒者，不再力促垦荒。"是以人多捏造地数，希图一时免罚，及责以起科，则又分摊于合州地亩，究之钱粮累在百姓，继而不完又累在官府。总之图荣一时，遗害无穷，虽以劝民乐业，实以为民增蠥。东方秕政非止一端。此亦根本之大可虞者，合无行令晓谕，自今以后登莱以东之地，不许报荒数，即有司亦不以此为责，成庶弊端可塞。其一罅而民困，可稍苏于万一也。惟是原经部额地亩不许抛荒一犁，如云人逃而地荒，当究其逃之之故。如云地荒而粮无主，尚何开垦之有人。今后若原地抛荒有司，以此参罚。"④

地方官欺上瞒下，使国家难以了解胶东地区的真实情况。"近者视按行为故套权柄，自下操每遇一采访一咨问。惟凭本地守土为开送，究使风檐之才

① 同治《重修宁海州志》卷二五《艺文志》，清同治三年刻本。
② 同治《重修宁海州志》卷二五《艺文志》，清同治三年刻本。
③ 同治《重修宁海州志》卷二五《艺文志》，清同治三年刻本。
④ 同治《重修宁海州志》卷二五《艺文志》，清同治三年刻本。

品，惟在纸上黑白菇屋之疾苦，惟坐堂上闲观舆论之臧否，惟凭衙蠹上下且如各官贤否，有一不繇本处堂官者乎。州县访犯有一不在本处开送者乎。若开送必非势恶衙蠹等人。此等必与县官为结纳，惟疏逖单弱乐虚名，而受实祸者，为之塘塞。所谓举不必真，而真不得举也。"① 常康建议仿效山西等地之举，广开言路，发动乡绅力量，发现问题，上报舆情。"是以今人惟知有一县官，他如巡行直指之典尽属虚文，而府道宪台之地，只为过路。嗟嗟，朝廷大权惟有彰瘅黜陟，可于此处而听下官之模棱作依样之葫芦乎。今后合无申明法纪，使权自上操勿下移，又以广询为独断。道府于所隶土宇不过三二百里之远，其民情吏弊可径为咨访，或借听于乡绅僚友士庶，道路查其声实相符则公论无疑。万有参差不妨再核，仍于巡行放告之期计，有屈必伸，有怀必吐，勿得有司拦阻遏抑，则公道可以昭明而人心不至暗肠。一世道昌隆之机也。"②

　　常康还对朝廷重辽东轻胶东的状况提出自己的意见，并建议停止抽调胶东军丁，务必保证以胶东之兵保胶东之安危。"宁海三面环海，外与倭虏共一航之水，内有岛夷为窥伺之奸。故以东省大较，则登莱为边海，以登莱大较，则文登宁海又为关东切近之边海也。况其中之极冲要害处，可虞帆烽燧徼时时见报。近北地摧败逃军，调发官兵运粮，人役一切，亡命觊隙则登岸掳掠，遇人则扬帆远去，剪除为难，窃发最易。况近日边报又有截登莱饷道之意，则此地非有重兵防守，其为害不减于海北。今当事者，尚欲请兵置器，以为固圉之计。奈何羽书四至且选兵征调，而为援远之役，将以地肚外置之乎。抑以厝火安之乎，矧今选兵而入如蹈死，即强驱市人入战，亦为中途之星散耳。无论无济实用，求一至其地，亦不能也。合无准请，暂除大东拣兵之计，留之以为本地之防，庶民不为苦，而事可有备，此两便之道也。又有州县额设守城民壮，原以护卫地方。近以承平率为本县听差，日拘票唤人，剥官嚼民，乌知荷戈操备为何事耶。合无将各处守城民壮之食工食者，听佐二官督管，操练以备缓急，仍将各卫所京边两操班军于见在者，具题留守城池。其老弱不堪者，行本卫选各户壮丁顶补，责令贤能武弁管理，操演庶军民协力无事，为坚壁之防。有事为折冲之具，而地方可保无虞矣。"③

（二）借势扰乱地方

　　士绅干预地方政务在历史上屡见不鲜，不然朱元璋也不会禁止最低功名者生员代替家人与官府打交道。一个反面例子是，士人传记中往往会单独强调致

---

①　同治《重修宁海州志》卷二五《艺文志》，清同治三年刻本。
②　同治《重修宁海州志》卷二五《艺文志》，清同治三年刻本。
③　同治《重修宁海州志》卷二五《艺文志》，清同治三年刻本。

仕后不入公堂，这应该不完全是标榜传主清高，不屑于流于世俗巴结官员，应还包含着不干涉地方政务的意思。这从反面证明士绅往往会干预、破坏地方政务。栖霞牟氏牟作孚曾作《署篆徐侯德政碑》，提及当地士习："栖士日贱，公起而贵之，崇礼义，励廉耻，完粮而外，不闻追呼之扰，多士从此自爱，绝迹公门，文教顿兴。"① 可见栖霞士绅时常出入官府，而且毫不顾忌地"追呼"，扰乱官府。

栖霞牟氏牟国琛所撰的《树德务滋家训》中要求：一、尊礼公祖及乡绅先达，不可干预外事，致招物议，倘亲友不谅，委屈谢过，恩怨任之。二、非奉父母之命，不许拜谒当道，更不许轻投书札。族人在地方官面前要遵礼守法，不随便干预地方事务，免得引来乡邻的非议，也不能随便结交当权者。这也可推测出望族之中的族人，尤其是士人，在地方官府和事务中有很大的权势，甚至可以恣意妄为。栖霞流传着牟恒之子仗势要求县官赔驴的故事，牟氏家族的祠堂迁移背后也有着一段故事，透露出望族中有专以诉讼为生者。②

### 四、义举背后的家风家训

望族乐善好施、参政议政者，多是拥有较高文化修养的士人。他们饱读诗书，儒家修身、齐家、治国、平天下的理想促使他们积极作为。此外，他们的家族文化、家训劝勉也在其中发挥积极作用。栖霞牟氏牟国琛所撰的《树德务滋家训》，虽不主张族人干涉地方政事，但"事关郡邑利弊，随缘量力，斟酌行之，使桑梓受一分好处，使自家寄一份阴德"③，造福乡梓。

栖霞牟奇玥，邑庠生，"一生虽不富裕，却慷慨好义，舍施不吝数目。蒙师清贫，生前屡助，卒后终养师母。外戚贫而无嗣，为之买妾为妻。一盲人背父行乞，因称其孝义而收养，其父死，又买棺葬之。一好施沦乞者，病卧废窑，因称其义而命童仆日送三餐，并请医疗之，逾月而愈。后，子牟磐，亦继父风，百年来，一直被人称为'慈善人家'"④。牟墨林乐善好施，深明大义，是受到其父亲的影响，他后又将此家风传递下去，教导子孙乐善好施，子孙亦谨遵教训，周济乡邻。"（牟墨林）易箦之夕，召诸子立床前，嘱之曰：'吾生平无丝毫浪费，扶困济厄，终身无懈，尔兄弟须记吾言，继吾志者乃吾子，否

---

① 牟作孚：《署篆徐侯德政碑》，转引自牟日宝、牟珍《栖霞名宦公牟氏望族》，《现代家教》杂志社 1997 年版，第 337 页。

② 牟日宝、牟珍：《栖霞名宦公牟氏望族》，《现代家教》杂志社 1997 年版，第 451—452、466—468 页。

③ 牟日宝、牟珍：《栖霞名宦公牟氏望族》，《现代家教》杂志社 1997 年版，第 325 页。

④ 牟日宝、牟珍：《栖霞名宦公牟氏望族》，《现代家教》杂志社 1997 年版，第 130 页。

则不汝血食也。'翁殁后偶遇水干，仍旧施食，盖恪遵翁遗命。"①

牟麟仲劝说子弟孝悌、乐学、勤俭，牟氏子孙能遵从家训，"余不识公，而公之昆季二人出余门下，今又获交公之子农部，公述斋循循言动以礼，是能世公家法者。公虽不显于时，读其与县令诸书乞除过拨歇地之累，言利病为最悉。栖霞人阴受其福而不知也。则公固已施于政矣。经曰：惟孝友于兄弟，施于有政是亦为政。由是言之是编也。岂止牟氏之家法哉！与凡为人子、为人弟及司牧者，告固善天下而有余也"②。故家训在望族成员参与维护基层社会治安、文教事业、政务公益等活动中发挥了积极作用。

### 五、多元策略与士绅作为使望族成为地方社会运行中坚

胶东望族积极抵抗战乱，维护社会稳定，组织和参与社会建设，既受益于朝廷奖赐的鼓励，也体现出士人忠孝仁义的价值选择和其安稳发展的实用思想。在基层社会事务中，胶东望族士绅与官员各自努力，实现了基层与国家的互动，将国家利益与基层社会利益紧密结合起来。这些作为极大地影响了基层社会的安全和建设，弥补了朝廷统治力量的部分缺失。

望族成员大多积极组织和参与实际的基层公共建设，参与方式十分多样。多元化的活动路径，使得望族成为基层社会运行的重要支撑力量。这些活动利官、利民、利族、利己。实际上，许多活动是地方官的政务内容，而望族在其中贡献物力、人力和才智，使之顺利完成，从而使地方官更加倚重望族。这些活动多会为乡党带来一定的便宜之处，可帮其度过生活困难之时，助地方文运兴起，保乡梓文献得以传承，促地方秩序安全稳定。官员和民众受人恩惠，自然也会毫不吝啬对望族大加赞誉，从而使望族的声望大大提高。

仕宦功名是望族发挥作用的保障，这也说明为何参与基层事务的往往是拥有功名的士绅。士绅是望族声望的创造者。普通士人拥有一定的社会地位，有权力和机会对地方事务发表意见，对基层社会发展建言献策。一些官员运用参政的机会，为家乡建设提供一些良策，赋闲在家者也会对基层社会事务发表意见，帮助地方官施政，对地方官的不法作为，也加以纠正和监督。士绅拥有良好的文化素养，既可以撰文歌颂官员活动，也可以助其修志兴学。官民大力赞誉众多同族士人，才能慢慢累积起望族声望。士人是望族的核心，他们参与社会活动的动机有儒家士大夫的政治理想，也有家族文化的熏陶。

---

① 光绪《栖霞县续志》卷一〇《艺文志下》，清光绪五年刻本。
② 乾隆《栖霞县志》卷九《艺文志上》，清乾隆十九年刻本。

# 第五节
# 明清胶东望族的家族建设与国家正统礼仪下乡

光绪《增修登州府志》卷六《风俗》有"聚族而居，多不立祠堂，岁时祭于墓"① 的记载，反映出登州地区家族建设的情况：虽家族人员聚族而居，规模较大，但家族建设不是十分完善，而且祠堂建设不普遍，多是墓祭而不是堂祭。同治《黄县志》也有相关的内容，其中一句"北俗类然矣"② 说明了其家族建设不完善的原因及堂祭的普遍性。据此可知，胶东望族的家族建设大多如此，家族建设不是特别完善，但是内容相对丰富，大都修有族谱，建有类似于祠堂的建筑，修有聚族先茔，具有一定的组织性。

胶东望族较有组织化的建设是家族发展壮大的结果和标志。不论是移民到胶东的家族，还是当地原有的家族，在历经元末之乱后休养生息，经过一段时期的恢复，实现了新的发展。时代大势及民间祖先崇拜意识也督促着胶东望族着手家族建设。

胶东望族的文化素养也是必须考虑的一个因素。明清胶东望族多依靠科举考试实现家族的大发展，其接受了传统士大夫文化，了解家族建设的内容，文化素养较高，这为其家族建设的实践提供了基础条件。家族成员增多，行辈扩展，有必要进行家族建设，建立家族组织原则体系，维护家族的秩序，实现家族大而不散、远而不疏，始终有精神寄托。

此外，自明朝中期以后，基层社会的家族建设日益兴盛，在嘉靖大礼仪之争中获得了朝廷的许可。有仕宦成员的胶东望族，有开展较大规模的家族建设的条件和基础。这是国家正统礼仪下乡在胶东地区的重要体现。

## 一、移民望族的家族建设特征

与原有的望族相比，移民家族的建设更能说明时代的变化，反映明清时期基层社会的表现，反映国家文化意识如何渗透到基层社会。

明清时期移民到胶东地区的家族，经过几代人的繁衍生息，人口不断增多，由户发展到家庭，再扩展到家族，由军功或科举获得官方声望，通过参加地方事务而获得民众赞誉，逐渐成为大望族。与此同时，移民望族也逐渐重视

---

① 光绪《增修登州府志》卷六《风俗》，清光绪七年刻本。
② 同治《黄县志》卷一《疆域志》，清同治十年刻本。

家谱的修撰和宗祠的修建。胶东部分移民望族修家谱、祠堂的情况见表1-4。

**表1-4　胶东部分移民望族修家谱、祠堂的情况简表**

| 居住地 | 姓氏 | 迁出地 | 迁入时间 | 初修家谱时间 | 初修家谱者身份 | 建祠堂时间 | 资料来源 |
|---|---|---|---|---|---|---|---|
| 莱州 | 毛氏 | 淮泗 | 元季 | 成化二十年（1484） | 四世毛敏，杭州府学教授 | 正德初 | 《重修东莱崇儒毛氏族谱》《鳌峰类稿》 |
| 莱州 | 宿氏 | 四川嘉定州夹江县 | 永乐年间 | 嘉靖甲辰—万历壬寅之间 | 七世，嘉靖甲辰进士① | | 道光六年（1826）续修《东莱宿氏家谱》 |
| 莱州 | 赵氏 | 四川 | 洪武年间 | 万历二十九年（1601） | 五世 | | 《东莱赵氏家乘》 |
| 莱州 | 翟氏 | 四川成都县 | 洪武二年（1369） | 雍正八年（1730） | 六世 | | 民国二十五年（1936）续修《东莱翟氏族谱》 |
| 蓬莱 | 张氏 | 庆阳 | 元末明初 | 天启壬戌 | 十二世（迁后十世），户部山西司主事 | 清朝 | 《登州张氏族谱》 |
| 招远 | 杨氏 | 宁波府鄞县 | 洪武后期任官 | 顺治九年（1652） | 十一世，举人 | 清朝 | 2012年修《招远杨氏族谱》 |
| 莱州 | 刘氏 | 四川成都 | 永乐年间 | 康熙四十六年（1707） | 九世 | | 康熙四十六年（1707）修《东莱刘氏族谱》卷二 |
| 莱西 | 张氏 | 青州乐安 | 元末明初战乱灾祸 | 天启六年（1626） | 九世，清岁贡范县学博 | 明朝后期 | |
| 即墨 | 黄氏 | 益都棘林村 | 永乐奉诏迁移即墨东关 | 万历十五年（1587） | 七世祖，进士 | 万历四十三年（1615）建享堂 | 《即墨黄氏述略》 |

---

　　① 据道光丙戌年续修《东莱宿氏家谱·序言》记载，宿氏家谱"创于嘉靖甲辰进士御史公，乃予之七世祖也"。

| 居住地 | 姓氏 | 迁出地 | 迁入时间 | 初修家谱时间 | 初修家谱者身份 | 建祠堂时间 | 资料来源 |
|---|---|---|---|---|---|---|---|
| 黄县 | 丁氏 | 日照诸城县界 | 明初 | 乾隆三年（1738） | 九世 | | 乾隆三年（1738）修《黄城丁氏族谱·序言》 |
| 胶州 | 高氏 | 滨州利津 | 元末移居 | 弘治年间 | 五世,举人 | | 《胶东望族研究》 |
| 即墨 | 杨氏 | 浙江秀水 | 宋初 | 万历十九年（1591） | 九世 | | |
| 福山 | 王氏 | 云南府云南县 | 明洪永之间 | 康熙三十年（1691） | 九世 | | 道光《王氏族谱·纪略》 |

注：居住地以修撰家谱时所记州县名称为准。

通过表1-4，可以分析得出：第一，胶东望族的家族建设组织化多开始于明后期，从族内看则是始于家族出现在仕宦上取得较大成就的成员后。第二，胶东望族的家族建设主要以修撰族谱为主，祠堂建设较少，规模不是特别大。第三，胶东望族自始迁祖到修撰家谱间隔在四世以上，若以三十年为一世，那么就需要一百多年。这也在一定程度上说明宗族需要经过如此长的时间才能在迁入地发展起来，并对当地产生感情认同。"从某种意义上说，祠堂的建立和族谱的修撰是移民对新居地认同的象征。如果说入籍是从法律上肯定了移民的土著身份，那么祠堂的建立和族谱的修撰所代表的宗族在新民地的重建，则是从心理和文化上固定了移民关于家乡的新概念。"[1] 他们多是在移民到胶东之后，扎根当地，融入当地基层社会生活中，积极参与公共事务活动，后对胶东这一生存空间日益认同，并将之作为自己的家乡来建设，逐渐成为望族。在此过程中，宗族在迁入地经过休养生息后，才能有实力进行家族建设。他们不但实现了家族的重建，也形成了对新故乡的心理归属，家族初次修撰家谱或者修建祠堂是其标志。

## 二、家族建设的背景

### （一）战争破坏原家族建设

战乱对于家族建设而言，无疑是毁灭性的破坏。朝代鼎革是其中破坏最

---

[1] 葛剑雄主编,曹树基著:《中国移民史》第六卷,福建人民出版社1997年版,第311页。

大、最剧烈的。明清两代胶东望族的族谱和祠堂在元明之际、明清更替中被毁得十分严重。这在望族的家谱中可找到相关记录。

《东莱吕氏家谱》谱序中叙述道：

> 念披人来四川者十有八九，惟我吕氏系东莱故家。
>
> 当元季毛贵犯莱，蹂躏三次，诸姓在莱者残伤殆尽，而吾族蒙先人之余荫，仅留一线，世系谱牒具成煨烬，可考者仅始祖讳彦刚府君，至明初卜居城中。
>
> 吕氏世居披，经毛贵之乱，谱牒沦亡，其详不可考矣。①

在元明之际，吕氏家族虽然避免了灭族的灾祸，但其家族原有的世系谱牒全都在战火中化为灰烬。这使得后人进行家族建设时毫无资料可参考，仅依稀记住了始祖吕彦刚，其余各世各支的情况无从考证。

乾隆五十一年（1786）修的《蓬莱李氏族谱·谱序》记有：

> 始祖郡臣公移居登郡城南诸谷村，自此而后，由祖及孙，由孙溯祖，近支远派一皆详载在谱，固已井然而有序，厘然而不紊矣。不意遭辽乱之变，宗谱失传，各支遂以素所传闻而记忆者存留而奉祀之。未闻有穷源探本，使千代后先相承之绪，一一而备载之者，以故三世祖失其由来，四世祖缺其所从出，延至于今而更觉茫然无据矣。令纵萌因流溯源之想，亦实无缕析分之术，此李氏之失传失于友（有）德之乱耳。②

从资料可知，蓬莱李氏原本有家谱，详细记载了世系派支，但遭明清鼎革中的孔有德、李九成之乱，家谱散佚，各世派支的分布、行辈情况都难以厘清，只能凭借记忆与传闻来排定先祖的祭祀顺序。

战乱对胶东土著望族家族建设造成了破坏。明朝初年因战乱而移民的家族，其家族建设更容易中断，甚至难以接续。对于移民到胶东的家族来说，他们背井离乡，逃亡之际难以保全族谱，最终的结果是到胶东后修撰家谱时，无法稽考旧谱。传闻胶东望族祖先来自"小云南"，后世族人心中都有一段追溯祖籍、寻根问祖的情节。这是为了厘清族源、接续族谱，也是完善家族建设的内容之一。如福山王懿荣家族的始祖王忠就从"小云南"而来。雍正年间续

---

① 《东莱吕氏家谱·谱序》，清乾隆五十三年修。
② 《蓬莱李氏族谱·谱序》，清乾隆五十一年修。

修家谱时，家谱中记有族人寻访"小云南"的活动：

> 始祖忠，云南大理府云南县人。旧传为小云南鸡头村王家。任邑之登宁场盐大使，卜居古县集之河北村，旧有王姓数百家与之同处，遂隶孙乔社一甲，取邱氏，子一云。……康熙癸巳浒筮仕云龙州，路经小云南镇，平原空阔，山川秀发，访所谓鸡头村，渺不可得。古云三十年为一世，浒去始祖十世，今更益五世，忆其时当在前明洪永年间，远迹湮，遂无可考。①

战乱破坏了原有的家族建设，但战乱过后，望族就会开始新的家族建设。战争使得原住地损坏严重，人口大量死亡或逃亡，很难再回到原居里接续家谱，这也意味着家族多需重新建设，而不是续建。其次，移民望族的情况更特殊，移民之时多是一人或一家几人，而非聚族迁移，待发展成为一个有许多派支的望族后，或已过数十上百年，这就使得一些望族对原居里的印象更加模糊，从而难以再去稽考家族迁出地，更不要说回去续修家谱了。因此，他们只得割舍原宗族，在新的居住地进行宗族重建。

明清移民胶东后兴起的望族进行家族建设，不仅是对自己家族重建和发展的总结，还是"移民对新居地认同的象征"②。对于胶东原有的望族而言，组织化家族建设更多的是总结本家族以前的发展历史。战乱是胶东望族家族建设的最大破坏因子，但战争的破坏也为家族建设的重新开始提供了客观的可能性。这也是兴起于明、清两朝的胶东望族重新进行家族建设的原因。

（二）科举为家族建设提供动力

科举制推动家族建设的庶民化。宋朝以后，宗法伦理庶民化，曾经是权贵象征的家族建设逐渐下移，平民修谱、立祠堂有了可能。这一趋势实际是士大夫正统文化渗透到基层社会的过程。家族建设是士大夫秉承正统儒家文化原则而进行的实践。掌握士大夫文化原则的前提是有读书识字的能力，而这一能力的实现与科举入仕有着密切关系。因此，家族建设庶民化趋势的形成与科举制度的实施有着很大关系。

魏晋时期，朝廷选官实行九品中正制，以门第族望为标准，催生了士族门阀。士族为了保证世代权力的优越性，避免受庶族兴起的侵夺，保证自己家族世系的纯洁性，编纂谱牒之风随之兴起。士族进行家族建设是一种对权力的保

---

① 《福山王氏家谱》,清道光二十六年续修。
② 葛剑雄主编,曹树基著:《中国移民史》第六卷,福建人民出版社1997年版,第311页。

障，是社会身份的文化象征。随着寒门庶族的兴起和士族内部的腐朽，士族门阀制度逐渐被打破。隋唐时期，朝廷开始实行科举制度，不以门第高低为选官标准，这为所有读书之人提供了登科入仕的机会。庶族百姓可以通过科举为官，实现自己社会阶层地位的转变，获得较高的社会地位和门第族望。在一定意义上，科举制使得庶族百姓分割了原本由士族门阀控制的权力，实现了权力向庶族百姓阶层的转移。

随着科举制的兴盛，科举取士人数的增加，越来越多的庶族百姓成为统治集团的利益相关者。这在一定程度上是权力的下移，也意味着家族建设权力的下移。在明清时期，朝廷特别注重通过封赏和恩荫将入仕之人的家族纳入其恩荣之下，形成朝廷的统治基础。因此，科举制使家族建设的庶民化成为可能，家族建设不再是世家大族的特权，而是渐向仕宦望族转移。

魏晋时期，士族兴修谱牒更多的是为了保障自己家族的权力不被他人特别是庶族所侵占。科举制的推行，使得权力庶民化，谱牒的权力保障作用逐渐淡化，而文化意味随之增强。明清家族修撰家谱，意在尊祖敬宗睦族，维护家族的凝聚力，保证家族宗派清晰，确保尊卑长幼之序。这实际上是将家族历史与士大夫文化相结合，是士大夫文化在基层的实践。因此，在一定程度上，家族建设是一种文化创造，是国家正统文化与基层民间文化相结合而实现的文化重构。

既然家族建设是一种文化创造，便需要家族建设者有一定的文化素养。而明清时期科举兴盛，使诸多望族的文化层次都得到了较大的提高，这就为家族建设提供了保证。

胶东望族大都是依靠科举入仕后的朝廷封赏与恩荫起家的，较之普通的家族而言，他们的社会地位高，且许多成员在朝为官。明朝初年只有品官才能进行相应的家族建设，庶民没有如此权力。朝廷准许官员享有家族建设的权力，所以官员有了家族建设的先决条件，同时他们能及时了解到朝廷对社会各阶层家族建设的规定及态度变化，从而把握家族建设的规制，不至于违规而受到惩罚，也能根据规定的变化，对家族建设规模作出增删、调整。

胶东望族的文化水平较高，并且掌握了士大夫文化的原则，因此能够极为顺利地开展家族建设相关活动。其中，族谱是胶东望族建设的核心，故本章以家谱为例加以说明。

首先，望族成员多识文断字，不需要找人书写誊录，制定图文和式样。其次，族谱序言的撰写者和凡例的制定者都需要有较高的文化素养，也需对族谱的一般编纂式样等大致有所了解。望族成员文化素养较高，能担当此任。其序言多向族众渗透正统文化意识，是正统士大夫文化与家族历史的融合，实现了士大夫文化与家族建设的结合。东莱毛氏初创家谱时写道："嗟夫！宗法废而谱牒之学微，士大夫之家往往弃而不讲。宜乎？致我先君子之生深感也。"① 毛敏认为，士大夫应担负起传承文化的责任，同时认为族谱编写的目的是"别亲疏，正名分，止僭防，纪其义非一"②。这些伦理道德是士大夫文化的直接体现，在族谱之中出现说明了士大夫秉持正统文化原则去构建家族历史，并让其成为一部合乎正统文化的历史。毛氏家族建设从一个侧面反映出，胶东望族的家族建设是国家正统文化下渗和家族历史融合正统文化的实践。

### 三、家族建设的概况

#### （一）族谱的编修

#### 1. 族谱编修方法

胶东望族或因从外地迁来并没有携带原宗族家谱，或因战乱家谱被毁，其家谱在明清时期多是重建的，但在编纂时，并非毫无章法，有相当一部分仿照了欧阳修和苏辙两人所编订的族谱式样，并进行了完善。

莱州毛氏毛敏在成化二十年（1484）修撰家谱时，就写到他采用欧阳氏、苏氏二家之法的具体情况。

> 今将绳勉于兹，大惧其才识疏短，不足以有成，乃用按庐陵欧阳氏、眉山苏氏二家之法，以为程准，其世经人纬似史氏之季表者，则法诸欧；其系联派属似礼家之宗图者，则法诸苏，秉用欧苏之法，成一家之书，以卒成我先君子之志，且又搜罗会粹，凡有阅于是谱者，皆牵连而书之，不得缺简。③

莱州《东莱吕氏家谱》吕汝撰写的谱序中写道："倘因仍相沿流势不至如苏子所云情尽则为路人者几希？汝深为此惧因。"其中的凡例写道："旧谱图式随世次一直序下，若昆弟繁多，行间即不能容，今仿欧氏谱式，自一世祖开端，序至五世，再从六世各提纲领序去，而昆弟则于横行挨序。"④ 欧阳修撰写的族谱以五服为一单位，誊写并画成一张图册，新的五服世系图则以上一个

---

① 《东莱崇儒毛氏族谱·谱序》，明嘉靖十一年修。
② 《东莱崇儒毛氏族谱·谱序》，明嘉靖十一年修。
③ 《东莱崇儒毛氏族谱·谱序》，明嘉靖十一年修。
④ 《东莱吕氏家谱》，清乾隆五十三年修。

五服世系图末代各位为首世续写，以世类推，这样可以避免后世子孙繁多而派支杂乱，难以厘清派支世系源起的情况。

胶东望族在续修家谱的时候，会对自己家族的源起进行一定的推断，这需要一定的知识储备和较强的逻辑。而因为多次战乱，考证便尤为重要。在修撰家谱时，很多望族已经认识到"纂家谱，无取乎夸诞，贵传信而阙疑"①。

2. 族谱的道德规劝力

（1）修撰家谱是一种家族责任

望族兴修家谱，记载家族发展历史与世系，其目的之一是让族人明了自己家族的历史和族源、世系，避免家族历史因久无记录而被忘记；同时也可厘清家族各个分支的情况，免得出现宗派分支混乱的局面。乾隆三年（1738）《黄城丁氏族谱》的序言中说明了此意：

> 家之谱，国之史，其义一也。国有世系载之于史，家有宗派载之于谱，诚为木有本而水有源也。夫远则易忘，支分则难纪。五世祖免而后谁兴水木之思？②

莱州崇儒毛氏第四世毛敏考虑到谱牒散佚会造成"先德日渐泯焉无传"，"爰按欧苏二家之法，创立兹谱，系以'崇儒'，别同姓也"③。毛氏修撰家谱是因为后辈对祖辈美德懿行的记忆逐渐模糊，后辈难以学习到祖辈的优良品德。所以，毛氏创立家谱，以希在族谱中弘扬祖辈的美好品德，使之在家族中传承下去，形成与众不同的家族特性。同时，在修撰家谱时，毛敏为了区分同姓的不同宗派，没有仅仅称其所修家谱为"毛氏家谱"，而是在前面冠以"崇儒"二字，"崇儒"也可以反映出莱州毛氏家族崇儒尚文、书香传家的家族品德。

胶东望族家谱序言中多记有修撰家谱是为了继承先辈的志愿，以尽儿孙之孝，亦是为了厘清世系，这透露出胶东望族修撰家谱是出于一种家族责任。黄县丁氏第九世丁朝干在乾隆三年（1738）初创家谱时，在序言中写道：

> 自莅兹土以来，惟课耕读，孝弟传家，迨数传而本支繁炽，人文蔚起，凿井耕田，为商为贾。凡在昆季子孙，其奕奕而烨烨者，曷可量乎？

---

① 《东莱吕氏家谱·谱序》，清乾隆五十三年修。
② 《黄城丁氏族谱·谱序》，清乾隆三年修。
③ 《东莱崇儒毛氏族谱·谱序》，明嘉靖十一年修。

恐家乘不作，历世久远湮没不彰者，非仅派系之不详已也。幸予叔祖瑞桓公创其概，予父大人辑其要，后之人尤可藉手成事，第遗稿度置高阁，阙焉未就，迄今又五易春秋。夫上无以表扬先德，下无以昭兹来许，岂惟先君子之志未遂，抑亦后嗣之深责也。予是以不惮拮据，统别宗支为之绘茔图，为之绘合宗世系总图，为之书合宗支派详记，为之约家祠祀典常规，为之辨过继异姓不得乱宗，为之正名讳以别行辈，为之重孝弟勿犯尊长，为之睦族谊务相和好，为例有八。俾我宗人爱及后裔，生孝友之念，起亲睦之情，守忠厚之分，志诗书之业，兢兢焉勿陨越以贻前人羞，庶几先泽绵衍，家声愈茂。然是谱之竣也，匪曰予劳，盖以成祖父之志云尔。①

丁朝干认为修撰家谱是为了继承先祖遗志，避免后世无谱而受责骂，修成也不认为是自己的功劳。

道光丙午年（1846）夏镌刻的《福山王氏家谱》中的《司铎公旧谱纪略》记道：

但谱牒未修，家乘缺如。家大夫素有其意，丙辰家居时，曾制裱册页以待，而冗遽忙迫，未遑执笔。予欲乘志，念事重才疏，难胜厥任，且无暇刻，又多因循故逡巡者久之。②

《福山王氏家谱》是继承先辈所撰写册页而成，修撰家谱是先辈的愿望，后世当继承之，无奈忙于他事而未能成文，故借书写修谱纪略表达一下自己的忏悔之情。

毛敏在莱州《东莱崇儒毛氏家谱》成化二十年（1484）的谱序中记道：

敏自髫时承聆先君子之教，谓：毛氏有谱失于元季，略能忆记其三世讳号生卒之详，凡上世则不能也。既而先君子损捐馆。敏以不肖辄欲卒成先志。……嗟夫宗法废而谱牒之学微，士大夫之家往往弃而不讲宜乎，致我先君子之生深感也。今将绳勉于兹，大惧其才识疏短，不足以有成，……秉用欧苏之法成一家之书，以卒成我先君子之志。③

① 《黄城丁氏族谱·谱序》，清乾隆三年修。
② 《福山王氏家谱》，清道光二十六年续修。
③ 《东莱崇儒毛氏族谱·谱序》，明嘉靖十一年修。

"卒成先志"道出其修撰家谱是为了完成先祖的愿望，让自己的家族重新有家谱，不再发生"略能忆记其三世讳号生卒之详，凡上世则不能也"之类的事情。其后，毛敏写到先祖在看到谱牒之学式微的时候感到很遗憾，毛敏认为自己应该"绳勉于兹"，仿效欧阳修和苏轼的谱法修撰自己家族的家谱，"以卒成我先君子之志"。这应该也是毛敏内心的一种感想，是自己修撰家谱更深层次的原因。

（2）家族自觉的背后是伦理道德的驱动

修撰家谱是一种家族责任驱使下进行的自觉行为，而这种家族自觉又来源于传统文化中的祖先崇拜和尽孝的观念。在一定程度上，士大夫是中国传统文化的传承人，担负着传承与弘扬文化的责任。因此，传统文化中的孝让他们自觉承担起了对家族的责任。这是对祖先的一种尊敬，是孝道的实践。通过分析发现，胶东望族在修撰家谱的时候更多的是强调完成先人之志，即使说到家谱的益处时，也是希望以家谱"俾我宗人爱及后裔，生孝友之念，起睦亲之情，守忠厚之分，志诗书之业，兢兢焉勿损越，以贻前人羞，庶几先泽绵衍，家声愈茂"①。这其中包含对祖先声誉的维护，也透露出祖先名誉不可辱没、唯有尊敬的意味。

继承先志而修撰家谱是望族对崇拜和尊敬祖先的委婉表达。有的望族在族谱中直接明确说明了家谱敬祖、睦族、收宗的作用中以敬祖为首要，后两者是为了家族发展得更好而不辱没先祖；只有遵从家谱的训诫，才能光大家族；只有不断地完善家谱，才能使自己家族的优良传统泽被族人。

要光耀家族的人，一定会谨遵自己先祖的训导，能受之策励和劝勉，不断努力，因为"后人视今，亦犹今之视昔"，自己为后人树立不好的榜样，而做出对家族有负面影响的事情，便会辱没先祖的声望。东莱赵氏在乾隆四十年（1775）的《增补赵氏族谱后叙》中更明了地说明了此意，"礼曰：尊祖故敬宗，敬宗故收族，庶氏之有家乘，敬宗收族之义也，而实本于尊祖"②。因此，尊祖源于祖先崇拜的民众习俗，融合于士大夫的儒家礼仪，从而具备了道德伦理内涵，为家族建设提供了原始的和文化上的双重深层动力。

家族建设也是入仕成员成为士大夫后实践儒家伦理道德、礼仪文化的直接体现，是一种修身齐家的活动。因此，胶东望族积极进行族谱建设，是使家族久传于世的一种文化策略，也是传播儒家思想、引导民众增强国家认同的重要实践。

---

① 《黄城丁氏族谱·谱序》，清乾隆三年修。
② 赵琪等：《东莱赵氏家乘》，民国二十四年铅印本。

（二）影神祭祖：谱牒与祠堂的集合

从民间族谱的演进来看，没有家谱之时，实际上已经存在与其功能相近的物件，如墓祭之中墓碑上多会刻有谱系图①，堂祭中会祭奉祖先的影神。影神兼备记录祖先神主画像和家谱雏形的功能，家谱在一定程度上是影神的丰富化。家谱最先是神主的纸质化，后来才慢慢地演变为谱牒帙册。因此，族谱的编纂与影神（宗屏）有着较为紧密的联系。

1. 影神的原始作用：特殊的祭祖方式

影神是在春秋等时节合族拜祭的先祖画像。在实际生活下，影神有不同的称谓，如"祖影""宗屏"，这些称谓从不同侧面反映了祖先画像的特征。影神强调祖先画像具有神像的意味，这也透露出了后世族人拜祭祖先画像是一种图腾崇拜、神仙崇拜，世人认为先祖死后成为具有神力的神仙，能够保佑自己的族人。《福山王氏家谱》中记载，自己的家族未修成完整家谱前便有影神，而且家谱考订也多依赖于影神的记录。谱中的《司铎公旧谱纪略》记载：

> 昨年己巳孟冬闻，七叔瀛洲公家有辑者，取阅而问其由，则族兄肃恭因影神之所书者，裒录成帙，而公复加订正益其未备。②

祖影则是先祖画像的一个代名词，没有太深的意味。据推测，它所记载的内容与影神是大致相同的。民国二十四年（1935）所修的《东莱赵氏家乘》中就有如此称谓。赵焕所作《订修族谱说》载：

> 余查伯父巷菴翁祖影，则称高祖守义、高伯祖守信、曾祖礼、曾伯祖璲，璲公之下不著其人。③

此外，一些家族还存在一种被称作"宗屏"的物件，以记录家族世系和始祖画像，所以也类似祖影、影神。鳌山卫《冯氏族谱》中有如下记载：

> 然观宗屏所载，五支以外祖先之失考者尚多，兹特将十一世至十四世

---

① 王日根、张先刚：《从墓地、族谱到祠堂：明清山东栖霞宗族凝聚纽带的变迁》，《历史研究》2008 年第 2 期。

② 《福山王氏家谱》，清道光二十六年续修。

③ 赵琪等：《东莱赵氏家乘·订修族谱说》，民国二十四年铅印本。

失考之先祖列于之左，以备稽查，而慰先灵。①

有些家族称"影图"，即墨郭氏在雍正七年（1729）续修家谱时记有：

翼罪通天其将奚谊，爰于己酉之冬，详较影图，遍核世系，取先大夫订本，细加勘对其秩。②

影神中的先祖画像是宗族的一个标识，就像一些家族的徽标，起到区分本家族与其他家族的作用，并有图腾崇拜的痕迹。人们认为先祖具有神灵的作用，所以对之加以崇拜。随着社会的发展，人们崇拜的方式有所转变，逐渐将祖先由具体的实体上升为平面的影像。起初，人们在祭祀祖先时，通过卜筮选择真人"立尸"，让自己先祖的魂魄有所寄附，以便接受子孙的拜祭。"立尸"逐渐演变为画像，成为影神。

胶东望族祭祀影神，不仅仅是祭祀始祖之像，还要祭祀各位列祖列宗。缘何？因为影神上多列有世系图，记有每一世代的先祖名讳和配氏，类似于祖宗神主，只不过是将原先的木质神主简化为纸质的世系图。在这个意义上看，影神具有祖宗神主的功能，在房舍或祠堂内祭祀世系图类似于祭祀先辈的神主。同时，影神世系图排列甚至也与祖茔的排列图相类似。故堂祭与墓祭的作用相同，只是地点不同。

2. 胶东望族的影神对族谱编修的帮助

胶东望族堂祭时会悬挂影神，故影神主要是供族人祭祀之用，但实际上其作用不仅如此，还主要附带以下两方面作用。

（1）家谱的重要资料来源

明清时期，胶东望族的影神大都兼备先祖画像和世系记录的功能。世系图中记有家族源流、世系派支简况，其内容对于家族建设有着很大帮助。家谱编纂时，对家族的世系考订需要参考影神；对原有的家谱进行考辨时，会与影神进行核对。影神在族谱编纂中担当着家族原始资料的角色。

道光丙午年（1846）夏镌刻的《福山王氏家谱》中记有《司铎公旧谱纪略》：

旧谱者，是虽叙次未尽合宜记载，亦多疑缺，然不本其白采于何施爱

① 鳌山卫《冯氏族谱》，民国二十二年修。
② 《即墨郭氏族谱·雍正七年续修谱序》，清光绪三十一年修，辛戈庄郭成林收藏。

植其基，尤知宗法抄誊察问，颇费心力，则经营创始之功，不可没也。故特书焉。①

福山王氏在康熙三十年（1691）第一次修撰家谱之前，就有在房社祭祀祖先影神的传统，而影神就是一副挂像，"卷轴中绘始祖形象，而左右记以后屡代之夫名、妻氏，挨辈排列，名曰影神"②。影神是始祖的画像，每年春秋大祭，悬挂祭拜，族人睹物思亲，以抒发家族后辈对祖先的怀念，进而团结家族。同时，通过对祖先的祭祀，期望祖先能够保佑家族兴旺。其他家族也有类似记载。民国二十四年（1935）所修的《东莱赵氏家乘》中记有万历三十九年（1611）赵焕所作《订修族谱说》：

> 先太宰西垣翁著族谱，始于守义公，远族名讳未及悉载。余查伯父巷菴翁祖影，则称高祖守义、高伯祖守信、曾祖礼、曾伯祖璲，璲公之下不著其人。然则守信公为远族之一世，二世无疑也。③

东莱赵氏在修撰家谱时，因为较远世系的先祖相去时间太远，而且没有完备的族谱记载，只知道家族始祖是赵守义，其他族支情况都无法查询，幸有祖影（影神）。赵焕依据祖影上的世系图，才确定了先祖的名讳。在其他家族资料缺失的情况下，祖影所记的世系图就显得尤为重要。

鳌山卫《冯氏族谱》中也有类似记载：

> 吾祖自十世以上统系皆失考，只可依宗屏备列，使后人知某氏有某祖而已，至十一世始分五支，然观宗屏所载，五支以外祖先之失考者尚多，兹特将十一世至十四世失考之先祖列于之左，以备稽查，而慰先灵。④

这一记载透露出一个重要的信息：鳌山卫冯氏在族谱创修之前，主要依靠宗屏记载先祖的世系。宗屏应该与影神类似，其上书写着历代先祖的简况，组成家族的世系目录。具体情况是冯氏十世之前的先祖世系在宗屏上被保留下来，十一世时，冯氏家族已经分为五个宗支，理应详细记载各支派的情况，但

① 《福山王氏家谱》，清道光二十六年续修。
② 《福山王氏家谱》，清道光二十六年续修。
③ 赵琪等：《东莱赵氏家乘·订修族谱说》，民国二十四年铅印本。
④ 鳌山卫《冯氏族谱》，民国二十二年修。

各支十一世到十四世的许多内容缺失，无从可考。这些记载对于冯氏进行家族建设多有益处。

族人在修撰家谱的时候充分利用了影神的世系图，使得家谱的修撰省却了对先祖名讳的考证，避免了口口相传的讹误，保证了族谱先祖名讳的准确性。这种影神为家谱的修撰提供了世系的依据。在一定程度上，影神是家谱的雏形。

（2）助族谱考订

胶东望族的家族资料并非完全依赖于影神，但是影神的作用仍值得重视。它不仅能为族谱编修提供直接的资料，还可与其他资料互为参证，为世系考订提供支撑。

赵焕在万历二十九年（1611）初创家谱时，因为远族名讳没有记录，便查看影神，并考证赵守信的世系情况，确定其为远支的一世祖、总支的二世祖。

即墨郭氏在雍正七年（1729）续修家谱时就依据家族的影图对原谱进行了细致核对："翼罪通天其将奚逭，爰于己酉之冬，详较影图，遍核世系，取先大夫订本，细加勘对其秩。然可考者先大夫业已据世列书，其无可考者，虽族众高年亦无从询访。"[1] 该"影图"应该与影神、祖影为一物，将其上所载的世系图与原先族谱进行核对，可确保初创族谱文稿的准确性。这也是大多数家族在续修族谱时的基本活动之一。

随着历史的演进，影神祭祀的意义依旧延续，其作用也不断拓展，兼备了记录宗族世系的功用，是家谱的雏形，是家族溯源最原始的资料。

（三）胶东望族的族长

1. 族长未普遍存在，权力较小

家族建设是家族组织化的活动，最终要组成一个完善的家族组织，需要有一个权威的族人来担当族长。就已有资料来看，胶东望族中族长是存在的，但普及状况难以估计。胶东望族族长在家族建设中，或直接参与其中，或发挥推动和主持作用。雍正八年（1730），宿济生续修家谱时，在《谱序》中记有："岁次庚戌，余自觉老甚，惴惴恐不克遂夙志，因欲速成之，谋之族长叔，侯钰又极口赞成焉，侄振声又协力刊刻，乃踵高祖旧谱。"[2] 在获得族长的首肯和赞成后，宿济生与族内晚辈协作完成了宿氏族谱的第三次续修。

光绪十三年（1887）蓬莱张氏续修族谱时，其族长张焕綍任总纂，统领

---

① 《即墨郭氏族谱·雍正七年续修谱序》，清光绪三十一年修，辛戈庄郭成林收藏。
② 《东莱宿氏家谱》，清道光六年续修。

其他各分纂，撰修张氏族谱，但是在民国二十二年（1933）刊印时提到当时续修的情况是"蓬邑吾斌祖所纂修，橡叔铭恩公等所采访"①，可见族长可能更多的是起到一定的号召和支持作用，并不一定参与其中。即使参与其中，族长作为族内有威信的长老，多负责总主持。

族长还会在家族建设中发挥其威望，对族人所做的有益家族建设的事情给予肯定和支持。《东莱刘氏族谱》中记载着一篇落款为"康熙壬辰三秋谷旦，忝列族长，八十九岁老叟，邑庠生—漳慧源氏识"②的族谱序。族谱主要包括对族谱编纂的过程、编纂者其人、族谱的内容框架以及族谱意义的记载。这类似于今人著作中邀请业内专家或亲友所作的前言。既然作为族长，刘一漳所作就是类似于亲友所作的概述性前言，这是对族谱编写内容的肯定和支持，具有一定的象征性意义。

此外，族长也要申明和执行族规。道光六年（1826）所续修的《东莱宿氏家谱》中，《祭田记》一文记载了这种情况：家族的祭田被族人偷偷地典租给他人后，族长将之赎回，并借机严格族内禁规。

> 余于癸未年将租钱赎回，以故严立禁规，定于清明日备三牲三祭、奠酒一瓶、纸锞钱三百文，除钱一千雇人于寒食日添坟土，祭期以午前到茔，午时行礼，误者受罚，执事者收祭余钱九千，备族中子孙一餐，十月初二日，亦如之。此旧例之不可改也。向后倘再有无忌惮之人，胆敢偷典祭田者，是蔑祖而弃宗也，不惟先人不佑，亦族长之所宜严禁者。③

族长虽然有这种申明禁规惩戒的权力，但可能并没有对族人实施过真正的惩戒。因为在全族的祭田"被某偷典两假"后，并没有记录明确的惩罚，只是记有"余于癸未将租钱赎回，以故严立禁规"。这也意味着族规没有太大的约束性，更多的是警示和教化的作用。

2. 类似于族长权威的组织

胶东望族中并不是普遍存在族长，但是有一些类似的组织形式，一般都在春秋祭祀祖先时聚在一起商议同族事情。祭祀祖先时的聚会充当起了家族会议，也就具备了类似族长的功能。这也可以从中看出，明清胶东望族的凝聚力不是特别强，同时也说明家族事务的处理是比较民主的。黄城丁氏在道光七年

---

① 《登州张氏族谱》，清光绪十三年修，民国二十二年刊刻。
② 《东莱刘氏族谱》卷一《谱序》，清康熙四十六年修。
③ 《东莱宿氏家谱》，清道光六年续修。

（1827）重修家谱之前，在春秋祭会中召开族众会议，"故春秋忌日有祭，祭毕会全族合食以道款洽，就中事涉忿争，行踪不类可为排解化导"①。

在家族聚会中，望族族内年长者具有一定的威望，是族内事务的主要参与者，有较大的干预权。之所以说是干预权，是因为族内的很多事情都要跟他们商量决定，其威信使得他们的意见具有代表性。同治十年（1871）莱阳王氏修撰九族支谱时便向族内众长老问询，参考他们的意见。"宗人屡议再修，因循未果。辛未兰昇归自京师，族之长老每谈此事，辄相顾咨嗟"，后来因为"时促力微，不能如愿，乃创为九族支谱，以其事省而功易也"。② 王兰昇没有获得族人特别是"族之长老"的支持，加之时间、财力的限制，未能修撰完成总谱，而是由各个支派各自修撰了支谱。

（四）祭祖祠堂：士大夫身份的象征

1. 胶东望族的祠堂

尊祖敬宗自古是中国人的传统，到明清时胶东望族亦是如此。宋代以后，随着宗族伦理的庶族化和家族建设的组织化，建造祠堂（家庙）成为一个大趋势。在望族看来，"君子将营宫室，先立祠堂于正寝之东，以奉先世神主，甚矣。尊祖敬宗之道有莫急于此者矣。盖祠立则祭先有所，岁荐时享少长咸集，敦叙于其中，孝享于其中，祠顾可以已乎"③。士大夫之家饱受儒家伦理教化，拥有建设祠堂的权力，也非常重视祭祀先祖。

胶东望族中无论元明移民之家，还是本地氏族，其建设祠堂的时间主要开始于明代中后期，到清代时较为普遍；祠堂的规模也是不统一的，大致呈不断扩大的趋势。这反映了各望族家族建设的不平衡，也意味着望族发展的不平衡。在一定意义上，家族建设的程度代表着家族发展的水平。

望族的祠堂多建设于家族实力有较大增强时和族中出现仕宦成功者之后。莱阳张氏家庙最早在双山村修建，"特别是在明弘治皇帝旌表我五世祖张雄为义民后，双山村即开始陆续修建家庙。在九世祖张梦鲤任明万历年间大理寺卿后，家庙日渐增多。到清朝末期，双山村已有家庙九座。其中尤以地处双山东村，大约在明末清初修建的长支家庙，最为壮观"④。双山张氏的祠堂主要是在张梦鲤之后建设的，张梦鲤是其家族崛起的代表性人物，在

---

① 《黄城丁氏族谱·序言卷》，清乾隆三年修。
② 《莱阳王氏九族支谱·谱序》，民国十一年修。
③ 青岛北屯《马氏支谱·修祠记》，清咸丰十一年修。
④ 双山张氏六修《族谱》，转引自张代文主编《双山张氏六百年：一本尚未写完的书》，燕山出版社 2008 年版，第 10 页。

一定程度上代表了张氏家族实力的增强。即墨黄氏家族的祠堂也是在其家族出现较为显赫的人物之后才逐渐兴起的。"明万历四十三年（1615）黄嘉善自西夏归来，与诸弟商量，在水磨河套墓地建了西享堂，并立碑告诫'凡我同宗愿世世守焉，不则为祖宗之罪人，念之！念之！'后来，该享堂毁于顺治末年（1644）的战火。"① 这意味着祠堂的建立是家族实力的象征，是家族士大夫化的结果。

### 2. 流动性祠堂

明清胶东望族建立祠堂祭祀先祖并不普遍，但是这并不意味着胶东望族在祭祀先祖时多是墓祭。在建立祠堂之前，胶东望族家中大都存在类似于祠堂的场所，或称当房社，或称立房舍。《福山王氏家谱》中的《司铎公旧谱纪略》记载：

> 吾家先世以来，未建祠堂，亦无谱牒，每值祭祀及朔望日例，于当房社之家，供养祖先其卷轴中绘始祖形像，而左右记以后屡代之夫名、妻氏，挨辈排列，名曰影神。祭礼牲菜酒果，如常仪烧纸毕，列坐饮食，谈笑欢洽，散则各分所携之胙肉以归，若清明、十月朝二次上坟，则每家每月出钱若干，轮流承值，名曰当房社。其贫而不能随者，听之事，虽朴简而行之已久，犹有古人尊祖叙族，萃涣以联情之遗风焉。②

在没有修建祠堂之前，福山王氏便在"当房社之家"聚族敬祖祭祀，这一场所具备祠堂的基本功能，除了祭祀祖先外，还作同族共会、交谈联络感情之用，是一个临时性的祠堂。"当房社"应是房社之中当班、值班、主持的房社、房支。举行祭祀活动的场所应与日常居所同在一处，或直接位于居住房间内。

莱州《东莱吕氏家谱》谱序中记有：

> 余尝于万历戊午约会立房舍，春秋祭乡祖茔与宗人时一聚会，因念先人愈远，后人愈繁，恐不能记忆，故重整宗派，集成书卷各藏一帙。③

---

① 即墨市政协教科文体卫与文史委员会：《即墨黄氏述略·墓地与祠堂》，载《即墨文史资料专辑》，内部资料，2009 年，第 430 页。

② 《福山王氏家谱》，清道光二十六年续修。

③ 《东莱吕氏家谱》，清乾隆五十三年修。

明万历年间，吕氏祭祀祖先采用的是墓祭，并不是堂祭，但是其房舍承担着宗族聚会的功用，具备祠堂的部分功能，是祠堂的一种简易形式。

胶东望族为什么大都没有建立固定的祠堂？据笔者分析，其原因有三：一是社会风俗使然。胶东家族聚族而居，但多墓祭，少立祠堂祭祀。北方习俗多是墓祭，胶东亦然。二是家族经济实力不够，难以聚一族之力修建一座祠堂。祠堂建设需要耗费较大数额的资金，对于地瘠人贫、以文教兴族的一些家族来说是有一定难度的。临时性的祠堂，多位于日常居所内，一地多用，无须花费单独建设之费和维护之费。正如一些家族的族谱多为手抄而很少付梓刊印，大概也是因为家境并不充实，无十足余力支持家族建设。三是这种临时性的简便祠堂，可以在各房各支间轮流充当，使多数家庭都能以主持人的身份参与祖先祭祀，在全族面前展现孝行，如此可调动宗族对家族建设的热情，增强宗族的凝聚力。

（五）族产：激发族人孝敬之心

族产是家族进行共同活动的经费来源。族产的丰歉意味着家族建设和活动能否顺利进行。胶东望族的族产主要来自祭田和坟茔附近土地以及族人的捐献。但是相关资料不是特别丰富，现据所搜集的资料，对胶东望族的族产情况作尝试性探索。

1. 祭田的经营和坟茔保护

明清胶东望族有自己的族产，主要是祭田，祭田的收益供祭祖之用。祭田的主要经营方式是佃租出去收租，管理主要依靠族规和自觉。东莱宿氏道光六年（1826）续修家谱时所作《祭田记》说明了自己家族祭田的经营和管理情况。"溯自我迁莱始祖越五世祖字大，有赀擅于乡。及六七世祖登科及第，祭田之置，此其时也。此地原租于异姓典种，按支派临流妆租备办祭。子孙得享先人余惠，自明迄今，未之或改，乃其后族人耕种四十余年。"① 宿氏家族的祭田在明清时期采取租佃的方式经营，收取地租以备祭祖之用。祭田的地租则是按照族内支派轮流收取，而且每一支派都提前安排固定的人收租，被称作"临流执事人"。这些人在族谱中单独一个名录，名为"收租备祭临流执事人"②，如表1-5所示：

① 《东莱宿氏家谱·祭田记》，清道光六年续修。
② 《东莱宿氏家谱》，清道光六年续修。

表 1-5 收租备祭临流执事人

| 宿席宽<br>住西门内 | 宿衍<br>住东门内 | 宿是<br>住察院<br>东门北 | 宿梦周<br>住鼓楼后 | 宿卫<br>住城内<br>南门里 | 宿贺<br>住东南乡<br>河南庄 | 宿祖法<br>住东乡<br>驸道集 | 宿兴吉<br>住南乡<br>河圈疃 | 收租<br>备祭<br>临流<br>执事<br>人 |
|---|---|---|---|---|---|---|---|---|
| 宿席聘<br>住城乐<br>托园 | 苏春荣 | 宿维城<br>住西关<br>阁外 | 宿暐<br>住五道<br>庙街 | 宿昌运 | 宿赓<br>住北乡<br>平里店 | 宿其业 | 宿文龙 | 收租<br>备祭<br>临流<br>执事<br>人 |

注：本表是根据《东莱宿氏家谱》中的原表绘制，未变动任何形式，应从右侧读起。

当祭田出现损失时，会利用族规进行惩戒。前文曾论及宿氏在祭田被族人典卖之后，曾重申宗族禁规，要求严格按照族规执行，不得随意典卖祭田，并警告"向后倘再有无忌惮之人，胆敢偷典祭田者，是蔑祖而弃宗也，不惟先人不佑，亦族长之所宜严禁者"。但再发生此类事时，并没有严格执行，可能是当时并没有严格申明族内禁规。

家族的祖茔除坟堆外，还有一部分空余地场，这些地场主要是留作以后丧葬之用，地场在一定程度上是祖产的重要组成部分。明清胶东望族祭祀祖先主要有堂祭和墓祭。祠堂除处理宗族事务外，主要作用是合族祭祀祖先。从祭祀这一意义上说，祠堂取代了祖茔，是祖茔的另一种延伸。祖茔是祠堂的母版，族人要想真正做到尊祖敬宗，一定会竭尽全力保护好祖茔。明清胶东望族坚守家族自觉，除在寒食添坟土外，还会采取一些措施来保护祖茔，不让他人对祖茔造成破坏。保护祖茔是每一位后人不可推卸的责任。这是对祖先的一种尊敬，也是对祖先声望的维护。更重要的是他们认为"子孙者，祖宗发肤之遗，祖宗者，子孙已化之身也，故葬必卜吉，以聚山川之秀气，而子孙始昌"①。自己家族的兴旺与否与先祖的坟茔有很大关系，后世族人只有保护好祖茔，才能保证自己家族的好运不被破坏。

为避免祖茔的位置不会因岁月久远而被后人忘却，望族在修撰族谱时会绘制祖茔图，"记其地名、方向、昭穆之详，画为一图，以垂不朽"②。这也是为了防备祖茔之地"恐年远湮没，或经邻壤侵占，因志之"③。

必要之时，胶东望族会求助于官府，借助朝廷的力量维护家族的利益。东莱赵氏，清朝时其祖茔附近有人采石，族人便向官府禀报，请求官府颁布禁令

---

① 《东莱刘氏族谱》卷四《坟墓图》，清康熙四十六年修。
② 《东莱刘氏族谱》卷一《凡例》，清康熙四十六年修。
③ 《东莱刘氏族谱》卷四《坟墓图·郎子埠茔记》，清康熙四十六年修。

以保护自己家族的祖茔。从清代咸丰年间到光绪年间，政府前后颁布了三次禁令布告，民国时期也曾颁布过一次。清咸丰五年（1855）二月初九日，知县屠道彰下发保护坟墓布告：

> 　　钦加知州衔调署莱州府掖县正堂加三级纪录五次屠。为出示严禁事，据东南隅耆人候选知县赵华林等，以伊十一世祖耀墓坐城西禄山前土山之阳，土人呼为赵家山，三百年来，永远遵守曾无践祚毁伤之事，上岁七八月间，附近村民拟于山腰采石烧灰，旋以逼近乡贤茔域而止，讵意去冬大雪后，突有无赖多人于茔后开坑取石，深至一二丈余，窃以禄山之大广袤数十里，旁处尽可采取，何必于坟垄之旁妄加穿凿。等情呈恳示禁前来查，乡绅赵尚书别历中外积有成劳，生居极品，殁被殊恩，所有附墓山田理应敬谨保护，何得任意践祚，除呈批外合行出示严禁为此示仰该处附近村民人等知悉，自示之后毋许再赴禄山前赵家山赵氏茔旁，挑取粉石致伤故脉，如敢不遵许，赵氏亲支投明乡地指名禀究，决不宽贷，各宜凛遵无违特示。①

通过布告可以看出，赵氏祖茔并不仅仅包括坟墓，还有一定的山田，而且面积也比较大，可能正是因为山田占据了禄山前土山阳面的大部分，所以禄山前土山被称作"赵家山"。这些山田与坟墓共同组成了赵氏祖茔地，因此称祖茔亦为族产是恰当的。赵氏祖茔地获得官府的保护，布告中具有强制性的惩罚措施，增强了保护的力度。

保护赵氏祖茔的力量不仅仅有赵氏族人，后又增加了"乡地"，即乡约长和地保。咸丰五年（1855）的布告中说"如敢不遵许，赵氏亲支投明乡地指名禀究，决不宽贷"。同治七年（1868）的布告中直接说明了地方官要负有一定的保护责任，"自示之后毋得再赴赵家山赵氏茔旁挑取粉石，致伤故脉。如敢抗违，许赵氏亲族及该管乡地指名禀究"②。到光绪二十年（1894）的布告中，"赵氏亲族及该管乡地"变为"赵氏亲族及该管乡地等"，这说明保护赵氏祖茔的责任除其亲族和掌管该地的乡绅地方官外，还有其他人，至于是什么人，没有相关材料，难以知晓。

---

① 赵琪等：《东莱赵氏家乘·坟墓》，民国二十四年铅印本。
② 《清同治七年十二月十九日知县郭廷柱保护坟墓布告》，载赵琪等《东莱赵氏家乘·坟墓》，民国二十四年铅印本。

2. 族产对家族建设的影响

家族建设的进行需要大量的财力支持。如果没有足够的财力，往往会导致家族建设无法顺利进行。这一点在修撰家谱中多有体现，现对其分析一二。

族产欠缺导致修撰族谱时不能搜罗远迁他乡的宗人。东莱赵氏在光绪二十三年（1897）续修家谱时，就面临这个问题，"至徙居口外，海北者以及个府州县者，昔之乡里未详，今之资斧不给，关河阻滞，未能历历通谱"①。

缺少资金致使族谱的文本只能以手抄稿，不能雕版付梓。光绪十三年（1887），蓬莱张氏家谱续修时就出现了类似的情况。

> 斌学疏才浅，不知自量，爰取各支旧谱暨滕阳族谱，豫东宗支考，详加校对，敬谨纂修，并各处采访，统为叙入，不使遗漏，仿照滕阳谱式，缮录成编，庶阅者一目了然，祗以经费甚巨，非独力能成，暂作钞本，以俟后之有志者踵而成之，付诸手民，以垂久远。②

无论族田的规模如何，其作用是显而易见的，既可以为家族祭祀提供必要的物质支持，也可以起到聚拢人心的作用。即墨孙氏孙兆喜凭一人之力，为家族捐助一千多亩义田。在其他士人眼中，这样的义举不亚于范仲淹的义庄，其义田能够激发族人的孝敬之心，增强家族凝聚力。"余独窥公树立之原常，在义田一事。盖世未有厚宗族，而爱不被物者也。先生无文正之遇，故设施不见于天下。天下亦无知先生之为人者。然古人所难者，先生既易之矣。……今先生之裔其有登无影之巅，而览林壑之盛者乎，则孝弟之心亦可以油然而生矣。"③ 普通士人进行宗族建设，尤其是族田建设，需要殷实的家底作支撑，同时更需宗族观念和自我奉献的精神。孙兆喜的义举，足见其强烈的收族敬宗信念。在这样的理想信念面前，士人表现得更为突出，盖因其儒家伦理思想的根底。

（六）字辈世次：保证族内尊卑秩序

行辈，是名分尊卑在姓名上的直接体现，每一辈都有固定的命名规定用字，各按其字，各尊其辈，代代井然，辈分分明，族内伦理秩序不理则明。因此，宗族建设的内容之一便是编订行辈用字。行辈用字多是四言、五言连缀而

---

① 赵琪等:《东莱赵氏家乘·六增族谱序》,民国二十四年铅印本。
② 《登州张氏族谱·谱序》,清光绪十三年修,民国二十二年刊刻。
③ 同治《即墨县志》卷一〇《文类上》,清同治十二年刻本。

成，多是祈福吉祥之寓意。胶东望族各家排定字辈世次的时间不统一，早者开始于明朝，晚者开始于清朝，后者占多数。即使少数家族已经排定字辈世次，但大多数家族并没有严格按照规定的字辈取名，出现宗族内字辈不一、重名等现象。对于未严格遵守字辈世次的现象，一般会在家谱续修时加以改正，并重申要求宗族内严格按照字辈取名。

蓬莱张氏在民国二十二年（1933）续修族谱时，作了关于宗族各派支字辈的《张氏各支拟定命名行次字记》，如下：

长支

田 丰 诒 泽 厚 道 积 启 传 长

族谱刻既成，从叔父沧屿先生寓书振德言：谱中名字时有雷同，且多上下辈行重，此一字殊，紊昭穆之序。今酌拟十字以为命名行次，谨弁诸简端而申明其说。凡我族中子姓，自十九世以下所命之名，或上一字或下一字，必依拟定字次为行，其有愿命单名者，则听于表字内用之，或用作偏旁亦可，十九世内有已命名而不愿改者，亦如之。如此划一，通行虽属分稍远，一举名字而辈行秩然藉可联疏族之谊，当亦我族姓之所乐从者也。嘉庆庚午二月十八世黄县振德谨记

二支

笃上恕下贻上孙下祜下贞上孚下念上职上勤下

高下门下循上矩下肃下乔上甸下衍上时下长下

我蓬莱张氏自元末至今几五百年，近五世排金木水火土为名，逮十八世土字排毕。兹公拟二十字，凡族谱已见之字俱避，自十九世按拟字取名，庶本支百世虽异时异地，即定字可识系次焉。道光辛卯蓬莱十六世祖本桤橪杠，十七世咸烈、炳诰、焕勋、邦焕宗，十八世连城、华封、大增、兆基公刻

三支

无

四支

田 丰 诒 泽 厚 道 积 启 传 长

五支

仝前

六支

仝前

七支

失考

俱从十九世起①

由上可以看出，蓬莱张氏长支在嘉靖年间开始采取命名定式，按照字辈取名，以此避免族众重名乱辈之事。二支则是在道光年间，其宗派支近五世的命名已有定式，以金、木、水、火、土五行作为名字的偏旁来命名。这样推算在十三世左右，张氏即开始按照一定定式命名，查看世系图则发现从十三世开始确有部分族众开始按照金字旁取名，但不是每个人名都严格符合。十三世生活的大约年份是清康熙年间。因此，张氏从清初便在命名上受到约束，但是到了中期才实行命名定式字句，排定传世字辈。

黄城丁氏道光七年（1827）重修家谱时作有"讳名申"，记述族众取名时多有不避讳先祖或同辈之名，为了避免尊卑长幼秩序紊乱，故更定原有犯讳之名，立下世次字句。

礼曰：二名不偏讳，又曰：不讳咸名，则正名之宜避审矣。吾族枝蕃派远，或耳目所不及，或世代之所难稽，遂致以卑反尊、以少紊长，虽属无心，实为有憾。今于修谱日，凡卑幼重复尊长悉为更定，自兹后不得再蹈前弊，旧谱所载实为严明。今查各家单开内仍有重复，且一名有至再至三者，殊为有憾也，今具为更定，并于更定名下注明原名，使知更定之由。又择选二十字，联为韵句，自十四世而下，按次分排，以便避忌用，仍旧谱而重申之。

道光七年岁次丁亥秋七月谷旦 十二世绥祖敬申

树材昭至道　育子衍先传　孝友家庭集　孙曾世则绵②

咸丰十一年（1861）所修的青岛北屯马氏支谱中记载："命名无定式，难于详稽，谱内自八世以前，或等辈而单双各殊，或一字而上下重复，无定式故也。今自十六世预择十字，分列上下，后人依次命名，庶无差谬，详示其字于后。"③ 于是，北屯马氏十六世以下开始采用"文会业克振，总修世应昌"十字命名。

民国二十四年（1935）铅印本《东莱赵氏家乘》凡例中写道："吾族命名

---

① 《登州张氏族谱·张氏各支拟定命名行次字记》，清光绪十三年修，民国二十二年刊刻。

② 《黄城丁氏族谱·讳名单》，清乾隆三年修。

③ 《马氏支谱·凡例》，清咸丰十一年修。

多用单字，即有排行之字，未能一律遵守，所以重犯之处，随在即是。"从中也可以看出其家族的传世字辈并没有得到很好地执行。

即墨杨氏民国二十五年（1936）续修家谱中关于字辈命名记载如下：

> 族姓繁衍散处，各乡有生子数十岁而不知者，及长命名或凭塾师，或任己意，以致同名者多，改不胜改，大属非礼。今拟族人凡生子弥月，各赴先祠，请尊长按行辈命名，书所生月日而藏之。每岁元旦，各支会齐参阅，遇有同名，将少者改换，庶有条不紊，无重犯至弊矣。前谱所载二十字，今又添十字并刻于左。
>
> 士中方可贵　孝友乃为贤　敬德崇修道
> 克昌绪丕全　存仁思继述　敦本用承先①

由此看出，前一次续修就已经拟定了命名定式，时间是光绪三十年甲辰夏，因此，杨氏最晚于光绪年间开始确定字辈。

宗谱是家族建设的标志之一，是家族的统领性文本，"谱，所以别尊卑也。凡称呼，当守行辈，切勿以复欺贫，以强凌弱，妄诞称呼，使尊卑失序，贫弱纵不与较，岂不为诗礼家世之玷，有识君子之所哂耶"②。胶东望族在编写族谱时，为了便于确立宗族秩序而设定排行字辈，避免犯名讳乱辈分的失序状况，但现实中仍会出现与之相悖的情况，这在一定程度上反映了胶东望族宗谱的约束力较弱。

（七）士大夫化的族规家训

家族组织化建设，需要一定的规章制度。这些规章制度通常由士人拟定，其中自然体现了儒家礼制道德等思想。

1. 以族谱序言取代成文族规

家族的家风需要以单独的成文确立下来，族规、家训、宗约由此形成。这是一个家族凝聚力和约束力的体现。他们时常在族谱序言中训诫家族成员。

莱州毛纪在嘉靖十一年（1532）重修的《东莱毛氏家谱》中所作的谱序写道：

> 然谱之作，盖一家之史也，劝惩之道寓焉。匪徒录其讳号、生娶子姓之岁月、次数而已。其要在于敦孝义、慎名节、笃文学，尊尊、亲亲、贤

---

① 《即墨杨氏族谱·命名定式》，民国二十五年续修。
② 《蓬莱李氏族谱·宗约》，清乾隆五十一年修。

贤、贵贵，足以励俗而裕后，则兹谱增重多矣，反是祗为先世玷，奚以崇儒名哉。其中所载详略大都职此，亦以时之久近，势之疏戚，不得不然也。六一翁与老泉所谓上世远而支派疏详，吾之所自出者，犹有小宗之法其法皆可据矣。为我毛氏之子若孙，其尚仰思本源之义，而究其支派之出于一，上下雍睦服有尽，而情无穷，继继绳绳，蹈规守度，茂衍庆泽于无疆，庶几有光家乘，而目之曰崇儒毛氏后人，斯无愧焉，此故养浩府君创谱之初意也。敬申之以告诸来世。①

家谱的内容大都包含着"劝惩之道"，以此来敦促自己的族人敬孝、仁义，注重名声和气节，重视读书和学习，力促形成"尊尊、亲亲、贤贤、贵贵"的家风习俗，实现家族内部的教化，并期待流传后世，让后人受益。如果自己家族的后人能够光耀门楣，就能知道是"崇儒毛氏"后人，其家风"尊尊、亲亲、贤贤、贵贵"亦符合明清社会所宣传的尊卑有序、贵贱有别的伦理秩序。在这种意义上说，是否是毛氏族人，并非仅凭他们有先天血缘，还在于他们遵守传统伦理道德。

《东莱赵氏家乘》顺治五年（1648）续修的谱序中说道：

予得请各支之长，自胪其派属，侄涛暨玉藻遵冢宰公旧例而增益之，请予安东兄、伯瑞兄、缮部兄鉴裁笔削，无讹，然后付之剞劂，以永其传。俾我后人有所策励而劝勉，以无坠我祖宗之家训，将祖宗亦福我后人于无穷矣。②

修家谱是期望自己家族的后人能够受到先祖的影响，以此激励自己奋发上进，遵从规劝和勉励，不要做有悖家训、有辱先人的事情。修家谱，即劝勉族人谨遵家训，将自身荣辱与家族荣辱紧密相连。

从以上两则材料可见，胶东望族将本家族的约束性规定通过族谱序言的形式成文于族谱，将儒家伦理道德寓于自身和祖辈传承的训诫中，形成言传身教式的活体族规记忆，以此传于族人和后世。胶东望族的社会教化从家族教育开始，家族教育就是家风的塑造。

2. 士大夫化的成文族规

蓬莱李氏在乾隆十一年（1746）编修的族谱中详细记载了单独的宗约，

---

① 《东莱毛氏家谱·谱序》，明嘉靖十一年修。
② 赵琪等：《东莱赵氏家乘·顺治五年增修赵氏族谱序》，民国二十四年铅印本。

而非载于族谱序言。蓬莱李氏的宗约内容如下：

　　一祭祀春秋两举，履墓设奠，上报先祖，礼也。长幼咸集，拜揖燕飨，亲之睦道，亦寓焉。其居遥远者，轮祭之主，何能以期便告嗣后，始祖合祭，约定春期某日，秋期某日，庶远近毕至，孝睦交尽也。

　　一孝经曰：卜其宅兆使安厝之，孝之义克尽矣，人子之事亲终矣。凡遇亲年老，宜先卜葬地，至丧礼称家有叙当，使魂魄安妥，永无水火盗贼之虞焉。

　　一每岁拜扫老者引幼者，同往凡某公之墓、某考妣之墓，一一指示，使子孙相继以记，不致遗忘，实敬祖保基之要也。

　　一凡无嗣者，当就亲房摘继，亲房无可继，则取疏房摘继。国有正法，家绝争端，切不可摘异姓及赘婿，以乱宗族。

　　一先贤范文正公立义田、义塾，后世师之，吾族有贤而达富，而好义者，均有望焉。

　　一谱，所以别尊卑也。凡称称呼，当守行辈，切勿以富欺贫，以强凌弱，妄诞称呼，使尊卑失序，贫弱纵不与较，岂不为诗礼家世之玷，有识君子之所哂耶。①

　　蓬莱李氏宗约的第一条对其家族祭祀做了说明。首先，申明祭拜祖先的重要性，春秋祭祀祖先是尊祖的体现，更是"礼"的体现和要求。其次，祭祀祖先不仅仅是尊祖的体现，也是团结宗族、和睦关系的重要方式。再次，考虑到宗族成员的实际情况，规定所有族人必须参加春秋大祭祀。因为一些宗族成员的居住地距离祖茔较远，难以保证每一次都能通知到和参加，故事先约定好了春秋大祭祀的具体时间，以习以为常的方式保障族内成员都能如期参与春秋始祖祭拜。

　　第二条要求宗族成员要提前为年老者选择和修建好墓地。这是传统孝道的体现，是子嗣孝敬父母的重要内容。子嗣不仅要生前侍奉，还要为父母做好身后的妥善安置。

　　第三条是家族祭祀知识的流传。在祭祀先祖坟茔时，长辈要携带着子嗣一同前往，让后世子孙在参与祭拜活动中熟记本宗族的先茔位置，以保证每一世代都能准确找到先祖坟茔，按时进行祭拜活动。

_____

① 《蓬莱李氏族谱·宗约》，清乾隆十一年修。

第四条倡导子嗣效仿先贤多为族人做义举善事。族人在富足成才之后，要效仿范仲淹建立义田、成立义塾，以备族人不时之需和后备学习之用。

第五条强调族谱是维系家族秩序的纲领。族人要遵守行辈秩序，相互帮助、和睦共处，不要目无尊长，称呼肆无忌惮，相互欺凌，扰乱族内秩序。只有谨遵族谱的秩序，和睦相处，才不会有辱诗礼家世。

通过分析得出，蓬莱李氏宗约的前三条主要说明了尊祖的具体做法和要求，后两条则突出了穆宗的倡议和做法。其核心始终围绕着礼、孝、义展开，这说明了其深受正统士大夫文化的影响，坚持在合乎礼、孝、义的情况下实现尊祖穆宗的目的。礼、孝、义都是正统的士大夫文化，写入宗约之中，实际上是国家主流文化与基层社会意识的融合。宗约族规是国家文化意识下渗到基层的表现，也是基层社会文化被国家意识改造后形成的新家风习俗。

即墨孙氏、栖霞牟氏家族也都有类似蓬莱李氏的族规家训。在清代初年，即墨孙氏家族的孙兆禧提出了自己的宗族规约《敦本堂约》。孙兆禧，字怡如，庠生，热衷于家族建设，"痛父殁于王事，茧足数千里赴秦抚求恤不得，草疏诣阙，复不达。乃归述父志，讲明宗法，置义田千余亩，祀先赡族"[1]。其《敦本堂约》便是礼俗融合的结果，"因鉴往事，阅历人情，采扩群言，约以条例，既取法文正公义田规，复恭酌朱夫子祀先礼，而总裁之"[2]。其内容涉及祠堂、神主、宗子、祭祀、祭田、祭器、修茔、修谱、族会、义田、赋税、差役、储积、养老、恤孤、婚嫁、丧葬、赈荒、教学、戒赌、办事、书册之礼。《祠堂》篇中记"礼：营宫室，先立祠堂，或水火警急，先救祠堂，祠堂诚重哉"[3]。

栖霞牟氏宣讲教化，教化的内容就有族约家训。这些家训名为《体恕斋家训》《树德务滋家训》，并配有相应的惩戒制度《体恕斋家训规则》。家训之中最为重要的并非事功利禄，而是道德教化。他们认为家族兴旺得之于积德行善，"吾家自籍吾邑，盖三百年矣。忠厚开基，垂今十世，书香相继，绵远悠长，皆我前人之积行，有以致之也"[4]。牟氏家族在扶危济困、救灾兴学、护家卫国方面表现积极，与家训之义契合。如：

训输课：普天率土，义重尊王。惟正有供，国典斯章。曾孙介福，乃

---

① 同治《即墨县志》卷九《人物·孝义》，清同治十二年刻本。

② 孙兆喜：《敦本堂约·序》，转引自《即墨谱牒》2014年第2期。

③ 孙兆喜：《敦本堂约·祠堂》，转引自《即墨谱牒》2014年第2期。

④ 牟日宝、牟珍：《栖霞名宦公牟氏望族》，《现代家教》杂志社1997年版，第318—320页。

理乃疆。咨尔小子，早效输将。

　　训守法：国有三尺，令甲煌煌。以纠不义，肃若秋霜。智者勿犯，视履考详。咨尔小子，谨凛王章。①

遵纪守法、完粮纳税是臣民的基本义务。若靠制度规定进行约束，违背者自不会少，逃亡避税者众多。仅靠自觉、官方教化和刑罚，无法完全使臣民听命于国家，这需要其他晓之以理、动之以情的家族训导。

　　训修睦：待人处世，惟睦斯亲。宗党族姓，间里交邻。接之以让，施之以仁。咨尔小子，和气如春。

　　训作忠：思皇多士，王国之桢。家修庭献，为翼听明。君恩浩大，臣宜忠贞。咨尔小子，报国惟诚。②

丧乱中能够坚持为国尽忠、抵抗叛乱，与其家族训诫有密切关联。家训是其自我修学儒家学说后形成的对家族内的约束与督促之规，以督促他们言行要合一，知而行之，不能仅以孔门之学作为获得功名利禄的工具。

　　牟氏家训的制定者牟国珧，字凤伯，举人，学以致用，将所学儒家蕴意与家族建设相结合，故家训处处洋溢着忠孝仁义，其所追求的也是这样的善端，即"身为之本，修身非学不为功。友者，学之助也；谦恭者，德之舆也。祛私改过，则修德力学之大关键也。而后可以理家，而后可以教子。勤俭，居家之大务；输课、守法，保业之良图。以至行恕、修睦、恤下、为善，皆忠厚之正道，立达之公心也。能是数者，可以出而仕矣，故结之以作忠"③。

## 四、家族建设是士大夫文化的宗族实践

　　望族进行家族建设，梳理家族发展历程，是对自己家族重建和发展的总结。对于元末明初的移民而言，这是他们至胶东后认同新居住地的标志；对于胶东原有望族而言，组织家族建设更多的是总结家族以前的发展历史。家族建设的过程多是在家族内士大夫成员的主导下进行的。这些士人掌握文字使用能力和正统文化的基本原则，面对原有家族建设不完备或被破坏的情况，能够自觉地进行家族重建实践，将国家正统文化观念与胶东基层社会的祖先崇拜意识

　① 牟日宝、牟珍：《栖霞名宦公牟氏望族》，《现代家教》杂志社 1997 年版，第 319 页。
　② 牟日宝、牟珍：《栖霞名宦公牟氏望族》，《现代家教》杂志社 1997 年版，第 319—320 页。
　③ 牟日宝、牟珍：《栖霞名宦公牟氏望族》，《现代家教》杂志社 1997 年版，第 320 页。

相结合，重构家族历史，形成了带有浓厚士大夫文化色彩的新家族文化。因此，家族建设是一种士大夫修身、齐家的文化实践。

胶东望族的家族建设体现着时代与地域的特点。明清胶东望族的家族建设取得了进一步的发展，表现出一定的组织化特点，但不是很完备，与南方地区有所不同。胶东望族的家族建设主要以修撰族谱为主，祠堂建设较少、较晚。族谱未修纂之前，会有影神、墓碑谱系等相似的物件存在。影神是传统崇拜的一种祭祀载体，在北方地区保留较多。墓碑谱系是宋金以后北方宗族常采用的宗族建设方式，简便易行且不易散佚、损坏。明代中后期及清代，胶东望族的仕宦成就较为突出，具备了兴建祠堂、家庙的权力。祠堂与仕宦发展趋势相一致，从明中后期开始增多，规模也有所扩大，同时胶东存在一种功能类似于祠堂的房社。据史料分析可知，房社是流动的祠堂，可以化整为零，减轻家族负担，体现了民众的智慧。同时，这说明胶东望族在祭祖方式上与北方其他地区相似，主要采取墓祭，但在明中后期宗族建设庶民化的时代大势下也采用堂祭，与墓祭相结合。族长在胶东并未普遍存在，而是类似于族长的权威民主组织在发挥作用。胶东望族在族产和族规建设方面较弱，这在一定程度上反映出胶东望族财力较弱的整体情况，也为固定的祠堂不普遍而采取流动性祭祀提供了反证。祠堂不仅是社会地位、权力的象征，也是家境、财力的标志。土地是明清财力的主要体现，而胶东地狭人稠，平地面积少，望族的土地应较少，因此没有太多富余的土地用于族产构建，也无持续的财力支持祠堂建设和族谱印刷等费用的支出。无论如何，这些建设内容都说明，明清胶东望族的家族建设具有一定的组织化特点。组织化建设的实现，与望族科举入仕、崇尚儒学有密切关系，是家族建设庶民化后的结果，也是士大夫化的结果。然而，胶东历史文化、地域习俗、地理环境和经济状况等区域要素在其中发挥重要作用。

与江南望族比较，胶东望族的家族建设体现出其家族凝聚力和统治力不强的特点。胶东望族虽聚族而居，但家族事务多是合众而议，缺少绝对的权威，更没有形成地方宗族自治势力。作为一个社会组织，胶东望族更多属于一种互帮互助、精神归属的组织。所以，胶东望族的家族建设是一种文化建设。

# 小　结

胶东家族在明清两朝的大历史背景下，紧扣时代脉搏，立足胶东，通过军功、科举、经商、农耕等途径不断发展壮大，在与官府、乡邻的互动中，获得上层朝廷的封赏和基层民众的认可，成为一方望族。在发展中，科举是关键，士人是中坚。科举入仕的士人融合日常生活经验和国家主流意识，完善宗族建设，塑造了较具特色的宗族文化。

洪武、永乐年间的"小云南"、四川移民传说是元明之际战乱频仍和明初国家秩序重整在胶东仕宦望族发展中留下的先祖记忆。明清胶东望族多数是移民后重新发展起来的，故家较少。移民多奉诏而来，原居里多在西南地区，应是国家强制移民。这是明初朝廷异地分散安置西南新附地区军事人口、削弱固有统治势力的必然举措。而胶东军卫设置于洪武晚期，与移民传说的"洪武二年"（1369）有差异，洪武二年移民的传说在时间上不太可靠，应是与洪武二年平定山东后，在胶东设置莱州卫，重整户籍、征调军士等新建统治秩序之事混淆了。永乐年间的移民应该与靖难之役的军事征调有关，也与永乐年间再次构建新军事秩序有关，如即墨营设置于永乐二年（1404）。胶东移民传说是祖先记忆，其时间应该是始迁祖被整合到明朝军事、行政统治秩序中的时间，地点有可能是族源地，也有可能是中转站，其地理真实性大致可以肯定，但难以用某县某街某村来确定传说中的那个地理名称。"小云南"包含云南祥云县，而不是只有祥云县。

洪武与永乐之间的移民传说仍有不同，永乐时期国家的象征符号更明确、更具体，在一定程度上反映出先祖记忆背后宗族对国家统治力的认同呈上升趋势，与当时中央集权的发展态势是一致的。这与华南地区宗族以国家符号来增强宗族的正统性和争夺地方资源权益的合法性有所不同。胶东被纳入国家统治体系远早于华南，而且距离政治中心近，国家控制力很强，在其资源分配中，国家有着实际的支配权，宗族的权势相对要弱些，没有太多必要借助宗族文献来强化自身的合法性。他们强调国家在场，是对国家实际控制力的反映。当然，他们应该也出于维护自身宗族脸面的考虑，想借助明确的迁移时间和地点以及国家符号，来维持家族威望的历史性，维护自己是国家良民的形象。因为胶东望族多数在明代中后期甚至清代才发展起来，与之相应的宗族建设也开始较晚，较不完善，故在族源上存在模糊性，难以明确。在集体模糊下，某个家族能够将自己家族的族源明确化、官方化，其威望无疑胜过其他家族。这一点从部分家族在祖先传说中不断具体化，并增加国家象征等信息来看，是可以成立的。此外，一些宗族早先获得科举成功，较早获得某些宗族建设权力，较早进行宗族文献编纂。他们的宗族文献形成后，便成为一种象征身份的文化资本。其祖先记忆会不断被传说、被模仿，进而形成地区性的宗族传说。

明朝初年大量军事人口出现，外来移民涌入，使得胶东基层社会秩序在整合的过程中形成了土客混杂、军民共处的局面。这一局面直到明代中期开始慢慢被打破，新移民得以恢复发展，开始总结家族发展史，进行家族建设，开始认同胶东，并以莱州卫、即墨营等当地官方机构设置时间为先祖迁入时间，将迁入始祖作为始祖，在异地重建家族。同时，朝廷对军户丁口的制度安排使之拥有了与普通民户子弟同样的登科入仕的机会，而且科举成为这些家族发展的主要途径之一。科举与军功上的成功，使得胶东地区产生了别具特色的卫所望族。这也是胶东望族的时代性更是地域性特点。胶东卫所众多，故深刻影响家族发展，先祖多因参军而生活在卫所，可谓卫所望族。因先祖的起身高低，其又可分为普通军户望族和军卫职官望族。他们在整个明代的发展轨迹多兼备军功和科宦两条道路。军功可以带来家族地位的极大提升，与明代时局有着密切的关系，不是长久稳定的发展选择。而科举入仕则贯穿有明一代，是一条保持家族长盛不衰的主要途径。胶东因其特殊的地理位置，成为辽东守卫的后备基地、拱卫京师的要冲、抵御倭寇的前哨阵地，其军事战略位置非常重要。故在地方环境和国家大政的共同作用下明清胶东望族烙上了卫所的印记。清代裁撤卫所后，逐渐出现卫所行政化、军户民众化，社会结构再次混一。

明清胶东望族的兴起多依靠科举入仕，即所谓的仕宦家族。在整个明清时代山东的科举事业中，胶东占据重要的地位，出现了数以百计的进士和举人。科举入仕使其家族获得社会上层的认可，提升了其家族的官方威望和地位，有利于家族的大发展。胶东望族在朝廷封赏的督促下，成为朝廷在基层社会的隐性统治力量，促进了基层社会的发展。

明清胶东望族积极抵抗战乱，维护社会稳定，组织和参与社会建设，体现了其价值选择，也透露着一种实用思想，即维护家族利益。在基层社会事务中，胶东望族基层成员与官员形成了上下结合的宗族力量，实现了基层与国家的互动，同时将国家利益与基层社会利益紧密结合起来。这对基层社会的安全和建设产生重要影响，弥补了朝廷统治力量的部分缺失。胶东望族的这种隐性力量为其带来的是基层民众对望族的认可，提高了这些大家族的威望。

与江南名门世家相比，明清胶东望族的家族建设不是很完备，甚至很简陋，但也取得了进一步的发展，呈现出一定的组织化特点。其家族建设主要以修撰族谱为主，祠堂多未建设。这受到胶东社会风俗和传统文化的影响。胶东望族虽然未普遍建立祠堂，但有类似于祠堂的房社。这是北方家族的习俗。族长未普遍存在，而类似于族长的权威民主组织在发挥作用。族产和族规建设方面较弱，但仍有一定的建设。因此，这些说明，明清胶东望族的家族建设具有一定的组织化特点。组织化建设的实现，与望族科举入仕、崇尚儒学有密切关系，是家族建设庶民化后的结果。

与江南望族相比，胶东望族的家族建设中体现出其家族凝聚力和统治力不强的特点。作为一个社会组织，胶东望族更多属于一种互帮互助、精神归属的组织，文化意味更强。

家族建设的过程多是由家族士大夫成员主导进行的。这些士人将国家正统文化意识与胶东基层社会的祖先崇拜意识相结合，重新延续自己的家族历史，形成了一种新的家族文化。因此，家族建设是一种礼仪下乡，是士大夫文化的实践。

第二章

# 明清鲁西北仕宦望族与基层社会

## 第一节
## 明清鲁西北地区的自然与人文概况

在布罗代尔的长时段理论中，地貌、气候、自然与人的关系、社会组织、文化传统等因素规范和制约着历史的发展，是人类社会发展的决定性力量[①]。中国谚语"一方水土养一方人"更是生动地说明了自然环境对人类生活的巨大影响。鲁西北地区[②]的自然环境、社会组织、文化传统等对当地望族的发展有深刻影响。

### 一、自然地理

明清时期，鲁西北地区的地貌、水文、气候、灾害等自然地理因素对这一地区民众的生产生活产生巨大影响。

鲁西北大部地区的山地极少，即使有也海拔很低，它们或有传说，或名人登临，或景色秀丽，或有泉水，多有历史底蕴。流经鲁西北地区的河流众多，比较大的河流有黄河、运河、徒骇河、马颊河、鬲津河（今漳卫新河）、大清河等。其中黄河和运河对鲁西北地区的发展产生过重要影响。

元代贾鲁将黄河导入淮河入海。明初，黄河决口主要集中于开封一带，但是决口会向东北方向反射，洪水就进入聊城阳谷一带，冲入张秋运河。正德十

---

① 孙晶:《布罗代尔的长时段理论及其评价》,《广西大学学报》(哲学社会科学版)2002 年第 3 期。

② 本书将"鲁西北地区"界定为今聊城、德州、滨州 3 市的行政区划范围。其历史空间范围如下:明时,今聊城、德州、滨州主要分属于济南府、兖州府、东昌府;清时,今聊城、德州、滨州主要分属于济南府、东昌府、泰安府、武定府、临清直隶州、兖州府。

三年（1441），黄河分南北两股，南股夺颍水入淮，是主流；北股则进入东昌，通过张秋运河，溃决进入大清河入海。景泰四年（1453），徐有贞根据黄河时常北决张秋的情况，开通广济渠。但此后黄河仍时常冲入张秋运河。黄河南北交替决口。至嘉靖二十五年（1546），全河夺泗入淮。但是，此后决口不一，下游淤积抬高日益严重。至清咸丰五年（1855），黄河大溃，最终穿张秋运河，夺大清河入海，山东特别是鲁西北地区受灾深重。光绪《惠民县志·地舆志》载："国朝咸丰乙卯，黄河北决，以济河受全河之水，冲突漫溢，无岁无之，为患尤烈矣。"① 此后，黄河自西南向东北穿过鲁西北地区，成为这一地区主要大河，在为这一地区农业灌溉、人畜饮水等提供充足水源的同时，也不断淤积抬高，时常带来洪涝灾害。光绪二十五年（1899），李鸿章等奏："自长清至利津四百六十里，埝外堤内数百村庄。长埝逼近湍流，河面太狭，无处不湾，无湾不险。河唇淤高，埝外地如釜底，各村断不能久安室家。且埝破堤必破，欲保埝外数百村，并堤外数千村同一被灾，尤觉非计。"② 其险峻形势一目了然。而且此时正值清末，各种战乱不断，朝廷经费日绌，无暇顾及，百姓更是深受其害。

明清时期，运河主要穿过今聊城、德州一带，分为卫河、会通河。卫河发源于河南辉县，汉代时名屯氏河，隋炀帝时改名永济渠，又名御河，经临清、武城、德州一线，至天津入海。会通河自徐州，经张秋、东昌府至临清。运河泥沙容易淤积，黄河不断决口侵扰，特别是张秋一带，常常为黄河冲决，造成不少洪涝灾害。运河水源有限，崇祯十四年（1641），"由汶入运之东平、平阴、肥城等州县泉源淤塞，自此运河数阻浅"③。在这样的情形下，朝廷一般先保证漕运用水，有时甚至严禁民众用水。咸丰十九年（1869），卫河水浅，漕运困难，山东巡抚请求更改三日供给漕运、一日灌溉农田的规例，咸丰下诏"将百门泉、小丹河各官渠官闸一律畅开，暂闭民渠民闸，如有卖水盗挖请弊，即行严惩"④。第二年也发生漕运与农灌的冲突，河道总督文冲等上奏："卫河需水之际，正民田待溉之时。民以食为天，断不能视田禾之枯槁置之不问。嗣后如雨泽愆期，卫河微弱，船行稍迟，毋庸变通旧章。倘天时亢旱，粮船阻滞日久，是漕运尤重于民田，应暂闭民渠民闸，以利漕运。"⑤ 文冲等人

---

① 光绪《惠民县志》卷四《地舆志·河渠》，清光绪二十五年刻本。
② ［清］赵尔巽等撰：《清史稿·河渠志一》，中华书局 1977 年版，第 3763 页。
③ 乾隆《临清直隶州志》卷一《疆域·运河》，清乾隆五十年刻本。
④ 《清史稿·河渠志二》，第 3788 页。
⑤ 《清史稿·河渠志二》，第 3788 页。

虽然也重视民田灌溉，但是最终仍以漕运为主。这样一来，水量并不充足的运河并不能给鲁西北地区农业灌溉提供足够的用水，加之朝廷命令严苛，对农业和社会经济损伤很大。

鲁西北地区地貌为平原，由黄河冲积而成，属于黄淮海平原的一部分，地势坦荡辽阔，起伏和缓，如德州"本境一片平阳，并无山麓"①，武定州"大抵平夷阔衍"②，阳谷"四境豁如，远瞻海岱，……一望平畴"③，"东昌俗称为无山郡，其所谓山大率皆土阜，稍隆隆耳"④，都可见鲁西北地区的平原景貌。鲁西北地区土壤属于鲁西北平原潮土、盐碱土土区和鲁北滨海平原盐土土区，大部分地区适于农业生产，人为耕种的历史也较为悠久，垦殖率较高。鲁西北地区土壤主要存在盐碱化、沙害等不利于农业发展的因素。

由于聊城、德州地区运河阻断西部平原下水道，黄河又常泛滥，加之地势低洼、地下水位高、气候干旱，而东部滨州地区近海，时常有海潮浸渍，地下水容易盐化，因此盐碱地在鲁西北地区分布较多，不利于农作物生长。明清时期文献对鲁西北地区盐碱地的记载十分常见：乾隆十年（1745）"武定府属地土素称碱薄"⑤，乾隆二十一年（1756）"豁免山东海丰、利津、沾化三县潮盐碱废地亩六十八顷五十八亩有奇"⑥，《清实录》中多有此类因盐碱而豁免赋税的记载。

这一地区的明清方志，在赋税、疆域、山川、物产等与土壤有关的内容中，也不断反映盐碱地的变化及其带来的影响。如，武城县"地多沙碱，不堪行犁"⑦；夏津县的土地土壤"有白有黑，有沙有碱"⑧；武定府"武郡海滨斥卤，野无盖藏"⑨；沾化马场、乐陵挑河有"被潮被水沙压坍没瘠薄碱

① 《德州乡土志》，《中国方志丛书·华北地方》第三十八号，台北成文出版社 1968 年版，第 201 页。

② 嘉靖《武定州志》卷二《方域志》，《天一阁藏明代方志选刊》第 44 册，上海古籍书店 1982 年版。

③ 康熙《阳谷县志》卷一《形势》，《中国地方志集成·山东府县志辑》第 93 册，凤凰出版社 2004 年版，第 22 页下。

④ 康熙《堂邑县志》卷三《山川》，《中国地方志集成·山东府县志辑》第 89 册，凤凰出版社 2004 年版，第 20 页上。

⑤ 《清实录·高宗纯皇帝实录（四）》第 12 册卷二三八，中华书局 1986 年版，第 60 页。

⑥ 《清实录·高宗纯皇帝实录（七）》第 15 册卷五〇七，第 401 页。

⑦ 嘉靖《武城县志》卷二《户赋志·徭役》，《天一阁藏明代方志选刊》第 44 册，上海古籍书店 1982 年版。

⑧ 嘉靖《夏津县志》卷二《食货志》，《天一阁藏明代方志选刊》第 43 册，上海古籍书店 1982 年版。

⑨ 咸丰《武定府志》卷一二《田赋》，清咸丰九年刻本。

卤等项地亩"①；沾化县"滨海之区，斥卤殆遍"②；禹城县"邑之田有白土、黑土、两合土、沙土、碱土之分"③；齐河县城西五庄"约十六方里，尽斥卤不毛之地，不利生殖，农力无所施，仅可淋碱煮盐以自给"④。这些记载都说明盐碱地在此地区广泛分布，给农业生产带来不良影响。当地官民也采取多种措施，如兴修水利、深耕垫土、种植耐碱作物等方法，改良土壤，降低盐碱地的危害。

明清时期至今，气候有所变化。有学者研究认为"1500—1900 年是一次世界性气候寒冷期"⑤，这一时期被称为小冰期，鲁西北地区气温同样随之降低。有研究说明，"元后期至清末黄淮海平原有两个基本特征：其一，整个平原气候寒冷化，气温比现代低；其二，气温方差增大，气温具有不稳定性，年内和年际的波动比现代大"⑥。整体趋寒的情形下，暖冬与冷冬也交叉出现，只是冷冬更为常见。明清时期，鲁西北地区多次出现降雪大、持续时间长的情况，冻害增加，给人民生活和生产都带来困难。此外，也有研究认为这次寒冷期使耐旱粮食作物小麦的种植得到扩大，促进了包括鲁西北地区在内的整个山东的两年三熟耕作制度的形成。⑦

明清时期，鲁西北地区常见的自然灾害有干旱、洪涝、蝗灾、冰雹、寒潮、地震等，灾害发生区域遍及整个鲁西北地区。由于这一地区降水多集中于夏季，黄河等河流洪水集中，往往决口，洪涝灾害时常发生，同时干旱易发，对该地区影响尤其明显。可以说，鲁西北地区是山东自然灾害频繁发生的突出地区。根据有关研究，在黄淮海平原 1569 年、1648 年、1653 年、1730 年、1739 年、1822 年六个典型洪涝年份，以及 1560 年、1615 年、1640 年、1641 年、1785 年、1877 年六个干旱年份，鲁西北地区均全部或者绝大部分处于最严重地区⑧。同时，由于适宜的气候和地形因素，鲁西北地区也是蝗灾影响较大的地区，严重年份甚至作物绝产，是蝗灾的高发区，其

① 咸丰《武定府志》卷一二《田赋》，清咸丰九年刻本。

② 光绪《沾化县志》卷三一《艺文志·得甘泉序》，《中国地方志集成·山东府县志辑》第25册，凤凰出版社 2004 年版，第 147 页下。

③ 嘉庆《禹城县志》卷五《食货志·田赋》，清嘉庆十三年刻本。

④ 民国《齐河县志》卷一二《户口·土壤》，民国二十二年铅印本。

⑤ 邹逸麟：《中国历史地理概述》，上海教育出版社 2013 年版，第 18 页。

⑥ 邹逸麟：《黄淮海平原历史地理》，安徽教育出版社 1997 年版，第 42 页。

⑦ 王保宁：《明末清初的气候突变与山东耕作制度的变迁——兼论华北的三年两熟制》，《农业考古》2014 年第 4 期。

⑧ 邹逸麟：《黄淮海平原历史地理》，安徽教育出版社 1997 年版，第 71—73 页。

至是全省蝗灾的虫源地。① 其他冰雹、寒潮、地震等灾害，影响有限，不做赘述。总体看，明清时期鲁西北地区的自然灾害发生频率与严重程度在全省是最突出的。

对鲁西北地区自然灾害时间上的分布特征，笔者根据清代武定府、济南府地方志涉及的今鲁西北地区发生的自然灾害记载，制作表 2-1：

**表 2-1　鲁西北地区发生的自然灾害统计**

| 来源 | 时间 | | | | | | | |
|---|---|---|---|---|---|---|---|---|
| | 洪武元年(1368)至天启七年(1627)260年 | | 崇祯元年(1628)至康熙十七年(1678)51年 | | 康熙十八年(1679)至道光二十年(1840)162年 | | 道光二十一年(1841)至咸丰九年(1859)19年 | |
| | 灾害总次数(次) | 平均间隔(年/次) | 灾害总次数(次) | 平均间隔(年/次) | 灾害总次数(次) | 平均间隔(年/次) | 灾害总次数(次) | 平均间隔(年/次) |
| 咸丰《武定府志》 | 58 | 4.48 | 32 | 1.59 | 59 | 2.75 | 14 | 1.36 |
| 道光《济南府志》 | 93 | 2.80 | 22 | 2.32 | 55 | 2.95 | | |

上表数据虽并未统计至清末 1911 年，但是在整体趋势上，可以发现，灾害发生频率最高的是明末清初（1628—1678 年）和清末（1841—1859 年）两个时期，甚至比其他时期的发生频率要高一倍以上。鲁西北地区自然灾害的这一时间分布规律，与有关研究提出的中国历史四大灾害群发期，即夏禹灾害群发期（公元前 2000 年前后）、商周灾害群发期（公元前 1000 年左右）、明末清初灾害群发期（17 世纪附近）和清末灾害群发期②，还是比较一致的。

遇到灾害，政府往往采取蠲除租赋、通赋，发仓粟赈济，兴修水利等措施，以世家大族为主的社会救济力量也在救灾中起着重要，有时是主要的作用。

## 二、社会经济

明清时期，鲁西北地区农工商业较为发达，棉花、水果生产较为大宗，纺

---

① 孟艳霞：《明代山东蝗灾分布特征初探》，《菏泽学院学报》2009 年第 1 期。
② 徐道一：《严重自然灾害群发期与社会发展》，载马宗晋等编《灾害与社会》，地震出版社 1990 年版，第 295—297 页。

织业等因而兴起。依靠京杭运河，交通便利，鲁西北地区与全国南北来往甚便。城镇、人口也以运河沿岸为盛，处于黄河三角洲的滨州略差。

（一）农工商业

1. 农业

明初，经历换代的战乱以及靖难之役，鲁西北地区大量百姓流亡，土地荒废，如莘县"人稀少，多荆棘，至永乐间渐次开辟"①，济南府"北方郡县近城之地多荒芜"②，东昌府"地旷人稀"③。明朝廷采取移民屯垦的措施，开垦出来的耕地不断增加。到明末清初，农民起义与清军入关引起一系列战乱，对鲁西北地区经济再次造成破坏，清朝廷采取鼓励垦荒、蠲除赈济、改革赋役制度等措施，耕地持续增加，人口不断增长，而随之而来的人地矛盾、土地兼并等情况也日益加剧。

明代，鲁西北地区粮食作物以麦、粟（即谷子）为主，夏税征麦，秋税征粟。由于小麦产量高、耐寒等原因，明中叶起，小麦种植面积大大增加。差不多同时，大豆种植逐渐由春播变为秋播。以小麦、豆类种植为主的两年三熟制逐渐发展，至清乾隆时期已经较为普遍。这大大提高了土地的利用效率和经济效益。

明清时期，鲁西北地区经济作物也较为丰富，有棉花、果树、烟草等。鲁西北地区沙质土壤广布，是山东棉花种植最为主要的地区之一。嘉靖《山东通志》记载，棉花"六府皆有之，东昌尤多，商人贸于四方，其利甚薄"④；万历《东昌府志》记载，"高唐、夏津、恩县、范县宜木棉，江淮贾客列肆赍收，居人以此致富"⑤；道光《武城县志》记载，棉花"此武邑生产之最大者"⑥；光绪《高唐州乡土志·物产》记载，"本境上田皆种之，为出产第一大宗"；咸丰《滨州志·风俗》记载，滨州"地产木棉，种者十八九"⑦。终明清之世，鲁西北地区棉花种植始终在全省占主要地位，具有良好的经济效益。鲁西北地区果树品种众多，如枣、梨、桃、石榴、杏、李、柿子、沙果、樱桃等，其中以枣、梨为最。现在出名的乐陵、庆云、无棣、沾化的金丝小枣和沾化冬枣，均产于该地区，清代诗人吴泰庞在《同登乐陵城晚眺》中有

① 正德《莘县志》卷二《贡赋志》，《天一阁藏明代方志选刊》第 44 册，上海古籍书店 1982 年版。
② 姚伟军、李国祥、汤建英等编：《明实录类纂·经济史料卷》，武汉出版社 1993 年版，第 28 页。
③ 姚伟军、李国祥、汤建英等编：《明实录类纂·经济史料卷》，武汉出版社 1993 年版，第 32 页。
④ 嘉靖《山东通志》卷八《物产》，《四库全书存目丛书·史部》第 187 册，齐鲁书社 1996 年版。
⑤ 万历《东昌府志》卷二《物产》，《四库全书存目丛书·史部》第 187 册，齐鲁书社 1996 年版。
⑥ 道光《续武城县志》卷七《风俗物产》，清道光二十一年刻本。
⑦ 咸丰《滨州志》卷六《风俗》，清咸丰十一年刻本。

"六月鲜荷连水碧，千家小枣射云红"之句。临清、武城产的梨则全省最佳。临清所产"临桃"，最为甘美，在雍正九年（1731）被定为贡品①。平原、恩县两县接壤的马颊河西岸临河一带，果树种植较多，"枣梨桃李之属获利颇多"②。清中叶前后，德平、乐陵、阳信、长山、冠县等几个县也开始种植烟草；乾隆年间起，临清、高唐、恩县、陵县、德州、平原、齐东、禹城、齐河各地地方志出现种植花生的记载，这些地区以今聊城、德州地区为主。③

2. 手工业

明清时期，鲁西北地区的手工业多以农副产品加工为主，如棉纺织业、丝织业、制曲业、酿酒业、榨油业、水果加工业等；另外，煮盐制碱在鲁西北地区分布也较多。

鲁西北地区作为全省棉花种植主要地区，也是全省棉纺织业发达地区，至清代，棉纺织业"逐渐成为农户家庭经济的重要组成部分"④。康熙《齐东县志》载，"男妇昼夜之所作，自农工之外只此一事。是以远方大贾往往携重资购布于此，而士民赖以活"⑤。滨州"地产木棉，种者十八九。妇女皆勤于织纺，男则抱而贸于市，乡间比户，杼轴之声相闻"⑥。乾隆年间，平原县"地鲜树桑，久无蚕事，而纺棉织布或织线毯、线带，近时士夫家闺阁亦然，民间则男子亦共为之"⑦。清代，东昌府"阖境桑麻，男女纺绩以给朝夕，三家之市，人挟一布一缣，易儋石之粟"⑧。可见，鲁西北地区纺织业遍布，产量也较大，行销境外，是许多农村家庭赖以谋生的产业。

明中叶之前，由于政府征课，鲁西北地区各地均生产一定丝织品。明中叶赋税制度改革后，有些地方丝织生产逐渐消失。至清代，鲁西北地区丝织业主要分布于东昌府冠县、堂邑、馆陶，济南府齐河、邹平等地，以及临清直隶州。东昌府"阖境桑麻，……绸纩惟冠县之清水称良"⑨。临清是鲁西北地区最大的丝织品产地和集散地，绢丝布帛"祭神所焚多贩京师，远售于西藏诸处"⑩，哈达是出口量最大的丝织品，清末时最兴盛，"全境机房七百余，浆房

---

① 民国《临清县志》卷八《经济志·物产》，民国二十三年刻本。
② 乾隆《平原县志》卷三《物产》，清乾隆十四年刻本。
③ 许檀：《明清时期山东经济的发展》，《中国经济史研究》1995 年第 3 期。
④ 许檀：《明清时期山东经济的发展》，《中国经济史研究》1995 年第 3 期。
⑤ 康熙《齐东县志》卷八《杂录编》，清康熙年间刻本。
⑥ 咸丰《滨州志》卷六《风俗》，清咸丰十一年刻本。
⑦ 乾隆《平原县志》卷一《风俗》，清乾隆十四年刻本。
⑧ 嘉庆《东昌府志》卷四六《物产》，清嘉庆十三年刻本。
⑨ 嘉庆《东昌府志》卷四六《物产》，清嘉庆十三年刻本。
⑩ 乾隆《临清直隶州志》卷之一《疆域·物产》，清乾隆五十年刻本。

七八处，收庄十余家，织工五千人"①，规模已十分庞大。济南府，丝织业"为民生利赖，产桑之地皆有之"②，齐河县产绢、丝网等丝织品，绢在全省有名③，邹平也生产绢等丝织品。

制曲、酿酒、水果加工在鲁西北地区都有分布。东昌府产棉油、麻油、菜籽油、香油等。武定府产酒，蒲台所出蒲酒"为最佳，色浓而味厚"④；济南府种植多种谷物，可以酿酒，"市肆取充酒材，颇夺民食"⑤，可见酿酒业颇有规模。水果加工多是制作果脯，如临清特产枣脯、酱瓜、瓜干等⑥。另外，德州凉帽、临清竹编也是较出名的手工产品，德州凉帽"以特勒素草为之，草出口北，德州民业此者颇多，京师帽胎悉从此去"⑦。

由于鲁西北地区地多盐碱，因此煮盐制碱也十分常见。无棣产盐、碱、硝⑧；德州产碱⑨；聊城"地质斥卤，宜硝，故城内硝户最多"⑩；聊城茌平"多泻卤，百姓煮盐糊口，有司厉禁不出境"⑪；等等。明代设置山东都转运盐使司，下辖分司两个，其一是滨乐分司，驻扎蒲台县，"专司蒲台关验掣印扒分，辖永利、永阜、富国、王家冈、官台等五场盐政事宜"⑫，并设蒲台批验所大使、永利场大使、富国场大使、永阜场大使等，除永阜场在利津外，其余主要在今滨州地区。虽然其地产盐，但全为官府控制，百姓不能得利，否则立陷于罪矣"⑬。乾隆五十三年（1788），准许雇佣巡役稽查私盐，其中武定府各县533名⑭，数量居各府之首，也足见武定府盐业之盛。

临清砖也是较出名的手工产品。临清官窑建于明永乐年间，"设工部营缮分司督之，……岁征城砖百万。……王俊旧志曰：按二部陶人，明时几二百

---

① 民国《临清县志》卷八《经济志·工艺》，民国二十三年铅印本。
② 道光《济南府志》卷一三《物产》，清道光二十年刻本。
③ 民国《齐河县志》卷一七《实业》，民国二十二年铅印本。
④ 咸丰《武定府志》卷四《物产》，清咸丰九年刻本。
⑤ 道光《济南府志》卷一三《物产》，清道光二十年刻本。
⑥ 民国《临清县志》卷八《经济志·物产》，民国二十三年铅印本。
⑦ 乾隆《德州志》卷一一《从记·物产》，《中国地方志集成·山东府县志辑》第10册，第312页上。
⑧ 民国《无棣县志》卷一七《物产》，民国十四年铅印本。
⑨ 乾隆《德州志》卷一一《从记·物产》，《中国地方志集成·山东府县志辑》第10册，第312页上。
⑩ 宣统《聊城县志》卷一《方域志·物产》，清宣统二年刻本。
⑪ 嘉庆《东昌府志》卷四六《物产》，清嘉庆十三年刻本。
⑫ 咸丰《武定府志》卷一二《盐法》，清咸丰九年刻本。
⑬ 光绪《沾化县志》卷四《物产》，《中国地方志集成·山东府县志辑》第25册，第45页上。
⑭ 山东省地方史志编纂委员会编：《山东省志·盐业志》，山东人民出版社2015年版，第244页。

户，……匠氏家倍之。……以体质坚细、色白声响者方入选"①。皇宫、陵寝建设多用此砖。运河为烧窑柴薪和临清砖的运输提供了很大的便利。

3. 商业

较为发达的农业、手工业为鲁西北地区商业的发展奠定了基础。明清时期，鲁西北地区商业繁盛主要得益于运河的开通，商业发达的地方集中在运河沿岸的临清、聊城、张秋、德州等地，距运河稍远的惠民作为武定府治，商业也颇为齐全。但总体看，运河沿岸商业远远发达于距运河较远的地区。

许檀在《明清时期山东经济的发展》中这样描述：

> 明代隆、万年间，临清城内有布店 3 家，绸缎店 32 家，杂货铺 65 家，纸店 24 家，辽东货店 13 家，大小典当百余家，客店数百家，以及其他大小店铺、作坊共计千余家。万历年间，临清钞关所征商税每年达八万三千余两，超过京师所在的崇文门钞关，居全国八大钞关之首。清代，临清地位虽有下降，但直到咸同年间运河淤塞之前，仍是山东最大的商业城市。临清输入商品中较大宗的有江浙绸缎布匹、江广纸张、江西瓷器，福建、安徽的茶叶，广东、山西的铁货，以及来自江淮、河南、直隶和山东本省的粮食；输出商品主要有东昌府及相邻的直隶河间、大名等府所产棉花、枣梨，以及临清本地所产丝织品、皮毛制品等。明代临清是华北最大的纺织品贸易中心，每年经销的江南布匹、绸缎至少在一二百万匹以上；清代由于山东以及河南、直隶三省棉纺织业的发展，临清由纺织品贸易中心转为粮食交易中心，乾隆年间临清城内外共有粮食集中市场六七处，经营粮食的店铺百余家，粮食年交易量五六百万石—千万石，是冀鲁豫三省的粮食调剂中心。临清的商品流通范围至少涉及明代十三布政司中的九个，清代关内十八行省中的十四个，以及关外广大地区，甚至远及西藏、蒙古等边疆特区。
>
> …………
>
> 张秋，位于临清、济宁之间，为东阿、寿张、阳谷三县所共辖。万历年间该镇已有商业街市数十处，牙行二三十家，商业店铺则以数百计。张秋的商品来源远及闽广、吴越、山陕，输入商品以杂货、绸缎为大宗，输出商品有枣梨、棉花、棉布、粮食等等，分销和集散范围主要是位于临清、济宁之间的兖州府北部、泰安府西部诸县。

--------

① 乾隆《临清直隶州志》卷九《关榷·附临砖》，清乾隆五十年刻本。

聊城是东昌府治，其商业发展可能稍晚些，主要是清代发展起来的，而以道光年间为最盛。清代中叶，仅在聊城经商的山陕商人字号就有三四百家，主要贩运铁货、板材、茶叶等外地商品赴山东售卖；同时大规模收购、加工本地所产棉布、皮毛、毡货等运销西北、口外，其中年经营额在万两以上的商号即有四五十家之多。聊城还是山东熏枣最主要的加工集散中心，东昌府所产果品中很大一部分系在此装船南下。总计嘉道年间，聊城的商业店铺作坊约在500—600家，年经营额在300万两上下。①

明初，德州是军事城市。永乐九年（1411），"移州治于卫城，招集四方商旅，分城而治，南关为民市，为大市。小西关为军市，为小市"②。嘉靖年间，德州已有米市、布帛市、菜市、果市、羊市、牛马市、锅市等市场。清代，德州商业主要以本地的粮食、棉花和由运河而来的杂货为主，饮食服务业也较发达③。但坐贾多，行商少。惠民作为武定府治，城中有马市街、糖房街、铁匠市等地名④，官府收取当税、田房税、牙杂税、牛驴税等⑤，说明这些地方曾经有一定规模的相关商业。滨州也有牙行、当铺、牛驴市等交易场所，"商贾群兴"⑥。

运河以东黄河三角洲地区，有黄河、大小清河流过，许多地方也发展起一定规模的商业经济。

商业经济的发展也体现为农村集市的日渐增多。有学者对明代、清初、清中叶、清末的山东各府集市数量进行了统计，此处节取鲁西北地区主要涉及的东昌府、济南府和武定府数据，见表2-2⑦：

表2-2　明清时期东昌府、济南府和武定府的集市数量　　单位：个

| 府别 | 明代 | | | 清初 | | | 清中叶 | | | 清末 | | |
|---|---|---|---|---|---|---|---|---|---|---|---|---|
| | 州县 | 集市数 | 平均 | 州县 | 集市数 | 平均 | 州县 | 集市数 | 平均 | 州县 | 集市数 | 平均 |
| 东昌府 | 5 | 35 | 7.0 | 6 | 54 | 9.0 | 8 | 132 | 16.5 | 6 | 122 | 20.3 |

---

① 许檀：《明清时期山东经济的发展》，《中国经济史研究》1995年第3期。
② 乾隆《德州志》卷四《疆域·市镇》，《中国地方志集成·山东府县志辑》第10册，第100页上。
③ 许檀：《明清时期山东商品经济的发展》，中国社会科学出版社1998年版，第135—136页。
④ 光绪《惠民县志》卷七《城池》，清光绪二十五年刻本。
⑤ 光绪《惠民县志》卷一二《杂税义田》，清光绪二十五年刻本。
⑥ 咸丰《滨州志》卷四《赋役》，清咸丰十一年刻本。
⑦ 许檀：《明清时期山东商品经济的发展》，中国社会科学出版社1998年版，第187页。

| 府别 | 明代 | | | 清初 | | | 清中叶 | | | 清末 | | |
|---|---|---|---|---|---|---|---|---|---|---|---|---|
| | 州县 | 集市数 | 平均 | 州县 | 集市数 | 平均 | 州县 | 集市数 | 平均 | 州县 | 集市数 | 平均 |
| 武定府 | 2 | 32 | 16.0 | 2 | 26 | 13.0 | 6 | 102 | 17.0 | 8 | 117 | 14.6 |
| 济南府 | 3 | 62 | 20.7 | 7 | 125 | 17.9 | 13 | 340 | 26.2 | 8 | 197 | 24.6 |

总体看，明末清初的战乱使集市数量明显下降，不过清中叶基本恢复并超过明代水平。清末，武定府、济南府集市数量稍有减少。这种整体增多的趋势反映了鲁西北地区的商业经济不断发展。同时，清中叶，济南府、东昌府集市密度在全省位于前列，武定府在中游位置[1]，这说明鲁西北地区中，东昌府、济南府的商业水平高于武定府。

（二）交通

明清时期，鲁西北地区有运河、大小清河穿过，使该地区成为全国南北交通要道，交通十分便利，商业因此发展起来，形成一批商业城市。除水运外，穿过鲁西北地区的南北大道有自北京经德州、济南府、泰安州、兖州府至江苏徐州的道路，自北京经德州、高唐州、茌平、东阿、济宁州至徐州或南下江西的道路。除要道外，鲁西北地区内各县州府之间基本都有驿路相通。这对加强鲁西北地区内部各地之间的联系、鲁西北地区与全国各地的联系，提供了极大的便利。

（三）城镇与人口

明清时期，鲁西北地区城镇发展与其商业经济发展基本一致，城镇规模也与商业经济发展程度基本一致。规模上，临清是全省最大的商业城市，更是鲁西北地区规模最大的城市。据学者估算，乾隆年间临清人口为 15—20 万[2]。其次，张秋、聊城、德州的人口规模基本一致，在 2—3 万人[3]。第三层次的便是一般的府州县城。许檀先生对明清山东各府人口、土地做了研究统计，我们选取涉及鲁西北地区的有关府，制表 2-3、表 2-4[4]：

---

① 许檀：《明清时期山东商品经济的发展》，中国社会科学出版社 1998 年版，第 189 页。
② 许檀：《明清时期山东商品经济的发展》，中国社会科学出版社 1998 年版，第 172 页。
③ 许檀：《明清时期山东商品经济的发展》，中国社会科学出版社 1998 年版，第 176 页。
④ 许檀：《明清时期山东商品经济的发展》，中国社会科学出版社 1998 年版，第 17—18 页。

表 2-3　明嘉靖五年（1526）鲁西北三府人口、土地情况表

| 府别 | 面积（平方千米） | 人口数（人） | 人口密度（人/平方千米） |
|---|---|---|---|
| 济南府 | 28700 | 2102935 | 73.27 |
| 兖州府 | 35500 | 1702376 | 47.95 |
| 东昌府 | 11300 | 578804 | 51.22 |

表 2-4　嘉庆二十五年（1820）鲁西北三府人口、土地情况表

| 府别 | 面积（平方千米） | 人口数（人） | 人口密度（人/平方千米） |
|---|---|---|---|
| 济南府 | 14800 | 4014819 | 271.27 |
| 东昌府 | 7000 | 1696656 | 242.38 |
| 武定府 | 10900 | 2191389 | 201.04 |

由以上表格的人口密度可以发现，明代中叶至清代中叶鲁西北地区人口增长迅猛。而山东总人口由 740 万人增至近 3000 万人，增长三倍，与两表人口密度增长基本一致，体现出随生产力发展，人口随之增长。同时，以上两表大致反映出，在人口分布上，鲁西北地区人口密集的地方在运河沿岸和省城济南一带。嘉靖《武定州志》载："惟济南所辖之州四，论殷阜咸出武定之上，度地理则武定独成阔焉，……然稽其铺乡市镇，率多空虚"①，济南府其他三州德州、滨州、泰安州，比武定府经济发达，且人口较密。武定州即今滨州惠民一带，其时则较为空旷，经济也落后，城镇空虚。

嘉庆《东昌府志》、道光《济南府志》、咸丰《武定府志》记载各州县人丁数见表 2-5。

表 2-5　嘉庆《东昌府志》、道光《济南府志》、咸丰《武定府志》
记载各州县人丁数

| 嘉庆十三年(1808)东昌府 | | 道光十七年(1837)济南府 | | 咸丰六年(1856)武定府 | |
|---|---|---|---|---|---|
| 州县 | 人丁数(人) | 州县 | 人丁数(人) | 州县 | 人丁数(人) |
| 聊城 | 255918 | 邹平 | 322156 | 惠民 | 175587 |
| 堂邑 | 132994 | 长山 | 191517 | 青城 | 10545 |
| 博平 | 84397 | 新城 | 164553 | 阳信 | 63365 |

---

①　嘉靖《武定州志》卷二《方域志》，《天一阁藏明代方志选刊》第 44 册，上海古籍书店 1982 年版。

| 嘉庆十三年(1808)东昌府 | | 道光十七年(1837)济南府 | | 咸丰六年(1856)武定府 | |
|---|---|---|---|---|---|
| 州县 | 人丁数(人) | 州县 | 人丁数(人) | 州县 | 人丁数(人) |
| 茌平 | 130486 | 齐河 | 422111 | 海丰 | 80609 |
| 清平 | 143892 | 齐东 | 130472 | 乐陵 | 105897 |
| 莘县 | 96818 | 禹城 | 232072 | 滨州 | 129016 |
| 冠县 | 209003 | 临邑 | 115278 | 沾化 | 84209 |
| 高唐 | 194793 | 陵县 | 126010 | 蒲台 | 22766 |
| 恩县 | 154814 | 德州 | 118063 | | |
| 东昌卫 | 83434 | 德平 | 209889 | | |
| 临清卫 | 93544 | 平原 | 187937 | | |
| | | 德州卫 | 115999 | | |

资料来源：嘉庆《东昌府志》卷八《户口》、道光《济南府志》卷一五《户口》、咸丰《武定府志》卷一二《田赋》。

直隶临清州辖临清、武城、夏津。根据民国《夏津县志》记载，夏津人口，道光二十六年（1846）为105698人，光绪三十二年（1906）为106300人。[1] 根据民国《临清县志》记载，临清人口，乾隆四十七年（1782）为20263人，光绪十九年（1893）为69551人，光绪二十九年（1903）为96931人。[2] 武城县，据宣统《山东通志》载，光绪三十二年（1906）实在人丁51244人。[3]

以上县的人丁数量是不能完全代表实际情况的。但是整体看，也能发现鲁西北地区人口的大致分布。东昌府人口最多的州县是聊城、冠县、高唐、恩县，加上东昌卫人口，达33万之多。济南府人丁最多的州县是齐河、邹平、禹城、德平，德州加上德州卫人丁23万多，也是比较多的，齐河、邹平远远多于他地。武定府人口普遍较少，惠民、滨州为人丁最多的州县。临清直隶州，临清加临清卫人丁近19万。可以清楚地看出，济南府各县人口普遍较多，东昌府次之，武定府最少。运河沿岸的聊城、冠县、临清、德州人口基本在20万以上；济南附近的齐河达42万多，禹城也23万多；武定府则以府城所在惠民和滨州较多；邹平人丁32万多，其靠近清代山东中部最繁荣的商业城镇周村。可见，在经济较为发达的地区，如临清、聊城、德州、邹平等，以及重

---

[1] 民国《夏津县志续编》卷四《食货志·户役》。

[2] 民国《临清县志》卷六《疆域志·户口》，民国二十三年铅印本。

[3] 宣统《山东通志》卷八二《田赋志第五·户口》。

要的区域政治中心及附近，如齐河、禹城、惠民等地，人口都是分布较多的。

（四）重大事件

明清时期，鲁西北地区发生了许多重要的历史事件，对区域历史的发展产生了深刻影响，乃至对整个中国历史有重大影响。比如，明代"靖难之役"中，德州成为燕王朱棣军队与南京朝廷军队激烈争夺之地，一度对战局产生关键作用，但是德州也因此遭受巨大损失。鲁西北一带民间秘密结社极多，不仅对当地社会结构、民风等产生影响，其所引起的清乾隆年间王伦起义、清末义和团运动等，更是对整个中国历史产生了很大的影响。《山东通志·通纪》梳理了明清时期发生在鲁西北地区的重大事件，其中还详细记述了明清时期鲁西北地区发生的重大自然灾害，这些都是该地区的重要事件。

除前已提及的自然灾害事件，以及方志记录的大量藩王分封事件，重要事件还有：一是军事斗争，"靖难之役"、清兵入关，以及捻军、太平天国北伐、义和团运动、众多教匪的武装斗争，影响地区主要是今聊城、德州，特别是运河沿岸，滨州地区则较少；二是疏通河流、修筑堤坝等水利建设；三是赋税征收、机构裁设等事件。在这些事件中，地方望族往往利用其政治、经济等优势参与其中，并且成为一定区域内的主导力量。

## 三、文化氛围

明代以前，鲁西北地区已是人文荟萃、名人辈出，有十分深厚的文化积淀。明清时期，科举是望族形成和发展的主要途径，文化教育深为望族重视。鲁西北地区浓厚的文化氛围是望族形成的重要条件和背景。

明清时期鲁西北地区读书科举之风浓厚。明代，夏津县"人多读书"[1]，东昌府"家习儒业，人以文鸣"[2]，济南府"崇尚学业"[3]。清代，滨州"俗好儒，备于礼"[4]，不仅崇尚儒业，而且礼仪周全。长山、禹城"士务功名"[5]，新城"为文物之邦，诗书世泽"[6]，诗书传家的情况颇为常见。齐河"士皆敦朴，不务纷华。勤者邀知己会文于家，贫窭者开馆授生徒，得束修以赡生，否即尽力务农"[7]，说明了士人不同的生活状态，但是非贫穷得不能生存，一般

---

① 嘉靖《夏津县志》卷一《地理志·风俗》，上海古籍书店 1962 年版，影印本。

② 嘉靖《山东通志》卷七《风俗》，《四库全书存目丛书·史部》第 187 册，齐鲁书社 1996 年版。

③ 嘉靖《山东通志》卷七《风俗》，《四库全书存目丛书·史部》第 187 册，齐鲁书社 1996 年版。

④ 咸丰《武定府志》卷四《风俗》，清咸丰九年刻本。

⑤ 道光《济南府志》卷一三《风俗》，清道光二十年刻本。

⑥ 道光《济南府志》卷一三《风俗》，清道光二十年刻本。

⑦ 道光《济南府志》卷一三《风俗》，清道光二十年刻本。

还是以儒为业。临邑"诗书之业比屋"①，形象地说明了学习儒业的普遍程度。德州"士重廉耻，敦礼义，能确然自守，不逐流俗"②，说明此地士人独立挺拔的性格，而且对礼也较重视。东昌府"其士多好经术"③，"东郡东平、济北、武阳、平原等郡，……今此数郡，其人多好儒学"④。聊城县"从来服儒冠、道先王语，登科代不乏人"⑤，可见举业兴盛，中第者甚多。茌平县"弦诵之声郁郁洌洌，……知洒扫应对进退之节，……士尚诗礼"⑥，显然对礼仪也颇为通达。恩县则"故前代雄镇，郁有人文"⑦，文化积淀十分深厚。临清直隶州"士虽务名，而有学，文教聿兴，科第接踵。……士大夫尚礼好义"⑧，此地士人虽然务在功名，但有真才实学，中第者很多，而且注重礼。由上可见，鲁西北地区社会普遍重视儒业，科第繁盛，这是望族兴起的大文化背景。在此背景下，许多家族科举人才辈出。笔者根据有关研究⑨，制作了表2-6：

表2-6　明清时期鲁西北地区各县进士数量分布表　　单位：人

| 府 | 县 | 数量 | | 合计 |
| --- | --- | --- | --- | --- |
| | | 明代 | 清代 | |
| 济南府 | 滨州 | 47 | 28 | 75 |
| | 德州 | 36 | 47 | 83 |
| | 新城 | 31 | 36 | 67 |
| | 阳信 | 27 | 15 | 42 |
| | 平原 | 24 | 9 | 33 |
| | 武定州 | 23 | 23 | 46 |
| | 临邑 | 18 | 0 | 18 |
| | 沾化 | 15 | 18 | 33 |
| | 长山 | 11 | 38 | 49 |

① 道光《济南府志》卷一三《风俗》，清道光二十年刻本。
② 道光《济南府志》卷一三《风俗》，清道光二十年刻本。
③ 嘉庆《东昌府志》卷三《风俗》，清嘉庆十三年刻本。
④ 嘉庆《东昌府志》卷三《风俗》，清嘉庆十三年刻本。
⑤ 嘉庆《东昌府志》卷三《风俗》，清嘉庆十三年刻本。
⑥ 嘉庆《东昌府志》卷三《风俗》，清嘉庆十三年刻本。
⑦ 嘉庆《东昌府志》卷三《风俗》，清嘉庆十三年刻本。
⑧ 乾隆《临清直隶州志》卷一《疆域·风俗》，清乾隆五十年刻本。
⑨ 张增祥：《明清时期山东进士的时空分布研究》，南京师范大学2008年硕士学位论文，第5—6页。

续表

| 府 | 县 | 数量 | | 合计 |
|---|---|---|---|---|
| | | 明代 | 清代 | |
| 济南府 | 齐河 | 11 | 11 | 22 |
| | 邹平 | 10 | 26 | 36 |
| | 德平 | 10 | 4 | 14 |
| | 齐东 | 8 | 5 | 13 |
| | 禹城 | 8 | 4 | 12 |
| | 海丰 | 8 | 32 | 40 |
| | 陵县 | 6 | 6 | 12 |
| | 乐陵 | 4 | 26 | 30 |
| | 蒲台 | 3 | 8 | 11 |
| 兖州府 | 东阿 | 17 | 10 | 27 |
| | 寿张 | 14 | 4 | 18 |
| | 阳谷 | 6 | 3 | 9 |
| 东昌府 | 临清州 | 64 | 30 | 94 |
| | 聊城 | 24 | 55 | 79 |
| | 堂邑 | 23 | 11 | 34 |
| | 恩县 | 18 | 4 | 22 |
| | 武城 | 16 | 12 | 28 |
| | 冠县 | 15 | 1 | 16 |
| | 高唐州 | 11 | 4 | 15 |
| | 朝城 | 11 | 2 | 13 |
| | 茌平 | 10 | 16 | 26 |
| | 莘县 | 8 | 3 | 11 |
| | 夏津 | 8 | 6 | 14 |
| | 博平 | 7 | 3 | 10 |
| | 清平 | 4 | 7 | 11 |
| | 观城 | 4 | 4 | 8 |
| 青州府 | 乐安 | 15 | 15 | 30 |
| 合计 | | 575 | 526 | 1101 |

说明：行政区划以明代为准。

明代，鲁西北地区进士最多的 10 个州县是临清州、滨州、德州、新城、阳信、聊城、平原、武定州、堂邑、临邑（与恩城并列）。清代，进士最多的 10 个州县是聊城、德州、长山、新城、海丰、临清、滨州、邹平、乐陵、武定州。临清地位下降，主要与乾隆之后临清商业逐渐衰落、咸丰年间运河淤塞有关。清代聊城、德州进士数量增加。今滨州地区的滨州、阳信、武定州、海丰则较稳定，并出现许多科第世家。另外，接近鲁中地区的长山、新城，随着经济发展，以及齐国稷下学宫深远的文化影响，科举日渐兴旺。整个明清时期，鲁西北地区进士最多的 10 个州县是临清州、德州、聊城、滨州、新城、武定州、阳信、海丰、邹平、堂邑，主要集中于运河沿岸，今滨州地区的滨州、阳信、海丰一带，和近于鲁中地区的新城、邹平。进士数量较多的州县往往聚集许多科举世家，能带动当地科举的发展。

明代全省 107 州县共有进士 1825 人，鲁西北地区占全省的 31.5%；清代 2260 人，鲁西北地区占 23.3%。明至清，鲁西北地区进士数量占全省比重有所下降，与清代鲁中、鲁东经济日益发展，科举日益兴旺，鲁西北地区社会经济衰落有关。

# 第二节
# 明清时期鲁西北地区望族群体

望族，是人们对地方上有重大势力或重大影响的家族的通称。[①] 望族有区域性的特点，即这一家族在某一区域内有庞大势力或重大影响，这一区域既可以是州县，也可以是省，当然也有少数家族在全国有重大影响。明清时期，鲁西北地区存在一大批望族。这些望族所影响的区域有大有小，有的在全国、全省影响很大，有的则在鲁西北地区至少是州县范围内影响很大。这些望族构成一个庞大的、各具特色的、相互联系的望族群体，对地方社会发展有深远影响。

## 一、明清时期鲁西北地区主要望族

明清时期，鲁西北地区生活着很多著名的望族。在聊城，有家喻户晓的"聊城五大家"（任、邓、朱、傅、耿）、"聊城五小家"（许、逯、邵、罗、

---

① 江庆柏：《明清苏南望族文化研究》，南京师范大学出版社 1999 年版，第 4 页。

唐)；在德州，德州田氏、卢氏，德平葛氏，临邑邢氏，平原董氏等赫赫有名；在滨州，滨州杜氏、海丰吴氏、张氏，惠民李氏，沾化丁氏等名人辈出，影响巨大。这些家族只是鲁西北地区望族群体的一部分，为全面梳理鲁西北地区重要家族的情况，笔者以州县方志为主，参考可见到的家谱、已发表的成果和《清代朱卷集成》等资料，将人才兴盛、经济实力雄厚、在州县或更大范围内有重大影响的家族梳理出来，列举出其主要代表人物，将之作为研究的基础和线索。本节先对明清时期鲁西北地区主要的几个望族进行介绍，然后将其他所能搜集到的望族列举出来。但由于方志对家族情况反映并不全面，家谱资料难得，下文所列举家族难免疏漏，少数人物资料也有进一步考证核实的余地。

（一）主要望族

1. 德州地区

（1）德平葛氏家族。元末，德平葛氏家族寓居寿光，明初迁居德平，以力田起家，崛起于明代中期，活跃于明代中后期，但至整个清代出仕不断。葛氏家族共出现 3 位进士，主要代表人物是嘉靖、隆庆、万历"三朝尚书"葛守礼（见表 2-7）。

表 2-7　德州葛氏家族成员仕宦表

| 谱序 | 姓名 | 功名 | 曾任官职 | 著述 |
|---|---|---|---|---|
| 4 | 葛智 | 贡生 | 南直凤阳右卫经历,以守礼累赠左都御史 | |
| 5 | 葛环 | | 以守礼累赠左都御史 | |
| 6 | 葛守礼 | 嘉靖进士 | 万历河南巡抚、户部侍郎、吏部侍郎、南京礼部尚书,隆庆元年(1567)起任户部尚书,改左都御史。万历三年(1575)以老辞官,万历六年(1578)去世,赠太子太保,谥端肃 | |
| | 葛守易 | 岁贡 | 封中书舍人 | |
| | 葛守贞 | | 光禄寺署丞 | |
| 7 | 葛引生 | 邑廪生 | | 《家礼摘要》《东山余墨》《东山论草》 |
| 8 | 葛昕 | 国子生 | 尚宝司卿,正四品服俸 | 《校刻孝经》《郎中疏草集》《玉山房集》 |
| | 葛曦 | 万历进士 | 国子监司业 | 有文集 |

续表

| 谱序 | 姓名 | 功名 | 曾任官职 | 著述 |
|---|---|---|---|---|
| 9 | 葛如麟 | 万历进士 | 山西按察使 | 《帝王歌》《祀典管见》《丁丑吟》《小儿语》《痘疹书》《笃惠堂稿》《拙宦自状》 |
| | 葛如凤 | 例贡 | 福建知事,赠知县 | |
| | 葛如桂 | 康熙岁贡 | 清平训导 | |
| 10 | 葛元祉 | 顺治拔贡 | 江南进贤知县 | |
| | 葛元福 | 顺治拔贡 | 长沙府同知 | |
| | 葛周玉 | 乾隆拔贡 | 知县 | 《般上旧闻》《般上草堂》 |
| | 葛鸿达 | 周玉子,庠生 | 候选知县 | |
| | 葛世宽 | 乾隆拔贡 | 州同 | |
| | 葛懋栽 | 道光拔贡 | | |

资料来源：光绪《德平县志》卷七《人物志》。

（2）临邑邢氏家族。临邑邢氏原为河间府望族，明洪武年间奉旨移民落籍临邑，很快成为当地望族，主要活跃于明中后期，但至整个清代出仕不断。临邑有"一邢家二马家"的说法，可见邢氏是临邑首屈一指的望族。邢氏家族出过 2 位进士，主要代表人物是明末著名书法家、官至太仆寺少卿的邢侗（见表2-8）。

表 2-8 临邑邢氏家族成员仕宦表

| 谱序 | 姓名 | 功名 | 曾任官职 | 著述 |
|---|---|---|---|---|
| 4 | 邢政 | 成化举人 | 知州 | |
| 5 | 邢溥 | 岁贡 | 博野教谕 | |
| | 邢洲 | 岁贡 | 顺德府通判 | |
| | 邢沂 | 嘉靖举人 | | |
| | 邢泽 | 正德举人 | 知县 | |
| 6 | 邢如默 | 嘉靖进士 | 都给事中 | |
| | 邢如愚 | 例贡 | 陕西行都司断事 | |
| | 邢如约 | | 善医,御试第二,封德王府医正 | |
| | 邢如初 | | 鸿胪寺序班 | |

| 谱序 | 姓名 | 功名 | 曾任官职 | 著述 |
|---|---|---|---|---|
| 7 | 邢仕 | 嘉靖举人 | | |
| | 邢化 | | 御试钦定第二人,府同知,朝列大夫 | |
| | 邢修 | 例贡 | 兰州吏目 | |
| | 邢侗 | 隆庆进士 | 太仆寺少卿兼佥事 | 《来禽馆集》《来禽馆世说新语钞》 |
| | 邢伉 | 岁贡 | 礼县知县 | |
| | 邢佑 | 例贡 | | |
| | 邢慈静 | | | 《芝兰室非非草》 |
| | 邢倬 | 岁贡 | 青州府教授 | |
| 8 | 邢王宠 | 岁贡 | 郯城县教谕 | |
| | 邢王称 | | | 《雪浪斋诗稿》《批点三苏文隽》 |
| | 邢王佐 | 岁贡 | 潍县教谕 | 《诗经详训》《大学诚意正宗》《太极图明解》 |
| 9 | 邢琮 | 同治岁贡 | 闽县知县 | |
| | 邢师长 | 太学生 | 考授县佐 | |
| | 邢璪 | 岁贡 | 文登县训导 | |
| | 邢师晳 | 岁贡 | 善绘画 | |
| 11 | 邢晋 | 岁贡 | 朝城县训导 | 《水仙叠咏》《裕恒居诗草》 |
| | 邢崝 | | | 《朴顿诗草》 |
| | 邢嶂 | | | 《邢氏家训》 |
| 13 | 邢惊 | 拔贡 | 朝城教谕 | 《犁台文献录》《诲蒙广录》《来禽馆藏札》《来禽馆外纪》 |
| | 邢世所 | 道光孝廉方正 | 钦赐六品职衔 | |
| | 邢诏恩 | 同治恩贡 | 署茌平县训导 | |
| | 邢廓 | 岁贡 | 高邮州训导 | |

续表

| 谱序 | 姓名 | 功名 | 曾任官职 | 著述 |
|---|---|---|---|---|
| | 邢赓虞 | 廪贡 | 冠县训导 | 《孝弟慈易行浅说》《来禽馆兴废记略》《来禽馆姓氏图说》 |
| | 邢云鹏 | 武杂进 | 千总 | |
| | 邢典书 | 袭云骑尉 | | |
| 16 | 邢九龄 | 光绪岁贡 | | |
| | 邢文舆 | 附贡 | 文登县教谕 | |
| | 邢兰圃 | | | 《兰圃诗草》 |

资料来源：同治《临邑县志》卷九《人物志》、民国《续修临邑县志》之《地物篇·人物》。

（3）乐陵史氏家族。乐陵史氏家族来自江苏溧阳。明洪武年间，乐陵史氏先祖史秀，为明军中级将领，随徐达、常遇春北上，战死并埋葬于乐陵，其后人因此落籍乐陵。明清时期，史氏家族功名不断，先后出过7位进士，有"父子三进士"（史邦直与史高胤、史高先）和"兄弟翰林"（史谱和史评），另两位是史长昆、史炳符。史邦直是明代乐陵第一位进士，官至河南按察司副使，与葛守礼有同乡之谊。史高先，官至贵州提学副使，为邢侗之婿。史高胤，官至甘肃巩昌道佥事。史谱，历任翰林院编修、浙江道监察御史、礼科给事中、户科掌印给事中、詹事府正詹、内阁学士兼礼部侍郎、兵部右侍郎、工部左侍郎，兼管河北总督、巡抚和钱法堂事务，又任过日讲起居注官、经筵讲官、兵部左侍郎兼管顺天府尹事务，出任过福建台湾道、浙江宁绍台兵备道和督粮道，以及江西按察使，转陕西布政使、陕西贵州巡抚，署理西同凤挂印总兵官等职，官至一品，同时是清代有名画家、书法家和诗人。史评，历任翰林院编修、詹事府左春坊左赞善、左右春坊庶子、翰林院侍讲与侍读、侍讲学士、侍读学士、国子监祭酒、詹事府少詹事和武英殿纂修、文颖馆总纂、武英馆提调官、文渊阁校理、咸安宫总裁、日讲起居注官，后提调浙江学政，擢礼部侍郎，未到任而卒。（相关人物见表2-9）

表2-9　乐陵史氏家族成员仕宦表

| 谱序 | 姓名 | 功名 | 曾任官职 | 著述 |
|---|---|---|---|---|
| 4 | 史翱 | 景泰举人 | 知县 | |

续表

| 谱序 | 姓名 | 功名 | 曾任官职 | 著述 |
|---|---|---|---|---|
| 5 | 史述 | 嘉靖岁贡 | 珉王府典仪 | |
| | 史守成 | | 典史 | |
| 6 | 史鸣凤 | | 典史 | |
| 7 | 史邦直 | 隆庆进士 | 河南按察司副使 | 《邑志削文》 |
| 8 | 史高胤 | 万历进士 | 陕西提学道副使 | |
| | 史高先 | 万历进士 | 按察司副使 | 《邢太仆文集》《王文成文集》《王家植史荟》 |
| | 史阁 | 崇祯岁贡 | 平原训导 | |
| 10 | 史长昆 | 康熙进士 | 知县 | |
| 12 | 史尔信 | 康熙举人 | 济南府教授 | |
| | 史麟经 | 康熙举人 | | 《三幸集》 |
| | 史继经 | 康熙举人 | 长山教谕 | 《养拙山房集》 |
| 13 | 史珽 | 康熙举人 | | |
| 14 | 史尚确 | 乾隆举人 | 知县，苏州府书局提调官，委办南巡总局事务 | |
| | 史尚朴 | 乾隆举人 | | |
| | 史尚淳 | 乾隆举人 | | |
| | 史楷 | 乾隆举人 | | |
| | 史鹤年 | 乾隆举人 | | |
| | 史阙文 | 经魁 | 浙江横浦厂盐大使 | |
| 15 | 史彬瑗 | 嘉庆举人 | 截取知县 | |
| | 史彬洵 | 嘉庆举人 | 知县 | |
| | 史彬光 | 乾隆拔贡、嘉庆副榜 | 太常寺博士 | |
| 16 | 史谱 | 嘉庆进士 | 一品封疆大吏 | |
| | 史评 | 嘉庆进士 | 浙江学政 | |
| | 史炳符 | 道光进士 | | |

资料来源：乾隆《乐陵县志》卷六《人物志》。

（4）德州卢氏家族。德州卢氏祖籍河北涞水，明弘治年间迁至德州，注德州左卫军籍。一世祖卢径为垦田兵士；二世卢宗哲中嘉靖十四年（1535）进士，是德州卢氏家族第一位进士。此后至清道光年间，卢氏家族兴盛300余年，出过8位进士，有"六代八近士，一门三翰林"之誉，为官者40人，举人、贡生、监生、庠生多达130余人，留下著作近百部，是明清时期运河区域十分显赫的文化世宦家族之一。（相关人物见表2-10）

**表2-10 德州卢氏家族成员仕宦表**

| 谱序 | 姓名 | 功名 | 曾任官职 | 著述 |
|---|---|---|---|---|
| 2 | 卢宗哲 | 嘉靖进士 | 户部侍郎 | |
| 3 | 卢茂 | | 归德府通判 | |
| 5 | 卢世㴶 | 天启进士 | 南京工部右侍郎 | |
| 8 | 卢道悦 | 康熙进士 | 知县 | |
| 9 | 卢见曾 | 康熙进士 | 盐运使 | 《中州集例》《山左诗钞》《雅雨堂诗集》《雅雨堂文集》《雅江新政》《出塞集》《感旧集》《金石三例》《雅雨堂石集》《山左诗钞》 |
| 10 | 卢谦 | | 道员 | |
| 11 | 卢荫文 | 乾隆进士 | 知县 | |
| | 卢荫蕙 | 乾隆进士 | 知县 | |
| | 卢荫溥 | 乾隆进士 | 体仁阁大学士 | |
| | 卢荫长 | 举人 | 工部主事 | |
| 12 | 卢本 | 恩赐举人 | 员外郎 | |
| 13 | 卢庆纶 | 道光进士 | 编修 | |
| | 卢兆纶 | 同治举人 | | |
| 14 | 卢保墧 | 庠生 | 鸿胪寺序班 | |
| | 卢光澍 | | 郡司马 | |
| | 卢晋元 | 光澍子, 岁贡 | | |
| | 卢晋升 | 光澍子, 增生 | | |
| | 卢晋琪 | 光澍子, 贡生 | | |

资料来源：乾隆《德州志》卷九《人物》、民国《德县志》卷一一《人物》。

（5）德州田氏家族。德州田氏相传为明永乐年间自河北枣强县迁至德州。至清末，田氏家族传 16 代，出过进士 6 名、举人 2 名。田雯官至江苏巡抚，政声卓著，同时是著名诗人、康熙朝金台十子之一和藏书家。田氏家族文化贡献突出，形成了田雯、田需、田霂、田肇丽、田同之组成的"田氏诗人群"。（相关人物见表 2-11）

表 2-11　德州田氏家族成员仕宦表

| 谱序 | 姓名 | 功名 | 曾任官职 | 著述 |
|---|---|---|---|---|
| 3 | 田三戒 | 嘉靖进士 | 户部主事 | |
| 5 | 田实栗 | 庠生 | | 《明儒案》40 卷 |
| 6 | 田绪宗 | 顺治进士 | 知县 | 《筮仕记》 |
| 7 | 田雯 | 康熙进士 | 江苏、贵州巡抚，刑部侍郎 | 《蒙斋年谱》4 卷、《古欢堂文集》12 卷、《古欢堂诗集》14 卷、《长河志籍考》10 卷、《黔书》2 卷、《幼学编》4 卷、《诗传全题备义》8 卷、《楚储密议》《观水杂记》《游太室、桐柏山、少林寺、司空园记》《宝泉记》《古欢堂各体读诗订本》《历代古文选本》《诗经大题》不分卷 |
| | 田需 | 康熙进士 | 翰林，乡试主考官 | 《水东草堂诗》《亦政堂诗》《厕垫录》《田子篋中稿》 |
| | 田霂 | 拔贡 | 县教谕 | 《鬲津草堂诗集》 |
| 8 | 田肇丽 | 荫生 | 郎中 | 《忍冬诗集》《忍冬文集》《砚北犹存录》《扈从纪程》《麻衣消寒录》《有怀堂诗集》1 卷、《有怀堂文集》1 卷、《南北史纂》《拗体诗钞》 |
| 9 | 田同之 | 康熙举人 | 国子监学正 | 《诗竹堂诗》2 卷、《砚思集》6 卷、《二学亭文涘》4 卷、《晚香词》3 卷、《西圃诗说》1 卷、《西圃词说》1 卷、《西圃文说》3 卷、《西圃丛辨》32 卷、《各体临书》4 卷、《古欢堂笔记》《西圃近稿》1 卷、《西圃诗册》1 卷、《安德明诗选遗》1 卷、《幼学续编》8 卷、《诗竹堂历代读诗订本》 |
| 10 | 田煥 | 乾隆进士 | 同知 | |
| 11 | 田晋 | 廪贡 | 州同 | |

续表

| 谱序 | 姓名 | 功名 | 曾任官职 | 著述 |
|---|---|---|---|---|
| 12 | 田元春 | 道光进士 | 知府 | |
| 13 | 田昂 | 诸生 | | |
| | 田徵舆 | | | 《石南斋诗词存稿》《石南斋遗诗》1 卷、《诗余》1 卷、《磨砻顽钝印谱》4 册 |

资料来源：乾隆《德州志》卷九《人物》、民国《德县志》卷一一《人物》。

（6）平原董氏家族。明永乐年间，平原董氏始祖董文胜由乐安（今广饶县）迁至平原。九传至董遇春，家境丰裕，慷慨好义。其子董振秀明末以守城功被任太平府通判，累升浙江按察使，清兵由浙入闽，得振秀，任为福建驿传道、兵备道副使，加正三品服。此后，子孙中通过科举进入仕途的人渐多。清代，董氏家族出过 3 位进士：探花董讷及董思凝、董元度。董讷官至从一品，为朝廷重臣；董思凝、董元度及其侄董芸皆是著名诗人。（相关人物见表2-12）

表 2-12　平原董氏家族成员仕宦表

| 谱序 | 姓名 | 功名 | 曾任官职 | 著述 |
|---|---|---|---|---|
| 9 | 董遇春 | | 有义行 | |
| 10 | 董振秀 | 贡生 | 明浙江按察使，清福建驿传道、兵备道副使，加正三品服 | |
| 11 | 董允祯 | 贡生 | 景宁训导 | |
| 12 | 董讷 | 康熙探花 | 历任弘文院、翰林编修，日讲起居注官、中允侍讲、侍读学士、礼部侍郎（兼顺天府提督学政），户、吏部侍郎，左都御史，兵部尚书兼右都御史出任两江总督，降侍读学士，升内阁学士，转兵部侍郎衔任漕运总督，后掌都察院事，复任左都御史 | 《西台奏议》《两江疏草》《督漕疏草》《柳村集》12 卷、《华琯集》6 卷 |
| | 董访 | 康熙举人 | 清初著名文士 | 《似山亭诗集》 |
| | 董调 | 明经 | 行人司行人 | 《疏快山房集》 |

续表

| 谱序 | 姓名 | 功名 | 曾任官职 | 著述 |
|---|---|---|---|---|
| 13 | 董思凝 | 康熙进士 | 布政司参议、道员 | 《养斋集》《海棠巢诗集》《淮草行》《滇行草》 |
| | 董思懋 | 贡生 | | |
| | 董思恂 | | 例叙内阁中书 | |
| | 董思俨 | 拔贡 | 知县 | |
| | 董思端 | 廪贡生 | 知县 | |
| | 董思任 | 康熙选贡 | 知州 | |
| | 董思敬 | | 县丞 | |
| 14 | 董傅 | 例贡 | 知县 | |
| | 董元度 | 乾隆进士 | 翰林院庶吉士,知县 | 《旧雨草堂集》8 卷 |
| 15 | 董芸 | 嘉庆举人 | | 《半隐园诗集》《诗话》12 卷、《广齐章》1 卷 |

资料来源：乾隆《平原县志》卷八《人物志》、民国《续修平原县志》卷一〇《人物》。

2. 聊城地区

（1）聊城邓氏家族。聊城邓氏源于江西南城，始祖不详。元末，二世祖仲璋从明太祖行军有功，授万户，诰封昭勇将军，子孙世袭指挥使职。三世起，邓氏在山东任职，任济南卫、东昌卫等指挥使官，出现多位将军。至十一世，邓邦落籍聊城，以贡生任莱州府学训导，此后家族以文入仕，人才渐盛。明洪武至清道光二年（1822），共出官员 40 名、状元 1 名、文武进士 4 名、文武举人 24 名。邓氏家族以武起家，文武俱兴，从明朝初年到清朝中叶兴旺400 余年。（相关人物见表 2-13）

表 2-13　聊城邓氏家族成员仕宦表

| 谱序 | 姓名 | 功名 | 曾任官职 | 著述 |
|---|---|---|---|---|
| | 邓仲璋 | | 授万户,诰封昭勇将军 | |
| | 邓均显 | | 万户,山东都指挥佥事 | |
| | 邓福 | | 济南始祖。济南卫指挥佥事,诰封昭勇将军 | |

续表

| 谱序 | 姓名 | 功名 | 曾任官职 | 著述 |
|---|---|---|---|---|
| 1 | 邓瑜 | | 袭济南卫指挥佥事,升济南卫指挥同知,诰封昭勇将军 | |
| | 邓瑄 | | 袭济南卫指挥佥事,升指挥同知,续升山东都司署都指挥佥事,诰封昭勇将军 | |
| 2 | 邓鉴 | | 袭济南卫指挥佥事,诰封昭勇将军 | |
| | 邓镛 | | 袭济南卫指挥佥事,升山东都指挥职衔,授指挥使,诰封昭勇将军 | |
| 3 | 邓隆 | | 袭指挥使,诰封昭勇将军 | |
| | 邓浒 | | 东昌始祖。袭指挥使,调东昌卫掌印指挥使,诰封昭勇将军 | |
| 4 | 邓桂 | | 袭东昌卫指挥使,降指挥同知,升青州守备,降千户,诰封明威将军 | |
| | 邓相 | | 沔阳县丞 | |
| 5 | 邓勋 | | 袭东昌卫指挥佥事,诰封明威将军 | |
| 6 | 邓堂 | | 袭指挥佥事,诰封明威将军 | |
| 7 | 邓都 | | 嘉靖武举,袭指挥佥事,升山东掌印都指挥使,诰封明威将军 | |
| | 邓邦 | 贡生 | 莱州府学训导 | |
| 8 | 邓守洛 | | 袭指挥使,诰封明威将军 | |
| | 邓守清 | 万历举人 | 临洮府同知 | |
| | 邓守渐 | 崇祯拔贡、副榜 | | |

续表

| 谱序 | 姓名 | 功名 | 曾任官职 | 著述 |
|---|---|---|---|---|
| 9 | 邓秉谦 | 万历武进士 | 袭指挥同知,初任王徐寨守备,升德州游击,诰封明威将军 | |
| | 邓秉恒 | 顺治进士 | 湖广荆南道 | 《石堂集》《春秋直解》《名臣奏议录》《大清律笺释》《邓氏族谱》 |
| | 邓秉豫 | 崇祯武举 | 明东昌守备,官至副将,入清为副将 | |
| 10 | 邓允燮 | 康熙岁贡 | 知县 | |
| | 邓光燮 | | 州同 | |
| | 邓之荣 | | 袭东昌卫指挥佥事 | |
| 11 | 邓圻 | 康熙举人 | | |
| | 邓基哲 | 太学生 | 邹县教谕、国子监学录,雍正元年赠光禄大夫,秉德郎、翰林院修撰、礼部左侍郎 | |
| | 邓基圣 | 诸生 | 刑部员外郎 | |
| 12 | 邓钟岳 | 康熙状元 | 礼部侍郎、江南正考官 | 《知非录》1卷、《寒香阁诗》4卷、《寒香阁文集》4卷、《士范》1卷 |
| | 邓钟音、钟叙、钟一 | 雍正举人 | | |
| | 邓钟岱 | 五世孙 | 知县 | |
| | 邓苞瑞 | 康熙举人 | 知县 | |
| | 邓元瑞 | 乾隆副贡 | | |
| 13 | 邓汝勤 | 乾隆进士 | | |
| | 邓汝敏 | 乾隆举人 | 府同知 | |
| | 邓汝砺 | 乾隆举人 | 知县 | |
| | 邓汝贤 | 乾隆举人 | 潍县教谕 | |
| 15 | 邓琳枝 | 嘉庆举人 | 曹州府教授 | |

资料来源:宣统《聊城县志》卷八《人物》。

（2）聊城傅氏家族。聊城傅氏家族分"御史傅""阁老傅"两家。

明洪武年间，"御史傅"始祖傅居敬自山西洪洞迁至聊城，世代为农，渐趋丰饶。七世傅相则通过读书入仕，官米脂县令，其孙傅光宅为万历进士，官至按察司副使，为官勤能、文武双全，是家族的代表人物。（相关人物见表2-14）

**表2-14　明代聊城傅氏家族成员仕宦表**

| 谱序 | 姓名 | 功名 | 曾任官职 | 著述 |
|---|---|---|---|---|
| 7 | 傅相则 | | 米脂县令 | |
| 8 | 傅学易 | 嘉靖举人 | | |
| 9 | 傅光宅 | 万历进士 | 按察司副使,改督学政 | 《奏疏》《四书讲艺臆说》及《巽曲》《吴门燕市》《蚕丛诗草》 |
| 10 | 傅尔庚 | 万历举人 | | |
| | 傅尔恒 | 选贡 | 知县 | |
| | 傅尔谦 | 岁贡 | 济南府训导 | |

资料来源：宣统《聊城县志》卷八《人物》。

明成化年间，江西永丰人、"阁老傅"始祖傅回任冠县知县，一子留迁聊城。清代，家族出了6位进士：傅以渐、傅正揆、傅绳勋、傅浚、傅京辉、傅斯怿。傅以渐成顺治三年（1646）进士，为清开国状元，官至武英殿大学士、户部尚书；傅绳勋为嘉庆进士，官至巡抚。另有举人11人，拔贡11人。近现代又有著名史学家傅斯年、傅乐成、傅乐焕等。（相关人物见表2-15）

**表2-15　清代聊城傅氏家族成员仕宦表**

| 谱序 | 姓名 | 功名 | 曾任官职 | 著述 |
|---|---|---|---|---|
| 7 | 傅以坤 | 庠生 | 知县 | |
| | 傅以豫 | | 候选知县 | |
| | 傅以鼎 | | 候选州同知 | |
| | 傅以履 | 岁贡 | 知府 | |
| | 傅以渐 | 顺治状元 | 武英殿大学士兼户部尚书 | 《内则衍义》16卷,与人合著《易经通注》,《易经狐白解》《太史名编》《中规篇》《易经制义》《诗经礼记春秋诗说》《贞固斋四书制义》《贞固斋诗集》《贞固斋文集》《明史纪事本末序》《聊城县志序》《贞固斋试艺》1卷、《续义》2卷 |

续表

| 谱序 | 姓名 | 功名 | 曾任官职 | 著述 |
|---|---|---|---|---|
| 8 | 傅宅揆 | 监生 | | |
| | 傅正揆 | 康熙进士 | 知县 | |
| | 傅作雨 | 岁贡 | 县训导 | |
| 8 | 傅百揆、傅启揆 | 廪贡生 | 候选训导 | |
| | 傅道揆 | | 刑部员外郎 | |
| | 傅经揆 | | 候选州同知 | |
| | 傅典揆 | 岁贡 | 候选训导 | |
| | 傅遵揆 | | 刑部员外郎 | |
| 9 | 傅永绋 | 乾隆通榜 | 台州府同知 | |
| | 傅永绥 | 岁贡 | 阳信县训导 | |
| | 傅永桢 | 康熙举人 | 知县 | |
| | 傅永祥 | 康熙举人 | 知县 | |
| | 傅永绪 | | 知县 | |
| 10 | 傅廷春 | | 候选布政司理问 | |
| | 傅廷松 | | 巡检 | |
| | 傅廷珠 | 雍正拔贡 | 知县 | |
| | 傅廷献 | 雍正拔贡 | 阳信教谕 | |
| | 傅廷生 | 康熙拔贡 | 候选训导 | |
| | 傅珹祖 | 乾隆贡生 | 翰林院典簿厅典簿 | |
| 11 | 傅绳勋 | 嘉庆进士 | 江苏巡抚 | 与弟及族人编纂《东郡傅氏族谱》 |
| | 傅缙勋 | | 知县 | |
| | 傅继勋 | 贡生 | 宁池太广兵备道 | |
| 12 | 傅浚 | 道光进士 | 吏部郎中 | |
| | 傅潽 | 举人 | 知府 | |
| | 傅沅 | 优贡 | 知县 | |
| | 傅兆林 | 乾隆武举 | 江淮卫领运千总 | |
| | 傅秉宽 | 乾隆举人 | 六安州同知 | |

续表

| 谱序 | 姓名 | 功名 | 曾任官职 | 著述 |
|---|---|---|---|---|
| 13 | 傅京辉 | 嘉庆进士 | 知县 | |
| | 傅赓安 | 咸丰贤良方正 | | |
| | 傅旭安 | 同治举人 | | |
| 14 | 傅斯侨 | | 清末知州,医家 | |
| | 傅斯怿 | 咸丰进士 | 知府 | |
| 15 | 傅乐飅 | | 内阁中书 | |

资料来源:宣统《聊城县志》卷八《人物》。

（3）聊城朱氏家族。聊城朱氏家族分城内朱氏与楼北朱氏两个家族。

城内朱氏家族明初由山西洪洞迁至聊城,代表人物是万历、天启年间重臣,建极殿大学士兼吏部尚书朱延禧(见表2-16)。

表2-16　聊城城内朱氏家族成员仕宦表

| 姓名 | 人物关系与功名 | 曾任官职 | 著述 |
|---|---|---|---|
| 朱应聘 | 嘉靖举人 | 知府 | |
| 朱延禧 | 朱应聘孙,万历进士 | 太子太师,建极殿大学士兼吏部尚书 | 文集11卷、《畸斋诗》4卷 |
| 朱予昇 | 朱延禧子 | 清户部主事 | |
| 朱予栋 | 诸生 | 保定营守备,入清为广东总兵 | |
| 朱训诰 | 朱予栋子,顺治进士 | 江西按察司副使 | |
| 朱鳌 | 朱训诰子,雍正拔贡 | 知县 | |

资料来源:宣统《聊城县志》卷八《人物》。

楼北朱氏家族远祖为明初将领、永嘉侯朱亮祖,后人为避难至平阴,明末清初自平阴迁到聊城,诗书传家,整个清代功名仕宦不绝。家族出过10位进士,主要代表人物有顺治工部尚书朱鼎延、知府朱学笃等(见表2-17)。

表2-17　聊城楼北朱氏家族成员仕宦表

| 谱序 | 姓名 | 功名 | 曾任官职 | 著述 |
|---|---|---|---|---|
| 9 | 朱鼎甗 | 顺治拔贡 | 知县 | |
| | 朱鼎泰 | 岁贡 | 县训导 | |
| | 朱鼎振 | 顺治拔贡 | 知县 | |
| | 朱鼎延 | 崇祯进士 | 顺治工部尚书 | 《奏疏》《知年初集》《蓬末菴诗集》1卷 |

续表

| 谱序 | 姓名 | 功名 | 曾任官职 | 著述 |
|------|------|------|----------|------|
| 10 | 朱景云 | 拔贡 | 京城中城兵马司指挥 | |
| | 朱景夒 | 官监生 | | |
| | 朱景益 | | 候选州同 | |
| | 朱景伊 | 廪生 | 知县 | |
| | 朱景吕 | | 候选州同 | |
| | 朱景颐 | | 县丞 | |
| 11 | 朱辉钰 | 康熙进士 | 翰林院庶吉士 | 《餐英书屋诗文集》 |
| | 朱辉瑜 | | 知县 | |
| | 朱辉珆 | 雍正举人 | 县教谕 | |
| | 朱辉珂 | 雍正恩科举人 | | |
| | 朱作元 | 雍正进士 | 知县 | |
| 12 | 朱续志 | 雍正进士 | 知县 | 《偃师县志》《朱氏家训》 |
| | 朱续业 | 举人 | | |
| | 朱续泽 | 雍正举人 | 知县 | |
| | 朱续京 | 康熙举人 | 捡选知县 | |
| | 朱续罩 | 乾隆举人 | | |
| | 朱续晫 | 雍正进士 | 督理贵州清军储粮道 | |
| | 朱续经 | 雍正举人 | | |
| | 朱续恂 | 乾隆举人 | | |
| | 朱续胄 | 优贡生 | 县训导 | |
| 13 | 朱光晷 | 乾隆进士 | 河南乡试同考官 | |
| | 朱绩 | 乾隆举人 | 知县 | |
| 13 | 朱光碧 | 乾隆恩科举人 | 济南府教授 | |
| | 朱光烜 | 乾隆举人 | 县教谕 | |
| | 朱熊光 | 乾隆进士 | 知县 | |
| 13 | 朱光雯 | 乾隆举人 | 登州府教授 | |
| 14 | 朱启年 | 嘉庆举人 | 县教谕 | |
| | 朱肇年 | 嘉庆举人 | 黄县教谕 | |
| 15 | 朱崇庆 | 道光进士 | 广东粮储道 | |
| | 朱羕庆 | 道光举人 | | |

| 谱序 | 姓名 | 功名 | 曾任官职 | 著述 |
|---|---|---|---|---|
| 15 | 朱兰春 | 拔贡 | 县教谕 | |
| 16 | 朱学渠 | 恩贡 | | |
| | 朱学笃 | 咸丰进士 | 甘肃宁夏知府,加盐运使衔 | |
| | 朱学篯 | 同治进士 | 户部主事 | |
| 17 | 朱正佶 | 光绪拔贡 | 县教谕 | |
| | 朱正履 | 光绪拔贡 | 候选州判 | |
| | 朱正伟 | | 候选知县 | |

资料来源:宣统《聊城县志》卷八《人物》。

(4)聊城任氏家族。任氏家族祖居济宁任城。聊城任氏家族始祖任义从军,官明威将军、平山卫指挥佥事,迁居聊城,子孙世袭平山卫指挥佥事。至四世任镇,被任礼部司务,为任氏家族以文入仕之始,此后至整个清代,家族文学鼎盛,共出过4位将军、3位进士。家族主要代表人物是康熙刑部左侍郎加尚书衔、官至正一品的任克溥(见表2-18)。

**表2-18　聊城任氏家族成员仕宦表**

| 谱序 | 姓名 | 功名 | 曾任官职 | 著述 |
|---|---|---|---|---|
| 1 | 任义 | | 明初明威将军、平山卫指挥佥事 | |
| 2—5 | 任宏、任嵩、任铎、任昂 | | 袭平山卫指挥佥事、明威将军 | |
| 6—8 | 任邦杰、任宗皋、任怀忠 | | 袭平山卫指挥佥事 | |
| 4 | 任镇 | | 礼部司务 | |
| 5 | 任昶 | 府庠增生 | | |
| 6 | 任邦仕 | | 州同知 | |
| 8 | 任怀茂 | 太学生 | | |
| | 任怀喜、怀策、怀良 | 太学生 | 乡饮大宾 | |
| | 任怀醇 | 太学生 | | |

续表

| 谱序 | 姓名 | 功名 | 曾任官职 | 著述 |
|---|---|---|---|---|
| 9 | 任克任 | 庠生 | | |
| | 任克生 | 太学生 | | |
| | 任克溥 | 顺治进士 | 刑部左侍郎加尚书衔 | 《奏议》 |
| 10 | 任耿昉 | 官生 | 湖州府同知 | |
| | 任彦昉 | 康熙举人 | 知府 | |
| | 任俊昉 | 拔贡 | 知府 | |
| | 任伟昉 | 岁贡 | 知县 | |
| 11 | 任士理 | 岁贡 | 知府 | |
| | 任士珑 | | 知县 | |
| 12 | 任宠锡 | 岁贡 | 知县 | |
| | 任宸锡 | 太学生 | 知县 | |
| | 任宣锡 | 乾隆举人 | 知县 | |
| | 任逢运 | 乾隆举人 | 知县 | |
| 13 | 任兆鲲 | 拔贡 | 知州 | |
| | 任兆骏 | 乾隆举人 | 知县 | |
| | 任兆炯 | 乾隆举人 | 知府 | |
| | 任兆熙 | 乾隆进士 | 翰林院庶吉士,江西广饶九南兵备道 | |
| 14 | 任广祐 | 乾隆拔贡 | 候选教谕 | |
| | 任亮祐 | 岁贡 | 候选训导 | |
| | 任郿祐 | 嘉庆进士 | 知府 | |
| | 任兰祐 | 乾隆拔贡 | 杭州府知府,兼摄杭州水利通判,署宁绍台兵备道,护理两浙江南都转运使,后入户部 | |
| | 任敞 | 拔贡 | 知县 | |
| | 任矩曾 | 敞子,道光举人 | 县教谕 | |

资料来源：宣统《聊城县志》卷八《人物》。

（5）高唐朱氏家族。高唐朱氏是明宗室之后。明万历年间，朱仲卿由益都迁至高唐。朱仲卿子朱美先有五子：光祚、昌祚、昇祚、宏祚、丕祚，昌祚、宏祚官至总督,家族1人中进士(见表2-19)。

### 表2-19 高唐朱氏家族成员仕宦表

| 谱序 | 姓名 | 功名 | 曾任官职 | 著述 |
|---|---|---|---|---|
| 4 | 朱光祚 | 贡生 | | |
| | 朱昌祚 | 汉军镶白旗 | 官至总督三省、兵部尚书、都察院右副都御史,为鳌拜所杀。康熙亲政后复原官,赐祭葬,谥勤愍 | |
| | 朱宏祚 | 顺治举人 | 官至闽浙总督 | 《清忠堂奏疏》 |
| 5 | 朱綵 | 康熙进士 | 湖广郧阳府知府 | |
| | 朱绀 | | 有诗名 | 《云根清墅山房诗》《枫香集》《吴船书屋集》《观稼楼诗》等,另有《岭南草》《端江集》 |
| | 朱绛 | 贡生 | 广东臬司、藩司 | |
| | 朱纲 | 贡生 | 历任河南按察使、湖北布政使、湖南布政使、湖广总督、云南巡抚、福建巡抚,死于任上,赠兵部尚书,谥勤恪 | 与绀、绛合撰《棣华书屋近刻》四卷 |
| | 朱绂 | 荫入国子监 | 官至大理寺卿 | |
| | 朱维 | 贡生 | 邱县训导 | |
| | 朱纹 | 康熙举人 | | |
| | 朱纶 | 康熙武举 | | |
| 6 | 朱怀朴 | | 工书法,善诗文 | |
| | 朱怀栻 | 雍正孝廉方正 | 山西静宁州知州 | 《检得诗钞》《黔中唾》 |
| | 朱令昭 | 贡生 | 州同,诗人、书画家 | 《水阴楼诗集》《冰壑诗余》 |
| | 朱崇勋 | | 有诗名 | 《桐阴书屋诗》 |

资料来源:宣统《聊城县志》卷八《人物》。

(6)聊城杨氏家族。聊城杨氏家族祖先为山西洪洞人,明末以军功任临清卫指挥,入清后改为东昌卫指挥,落籍聊城。杨氏家族是以藏书闻名的文化家族,出了2位进士。海源阁是中国历史上最著名的私人藏书楼之一,也是杨氏家族的文化精髓,其主要建设者、江南河道总督杨以增是家族的代表人物

（见表 2-20）。

### 表 2-20　聊城杨氏家族成员仕宦表

| 姓名 | 人物关系与功名 | 曾任官职 | 著述 |
|---|---|---|---|
| 杨如兰 | | 候选吏目 | |
| 杨兆煜 | 杨如兰子,嘉庆举人 | 县教谕 | |
| 杨以增 | 杨兆煜子,道光进士 | 江南河道总督兼署漕运总督 | 《退思庐文集》《志学篇》 |
| 杨绍和 | 杨以增子,同治进士 | 翰林,日讲起居注官 | 《楹书隅录》及诗文集、《海源阁书目》《宋存书室宋元秘本书目》《仪晋观堂诗抄》 |
| 杨保彝 | 杨绍和子,同治举人 | 道员 | 《海源阁书目》 |

资料来源：宣统《聊城县志》卷八《人物》。

#### 3. 滨州地区

（1）滨州杜氏家族。明洪武二年（1369），滨州杜氏家族始祖由河北枣强迁到滨州，至第五代形成 3 宗 12 支，六世杜其荫中嘉靖进士，家族开始兴旺起来。至清末，整个杜氏家族出过 12 位进士，官员 188 人，七品以上 91 人。代表人物有封疆大吏杜诗，著名诗人杜漺，文坛盟主、官至侍郎的杜堮，咸丰帝师、太子太傅、礼部尚书、协办大学士杜受田，咸丰"顾命八大臣"之一的杜翰等，名臣、文士代不乏人（见表 2-21），"一门显荣，甲于天下"[1]。

### 表 2-21　滨州杜氏家族成员仕宦表

| 谱序 | 姓名 | 功名 | 曾任官职 | 著述 |
|---|---|---|---|---|
| 5 | 杜纶 | 嘉靖贡生 | 县丞 | |
| 6 | 杜其荫 | 嘉靖进士 | 刑部员外郎 | |
| | 杜非几 | 万历贡生 | 衡州府教授 | |
| 7 | 杜旻 | 万历举人 | 直隶顺德府同知 | |
| | 杜承式 | 万历进士 | 都察院右佥都御史 | |
| | 杜承颜 | | 把总 | |
| 8 | 杜志伊 | 万历贡生 | 辽州直隶州教授 | |
| | 杜诗 | 万历进士 | 湖广左布政使 | 《文选》《楚辞》《医问》 |

---

[1]　咸丰《滨州志》卷一〇《人物》，清咸丰十一年刻本。

| 谱序 | 姓名 | 功名 | 曾任官职 | 著述 |
|---|---|---|---|---|
| 8 | 杜律 | 天启选贡 | 太原府通判 | |
| | 杜词 | | 明末济南卫镇抚 | |
| | 杜伯达 | 顺治贡生 | 知县 | |
| | 杜叔鼎 | | 鸿胪寺序班 | |
| 9 | 杜侗 | 贡生 | 知县 | |
| 10 | 杜澳 | 顺治进士 | 布政司参政 | 《湄湖吟集》11卷、《湄村全集》 |
| | 杜绍先 | 贡生 | 永北府同知 | |
| | 杜述先 | 监生 | 内阁中书 | |
| 11 | 杜亮曾 | 贡生 | 知县 | |
| 12 | 杜蕭 | 乾隆进士 | 广西上思州知州,署理思恩府知府 | 《听松轩诗》《拙修斋》 |
| | 杜瑾 | 贡生 | 知县 | |
| | 杜琅 | 贡生 | 知县 | |
| 13 | 杜鸿图 | 贡生 | 知县 | |
| | 杜鸿勋 | 秀才 | 江淮卫千总 | |
| | 杜彤光 | 附监生 | | 《述训》《拙斋诗集》 |
| | 杜彤辉 | 贡生 | 知县 | |
| 14 | 杜光瀛 | 乾隆举人 | 登州府教授 | |
| | 杜桂 | 乾隆武举 | 通州卫千总 | |
| | 杜堮 | 嘉庆进士 | 内阁学士兼礼、兵、吏部左侍郎,加太子太保衔 | 《杜文端公自订年谱》《遂初草庐诗集》《家塾绪语》《读明末纪事》《古学汇纂》《时文举隅》《备忘琐录》《时文辨体》《明文手钞》《唐律赋》《读鉴余论》《治安本论》《十研杂志》《石画龛论述》《遂初草庐札记》《石南小记》《思余随录》等 |
| | 杜圻 | 嘉庆贡生 | 临安府经历 | |
| | 杜翊 | 贡生 | 知县 | |

续表

| 谱序 | 姓名 | 功名 | 曾任官职 | 著述 |
|------|------|------|----------|------|
| 15 | 杜受履 | 道光进士 | 知县 | |
| | 杜受璇 | | 开封府经历 | |
| | 杜受廉 | 贡生 | 知县 | 《竹石山房诗草》 |
| | 杜受田 | 道光进士 | 咸丰帝师，官至太子太傅、吏部尚书、刑部尚书、礼部尚书、协办大学士 | 《经义析微》《赈工奏议》 |
| 16 | 杜翰 | 道光进士 | 工部左侍郎、军机大臣，咸丰帝"顾命八大臣"之一 | |
| | 杜翚 | 咸丰拔贡 | 户部主事 | |
| | 杜宾 | 光绪进士 | 知县 | |
| 17 | 杜恩禄 | | 知县 | |
| | 杜庭钰 | 咸丰举人 | 太常寺主事 | |
| | 杜庭璞 | 监生 | 刑部主事 | |
| | 杜庭琛 | 咸丰进士 | 翰林编修 | |
| | 杜庭璆 | 咸丰举人 | 知州 | |
| 18 | 杜家桢 | 监生 | 知县 | |
| | 杜赐琪 | | 毅军千总 | |
| | 杜秉纶 | 秀才 | 民国县长 | |
| | 杜家彬 | | 军功保举五品衔，授知县 | |
| 19 | 杜荫檀 | 杜家彬子 | 北洋政府陆军少将 | |

资料来源：咸丰《滨州志》卷一〇《人物》、《滨州明清望族之滨城杜氏》。

（2）沾化丁氏家族。明洪武年间，丁氏家族迁至沾化。四世丁忠中正德癸酉科举人，授饶阳知县；其子丁汝夔成正德进士，官至兵部尚书，得罪严嵩，惨遭冤杀，隆庆元年（1567）昭雪。此后家族科第连绵。自明正德至清末，家族共出过进士6名、举人7名、贡生37名，入仕者30多人（见表2-22）。

表2-22　沾化丁氏家族成员仕宦表

| 谱序 | 姓名 | 功名 | 曾任官职 | 著述 |
|------|------|------|----------|------|
| 4 | 丁忠 | 正德举人 | 饶阳知县 | |

| 谱序 | 姓名 | 功名 | 曾任官职 | 著述 |
|---|---|---|---|---|
| 5 | 丁汝琼 | 贡生 | 县主簿 | |
| | 丁汝夔 | 正德进士 | 兵部尚书 | |
| | 丁汝龙 | | 义勇官 | |
| | 丁汝相 | 廪贡生 | 都察院经历 | |
| | 丁汝景 | 贡生 | 县主簿 | |
| | 丁汝吉 | | 礼部儒士 | |
| | 丁汝崇 | | | |
| | 丁汝旦 | 附贡生 | 候铨州同 | |
| 6 | 丁朝聘 | | 太常寺协律郎 | |
| | 丁懋正 | 恩荫国子监肄业 | 循例以主事候选观政礼部 | |
| | 丁懋和 | 廪贡生 | 候补州同 | |
| | 丁懋逊 | 万历进士 | 工部左侍郎,赠工部尚书,加太子太保 | |
| | 丁懋良 | 崇祯岁贡 | 知县 | |
| 7 | 丁继志 | 岁贡 | 怀柔训导 | |
| | 丁治世 | 岁贡 | 新安知县,署永平知府 | |
| | 丁裕庆 | 庠生 | 知府 | 《白石山房文集》 |
| | 丁士庆 | 万历举人 | 知县 | |
| | 丁梦蛟 | 岁贡 | 南京前军都督府经历 | |
| | 丁礽庆 | 副贡荫生 | 锦衣卫指挥使 | |
| 8 | 丁贵 | 正德进士 | 兵部主事 | |
| | 丁昕 | 康熙进士 | 翰林院检讨、国史馆纂修 | |
| | 丁鸣陛 | 万历进士 | 吏部主事 | |
| | 丁鸣珂 | 天启廪生 | 清顺治由荐举任临清知州 | |
| 9 | 丁云箕 | 顺治岁贡 | 州同 | |
| 10 | 丁望龄 | 乾隆进士 | | |
| | 丁拱极 | 嘉庆钦赐举人 | | |
| 11 | 丁勋 | 嘉庆举人 | 莱州府训导 | |

续表

| 谱序 | 姓名 | 功名 | 曾任官职 | 著述 |
|---|---|---|---|---|
| 11 | 丁载 | 道光副榜 | 平度州学正 | |
| | 丁景 | 雍正举人 | 国子监监丞 | |
| | 丁敏 | 乾隆举人 | 州同 | 有诗文稿 |
| 12 | 丁光剑 | 乾隆举人 | 顺天府通判 | |

资料来源：光绪《沾化县志》卷七《名宦、忠节、循良、清介》、卷八《孝友》、卷九《文学》、卷一〇《义行》、卷一一《方技、耆德、寓贤》，民国《沾化县志》卷二至三《人物志》，《滨州明清望族之沾化丁氏》。

（3）海丰张氏家族。明成化年间，海丰张氏家族始祖张增由河北迁安迁至海丰，以力农起家。自六世张思桂中万历举人，至十六世张树桢成光绪进士，家族先后出过 11 个进士、31 个举人、86 个贡生，4 人官至一品官、113 人任各级地方官。有祖孙、父子、叔侄、兄弟进士之美谈，闻名士林（见表 2-23）。

**表 2-23　海丰张氏家族成员仕宦表**

| 谱序 | 姓名 | 功名 | 曾任官职 | 著述 |
|---|---|---|---|---|
| 6 | 张思桂 | 万历举人 | 府同知 | |
| 7 | 张克家 | 康熙恩贡 | | 《新德轩文集》，新编《海丰县志》 |
| 8 | 张元庆 | 顺治举人 | | 《四书训解》 |
| 10 | 张可大 | 康熙进士 | 知县 | |
| | 张可举 | 康熙举人 | 知县 | |
| 11 | 张镠 | 乾隆进士 | 内阁中书 | 与弟镕合著《敬身堂诗文存》 |
| | 张镕 | 乾隆举人 | | |
| | 张键 | 拔贡 | 知县 | |
| | 张镇 | 监生 | 河南布政使 | |
| 12 | 张映汉 | 乾隆进士 | 刑部侍郎，仓场总督 | 《读诗类编》18卷、《毛诗汇考》12卷、《毛诗韵考》8卷、《韵学弟子训》4卷，以及《奏疏》30卷，诗稿若干卷 |
| | 张映蛟 | 乾隆恩科举人 | 道员 | 《叶梦楼诗胜》《桃坞随笔》 |
| | 张映奎 | | 知县 | |
| | 张映斗 | 乾隆举人 | 府通判 | |

续表

| 谱序 | 姓名 | 功名 | 曾任官职 | 著述 |
|------|------|------|----------|------|
| 12 | 张映玑 | | 盐运使,署按察使、布政使 | |
| | 张映衡 | 贡生 | 知县 | |
| | 张映台 | 乾隆进士 | 兵部侍郎 | |
| | 张映房 | 乾隆举人 | 县教谕 | |
| | 张映纬 | 乾隆举人 | | |
| 13 | 张汲 | 一品荫生 | 知府 | |
| | 张洵 | 道光进士 | 府同知 | 《桐华山馆诗钞》 |
| | 张渤 | 乾隆举人 | | |
| | 张求 | 贤良方正 | 兵马司指挥 | |
| | 张泉 | 嘉庆拔贡 | 知县 | |
| | 张洞 | 廪贡 | 县训导 | |
| 14 | 张于芳 | 增生 | 知县 | |
| | 张衍福 | 道光举人 | 知县 | |
| | 张衍重 | 道光进士 | 知府 | |
| | 张衍度 | 拔贡 | 知州 | |
| | 张衍熙 | 咸丰进士 | | |
| | 张衍寿 | 道光副贡 | 知县 | |
| | 张汝琦 | 贡生 | 京城东城兵马司副指挥 | |
| 15 | 张守训 | 光绪进士 | 知县 | 《味闻堂诗稿》 |
| | 张守龙 | 光绪举人 | | |
| | 张守炎 | 光绪进士 | 办理禹州厘税局务 | |
| | 张守岱 | 道光进士 | 陕西陕安道 | |
| | 张守峤 | 贡生 | 知府衔任咸阳知县 | |
| 16 | 张树桢 | 光绪进士 | 知县 | 《奉山行述》《砭世孤言》《有怀堂文集》 |

资料来源:民国《无棣县志》卷一〇至一五《人物志》。

(4)惠民李氏家族。《李氏家谱》序载:"按余家世系,肇于柱下史,而汉时陇西最著。自后分派,代有传人。余概不敢传会,仅以明万历占籍武定者为鼻祖。"明万历年间,惠民李氏家族始祖李鲜由枣强迁至武定州,务农为业。至曾孙李之芳，中崇祯举人，成顺治进士，入清官至兵部尚书，转吏部尚书兼文华殿大学士。有清一代，李氏家族共出了 8 个进士，官知县以上者 80 余人，可谓"簪缨满门"（见表 2-24）。

表 2-24　惠民李氏家族成员仕宦表

| 谱序 | 姓名 | 功名 | 曾任官职 | 著述 |
|---|---|---|---|---|
| 4 | 李之芳 | 明崇祯举人、清顺治进士 | 清兵部尚书、吏部尚书兼文华殿大学士 | 《棘听草》《行间日记》《文襄公奏疏》《台谏集》《白云语录》《文襄公别录》《李文襄公集》《平定耿逆记》 |
| | 李之藻 | 清附贡生 | 知县 | |
| 5 | 李钟麟 | | 江南分巡卢凤兵备道按察司副使 | 《四书反身录》 |
| | 李宜麟 | 清岁贡生 | 陕西分巡驿传道按察司副使 | |
| | 李甡麟 | 康熙进士 | 翰林院庶吉士 | |
| | 李嵩麟 | 解元 | 候补内阁中书 | |
| 6 | 李寿澎 | | 知县 | |
| | 李寿演 | 雍正武进士 | 总兵 | |
| | 李寿澄 | 拔贡 | 知县 | |
| | 李寿淳 | 康熙岁贡 | 县教谕 | |
| | 李寿瀚 | 贡生 | 知府 | |
| | 李寿泩 | 康熙举人 | 截取知县 | |
| | 李寿澎 | 雍正进士 | 礼部郎中 | |
| | 李寿洲 | 雍正举人 | 拣选知县 | |
| 7 | 李本枵 | 乾隆拔贡 | 知府 | |
| | 李本桤 | 乾隆举人 | | |
| | 李本楝 | 乾隆举人 | 德州学正 | |
| | 李本枸 | 岁贡 | 县训导 | |
| | 李本枢 | 雍正举人 | 知县 | |
| | 李本根 | 乾隆优贡 | 署知州 | |
| | 李师敏 | 乾隆进士 | 知府 | |

续表

| 谱序 | 姓名 | 功名 | 曾任官职 | 著述 |
|---|---|---|---|---|
| 7 | 李本桐 | 雍正举人 | 盐场大使 | |
| | 李本樟 | 雍正进士 | 知县 | 《听松轩诗集》 |
| | 李本梁 | 乾隆举人 | 江西乡试同考官 | |
| | 李本樸 | 监生 | 兖州府教授 | |
| | 李本楠 | 乾隆拔贡 | 凉州府庄浪同知 | |
| | 李本桂 | 附监生 | | 《清梵亭诗集》 |
| | 李本樴 | 附监生 | | 《得朋楼文诗集》 |
| 8 | 李宝裔 | 监生 | 州同 | 《亦庐文集》《蟭螟巢诗集》 |
| | 李光燨 | | 知州 | |
| | 李宗藩 | 贡生 | 知府 | |
| | 李宗闻 | 廪生、贤良方正殿试一等 | 府同知 | |
| | 李友鹍 | 嘉庆举人 | 知县 | |
| | 李伯焉 | 乾隆举人 | | |
| | 李佩鸾 | 乾隆拔贡 | 议叙州同 | 《陟岵集》《陶轩诗集》 |
| | 李友骥 | 乾隆拔贡 | 截取知县 | |
| | 李友骐 | 嘉庆举人 | 候选知县 | |
| | 李伯驭 | 乾隆举人 | 县训导 | |
| | 李衍孙 | | 知县 | 与人选辑《武定明诗》4 卷、《国朝诗抄》12 卷、《炊菰亭诗集》、《二红斋诗集》、《溪上吾庐诗集》 |
| 9 | 李继文 | | 袭恩骑尉 | |
| | 李继增 | | 袭恩骑尉,把总 | |
| | 李维垣 | 监生 | 州同 | |
| | 李执中 | 道光拔贡 | 知县 | |
| | 李亨圻 | 嘉庆进士 | 知县 | |
| | 李尧询 | 乾隆优贡 | 知州 | |
| | 李尧臣 | 嘉庆拔贡 | 知府 | |
| | 李若蕙 | 举人 | 拣选知县 | |

续表

| 谱序 | 姓名 | 功名 | 曾任官职 | 著述 |
|------|------|------|---------|------|
| 10 | 李惠佈 | 监生 | 州判 | |
| | 李锡恩 | | 知县 | |
| | 李锡逵 | 增生 | 署知县 | |
| | 李锡璋 | 廪贡生 | 知县 | |
| | 李荣爵 | 监生 | 知县，加知州衔 | |
| | 李作霖 | 咸丰举人 | 署知县 | |
| | 李作士 | 道光拔贡 | 江西候补道，布政使衔 | |
| | 李钧策 | 道光进士 | 知府 | |
| 11 | 李鸿福 | | 千总 | |
| | 李万有 | | 守备 | |
| | 李鸿荃 | 恩科举人 | 知县 | |
| 13 | 李炳文 | 光绪举人 | | |

资料来源：光绪《惠民县志》卷一八至二六《人物志》、《滨州明清望族之惠民李氏》。

（5）海丰吴氏家族。明永乐年间，海丰吴氏家族始祖吴士安自河北迁安迁至海丰，家族逐渐积累发展，《无棣吴氏族谱》卷首《序》载："吾吴氏始祖讳士安，……累世潜德弗曜。至九世祖荣寿公移居城内。"荣寿公即吴志德，其弟吴志远为崇祯拔贡，入清任县令。十一世吴自肃中康熙进士，任山西河东道布政司参议，吴氏家族由此走向兴盛。有清一代，家族共出了9位进士，有"父子进士""叔侄进士""兄弟进士"的佳话；举人20名；家族出现一品官6人、二品官9人、三品官2人、（四）五品官18人（见表2-25）。

表2-25　海丰吴氏家族成员仕宦表

| 谱序 | 姓名 | 功名 | 曾任官职 | 著述 |
|------|------|------|---------|------|
| 7 | 吴世杰 | | 明乡饮介宾 | |
| 9 | 吴志远 | 崇祯拔贡 | 桂林府通判 | |
| 11 | 吴自肃 | 康熙进士 | 山西河东道布政司参议 | 《万行草》《劳云草》《河干草》《我堂存稿》《我堂年谱》《云南通志》《作文家法》《我堂遗训》 |

续表

| 谱序 | 姓名 | 功名 | 曾任官职 | 著述 |
|---|---|---|---|---|
| 12 | 吴瑛 | 康熙举人 | 内阁中书 | |
| | 吴象宽 | 雍正进士 | 知县 | 《内讼篇》《芝园诗存》《宁远书钞》《趋庭记略》 |
| | 吴象弼 | 雍正举人 | 铨学政 | 《杞树屋集》,与象宽合著《半日吟》 |
| 13 | 吴绍礼 | 乾隆举人 | 金乡教谕 | |
| | 吴绍诗 | | 江西巡抚,吏部侍郎加尚书衔 | 《大清律例》之《名例》2卷、《蚁园自记年谱》《恭定公家训》 |
| | 吴绍昆 | | 知县 | |
| 14 | 吴坛 | 乾隆进士 | 刑部侍郎、都察院右副都御史、江苏巡抚加二级 | 《大清律例通考》40卷 |
| | 吴垣 | 乾隆举人 | 湖北巡抚 | 《海丰吴氏二世奏稿》 |
| 15 | 吴之承 | 乾隆举人 | 厅同知 | |
| | 吴之勷 | 乾隆举人 | 湖北安襄郧荆道 | 《雪堂宝砚记》《雪堂宝砚歌》《叶梦楼诗賸》《重茸岘云轩记》 |
| 16 | 吴怡曾 | 乾隆举人 | 知州 | |
| | 吴熙曾 | 嘉庆进士 | 翰林院编修 | 《少颐诗稿》 |
| | 吴侍曾 | 嘉庆进士 | 吏部主事 | 《竹泉诗钞》《人海丛谈》《垂荫接叶轩诗集》 |
| | 吴扶曾 | | 百色同知 | |
| | 吴续曾 | | 州判 | |
| 17 | 吴式敏 | 嘉庆进士 | 湖北安襄郧荆道 | 《求可知斋诗草》 |
| | 吴式群 | 道光进士 | 户部主事 | 《家训纪闻》《雁舟吟草》《吴式存诗集》 |
| | 吴式绪 | 道光举人 | 知县 | |
| | 吴式训 | 道光举人 | 知县 | |
| | 吴式荀 | | 翰林院待诏 | |

续表

| 谱序 | 姓名 | 功名 | 曾任官职 | 著述 |
|---|---|---|---|---|
| 17 | 吴式芬 | 道光进士 | 翰林院编修、内阁学士兼礼部侍郎加三级 | 《缀锦集》《唐宋元明人摘句》《攈古录》《攈古录金文》《金石汇目分编》《封泥考略》(与陈介祺合撰)、《双虞壶斋印存/印谱》《双虞壶斋八种日记》《陶嘉书屋诗赋》《待访碑目》《双虞壶斋藏器目》《陶嘉书屋钟鼎彝器款识目录》《海丰吴氏藏汉封泥》《舆地金石目》《汉官私印泥封考》《汉泥封考略》《江西金石存佚总目》《分类彝器目》《吴斋手拓偶存》《陶嘉书屋藏印》《陶嘉书屋秦汉印章》《补续汇刻书目》 |
| 18 | 吴重熹 | 同治举人 | 河南巡抚、护理直隶总督、北洋大臣 | 《海丰吴氏文存》《海丰吴氏诗存》《海丰吴氏世德录》《海丰吴氏试艺》《石莲庵诗》《石莲庵词》《津步联吟集》《麻鞋草》《石莲杂著》《石莲盦汇刻九金人集》《海丰吴氏藏书目》《石莲庵藏书目》 |
| 19 | 吴邠 | 光绪举人 | 知府 | |
| | 吴嵚 | | 知府 | |
| | 吴尉 | | 江南江安粮道、两淮盐运使 | |
| | 吴峋 | 同治进士 | 湖广道监察御史 | |
| 20 | 吴保镛 | | 铨盐大使 | |

资料来源：民国《无棣县志》卷一○至一五《人物志》、《滨州明清望族之海丰吴氏》。

（6）阳信劳氏家族。劳乃宣《续修劳氏遗经堂支谱序》载："吾宗明初，自乐安迁阳信，雍正间创修族谱，以阳信始迁祖为一世，以上无可考也。逮十二世吾曾祖观察公（劳树棠）官于南，吾祖正郎公（劳长龄）于嘉庆间迁籍桐乡，乃与阳信分支。"[①] 阳信劳氏家族迁徙变化从中大致可知。阳信劳氏家族兴旺于清代，共出了2位进士（加南支）。最著名的人物是近代音韵学家，

---

① ［清］劳乃宣：《续修劳氏遗经堂支谱序》，《桐乡劳先生遗稿》卷二，1927年桐乡卢氏校刊，第3页。

曾任京师大学堂总监督、学部副大臣的劳乃宣和毕业于天津北洋武备学堂、任
交通警察总司令兼京汉铁路局局长的劳之常（见表2-26）。

表2-26　阳信劳氏家族成员仕宦表

| 谱序 | 姓名 | 功名 | 曾任官职 | 著述 |
|---|---|---|---|---|
| 9 | 劳可式 | 康熙举人 | 绍兴府知府 | |
| 10 | 劳天宠 | 雍正举人 | | |
| | 劳天锡 | 附贡生 | 候选训导 | |
| | 劳天培 | 岁贡生 | 候选训导 | |
| 11 | 劳峨 | 雍正举人 | 平阴训导 | |
| 12 | 劳尔昌 | 雍正举人 | 陕西洛川知事 | |
| | 劳尔业 | 乾隆岁贡 | | 《说文正伪诸体辨正》《格言广义》《正名考》《韵略》《等韵新谱》 |
| | 劳树棠 | 乾隆进士 | 道员 | |
| 13 | 劳长龄 | | 候选郎中 | |
| 14 | 劳勋成 | | 江宁布政司仓大使 | |
| | 劳贵德 | 咸丰举人 | | |
| 14 | 劳观成 | | 直隶候补府经历署大名府开州州判 | |
| 15 | 劳承庆 | 举人 | 候补知县 | |
| | 劳乃宽 | 同治举人 | 候补知府、直隶大名府同知，上海货捐局总办 | |
| | 劳乃宣 | 同治进士 | 京师大学堂总监督，学部副大臣，江宁提学使 | 纂修《阳信县志》，《各国约章汇录》《义和拳教门源流考》《简字丛录》《筹算浅释》《共和正解》《续共和正解》 |
| | 劳之常 | 毕业于天津北洋武备学堂、铁路学堂，通英、德、日等7种外语 | 交通警察总司令兼京汉铁路局局长 | 《治黄管见》 |
| | 劳谦光 | 毕业于天津北洋武备学堂 | 补用知州，北洋常备军第六镇工程管带官 | |
| | 劳诇光 | | 民国陆军少将加中将衔 | |

资料来源：民国《阳信县志》卷五《人物志》、《滨州明清望族之阳信劳氏》。

（二）其他重要望族

1. 德州地区

（1）禹城①

刘氏家族活跃于明中期至清中期，代表人物有：刘中立，隆庆进士，陕西按察使；子士骥，万历进士，翰林院检讨；中立裔孙振斯，清雍正进士，知县。

（2）齐河②

赵氏家族活跃于明前期至清前期，代表人物有：赵亮彩，成化进士，长芦盐运使；子燫，正德，知县；子焱，正德进士，知县；赵允振，顺治进士，知县，子瑞晋，康熙进士，知县。

郝氏家族活跃于明末清初，代表人物有：郝焜，崇祯举人；郝炯，崇祯进士，浙江布政司参议。焜子恒，康熙拔贡，州同知。

（3）德州③

陈氏家族活跃于明中晚期，代表人物有：陈鼎，弘治进士，应天府尹；子其学，嘉靖进士，南京刑部尚书；曾孙梦玠，天启进士，礼部郎中；梦玮，知县。

程氏家族活跃于明中晚期，代表人物有：程宝，嘉靖进士，江西右布政使。宝孙绍，万历进士，工部右侍郎。绍子震，官江西驿传递金事；泰，天启恩贡，官建昌府通判。泰子先贞，因祖父荫工部员外郎，诗人、学者。

谢氏家族活跃于明末清初，代表人物有：谢廷策，万历进士，典史。子升，万历进士，明末尚书、建极殿大学士、太子太傅，入清为左柱国、大学士、太子太傅、吏部尚书。升子重辉，刑部郎中，诗人。重辉元孙九龄，诗人。

南李家族活跃于明中期至清中期，代表人物有：李逢时，嘉靖进士，山西左布政使，子汝材，万历举人，知县；汝栋，隆庆举人；汝栋曾孙允祯，崇祯举人，入清为兵备道。浃，允祯子，顺治进士，知县，诗人；弟涛，康熙进士，翰林，刑部右侍郎。浃子元瑨，贡生，知府。涛子征临，雍正进士，翰林。涛弟润子元瓒，举人。

北李家族活跃于明中期至有清一代，代表人物有：李大华，万历举人，知县。子诚明，万历举人，藩王府长史。诚明弟潜明，崇祯进士，山西驿传道金事。诚明子源，顺治进士，知县。源子桢，国子监学正；森，国子监助教；

① 见嘉庆《禹城县志》卷九《人物志》。
② 见民国《齐河县志》卷二四《乡贤志》。
③ 见乾隆《德州志》卷九《人物》、民国《德县志》卷一一《人物》。

棟，康熙进士，内阁中书；桱，康熙举人。棟子宝默，监生，府同知。奕烈，岁贡，知县。书埴，雍正举人，候补知县。桱子徽熊，贤良方正，知县；孙李有基，乾隆进士，知县；子铜、禄，举人；邦基，丁酉举人，知县。汝霖，同治进士，监察御史；子振钧，荫生，知县。清渭，嘉庆举人，知县。李椿，岁贡；子海瀛，陆军军官学校毕业，陆军步兵上校。

孙氏家族活跃于清初至清中期，代表人物有：孙继，顺治进士，知县；子勷，康熙进士，翰林，学政；孙于敦，雍正进士，于盛康熙举人；于衋，雍正举人；于盘，举人，府通判；于𬭸，乾隆举人；于宣，举人。勷孙今莚，乾隆进士，知县；今兰，乾隆举人；今敬，举人。

萧氏家族活跃于清初至清中期，代表人物有：萧时亨，德州卫指挥佥事，子惟豫，顺治进士，提督顺天学政。惟豫侄曾孙炘，康熙进士，监察御史。

封氏家族活跃于有清一代，代表人物有：封元震，康熙举人，安陆府知府。大受，乾隆进士，知县；大本，嘉庆举人。士奇，乾隆举人，知县。廷相，乾隆举人，知县。宗翕，道光举人，县教谕；宗良，嘉庆进士，候补知县。兆台，举人。

（4）武城①

刘氏家族活跃于明代，代表人物有：刘昱，明初通政司，死于黔国公沐晟征交趾。昱五世孙刘希稷，正德进士，户部主事。昱六世孙启元，隆庆进士，卫辉知府。启元孙子灿如，天启举人；纯如恩贡，皆有文名。世永，顺治进士，知县。玉衡，举人，知县。

李氏家族活跃于明中晚期，代表人物有：李三奇，嘉靖进士，南京户部主事，子应申，天启举人。

苏氏家族活跃于清中后期，代表人物有：苏迥，岁贡生，知县。襄云，乾隆进士，翰林庶吉士，知县；鹏云，举人。苏俊，康熙进士，兵科给事中。襄云子载，举人，知县。苏习礼，康熙进士，知县；子绽，乾隆进士，会试主考官。苏辅，嘉庆举人，鱼台训导；仲兄轸，海丰教谕。

（5）临邑②

李氏家族活跃于明中后期，代表人物有：李恪，岁贡，知县；子琼，成化举人，知县。李锡，琼之侄，正德进士，山西布政司参政；弟录，正德进士，临洮府知府。李汝相，万历进士，河南布政司参议；子若讷，万历进士，布政参政。李徽猷，万历进士，陕西左布政使，弟宣猷，万历举人，府同知。李

① 见乾隆《武城县志》卷一〇《人物》、道光《武城县志续编》卷一〇《人物》。
② 见同治《临邑县志》卷九《人物志》、民国续修《临邑县志》之《地物篇·人物》。

朝恩，嘉靖举人，知县；子萼，嘉靖举人，知县。

王氏家族活跃于明中后期，代表人物有：王再聘，万历进士，陕西按察司副使；侄凭，嘉靖举人，两淮运使加参政。王浩，万历进士，河南按察司副使；弟洽，万历进士，兵部尚书。

马氏家族活跃于清中后期，代表人物有：马安时，嘉庆拔贡，知府。马汝桐，贡生，青州府教授。马维哲，己酉拔贡，工部员外郎；维新，知县；维杰附贡生，县教谕。马长瀛，翰林院待诏。马瑞长，同治举人。

（6）平原①

赵氏家族活跃于明中期至清前期，代表人物有：赵焞，嘉靖进士，福建布政使参议加按察使，父惠赠知县。赵燃，焞弟，明经，长安别驾，摄长安令。焞子时进，万历进士，户部云南司主事；时和，万历举人，有义行。焞侄时可，嘉靖武举；时成，万历举人。焞孙见图，崇祯进士，教谕。见图子琛，清顺治进士，知县。重杰，举人。焞曾孙璐，顺治贡生，知县。琛子铨，康熙贡生，训导。重熙，顺治选贡，知府；重谕，康熙武进士，厦门守备。汉文，雍正举人。

张氏家族活跃于明中期至清中期，代表人物有：张国柱，万历进士，陕西关西道；国柱子完臣，顺治进士，主事；国柱孙援，康熙武举；完臣子拭，康熙举人；拭子方晋，举人，知县；拭子方戴，雍正贡生，训导；拭子方佳，雍正选贡，知县；方戴子予介，乾隆进士，知县。张予治，乾隆举人，知县；张予宣，乾隆举人；张予定，乾隆举人。另有张氏家族：张聚秀，天启进士，云南道监察御史，祖父世亨，嘉靖举人，刑部司务；叔祖父世昌，嘉靖举人，知县。聚秀子弦，明末荐授后军都督府经历。张烶，自涵曾祖，嘉靖举人，知县；自涵，顺治进士，按察司副使；自涵从子懋启，康熙武举；烶元孙懋枚，康熙举人，西城兵马司指挥；懋谦，天津参将；懋枚子炯生，例叙，知府；炯生子元培，南城兵马司指挥。

任氏家族活跃于明中期至清前期，代表人物有：任士凭，嘉靖进士，南京刑部右侍郎；士德，贡生，州判。士凭侄光谞，天启进士，知县。光谈，贡生，县训导；光谱，贡生，县训导；光撰，贡生，温州府知府。士凭孙有勇，万历举人，知县。有刚，贡生，太原府同知。廷文、廷玺、曰清，举人。

（7）德平（今临邑北部）②

吴氏家族活跃于明前期至中期，代表人物有：吴润，成化进士，户部云南

① 见乾隆《平原县志》卷八《人物志》、民国续修《平原县志》卷一〇《人物》。
② 见光绪《德平县志》卷七《人物》、民国《续修德平县志》卷六《人物》。

司员外郎；祖父达，永乐举人，知府；弟溥，成化进士。

朱氏家族活跃于明后期至清中期，代表人物有：朱时化，万历举人；子长允，崇祯举人，入清为江南府同知；长允子履恭，康熙拔贡。朱修，万历贡生，县教谕；子时显，顺治岁贡，安东卫教授；时煦，顺治岁贡，县教谕。朱时彪，天启选贡，州同。朱长泰，顺治进士，主事；孙传，乾隆进士。朱时熙，顺治岁贡，知县。朱世官，雍正举人，知县。

郭氏家族活跃于明中后期，代表人物有：郭义，弘治举人，太仆寺丞。郭文郁，光禄寺丞；文成，隆庆举人。郭文显，嘉靖拔贡，府通判；子镲，选贡，知县。郭铡，隆庆举人，巩昌通判。郭锵，万历举人。郭镔，万历岁贡，兖州府教授。

（8）夏津①

朱氏家族活跃于明中期，代表人物有：朱玉，景泰举人，芜湖学训导，弟衡，天顺举人，知县；子应昌，成化进士，浙江道监察御史。

郭氏家族活跃于明中后期，代表人物有：郭四维，隆庆进士，都察院右佥都御史；子效程为金吾卫千户，则程为光禄寺署丞；孙笃厚顺治拔贡、州判，居厚鸿胪序班。

莫氏家族活跃于有清一代，代表人物有：莫三重，附生，清初例监，考授州同。莫三元，清初累军功至镇江镶红旗守备，后从镶黄旗，世袭一等侯，后授游击。莫启荣，三元六世孙，嘉庆奉旨世袭守备，至曾孙荣荫仍袭。

潘氏家族活跃于明中后期，代表人物有：潘敦复，万历进士，河南府知府；父龙，嘉靖解元，栗祁、郭四维出其门。

（9）恩县（今平原恩城镇）②

郭氏家族活跃于明前期至中期，代表人物有：郭麟，永乐举人。麟子郭镗，成化进士，都察院右佥都御史；郭钰，成化进士。郭鲸，附贡，府同知。郭潞，镗子，锦衣卫千户。郭潼，镗子，成化优贡，州同知。郭泙，镗子，明例贡，涿州同知。郭澾，镗子，明例贡，前军都督经历。郭桢，镗孙，嘉靖举人，知县。

申氏家族活跃于明中后期，代表人物有：申暄，正德举人，镇江府通判。暄子申九峰，嘉靖举人，汾州判官；申九锡，嘉靖岁贡，大名府学教授；申九霄，嘉靖岁贡，知县。

刘氏家族活跃于明中后期，代表人物有：刘洛生，嘉靖进士，知州；刘鲁

---

① 见乾隆《夏津县志》卷八《人物志》、民国《夏津县志续编》卷八《人物志》。

② 见宣统《重修恩县志》卷八《人物志》。

生，嘉靖进士，知府。刘绍宗，明例贡，府通判。

纪氏家族活跃于明中期和清末，代表人物有：纪存仁，正德岁贡，知县。纪存义，弘治举人。纪公巡，嘉靖进士，陕西按察使。纪公迪，公巡弟，明例贡，县丞。纪公逊，万历岁贡，县教谕。纪才俊，清同治参将；子开方，参将。

石氏家族活跃于明中后期，代表人物：石迁高，嘉靖进士，都察院右副都御史。

（10）陵县①

康氏家族活跃于明中期至清前期，代表人物有：康丕扬，万历进士，山西监察御史；丕显，知县。康廉彩，顺治进士，知县。康樵，康熙进士，兖州府教授。

石氏家族主要活跃于明中后期，代表人物：石维屏，万历进士，山西左布政使。

盖氏家族主要活跃于明前期至中期，代表人物有：盖汪，明初军功为德州卫千户；盖梁，万历举人，知州。

（11）庆云②

陈氏家族活跃于明代，代表人物：陈瀛海，明金花镇副总兵，家族世代缙绅。

刘氏家族活跃于清中后期，代表人物有：刘允桂，乾隆武进士，兴汉镇总兵。刘管城，乾隆武进士，总兵。刘挥，乾隆武进士，甘州守备，战死，荫子继忠为云骑尉。刘梦楫，举人，知县，子刘广恕，乾隆进士，员外郎。刘煦，乾隆进士，知县。广恕子进曾，举人。刘坦，道光进士，知县，加府同知。

崔氏家族活跃于明末至清末，代表人物有：崔养重，明末岁贡，知县，入清为巩昌府庄浪卫同知。崔机，康熙武举，江淮领运都司。崔旭，嘉庆举人，知县。旭弟崔旸，嘉庆举人，知县；崔晨，工五言诗。旭子光第，嘉庆举人，知县；光典，道光举人，县教谕；光簏，武举人，陕西漳关厅巡检；光笏，道光进士，镇江知府、云南按察使。

胡氏家族活跃于明前期至清中期，代表人物有：胡钦，永乐举人，山西左布政使。胡时祥，万历举人。胡时行，万历岁贡，教谕；子胡璜，襄陵县丞署绛州事。胡清，雍正进士，县教谕；弟淳，乾隆进士，知县。

---

① 见光绪《陵县志》卷一九《人物传》、民国《陵县续志》卷四《人物传》。
② 见咸丰《庆云县志》之《人物志》、民国《庆云县志》之《人物志》。

（12）宁津①

李氏家族活跃于清代，代表人物有：李俊，太学生，开设棉布店，以商兴家。俊子李之美，康熙武庠生。李玑，都匀府知府。李命长，捐同知。李珍，清贡生，中书科中书。珍子李清芬，光绪举人，官皖南兵备道，迁广州交涉使，钦加二品顶戴花翎；民国任全国禁烟善后局局长、津浦铁路总局秘书长、国务院大总统府一等秘书兼高等顾问。李淮之，官守御所千总、武德骑尉；弟李沅之，知县。潗之女李树萱，著名画家，师从张大千、黄宾虹。

刘氏家族活跃于明前期，代表人物有：刘贵，明初武略将军，卫副千户。贵子刘浩袭职，正千户。贵孙瑄，成化羽林左卫右所。

吴氏家族活跃于清中后期，代表人物有：吴名凤，乾隆举人，南康知府。名凤子吴潗源，岁贡生，江淮徐扬总运府；吴浔源，光绪举人，清末史学家、方志学家、篆刻家、雕刻家、书法家、音乐家、画家、收藏家、考古学家。

庞氏家族活跃于清中后期，代表人物有：庞际云，咸丰进士，翰林院庶吉士；弟庞际咸，咸丰举人，户部员外郎。

张氏家族活跃于明代，代表人物有：张廉，永乐贡生，知州。张一通，嘉靖进士，陕西苑马寺少卿兼按察司金事。

吕氏家族活跃于清前期，代表人物有：吕八音，康熙武举，山东总兵官都督同知。八音弟九成，左都督管副总兵事，镇守湖广衡州等处。八音子黄钟，左都督管游击事，镇守福建同安等处。

（13）乐陵②

宋氏家族活跃于明中期至清末，代表人物有：宋应麟，忻州训导。应麟孙宋槃，万历进士，兵部左侍郎，赠兵部尚书。槃子宋射斗，天启拔贡，寿张训导；宋光房，顺治岁贡，高密训导；灿璧，例贡，处州府通判；联奎，荫官户部郎中。槃曾孙宋汝郊，雍正岁贡。槃元孙宋著，雍正举人；弟芷，乾隆举人。宋正，雍正武举，千总。宋飞彪，嘉庆武进士，守备。宋备恪，道光进士，知县。宋哲元，1925—1940年历任热河都统，陕西省政府主席，察哈尔省政府主席，冀察政务委员会委员长兼河北省政府主席，国民党第一集团军总司令、第一战区副司令长官等。1940年病逝，国民党政府追授为一级上将。

王氏家族活跃于清代，代表人物有：王家桂，岁贡，训导。王懋隆，岁贡，县教谕；懋勋，太学生，县丞。王不舍，康熙武举，江南兴武卫千总，候

---

① 见光绪《宁津县志》卷八至卷九《人物志》。
② 见乾隆《乐陵县志》卷六《人物志》。

补守备。王大勇，乾隆恩科武举，候选千总。王所擢，乾隆拔贡，知县。王所举，乾隆举人，知县。王锐，嘉庆举人，日照县训导。王焰，嘉庆举人，县训导。王培，嘉庆进士，户部主事、翰林院庶吉士。王荣第，道光进士，翰林，按察使；弟王荣瑄，咸丰进士，河南彰卫怀道。王荣烈，附贡生，知州。王荣封，嘉庆举人，知县。王荣绥，武举，泗水县千总。

潘氏家族活跃于明末至清末，代表人物有：治世子潘沂，顺治拔贡，知州。潘潢，顺治拔贡，知县。沂子潘鹏云，康熙进士，知府；子潘体震，康熙进士，翰林，郎中；潘体丰，例贡，布政使。体震子内召，康熙举人，员外郎。潘同善，乾隆举人。潘锡荣，嘉庆进士，知县。

张氏家族活跃于明中期至清中期，代表人物有：张泼，万历进士，河南巡抚。泼兄活，德府右长史。泼子张震南，以父荫七品官。活长子张道南，清例贡，知州；张鹏南，明例贡，中书舍人加太仆寺少卿。活孙张炜，清例贡，县丞。鹏南孙张应午，清例贡，知县。道南曾孙张渠，乾隆岁贡。

杜氏家族活跃于明后期、清前期，代表人物有：杜一诚，隆庆恩贡，县主簿；杜能忠，康熙进士，山西乡试同考官。

### 2. 聊城地区

（1）东阿①

苏氏家族活跃于明前期，代表人物有：苏肆，宣德进士，两淮盐运使。苏俊，顺天举人。

刘氏家族活跃于明中期，代表人物有：刘约，成化进士，河南布政司参政。约子田，弘治进士，户部员外郎；约子隅，隆庆进士，按察司副使。约曾孙衍祚，万历举人。

杜氏家族活跃于明中期，代表人物有：杜萱，成化举人，知府。子朝聘，嘉靖进士，真定府同知。

于氏家族活跃于明中后期，代表人物有：于玭，举人，府同知。子慎行，隆庆进士，礼部尚书，太子少保兼东阁大学士；慎言，举人。慎行子纬，荫官至知府。慎行孙元焕，荫官至顺天府通判；元煜，顺治恩贡，官至知州。慎行从孙元烨，荫官至知府。慎行从侄孙继善，县令。

乔氏家族活跃于明后期，代表人物有：乔学诗，万历进士，广东左布政使。子宗启，万历进士，知州。

房氏家族活跃于清初，代表人物有：房拱极，恩贡，知县。子嵩，康熙进

---

① 见道光《东阿县志》卷一三至一四《人物志》。

士，河南乡试副主考官。

魏氏家族活跃于清初，代表人物有：魏泌，康熙进士，知州；魏钿，康熙进士，知县。

周氏家族活跃于晚清，代表人物有：周天爵，嘉庆进士，总督、兵部侍郎。周光斗，知县。周光淮，候补知府。周云，光绪进士，湖北汉黄德道。周铭鹤，千总。周景棠，补用知县。周文璨，戊子举人。

（2）聊城①

梁氏家族活跃于明代，代表人物有：梁栋，永乐举人，府同知。栋孙玺，成化进士，吏部员外郎。玺子相，弘治举人，知县。玺孙承学，隆庆进士，按察司副使。玺曾孙衍祚，万历举人。

丁氏家族活跃于明代，代表人物有：丁志方，洪武进士，监察御史。志方子毅，知县。志方孙琏，成化举人，知县。志方曾孙孔暲，正德进士，参政。琏曾孙懋儒，嘉靖进士，知府。

许氏家族活跃于明后期至清前期，代表人物有：许堂，弘治举人，四品致仕。许路，正德进士，广西右江兵巡道。许成名，正德进士，礼部侍郎兼翰林院学士。许东望，嘉靖进士，太仆寺卿。许其进，天启进士，吏部主事。许廷用，崇祯武举，保定镇标中军参将，入清为副将。许圣朝，康熙进士，知府，子时逊，岁贡生。博学，堂曾孙，岁贡，县丞。

耿氏家族活跃于明后期至清中期，代表人物有：耿明，弘治进士，江西左参政。明曾孙耿如杞，万历进士，都察院右副都御使。如杞子含光，顺治贡生，高密训导；章光，崇祯进士，福王政权尚宝司卿；大光，以父荫南京刑部主事。含光子耿愿鲁，康熙进士，翰林院庶吉士、翰林院编修。大光子耿愿愚，清廪贡生，靖海卫教授。愿愚子耿贤举，乾隆进士，武定府教授。耿寿平，雍正贤良方正，道员；嘉平，乾隆优贡生，知县。寿平孙耿锡观，乾隆举人，知州。锡观侄孙耿机，增贡生，知县。

靳氏家族活跃于清中晚期，代表人物有：靳文钟，举人，教习。文锐，文钟弟，嘉庆进士，翰林，乡试主考官。文钟子登泰，道光进士，知县；春泰，钦赐举人，国子监学正。

王氏家族活跃于清代，代表人物有：王功成，顺治举人，安徽按察司使。王瑗，康熙举人，县教谕。王用明，乾隆拔贡，知县。王笃庆，嘉庆进士，兵备道。王衍庆，乾隆举人，兴化府知府。王晋庆，嘉庆拔贡，知县。王宝权，

---

道光进士，知县。王宝藩，道光举人，县教谕。

（3）清平（今属临清市）①

张氏家族活跃于明中期至清前期，代表人物有：张天瑞，成化进士，左春坊左庶子。天瑞子省之，监生，河南归德府营河通判；拣之，廪膳生员，荫授中书舍人。张我鼎，顺治进士，户部主事。

刘氏家族活跃于清中后期，代表人物有：刘湄，乾隆进士，都察院左副都御使。刘溁，武举；侄廷榜，嘉庆武进士，台州府副将。刘世隽，道光举人，知县。

董氏家族活跃于清中后期，代表人物有：董鹤年，乾隆举人，知州。董承宽，岁贡，训导；孙董玉良，岁贡，八旗教习。

吕氏家族活跃于晚清，代表人物有：吕恒安，嘉庆武进士，台湾镇总兵。恒安子鹤龄，蓝翎侍卫；兄子庆麟县丞。庆麟子钟岱，增贡生，县训导；钟峤，光绪举人，知州。

傅氏家族活跃于晚清，代表人物有：傅秉鉴，光绪进士，甘肃宁夏道，秉钰，丙子武举；傅汝琰鸿胪寺序班，汝钰道库大使。傅秉钺，庠生，鸿胪寺序班。

齐氏家族活跃于晚清，代表人物有：齐肇敏，咸丰拔贡，知州；语璿，拔贡，知县。

（4）朝城（今莘县中部）②

谢氏家族活跃于明中期至清中期，代表人物有：谢郁，正统贡生，阜城丞。郁孙绶，成化进士，都察院右佥都御史。绶子注，嘉靖贡生，县丞。谢评，嘉靖贡生，太原府推官。绶元孙楷，举人，太原府同知。谢汝贤，康熙岁贡，知县。谢祜，康熙岁贡，庐州府知府。谢家训，康熙岁贡，县教谕。谢家乐，康熙岁贡，县训导。谢家谟，嘉庆恩赐举人。谢嘉颖，乾隆拔贡，县教谕。谢嘉淦，乾隆拔贡，知县。

吴氏家族活跃于明清，代表人物有：吴钰，洪武贡生，石阡府同知。吴兰，隆庆贡生，江南府通判。吴教传，嘉靖进士，浙江按察司佥事；兄道传，嘉靖举人，知县；弟中传，万历进士，按察使。吴心传，县丞；子同泰，县主簿。吴汝昌，嘉庆举人，知州。

岳氏家族活跃于明后期，代表人物有：岳万阶，万历进士，陕西布政司参政；弟万陛，南京抚宁侯中军守备。

---

①　见民国《清平县志》之《人物》。

②　见康熙《朝城县志》卷八《人物志》、光绪《朝城县志略》、民国《朝城县志》卷一《乡贤》。

孙氏家族活跃于明及清前期，代表人物有：孙文顺，元河南王；弟文中，元献州刺史；文重、文勉达鲁花赤。孙玠，文顺五世孙，弘治举人，益府右长史。玠孙榜，万历岁贡，县教谕；曾孙观泰崇祯恩贡、赐七品服色；元孙缵，顺治进士，礼科给事中；缵孙来贺，康熙进士，知县。

江氏家族活跃于明中后期，代表人物有：江东，嘉靖进士，兵部尚书，加太子太保，加少保。孙世茂，万历举人；世带，祖荫官工部郎中。江世英，天启例贡，辽阳前屯卫经历。

（5）临清①

刘氏家族活跃于明中期，代表人物有：刘玑，成化进士，郧阳府知府；子梦阳，正德进士，户部主事。

阎氏家族活跃于明中期，代表人物有：阎镐，举人，宝坻训导；子闳，正德进士，贵州提学。阎唐，正德举人，知县。

邢氏家族活跃于明中后期，代表人物有：邢秉仁，嘉靖进士，观政都察院；子邦，嘉靖进士，布政司参政；孙其仁，万历进士，按察司副使；曾孙泰吉，天启进士，户部员外郎。

汪氏家族活跃于明中后期，代表人物有：汪应泰，万历进士，四川松潘兵备道。汪承爵，万历进士，四川兵备道。另有汪氏家族汪元度，其先徽人，子灏，康熙进士，河南巡抚。

王氏家族活跃于清中后期，代表人物有：王臣，乾隆进士；子继文，嘉庆举人，知县；子显文，嘉庆进士，云梦司马。

徐氏家族活跃于清中后期，代表人物有：徐学采，乾隆举人，知府；子维清，举孝廉方正，知府；维清子延旭，咸丰进士，广西巡抚；延旭子坊，学部国子丞，废帝师，正一品，太子少保。徐维城，嘉庆进士，户部主事，乡试同考官。

张氏家族活跃于明中期至清末，代表人物有：张三极，万历进士，顺天府教授；子宗衡，万历进士，总督、兵部右侍郎。张振秀，万历进士，太常寺少卿。张为经，康熙进士，按察司金事，提督福建学政；子延庆，康熙进士，府同知；孙淑龄、淑轩举人，淑渠乾隆进士，知府。张树桂，光绪知县；子自忠，抗日名将。

柳氏家族活跃于明后期，代表人物：柳佐，万历进士，工部尚书加太子太保。

---

① 见乾隆《临清直隶州志》卷八《人物志》、民国《临清县志》一五《人物志》。

赵氏家族活跃于明后期，代表人物有：赵秉衡，天启进士，户部郎中。赵秉枢，崇祯进士，长芦盐运使。

柏氏家族活跃于清前期，代表人物有：柏光斗，康熙进士，知县。柏肯堂，顺治进士，知县。

黑氏家族活跃于清前期、中期，代表人物有：黑鸣凤，康熙武进士，副将。黑奇佩、黑裕德、黑鸣雷、黑奋武皆康熙武举，黑珩、黑顺、黑太平、黑长龄、黑华光、黑昉皆乾隆武举。

（6）堂邑（今属聊城市东昌府区）①

许氏家族活跃于明中后期，代表人物有：许廷用，弘治举人；子许云鹏，正德进士，按察司副使。许云涛，隆庆进士，山西布政司参政。许敏勋，万历举人。许维新，万历进士，户部右侍郎。

张氏家族活跃于明中后期，代表人物有：张鹏翔，正德举人。张凤翔，万历进士，明兵部尚书，入清为工部尚书加太子太保。凤翔子张幼安，万历进士，知县。凤翔曾孙张琰圭荫官至兵部郎中，张洗易副榜、荫官至知县。张凤翼，天启进士，都察院右佥督御史。

李氏家族活跃于明后期至清初，代表人物有：李蕴东，嘉靖举人。李之矩，明崇祯举人，入清仕至府同知。子李观光，康熙进士，按察司佥事；李观我，康熙进士，知县。

萧氏家族活跃于明代、清初，代表人物有：萧庸，永乐贡生，县丞。萧瑛，景泰举人。瑛子萧渊，弘治进士，潼关兵备副使。萧嵩，正德举人，鲁府长史。萧汝舟，嘉靖举人，大名府通判。萧大才，隆庆进士，知县。萧鹏程，康熙进士。萧麟趾，雍正进士。

温氏家族活跃于明中期，代表人物有：温璇，景泰举人。温玺，成化举人。玺子温萃，正德进士，大理寺右丞。萃兄温乾，弘治举人，南京户部员外郎。

（7）高唐②

刘氏家族活跃于明中后期，代表人物有：刘以纯，贡生。刘魁，成化进士，监察御史。魁子孝，弘治进士，凤翔郡守。魁孙、世子应时，嘉靖举人。

杜氏家族活跃于明中后期，代表人物有：杜潜，万历进士，山西左布政使加按察副使，被冤杀，后昭雪，加兵部尚书。后人杜大生，贡生，子任贡生，仟举人、范县教谕。

---

① 见光绪《堂邑县志》卷一五至一七《人物志》。
② 见光绪《高唐州志》卷五《人物志》。

张氏家族活跃于清前期，代表人物有：张秀，生员。秀子张其抱，顺治进士，知县。其抱子玺，以铨试高等。另有：张升级，顺治拔贡，乐安教谕。升级子梦僧，拔贡；梦人；梦仙。升级孙思邈，被举乡饮大宾不就。梦僧子张与朱，康熙举人，知县；张学朱，康熙举人。

徐氏家族活跃于清后期，代表人物有：徐方治，清将领，朝廷诰赠武功将军。方治子徐经邦，入国子监，道光诰赠武功将军。徐经邦长子徐太平，嘉庆武进士，官至福建汀州总兵。

于氏家族活跃于清末，代表人物有：于化龙，同治武举。于相臣，光绪武进士，县都司。

（8）寿张（今属阳谷）①

杨氏家族活跃于明中后期，代表人物有：杨缙，嘉靖进士，知府；子胤贤，嘉靖进士，昌平兵备副使。

刘氏家族活跃于明代，代表人物有：刘郁，宣德岁贡，知县。刘清，天顺举人，知州；子相，明监贡，知县。刘渊，景泰岁贡，知县。刘坤，弘治举人，知州。刘寅，嘉靖举人，府同知。刘文才，万历举人，知县。

岳氏家族活跃于明中后期，代表人物有：岳聪，成化岁贡。岳峻子奉，弘治岁贡，县教谕。奉子岳孝先，嘉靖举人，河南府教授。聪子岳守节，霸州训导。守节子时亨，嘉靖岁贡，杭州学正。守节孙瑞，顺治岁贡。岳九经，嘉靖岁贡，大同府断事；岳九仞，明例贡，县主簿；子岱，万历岁贡，县训导。

丁氏家族活跃于明中后期，代表人物有：丁克明，嘉靖岁贡，县训导；子盛世，嘉靖进士，户部主事。盛世子煌，万历举人，知县。

赵氏家族活跃于明中后期，代表人物有：赵鲲，嘉靖进士，贵州按察司副使。鲲子有冯，嘉靖举人，知县。有冯子一琴，万历举人。

（9）茌平②

刘氏家族活跃于清代，代表人物有：刘廷榆，道光进士，翰林庶吉士。刘廷梓，咸丰举人，刑部主事。刘廷朴，知县。刘漪，嘉庆拔贡、咸丰贤良方正，济宁直隶州学正，知县。刘沄，道光副贡，知县。另有刘氏活跃于清后期，代表人物有：刘同福，刑部郎中，长子刘毓勤，道光进士，户部主事；次子刘毓敏，道光进士，江苏候补道；三子刘毓琦，光绪贡生，候选训导；四子刘毓俊，巡检。

崔氏家族活跃于清后期，代表人物有：崔庄临，嘉庆举人，菏泽训导。庄

① 见光绪《寿张县志》卷九《人物志》。
② 见民国《茌平县志》卷三《人物志》。

临长子崔象贤，次子崔象仪。崔象贤子崔承之，咸丰进士，内阁中书；崔延之，咸丰举人，鱼台训导。崔象仪子崔穆之，咸丰进士，署布、按二司。崔承之从弟崔继之，附贡，曹州训导。崔延之侄崔式坚，贡生，安徽候补府经历。

（10）莘县①

王氏家族活跃于明中后期，代表人物有：王琮，成化举人，知县。琮子王贺，岁贡，建宁主簿；王经，例贡。琮曾孙王嘉祥，嘉靖进士，工部郎中。嘉祥子王一鹗，例贡，卢氏主簿。

李氏家族活跃于明后期至清中期，代表人物有：李承绪，嘉靖举人，凤翔推官。李鏻，贡生，平原训导；李钵，崇祯举人，为寇害，称义烈。钵子李世威，康熙武进士榜眼，二等侍卫，入正白旗，食俸正三品，贵州大定总兵。

孙氏家族活跃于明后期至清前期，代表人物有：孙肇兴，天启进士，明兵部主事，入清官至工部左侍郎。肇兴子孙玉泽，康熙进士，知县。肇兴孙孙铤，岁贡，安庆府同知。

（11）博平（今属茌平）②

乌氏家族活跃于明后期至清代，代表人物有：乌从善，嘉靖进士，礼科都给事中。从善弟乌继善，隆庆岁贡，清平主簿。乌抢元，乾隆拔贡，定陶教谕。乌竹芳，嘉庆举人，知州。乌应昌，例监，景州知州。

傅氏家族活跃于明代，代表人物有：傅瑾，永乐举人，州判。瑾孙傅思明，嘉靖进士，陕西按察司佥事；傅思恭，嘉靖拔贡，庆阳府通判；傅思明，嘉靖举人；傅汝梅，嘉靖举人。汝梅孙傅允诚，崇祯岁贡，知县。

刘氏家族活跃于明中后期，代表人物有：刘大武，万历进士，陕西陇右道参政；兄大文，万历进士，湖广布政司参政。

吴氏家族活跃于明中期，代表人物有：吴世良，正德进士，黄州府知府。世良弟吴世美，正德例贡，知县。世良从弟吴卓，举人。

王氏家族活跃于清前期至中期，代表人物有：王功成，顺治进士，按察使。功成弟王功元，顺治武进士。功成子王璜，东阿教谕。功成孙王林，乾隆举人；王用明，乾隆举人，知县。

（12）观城（今属莘县）③

张氏家族活跃于明中期至清代，代表人物有：张可教，岁贡，县丞；弟张

---

① 见光绪《莘县志》卷七《人物志》。

② 见道光《博平县志》卷四《宦业传》《人物传》《孝义传》《孝节纪》《貤恩考》、光绪《博平县续志》卷一〇《人物志》。

③ 见道光《观城县志》卷八《人物志》。

奇策，万历拔贡，辽海卫经历。奇策子张所志，清初知县。奇策从孙张三杰，万历进士，甘肃巡抚。张恪，嘉靖举人，府通判。奇策从侄张汉阳，天启举人，户部主事。张彤标，康熙进士，刑部主事。张虬，康熙举人，内阁中书。张一荐，乾隆通榜。张梦兰，嘉庆进士，知县。张梦蓉，道光进士，知县。张淑京，道光进士，知县。

王氏家族活跃于明代至清中期，代表人物有：王伯达，洪武茂才，后军都督府经历。王从善，拔贡，陕县主簿。王惟贞，万历举人，新乡知县；子王光贲，天启进士，户部郎中。王廷骅，乾隆举人，县教谕。王世焯，乾隆举人，知州。

（13）冠县①

赵氏家族活跃于明中期至清中期，代表人物有：赵克念，万历拔贡，县主簿；子赵光远，万历进士，保定府知府。赵焜，乾隆选授知州。焜子赵其璜，乾隆拔贡，昌乐教谕。其璜子赵锡蒲，乾隆拔贡，知州；锡书，拔贡，知县。

钱氏家族活跃于明中后期，代表人物有：钱济，宣德举人，御史。济子钱楷，嘉靖进士，陕西按察司副使。楷子允灿，万历进士，知县。

郭氏家族活跃于明中后期，代表人物有：郭鼎，岁贡，州同知；子邦光，嘉靖进士，山西按察司副使；孙纯熙，嘉靖举人。

张氏家族活跃于明中后期，代表人物有：张铁，嘉靖进士，陕西布政司参政；子澜，嘉靖进士，太仆寺卿。

梁氏家族活跃于明中后期，代表人物有：梁宦，嘉靖举人，知县；子式，隆庆进士，苑马寺卿。

沙氏家族活跃于清中期，代表人物有：沙亮，雍正武进士，陕西延绥镇标左营游击；荫子宏杰，官至守备。

杜氏家族活跃于明中期至清代，代表人物有：杜桐，明贡生，知县；子杜华先，万历进士，四川按察司副使。杜邦用，万历拔贡，州同。杜华国，明贡生，知县。杜重光，顺治举人。杜重庆，顺治贡生，知县。杜纯，雍正武举。杜成勋，光绪武举。

3. 滨州地区

（1）博兴②

顾氏家族活跃于明中后期，代表人物有：顾玉，宣德贡生，县丞。顾铎，

---

① 见民国《冠县志》卷八《人物志》。
② 见民国《重修博兴县志》卷一三《人物》。

正德进士，陕西行太仆寺卿。顾存仁，隆庆贡生，永安府照磨；存仁子连璧，万历进士，知府；连璧弟合璧，嘉靖举人，知县；连璧子颐，万历进士，太仆寺卿。顾用成，万历武举。顾万国，天启武举。顾嘉兴，崇祯贡生，两淮通判。顾世臣，崇祯贡生，蓬莱训导。顾言，嘉兴府同知。顾澜，知县。顾梓，知县。

李氏家族活跃于明末至清代，代表人物有：李芝荣，顺治岁贡，泰州知州。李廷训，乾隆拔贡，知县。李茂芳，嘉庆武举。李菡芳，道光进士，刑部主事。李梦愚，道光进士，知县。李道修，道光举人。李崑澄，道光武举。李毓敏，咸丰拔贡，县教谕，候选知县。李东河，同治拔贡，知县。李士田，光绪进士。李义田，光绪举人。

（2）齐东（今属邹平）①

张氏家族活跃于明中期至清前期，代表人物有：张玑，景泰进士，云南道监察御史。张朝卿，嘉靖拔贡，知县。张民纲，隆庆选贡，应州刺史。张梦鲸，万历进士，都察院右副都御使；梦蛟，万历举人、顺治进士，东昌府教授。梦鲸子经纶，崇祯举人，知县；梦蛟子经世，顺治岁贡，莱阳教谕。经纶子成德荫鸿胪寺鸣赞，成性荫锦衣卫正千户。梦蛟孙成宪，举人。

李氏家族活跃于明清，代表人物有：李泰，建文进士，临漳县知县。李豸，嘉靖进士，知县。李国棋，康熙举人，县教谕。李化龙，乾隆武进士，署福建水师提督；化龙子毓桂，乾隆武举，广西提督前营游击；毓桂子国栋，祖荫骑都尉，高唐寿张营游击。李生麟，乾隆贡生，知县；生麟子椿，乾隆举人，府同知。李士镇，嘉庆知州。李敦业，道光拔贡，福建督粮道。李展业，咸丰贡生，知府。李光业，国学生，知州，加府同知衔。李荫业，光绪贤良方正，州判。

（3）滨州②

崔氏家族活跃于明中后期，代表人物有：崔巍，正德举人，镇江府知府，子近思，嘉靖进士，兵备副使。崔孔昕，嘉靖进士，两淮盐运使。崔含辉，万历举人，知州。

（4）惠民③

俎氏家族活跃于明末清初，代表人物有：俎如兰，崇祯进士，清知县。俎如蕙，顺治进士，知县；子可尝，康熙进士。俎维楷，康熙举人。俎锦，嘉庆

① 见康熙《齐东县志》卷六《人物志》、民国《齐东县志》卷五《人物志》。
② 见咸丰《滨州志》卷一〇《人物》。
③ 见光绪《惠民县志》卷一五至二六《人物》。

举人，登州府教授。

袁氏家族活跃于明后期至清代，代表人物有：袁汝楫，嘉靖拔贡，知县。袁化中，万历进士，御史。袁奇观，万历武进士，守备。化中子袁勋，天启武举人，荫授詹事府经历，升府判。袁敬典，崇祯岁贡，西城兵马副指挥。袁敬教，崇祯岁贡，通判。袁垓，乾隆副贡，安丘训导。袁学乾，乾隆举人，县教谕；子袁溥，道光进士，吏科给事中。袁继，嘉靖举人，知县。袁汝霖，崇祯岁贡，训导。溥子袁树，道光拔贡，知县。袁可成，嘉庆岁贡，阳谷训导。袁珩，知县。

冯氏家族活跃于清前期，代表人物有：冯云会，康熙进士，知县，弟云曙，有孝行。冯怡，康熙进士，知县。冯愉，乾隆进士，兖州府教授。冯应晋，顺治举人。云会子冯懊，乾隆进士。冯愹、冯裕、冯体信、冯于义、冯绍棠、冯履中，乾隆举人。冯援，顺治岁贡，布政使参使。

傅氏家族活跃于明中后期，代表人物有：傅珉，正德岁贡，县丞。傅斑，嘉靖岁贡，王府教授。傅朝臣，嘉靖岁贡，州同。傅东文，万历举人；子宏京，万历举人，知县。傅宏雷，万历举人。傅宏都，万历进士，户部主事。傅宏量，万历岁贡，知县。傅上瑞，崇祯进士，武昌巡抚。

殷氏家族活跃于明中后期，代表人物有：殷士儋，嘉靖进士，大学士。殷衡，正统举人，德府审理。殷峻，成化举人。殷畹，成化举人，知县。

（5）阳信①

朱氏家族活跃于明中期至清中期，代表人物有：朱周业，万历进士，河南布政司右参议。周业玄孙朱文龙，康熙进士，知县。文龙子朱伦，雍正举人；朱僡，乾隆举人。朱伦子朱滋玮，乾隆举人。

毛氏家族活跃于明中期至清代，代表人物有：毛思义，弘治进士，总督、南京右副都御史。思义孙冲云，万历贡生，府学训导；毛焯，郡司马。毛允学，隆庆贡生，知县。允学子毛慎，隆庆通判。毛莲峰，嘉庆举人，登州府训导。

董氏家族活跃于明中后期，代表人物有：董琦，弘治进士，河南布政司参议。董钊，正德贡生，知县。琦子董邦政，嘉靖贡生，山西冀北道金事；邦治，光禄寺署丞；邦教，县主簿；邦宪，州判。邦政子董杏，隆庆光禄寺署正。琦孙董枭，隆庆贡生，县训导。琦曾孙董之表，万历举人，府同知；宇，万历举人。

光氏家族活跃于明中后期，代表人物有：光智，正统贡生，县主簿。光祖，成化举人，知县。光泽，正德举人，知县。祖孙光懋，嘉靖进士，河南布政司参政。祖曾孙光庐，万历举人，知县。懋子光斗南，万历贡生。光斗汉，明武举。

马氏家族活跃于明清，代表人物有：马思道，永乐举人，知县。马麟，成化举人，府同知。马朝卿，正德进士，知府；朝卿子马跻华，正德举人，兵部郎中。马三乐，嘉靖进士，按察司佥事。马大儒，万历进士，太常寺少卿；大儒子马赞，万历举人，知县。马性淳，万历进士，陕西洮岷道副使。马性洁，万历贡生，高唐州训导。马超群，崇祯贡生，知县。马显祚，顺治贡生，蓬莱训导。马忭子马纯儒，明武举，都指挥佥事；忭孙马贡，万历举人，河间府通判。马汝基，康熙进士，知县。马焞、马珠，乾隆举人。马瑞，嘉庆举人。马梦龄，道光举人。

田氏家族活跃于明后期至清代，代表人物有：田汝颖，嘉靖进士，四川布政司左参政。田芹，万历贡生，府训导。芹孙田徽耄，天启贡生；徽耄子田赓，蒙阴训导；赓子田秭，康熙贡生。汝颖曾孙田启盛，康熙贡生，知县；启光，云南布政司布政使。田启昌，清署彬州事。启盛子田俶，康熙贡生，县教谕；田任，康熙县丞。田仁，知县；孙田澍，乾隆举人，县令。田玉峰，道光举人，署滕县教谕。田观来，道光举人。

曾氏家族活跃于明后期至清前期，代表人物有：曾砺，万历进士，监察御史；曾继英，康熙举人。

（6）无棣①

孟氏家族活跃于明初，代表人物有：孟善，明初左军都督同知，保定侯。善子瑛，袭保定侯，永清左卫指挥使。

杨氏家族活跃于明后期至清中期：杨巍，嘉靖进士，礼部尚书晋太子少保，加柱国少保。巍子尔陶，万历举人，府同知。杨纲，乾隆进士，知县。杨泰阶，乾隆举人，工诗。

李氏家族活跃于清代，代表人物有：李道昌，顺治进士，大理寺正。道昌四世孙闳中，雍正举人，知县。道昌裔孙于绛，乾隆举人，知县；于沆，嘉庆举人，知县，署知州。

王氏家族活跃于清代，代表人物有：王清，顺治进士，刑部侍郎。清弟澍，荫生，知县。清六世孙同之，优贡，县教谕。同之子惟肆，拔贡，布政

———

① 见民国《无棣县志》卷一〇至一五《人物志》。

使；惟询，嘉庆进士，翰林，按察使。惟肆子毓宝，道光副贡，户部郎中。惟询子毓琪，优贡，县训导；毓珍，廪贡。

（7）沾化①

李氏家族活跃于明后期至清代，代表人物有：李芳，万历进士，四川左布政使。李元忠，明万历举人，知县。元忠子李呈祥，明崇祯进士，翰林，少詹事。李恺渊，顺治恩贡，知县。恺渊从侄李南英，康熙进士，候补知县。呈祥子李昚，康熙进士，知县；李颂，康熙进士，知县。李恪，康熙举人。恪子李新猷，举人，教谕。呈祥孙李慕览，乾隆举人。昚孙李厚枚，雍正进士。李世原，道光，钦赐国子监学正，钦赐进士出身。同时有李氏家族，代表人物有：李鲁生，万历进士，太仆寺少卿，入清顺天府尹；鲁望，明恩贡、副榜，善书法，文名有"临邢沾李"之称。李鲁士，明选贡，庆阳府同知。李鲁彦，明贡生，县丞。李之杰，岁贡，巩昌府同知。

范氏家族活跃于明后期至清代，代表人物有：范大儒，嘉靖进士，山西按察司副使；子范赓，万历举人，府同知；孙范元采，万历解元。范荫，例贡，泸州同知。范于殷，崇祯武进士，守备。范谷贻，乾隆举人，知县。谷贻子范承逊，道光进士，知州；承愿，道光举人，知县；承俊，道光举人。

吴氏家族活跃于清代，代表人物有：吴汝为，顺治进士，知县；汝弼，庠生；汝亮，崇祯举人，知县。吴珅，康熙举人。吴继震，举人。吴沣，乾隆举人，知县。吴湘，乾隆进士，户科给事中，弟江，举人，知县。吴观立，嘉庆举人。吴肇芋，道光举人。

苏氏家族活跃于明后期至清代，代表人物有：苏梦龙，万历举人，山东盐运使。苏本眉，顺治副贡，抚州同知。苏兆登，嘉庆榜眼，按察使；子敬衡，道光进士，按察使。敬衡子苏荣藻，道光举人；孙官懋，拔贡，知县。

## 二、明清时期鲁西北地区望族主要特点

上节所列举的望族，其发展过程、活跃时期、规模、家族文化、在地区产生的影响等各具特色。将明清时期鲁西北地区这些望族作为一个整体的研究对象，主要总结出五个特点。

（一）多为移民而来

明清时期，鲁西北地区主要望族都是移民到鲁西北地区的（见表2-27）。

---

① 见光绪《沾化县志》卷七《名宦》《忠节》《循良》《清介》，卷八《孝友》，卷九《文学》，卷一〇《义行》，卷一一《方技》《耆德》《寓贤》，民国《沾化县志》卷二至卷三《人物志》。

表 2-27　明清鲁西北望族的移民情况表

| 家族 | 原籍 | 迁入时间 |
|---|---|---|
| 德平葛氏家族 | 寓居寿光 | 洪武年间 |
| 临邑邢氏家族 | 河北河间任丘 | 洪武年间 |
| 乐陵史氏家族 | 江苏溧阳 | 洪武年间 |
| 德州卢氏家族 | 河北涞水 | 弘治年间 |
| 德州田氏家族 | 河北枣强 | 永乐年间 |
| 平原董氏家族 | 乐安 | 永乐年间 |
| 聊城邓氏家族 | 江西南城 | 洪武年间 |
| 聊城"御史傅"家族 | 山西洪洞 | 洪武年间 |
| 聊城"阁老傅"家族 | 江西永丰 | 成化年间 |
| 聊城朱延禧家族 | 山西洪洞 | 明初 |
| 聊城朱鼎延家族 | 平阴 | 明末清初 |
| 聊城任氏家族 | 济宁任城 | 明代 |
| 高唐朱氏家族 | 益都 | 万历年间 |
| 聊城杨氏家族 | 山西洪洞 | 明末清初 |
| 滨州杜氏家族 | 河北枣强 | 洪武年间 |
| 沾化丁氏家族 | 河北枣强 | 洪武年间 |
| 海丰张氏家族 | 河北迁安 | 成化年间 |
| 惠民李氏家族 | 河北枣强 | 万历年间 |
| 海丰吴氏家族 | 河北迁安 | 永乐年间 |
| 阳信劳氏家族 | 乐安 | 明初 |

移民缘由，主要是明初大规模政府移民。正值元末明初以及"靖难之役"，鲁西北地区历经频繁战乱和自然灾害，土地荒芜，人烟稀少。为此，政府组织大规模移民，德平葛氏、临邑邢氏、平原董氏、聊城"御史傅"、滨州杜氏、沾化丁氏、惠民李氏、海丰张氏、海丰吴氏、阳信劳氏等家族皆在此背景下移民到鲁西北地区。移民缘由，其次是到鲁西北地区任官、从军，因而落籍，如乐陵史氏、德州卢氏、聊城邓氏、聊城任氏、聊城杨氏和聊城傅氏等家族。

移民的主要原籍：一为山西洪洞；二为河北地区，特别是河北枣强。洪武、永乐年间，山西洪洞作为中转站，共经历移民 18 次，主要目的地是鲁西北地区的临清、东昌①，与表 2-27 中分布于聊城的"御史傅"家族、朱延禧家族可互相印证。对河北移民特别是枣强移民的研究，有的认为是"由山西迁至枣强，又转迁山东"②；有的认为，明初山东人迁入河北是主流，明中后期因生存环境恶化复迁回，为避免遣返而宣称为明初移民后裔，后通过口耳相传，逐渐固化为他们是明初移民山东的枣强人的说法③。德州田氏、滨州杜氏、惠民李氏等家族族谱只记载他们自枣强迁来，且惠民李氏万历年间方占籍惠民，且都无更早记述；元末沾化丁氏武昌—蓟州—沾化的移民路线则反映了这一时期鲁西北地区望族迁入路径的复杂性。

（二）经济实力雄厚

明清时期，鲁西北地区望族一般都有较为雄厚的经济实力，占有大量土地，拥有不菲财富。

鲁西北地区望族形成的主要途径是大量家族成员登科入仕，而参加科举则非有一定经济实力不可。张杰先生通过研究指出："一个童生仅参加县府两试的费用，……相当于一个三口之家农民的全年口粮，甚至是全部家产。"④ 而乡试、会试所费就更多。因此，在家族成员走上科举道路之前，大多数家族都有一个积攒财富的过程。

明清社会是传统的农业社会，力田是家族积累财富的主要途径。明初，鲁西北地区人烟稀少，土地荒芜，朝廷不断移民劝恳，为移民提供扶持政策。洪武三年（1370），济南府知府建议："北方郡县近城之地多荒芜，宜召乡民无田者垦辟。户率十五亩，又给地二亩与之种蔬，有余力者不限顷亩，皆免三年租税……"⑤ 该建议得到朱元璋批准。洪武十三年（1380），朱元璋下诏："山东、北平等布政司……对民间田土，许尽力开垦，有司勿得起科。"⑥ 大多数望族正是在这一时期迁入鲁西北地区。

德平葛氏家族始祖葛士能，"（元末）客寓寿光，我太祖（明太祖朱元璋）既定北平，有诏听人占种燕赵以南至齐北鄙荒田，填实内地，府君因来吾邑，居长魁乡，遂为德平人，业农"⑦。二世葛亮善于经营农业，终于家资丰殷，成为一乡之望。三世葛友开始延师课子，长子葛智成为贡生，官南直凤阳右卫

---

① 张青主编：《洪洞大槐树移民志》，山西古籍出版社 2000 年版，第 47—50 页。

② 李靖莉：《黄河三角洲移民考述》，《中国社会经济史研究》2002 年第 3 期。

③ 张金奎：《明代山东地区枣强裔移民考》，《古代文明》2011 年 10 月第 5 卷第 4 期。

④ 张杰：《清代科举家族》，社会科学文献出版社 2003 年版，第 69 页。

⑤ 《明实录类纂·经济史料卷》，武汉出版社 1994 年版，第 28 页。

⑥ 《续文献通考》卷二《田赋二》。

⑦ 《德平葛氏族谱》卷四《一世公传》，清嘉庆六年刻本。

经历，为家族仕宦之始。海丰吴氏家族迁到海丰后，一世至九世"累世潜德弗曜"①，但也是在努力经营，力耕勤读，为后世兴盛打下了很好的经济与文化基础。临邑邢如默归乡"课农教子"②，也以力田持家。

明清时期，山东商品经济不断发展，特别是鲁西北地区有运河穿过，交通便利，经商也因此成为家族积累财富的重要途径，许多科举世家都有成员从事商业，当时东昌府逐末者多为"衣冠之族"③。德平葛氏虽力田起家，但葛守礼父亲葛环"少治贾，尝耀麦"④。临邑邢师长"父珝习计然策，致小康"⑤，"计然策"即经商。高唐朱美先经商致富的例子很典型，光绪《高唐州志》有关段落记载如下：

　　（朱美先）生而魁岸，少授书，有早慧之目。家贫，菽水不给，遂问生计于萧砀费泗间，多置甘脆，归奉高堂，有负米之风。伯仲叔氏冠婚皆取给焉。乡邻亦待以举火。亲丧，毁几灭性。伯氏子天，以己子子之。伯氏有子，命子复还。伯氏殁，藐孤皆赖其养育教诲，以致于成。……家贫无以奉二亲，每菽水不给，辄长虑太息谓：吾家世于农，以粉获为命，若以一卷书包系梧研曾澹澹之勿供，而重以笠鏄，劳颁白于陇亩，就养无方者当不若是。因弃去问生计，更旅处，历寒暑，衣履痕穿，以博锱铢之入，所过逢异乡甘脆之产，虽支旅弊装，必厚值购得之，远道寄高堂者累累，皆先生力。……先生尝言于华胤昆季曰：吾初服贾，所持囊不盈一把，当经营毕事，担簦言旋，同旅率俶塞为归计，吾虽亦觅一塞伴同旅，然织缕核珍则承筐垂骑背，至骑不能任，同旅皆按辔行役，吾独以麻鞯追于道，暑汗淋漓，风雪踏冻，人咸苦之。比入门，则温饱之奉，堂上色笑相齐，虽安车绮荫，吾不欲以一日易此也。夫先生固天下才，出智囊绪余，权盈缩贵贱数年，立致奇赢，渐操巨资游燕赵，长袖之舞所役使诸疆以四出，货殖千里之外，罔不毕力用命，获倍美以归者。先生高曾之传，初不过茅屋数椽，斥卤几亩耳，比且营高第，拥膏腴，骎骎为山左著姓矣。……鱼邱徭役之累，胥役撑踞里中，呵蹴纷纭，村井燎沸，虽疆力者畏焉。先生条陈民瘼，义形于色，绾绶者为之恻然动容，数十里以内，里

　① 《无棣吴氏族谱》卷首序，民国二十二年刻本。
　② 同治《临邑县志》卷九《人物》，清同治十三年刻本。
　③ 万历《东昌府志》卷二《风俗》。
　④ 光绪《德平县志》卷七《人物》，清光绪十九年刻本。
　⑤ 同治《临邑县志》卷九《人物》，清同治十三年刻本。

社征求，咸取办于先生，先生从容解囊，左右四应。①

朱美先迫于生存压力而弃儒就贾，为家族奠定丰厚经济基础，使子孙能够重拾儒业、以科举入仕，这是明嘉靖、万历年间后常见的士商互动、士商渗透的现象，也是家族维持发展的一种新途径。经商致富后，朱氏以财力资助乡里，求助者遍布方圆数十里，经济力量强化了望族在地方产生的影响和威望。

士人科举中第后，做官取得俸禄也成为改善家境的重要手段，特别是雍正年间养廉银制度的实施，使官员的合法收入大大增加。聊城傅斯忱"先世本寒素，兄斯怿通籍后家始裕然"②；傅斯怿中进士后出任知县，正七品，当有每年45两俸银、1000两养廉银，收入不算低。同时，功名的获得也会使其他收入增加，如沾化丁望龄"事亲孝，家贫舌耕奉养，……通籍后文名日盛，从游者益广，家渐裕"③。

鲁西北地区望族参与地方诸多活动，必须依靠其拥有的财富，其财力亦在一些社会活动中有所体现。如德州卢保堮出嗣胞叔，本家家道中落，"遂分嗣产田一百五十亩赡养本生父母"④。平原赵时和继承父志，捐田四百余亩为族田⑤。临邑邢侗"家资巨万"⑥，邢师长"性益慷慨，岁癸未，邑大祲，出私藏助官赈济，一时赖以存活者甚众"⑦。这些仅仅是望族成员拿出救济他人的，他们所拥有的全部资产当至少数倍于此。家族成员个人所拥有的财力已十分可观，整个家族所掌握的经济资源无疑是更巨大的。

（三）政治影响较大

明清时期，鲁西北地区望族成员入仕者人数众多，有的在朝廷官至一二品，甚至成为"阁老"，进入中央决策层，有的成为地方总督、巡抚级别的封疆大吏，但无论官级高低，绝大多数为人清正廉洁、勤勉为官，为国家、地方发展出谋划策、贡献力量，产生了较大政治影响。

1. 朝廷政治活动

鲁西北地区望族成员在朝廷做官，对朝廷政治发生影响的主要途径有两个：工作行为与疏奏建言。

---

① 光绪《高唐州志》卷五《人物》，清光绪三十三年刻本。
② 宣统《聊城县志》卷八《人物志》，清宣统二年刻本。
③ 民国《沾化县志》卷二《人物志》，民国二十四年铅印本。
④ 民国《德县志》卷一〇《人物志》，民国二十四年铅印本。
⑤ 乾隆《平原县志》卷八《人物》，清乾隆十四年刻本。
⑥ 《明史》卷二八八，第7397页。
⑦ 同治《临邑县志》卷九《人物》，清同治十三年刻本。

　　望族成员一般表现为：（1）工作能力强，工作效率高。如德州卢谦任刑部郎中，"未三月，清理积案八十余件"①；卢荫溥任军机章京，川、楚军事平后升礼部尚书，后"总理刑部有年，平反多案"②。高唐朱宏祚"擢刑部郎中，发奸摘伏，冤狱多所开释"③。（2）为百姓着想，减轻百姓负担。如德平葛昕任工部都水屯田郎中，监修寿陵，"请罢助工之令，又疏减芦课及红萝大炭"④。（3）敢于直言进谏。沾化丁懋逊"考选吏科给事中，掌户科，时储位久虚，群臣谏不听，懋逊曰：册立上所讳言也，不如请东宫讲学，则长幼定矣，且为异日君德计。疏上，上大怒，梃杖削籍。里居三十年，天下高其名"⑤。

　　鲁西北地区望族成员的疏奏建言涉及诸多重要方面和问题，影响广泛。（1）赋役方面。针对京师一带、河南、河北、山东、山西地区流民日重，赋役不均和工匠徭役重的问题。隆庆元年（1567），户部尚书德平葛守礼奏请："乞正田赋之规，罢科差之法。又国初征粮，户部定仓库名目及石数价值，分派小民，随仓上纳，完欠之数了然可稽。近乃定为一条鞭法，计亩徵银，不论仓口，不论石数，吏书夤缘为奸，增减洒派，弊端百出，……收者不解，解者不收"⑥，于是奏请遣御史分行查考一条鞭法实施后的弊政。（2）水利、漕运方面。左都御史葛守礼奏："畿内地势洼下，河道淤塞，遇潦则千里为壑，请仿古井田之制，浚治沟洫，使旱潦有备。"⑦ 针对运河淤浅、漕运困难的情况，德州卢世㴖上《修河流涩浅疏》《陈河道情形疏》，指陈运河淤浅之严重和有司之失责，并提出了建议。（3）官员纪律、道德方面。左都御史葛守礼"申明巡抚事宜，条列官箴、士节六事"⑧；聊城朱鼎延任云南道御史，"首上治平戡乱之策，请开言路，辨忠佞，调兵民之宜，摘通事之奸，指五案之根株，究辇毂之盗薮。……掌河南道典计事，请复纠举旧例，问民隐于觐臣，禁反噬以重计典，严卓异以收人材，皆著为令，又上国法与国体并存五刑偕八议兼施一疏，并嘉纳"⑨；朱学笃"掌湖广道监察御史，风节自砺，遇事敢言，如奏毁禁中洋楼、劾统兵大员疏数上，无稍顾忌"⑩。（4）推荐人才方面。戚继光镇

①　乾隆《德州志》卷九《人物》，清乾隆五十三年刻本。
②　民国《德县志》卷一〇《人物志》，民国二十四年铅印本。
③　光绪《高唐州志》卷五《人物》，清光绪三十三年刻本。
④　光绪《德平县志》卷七《人物》，清光绪十九年刻本。
⑤　民国《沾化县志》卷二《人物志》，民国二十四年铅印本。
⑥　《明史》卷二一四，第 5667 页。
⑦　《明史》卷二一四，第 5668 页。
⑧　《明史》卷二一四，第 5668 页。
⑨　宣统《聊城县志》卷八《人物志》，清宣统二年刻本。
⑩　宣统《聊城县志》卷八《人物志》，清宣统二年刻本。

守蓟门，边境晏然，为张居正倚重，后居正殁，戚继光被劾罢，御史聊城傅光宅"疏荐（故蓟帅戚继光），反夺帅"①，忠言逆耳，被罚俸两年；聊城任克溥"授吏科给事中，首上清铨选、严保举诸疏"②，因多所建白被乾隆皇帝称为"无愧直言謇谔之臣"③。（5）文化教育方面。聊城邓钟岳为太常卿时，"考定乐章，奏请下府州县，学校祭礼乐器舞蹈节奏当一依太常法，赞奏又以周易当依十二篇古本出题，不得经传合并，又论政治之要在正风俗。上并嘉纳之"④。（6）钞法方面。聊城杨绍和"改官户部郎中，上书当事陈钞法利弊"⑤。

明清时期，朝廷出现许多营私结党、把持朝政的权臣、宦官，如刘瑾、严嵩、魏忠贤等。鲁西北地区望族成员在朝廷做官，多能正直不阿，不同流合污，并敢于与之作斗争。临邑邢玠任岢岚令时，对刘瑾索贿不予理会。严嵩意欲拉拢卢宗哲，卢讽刺道："某来考绩，不来讲迁官也。"⑥ 迁官即升官之意，卢氏明确表明自己绝不折节求荣，但也因此得罪严嵩，在被推为户部侍郎时受到严嵩阻挠而未得任。葛守礼任南京礼部尚书时，也因得罪严嵩而归乡。沾化丁汝夔"嘉靖庚戌，虏薄都城，汝夔日夜运筹，条举调兵退虏长策十余牍，率为严嵩所阻，中以奇祸，天下冤之"⑦，隆庆时始得昭雪。朱延禧任太子太师、建极殿大学士时，皇帝令内阁拟旨称魏忠贤为元臣，朱氏力持不可，结果被魏忠贤附党疏劾。虽然可能会因得罪权臣、宦官断送仕途甚至生命，但是这种正直不阿、挺拔独立的行为和精神，为正直的大臣和百姓所钦敬。

2. 地方政治活动

鲁西北地区望族成员任省、府、州、县等地方官时，多实行宽仁之政，在各方面都有建树，为当地民众所爱戴。

理平冤狱，息讼安民。德州卢见曾升江西广饶九南道，安徽巡抚赵国麟奏请升衔留颍，"清理通省大案"⑧；卢谦任武汉黄德道，当地人好越级控诉，卢谦制定章程，令州县按季度上报，考核勤惰，案情不符的由他亲自提讯，"自

---

① 《明史》卷二一二，第5616页。
② 宣统《聊城县志》卷八《人物志》，清宣统二年刻本。
③ 《清史稿》卷二六四，第9922页。
④ 宣统《聊城县志》卷八《人物志》，清宣统二年刻本。
⑤ 宣统《聊城县志》卷八《人物志》，清宣统二年刻本。
⑥ 乾隆《德州志》卷九《人物》，清乾隆五十三年刻本。
⑦ 民国《沾化县志》卷二《人物志》，民国二十四年铅印本。
⑧ 民国《德县志》卷一〇《人物志》，民国二十四年铅印本。

理一万七百余案"①。滨州杜承式"授秋曹主事，恤刑河南，请活疑犯，许大明等二十九人轻拟，减释者甚众，一时狱无冤民"②；杜澳"除真定府推官，屡平冤狱"③。

兴修水利，劝垦助垦，发展生产。平原赵焞"迁参政，分守临巩，巩昌土燥，乏水泉，往往掘井数十丈不得。焞按视近郡古淤河可治，即决注郡中，而以其支旁溉田数千亩，民以永利，名曰赵公河"④；赵燃任宝皇令，"邑近山多旷土，以无牛不能耕，赋常绌，燃买牛教民占垦，公私俱足，立祠尸祝焉"⑤。聊城傅尔恒任太仓州判，"开苏州大塘八十里，娄与吴人并赖之"⑥。德州卢见曾知亳州，开垦河沟，消除水患，后来调颍州，"浚西湖，兴水利"⑦。海丰吴绍诗"在巩昌为兴书院，朴俗以化。岁旱乏粮，奉檄赈恤，发俸镪给衣袴，买牛只给灾户，资春耕。在西安修富平渠，绌豪右专利者，沃溉数百顷"⑧。高唐朱绖"出守郧阳，郡有武阳堰、龙门堰，坍塌数十年，民失水利，绖捐俸修筑，获倍登。公余就学宫讲学，造田间劝农，严饬各属清查奸盗，俾良民乐业，禁革加派，以除积弊，郡中翕然称治"⑨。滨州杜蕉"推升广西上思州牧，……购麦种，教民树艺，民赖其利，成为杜公麦"⑩。

革除扰民弊政，打击豪猾，减轻人民负担。平原赵焞任长垣令，"以三尺绳慓猾，而噢咻良民赋役均平"⑪。聊城傅光宅任吴县令，"厘革弊政，用法宽厚"⑫。聊城邓秉恒任昆山令，"昆财赋地，吏胥欺隐百端，秉恒分上中下三等摘比法收解，不经其手，弊遂绝"⑬。德州田雯巡抚江南，"筹庚政，减课税"⑭。德州卢见曾任洪雅知县，"县民苦杂派，悉除之"⑮。德平葛周玉知凤

① 乾隆《德州志》卷九《人物》,清乾隆五十三年刻本。
② 咸丰《滨州志》卷一〇《人物》,清咸丰十一年刻本。
③ 咸丰《滨州志》卷一〇《人物》,清咸丰十一年刻本。
④ 乾隆《平原县志》卷八《人物》,清乾隆十四年刻本。
⑤ 乾隆《平原县志》卷八《人物》,清乾隆十四年刻本。
⑥ 宣统《聊城县志》卷八《人物》,清宣统二年刻本。
⑦ 乾隆《德州志》卷九《人物》,清乾隆五十三年刻本。
⑧ 民国《无棣县志》卷一〇《人物》,民国十四年铅印本。
⑨ 光绪《高唐州志》卷五《人物》,清光绪三十三年刻本。
⑩ 咸丰《滨州志》卷一〇《人物》,清咸丰十一年刻本。
⑪ 乾隆《平原县志》卷八《人物》,清乾隆十四年刻本。
⑫ 宣统《聊城县志》卷八《人物志》,清宣统二年刻本。
⑬ 宣统《聊城县志》卷八《人物志》,清宣统二年刻本。
⑭ 乾隆《德州志》卷九《人物》,清乾隆五十三年刻本。
⑮ 乾隆《德州志》卷九《人物》,清乾隆五十三年刻本。

台县，"甫下车，问疾苦，条陈便民之策，次第举行"①。平原董讷任江南总督"为政持大体，有惠于民。左迁去，江南民为立生祠"②。惠民李之藻"授嘉善县令，邑故东南财赋，区甚繁剧，里中又多豪猾，藻先为噢咻，形民之力而缓其催科，于强横者不少贷，廉知其人，即痛惩之。漕粮旧为蠹弊薮，藻平斛加概正供外绝无浮费，剖决如神明，屏绝苞苴，莫敢请托，民间称为铁面青天"③。高唐朱宏祚"迁直隶天津道佥事，旋兼直隶守道，捐俸拯荒，刊由单平盐价，旧有狐皮、梨板累民，力为请免，民尤德之。以佥都御史巡抚粤东，首革庾岭役夫，请裁刍茭扉履浮徵至百余万两"④。乐陵史邦直"授临晋令，痛除弊政，一时治行称最"⑤。滨州杜坼"升云南临安府经历，时云南铜厂为天下重务，而积弊难除，大吏委治之，数年积习为之一空。云南栽种罂粟，吸食其浆为害尤巨，大吏素知其能，亦委治之，穷搜岩穴，绳历猓苗，令行禁止，俗几为之变"⑥。海丰张映汉直陈"苗疆税重，又苦官役苛扰"⑦。

重视发展文化教育事业，敦风厉俗。德州田雯督江南学政时，"所取士多异才"⑧，及抚贵州，当地教育落后，有 12 个县未设立学校，田雯为之设立。德州卢见曾为官，所到"建书院造士，多所成就"⑨。聊城邓秉恒任福建巡海道，"兴教化，厉廉耻"⑩。海丰张键"补都匀县，……地僻寡人文，广建社学，礼教以兴"⑪。滨州杜瑗"专尚德化"⑫，杜萧"推升广西上思州牧，饬禁里下供亿，创建书院，立课程规条二十则示诸生，延名师，购书籍，士皆翕然向学"⑬。

消解变乱，救灾赈灾，维护社会稳定。德平葛如麟在潼关时，澄城民变，"单骑诣县，擒其渠魁，诛之，不兴大狱"⑭。聊城傅光宅知重庆府，平定作

---

① 光绪《德平县志》卷七《人物》，清光绪十九年刻本。
② 《清史稿》卷二七九，第 10124 页。
③ 光绪《惠民县志》卷一九《仕迹》，清光绪二十五年刻本。
④ 光绪《高唐州志》卷五《人物》，清光绪三十三年刻本。
⑤ 乾隆《乐陵县志》卷六《人物》，清乾隆二十七年刻本。
⑥ 咸丰《滨州志》卷一〇《人物》，清咸丰十一年刻本。
⑦ 《清史稿》卷三八一，第 11624 页。
⑧ 《清史稿》卷四八四，第 13330 页。
⑨ 乾隆《德州志》卷九《人物》，清乾隆五十三年刻本。
⑩ 宣统《聊城县志》卷八《人物志》，清宣统二年刻本。
⑪ 民国《无棣县志》卷一一《人物》，民国十四年铅印本。
⑫ 咸丰《滨州志》卷一〇《人物》，清咸丰十一年刻本。
⑬ 咸丰《滨州志》卷一〇《人物》，清咸丰十一年刻本。
⑭ 光绪《德平县志》卷七《人物》，清光绪十九年刻本。

乱，"请释胁从及他枉系者，所全活以万计。壬寅升按察副使，巡遵义道，余孽吴洪等复猖獗，再击定之"①。德州卢见曾任直隶州知州，其时滦州因荒年借粮，前任官长办理不善，民情不稳，有变乱征兆，卢见曾到任后，"竭诚训谕，民皆帖服"②；卢谦任武汉黄德道，赈灾时"亲历乡村，日行泥淖中，户口无遗无滥"③。阳信李之芳参与平定三藩之乱，"奏请优恤阵亡，蠲被兵诸郡税粮，并分给牛种，赎还难民子女，皆俞旨议行。在行间凡九年，大小一百四十余战奏凯，应召赴阙，士民欢送自城郭及郊外，填塞道路，至舆马不得遂行，其结亭留靴为遗爱者一百三十余处。先有欲聚钱为建生祠、树碑颂功德者禁饬之。迨去浙后，群黎爱慕，卒不能禁也，凡建祠树碑处甚多，而杭之在西湖者尤为巨丽。水次登舟，士人津送者数百里，及舟进江南，浙人不忍别，相与挽舟返行，再四慰劳始各挥泪而去"④，为士民爱戴如此。阳信劳可式"初任香山县，抚流亡，辑巨寇，有士元，非百里之才。……出守浙江绍兴府，海塘漫溢，先将助赈仓米发修，复捐银千余两，凡冲决之处，筑石为堤，民赖安堵"⑤。海丰吴坛"晋（江苏）布政使，请豁远年民积欠。……各属偶被灾祲，亲赴履勘，分别议赈议蠲，以苏民困。……适值岁谦，示禁囤积，劝谕富民出米，平耀市，价顿平"⑥。

纠正错误政策，维护地方利益。田雯巡抚贵州时，劝阻会剿苗人，以避免更大战乱，保护了包括苗人在内的百姓的生命和财产安全⑦。德州卢见曾为六安知州，有欲开塘为田者，卢向上司陈述"水为田母，无塘则无水，无水则无田"⑧ 的道理，据理力争，终于作罢，后知颍州，有议论欲开贾鲁河，颍州在下游，将受其害，遂抗议此做法，议论流产。

注重发展地方公益事业。聊城傅光宅任吴县令，"核范文正公义田，蠲其赋"⑨。德州卢荫文知泾县，其地有溺女婴的习俗，而育婴堂不过虚设，卢氏"令乳媪每于月朔抱婴来署，察其肥瘠以为赏罚"⑩，孩提全活甚众。沾化丁鸣陛"授固始令，时霍苻纵横，陛至，立射场，行保甲，悬购盗之令，行未一

① 宣统《聊城县志》卷八《人物》，清宣统二年刻本。
② 民国《德县志》卷一〇《人物》，民国二十四年铅印本。
③ 乾隆《德州志》卷九《人物》，清乾隆五十三年刻本。
④ 光绪《惠民县志》卷一九《仕迹》，清光绪二十五年刻本。
⑤ 民国《阳信县志》卷五《人物》，民国十五年铅印本。
⑥ 民国《无棣县志》卷一〇《人物》，民国十四年铅印本。
⑦ 《清史稿》卷四八四，第 13330 页。
⑧ 乾隆《德州志》卷九《人物》，清乾隆五十三年刻本。
⑨ 宣统《聊城县志》卷八《人物》，清宣统二年刻本。
⑩ 民国《德县志》卷一〇《人物志》，民国二十四年铅印本。

年，盗遂息。修学宫，置义田，资贫生，冬日制絮衣数百以给贫者，讲求水利，为百姓溉田，岁饥，发仓以赈"①。滨州杜㵢"擢维扬兵备道，……扬属十州县各置义冢五亩，商民建祠于凤凰台"②。海丰吴式芬"补南安，……复于南安城外捐廉置义山，以葬多年停枢，民甚德之"③。

晚清列强侵入中国，望族成员敢于维护领土完整和民族尊严。海丰吴峱"补授河南南汝光道，……始莅任未几而鸡公山交涉之案作。先是国家定制：外国商人不得在内地置产。鸡公山附近居民有私售山地于洋商者，乃援例力争，追还占地，方争执时或谓：稍事退让即可转圜。峱对曰：官守有责，尺地寸土何敢轻弃。卒使外人就范而后已"④。潮州洋人与民众发生冲突，聊城傅绳勋"奉檄赴潮查办，至则以恩谊结百姓，以德威慑洋人，事得和平了解"⑤。

鲁西北地区望族成员通过实施以上宽仁之政，推动了当地的生产发展、民生改善、政治清明和社会稳定，得到当地民众的爱戴，民众以立生祠、勒石拜祀、极力挽留、刻立去思碑、主动交纳赋税等方式表达爱戴之情。鲁西北地区望族中出现相当一批清能宽仁的官吏。

（四）文化底蕴深厚

由于科举入仕是家族的主要发展途径，鲁西北地区望族一般都有深厚的文化底蕴，家学渊源连绵。

第一，望族成员喜读书，善诗词书法，许多家族涌现大批著名诗人、文人、书法家。邓之诚《清诗纪事初编》录山东诗人49名，鲁西北地区的有沾化李呈祥，滨州杜㵢，茌平王曰高，德州卢世㴚、萧惟豫、谢重辉、程先贞、李浃、田雯、田霡、冯廷魁、赵善庆，平原董讷、董访等14位，几乎全部为望族之成员。

临邑邢侗是明代著名书法家，"侗以诗古文词凌驾侪辈，高古典雅，工而拙用之，于鳞之后，复为盟主，书法出入二王，与华亭董其昌分长大江南北，时张瑞图、米万钟同以善书名，学者称邢张米董，然不逮邢董远甚。晚年名益重，购请填咽。高句丽使赍兼金从人转求，其倾动外域如此"⑥。邢侗书法与董其昌划江称雄，为当时书坛顶尖人物，声名播于海外。其胞妹邢慈静是明代女书法家，善于白描花卉和佛像人物。

① 民国《沾化县志》卷二《人物志》,民国二十四年铅印本。
② 咸丰《滨州志》卷一〇《人物》,清咸丰十一年刻本。
③ 民国《无棣县志》卷一〇《人物》,民国十四年铅印本。
④ 民国《无棣县志》卷一〇《人物》,民国十四年铅印本。
⑤ 宣统《聊城县志》卷八《人物》,清宣统二年刻本。
⑥ 同治《临邑县志》卷九《人物》,清同治十三年刻本。

德州卢世潅爱好写诗，喜爱杜甫，其文集为《四库全书》收录。卢见曾，清代著名文学家，任两淮盐运使时"暇则读书吟诗，与名流相唱和，主东南文坛，一时称为海内宗匠"①。卢见曾多次虹桥修禊，郑板桥、金农、袁枚、罗聘、厉鹗等名士均曾参与。乾隆二十二年（1757），卢氏作七律四首，有"十里画图新阆苑，二分明月旧扬州"等名句，各地和者竟达七千人，形成诗集三百余卷，堪称诗歌史一大盛事。

德州田氏是盛产诗人的诗歌望族，代表人物田雯"主文苑骚坛者数十载，诗名并驾于阮亭（王士禛），海内望之如泰山北斗"②。时王士禛负海内重名，主风调，田雯"欲以奇丽抗之"③，是当时诗坛一流诗人。其家族成员田霡、田需、田肇丽、田同之等都是有名的诗人。当"雯与王士禛争名角力，每持异同"④时，田霡喜从王士禛受教；田肇丽"沉酣于诗，与陈树蓍、沈椒园、扶幼鲁、刘大魁、朱霞山、张少仪、王载扬诸名流沿波讨源，为群雅堂，诗文选刻安德诗搜一卷，所以阐幽也。诗文力追古法，书得米襄阳笔意"⑤；田徵舆，专攻诗词，书法遒劲，精于篆书和隶书；田瑛"学闳通，诗文昭秀"⑥。

德州程先贞诗学卢世潅，卢世潅自叹七言不如程。程先贞与钱谦益、顾炎武等人交好，钱谦益曾为其《海右陈人集》作序。

平原董氏也出现董讷、董访、董思凝、董元度、董芸等有名诗人。董讷"其诗不事修饰，信笔疾书"⑦。董访对诗有精辟的见解："盖诗有性情格律，今但求工词调以为奇艳，失之远矣。夫诘屈非奇也，浮华非艳也。"⑧他认为诗歌应抒发感情，而不是追求形式上的奇艳，时人比之唐代许丁卯。董元度更是乾隆时期著名诗人，自少即擅春柳诗，与其父董思凝诗声满京国。

滨州杜漺，"士禛称其诗有奇气，类徐渭……清初诗人中，足以自树一帜矣"⑨。杜堮既是诗人，也是画家，他把诗情画意融为一体，⑩诗歌成就很高。

---

① 民国《德县志》卷一〇《人物志》，民国二十四年铅印本。
② 民国《德县志》卷一〇《人物志》，民国二十四年铅印本。
③ 《清史稿》卷四八四，第 13330 页。
④ 邓之诚：《清诗纪事初编》卷六，上海古籍出版社 1984 年版，第 703 页。
⑤ 民国《德县志》卷一〇《人物志》，民国二十四年铅印本。
⑥ 民国《德县志》卷一〇《人物志》，民国二十四年铅印本。
⑦ 邓之诚：《清诗纪事初编》卷六，上海古籍出版社 1984 年版，第 708 页。
⑧ 乾隆《平原县志》卷八《人物》，清乾隆十四年刻本。
⑨ 邓之诚：《清诗纪事初编》卷六，上海古籍出版社 1984 年版，第 673 页。
⑩ 侯玉杰、冯美荣、刘雪燕等：《滨州杜氏家族研究》，齐鲁书社 2003 年版，第 171 页。

杜㴐"善文章，工书法"①，杜曦"诗文为大司成王公士祯所称赏"②。其他如杜受元、杜受田、杜受廉、杜翰、杜翮、杜庭琛等均能作诗。

聊城朱光碧"工于书法"③；朱续京"能诗工画，至今存者无弗珍之"；朱续罩"诗文书画靡弗擅长，一门多才称极盛矣"；朱绩"工书法，善图画"；朱兰春"书法得晋人意，文雄而厚，非屑屑于绳墨者"④。一族之内，郁郁多才。

高唐朱缃亦"有隽才，经史无不研究，尤工诗，与王士祯、朱彝尊相切劘。在都未尝游贵者之门。迁居历城。王渔洋墓志铭云：子青少负异才，博通群书，其为诗义兼骚雅，体备文质，彬彬然一作手也。性好宾客，所居有湖山之胜，过济南者以不识子青为憾"⑤。

乐陵史敬典"善作绘画，笔仗苍老森严"⑥。

惠民李宝裔"幼有神童之号，随父蟠木官陕西中丞，沈荣昌见其诗，惊异云：英迈是其意中事，其高浑出于自然，尤令人倾倒。援例为安徽州同，罢官后侨居京师四十年，河间纪文达公见其诗文，目为当代伟人。尤精于书法，京师人得一尺牍，视如拱璧"⑦，诗文、书法俱为世所重。

第二，许多望族成员精研经学、史学，注重经世致用。德平葛智"博经籍，为邑名儒"⑧；葛曦"学问淹雅，留心经济"⑨；葛周玉"淹贯群籍，尤留心于事务"⑩。临邑邢王佐"于程朱之理，能掘其精微"⑪。德州卢庆纶"学问淹雅，……其文章具有渊源，精理湛深，妙绪泉涌，真阆苑才也"⑫；田昂"高才绝俗，……与马葛村兵部为契友"⑬。聊城朱鼎延"潜心程朱之学"⑭。

---

① 咸丰《滨州志》卷一〇《人物》，清咸丰十一年刻本。
② 咸丰《滨州志》卷一〇《人物》，清咸丰十一年刻本。
③ 宣统《聊城县志》卷八《人物》，清宣统二年刻本。
④ 宣统《聊城县志》卷八《人物》，清宣统二年刻本。
⑤ 光绪《高唐州志》卷五《人物》，清光绪三十三年刻本。
⑥ 乾隆《乐陵县志》卷六《人物》，清乾隆二十七年刻本。
⑦ 光绪《惠民县志》卷二三《文学》，清光绪二十五年刻本。
⑧ 光绪《德平县志》卷七《人物》，清光绪十九年刻本。
⑨ 光绪《德平县志》卷七《人物》，清光绪十九年刻本。
⑩ 光绪《德平县志》卷七《人物》，清光绪十九年刻本。
⑪ 同治《临邑县志》卷九《人物》，清同治十三年刻本。
⑫ 民国《德县志》卷一〇《人物》，民国二十四年铅印本。
⑬ 民国《德县志》卷一〇《人物》，民国二十四年铅印本。
⑭ 宣统《聊城县志》卷八《人物》，清宣统二年刻本。

邓苞瑞"邃于春秋"①，邓钟岳"于书无所不读，尤邃易礼"②。杨绍和"尤邃于汉学，名物训诂研究精密，毛诗公羊皆有札记"③。海丰吴式芬倾心金石学，"凡鼎彝碑碣汉砖唐镜之文，皆拓本藏于家"④，著有多种金石学著作。乐陵史以明"寓目成诵，博极群书。二十一史皆融贯，工诗文，千言立就"⑤；史敬胜"才敏学博，试辄冠军，版稿多为时贤借刻"⑥。

有些家族成员学问博杂，也涉及堪舆玄术之类的学问。较典型的如平原赵氏赵焞相信形家学说，"归里，先是学宫后地洿下，以形家言筑高之"⑦。焞弟赵燃则掌握一定的堪舆知识，任赞皇县令，"学宫旧在石臼山之阳，自移置后，人文积衰，燃行视旧址，捐俸数百缗复之，士遂登第"⑧。至焞曾孙赵玮，则"天官、舆地、龟筮、兵家靡不究悉"⑨，所学十分广泛。

第三，鲁西北地区盛出藏书望族，以聊城杨氏家族海源阁最享盛名。

海源阁藏书始于杨兆煜，海源阁藏书最盛则由江南河道总督、著名藏书家杨以增实现。此后经杨绍和、杨保彝、杨承训几代人的努力搜集、整理和保存，总计珍藏宋元明清木刻印刷古籍4000余种、220000余卷，金石书画不胜枚举，为清代四大私人藏书楼之一。20世纪初期，海源阁先后3次遭受匪灾，大部分藏书毁于战火或流失民间。

德州田雯是诗人的同时，也是著名藏书家，家筑"山姜书屋""古欢堂"，藏古籍书画万卷，传至玄孙。康熙四十一年（1702），康熙皇帝南巡，下榻田氏别墅，亲题"山姜书屋"匾额。同为藏书家的德州卢见曾作《里门感旧诗》，描述田氏藏书"牙签充栋足高门，旧库于今几尚存。最爱遗堂仍赐额，藏书万卷到玄孙"。德州卢世㴶也家藏万卷书。聊城任宣锡"好学嗜古，藏书最富"⑩。海丰张镇"图籍自娱，宋元孤本及清初乾隆诸儒手校本所藏百十种"⑪。

---

① 宣统《聊城县志》卷八《人物》，清宣统二年刻本。
② 宣统《聊城县志》卷八《人物》，清宣统二年刻本。
③ 宣统《聊城县志》卷八《人物》，清宣统二年刻本。
④ 民国《无棣县志》卷一〇《人物》，民国十四年铅印本。
⑤ 乾隆《乐陵县志》卷六《人物》，清乾隆二十七年刻本。
⑥ 乾隆《乐陵县志》卷六《人物》，清乾隆二十七年刻本。
⑦ 乾隆《平原县志》卷八《人物》，清乾隆十四年刻本。
⑧ 乾隆《平原县志》卷八《人物》，清乾隆十四年刻本。
⑨ 乾隆《平原县志》卷八《人物》，清乾隆十四年刻本。
⑩ 宣统《聊城县志》卷八《人物》，清宣统二年刻本。
⑪ 民国《无棣县志》卷一〇《人物》，民国十四年铅印本。

（五）道德修养较高

明清时期，由于深受儒家文化影响，加之家庭教育、家族传统，鲁西北地区望族成员一般都具有较高的道德修养。笔者朱亚非总结山东仕宦家族"为人宽厚，讲义气，重诚信；为官廉洁，忠君爱国，体恤百姓，敢于直言""父慈子孝、兄友弟恭，为人诚信、礼让为先，家庭成员之间密切协作，团结互助""乐财好施、仗义疏财、热心公益事业"等①。下文主要介绍望族兼顾孝与义、为官廉洁等良好道德品质。

孝为人伦之本，是明清时期最重要的道德观念，望族一般将孝作为家庭教育最首要的内容，成员也都严格奉行。方志记载中，事生的孝行主要体现为：

侍奉父母谨慎，如同孝顺生母一样孝顺继母。德州卢道悦"少孤，事母孝，事伯兄谨"②。德州田贻丽"天性至孝，……事父尤谨，……事继母如生母"③。海丰吴瑛"幼失怙，事母以孝称"④。聊城傅思义"以艰苦操作代父倾赀完债，犹恐伤父志，百般宽慰。让产训侄，奉母恤妹，尽其哀礼"⑤。聊城邓汝明"幼孤，事母至孝"⑥。海丰张可举"天性孝友"⑦。滨州杜鼒"性至孝，生八月而孤，事母张孺慕终身"⑧；杜坊"幼有至性，父教子严，先意承志，能得欢心"⑨。高唐朱怀栻"性孝友，尚气节，父缠病，祷天愿以身代，病寻愈。母李氏早殁，事继母卢氏如所生"⑩。乐陵史继经"性孝友，母好礼佛，跪香恒夜，尽数炷。继经谏不从，率妻子代跪，虽酷暑严寒无惰容"⑪。

请假、辞官、弃官回家照料老病父母。德州卢世潍做官期间，即请假回家照料老病的母亲。德州田同之被果亲王举为工部督水司主事，"以亲老辞"⑫，被亲王称赞。

父母生病时，不辞辛苦、不分昼夜地侍奉汤药，向天祈祷，甚至祈请神明

① 朱亚非等：《明清山东仕宦家族与家族文化》，山东人民出版社 2009 年版，第 6—7 页。
② 乾隆《德州志》卷九《人物》，清乾隆五十三年刻本。
③ 民国《德县志》卷一〇《人物》，民国二十四年铅印本。
④ 民国《无棣县志》卷一二《人物》，民国十四年铅印本。
⑤ 宣统《聊城县志》卷八《人物》，清宣统二年刻本。
⑥ 宣统《聊城县志》卷八《人物》，清宣统二年刻本。
⑦ 民国《无棣县志》卷一一《人物》，民国十四年铅印本。
⑧ 咸丰《滨州志》卷一〇《人物》，清咸丰十一年刻本。
⑨ 咸丰《滨州志》卷一〇《人物》，清咸丰十一年刻本。
⑩ 光绪《高唐州志》卷五《人物》，清光绪三十三年刻本。
⑪ 乾隆《乐陵县志》卷六《人物》，清乾隆二十七年刻本。
⑫ 民国《德县志》卷一〇《人物》，民国二十四年铅印本。

减己之寿以益父母之寿或以身代之。平原董思懋"父病，寝食俱忘，吁天祈代，父殁，毁瘠殆绝"①，董思凝"先是母郑夫人疾踣，伏榻前伺声息，凡百昼夜不倦，医言痰腥必肺伤泻不止，必元气下陷，遂时时拈嗅之，痰粪滞鼻间不自知也，父讷手书真孝子三字赐之。及闻讷疾作，请疾驰省，冢宰以方推京堂，留之不可。七日夜驰至淮，冒风夜渡黄河，舟几覆"②。聊城朱续传"父辉瑛风疾不能言动，续传侍奉不顷刻离，饭必手进，数年不懈"③。

事死的孝行主要体现为：

在父母丧时哭丧尽哀甚至因此损害身体。聊城傅光宅"丁母丧归，一痛几陨，须发尽白"④；傅尔恒"天性纯孝，……事母必备甘旨，中丞题其门曰清孝先生之间。母殁，泪尽继以血，不数日以毁卒"⑤。德州卢世潅"九岁而孤，哀毁如成人，事母及兄姊以孝友闻"⑥。聊城邓基圣"七岁丧母，哀毁如成人，事两继母皆尽孝"⑦。

为父母庐墓、重视祭祀以及祭祀时哀痛尽显孝德。滨州杜诗"母卒，徒跣扶枢归，庐墓三年"⑧。平原赵玖"闻母疾，兼驰归，母已卒，恸绝复苏者数四。后每上冢夫妇比手自掬土，哀号如初丧"⑨。海丰张为仁"以病乞休归里，遇父母讳日，修祀事，辄流涕极哀"⑩。

义，也是其时十分重要的道德内容。对望族而言，义行一般体现为捐赀建设地方公共事业、赈灾济困等。德平葛元祉"豪迈尚义，流寓粤东，有潮人妇为乱兵掳去，捐金赎之。访伯兄故太守元祯旅榇于浔州，万里扶归，殡于祖域"⑪。平原董允祯多行义事，如捐金独修坏桥，收葬荒野枯骨等，"生平扶危济困，汲汲如不及"⑫；董思懋"善医，造请无不立赴，贫者更买药与之"⑬，有穷不能婚、不能葬者，即捐金相助。临邑邢如约"诸如哀茕独、赡宗戚、

① 乾隆《平原县志》卷八《人物》，清乾隆十四年刻本。
② 乾隆《平原县志》卷八《人物》，清乾隆十四年刻本。
③ 宣统《聊城县志》卷八《人物》，清宣统二年刻本。
④ 宣统《聊城县志》卷八《人物》，清宣统二年刻本。
⑤ 宣统《聊城县志》卷八《人物》，清宣统二年刻本。
⑥ 乾隆《德州志》卷九《人物》，清乾隆五十三年刻本。
⑦ 宣统《聊城县志》卷八《人物》，清宣统二年刻本。
⑧ 咸丰《滨州志》卷一〇《人物》，清咸丰十一年刻本。
⑨ 乾隆《平原县志》卷八《人物》，清乾隆十四年刻本。
⑩ 民国《无棣县志》卷一〇《人物》，民国十四年铅印本。
⑪ 光绪《德平县志》卷七《人物》，清光绪十九年刻本。
⑫ 乾隆《平原县志》卷八《人物》，清乾隆十四年刻本。
⑬ 乾隆《平原县志》卷八《人物》，清乾隆十四年刻本。

还田宅、瘗死婚生事可以千计，焚券罢偿金可以万计，乃尤大缮学官，吾道赖之矣，远近仰其德者不曰邢祖则曰邢佛"①。

望族一般都十分重视廉洁教育，告诫子弟为官者"勿以贪赂败官，贻祖宗羞"②。又因都有雄厚的经济实力支持，其成员多能廉洁为官，并纠正当地官员贪污受贿、中饱私囊的陋政。聊城傅尔恒署嘉定时，"革常例二千两，却堂社五百余两"③。德州卢宗哲任南京太仆寺，被劝纳三千赎金，断然回绝："岂有怀金卢潽卿哉！"④ 他从官二十年，仅积攒俸禄四十金，其子卢茂为官也有清廉之名。卢见曾为官"最恶苞苴"⑤。德州田三戒，为官以廉介闻名；田雯临终对儿子田肇丽云："官无内外，总属一理，汝后为官，为精白乃心，洁己奉公，不负君恩，即所以报我也。"⑥ 德平葛守礼为礼部主事，有藩邸图谋继承已绝的封王，葛守礼坚持不许，后来藩邸贿赂其他人，事发后，"独无守礼名，帝由是知守礼廉"⑦。平原董讷督学顺天时"禁供应，却贿嘱，士风整肃……及迁左督御史，益自奋厉，正色率属"⑧。临邑邢如约"子侗成进士，每教之在官廉，岁以农入佐之"⑨，他要求邢侗廉洁奉公，且以家庭收入补助之。海丰张汲"清介不名一钱"⑩。聊城任耿昉"升浙江湖州府同知，委办漕运，处膏不润，严于治下，运弁旗丁皆奉法惟谨，凤蠹一空，漕帅称为廉干第一"⑪。阳信劳树棠"政尚简清，兴利剔弊，所在有声。性廉洁，疏食敝衣，在任与寒儒无异，殁后，家无余资，一贫如洗，故一时称廉吏者必首屈一指焉"⑫。

① 同治《临邑县志》卷九《人物》，清同治十三年刻本。
② 惠民李氏家族《宗约·勤职业第七》，摘引自《滨州明清望族之惠民李氏》，中国戏剧出版社2011年版，第146页。
③ 宣统《聊城县志》卷八《人物》，清宣统二年刻本。
④ 乾隆《德州志》卷九《人物》，清乾隆五十三年刻本。
⑤ 民国《德县志》卷一〇《人物》，民国二十四年铅印本。
⑥ ［清］田肇丽撰：《补年谱》，载刘聿鑫编《冯惟敏冯溥李之芳田雯张笃庆郝懿行王懿荣年谱》，第115页。
⑦ 《明史》卷二一四，第5666页。
⑧ 乾隆《平原县志》卷八《人物》，清乾隆十四年刻本。
⑨ 同治《临邑县志》卷九《人物》，清同治十三年刻本。
⑩ 民国《无棣县志》卷一一《人物》，民国十四年铅印本。
⑪ 宣统《聊城县志》卷八《人物志》，清宣统二年刻本。
⑫ 民国《阳信县志》卷五《人物志》，民国十五年铅印本。

# 第三节
## 明清时期鲁西北地区望族与基层社会关系

傅衣凌先生曾指出"我们所说的'乡绅'，已大大超过了这两个字的语义学含义，既包括在乡的缙绅，也包括在外当官但仍对故乡基层社会产生影响的官僚，既包括有功名的人，也包括在地方有权有势的无功名者"①。而本文的研究对象——望族，无论是在乡的缙绅，还是在外当官但仍对家乡有所影响的官僚，无论是有功名的人，还是虽无功名但有权有势的人，在数量上都十分巨大。这样一个由众多乡绅组成的家族，对地方基层社会有很大影响。明清时期，鲁西北地区望族凭借自身雄厚的政治、经济、文化等实力，参与管理地方事务，主导当地基层社会，既与地方政府相互配合，又存在矛盾；既维护地方利益，受到百姓敬畏，又为维护本族利益损害百姓利益。

### 一、政治活动

明清时期，鲁西北地区各望族均有众多的家族成员在朝廷或地方担任官吏，他们与各级、各地官员有着密切的来往，这使望族有能力与各级的正式权力发生联系，因而掌握丰富的权力资源，形成巨大的政治优势，必要时可以动用这些资源实现目的。这些家族成员在任为官时，自然容易借助职权影响家乡地方政治。归乡家居后，他们仍能凭借为官余威、与各级权力的密切联系以及其他家族成员的影响力，对当地政治生活施加影响。

明清时期，地方官都不是本地人，他们或初次任官，或自其他地方调来，对本地情况知之甚少或完全不知。客观来讲，地方官确有向本地望族乡绅征询意见、了解情况的必要，当时地方官吏都十分明白："为官不接见绅衿甚属偏见，地方利弊、生民休戚非咨访绅士不能周知。"② 同时，望族在地方有很大的威望和权力，如果不经咨访、交流和协商贸然施政，很容易遭到望族的阻挠，如果触犯这些家族的利益，地方官可能面临严重的后果。康熙皇帝第五次南巡时，在御赐河道总督张鹏翮的一柄金扇上题词："今之为仕者，宁可得罪于朝廷，宁可得罪于小民，不可得罪于巨室大臣。得罪于朝廷，尚可赦宥；得

---

① 傅衣凌：《中国传统社会：多元的结构》，《中国社会经济史研究》1988 年第 3 期。
② ［清］徐栋辑：《牧令书》卷七《作吏要言》，第 4 页 b。

罪于小民，尚可弥缝；若得罪于巨室大臣，则朝怒而夕发之。"① 康熙皇帝十分了解巨室大臣的权力，指出得罪巨室大臣后果到来之速的事实。这不仅使我们看到，官员惧怕世家大族的情况是很普遍的，而且可以看出这种情况发生的重要原因。

明清时期，在鲁西北地区，特别是望族集聚的地区，情况也是如此，地方官员到任后，不得不首先拜访当地主要的望族成员，并经常征求他们的意见。聊城朱鼎延官至顺治工部尚书，其孙朱辉珏官翰林院庶吉士，致仕后"好读书，于历代典故及四方利弊所由尤殚心讨论。遇有咨访，则条晰以对，郡人士化之，皆知以通经致用为务，所造就者尤多"②。朱辉珏专门研究历代典故、四方利弊，充分显示出他对地方事务的浓厚兴趣，在地方官前来咨访时，他乐于为地方官提供系统而专业的知识。朱学笃官至知府，致仕归乡后，地方官常来咨访地方利弊，朱氏"无不尽言其实，事若迫于公义，则又未尝以言词假借，详而不阿，咸钦重之"③。沾化丁金绶，"历任邑侯高其品谊，下车后辄以地方要公相访，然非公事未尝私入公署也"④。

望族及其成员完全有能力通过许多渠道干预地方事务，但朝廷为防止他们通过不法行为破坏地方安定，在律例规定中对地方乡绅的行为做了很多限制："生员不守学规、好讼多事者，俱斥革，按律发落，不准纳赎"⑤；"民人附合结党，妄预官府之事者，杖一百"⑥；"凡私和公事，减犯人罪二等，罪止答五十"⑦；"（诸生）有事不干己，辄便出入衙门乞恩网利议论官员贤否者，许即申呈提学官，以行止有亏革退"⑧；"士子身列胶庠，讦讼洵为恶习"⑨；"上谕：士习不端，结社订盟，把持衙门，关说公事，相煽成风，著严行禁止"⑩；等等。律例规定虽然很严厉，然而对那些官爵崇高、手眼通天的望族成员来讲，并没有多大作用。

不过，明清时期，鲁西北地区许多望族成员都不愿意并尽力避免干谒公

① ［清］汪康年辑：《振绮堂丛书初集》之《圣祖五幸江南全录》，清宣统三年刊本，第50页。
② 宣统《聊城县志》卷八《人物》，清宣统二年刻本。
③ 宣统《聊城县志》卷八《人物》，清宣统二年刻本。
④ 民国《沾化县志》卷三《人物志》，民国二十四年铅印本。
⑤ 张荣铮、刘勇强、金懋初点校：《大清律例》，天津古籍出版社1993年版，第92页。
⑥ 张荣铮、刘勇强、金懋初点校：《大清律例》，天津古籍出版社1993年版，第566页。
⑦ 张荣铮、刘勇强、金懋初点校：《大清律例》，天津古籍出版社1993年版，第566页。
⑧ 沈云龙主编：《钦定学政全书》之《约束生监》，载《近代中国史料丛刊》第三十辑，台北文海出版社，第433页。
⑨ 《钦定学政全书》之《约束生监》，第449页。
⑩ 《钦定学政全书》之《整饬士习》，第462页。

门，更不做请托私事、把持衙门等明令禁止的事情，他们往往能遵守律例、忠厚规矩。如上述沾化丁金绶"非公事未尝私入公署"①，丁氏家训更明确要求子弟"居家要安分，……勿交结官长、勿把持衙门，凡斗狠健讼皆败行荡检之尤。……读书……勿干谒官府"②。阳信劳嶂"庠生，……晚年日与邑中诸长者以诗酒相娱乐，不问门外事。惟邑令邱公修邑志，请与共事，则不辞"③；劳贵德"咸丰辛亥举人，……家庭清肃如朝廷，然宅临衙署，官事不闻。门对市廛，足迹罕到"④；劳熙春"终身片纸不入公门"⑤。聊城朱学笃"性廉退，不事迎合"⑥ 等等。这与鲁西北地区士人重廉耻的社会风气有很大关系，如临邑县"士多知耻，罔事干谒"⑦；德州"士重廉耻，敦礼义能，确然自守"⑧；沾化县"士安于庠"⑨；临清"士务功名而有学，崇信让，重廉耻，不好健讼"⑩。方志中对望族成员与本地地方官保持一定距离的做法也持褒扬态度。这样的社会价值取向对望族士绅的行为有很大规范和制约作用。

作为一地之望，当家乡遇到困难或危险时，望族责无旁贷地利用各种权力资源和手段，为家乡争取利益、消解灾祸，其家族在当地的威望也因此进一步提高。

望族有时出面为当地百姓减轻赋役负担。平原赵焞归乡后，"邑徭役繁重且征戎马，民不聊生，焞言于两台，汰其甚者，积困以苏"⑪。赵氏为平原仕宦望族，且赵焞仕至福建布政司参议加按察使，与山东的两台（布政使、按察使）属于同一系统。赵氏的建议之所以被接受，除了其合理性之外，还应与赵氏在官场中的人脉和影响力有重要关系。

明万历二十四年（1596），税监马堂监管临清，肆意敲诈勒索，其党徒公然抢夺欺凌百姓，射杀无辜市民。市民愤怒，火烧马堂官署，毙其党 37 人。地方官惧惮马堂淫威，将之定为民乱。此时任官御史的聊城傅光宅积极为家乡

① 民国《沾化县志》卷三《人物志》，民国二十四年铅印本。
② 《沾化丁氏家训》，摘引自《滨州明清望族之沾化丁氏》，中国戏剧出版社 2011 年版，第 62 页。
③ 民国《阳信县志》卷五《人物》，民国十五年铅印本。
④ 民国《阳信县志》卷五《人物》，民国十五年铅印本。
⑤ 民国《阳信县志》卷五《人物》，民国十五年铅印本。
⑥ 宣统《聊城县志》卷八《人物》，清宣统二年刻本。
⑦ 宣统《山东通志》卷四〇《风俗》。
⑧ 宣统《山东通志》卷四〇《风俗》。
⑨ 宣统《山东通志》卷四〇《风俗》。
⑩ 宣统《山东通志》卷四〇《风俗》。
⑪ 乾隆《平原县志》卷八《人物》，清乾隆十四年刻本。

百姓辩护，"抗疏白珰激变状"①，认为罪在马堂党徒。虽最终没能奏效，但也体现了望族积极为当地百姓争取权益。

聊城任克溥任刑部左侍郎，有姓刘的人到刑部首告，狂言白莲教将在东昌府作乱。同僚欲上疏请剿，任克溥言："彼疯人也，吾识之久矣。"② 事遂止。任克溥是否真的认识此人，不得而知，但他认为白莲教不会作乱当有合理的依据。最重要的是，若就此出兵剿匪，扑空事小，对当地百姓造成巨大的骚扰和负担才是任氏考虑的角度，这也是地方志作者认为任氏关心爱护家乡的依据所在。

望族成员时常将地方社会急需的某些措施及时向官府反映，督促官府施行。较为常见的有，地方遇到灾害急需赈济，望族成员一般会代表当地民众向官府提出请求，如阳信劳之庄"庚申旱灾，倡请赈济，全活甚众"③。望族成员身份高，说话有分量，地方官往往听从。

除以上偶然事件外，望族在基层社会进行的最为常见的政治活动，恐怕就是调解纠纷、安民息讼了。明初，朝廷即在乡里选择德高望重之人担任里老，并赋予其一里之内普通诉讼、纠纷的断决权。终明清之世，鲁西北地区望族内部的纠纷，往往由族长或族内德高望重的长者调解；地方的纠纷，则多由本地德高望重的人物调解，这些人物往往是望族的杰出成员。

沾化丁忠"巷有兄弟争财，积愤十余年，得其一言而解。……父有讼其五子者，曲谕以慈孝之理，父子遂泣拜而去"④；丁金绶"乡里间遇纠纷事，得一言立释"⑤。海丰吴志德"有二大姓争田，从中排解，两姓或面辱，怡然受之，终调剂使归于好"⑥；吴式仪"乡人争讼，为之平反，皆释然以去"⑦。阳信劳可嘉"雅善排难解纷，事已，人人谅其无他，故城市乡党不分老幼贵贱咸敬爱之"⑧；劳翊安"生平道德自持，乐善好施，排难解纷"⑨。劳福田"人有讼争，得公一言立解，所居乡里数十年无兴讼者。……为人排难解纷如恐不及，远近感德"⑩。

---

① 宣统《聊城县志》卷八《人物》，清宣统二年刻本。
② 宣统《聊城县志》卷八《人物》，清宣统二年刻本。
③ 民国《阳信县志》卷五《人物》，民国十五年铅印本。
④ 民国《沾化县志》卷二《人物志》，民国二十四年铅印本。
⑤ 民国《沾化县志》卷三《人物志》，民国二十四年铅印本。
⑥ 民国《无棣县志》卷一三《人物》，民国十四年铅印本。
⑦ 民国《无棣县志》卷一三《人物》，民国十四年铅印本。
⑧ 民国《阳信县志》卷五《人物》，民国十五年铅印本。
⑨ 民国《阳信县志》卷五《人物》，民国十五年铅印本。
⑩ 民国《阳信县志》卷五《人物》，民国十五年铅印本。

可见，望族成员以儒家"无讼"为目标，十分乐于为人排解纠纷，甚至将其作为自己的职责，唯恐做得不够。这些纠纷调解能够成功，当有以下原因：调解人道德高尚，为人敬重，调解时能有持平之论；调解人学问深厚，善于解纷，即有能力提出较为合理的解纷办法和调解措施；调解人及其家族在本地具有很高的威望，对当地社会有较强的支配能力，有时普通百姓不得不遵从。因此，有研究指出此种民间解纷息讼的弊端："对于生活在专制权力下从事自然经济的民众来说，调处息讼培养的不是'法律意识'，而是传统的道德伦理观念。调处息讼始终贯穿着的'息事宁人'的理想因素，顿挫了民众为自己的权益而斗争的精神。……调处的结果虽然体现了宗族与国家的愿望，却往往与当事人的意志相悖，有时简直是一种伤害。"①

## 二、经济活动

明清时期，鲁西北地区望族在当地经济活动中起着主导地位，经济实力雄厚，在农工商业中均十分活跃。通过各种经济活动，望族与基层社会发生千丝万缕的联系，亦与当地民众和政府发生各种矛盾或达成合作。

（一）农业活动

明清时期，农业活动是鲁西北地区望族的主要经济活动。望族成员基本都是地主，占有较多的土地，通过雇佣与租佃经营经济实力雄厚。但是，他们并不满足，仍不断努力扩展田地。惠民李氏《宗约》规定"不可为贪心所使，居已奢而犹恢，田已多而务广，强之鬻不出于本心，与之直不合乎公道"②。《宗约》从警戒家族子孙的角度间接反映出，当时大地主对土地贪婪的占有欲望是很难克制的，为实现扩张目的，他们不惜利用权势低价强买。地方望族不断扩展地产，加剧了山东土地兼并的程度。康熙初年，山东沿运河州县"近湖泉水之地，多被土豪兼并"③；康熙二十三年（1684），康熙皇帝谕山东巡抚张鹏翮："今见山东人民逃往京畿近地及边外各处为非者甚多，皆由地方势豪侵占良民田产，无所倚藉，乃至如此，尔莅任后务剪除势豪，招集流亡，俾得其所。"④

同时，望族中获得进士、举人、贡监、生员等各种科举功名的出仕、致仕、未仕成员，均享有一定的赋役优免权，因此，这些官绅的族人、姻亲、门

---

① 张晋藩：《中国法律的传统与近代转型》，法律出版社1997年版，第293页。
② 惠民李氏家族《宗约·勤职业第七》，摘引自《滨州明清望族之惠民李氏》，第146页。
③ 《清圣祖实录》卷一八，康熙五年四月十七日。
④ 宣统《山东通志》卷首《列圣训典一》。

生、故旧以及庶民等千方百计将田地诡寄或投献到他们名下，以规避赋役。明代武定州"奸吏黠胥暗飞诡寄，产绝粮存者贸无所白，野多蒿莱者良畴未恳，一人数役，力不暇给"①。清代对此严查处理，康熙二十九年（1690），诏谕各省："著照欺隐田亩例，通限两月，绅衿本名下田亩各具并无诡寄甘结，将以前诡寄地亩尽行退还业户"②。此外，官绅巨室还通过"花分""寄庄"等非法手段规避赋役。如此一来，沉重的赋役负担被转嫁到普通百姓头上。顾炎武在《天下郡国利病书》中总结得十分准确："官田莫病于诡敝多端，民田莫苦于兼并无厌。"③ 康熙中叶，山东巡抚佛纶在奏疏中指出："东省累民之事，第一赋役不均，凡绅衿贡监户下，均免杂差，以致偏累小民。"④ 明清之世山东武装起义频发，与此不无关联，唐赛儿起义、王伦起义等较大规模的起义更是波及鲁西北大部分地区。

不过，有研究认为，清初至民国，山东土地占有权状况呈分散化趋势⑤。这导致至清末民初，鲁西北地区地主数量减少，而且在地主之中，大地主极少，多以中小地主为主。《清代山东经营地主底社会性质》调查清末 46 个县的地主经营情况，涉及本文所指鲁西北地区的德县、夏津、堂邑、聊城、惠民、滨县、沾化、蒲台、博兴、临邑、冠县，此 11 县只有较大地主 17 人，占地 200—500 亩的 12 人，500—1000 亩的 3 人，超过 1000 亩的 2 人，且属于本文所述"望族"的只有滨州杜介堂 1 人，大多数望族成员占地达不到这些规模。⑥ 民国方志对清末民初地主数量及其占地之少也有记载：如清平"民俗习于勤劳，地主绝少，以自耕农为最多"⑦；齐东"本县无大地主，居民非尽农户，虽农田多寡未必适均。要之耕者各有其田，故境内全系自耕农，间有雇农至，佃农则绝少"⑧；即便是明清时期望族众多的临清县，"全境田有百亩者已落落如晨星矣"⑨。可见，鲁西北地区望族成员大多没有占有大量的土地，就

① 嘉靖《武定州志》卷七《赋役志》，《天一阁藏明代方志选刊》第 43 册，上海古籍书店 1982 年版。
② 《清朝文献通考》卷二《田赋三》。
③ 《天下郡国利病书》卷四一《山东七》。
④ 《清圣祖实录》卷一四六，康熙二十九年六月十六日。
⑤ 张佩国：《近代山东农村土地占有权分配的历史演变》，《齐鲁学刊》2000 年第 2 期。
⑥ 景苏、罗仑：《清代山东经营地主底社会性质》，山东人民出版社 1959 年版，第 106—112 页。
⑦ 民国《清平县志》第三册《实业志二·农业》，民国二十五年铅印本。
⑧ 民国《齐东县志》卷四《政治志·实业》，《中国地方志集成·山东府县志辑》第 30 册，第 442 页下。
⑨ 民国《临清县志》第四册《经济志·农业》，民国二十三年铅印本。

土地占有而言，仅算得上是中小地主。

同时，我们在考察鲁西北地区望族与当地百姓之间的农业生产关系时，绝不能只看到对立的方面，而忽视相当一部分望族成员在某些特定情形下所做出的有助于缓和双方矛盾的举动。如临邑邢师长"其族子名嵝者，先世赀巨万，美田宅，沴水上佃人数十家，积逋以千计，及嵝司家政，悉焚其券，且曰去留任意耳，其一门尚义如此"①。阳信劳于经"负性慷慨，康熙四十三年（1704）饥，出粮数百石，悉焚券，食其德者千余家"②；劳于藩"太学生，赋性倜傥，轻财重义，周急济难，知交旧好求无不应。……癸未壬寅岁歉，戚里中负息者以百计，悉毁其券"③。惠民李之蕡"丙子岁歉，民多逋赋，蕡代众完纳三百余金"④。大量此类行为被视为义行，集中记录在地方志中，对当地社会稳定起到重要保障作用。

（二）工商业活动

明清时期，鲁西北地区望族对工商业的认识，资料较少，兹录于下：

工以操作为职，而日省月试，修新补旧，乃其本业，不得淫巧售敝伪器什。商以交通有无为职，而披星戴月，权算子母，乃其本业，不得纨绔冶游，酒色浪费。⑤

（李麟趾孙）景文随叔主家政，子息日繁，恐坠，诒谋于是，严定规条，垂为家训，士农商贾，各执一业，俾无游惰。⑥

农工商不能化，惟士则能化，以其学也。⑦资禀不齐，识曲亦异，当剥而复之际，阴疑阳战，去而为农者有之，为商者有之，为工者亦有之。⑧

子孙不能儒者，躬耕可也。次百工虽贱，独自食其力，至商虽获利而实心已漓。⑨

---

① 同治《临邑县志》卷九《人物》，清同治十三年刻本。
② 民国《阳信县志》卷五《人物》，民国十五年铅印本。
③ 民国《阳信县志》卷五《人物》，民国十五年铅印本。
④ 光绪《惠民县志》卷二二《人物志·义行》，清光绪二十五年刻本。
⑤ 惠民李氏家族《宗约·勤职业第七》，摘引自《滨州明清望族之惠民李氏》，第145页。
⑥ 光绪《惠民县志》卷二一《人物志·孝友》，清光绪二十五年刻本。
⑦ ［清］杜堮：《述训》，摘引自《滨州明清望族之滨城杜氏》，中国戏剧出版社2011年版，第154页。
⑧ ［清］杜堮：《述训》，摘引自《滨州明清望族之滨城杜氏》，第162页。
⑨ 《沾化丁氏家训》，摘引自《滨州明清望族之沾化丁氏》，第62页。

可以看出，以科举为主业的望族仍然存在"士"优于"农工商"的看法，但是，望族对子弟以工商业为职业选择已无偏见，并对他们从事工商业提出了要求；而且社会上也出现大量经商致富后捐取功名官职的现象，士与商出现了合流与转化，望族中经商的成员更是深受儒家思想影响。

明清时期，鲁西北地区有大量望族成员从事工商业活动，除前文述及的德平葛氏、临邑邢氏、高唐朱氏等家族外，聊城"御史傅""阁老傅"和德州田氏等家族也有人经商。

傅光宅次子傅尔申置船多艘，在运河上经营运输业，以此获利，置办田宅良多。明末，德州田氏成为经济富裕的乡绅，也主要归功于通过经商积累大量财富。

傅以渐曾祖傅谕，"时以子姓藩衍，既析箸，俯仰不能给，乃始习计然策延平估客，鬻纸布，闻信义声，来者如归，岁无虑数万，资用稍裕"①；傅天恩"家世业儒，至宠吾公，始以儒兼贾，公虽贾乎，不能候时转物，贱入贵出，屡营屡蹶，后乃大困"②；其子傅思义经商的经历更为丰富：

> 十岁就私塾师，久之塾师谢去，君亦厌苦之，遂弃儒习贾，囊仅十余缗，早夜操作，与仆同艰苦，初鬻硝，宠吾公诟詈之，谓：奈何居所不售！会海上倭变起，价腾贵，获利数倍。已又贩豆，豆直贱，人弃置不顾，宠吾公怒甚，欲加捶楚。会南北大裖，又获利数倍。君连遭天幸，业稍稍起。而与君同贩者，饶心计，分财多自与，物取美好者，而以敝恶者与君，君弗与较。……遂远贩至淮，……当析箸时，君有自置腴田百亩，祖遗屋宇数楹，并室中什物，直可数百金，君悉推予诸昆弟，己毫无利焉。伯季先后游泮，衣冠及谢师仪币，俱先期置办，不以关伯季。诸侄以谦、以晋、以渐相继游泮，以渐复补廪，一切资费俱取办于君。……岁延魁宿，训诸子侄，束脩馆谷，皆君自备，颇给丰腆，称有礼焉。嗣是，诸弟侄有贫不能婚嫁者，竭力资助。如侄以乾辈五六人，有丧不能殡殓者，给棺衾。如弟思恭等舅王氏十数人中外姻戚贫不能举火者，岁给薪米。如弟思明等数十人，每逢献岁，各奉十金为两尊人寿，其犹子外孙十余人各有赐予，以庆岁华。人有称贷者，不责子钱，即有负者以置不问。商有遗失三十金者，有还金多给十余金者，皆驰驱追还。金陵徐商感其意，每岁舟抵郡，与君把臂畅饮，为刎颈交。……亲有托金远宦者无契券，经数年

---

① 宣统《聊城县志》之《耆献文征》，清宣统二年刻本。
② 宣统《聊城县志》之《耆献文征》，清宣统二年刻本。

方归，倍数以偿。……大抵君所蓄积不过数千缗，而累岁所施予亦略相当，至晚年资用颇乏，仅余斥卤数百亩，躬自拮据，心力俱瘁，遂病困以殁。①

聊城傅思义的例子，描述了经商致富对家族发展的巨大影响。有傅思义无私的支持，傅家子弟才得以顺利接受良好教育，顺利完成婚丧嫁娶等礼节，许多家族成员及亲戚的生活才得以保障。傅以渐成为清代开国状元，以及后来傅氏家族兴旺鼎盛，或多借助于此。所以，傅以渐为官后，购置 940 亩土地给堂伯傅思义，以示报答。

望族成员从商，主要原因是迫于生计、科场失意和个人兴趣，其中有经商成功的，也有失败而更穷困的。他们经商往往利用地方物产和便利条件。鲁西北地区有运河穿过，交通便利，沿岸商业繁荣，临清、聊城、德州等都是有名商业城市，来往商贾众多。鲁西北地区粮食、棉花产量较大，德平葛环、聊城傅谕、傅思义等人经营的麦、豆、纸布皆为地方特产；聊城傅尔申更是凭借运河从事船舶运输业。有些望族商人经商地域广阔，高唐朱美先曾到萧砀费泗（今山东江苏交界）一带、燕赵一带，聊城傅思义曾到今江苏一带。

作为深受儒家思想影响的商人，这些望族成员有着勤苦耐劳、宽厚容忍、讲求信义、乐善好施等品质，并为家族发展提供有力支持。明清时期，经商以船舶、骡马为主要运输工具，贾途遥远，难免风吹雨打、寒冻暑晒，辛苦异常，但他们不以为苦，朱美先路途"暑汗淋漓，风雪踏冻，人咸苦之，比入门，则温饱之奉，堂上色笑相齐，虽安车绮茵，不欲以一日易此也"②。他们与商伴等交往，则以和为贵，虽稍有不公，也不计较，如上文傅思义。同时坚持诚信无欺，惠民李氏《宗约》即警戒子弟从事工商不得销售假冒伪劣商品，傅思义也绝不将他人遗失、多给之金收入囊中，而是追赶送还。最重要的是，这些望族成员绝少嗜好积累财富，往往慷慨助人，以行义为乐趣、为责任。如傅思义时常助人，至晚年积蓄基本用完；家乡发生饥荒，德州田实栗对弟实亩说："邻里亲串望拯救于汝矣。人生不为长者之行，虽有余财能常聚而不散乎？"③

① 宣统《聊城县志》之《耆献文征》，清宣统二年刻本。
② 光绪《高唐州志》卷五之二《人物传·孝友》，清光绪三十三年刻本。
③ ［清］田雯、田同之等：《安德田氏家谱》卷二《家传》。

### 三、军事活动

明清时期，鲁西北地区望族往往组织许多地方武装，在地方发挥维护治安、抵御外敌、镇压变乱等作用。当地政府有时也不得不依靠他们的力量维护社会稳定。社会动荡，基层政权崩溃时，这些望族势力通常会组织起军事、政治力量，维护自身利益。

**（一）大顺军时期活动**

崇祯十七年（1644），李自成占领北京，派权将军郭升率万余骑兵进驻山东，原驻扎山东的明总兵刘泽清退往长江沿岸，大部分地方官员逃走，一部分投降大顺政权。大顺政权在山东张官置吏，有记载的68人，涉及鲁西北地区望族的29人（见表2-28）。

表2-28　大顺政权的鲁西北官员设置情况简表①

| 姓名 | 职衔 | 驻扎地区 | 资料来源 |
| --- | --- | --- | --- |
| 郭升 | 权将军 | 济南 | 《明清史料》甲编一本74页 |
| 阎杰 | 武德防御使 | 德州 | 康熙《德州志》卷一〇 |
| 王皇极 | 临清防御使 | 临清 | 《明清史料》甲编一本74页 |
| 高丹楼 | 济南府尹 | 济南 | 乾隆《历城县志》 |
| 吕升 | 济南同知 | 济南 | 乾隆《历城县志》 |
| 李世显 | 推官 | 济南 | 乾隆《历城县志》 |
| 宋炳奎 | 东昌府尹 | 聊城 | 《再生纪略》 |
| 贾见前 | 滨州牧 | 滨州 | 康熙《滨州志》卷一 |
| 张均田 | 武定州牧 | 泰安 | 康熙《泰安州志》卷四 |
| 吴征文 | 德州牧 | 德州 | 康熙《德州志》卷一〇 |
| 裴隆遇 | 高唐州牧 | 德州 | 康熙《高唐州志》卷三 |
| 刘师曾 | 临清州牧 | 临清 | 《明清史料》甲编一本74页 |
| 郝肖仁 | 临清州同知 | 临清 | 《庆藩奉国中尉朱帅钦启本》 |
| 贾时升 | 县令 | 德平 | 《庆藩奉国中尉朱帅钦启本》 |
| 张继昌 | 县令 | 禹城 | 《庆藩奉国中尉朱帅钦启本》 |

---

① 表格参考安作璋主编：《山东通史》明清卷，山东人民出版社1994年版，第79—81页。

续表

| 姓名 | 职衔 | 驻扎地区 | 资料来源 |
|---|---|---|---|
| 武大正 | 县令 | 平原 | 《庆藩奉国中尉朱帅钦启本》 |
| 杨浣 | 县令 | 临邑 | 《庆藩奉国中尉朱帅钦启本》 |
| 徐光启 | 典史 | 临邑 | 《庆藩奉国中尉朱帅钦启本》 |
| 郭肇祥 | 县令 | 阳信 | 孙奇逢《夏峰集》卷六 |
| 王世传 | 县令 | 邹平 | 康熙《邹平县志》 |
| 贾之俊 | 县令 | 新城 | 康熙《邹平县志》 |
| 裴钦 | 县令 | 夏津 | 乾隆《夏津县志》 |
| 王捷 | 县令 | 聊城 | 《再生纪略》 |
| 曲星 | 县令 | 武城 | 《再生纪略》 |
| 兰珍 | 县令 | 武城 | 《庆藩奉国中尉朱帅钦启本》 |
| 刘立祖 | 县令 | 蒲台 | 康熙《蒲台县志》卷八 |
| 闫善粹 | 县令 | 冠县 | 道光《冠县志》卷一〇 |
| 王相极 | 县令 | 海丰 | 康熙《海丰县志》卷四《事纪》 |
| 李调鼎 | 县令 | 沾化 | 《清史列传·贰臣传乙·李鲁生传》 |

　　由于大顺政权推行均田免赋的政策,严禁烧杀掳掠,因此得到百姓的支持和欢迎。大多数望族士绅也不得不低头,表示归顺,虽然其中也有坚决不降者:"甲申闯寇破京师,伪将军郭升领兵下东昌,两卫世职亦多降者。（邓）之荣慨然曰:世受国恩,一旦至此,战则无兵,徒死无益,吾其行也。遂东走东阿,得乡兵五百余人。……力屈死之。"①

　　大顺政权推行的经济政策和对士绅并不客气的对待②,使望族士绅心生不满和怨恨,但慑于大顺军节节胜利的兵威,并不敢公开反抗。崇祯十七年（1644）,计划投降李自成的吴三桂攻击大顺军,随即与清军联合,在山海关大败李自成,大顺政权由此节节败退。全国各地纷纷发生官绅反抗打击大顺地方政权的事件。顾诚先生曾统计山海关战役后三个月内针对大顺政权的官绅叛乱事件,兹将在鲁西北地区发生的18次起义事件列表节录于表2-29中。

---

① 宣统《聊城县志》卷八《人物》,清宣统二年刻本。
② 顾诚:《论大顺政权失败的主要原因》,《北京师范大学学报》1983年第6期。

表 2-29  鲁西北官绅反抗大顺政权事件表

| 时间 | 地方 | 叛乱为首者 | 简况 | 资料来源 |
|---|---|---|---|---|
| 四月二十七日 | 德州 | 明御史卢世㴶、赵继鼎、主事程先贞、推官李潜明、生员谢陛（大学士谢升弟），推明宗室朱帅钦为盟主，号称济王 | 杀大顺政权武德防御使阎杰、德州牧吴征文。以"济王"朱帅钦名义传檄四方，山东官绅多有起而效尤者 | 康熙《德州志》卷一〇《纪事》；《清史列传》卷七九《谢升传》 |
| 五月七日 | 高唐州 | 州人张根若、李文升及明知州杜名世等 | 杀大顺政权高唐州牧裴隆遇 | 康熙《高唐州志》卷三《兵燹》 |
| 五月上旬 | 济南府 | 明都司刘世儒 | "德州讨贼檄至，都司刘世儒欲起义诛伪官。五月初五日，西关失火，伪官有备，不得施。世儒将卒乃横肆剽掠于城东北诸村，而伪官次第逃去。" | 乾隆《历城县志》卷四一 |
| 五月八日 | 海丰 | 明署县事利津丞包守恒 | 杀大顺政权县令王相极 | 康熙《海丰县志》卷四《事纪》 |
| 约五月间 | 东昌府 | 明兵部侍郎张凤翔、副总兵王国栋等 | "驱除伪将伪官。" | 顺治元年七月《庆藩奉国中尉朱帅钦启本》 |
| 约五月间 | 武定州 | 明都司马弘化、刘万都 | "斩伪令张均田。" | 同上 |
| 约五月间 | 平原县 | "义绅宋开春、张吉士、任有鉴等" | "擒执伪官，收伪凭一张。" | 同上 |
| 约五月间 | 德平县 | 生员葛元祉、参将高捷等 | "擒执伪令贾时升，收伪印一颗。" | 同上 |
| 约五月间 | 临邑县 | 明知县金灿等 | "擒伪令杨浣、伪典史徐光启。" | 同上 |
| 约五月间 | 禹城 | "义绅韩养醇勾结德州官绅武装" | "擒伪令张继昌。" | 同上 |
| 约五月间 | 齐东 | 生员李联芳、毛禧勾结德州官绅武装 | "共擒伪令，收伪印一颗。" | 同上 |

续表

| 时间 | 地方 | 叛乱为首者 | 简况 | 资料来源 |
|---|---|---|---|---|
| 约五月间 | 故城 | 明千总许子龙、生员满国显勾结德州官绅武装 | 擒杀大顺县令梁磐石 | 同上 |
| 约五月间 | 武城 | 张调元、吴廷试勾结德州官绅武装 | "擒伪令兰珍。" | 同上 |
| 约五月间 | 清河 | 张调元、明守备张问达等 | "擒解伪令李擎柱。" | 同上 |
| 五月十日 | 临清州 | 明工部营缮司主事于连跃、兵部主事凌昌、东昌府同知王崇儒等 | 俘大顺政权防御使王皇极、临清州牧刘师曾，"传檄东昌府十八州县，擒捕伪官苏民安、程文焕等枭示正法"。 | 《明清史料》甲编一本 74 页，康熙《馆陶县志》卷一二《兵警》(按：程文焕为大顺政权馆陶县令) |
| 五月 | 夏津 | 不详，仅云"邑人" | 大顺政权县令裴钦四月到任，一个多月后自成败讯传来，"邑人将起义兵诛之"。"有高萃环者党于钦，执械入署告曰：事急矣，可速去。遂引出西门而遁。" | 乾隆《夏津县志》卷九《杂志·记遗》 |
| 五六月 | 阳信 | 明署阳信县事赵申宠 | 杀大顺政权阳信县令，派人往京师降清。 | 乾隆《阳信县志》卷三《灾祥》，孙奇逢《夏峰集》卷六 |
| 六月 | 沾化 | 明兵科右给事中李鲁生 | "偕其乡人斩流贼所置沾化伪知县李调鼎，赴(清)招抚侍郎王鳌永纳款。" | 《清史列传》卷七九《贰臣传乙·李鲁生传》 |

在这些事件的主要发动者中，各地望族活跃的身影随处可见。从上表可知，德州卢氏、赵氏、程氏、李氏，高唐张氏、李氏，堂邑张氏，平原任氏、宋氏、张氏，德平葛氏，禹城韩氏，齐东李氏、毛氏，沾化李氏等家族成员均是当地活动的主要发动者。

德州"诛伪"事件是其中影响最大的，不仅拥立明宗室为盟主，向各地发出檄书，而且支援周边许多地方的官绅发动武装活动，它的主要发动者全部是德州望族的成员。权将军郭升进入山东后，"别遣余贼，奉其敕，追掠缙绅，桁杨接揩相望于道"①，这显然与李自成农民起义的性质有直接关系，也使原本就怀"君父大仇"的德州士绅对大顺军更加痛恨。国恨家仇使他们暗暗聚集商议。诸生何振先乘夜拜见望族卢氏和程氏的首领人物——明故吏卢世潅、程先贞，并从为当地士绅谋虑的角度劝说他们："公等知闯寇之意乎？既蕴隆之，又加火焉，不尽不已。盖欲先明故吏无遗种也。为公等谋，莫如起义复仇。"② 提出游说郭升自立、然后徐图举事的战略。何振先到兖州，通过郭升麾下骑士、同乡之子谒见郭升，向其陈说李自成必败的道理，并说："夫荐绅谁无故主之思，即是手无甲兵，然其负蒙私役实繁有徒曲，意抚之尚恐其不服，而乃以死道逼之耶！此属既不可胜杀矣，突有智者起而收之，李王沦败，则将军一旦功名尽矣。"③ 郭升对自立的建议十分满意，飞符通知拷掠士绅的使者。但未及何振先将消息带回，卢世潅、程先贞、赵继鼎等人已经"部署宾客"诛杀了德州牧吴征文、武德防御使阎杰，并"烹食之"。何振先为此被郭升追杀于高唐。德州李逢时曾孙李韫玉同为望族人物，平日即"好议论天下大事，……奇才轻客，交游广多，然武断使气，乡曲中颇仄视之"④，人多惧恶。卢、程等人率众"诛伪"后，李韫玉提议能"有所统属，用其名字以号召当时"⑤，众荐绅找到明王孙朱帅钦，推其为盟主。李韫玉总持幕中，为崇祯皇帝发丧，并作讨逆檄文，布告天下，掀起官绅起义热潮。后来，原明吏部尚书、建极殿大学士德州谢升遣人入京递表降清，也汇报了这次事件："先是四月二十七日，臣等鼓励阖州士民，磔伪州牧吴征文、伪防御阎杰，誓众登陴，激发远迩，共诛闯贼所置伪官，贼将郭升丧胆西遁。谨扫境土，以待天麻。"⑥

观此事件，望族起到至关重要的作用，是事件的绝对主导者，并因之成为这一时期地方政权的实际掌控者。他们多数做过各级官吏，具有丰富的行政管理经验和组织能力，能够处理、掌控紧急和危险的局面；依托家族强大的经济、政治实力，拥有"私役""徒曲""宾客"等较强的武装力量和各方面的智力资源，战略颇具远见。德州"诛伪"事件对周边地区产生较大影响，与德州聚集着较多的望族有密切的关系。

同时，聊城朱予栋、许廷用、邓秉谦等望族人物也共同守卫着城池。"先

---

① 乾隆《德州志》卷一二《艺文》，清乾隆五十三年刻本。
② 乾隆《德州志》卷一二《艺文》，清乾隆五十三年刻本。
③ 乾隆《德州志》卷一二《艺文》，清乾隆五十三年刻本。
④ 乾隆《德州志》卷一二《艺文》，清乾隆五十三年刻本。
⑤ 乾隆《德州志》卷一二《艺文》，清乾隆五十三年刻本。
⑥ 《清史列传·贰臣传乙·谢升》，第 6527 页。

是权将军寄南解银十一万七千两于东昌府库，及驻济南，闻变欲攻东昌取库银，阖郡殆甚。会其中军张国勋与予栋为石交，又平山人郭玉铉亦在标下，予栋乃与玉铉子尊经驰济上，因国勋、玉铉见权将军，陈说大义，始大怒，欲斩以徇，予栋神色不变，词益壮，权为感动，谋遂寝，引兵上潼关。国勋率其部从予栋归东昌，同剿捕土寇，守城以待官兵。"① 最终望族以和平又危险的劝说的方式，化解了聊城望族与大顺军之间可能发生的一场军事对抗。

（二）明清鼎革时期活动

明清鼎革是明清时期最重要的社会巨变之一。"在连番剧烈变动的时刻，明末清初的官僚士绅的行为和态度是极为复杂多样的，既有杀身成仁、殉节保国的，也有迅速投降新朝的，即使在大量既不自杀也不出仕、采取中间态度的遗民当中，行为和态度也存在区别"②。这一部分我们重点考察的是，明清鼎革之际鲁西北望族对新朝的态度，以及在当地军事活动中的作为。

大量的史料证明，清兵进入鲁西北地区时，遭到了众多望族士绅的激烈反抗。这些忠烈的行为，即使在清代，也得到充分肯定，被大量记录在方志"孝义"或"义烈"等有关部分。清兵临城，许多望族成员无论在家乡，还是任职地方，都积极谋划方略，与地方守令、其他望族协同组织守城，城破之后，往往殉节而死：

临邑邢王称"即条画城守诸方略，上之当事，……慷慨结众，与邑令分城而守，……城破被执，兵刃迫挟，不去死，子珽以身殉父，亦受数刃，遇救不得死"③。

临清张振秀"万历三十八年进士，……擢太常少卿，坐事落职归。（崇祯）十五年（1642），我朝大兵吊民至河间，临清总兵官刘源清偕榷关主事陈兴言、同知路如瀛、判官徐应芳、吏目陈翔龙，与振秀等合力备御。未几，大兵至，源清等以身殉，振秀与其子令锡同死"④。张宗衡"万历癸丑登进士，……晋兵部右侍郎，总督宣大，会闯贼入山西，廷臣衔凤嫌，责以玩寇，免归。崇祯壬午，与张振秀并在籍临汾知县尹任协力守城，同死"⑤。

---

① 宣统《聊城县志》卷八《人物》，清宣统二年刻本。
② 赵世瑜：《小历史与大历史：区域社会史的理念、方法与实践》，生活·读书·新知三联书店2006年版，第299页。
③ 同治《临邑县志》卷九《人物》，清同治十三年刻本。
④ 乾隆《临清直隶州志》卷八之上《人物》，清乾隆五十年刻本。
⑤ 乾隆《临清直隶州志》卷八之上《人物》，清乾隆五十年刻本。

滨州杜若朴"壬午兵至，与其弟若昧偕守父柩，或劝之避，答曰：桑梓有难，固不当去，且先灵在堂，将何之。及被执，朴顾谓昧曰：其勿轶家训。昧大声曰：清白子孙，安肯幸免！遂死之，越翌日，朴亦死"①。杜律"崇祯壬午，兵临城，下与州大夫协力据守，城破死之"②。杜旭"壬午之变，兵破州城，父若昧遇害，旭号哭厉骂不绝，兵识其孝，欲释之，又挺击格斗，遂亦见杀，与父枕藉而死，君子曰：杜大男儿，孝烈双全"③。

聊城傅尔谦"以岁贡授济南府训导。崇祯十一年（1638），兵警越北平，为彦抚军画策，子平元佐之。平元，邑武生，有勇力，善矛戟。兵至济南，尔谦偕子分巡东城，后以藩王犒师多私，士卒解体，主将之令不行，彦曰：事变至此，为之奈何？对曰：官无论尊卑，既受朝廷爵禄，自当效死，封疆夫复何疑！元旦，城溃，遂以身殉。先是，妻马氏闻变赴水死，平元亦力战死之"④。

沾化丁懋良"以贡任浔阳训导，敦古风，培士气，凡事必身先之。值壬午兵变，慨然赴难死"⑤。

也有人试图隐姓埋名，但因被告密而逮捕，终不免一死：

聊城耿章光"甲申春，……京师陷，福藩建号，补职方司，督理四镇军务，寻晋尚宝司卿。明年，南都破，剃发为头陀，号真止和尚。时黄道周、金声相继死，章光悉为殡葬。又八年，为告密率引死于市。方章光被逮时，妻姚氏、妾朱氏皆志必死，密纫衣履以待。其书记会稽赵之胜者，义烈士也。念章光死，妻妾奴子辈不可一生，预凿宅井口，令可入，且腰带利斧。及闻变，谒姚言凿井状，姚遂与朱赴井，仆陆向妻弃其二子，亦从之下。赵妻段氏环井未决，赵曰：若欲为他人妇耶！斧之，纳诸井，遂自缢于室。收者至，为大痛，出而棺殓，面皆如生"⑥。

有的望族成员并不殉节，但也不再出仕新朝：

① 咸丰《滨州志》卷一〇《人物》，清咸丰十一年刻本。
② 咸丰《滨州志》卷一〇《人物》，清咸丰十一年刻本。
③ 咸丰《滨州志》卷一〇《人物》，清咸丰十一年刻本。
④ 宣统《聊城县志》卷八《人物》，清宣统二年刻本。
⑤ 民国《沾化县志》卷二《人物志》，民国二十四年铅印本。
⑥ 宣统《聊城县志》卷八《人物》，清宣统二年刻本。

　　乐陵史以明"甲申闻变，以祖父世受明恩，悲不自胜，郁郁成癫，自此不应试，以明经老"①。

　　沾化丁裕庆"清朝定鼎，乙酉旋里，绝意仕进"②。

　　即使很快归顺清朝，并出任新朝官职，情况也并不相同，大体有以下三种情况：

　　第一，由明代官绅（在籍和在职）主动降清。顺治元年（1644），清军占领京师后，颁诏招抚山东，至六月，睿亲王令临淄人、原明通州巡抚王鳌永以户部侍郎兼工部侍郎衔招抚山东、河南。"六月，（谢）升偕在籍明御史赵继鼎、卢世㴶遣人赍降表赴阙"③，以德州降。同时王鳌永也疏荐明末重臣谢升，谢升被委任以建极殿大学士原衔管吏部尚书事，赵继鼎、卢世㴶授御史，但卢世㴶以病并未赴任。"秋七月，固山额真石庭柱奉诏招谕世㴶等全城归附，民顿以安。"④ 原明兵科右给事中、沾化李鲁生"赴招抚侍郎王鳌永纳宽"⑤，也得到王鳌永疏荐，官至顺天府尹，后以事革为民。顺治二年（1645）闰六月，临清左良玉子左梦庚在九江降清，官至正黄旗汉军都统。顺治三年（1646），原明崇祯兵部侍郎、南明浙直总督堂邑张凤翔在福建投诚，官至工部尚书加太子太保。

　　第二，为清军所掳，得到清朝赏识而被重用。如高唐朱昌祚"髫年从王师出塞，即蒙简注"⑥，即被清军掳出关外，隶属汉军镶白旗，后来官至兵部尚书，总督三省。平原董振秀明末通判太平，"王师由浙入闽，得振秀，奇其才，改驿传兵备道"⑦。

　　第三，通过积极参加新朝科举取得功名而入仕新朝。如聊城傅以渐，成为顺治三年（1646）的清朝开国状元，官至武英殿大学士兼户部尚书。惠民李之芳是明崇祯举人，但也积极参加新朝科举考试，成为顺治四年（1647）进士，官至文华殿大学士兼吏部尚书。最值得注意的一点是，即使是家族成员曾激烈抗清殉节或不再出仕新朝的望族，如滨州杜氏、沾化丁氏、乐陵史氏等，其他家族成员参加新朝科举、出仕新朝的脚步丝毫未受影响，如滨州杜若昧虽

---

① 乾隆《乐陵县志》卷六《人物》，清乾隆二十七年刻本。
② 民国《沾化县志》卷二《人物志》，民国二十四年铅印本。
③ 《清史列传·贰臣传乙·谢升》，第 6527 页。
④ 康熙《德州志》卷之十《纪事》，清康熙十二年刻本。
⑤ 《清史列传·贰臣传乙·李鲁生》，第 6565 页。
⑥ 光绪《高唐州志》卷五之一《人物传·征辟》，清光绪三十三年刻本。
⑦ 乾隆《平原县志》卷之八《人物》，清乾隆十四年刻本。

为清军所杀，但其子杜漺在顺治四年（1647）成进士，并仕至河南布政司参政；乐陵史氏、沾化丁氏也很快有成员取得进士、举人等功名，担任清朝官吏甚至成为重臣。

由上可见，不论望族成员个体在明清鼎革时采取了怎样的态度和行动，单个成员都不能代表整个家族。虽然不可避免地受到影响，但是绝大多数明代望族的持续发展并未因明清鼎革的剧变而中止，基本保持了良好的延续性。

入仕清朝后，鲁西北地区望族成员多兢兢业业、勤勉忠诚地为新朝工作，极少再有叛变行为。在三藩叛乱等事件中，即使被众人胁迫，他们也能坚守忠贞，拒不变节。如海丰吴自肃"授江西万载令，值滇寇陷长沙，袁州盗起，士民汹惧集治前，欲挟以降贼，自肃叱曰：尔等受国厚恩，今若从逆，事败族矣；听令言，毋恐，不则持令首去。抵暮，众散，狡黠者悉遁去。……（后来叛者甚众）突围出驰入袁州，太守壮之，留与议守，乃为之区画形势，治战守具，大兵至，袁州获全，万亦复乃归。……大小数十战，斩获无算，贼由是惮万，伪将军夏国相啖以百计，自肃缚使，献其书，上嘉曰忠贞"①。

（三）太平军与捻军时期活动

咸丰三年（1853），太平天国定都南京，派林凤祥、李开芳等北伐，占领天津，向北进军时未经行山东。太平天国援军曾立昌北上时接连占领东阿、张秋、阳谷、莘县、冠县等地，于咸丰四年（1854）四月攻克临清州，被清军阻击，南撤时于冠县战亡。林凤祥、李开芳等孤军深入，被清军重围，由河北阜城接连突围南下至高唐，错过与援军的会合，咸丰五年（1855）正月在茌平冯官屯战败，林、李先后被俘杀。清军与太平军的战斗在山东主要波及德州、聊城地区。咸丰三年（1853），捻军在豫南、皖北一带起义，与太平军维持"听封不听调"的关系，独立或配合太平军转战8省10余年，在山东主要波及西南、南部和中部广大地区。

鲁西北地区望族参与了对太平军和捻军的军事活动。望族中做官或是取得功名的成员，纷纷奉旨或主动办理或协办地方团练事务，提出剿抚等策略，巡防城池甚至主动率乡勇出战，监督制造攻防器具；被围城时，还捐献钱粮，救济城中难民，支援军事活动。

聊城朱学笃"时粤匪、捻匪蔓延山东，奉旨回籍办本省团练，议剿议抚动中机要"②。傅斯怿"丁内艰回籍，适捻匪出没齐鲁间，协办团防，

---

① 民国《无棣县志》卷一〇《人物》，民国十四年铅印本。
② 宣统《聊城县志》卷八《人物》，清宣统二年刻本。

算无遗策"①。朱桂丹"咸丰初，发逆犯境，以诸生襄办团防，肃清保教"②。杨绍和"时贼势张甚，请于僧邸，自率乡兵数百人身当前敌，初战于附郭，再战堂邑柳林及莘县诸邑，奸贼数千人，旬余迭复四县，事平擢道员"③。

海丰吴式训"候选家居，粤匪据连镇，距邑密迩，官绅议团练，造铳炮刀矛为战守具，式训实事求是，逐件必目监手试。局中更番值宿，除夕人皆散，独毅然襆被往"④。

阳信劳熙春"同治七年捻匪困城，捐米与钱，赈济甚众"⑤。

沾化丁作圣"性慷爽，急公好义。同治七年夏，捻匪扰境，作圣年逾七旬，倡众缮城固守，部伍器械，布置周详，昼夜巡查，衣不解带者两月，乡众藉资保障，捻匪四至城下，均经击退远遁，邑城得以保全"⑥。

惠民李宝林"咸丰间逆匪张宗愚犯青邑，势将渡黄河，宝林集聚民丁，沿河守御，河西遂保无恙"⑦。

望族士绅出力甚多，对阻止太平军与捻军的进攻很有效果。聊城"得民办团修守甚力，贼知不可犯，遂趋朝城"⑧；杨绍和与捻军力战，收复四县，以军功擢为道员。

（四）地方武装活动

除以上规模大、范围广的军事活动外，明清时期，特别是明末和清末，鲁西北地区还发生许多起灭无常的地方性武装活动，各地望族为维护家族利益和地方稳定，开展大量军事活动，如训练乡勇武装、办理团练、修葺城守、剿捕"寇匪"等，为当地地方官和百姓等所倚重。

聊城傅以渐"值明季土寇之乱，昼夜守城，犹手不释卷"⑨。傅绳勋

---

① 宣统《聊城县志》卷八《人物》，清宣统二年刻本。
② 宣统《聊城县志》卷八《人物》，清宣统二年刻本。
③ 宣统《聊城县志》卷八《人物》，清宣统二年刻本。
④ 民国《无棣县志》卷一一《人物》，民国十四年铅印本。
⑤ 民国《阳信县志》卷五《人物》，民国十五年铅印本。
⑥ 民国《沾化县志》卷二《人物志》，民国二十四年铅印本。
⑦ 光绪《惠民县志》卷二二《人物志·义行》，清光绪二十五年刻本。
⑧ ［清］潘遹撰：《山东军兴纪略》卷一《粤匪二》，《中华文史丛书》之六十七，华文书局股份有限公司印行，1968 年，第 35 页。
⑨ 宣统《聊城县志》卷八《人物》，清宣统二年刻本。

"咸丰初年，土匪宋景诗倡乱，以在籍绅士奉旨办团，协力防守，境赖以安"①。

　　海丰张珍"体仁子……时鼎革未几，土寇蜂起，与从弟璪训练乡勇，捍御有方，寇至抵敌者数次，乡人恃为保障，举义官，邑宰赐匾额曰：功高御侮"②。

咸丰四年（1854 年），聊城、茌平、东阿、阳谷一带"土寇蜂起"，"聊令饬在籍按照磨李钟连、武生刘文率练勇捕剿"③。

## 四、公益活动

明清时期，鲁西北地区望族依靠雄厚实力，举办各种公益活动，修建公益设施，救灾济困，弥补政府力量之不足，因此赢得了当地民众的支持，树立了更高声望。

（一）公益建设

地方的公益建设一般包括境内的堤坝河岸、道路桥梁、城池和祠庙、普济堂、育婴堂、义田、义冢等设施的建设。

明代，地方财政始终处于十分困窘的状态，而且结构严重不合理，用于地方公益事业的资金捉襟见肘④。嘉靖《夏津县志》对此状况有详细的说明："今之守令，凡城池、学校、公署、铺舍、桥梁之类，以兴修为大禁，废不举，敝不葺，荒颓败落之甚，竟诿之不知。是岂有司之得已哉！兴修之费，不出之官，则出之民。出之官则上疑，出之民则下谤。故稍自好者，则深避而不为。"⑤

至清代，州县衙门经费仍是严重不敷，以致州县官不得不靠征税之便等多方罗掘⑥，这样，能用于地方公益建设的资金就极为缺乏。故当时地方官都很明白："邑有兴建，非公正绅士不能筹办，如修治城垣、学宫及各祠庙，建育婴堂，修治街道，俱赖绅士倡劝，始终经理。胥吏既无由中饱，费省工坚，已

---

① 宣统《聊城县志》卷八《人物》，清宣统二年刻本。
② 民国《无棣县志》卷一三《人物》，民国十四年铅印本。
③ ［清］潘遹撰：《山东军兴纪略》卷一〇《土匪一》，《中华文史丛书》之六十七，华文书局股份有限公司印行，1968 年，第 436 页。
④ 吴琦、赵秀丽：《明代地方财政结构及其社会影响》，《商丘师范学院学报》2004 年 8 月第 20 卷第 4 期。
⑤ 嘉靖《夏津县志》卷一《地理志》，上海古籍书店 1962 年影印本。
⑥ 岁有生：《清代州县衙门经费》，《安徽史学》2009 年第 5 期。

亦不劳而治，且免浮言。概以不见绅士为远嫌，犹未免于内之不足也。"① 可见，对地方官而言，由当地士绅主持公益建设有许多便利之处：节省费用，保证质量，不劳管治，免于议论，缓解资金不足，等等。因此，地方官乐于将诸项公益建设交由望族士绅监管办理。如聊城傅宗尧，"捐职千总，性孝友，好施予，府县守令器重之。遇修城郭、庙宇工程令董其事。冬月赈贷贫民，令司给予，公费外，每自捐资施舍"②。

除工程建设外，许多望族士绅都会主动捐资修建公益设施，这方面的例子多不胜数：

聊城傅光宅"喜施予，置学田五百亩，以瞻贫士"③。朱鼎延"里居十余年，……未尝营资产，捐修东郡考院"④。任克溥"急难好施，家居二十余年，捐修学庙等工，祀乡贤"⑤。

乐陵史高胤"尝捐学田二百五十亩以瞻贫士"⑥。

平原赵钺"父好施予，又多所营建。钺曲体其意，所需皆豫，父甚安之"⑦。

滨州杜彤光"州创建书院，重修学宫，皆躬任其事，不避劳怨"⑧。

海丰吴峋"抵里后，凡地方要政如修城垣新书院增膏火，无不苦心经营"⑨。吴重周"咸丰中，捻逆薄清河，意图抢渡，重周建议筑城外围资防御，人或难之，持意坚曰：知而不为失时也，为而不终无勇也，怨与劳吾身任之，惟期于事有济耳。两月圩城"⑩。

阳信劳巘"慷慨好善，闻善必为，雍正十二年（1734）捐腴田十亩于普济堂。河东督宪王公旌其门曰：恺恻情殷"⑪。劳峨"归里，邑有公事，率先捐资"⑫。劳之庄"家居不仕，生有隐德，乡中义举如教育事业

① ［清］徐栋辑：《牧令书》卷七，第4页b。
② 宣统《聊城县志》卷八《人物》，清宣统二年刻本。
③ 宣统《聊城县志》卷八《人物》，清宣统二年刻本。
④ 宣统《聊城县志》卷八《人物》，清宣统二年刻本。
⑤ 宣统《聊城县志》卷八《人物》，清宣统二年刻本。
⑥ 乾隆《乐陵县志》卷六《人物》，清乾隆二十七年刻本。
⑦ 乾隆《平原县志》卷八《人物》，清乾隆十四年刻本。
⑧ 咸丰《滨州志》卷一〇《人物》，清咸丰十一年刻本。
⑨ 民国《无棣县志》卷一〇《人物》，民国十四年铅印本。
⑩ 民国《无棣县志》卷一二《人物》，民国十四年铅印本。
⑪ 民国《阳信县志》卷五《人物》，民国十五年铅印本。
⑫ 民国《阳信县志》卷五《人物》，民国十五年铅印本。

等事，无不竭力提倡"①。

惠民李之庄"州学倾圮，捐赀修葺。建立义学，教育单寒三十余年不废。岁饥，辄于通衢设粥厂，以食饿人，全活无算。州东南有徒骇河，每冲决淹没田庐，倡筑堤岸以御水患，阖州赖之。以子甡麟赠翰林院庶吉士，卒祀乡贤"②。李之蕡"学宫倾圮，捐赀修葺，设立义塾，延师造就寒士"③。李宝林"乡饮介宾，性好善，见义勇为。凡遇修庙筑桥诸善事，无不捐赀"④。

在诸项公益建设中，望族士绅尤其注重学宫、考院等教育事业的捐建，这与其身份密切相关。雍正二年（1724），曲阜孔庙失修，皇帝认为詹事府少詹事钱以垲所奏"内外大小臣工幼业诗书，仰承圣泽，各宜捐赀修建等"是很正当的理由，并要求"今直省府州县文庙、学宫或有应修者，本籍科甲出身现任之员及居家进士、举人、生员平日读圣人之书，理宜饮水思源，不忘所自。如有情愿捐赀，不必限以数目，量力捐出修理"⑤。这就使各地士绅，不论从饮水思源的道义上，还是在朝廷倡议方面，都有了捐赀修建教育设施的义务。所以，许多望族成员都积极地致力于此，有时地方官会要求望族士绅捐赀建学，如聊城沙镇义学，即是"咸丰九年（1859），知县许济清捐俸京蚨五百千，谕令沙镇绅士朱桂丹、张更裕等共集京蚨五百千于沙镇太公庙"⑥ 所设立的。另外，鲁西北地区洪涝灾害频繁，河岸堤坝需时常修建，多有望族成员捐赀出力，主导其间。

（二）赈灾济困

明清时期，鲁西北地区旱、涝、雹、冻、蝗等自然灾害频发，极易造成农作物歉收，给地方带来严重的饥荒；有时直接造成很大的人员伤亡，或引起疫病而造成人员伤亡。依靠官府有限的经费和人力完成救济饥民、施药救治、瘗葬善后等事宜，是很困难的。地方望族凭借雄厚的实力，在此时大有作为。望族赈灾之举十分常见。

高唐朱维"宏祚从子，……康熙四十三年（1704），大饥，倡设粥

---

① 民国《阳信县志》卷五《人物》，民国十五年铅印本。
② 光绪《惠民县志》卷二二《人物志·义行》，清光绪二十五年刻本。
③ 光绪《惠民县志》卷二二《人物志·义行》，清光绪二十五年刻本。
④ 光绪《惠民县志》卷二二《人物志·义行》，清光绪二十五年刻本。
⑤ 《清实录·世宗宪皇帝实录》第 7 册卷二三，中华书局 1986 年版，第 374 页。
⑥ 宣统《聊城县志》卷四《学校志》，清宣统二年刻本。

厂，多所全活"①。

沾化丁钰"康熙癸未年饥，施粥以济饿者，或有死亡，即给棺木瘗之"②。

惠民李之蕡"丙子岁歉，……于通衢煮糜赈饥。癸未水灾，偕族人施粥城隍庙，宗党亲知以缓急告者无不应。冬月制棉衣济寒。图圄中人各予草一束，钱百文，岁以为常。……乐善好施，终身无倦容。州守征为乡饮大宾"③。李寿泓"慷慨乐施，癸未东省大饥，泓父钟麟侨寓金陵，驰书命泓捐赀赈济。泓奉行维谨，设立粥厂，按户分济。自春至夏，麦熟方止。一日之内，赖以糊口者，二万余人。又值瘟疫蔓衍，延医制药，无间晨夕。殁则施棺殓瘗，州人咸被其泽，及卒，童叟皆为感泣，私谥恭惠先生"④。

德州卢荫文"居乡有任恤之风"⑤。

平时，遇有生活困难的人，望族成员也多乐于相助，不吝捐赀。

临邑邢王佐"有家贫不任婚葬之事者，辄捐俸助之"⑥。

聊城傅学易"施德行义，洽于乡里"⑦。傅以渐"每闻百姓疾苦，若切于身。同里有义举必赞成之"⑧。傅以鼎"直亮慷慨多义举"⑨。傅斯忱"遇有乡邻义举，戚族窘急，靡不随时资助"⑩。杨绍和"乡里困乏，助婚假筹丧葬者未易一二数"⑪。任士理"至性敦笃，乐施予。遇人急难，解囊倾困以济，无德色"⑫。

海丰吴志德"贷贫贾以金，其人物故不能偿，召其子，折券示之，无德色，其周恤类如此，卒，乡谥荣寿"⑬。吴式仪"举乡饮耆宾，躬行

① 光绪《高唐州志》卷五《人物》，清光绪三十三年刻本。
② 民国《沾化县志》卷二《人物志》，民国二十四年铅印本。
③ 光绪《惠民县志》卷二二《人物志·义行》，清光绪二十五年刻本。
④ 光绪《惠民县志》卷二二《人物志·义行》，清光绪二十五年刻本。
⑤ 民国《德县志》卷一〇《人物志》，民国二十四年铅印本。
⑥ 同治《临邑县志》卷九《人物》，清同治十三年刻本。
⑦ 宣统《聊城县志》卷八《人物》，清宣统二年刻本。
⑧ 宣统《聊城县志》卷八《人物》，清宣统二年刻本。
⑨ 宣统《聊城县志》卷八《人物》，清宣统二年刻本。
⑩ 宣统《聊城县志》卷八《人物》，清宣统二年刻本。
⑪ 宣统《聊城县志》卷八《人物》，清宣统二年刻本。
⑫ 宣统《聊城县志》卷八《人物》，清宣统二年刻本。
⑬ 民国《无棣县志》卷一三《人物》，民国十四年铅印本。

节俭，和厚宽易。……尤喜急人之急，有负债鬻子者，捐百金赎还之，无吝惜，亦无德色。急公好义，有先民遗风"①。

海丰张体仁"急公尚义，间里钦服"②。张映衡"家居，有以岁荒鬻子哭者，给以金，俾完聚，人问姓氏，笑而遣之"③。

沾化丁栋"性豪爽，后家渐饶，遇人窘急，辄倾囊助之，无德色。……设塾延师，以教里党中贫而有志者。周困济急，岁以为常事焉"④。

阳信劳天宠"救患济贫，前后捐施不可胜计"⑤。劳可嘉"尤喜行周济事，一时赖以缓急者甚夥"⑥。

地方望族如此热衷于参与地方公益活动，原因有以下几个方面：

一是历史传统的影响。鲁西北地区地近燕赵，受历史文化与儒家思想的影响，人民重义轻利，有济南府"贵礼尚义"；东昌府"有周孔遗风……性质直怀义，有古之风烈"⑦ 等记载。明清之前也出现许多热心公益的人物：南北朝时临清路邕"群庶嗷嗷，将就沟壑，而邕出自家粟赈济贫窭，民以获安"⑧；武城房景远"好施与，频岁凶歉，辄分所有以赡宗亲，又于通衢以饲饿者，存活甚众"⑨；五代滨州边凤"善行蔼于门闾，始终不渝节"⑩；等等。这些历史传统和义行被明清时期的望族所继承和模仿。

二是朝廷政策的激励。明初，朱元璋曾下谕："朕置民百户为里，一里之间有贫有富，凡遇婚姻、死丧、疾病、患难，富者助财，贫者助力，民岂有穷苦急迫之忧……"⑪ 明清朝廷还对御敌卫乡，有功于民众生命、财产安全者授予官职，对德行高尚者实施旌表：

平原董振秀"明末土寇蜂起，振秀练乡勇为守御，又值岁饥，捐资

---

① 民国《无棣县志》卷一三《人物》，民国十四年铅印本。
② 民国《无棣县志》卷一三《人物》，民国十四年铅印本。
③ 民国《无棣县志》卷一一《人物》，民国十四年铅印本。
④ 民国《沾化县志》卷二《人物志》，民国二十四年铅印本。
⑤ 民国《阳信县志》卷五《人物》，民国十五年铅印本。
⑥ 民国《阳信县志》卷五《人物》，民国十五年铅印本。
⑦ 康熙《山东通志》卷八《风俗》。
⑧ 乾隆《临清直隶州志》卷八之上《人物》，清乾隆五十年刻本。
⑨ 嘉靖《武城县志》卷七《人物志》，《天一阁明代方志选刊》第 43 册，上海古籍书店 1982 年版。
⑩ 咸丰《滨州志》卷一〇《人物》，清咸丰十一年刻本。
⑪ 《明太祖实录》卷二三六，洪武二十八年二月乙丑条。

施粥，活饥民数万人，由功贡通判太平"①。

德州萧时亨"性慈好施，周急赈乏，倾囊不惜，士林重之，举为乡饮大宾"②。

聊城许其进"敦睦孝悌，赈急好施，年八十有一卒，祀乡贤"③。

海丰吴岣"后邑人思其德，公议谥曰贞惠"④。

沾化丁金绶"同治戊辰，城防出力，山东抚宪奖以九品职衔，候铨主簿，卒年八十岁"⑤。

这些人物也会被记入方志、被举为乡饮酒礼的座上宾、得到乡邑谥号、被祀乡贤等。

三是家训族规的约制。为在地方保持威望，并为家族发展营造良好环境，鲁西北望族一般都将参与公益建设、救助乡里作为家训、族规的重要内容，以训诫子孙。如惠民李氏《宗约》要求族人注意"恤孤苦"："一曰水火，二曰盗贼，三曰疾病，四曰死丧，五曰孤弱，六曰诬枉，七曰贫乏。"⑥ 同时，有能力的望族成员常积极开展公益活动，为子孙作出良好的表率，而后辈也往往以继志为孝，将父辈的各种义举持续下去，或将父辈建设公益的想法付诸实践。

## 五、文化教育活动

明清时期，鲁西北地区望族多是文化世家，因此在当地文化教育活动中十分活跃。望族成员建立书院学校，担任教师，或结成文化社团，进行文艺创作，或参与编修地方志、祭祀等活动，成为地方文化教育活动的主导者。

### （一）教育活动

明清时期，教授生徒是鲁西北地区望族士人时常从事的教育活动。在未担任官吏时（包括尚未有担任官吏机会时和因各种原因从官职卸任后），设帐授徒往往是他们治生的重要手段；而其本人一旦科举成功被选任为官，文名大振，就会有更多人闻名前来就学，通过授徒获得的收入也就更多。如：

----

① 乾隆《平原县志》卷八《人物》，清乾隆十四年刻本。
② 乾隆《德州志》卷九《人物》，清乾隆五十三年刻本。
③ 宣统《聊城县志》卷八《人物》，清宣统二年刻本。
④ 民国《无棣县志》卷一〇《人物》，民国十四年铅印本。
⑤ 民国《沾化县志》卷三《人物志》，民国二十四年铅印本。
⑥ 惠民李氏家族《宗约·恤孤苦第十》，摘引自《滨州明清望族之惠民李氏》，第149页。

滨州杜焘"未仕时,家居教授,成就甚众"①。

沾化丁望龄"事亲孝,家贫舌耕奉养,……通籍后文名日盛,从游者益广,家渐裕"②。丁其乾"甫冠入庠,即舌耕四方以供甘旨"③。丁勃"甫冠入庠,即授徒,一时知名士,皆出其门"④。丁金绥"少承家学,……家居授徒,门下士多所成就"⑤。

海丰张映房"平居教授生徒,循循有法度,出其门者多登高第"⑥。

聊城邓元瑞"授徒里中,英俊多出其门"⑦。朱续胄"在官、在家,先后著蜚声者率皆出自门墙,人至今称之"⑧。傅赓安"邑宿儒也,弱冠知名,咸丰元年(1851)制科孝廉方正,设帐授徒,循循善诱,成就后学甚众"⑨。

同时,许多望族成员在家乡建设书院,如:聊城,参政耿明建立东林书院,太常寺少卿任克溥于康熙年间建立龙湾书院;德州,工部尚书程绍于万历年间建立崇仁书院,户部侍郎田雯于康熙年间建立董颜书院;平原,张予定、赵其容、董芸、萧谦于嘉庆二年(1797)建立景颜书院;惠民,吴应龙、范得舆于道光十五年(1835)建立乡升书院;等等。在鲁西北地区任职的官员也建立许多书院。这些书院往往"延经明行修之儒为之师,拔阖郡生童之秀者肄业其中"⑩,目的是使学生们"朝夕讲诵,整躬励行,有所成就,俾远近士子观感奋发"⑪ 和"互相切劘,取资弥广,所诣弥精"⑫。家学渊源、功名兴盛的望族成员一般是当地书院教师的绝佳人选,常常在书院中担任讲席,如:

聊城朱学笃"里居娱亲之暇,严课子弟。并开笔花馆文社以授生徒,

① 咸丰《滨州志》卷一〇《人物》,清咸丰十一年刻本。
② 民国《沾化县志》卷二《人物志》,民国二十四年铅印本。
③ 民国《沾化县志》卷二《人物志》,民国二十四年铅印本。
④ 民国《沾化县志》卷二《人物志》,民国二十四年铅印本。
⑤ 民国《沾化县志》卷三《人物志》,民国二十四年铅印本。
⑥ 民国《无棣县志》卷一二《人物》,民国十四年铅印本。
⑦ 宣统《聊城县志》卷八《人物》,清宣统二年刻本。
⑧ 宣统《聊城县志》卷八《人物》,清宣统二年刻本。
⑨ 宣统《聊城县志》卷八《人物》,清宣统二年刻本。
⑩ 宣统《聊城县志》卷一三《艺文志·胡德琳启文书院记》,清宣统二年刻本。
⑪ 《清朝文献通考》卷七〇《学校八》。
⑫ 宣统《聊城县志》卷一三《艺文志·杨毓春建修摄西书院记》,清宣统二年刻本。

曲意栽培，多所成就。迭主启文、沭源讲席，厘正文体，士论翕然"①。任郿祐"引疾归，主讲启文书院，成就之人甚众"②；任兰祐"家居主临清岱麓讲席"③。

除结成正式的师生关系外，一些文名、官职较高的望族成员回到家乡后，还不断提携后进，帮助地方年轻士人进步成长。如：

德州卢道悦家居，"汲引后学，多所成就"④；卢枚"诱掖后进，以博文约礼相期许，众咸心悦诚服"⑤。

聊城傅以渐"自处无异寒素，汲奖后进唯恐不及，未尝有疾言遽色"⑥；邓守渐"潜心经史及程朱遗书，引进后学无倦色"⑦。

### （二）文化活动

明清时期，鲁西北地区望族都具有较高的文化素养和文化造诣，许多家族在全省乃至全国大有名望。望族中的士人群体是地方文化发展的重要推动力量，他们创作了大量优秀的文化作品，结成了很多大小不一的文化团体，并参与了编修地方志、乡饮、祭祀等地方文化活动。

### 1. 文艺创作

临邑邢氏主要代表人物邢侗是明代晚期最重要的书法家之一。他的书法在万历年间影响巨大，声播四夷，为明末"邢张米董"四大家之首。邢侗36岁即称疾乞休，居家筑来禽馆读书习字。他精研"二王"书法，临作甚多；精心刻制《来禽馆帖》，中以王右军《十七帖》为刻帖之上乘⑧。至其晚年，书法创作融会贯通，摆脱了前人束缚，形成了个人风格，达到创作高峰。其晚年作品最著名的有临右军《霜寒帖》《东阿尊师于文定公碑》《西园雅集图记》《论书卷》《枯木竹石图》等，另有诸多信札亦十分精彩。王洽瑞露馆刻《来禽馆真迹》以其晚年作品为主。受邢侗影响，不少家族子弟精研书画艺术，

---

① 宣统《聊城县志》卷八《人物》，清宣统二年刻本。
② 宣统《聊城县志》卷八《人物》，清宣统二年刻本。
③ 宣统《聊城县志》卷八《人物》，清宣统二年刻本。
④ 乾隆《德州志》卷九《人物》，清乾隆五十三年刻本。
⑤ 民国《德县志》卷一〇《人物》，民国二十四年铅印本。
⑥ 宣统《聊城县志》卷八《人物》，清宣统二年刻本。
⑦ 宣统《聊城县志》卷八《人物》，清宣统二年刻本。
⑧ 黄惇：《中国书法史（元明卷）》，江苏教育出版社2001年版，第383页。

如：侗子邢王称"善属文，尤工书法，海内称小邢"①；元孙邢师晢"工绘画，……以山水善名"②。

田绪宗之妻张氏为德州田氏诗歌活动之始，也是明清时期山东为数不多的女诗人。目前可见到的作品是仅存于《安德田氏族谱》的《茹荼吟》绝句三十首，题材涉及咏古、写景、赠别、题画、悼亡等，王士祯以"清丽雅下"名之。德州田氏家族成就最高、影响最大的诗人当属田雯。田雯在诗坛成名较晚，但是其地位几乎与王士祯并称，被王士祯列入"金台十子"，王鸣盛、张鹏展将其与宋琬、王士祯、赵执信列为清初"山左四家"。他的诗歌作品数量颇富，《古欢堂诗集》收录各题诗 768 题 1389 首。田霡诗歌造诣仅次于田雯。他终身未仕，心态恬淡，咏菊诗歌极多（有人统计为 93 首），占《鬲津草堂诗集》近十分之一，另外纪游写景题材也很多。诗歌方面，田霡为卢见曾启蒙老师，并与王士祯交密，为清初诗坛神韵诗派的重要成员，其诗歌深为王氏所誉。田同之在词学领域取得成就最大，《晚香词》收词 103 首，题材多为草木虫鱼、风花雪月、登临怀古、感怀伤逝、日常琐事等，反映现实生活和社会的较少；他在《西圃词说》中主张词要别有寄托，彰显性情。诗集《砚思集》收录 492 题 698 首，内容丰富，感情真挚。③

海丰吴氏家族的文化活动主要集中于法学实践与律例考证、金石学、文献整理与收藏三个领域。法学实践与律例考证方面，吴自肃、吴绍诗、吴垣、吴坛等先后任职刑部，均对刑名之学颇有心得，渐成家学。吴绍诗曾任律例馆纂修官、按察使等职，在律学理论与实践上均有建树，其子吴垣、吴坛深受影响。吴绍诗任刑部右侍郎，吴坛、吴垣先后入部，皆因善刑名之学，谕旨不必回避，成为一时佳话。乾隆四十三年（1778），吴坛撰成《大清律例通考》40卷，是清代法制史上的名作。金石学方面，属吴式芬成就最大，但吴自肃、吴坛、吴之勷、吴侍曾等前辈以及式芬外曾祖查礼、外祖查淳等均好金石，或博极群书，或广为搜藏，或辑书著文，使金石学成为独具特色的吴氏家学。吴式芬自幼好金石文字，逐渐结识名家同好，摹刻器具文字，校订《金石录》《寰宇访碑录》等金石著作，并辑著金石著作 20 余种。吴式芬子重熹拜名学者许瀚为师，重熹子幽拜许瀚弟子丁艮善为师，父子二人先后校勘、辑录金石学著作多种。文献整理与收藏方面，吴式芬校刊《宝刻丛编》，刊刻《忠义堂帖》

---

① 同治《临邑县志》卷九《人物》，清同治十三年刻本。
② 同治《临邑县志》卷九《人物》，清同治十三年刻本。
③ 本段参考黄金元：《清代德州田氏家族文化研究》，载《山东文化世家研究书系》，中华书局 2013 年版，第 196—233 页。

翻刻本 4 册、《文则》2 卷、《天下金石志》15 卷等。吴重熹整理刊行父式芬大量著作，并整理刊刻家族文献，有《海丰吴氏朱卷》4 卷、《海丰吴氏世德录》《海丰吴氏诗存》《海丰吴氏文存》（以上被称为海丰吴氏"小四库全书"）、《吴氏族谱》和许瀚、桂馥以及李之仪、白朴、王若虚、元好问等人著作。吴氏家族藏书甚多，今见著录的善本 42 种，其中手抄本 30 种。①

　　聊城杨氏以藏书文化闻名于世。杨氏藏书，始于杨兆煜。但杨以增藏书最多，占杨氏藏书总量的 85%。杨敬夫将他的藏书活动分为三期：

> 端勤公任湖北安襄郧荆道员时开始正式收购书籍，以普通及精刻本为主，可谓初期；任陕西总督时以精刻本、善本为主，兼收并蓄，对我家藏书之总卷来说，以此时所购为最多，宜为中期，亦称盛期；任河道总督时，不仅以珍本为主，并见精刻本付之，善本以此时所得为最多，可谓末期。②

　　道光二十年（1840），杨以增在家中建成藏书楼——海源阁，为坐北朝南、三楹二层的楼房。杨绍和藏书，以怡府乐善堂散出为大宗，另外也从京城厂肆等处收购。但杨绍和、杨保彝两代藏书主要以整理为主。杨绍和、杨保彝撰成《海源阁书目》，杨绍和撰成《楹书隅录》《宋存书室宋元秘本书目》《海源阁藏书目》《海源阁宋元秘本书目》等目录学著作，并考镜了版本源流。此外，杨氏还刻书 45 种，抄书 23 种。③ 虽然杨氏家族对藏书爱惜如命，"凡非契交，例不示人"④，杨保彝更是"以祖父所遗海源阁宋明板书及古字画金石禀官立案，永作家祠世守"，以期"勿为子孙毁弃"⑤，但是紧接而来的社会动荡如洪水乱流，终于还是冲散了这些难得一聚的文化珍宝。

　　2. 结社唱和

　　明清时期，山东地区文人结社虽难与江浙等南方地区相比，但在北方也算

---

　　① 本段参考孙才顺、韩荣钧：《清代海丰吴氏家族文化研究》，收入《山东文化世家研究书系》，中华书局 2013 年版，第 66—77 页。

　　② 转引自刘文生：《海源阁藏书概述》，收入聊城县政协文史组编印《聊城文史资料选辑》第 1 辑 1982 年版，第 50 页。

　　③ 以上参考丁延峰：《清代聊城杨氏藏书世家研究》，收入《山东文化世家研究书系》，中华书局 2013 年版，第 98—342 页。

　　④ 王献唐：《聊城杨氏海源阁藏书之过去现在》，载《山东省图书馆季刊》第一季第一期，第 1 页。

　　⑤ 宣统《聊城县志》卷八《人物》，清宣统二年刻本。

翘楚。鲁西北地区望族诗人、文人辈出,也常常结社唱和,如:

> 临邑邢侗"筑来禽馆于古犁丘,四方宾客造门,户履恒满"①。
>
> 聊城耿愿鲁"家居创文社,游其门者率掇巍科"②。朱续胄"工书画,精音律,尤以诗名。诗社之外,别有曲会,至期各奏一曲,尽欢乃散"③。
>
> 平原赵钺"有别墅在城东北,构亭疏池,栽花种竹,日手一编,吟咏其中。四方名流至者辄延歆浃洽,或忘其归"④。
>
> 德州田雯"壬子,三十八岁。三月,偕谢君重辉、张君衡游西山,信宿黄中丞山庄,有翠微、碧云、退谷、来青轩、松磴诸诗,又五言古诗六篇。春郊杖策,晚墅催灯。寻往迹以低徊,结朋徒而啸傲。亦间曹快游,冷官胜事也"⑤;田霡"筑鬲津草堂,多种菊,延致名流,饮酒赋诗,擅风雅者三十年"⑥。
>
> 阳信劳巘"于邑南辟别业一所,名曰亦园,日与骚人韵士相倡和,四方贤达多造焉,有半菴诗稿二卷行世"⑦。

望族举办此类文社雅集活动,有较强的经济实力作为支撑,可以为文社雅集活动提供园林别墅作为幽静适宜的场所,提供饮食和刊刻文集的费用。这些活动加强了当地士人之间的文化交流,促进了地方文化的发展。而且对望族来讲,这些活动锻炼了子弟,提高了家族在当地的声望,也有利于形成诗歌文艺上的流派。另外,这些文人墨客时常吟咏故乡景物,也赋予当地更深厚的文化底蕴。

3. 编修地方志

明清时期,地方士绅是地方志的主要编纂者,一般分为个人编纂和合作编纂两种。在地方志作者中,很大一部分来自当地望族。鲁西北地区望族成员或主动编纂,或受地方官员之聘请,参与了大量地方志编纂活动,如:

> 临邑邢惇"幼秉家学,工为古诗词,汪洋恣肆,自成一家言。尤究

---

① 同治《临邑县志》卷九《人物》,清同治十三年刻本。
② 宣统《聊城县志》卷八《人物》,清宣统二年刻本。
③ 宣统《聊城县志》卷八《人物》,清宣统二年刻本。
④ 乾隆《平原县志》卷八《人物》,清乾隆十四年刻本。
⑤ [清]田雯著:《蒙斋年谱》,载《德州田氏丛书》。
⑥ 乾隆《德州志》卷九《人物》,清乾隆五十三年刻本。
⑦ 民国《阳信县志》卷五《人物》,民国十五年铅印本。

心掌故之学，邑中文献荟萃之，成巨编，邑志自唐令续修后阅百二十余年，而徵文考献，得据以成书者，皆惊考订力也"①。

聊城邓邦"与尚书王汝训同修府志，传记多成其手，未尝一字涉私，人钦其直"②。杨保彝"东抚吴公闻其贤，延为续修山东通志局会纂"③。

海丰张守宣"编辑乡土志未梓"④。

德州程先贞"编州乘一书，垂成而卒"⑤；田雯著《长河志籍考》；田敤"自科试停止，曾佐戎幕，晚年与修志事，探讨精深，尤尽心力，咸推重焉"⑥。

望族士绅之所以对编纂地方志有浓厚兴趣，一是望族成员热爱家乡历史文化，欲借方志敦风厉俗。如田雯正是怀揣对故乡"维桑与梓，必恭敬止"的深厚情感去创作《长河志籍考》的⑦；劳嶂"不问门外事，惟邑令邱公修邑志，请与共事，则不辞，所举皆穷乡孤嫠，曰：此风化所由升降也"⑧，则将地方志看作关系地方风化的重要事体。二是望族士绅将编修地方志视为提高家族在当地社会地位的重要途径。有学者就清代县志与族谱编纂的关系进行研究，认为地方士绅"在县志中掺入了其宗族观念和私人目的，努力将私家历史记录转化为县域公共历史记录的一部分"，以"赚取更多地方文化资本"⑨。鲁西北望族成员编修地方志，也常常将事迹并不突出的宗族先祖记入方志，导致望族人物在地方志传记人物中所占比例过大。所以人们对秉笔直书、不掺私心的方志作者都十分钦服。

4. 参与乡饮与祭祀

明清时期，朝廷不断谕令各地举行乡饮酒礼，明太祖、清高宗多次修订礼仪。士绅是乡饮酒礼的固定参与者，明代"以府州县长吏为主，以乡之致仕官有德行者一人为宾，择年高有德者为僎宾，其次为介宾，又其次为三宾，又

---

① 同治《临邑县志》卷九《人物》，清同治十三年刻本。
② 宣统《聊城县志》卷八《人物》，清宣统二年刻本。
③ 宣统《聊城县志》卷八《人物》，清宣统二年刻本。
④ 民国《无棣县志》卷一二《人物》。
⑤ 乾隆《德州志》卷九《人物》，清乾隆五十三年刻本。
⑥ 民国《德县志》卷一〇《人物志》，民国二十四年铅印本。
⑦ 《清代德州田氏家族文化研究》，第182页。
⑧ 民国《阳信县志》卷五《人物》，民国十五年铅印本。
⑨ 张爱华：《清代县志与族谱编纂中的官民互动——以安徽泾县样本为中心》，《清史研究》2015年8月第3期。

其次为众宾，教职为司正"①；清初仍旧，乾隆八年（1743）改为"嗣后乡饮宾、介，有司当料简耆绅硕德者任之，或乡居显宦有来观礼者，依古礼坐东北，无则宁阙，而不立僎名"②。在鲁西北地区，颇具威望的望族士绅担任大宾、介宾等参与乡饮酒礼的情况十分常见，如张理"为仁子，廪贡生，乡饮大宾"③；吴德曾"乡饮耆宾，笃孝义，睦宗族，施济无吝惜，慕张公艺之为人，以能忍持家事，五世同居，门内翕如"④；等等。

乡饮酒礼礼仪烦琐，其目的"非为饮食，凡我长幼各相劝勉，为臣尽忠，为子尽孝，长幼有序，兄友弟恭，内睦宗族，外和乡党，或无废坠，以忝所生"⑤，这显然是为敦崇礼教、宣扬风化。地方望族通过这一途径，对地方风气文化施加了巨大的影响。同时，乡饮酒礼对君臣父子、长幼尊卑等秩序的维护和和睦宗族的要求，也有利于宗族伦理的深化，对望族的团结和建设有推动作用。

乡饮酒礼是地方官民交流的平台，大宾、介宾等会受到地方官吏的尊礼。有研究认为，成为乡饮酒礼的座上宾，除得到礼遇的荣耀外，还会产生许多实际利益，如借以标榜身份、提高本人及家族声望、有不法行为时可能得到地方官吏维护、本人及家族与他人冲突时可能得到地方官吏偏袒等，因此各种以不正当手段谋求乡饮宾介席位的现象层出不穷。乾隆二十七年（1762），内阁学士李因培上奏请严乡饮之滥举时指出："曾经犯案或健讼久者，或素行鄙秽、家稍温饱者，亦得厕身其列。迨既与宾筵之后，即有告发，而原举之地方官往往曲加回护，苟避参处，不复执法。此等案牍时时有之，其弊皆由生员、教官徇情滥举，不免有私，亦由该有司不细查案牍，任人蒙蔽，又不传到族邻询访确实，听其捏结故也。"⑥

祭祀节庆是地方的重要活动，深刻影响着当地民众的精神世界。在这些活动中，也能发现地方士绅的身影。在阳信，祭祀马神庙、日月食时救护、鞭春等活动，参加人除县令及其僚属官吏等外，还有"师生""士民""绅士"等地方士绅阶层，鞭春时"陈百戏于忠爱堂，以延绅士与民同乐"⑦。皇帝寿诞，

---

① ［清］张廷玉等撰：《明史》卷五六，第 1419 页。
② 《清史稿》卷八九《礼八》，第 2654 页。
③ 民国《无棣县志》卷一二《人物》，民国十四年铅印本。
④ 民国《无棣县志》卷一三《人物》，民国十四年铅印本。
⑤ 光绪《高唐州志》卷四二《典礼考·乡饮》，清光绪三十三年刻本。
⑥ 哈恩忠：《乾隆朝乡饮酒礼史料》，《历史档案》2002 年第 3 期。
⑦ 民国《阳信县志》卷三《典礼志》，民国十五年铅印本。

县令要"率僚属绅士设仪仗、具朝服习仪"①。有的地方还举行乡射，"各官员子弟、士民俊秀者"② 参加。与科举密切相关的文昌祠等更有"士人岁荐馨香"③。

5. 其他文化活动

还有一种文化活动十分常见，就是地方城池、学宫、祠庙等各项建设完成后，地方官员、士绅等往往委托本籍望族名人如高官重臣、著名文人等书写碑记，如葛守礼为家乡德平作《重修城隍庙碑记》《建真武庙碑记》等④，丁懋逊为家乡沾化作《重修沾化县学宫记》⑤，杜堮为家乡滨州作《重修学宫碑记》⑥ 等，不可胜计。地方借望族名人的名望、文采铭记地方事件、人物，以求流传永久；而望族名人也以此为己任，回报家乡，参与地方活动，扩大在地方的影响。

许多望族士绅还以改善地方风化为己任，探讨、提出纠正当地礼俗的措施。如阳信劳崞以"近代丧仪多荒陋，与张从菴力为厘正，邑人士言礼者多就正焉"⑦；沾化丁忠"治丧一准古礼，因掇集古仪，附以嘉言，示乡人，乡人化之"⑧；等等。

## 六、家族建设

明清时期，鲁西北地区望族十分注重家族建设，以保持家族的兴旺和在当地的声望。一方面是内在建设，规范族人行为，凝聚家族势力，并加强族人教育，保持家族文化、政治上的优势。另一方面是外部交往，建立并加强各种社会关系，借以扩大影响，巩固家族的社会地位。这些措施使许多家族得以长时间兴旺。

### （一）祠堂、祭祀与族谱

明初，群臣家庙没有定制，大多参照朱子祠堂之制，"堂三间，两阶三级，中外为两门。堂设四龛，龛置一桌。高祖居西，以次而东，藏主椟中。两

---

① 乾隆《夏津县志》卷五《典礼志》，《中国地方志集成·山东府县志辑》第19册，第88页上。
② 乾隆《夏津县志》卷五《典礼志》，《中国地方志集成·山东府县志辑》第19册，第91页上。
③ 康熙《阳谷县志》卷二《祠庙》，《中国地方志集成·山东府县志辑》第93册，第42页上。
④ 光绪《德平县志》卷一一《艺文》，清光绪十九年刻本。
⑤ 民国《沾化县志》卷八《艺文志》，民国二十四年铅印本。
⑥ 咸丰《滨州志》卷一一《艺文》，清咸丰十一年刻本。
⑦ 民国《阳信县志》卷五《人物》，民国十五年铅印本。
⑧ 民国《沾化县志》卷二《人物志》，民国二十四年铅印本。

壁立柜，西藏遗书衣物，东藏祭器。旁亲无后者，以其班附"①，以祭祀高曾祖祢四世。洪武六年（1373），确定公侯品官家庙礼仪，"别为祠屋三间于所居之东，以祀高曾祖考，并祔位。祠堂未备，奉主于中堂享祭"②，并确定各品官员的祭品。成化十年（1474），定三品以上立五庙，以下四庙："为五庙者，亦如唐制。五间九架，厦旁隔板为五室，中祔为五世祖，旁四世，祔高曾祖祢。为四庙者，三间五架，中一室祔高曾，左右二室祔祖祢。"③

清代，"凡品官家祭庙立居室东，一至三品庙五楹，三为堂，左右各一墙限之。北为夹室，南为房。庭两庑，东藏衣物，西藏祭器。庭缭以垣。四至七品庙三楹，中为堂，左右夹室及房，有庑。八、九品庙三楹，中广，左右狭，庭无庑。箧藏衣物、祭器，陈东西序。堂后四室，奉高、曾、祖、祢，左昭、右穆。妣以嫡配，南向。高祖以上，亲尽则祧。由昭祧者，藏主东夹室；由穆祧者，藏主西夹室。迁室、祔庙，并依昭穆世次，东西序于祔位，伯叔祖父兄弟子姓成人无后者、殇者，以版按行辈墨书，男东女西，东西向"④。

鲁西北地区望族品官众多，都按朝廷礼制建有祠堂，按时祭祀。聊城朱氏"每逢春节，路近的当日参加祭祀，路远的于三日内往祭。春夏秋冬时祭如上例。祖茔祭祀以清明节、农历七月十五日和农历十月初一为定期"⑤。"阁老傅"宗祠是傅以渐在擢升大学士后所建，符合清代礼制。其位于今聊城东关大街北，现为傅斯年纪念馆所在地，有楹联"版筑垣亭古，有德世泽长"，祠内将祖先追溯至商朝傅说、明初傅友德，也隐含着傅氏家族对道德的推崇。宗祠摆设与祭祀情况如下：

> 正堂为清代建筑模式，硬山脊砖瓦结构，面阔进深为三间，……东西两间几案上供奉着"阁老傅"家族始祖母李孺人、二世祖傅祥、三世祖傅纶、四世祖傅谕的神主牌位。正中间有一神龛，是为供奉傅以渐的彩色画像所设。……每年腊月三十或二十九除夕下午，由族中长辈带领，将厅堂内外清扫干净，大门、重门贴上春节对联，悬挂纱灯，厅内将傅以渐的画影展开，把太师椅摆放在正中。点燃香烛，摆上供品，向其四世主神主及"阁老爷的画影"叩头辞旧岁。第二天新正月初一日上午，傅家坟、

---

① 《明史》卷五二，第 1341 页。
② 《明史》卷五二，第 1342 页。
③ 《明史》卷五二，第 1343 页。
④ 《清史稿》卷八九《礼八》，第 2611 页。
⑤ 政协聊城市东昌府区文史资料委员会编：《东昌望族》，山东新闻出版局 2003 年版，第 48 页。

北门口、傅楼、八里庄、五乡杜、李海务、宋庄、彭庄、何官屯、傅家花
园及居住城关各支，由长辈率领来到宗祠，向其四世主及"阁老爷"叩
头行礼。礼毕，各支长辈互相拱手致意，恭贺新年，合族大团拜。

"傅氏宗祠"正厅四壁悬挂着众多匾额，有状元、进士、举人、拔
贡、优贡、恩贡、岁贡、副贡等等，厅内容纳不下，厅外廊下也有匾额悬
挂。这些匾额，都是族人取得功名者奉献的。向宗祠内奉送匾额，要举行
隆重的礼仪。送匾这天，宗祠大门悬灯结彩。堂前摆上香案供品，堂内神
龛展挂其"阁老爷的画影"。送匾行列由唢呐鼓乐在前引路，由四人抬着
结有红彩的匾额稳步前行，得中功名者紧随匾后，武乘马，文坐轿，其后
是前来祝贺的佳宾、亲友与同族本家人，看热闹的人群分列两旁。行至宗
祠门前燃放鞭炮，在堂前，得中功名者向祖宗行大礼叩拜。礼毕，挂匾。
尔后设宴款待佳宾、亲友及族人。"光宗耀祖"的场面隆重，气氛热烈。

族人还有两种礼仪在宗祠内举行：在外为官旋里者必须到宗祠致祭行
礼，如迟至一月不到者罚；族人因品学兼优而被尊为"乡贤"者，除到
地方文庙举行礼仪外，还要到宗祠向祖宗行礼叩拜，以感谢祖宗的功德。
被尊为"乡贤"的人要大摆宴席，宴请当地府县官员、老师、士绅名流、
四邻街坊及庶民百姓。[1]

"阁老傅"家族祭祀活动以农历春节之时的规模为最大。适时族中子弟提
前打扫宗祠，摆设好神主牌位、祭器等，并贴春联、挂纱灯。祭祀由长辈带
领，相互拜会。族谱规定，合族要定期参加祭祀活动，不到者要受惩罚。除祭
祀外，祠堂还承担其他事务，如族人奉送匾额、仕宦归乡者向祖先致祭行礼、
成为"乡贤"者叩拜祖先等。

惠民李氏比较《朱子家礼》《明会典》对高曾祖祢四世的排列，认为"不
如禹航李氏，创为五龛之说，中间始祖，百世不迁，高曾祖祢，依次分列左
右，参之古之昭穆之制"[2]。立大宗祠堂祭祀始祖时，各支将各支的始祖祔食，
各自带物品来祭祀。祭祀完毕，举行会餐，辈分最尊而有德的人南向坐，并训
诫族人：

"凡为吾祖之孙者，敬父兄，慈子弟，和乡里，时祭祀。无胥欺也，无胥
讼也，无犯国法也，无虐细民也，无博弈也，无斗争也，无学歌舞以荡俗也，
无相攘窃奸侵以贼身也，无鬻子，无大故无出妻也，无为奴隶以辱先也。有一

---

① 《东昌望族》，第169—171页。
② 惠民李氏家族《宗约·立宗祠第一》，摘引自《滨州明清望族之惠民李氏》，第139页。

于此，死不入祠也。"①

训诫完，族内有文化的人将族谱拿来，登记家族一年内的生死情况，并将"婚姻相周，患难相恤，善则劝，恶则戒，临财能让，于亲长能孝且弟，于邻里能睦且顺者"② 书写下来，此类善行多的人，死后可以在族谱内立传；违反上述训诫的，也记录下来，改正后才删去。这便将训诫族人、续写家谱与祭祀活动结合起来，并以死后不得入祠、善恶记入族谱、多为善行可在族谱立传等办法劝诫族人戒恶行善、团结互助。

由上可见，宗祠非仅举行祭祀活动，祭祀活动也非仅为祭祀。宗祠与祭祀往往在尊祖敬宗思想的指导下，推行宗约、族规，制定奖惩措施，试图全面规范族人生活。③

同时，为敬宗收族、承先启后，鲁西北望族继续重视并不断编修族谱。自李之藻创修至民国，惠民李氏族谱凡修五次。聊城邓氏家谱 1937 年续写过一次；朱鼎延家族康熙十年（1671）开始编修家谱，规定每三十年续修一次，道光三年（1823）、同治十三年（1874）增修，民国六年（1917）修订一次；德州田雯亲手撰修《安德田氏家谱》。据今人搜集，鲁西北地区望族部分现存族谱见表 2-30。④

表 2-30　明清鲁西北望族现存族谱统计表

| 名称 | 纂修人 | 纂修时间、版本 | 册数及保存地点 |
|---|---|---|---|
| 庆云崔氏族谱（四卷） | 崔汝瑸、崔毓鑫等续修 | 民国二十五年（1936）铅印本 | 四册，中国科学院图书馆，日本、美国藏 |
| 滨州杜氏家乘 | ［清］杜银汉修 | 清道光七年（1827）泽裕堂刻本 | 二册，中国国家图书馆藏 |
| 德州封氏支谱（三卷） | ［清］封光硕修 | 清嘉庆年间刻本 | 二册，中国国家图书馆藏 |
| 东郡傅氏族谱（三卷） | ［清］傅绳勋修 | 清道光二十三年（1843）嘉荫亭刻本 | 一册，中国国家图书馆藏 |

① 惠民李氏家族《宗约·立宗祠第一》，摘引自《滨州明清望族之惠民李氏》，第 140 页。
② 惠民李氏家族《宗约·立宗祠第一》，摘引自《滨州明清望族之惠民李氏》，第 140 页。
③ 冯尔康：《中国古代的宗族与祠堂》，商务印书馆国际有限公司 1996 年版，第 85 页。
④ 参考田家祥辑：《山东家谱知见录》，http://wenku.baidu.com/view/a380c0335a8102d276a2-2fe3.html。

续表

| 名称 | 纂修人 | 纂修时间、版本 | 册数及保存地点 |
|---|---|---|---|
| 德平葛氏族谱（十四卷、首一卷、末一卷） | [清]葛周玉重纂 | 清嘉庆六年（1801）树滋堂刊本 | 八册,中国国家图书馆、吉林大学图书馆藏 |
| 德州李氏族谱（四卷） | 魏廉敬纂 | | |
| 惠民李氏族谱（六卷） | 李荫林等重修 | 民国十九年（1930）刊本 | 六册,美国藏 |
| 德州卢氏家谱（六卷） | [清]卢见曾修 | 清乾隆二十三年（1758）序刻本 | 二册,日本、美国藏 |
| 东郡任氏族谱（五卷） | [清]任春祐等修 | 清同治六年（1867）登瀛阁刻本 | 一册,中国国家图书馆、中国人民大学图书馆,美国等藏 |
| 乐陵史氏家谱（不分卷） | [明]史以明原修,佚名续修 | 清初刻本 | 一册,中国人民大学图书馆藏 |
| 乐陵史氏家谱（不分卷） | [明]史邦直原修,佚名续修 | 清乾隆年间刻本 | 一册,中国人民大学图书馆藏 |
| 乐陵史氏家谱（不分卷） | [清]史中立修 | 清乾隆十七年（1752）刻本 | 一册,吉林大学图书馆,日本、美国藏 |
| 乐陵史氏家谱（不分卷） | [清]史尚朴修 | 清乾隆四十八年（1783）刊本 | 四册,美国藏 |
| 乐陵史氏家乘（不分卷） | [清]史炳第修 | 清光绪二年（1876）刻本 | 四册,中国国家图书馆、河北大学图书馆,美国藏 |
| 乐陵宋氏族谱（不分卷） | 宋哲元嘱察哈尔通志馆杨兆庚等续修 | 民国时期稿本 | 一册,华东师范大学图书馆藏。另有,康熙二十三年（1684）宋廷简修谱;民国二十四年（1935）铅印本,辽宁省图书馆（缺一册）、大连市图书馆和日本、美国藏 |
| 安德田氏家谱 | | 民国二十六年（1937）刻本 | 德州市图书馆存四卷 |

续表

| 名称 | 纂修人 | 纂修时间、版本 | 册数及保存地点 |
|------|--------|--------------|----------------|
| 海丰张氏家乘（十卷、首一卷、末一卷） | ［清］张映房修 | 清嘉庆二年（1797）敬身堂刻本 | 四册，中国国家图书馆，日本、美国藏 |
| 无棣张氏家乘（十二卷、首二卷、文存一卷） | 张守炎、张守宣等续纂 | 民国三年（1914）敬身堂石印本 | 日本、美国藏 |
| 无棣吴氏族谱 | 吴式楷、吴保昌等人组织编修 | 民国二十二年（1933） | |

家谱对族人行为上的约束作用除上文提及的书写善恶之外，对个别德行败劣的族人，还会有逐出族谱的惩罚。聊城"阁老傅"族规规定："族中有伤风败俗腼然无耻者、有玷伦常有辱先人者，出谱。"①

海丰吴氏除编修族谱外，还将先人事迹整理刊刻出《吴氏诗存》《吴氏文存》《吴氏世德录》《吴氏试艺》等，也对家族建设作出了贡献。

**（二）家族教育**

**1. 家礼**

明清时期，在鲁西北地区望族中，"同居共财"的大家庭并不多，"分居异财"的小家庭占据主导。这种状况使德平葛守礼十分担忧："习俗浇薄，子壮无不思出分，分即瓦裂，以予少所见故家一二缙绅尤甚，今存者不能十一。"② 鉴于有类似的忧虑，许多望族不得不重视家礼建设，以敬宗睦族。

德平葛氏家礼建设十分突出。除建祠堂、修族谱外，葛氏还规定立宗子的办法，置办宗宅与宗田，以维护宗法秩序。葛氏规定："立宗子法，必立长子。如甚不才，必立长孙。"③ 宗子主祭祀，管理全族事务，之外立"宗副"一人。葛氏家族还设"庄头"一职，负责管理散居的各庄族人。家族内部通力协作："士农工贾执业分为四事，择宗人及子弟贤能者分任之。士以司仪，其目则祭祀用人、教令宾客、人情礼仪、医药书画及岁时遣使四方等项；农以司田，其目则土地赋税田租、人夫牛骡、农器车辆、柴草粪积等项，及一岁合用内供粟麦油面、花绵丝枲俱如派数，行令各庄分赍送查考；工以司葺，其目

---

① 李泉：《清代聊城傅氏家族文化研究》，收入《山东文化世家研究书系》，中华书局2013年版，第326页。

② ［明］葛守礼：《葛端肃公文集》卷三《德滋堂记》，四库全书存目丛书本。

③ ［明］葛引生：《家礼摘要》卷一《宗法》，《东山葛氏遗书》，清嘉庆九年（1804年）刻本。

则房屋、树株、物料、畜养马羊鸡猪、房屋、器皿、工匠、薪炭、窑冶等项；贾以司货，其目则贷偿、市货、籴买、收放、居积、饮食、衣服、杂用、计算。"① 宗田、宗宅"令宗子世守之，供祭祀、修理、保家之用。以其余助婚丧，恤疾困，奖有志，举义事，其为非辟淫荡者，虽贫不得顾焉。宗子足以为家则宗人有赖，宗人不足以为生则宗子可以相资，义斯兼举。故此田此宅，众子可共而不可分，宗子得主而不得易。违者论诸不孝，族人诘之，乡党刺之，官府正之，必不使坏此法。间有贤者各以其力量有所增，则为善矣。"② 宗田、宗宅由宗子所主，即葛氏家礼所称"宗子有家非倍众子，则不足以统驭"之意。葛守礼子葛引生撰《家礼摘要》五卷，分通礼、冠礼、婚礼、丧礼、祭礼，为葛氏宗族提供冠、婚、丧、祭、交际诸礼仪，使敬宗睦族的目标成为可能。③

聊城"阁老傅"家族族规除对祖茔和家庙祭祀作出规定外，还规定"族中添丁起名及改名者均就于老家祠内，每年正月行礼日期，秉知族长，照拟就十六字，按次命定，以免犯复。后辈名字宜恭避先辈之名字"；"族中无子者，宜于近支过嗣。近支无人则于远支过嗣，不得过异姓人为子，违者不入谱"④。即规范族人命名，保持家族血缘关系，以维护宗法秩序，同时禁止子弟不务正业或滥充官役。

惠民李氏《宗约》有"立宗祠""讲宗法""明祭奠""崇礼教""垂家训""守俭朴""勤职业""肃闺门""驭家众""恤孤苦"十部分，内容十分全面。《宗约》规定，宗法分大、小宗，大宗子有立祖祠、修坟墓、时祭祀、重牒谱、正名分、收宗族、恤孤寡、行四礼、止争讼、持门户十责。若不能，则按尊尊、老老、贤贤的原则推选代为大宗子者；按时祭祀诸神，继始祖的大宗立五龛祭祀，继高祖的小宗立四龛祭祀，继曾祖的小宗立三龛祭祀，继祖的小宗立二龛祭祀，继祢的小宗立一龛祭祀；父子兄弟相处各按其礼数，事父母姑舅谨孝，按时省问，长幼相交以礼；勤修职业，不为奸骗、赌娼、拖欠包揽、健讼、游荡、傲慢、贪奢等事；闺门严内外关防，禁止外来男子，禁卖婆、尼姑、女戏等入中门，持清白家风，寡居则丹心守节；家众不必太多，勿因家众累终身名节，严饬仆从，与田野细民平等交易，不得占便宜，不能挟势

① 《家礼摘要》卷一《宗法》。
② 《葛端肃公文集》卷三《德滋堂记》。
③ 本段参考赵克生：《家礼与家族整合：明代东山葛氏的个案分析》，《求是学刊》2009年3月第36卷第2期。
④ 李泉：《清代聊城傅氏家族文化研究》，第322页。

恃宠，为非作歹；族人孤苦，必有赈救；等等。①

虽然上述三个家族都礼法完备，但是这些规约具体执行情况如何，还是值得怀疑的。地方志中偶见望族成员家法严肃的记载：如聊城邓苞瑞"以老致仕，家居礼法严肃"②；滨州杜彤光"家严整，虽私室燕处，家人环列，肃若朝典。世族言家法者，以杜氏为称首焉"③ 等。地方志因其罕闻、难得而记录这些事迹，似乎可以反面证明，望族世家平时是没有这样"肃若朝典"的礼法的。又如阳信劳嶂经常"慨礼教缺废，士大夫多无家法"，更是直接说明士大夫之家家法缺废，劳嶂也不得不"略仿司马氏家信、吕氏乡约为家规，闺门之内肃若朝廷"④。

望族内部也会以宴饮等更为轻松的方式尊宗睦族，如聊城任克溥"己未京察落职归，……筑绮园于北坝，又筑孰睦堂，兄弟皆耄耋，侄亦有高年者，宴聚一堂"⑤。

同居共财的大家庭虽少，但也有个案，可使我们对此类家族日常的维持管理和礼法有所了解，如：

> 惠民李麟趾"与弟汝棠友于甚笃，父焕兄弟五人均已分爨。汝棠出嗣于叔，仍与兄合居焉。麟趾子祯、汝棠子瑞仍承父志，不忍分析。务农服贾，家日丰裕。祯与瑞各生三子，祯卒，长子景文随叔主家政，子息日繁，恐坠，诒谋于是，严定规条，垂为家训，士农商贾，各执一业，俾无游惰，子妇辈轮流执炊，男女不杂坐，少长不同席。长者前，子侄毕集晨昏奉侍，出必告，反必面。至戚子弟不能自存者，收恤之，或读或耕，视其才。尤喜行善事，于村中设立义学。咸丰间，寇警，独出粟与村众筑埝相保。及捻匪入境，远近避难者周以粟，费至数百石，不取偿。景文弟景尧精于医，病者踵于门，远者并食之饭，邑中称善人者以李氏为最。计自焕迄今，同炊者已六世矣，曾元林立，家道炽昌"⑥。

家族规条对子弟职业、男女少长礼仪规矩、恤助戚族等作了规定，有利于大家庭的整合和持续发展。

---

① 本段参考惠民李氏家族《宗约》，摘引自《滨州明清望族之惠民李氏》，第139—154页。
② 宣统《聊城县志》卷八《人物》，清宣统二年刻本。
③ 咸丰《滨州志》卷一〇《人物》，清咸丰十一年刻本。
④ 民国《阳信县志》卷五《人物》，民国十五年铅印本。
⑤ 宣统《聊城县志》卷八《人物》，清宣统二年刻本。
⑥ 光绪《惠民县志》卷二一《人物志·孝友》，清光绪二十五年刻本。

2. 教育

明清时期，鲁西北地区望族之所以长时间兴旺，主要因为他们十分重视对子孙后代的教育。

沾化丁氏家训提出"家虽贫，必令子孙读书"①；滨州杜氏家族提出"子孙虽愚，诗书不可不读"②；德州田氏家训"承德公以文学起家，今二百余年矣，绍述成风，不可不务读书。贫而读书，可以资生成名，富贵读书，庶免鄙陋之诮"③。可见他们都十分重视对子孙的文化教育。

鲁西北地区望族大多也很重视对子孙的启蒙教育。滨州杜墱认为："父兄教子弟之法，尤在于早，及子弟未染旧习时觅得出头正路，若待已沦肌髓，岂有及乎？"④ 并提出"孩提之童，知爱知敬，始家邦终四海，即由此充之，非有加也"⑤。海丰吴氏家族编有《家塾授蒙浅语》，将师生之礼、读书方法和次序、习字方法等浅显易懂地教给年幼子弟，为日后学习打下坚实基础。聊城杨保彝"幼秉庭训，循礼法，天怀旷逸"⑥，即是深受幼时家教影响。

在鲁西北地区各望族中，普遍存在长辈严课子孙、族人能者为师的现象。如平原赵玖"庭训甚严，有弗率则不语不食，改而后已，诸子相继食饩"⑦；滨州杜墱"公暇课子孙极严，时励以艰难树立之义"⑧；杜彤光"父没，自任家政，课弟彤辉读，卒以成名"⑨；海丰吴自肃总结自己治举子业的经验，撰《作文家法》，指导子孙科举试艺；聊城邓钟岳"待诸弟甚挚，督课亦不少宽"⑩；聊城任克溥"己未京察落职归，闭门课子"⑪；德州田元春以疾归乡后，"教诸弟，皆有文名"⑫；等等。聊城"阁老傅"家族教育有两个特点：一是在傅氏家族中，长辈严课子弟读书，族人学有所长者，则教授他人，不论辈分；二是延聘名家为师，教授子弟，就学于大家，以求真知。⑬ 如傅正揆

① 《沾化丁氏家训》，摘引自《滨州明清望族之沾化丁氏》，第 62 页。
② 《滨城杜氏述训》，摘引自《滨州明清望族之滨城杜氏》，第 153 页。
③ 黄金元：《清代德州田氏家族文化研究》，第 55 页。
④ ［清］杜墱：《石画龛论述》，《四库未收书辑刊》第 9 辑第 13 册，北京出版社 2000 年版。
⑤ 《滨城杜氏述训》，摘引自《滨州明清望族之滨城杜氏》，第 152 页。
⑥ 宣统《聊城县志》卷八《人物》，清宣统二年刻本。
⑦ 乾隆《平原县志》卷之八《人物》，清乾隆十四年刻本。
⑧ 咸丰《滨州志》卷一〇《人物》，清咸丰十一年刻本。
⑨ 咸丰《滨州志》卷一〇《人物》，清咸丰十一年刻本。
⑩ 宣统《聊城县志》卷八《人物》，清宣统二年刻本。
⑪ 宣统《聊城县志》卷八《人物》，清宣统二年刻本。
⑫ 民国《德县志》卷一〇《人物》，民国二十四年铅印本。
⑬ 《清代聊城傅氏家族文化研究》，第 282 页。

"闭门扫轨，课诸孙朝夕不倦"①；傅潜的授业师有知名宿儒、族侄傅赓安，也有葛文麟、侯云登、朱正谊等名儒②。

《述训》是滨州杜氏总结家族教育经验的著作，提出了许多科学的思想和理念：（1）"身教"重于"言传"，倡导以身作则。如"教子以身不以言"；"何以教子？修身之道，即教子也"；"身为家长，宜率先子弟，各执其业"。（2）知行合一。如"读经，要收纳到身心上来；读史，要推拓到事物上去"；杜彤光"教诸子先实行而后文章，皆可为世法"③。（3）重视道德品质的教育。如"教子之法，弟子一章尽之矣。孝悌、言行、处身、接物，推其义类，则曲礼、内则、少仪毕具其中"。（4）终身学习，注意教子。如"人之于学，终身焉而已矣……吾谓终身焉而犹不已也，教子是也"。还提出为学，要先安贫，先须立志，先要拓其识见，先要宏其器量，等等。④上述思想理念对如今的教育活动也很有借鉴意义。

同时，与广大一心准备科举考试、谋取官职的士子相比，相当一部分望族子弟虽未获取官职，但已通过跟随为官的父兄，参与处理政务，因而获得了丰富的行政经验，这也是望族对子弟教育的一部分。如滨州杜彤光"父鼐历官烦剧，命佐理庶务，皆擘画精详"⑤；海丰吴绍诗"早随世父任习吏事，及历刑部久，益精练考，定新旧法式，具为规条"⑥；海丰张映玑"镇子，幼随父漳州任，漳浦卢茂之变，镇闻报往剿，办郡城官吏皇皇，邑令某就商防策，映玑曰：恐匪人乘间煽动，不如以卢茂已擒、余党已散安民心。令称善。遍示四乡，民果安堵"⑦。可见当地下级官员也认同这些望族子弟参与当地行政事务。这种官场习惯锻炼了仕宦人家的子弟，一定程度上可以解释望族多出能吏的现象。

除接受良好教育、获得做官经验外，通过荫官、族中为官者的荐举等方式，望族子弟有更为便利的入仕捷径，这是一般士人难以企及的，如海丰吴象宽"内举不避亲，象宽以侄绍诗名上，后官至尚书"⑧。

一般来说，望族士绅有更为广阔的视野，能更准确捕捉世局的变化趋

---

① 宣统《聊城县志》卷八《人物》，清宣统二年刻本。
② 顾廷龙主编：《清代朱卷集成》第 127 册，第 150 页。
③ 咸丰《滨州志》卷一〇《人物》，清咸丰十一年刻本。
④ 本段参考滨城杜氏《述训》，摘引自《滨州明清望族之滨城杜氏》，第 152—162 页。
⑤ 咸丰《滨州志》卷一〇《人物》，清咸丰十一年刻本。
⑥ 民国《无棣县志》卷一〇《人物》，民国十四年铅印本。
⑦ 民国《无棣县志》卷一〇《人物》，民国十四年铅印本。
⑧ 民国《无棣县志》卷一一《人物》，民国十四年铅印本。

势，并能在变局到来之时及时调整对子弟的教育方式，以适应新形势。如劳翊宸"时合肥李文忠公秉节津保，讲求新政，注意轮船、铁道、邮传、工艺、外国文字等事，创办学堂以储人才。遂令次子之常入堂肄业，学成服务路政，卓著成绩。民国肇建，总办山东河务，历任交通次长、代理部务，现任交通总司令，以交通次长兼任京汉铁路局局长，望重中枢，为国柱石，丰功伟绩，方兴未艾"①。即是劳翊宸料得先机，令子接受新式教育，顺应了时代潮流。

通过以上严格、有效和更有优势的家族教育，鲁西北地区望族将经努力获得的文化资源在家族内传继下去。法国著名社会学家布尔迪厄提出文化资本的传递逻辑："一方面，呈现于客观化的状态中的文化资本，以及令这一客观化发生所需要的时间，主要取决于整个家庭所拥有的文化资本（通过一般化的箭头式的直线效应和不明确的传递形式）；另一方面，文化资本的最初积累，以及各种有用的文化资本快速、容易地积累的先决条件，都是从一开始不延误、不浪费时间起步的，那些具有强大文化资本的家庭的后代更是占尽便利。"② 这一理论可以较好地解释明清时期鲁西北地区望族持续发展、人才辈出的原因。因此，在一定程度上可以这样讲，是否能够较快地取得科举功名，除个人努力之外，还有相当大的部分取决于家族（庭）所拥有的文化资源，对于望族而言，其子弟有更好的条件且能更为顺利地取得功名。

（三）家族社交

明清时期，鲁西北地区望族社会交往广泛，通过婚姻、师生、同事、文友、同乡等途径编织起庞大的社会关系网，以交结自固，并扩大社会影响。

1. 婚姻关系

有学者研究认为，海丰吴氏家族的婚姻关系有重望族联姻、重文化联姻、重乡土联姻、重世代联姻的特点③；李泉先生则认为，聊城傅以渐家族婚姻关系有乡土之谊、世家联姻、德才并重的特点④。其实，这些特点在鲁西北地区各望族婚姻关系中都有所体现。

门当户对作为中国古代婚姻的重要特点，鲁西北地区望族发展的各个时期都有所体现。望族发展初期，婚姻对象多是普通人家。通过对《安德田氏家

---

① 民国《阳信县志》卷五《人物》，民国十五年铅印本。

② （法）布尔迪厄：《布尔迪厄访谈录——文化资本与社会炼金术》，包亚明译，上海人民出版社 1997 年版，第 197 页。

③ 韩荣钧、孙才顺：《无棣吴氏家族婚姻关系的特点》，《滨州学院学报》2013 年 4 月第 29 卷第 2 期。

④ 《清代聊城傅氏家族文化研究》，第 361—367 页。

谱》《无棣吴氏族谱》婚娶情况的研究，可以发现，德州田氏一至三世"处于移植、积累阶段，家族以务农、读书为本，平民的身份地位使得家族婚媾对象亦是寻常百姓人家"①；"吴氏家族在海丰繁衍的早期，尚无功名，为普通的乡农人家，婚姻亦为普通的乡土通婚"②。

及至家族兴旺，成为当地闻名望族，其家族婚姻关系便普遍表现为望族之间的通婚。如临邑邢侗继配为赵熠之女，即平原望族按察使赵焞的侄女，邢侗有"五子：一曰王瑞，廪生，娶副都御史马公九德子，禹州判官公兆明女。二曰王称，庠生，侧室冯出，娶德平尚宝葛公昕女，太子太保左都御史端肃公守礼曾孙，进士户部主事如麟女弟也。三曰王蔼，庠生，赵出，娶思州太守殷公麟女，少保大学士文庄公士儋孙也。四曰王恒，郡庠生，与称同出，娶平原刑部侍郎宋公仕女。五曰王嘉，与蔼同生，未聘"③。其家族所通婚的德州马氏、德平葛氏、历城殷氏、平原宋氏皆为望族。沾化丁氏先后与阳信董氏、海丰王氏、惠民李氏、滨州杜氏、海丰张氏等望族通婚④。海丰吴氏的通婚圈涉及海丰杨氏、张氏、王氏家族，惠民李氏家族，滨州杜氏家族，乐陵潘、史、王、张四大家族，长山袁氏家族，潍县陈氏家族，福山王氏家族，直隶宛平查氏家族，直隶高阳刘氏家族，直隶南皮张氏家族等望族。⑤ 海丰张氏与海丰王氏、吴氏，滨州杜氏，聊城朱氏等通婚，并有女适清末重臣李鸿藻。聊城傅氏则与聊城朱氏、杨氏等有婚姻关系。德州田氏与武城苏氏、惠民李氏、德州谢氏、德州李氏、德州封氏、德州萧氏等望族有婚姻关系。

即便两望族并无直接婚姻关系，通过其他家族居间通婚，也能建立亲戚关系，相互也就密切起来，这样一来，望族通过婚姻关系建立的社交圈便大大扩展。德州宋弼《州乘志余》记有一则趣事，即可体现这种复杂的婚姻圈和因之形成的形形色色的人际脉络：

> 萧侍读（萧惟豫）女适平原副使董思凝，一子娶田司农（田雯）女。他日，两甥董元度、萧廷相共论人物，萧云"吾乡必司农第一流"，董曰"故当是第二流"，萧争之甚力。良久，董徐曰：汝外祖不如吾外祖。

① 《清代德州田氏家族文化研究》，第 85 页。
② 《清代海丰吴氏家族文化研究》，第 306 页。
③ ［明］李维桢：《大泌山房集》卷七九《陕西行太仆寺少卿邢公墓志铭》。
④ 《滨州明清望族之沾化丁氏》，第 197—287 页。
⑤ 韩荣钧、孙才顺：《无棣吴氏家族婚姻关系的特点》，《滨州学院学报》2013 年 4 月第 29 卷第 2 期。

通婚双方均为望族，在政治上就会互相借助，以谋取发展。黄金元先生以李之芳、田雯为例指出此种婚姻关系在官场上会给家族带来"一荣俱荣，一损俱损"的影响：田雯成进士后，本应进入翰林院，但却被闲置三年才授予内秘书院办事中书舍人（从七品）的官职，仕途蹉跎。但后来得到康熙皇帝关注，从而担任户部福建司主事（正六品），更在短短月余的时间里，先是补授光禄寺少卿，17 天后升大理寺寺丞，又 15 日后升鸿胪寺卿，累升为从二品的江宁巡抚。如此快速的升迁应与田雯和曾任兵部右侍郎兼都察院左副都御史的李之芳结为儿女亲家有关系。而后李之芳因"河案"致仕回籍，田雯虽侥幸脱离，但其仕途也受到极大影响，由代理江南、江西的总督远调贵州。① 德州卢见曾与纪昀为姻亲，卢见曾获罪，"昀为姻家，漏言夺职"②，后来同乡"大学士刘统勋为见曾剖雪"③，卢家子孙始得赦宥。当然，也有望族成员并不愿意借助姻戚权势，表现出独立清高的志节，如聊城邓守渐"初娶朱太傅延禧之妹也，方朱门盛时，姻戚多窃余势凌人，守渐村居郤扫，深自敛抑，识者尤钦其志节"④。

鲁西北地区望族在通婚上虽然重视门当户对，但是他们对通婚对象也有德才兼备的要求。沾化丁氏家训要求"聘妇惟良，无责厚奁，务缔源流清洁之家，无慕目前粉华之美"⑤，即要求德行良美。德州田荣春妻赵氏"秉志贤淑，富有才能，……髫年在家从父读书，讲明诗书之训，从母习针黹家居度日必需之品，研究精详，闺中四德具备"⑥。正因赵氏才德兼备，田晋才为子荣春聘娶。又如海丰王惟诜女嫁张守箴为妻，"修妇德，相夫子，虽燕处，敬礼如宾客，恭节俭"⑦；聊城朱延祐妻许氏出身望族，"延祐死，三子俱幼，矢志教养，……晚教孙训诰，弱冠举进士"⑧；海丰张元庆女适滨州杜溁子杜亮曾，亮曾死后，"肃能言，（张氏）就膝上口授经书，少长使从名师，自塾归，必问所业，如课程则喜，否则予以杖。肃由拔贡掇甲乙科，为循吏，（张）氏之教也"⑨。出身文化望族的女子具有较高的道德涵养，并富有才学，对子女文

---

① 《山东商报》2014 年 4 月 17 日 B3 版。
② 《清史稿》卷三二〇，第 10770 页。
③ 《清史稿》卷三四一，第 11107 页。
④ 宣统《聊城县志》卷八《人物》，清宣统二年刻本。
⑤ 《沾化丁氏家训》，摘引自《滨州明清望族之沾化丁氏》，第 62 页。
⑥ ［清］田雯、田同之等修：《安德田氏家谱》卷二。
⑦ 民国《无棣县志》卷一四《烈女》，民国十四年铅印本。
⑧ 宣统《聊城县志》卷九《列女志》，清宣统二年刻本。
⑨ 咸丰《滨州志》卷一〇《人物》，清咸丰十一年刻本。

化教育和科举方面的发展贡献甚大。

所谓重乡土联姻，即通婚范围以家族所在地为中心，距离越远婚姻关系越少。有研究分析了聊城傅以渐家族 20 例婚姻关系，与本府县通婚 8 例，占40%，本府县外、本省内亦占 40%①；《清代海丰吴氏家族文化研究》搜集的 178 例②婚姻关系中，不明确的 16 例，本邑通婚的 55 例，阳信、乐陵、惠民、平原、历城、滨州、沾化、庆云、蒲台、长山、聊城、济阳、商河、福山、邹平、潍县、利津、招远等附近及省内地区 73 例，省外 34例。这些数字均较为突出地体现了望族婚姻生活中乡土联姻的特点。特别是家族处于发展初期的望族成员和家族处于兴盛时期未取得科举功名、未进入仕途的成员，其婚姻基本以当地通婚为主；而科举成绩较高、官职较高和任官多地的成员，其子女婚姻地域范围也更广泛一些。③

2. 师生及其他社会关系

明清时期，望族成员或入塾学习、设帐授徒，或参加科举考试，师生关系普遍；而且受尊师重道传统影响，师生关系成为士人间普遍而重要的社会关系。鲁西北地区望族成员亦通过师生关系与全国范围内许多士人、官员联系起来。

望族间成员多有师生之谊。如沾化丁巘"好读书，教授生徒，多所成就"；如海丰吴象宽兄弟，与本邑阎有绩、吴士京、赵恒祚等皆及门也④；吴江"晚岁家居授徒，劳观察树棠、杨进士韼、杜亚元坊、岳方伯镇南，皆出其门"⑤。德州卢见曾学诗于田雯、王士祯、田霡等人，田雯赏识曰："吾乡后起，以诗名家者，当在斯人。"⑥ 海丰吴重熹的受业师有同为望族的海丰王毓宝、惠民李若蕙等。⑦ 这类真正传道授业解惑的老师称为受业师。此外还有受知师，即士人将本地知府（知县、知州）、山东学政、山东乡试正（副/同）考官、阅卷大臣等官员称为受知师，如聊城傅潜的受知师有前任聊城知县王福增，前任东昌府知府王观澄，前任山东学政徐树铭、吕序程、郑敦谨，现任山东学政贡璜等。⑧ 望族成员多有担任各级学官、考官者，可谓门生遍天下。

① 《清代聊城傅氏家族文化研究》，第 361 页。
② 《清代海丰吴氏家族文化研究》，第 285—305 页。
③ 《清代聊城傅氏家族文化研究》，第 362 页。
④ 民国《沾化县志》卷二《人物志》，民国二十四年铅印本。
⑤ 民国《沾化县志》卷二《人物志》，民国二十四年铅印本。
⑥ 民国《德县志》卷一〇《人物志》，民国二十四年铅印本。
⑦ 顾廷龙主编：《清代朱卷集成》第 217 册，第 70 页。
⑧ 顾廷龙主编：《清代朱卷集成》第 218 册，第 155 页。

由参加科举考试而产生的师生及众多其他关系较为繁杂，顾炎武谓：

> 生员之在天下，近或数百千里，远或万里，语言不同，姓名不通，而一登科第，则有所谓主考官者，谓之座师；有所谓同考官者，谓之房师；同榜之士，谓之同年；同年之子，谓之年侄；座师、房师之子，谓之世兄；座师、房师之谓我，谓之门生；而门生之所取中者，谓之门孙；门孙之谓其师之师，谓之太老师。①

这些称谓颇能拉近士人间的关系。万历二年（1574）甲戌殿试，东阿于慎行十分赏识同乡邢侗，邢侗遂拜于慎行为师。之后，邢侗父亲几次大寿，于慎行均有诗贺之；于慎行落职归乡，邢侗多次到东阿与师同游，其父亲去世后还请于慎行为之作碑文、作史志，亦为于氏校书作序、亲赴贺寿等。于慎行卒于京师，邢侗大恸，亲护梓归东阿，并为师整理遗著、写作碑文，两人一生交往甚笃。邢侗同年好友有官至户部尚书的李三才、刑部侍郎吕坤、兵部尚书李化龙等。德州田雯与赵执信同年兼同乡，交往密切②。德州卢见曾与聊城邓钟岳同年，与其同年的好友还有邵基、顾栋高、钱陈群等。这些座师、同年均是望族成员重要的社会关系。

　　同僚上官是鲁西北地区望族成员社交对象的重要部分。由于鲁西北地区望族中高官甚多，故望族成员所结交的不乏赫赫有名、对历史产生重大影响的人物。德州田雯为官时曾与朱之弼、孙光祀、于成龙、董讷（同乡）、王鸿绪、朱彝尊、吴自肃（同年、同乡）、陈廷敬、孔尚任有交往③。聊城杨以增署安襄郧荆道员时为湖广总督林则徐下属，后杨以增擢陕西布政使，陕西巡抚正是林则徐；林则徐年迈多病，力荐杨以增署理巡抚，后林则徐调任云贵总督，陕西巡抚杨以增派人护送，照顾周到，其谊拳拳④。聊城傅绳勋道光二十二年（1842）调任陕西按察使，此时李星沅任陕西巡抚不久；道光二十六年（1846），傅绳勋调任江宁布政使，半年后李星沅任两江总督，两人交往密切，政见往往一致⑤。

　　文友是鲁西北地区望族成员结交的重要方式。如临邑邢侗与著名书画家董

---

① ［清］顾炎武：《顾亭林诗文集·亭林文集》卷二《生员论三篇》，中华书局1959年版，第23页。

② 《清代德州田氏家族文化研究》，第142页。

③ 《清代德州田氏家族文化研究》，第103—118页。

④ 《清代聊城杨氏藏书世家研究》，第64—65页。

⑤ 《清代聊城傅氏家族文化研究》，第379—383页。

其昌、文学家冯用锟等为好友；海丰吴式芬则交结陈介祺、许瀚、龚自珍、翁大年、丁晏、潘祖荫等人，多为金石圈中人①；德州田雯、田霂与王士禛，田同之与沈德潜、沈廷芳、刘大魁，田中仪与纪昀等，多因诗文而交好②；等等。

同乡之谊在鲁西北地区各望族成员中起着凝聚作用。如海丰吴永孕"有人伦鉴，……王少宰清方少，永孕见其文器之，命子（吴自肃）与之游，曰：王君国士也，宜师事之。康熙甲辰，自肃成进士，王少宰以学士为主司"③。吴自肃与王清同岁，可谓"总角之交"，两人又有师生之谊。萧惟豫母程氏"所居竹竿巷，与田中丞雯母居比邻，二母以贤德相式好"④，田雯与萧惟豫同时授业于田绪宗，又为儿女亲家，关系自然很密切。

总之，通过婚姻、师生、同事、文友、同乡等关系，鲁西北地区望族编织起庞大的社会关系网络。依靠这张网络，望族间互为奥援，共同维持优越地位，并形成一定的家族荣誉感，成员间受道德约束。

（四）家族互助

明清时期，在鲁西北地区望族家训族规中，家族成员间的相互救济是一重要内容，家训族规将对贫弱者的救济规定为家境富裕成员的道德义务。如《东郡傅氏族谱》中规定：

> 贫不能葬者，近支房长宜向族中丰裕者酌议资助。
> 青年抚孤守志者，贫难自给者，近支房长宜向族中丰裕者酌议周济，以待其子成立。其守志无子者，宜于近支中择人承嗣，终养起身。⑤

惠民李氏家族宗约专设"恤孤苦"一节，并依据《吕氏乡约》将患难之事分为水火、盗贼、疾病、死丧、孤弱、诬枉、贫乏七类，痛斥"今日酒肉馈遗，每施于外亲近邻能还报者，往来不厌其频，而族中有孤且苦者，曾不一念及之。……徒俟其死，乃假为之哭：余为族谊也"⑥ 的行为。其宗约从宗族情感角度倡导族人互相救济：

① 《清代海丰吴氏家族文化研究》，第 117 页。
② 《清代德州田氏家族文化研究》，第 121—146 页。
③ 民国《无棣县志》卷一三《人物》，民国十四年铅印本。
④ 陈廷敬：《午亭文编》卷四六《封萧母程孺人合祔墓志铭》。
⑤ 《清代聊城傅氏家族文化研究》，第 326 页。
⑥ 惠民李氏家族《宗约·恤孤苦第十》，摘引自《滨州明清望族之惠民李氏》，第 149 页。

纵不能使之与我同享富贵，先后追随，亦当使无衣者自我而有衣，无食者自我而有食，无居室者自我而有室可居；男为之婚，女为之嫁；其有资秉称异、可以提拔者，为之延师攻书，量其才而扶翼之。①

同时，惠民李氏家族还规定了救济财物的来源和管理：

是故恩例俸赐，必均于里中。买负郭之田四千亩，名曰义田，以养合族之人。日有食，岁有衣，嫁娶凶葬，皆有赡。择族之长而贤者，主其计，而时其出纳焉。日食人米一升，岁衣人二缣，嫁女者钱五十千，娶妇者钱三十千，再嫁者钱三十千，再娶者钱十五千，葬者如再嫁之数，葬者幼十千。族之聚者九十口，岁入粳稻八百斛，以其所入，给其所聚，沛然有余而无穷。仕而家居，俟代者与焉，与官者罢莫给。②

这种仿范文正公做法，设置义田救济族人的家族救济方式在鲁西北地区较为常见，如：

平原赵时和"念父焞尝欲仿范文正公，置义田以赡族，未及竟其事而卒，乃以田四百余亩继父志"。其孙赵玮"祖时和尝捐义田赡族，玮增置四十亩，俱勒其疆界于石，以杜侵冒。倡建宗祠，申明家训，族人被诬累者，力拯之，诸鬻女赎而嫁之，聚中外子姓于家塾，延宿儒教之，俾均底于成"。③

平原董允祯"于宗族恩谊尤笃，倡为族社，酿谷盈千石，以供岁时祭祀，余则散族之贫者，大略仿范文正风云"；董讷"及归里也，立族社，设祭田，一遵父允祯家法"。④

家族救济方面多如前面惠民李氏《宗约》所述，一般有婚丧嫁娶、衣食居住、生产、代偿债务以及教育等，如：

① 惠民李氏家族《宗约·恤孤苦第十》，摘引自《滨州明清望族之惠民李氏》，第149页。
② 惠民李氏家族《宗约·恤孤苦第十》，摘引自《滨州明清望族之惠民李氏》，第150页。
③ 乾隆《平原县志》卷之八《人物》，清乾隆十四年刻本。
④ 乾隆《平原县志》卷之八《人物》，清乾隆十四年刻本。

平原赵玠"族有鬻女偿官者，即为赎回择配"①；赵钺"亲党贫不能学者，为之延师授餐，俾有成而后已"②。

乐陵史继经"亲族内贫乏孤弱为成婚娶、置田产者数家"③。

高唐朱荣先"孝友好义，自置田数十倾，皆分给弟侄"④；朱光祚"天性孝友，德望隆重，勤慤公资其赞助"⑤。

德州卢荫长"任恤乡族，从无吝惜之心"⑥；卢光澍"戚族困厄，力为援助，己无德色，而人多感恩，乡里至今称之"⑦。田晋"族有负人债者，将讼之官，晋止而代偿之。更有赤贫者数家，按时周恤，无吝色"⑧。

聊城傅斯怿"所得薪水分润戚族，不足典质以益之"⑨。

海丰张求"告归里居，敦睦宗族，济人若不及"⑩。

### （五）家族转型

在社会动荡之际，望族往往面临许多选择，能否转型成功决定着家族是否能够继续顺利发展。

道光二十年（1840），中英鸦片战争爆发，"数千年未有之变局"拉开序幕。此后，社会渐趋动荡，战乱不断发生，社会经济、思想意识、文化风气等发生了翻天覆地的变化。特别是随着光绪三十一年（1905）望族成员赖以进身的科举制度废除和家族观念的巨大变化，鲁西北望族不可避免地走向衰落。对清末民初传统家族的衰落，冯尔康先生指出："从现象上看，有组织的家族活动比过去减少，就是开展活动，有的也因经费、人心等因素，竭力而为之，勉强而艰难地进行，已非昔日的原貌，或者说离昔日的规范相去甚远。家族的原有秩序已遭到一定程度的破坏，家族经济衰退，赈恤减少了，或者没有了，义学也难以维持。就是族中支持上学的学生，受了新思想的教育，回乡宣传新意识，反对传统家族伦理，倒成了破坏家族传统的力量。族长的权威大为下降，族人之间的纠纷，族人家内事务，过去族长、房长、族尊要过问的，这时

---

① 乾隆《平原县志》卷之八《人物》，清乾隆十四年刻本。
② 乾隆《平原县志》卷之八《人物》，清乾隆十四年刻本。
③ 乾隆《乐陵县志》卷六《人物》，清乾隆二十七年刻本。
④ 光绪《高唐州志》卷五二《人物传·孝友》，清光绪三十三年刻本。
⑤ 光绪《高唐州志》卷五一《人物传·亲进》，清光绪三十三年刻本。
⑥ 民国《德县志》卷一〇《人物志》，民国二十四年铅印本。
⑦ 民国《德县志》卷一〇《人物》，民国二十四年铅印本。
⑧ 民国《德县志》卷一〇《人物》，民国二十四年铅印本。
⑨ 宣统《聊城县志》卷八《人物》，清宣统二年刻本。
⑩ 民国《无棣县志》卷一二《人物》，民国十四年铅印本。

有的不再请示，自行处理，或者径直打官司，就没有把族长的权威放在眼里。昔日'为政于家'的情况虽不能说完全消失，但族长施行家法的现象毕竟比从前少得多了。……政府对家族支持的力度大大下降，民国政府与清朝政府的态度发生很大的变化，不再把家族视作政权的一种支柱，过往家族尊卑长幼不平等的法律条文业已革除，族长家长的权威在法律方面已经失灵。"①

仅仅从经济上看，有的家族就已经迅速衰落。惠民李氏家族"一向受封建社会'重农抑商'传统观念的影响，从不主张经营大的商号或钱庄。一切内外开销几乎完全靠朝廷俸禄和皇家恩赐与'义田'田租维持生计。加之，族人多行善举，捐资施舍，故常有入不敷出，捉襟见肘之窘。由是，一旦宦途滞塞，俸禄绝源，家族的生计便成了无源之水。仅靠变卖家产维持残局，其困境便可想而知了"②。

于是，原先依靠封建科举制度维持繁荣的鲁西北地区望族所拥有的影响与家族的辉煌已不再，不得不谋求转型，转向军队、政府、教育事业等更为广阔的领域。至清末，滨州杜氏家族成员科举受挫，仕途困顿，家族内部也涣散起来。随着科举制度终止，新式学校不断建立，在内忧外患的政治环境下，相当一部分望族成员从文转向武，如杜介棣以军功、守备用，杜介兰、杜九初、杜恩曜、杜恩承等均为军功五、六品衔，杜荣恩曾任民国二等军需正、东北陆军第六军参议，杜赐琪为毅军千总、五品衔，杜赐瑢为毅军军官、正五品，杜品靖为山东督办公署卫队第一团军需正，杜氏长宗三支和三宗二支第十七世58人中，具有军功头衔的23人。③ 固守传统封建文化的海丰吴氏家族的主流支系并未融入如火如荼的新文化中，成为落后于时代的保守派；而与此同时，原先文化并不发达的少数支系却率先接受新式教育，不少人在社会变革中成为革命军中的一员，如十九世吴玉堂，毕业于直鲁军官学校，参加了国民革命军第四十九师，任上尉副官。

清末民初的鲁西北地区的社会风气，在一些地方志中也有体现：

陵县"地处偏隅，开化较晚。清季士子未悉世界趋势，尚专务科名，缺经济学识。读书之家，多家道中落，生计维艰。然均能俭约自持，其弊也流于吝啬，具豁达气概者鲜。近今学子在求学时代，尚不失贫俭家风，

① 冯尔康：《18世纪以来中国家族的现代转向》，上海人民出版社2005年版，第262—263页。
② 《滨州明清望族之惠民李氏》，第109页。
③ 周新颜、李沈阳：《明清杜氏家族兴衰的社会学诠释》，《辽宁行政学院学报》2010年第12卷第12期。

迨至服务社会，往往为反动力所支配，一反本来面目，日趋浮靡。凡此皆无高尚思想所致，是所望于执教政者"①。

德平"风气闭塞，人多守旧"②。

冠县"僻处鲁西，风俗闭塞。清光绪庚子年前，文习八股业，武攻刀弓石，泮池撷芹即沾沾自喜。迨光绪三十一年（1905），停止科举，创办学堂，幼年士子无路进身，改肄新学，以为弋取功名计，热心向学者究寥若晨星。自改建民国，一般心理渐向科学，惟以旧学潜势颇生阻挠，入主出奴门户标榜。是以统计全县人数，受高等教育者不过千分之一二，普通读书识字者尚不足百分之十。教育既未能以普及，公民程度自而低落。近年新政迭颁，扞格不入，时髦乘机睥睨纵横，公德堕落，欲望蓬勃，浑厚古风已一落千丈，而新旧隔阂亦愈去愈远"③。

由此可见，清末民初，鲁西北地区风气并不开放，民众仍为传统的思想文化所主导。这给鲁西北地区的社会发展带来阻碍，而世习举子业的士人们尚未对科学等事物产生兴趣，对新事物、新风气也接受很慢，他们艰难地适应着扑面而来的新社会，生计维艰，绝大多数望族的处境可想而知。

### 七、鲁西北地区望族与基层社会关系分析

明清时期，鲁西北地区望族与地方基层社会是相互影响、相辅相成的。

第一，明清时期鲁西北地区望族经济、政治、文化、道德等方面深受该地区自然环境、社会经济、文化氛围等的影响。鲁西北地区为广阔华北平原的一部分，地势平坦，土层深厚，河流众多，较为适宜农耕；明清政府大力鼓励开垦荒地，发展农业，明初对有主荒地以有无垦耕能力为衡量标准，凡经人开垦成熟的，原主不再占有，对无主荒地施行移民垦田，三年后起科④，大量移民迁至鲁西北地区定居；鲁西北地区拥有悠久的以农为本的经济生活传统，受这些自然环境和文化传统等影响，明清时期鲁西北地区望族形成重视农业生产的思想，绝大多数家族主要依靠力田起家。山东为孔孟之乡，鲁西北地区深被其教，士大夫崇经尚儒，多有廉耻，从事科举之业，加之明清政府对取得功名者赋予了种种特权，推动明清时期鲁西北地区望族形成积极入仕的政治追求，使

① 民国《陵县续志》卷三第十六编《风俗》，民国二十五年铅印本。
② 民国《德平县续志》卷一一《风俗志》，民国二十五年铅印本。
③ 民国《冠县志》卷之一《地舆志》，民国二十三年刻本。
④ 许檀：《明清时期山东商品经济的发展》，中国社会科学出版社1998年版，第12页。

家族在中央和地方形成很大的政治影响力。明清时期鲁西北地区崇文重教，政府又推行八股取士，促使许多望族成员积极钻研传统经典，在经学、文学、金石学、藏书等方面多有成就，形成鲁西北地区望族诗书传家的文化传统。鲁西北地区历来崇尚德行，尤重孝义，并有许多先贤作表率，家训族规也对家族成员的德行提出许多要求，因此他们多具有较高的道德水平。

第二，明清时期鲁西北地区望族积极参与大量地方社会活动。政治方面，他们接受地方官员咨访，提出治理地方的意见；避免以私事干谒公门，禁止族人把持衙门；为地方积极争取利益。经济方面，望族经营较多土地，并有部分族人从事工商业，多数诚信经营。军事方面，通过办理团练、防守城镇等抵御太平军、捻军以及其他武装攻袭，地方避免了许多严重的兵燹之灾；明清鼎革之际，多数望族成员奋勇抵抗清军，表现出义烈的气节，也不乏家族降顺清朝。公益方面，积极捐资修建各项地方公益设施，并在地方遭遇天灾人祸时组织赈救，平时还对生活困难的乡邻民众进行各方面的救助。文化教育方面，望族成员设帐授徒，奖引后学；开展各种文艺创作，组织文社唱和，编修地方志，参与地方乡饮与祭祀活动，为故乡撰写各种碑记。家族建设方面，修建祠堂，按时祭祀，不断编修族谱；规范家礼，严格族人教育；通过婚姻、师生、同事、同乡等建设人际网络；倡导族人相互救济；在清末民初世变之时，面对衰落之势，望族积极谋求转型。这些活动，一方面是对地方官员行政的支持和配合，使当地民众生活、生产受到益处；另一方面，望族在当地的威望不断维持和加强，并以此实现其对基层社会的控制。

明清时期，鲁西北地区望族与基层政权、基层社会民众的关系表现出两面性：

明清时期，鲁西北地区望族与基层政权的关系实质是望族士绅与基层政权的关系。瞿同祖先生曾指出："在政府不能或不便履行某些职能时，就由当地的士绅来履行这些职能。……士绅对于实现政府的某些目标来说，实际上是不可或缺的。绅士是与地方政府共同管理地方事务的地方精英。与地方政府所具有的正式权力相比，他们属于非正式的权力。两个集团相互依存，又各自以不同的方式行使着自己的权力。两种形式的权力相互作用，形成了两者既协调合作又相互矛盾的关系格局。中国士绅的一个重要特点是：他们是唯一能合法地代表当地社群与官吏共商地方事务参与政治过程的集团。这一特权从未扩展到其他任何社群和组织。"① 由于政府财力、人力等资源的缺乏，鲁西北地区望

---

① 瞿同祖：《清代地方政府》，范忠信、晏锋译，法律出版社 2003 年版，第 282—283 页。

族士绅依靠自身能力与声望承办了团练、防守御敌、赈灾救助等活动，对基层政权的正常运行给予了有力支持，维护了基层政权的稳定。由于鲁西北地区望族所具有的强大权势和地方威望，以及这些家族对地方事务参与程度之高，基层政府官吏并不能自由地行使行政权、司法权等，遇有地方重大事体时不得不与望族士绅商议，因此大多数地方活动多体现、符合望族的意愿和利益。

明清时期，鲁西北地区望族与基层社会民众关系的两面性更为明显。一方面，望族是农工商业活动的引导者，是敦亲睦族、和睦乡里的主导力量，是地方文化活动的倡导者和组织者。而且，望族士绅常常担任官吏与百姓间的调停人，并维护包括本家族在内的地方社会和地方共同体的利益。"他们解决纠纷、组织募捐活动、主导地方防备，也发挥其他种类的领导作用。人们还希望士绅为他们伸冤昭雪，在灾荒时给人们提供救济，并在增进地方福利中扮演积极角色。"① 这使望族士绅赢得地方百姓的尊重和追从，成为当地基层社会的首领，表明望族与基层社会百姓之间存在休戚与共、相互依靠的凝聚关系。另一方面，望族成员多为地主阶层，榨取着当地百姓辛苦劳动的成果，为减轻自身赋税而将税负不公平地转移到普通百姓身上；个别恶劣者还夺人田宅、包揽词讼、欺诈钱财等，鱼肉乡里，欺压百姓；平时还管理和控制百姓的思想行为实施。这些情况都揭露了望族与基层社会百姓之间存在着严重的社会矛盾。

正是基于世家大族在基层社会活动中的两面性，明清政府出台了两个方面的宗族家族政策：一方面，支持望族在赈灾救助、地方防备等方面发挥积极作用，并保护其族产、族田，使其配合基层政权管理和控制基层社会；另一方面，明令禁止望族士绅干涉地方政务、把持衙门、欺压乡里等的不法行为，削弱、打击豪宗强族。

因此，明清时期，鲁西北地区望族在基层社会主要处理着与两方面的关系，即与基层政权和基层社会民众的关系。这些关系时而缓和，时而紧张，并随着社会生产的发展和历史的展开而不断变化着。正是由于处在如此复杂的社会关系中，家族的兴衰往往成为一个地方甚至是国家历史发展的反映。

# 小 结

明清时期，望族在基层社会中的地位和作用，正如有的学者所概括的：

---

① 瞿同祖:《清代地方政府》,范忠信、晏锋译,法律出版社 2003 年版,第 297 页。

"国权不下县，县下惟宗族，宗族皆自治，自治靠伦理，伦理靠乡绅。"这一时期鲁西北望族与基层社会的关系也是这样的。

一方面，望族在基层社会发展和基层治理中发挥着正面的、积极的作用。比如当家乡遇到困难或危险时，望族利用各种权力资源和手段为家乡争取利益、消解灾祸；为人排解纠纷，化解基层社会的问题和矛盾；有时主动牺牲在债务利息中的利益，缓解当地百姓的经济负担；组建地方武装，开展军事活动，抵御流寇土匪，维护地方稳定；举办各种公益活动，建设公益设施，救灾济困；等等。在文化发展上，望族更是占据绝对主导地位，他们重视教育、发展教育，结成文化团体，创作了大量优秀文化作品。这些都对地方的稳定和各项事业的发展起到了推动作用。另一方面，望族为维护自身利益，也不断侵犯普通民众的各项权益。比如利用自身地位和影响包揽词讼、干涉地方政务；通过各种非法手段规避赋役，把沉重的赋役负担转嫁到普通百姓头上；等等。这些都表明，望族并不能克服自身狭隘的阶级属性，所做的大部分事情也都是为了维护本宗族、本阶级的利益。

因此，观察明清时期鲁西北望族与基层社会的关系，需要用全面的、辩证的观点，而不是非黑即白、非此即彼，在特定的历史背景下理解历史活动主体的各种行为，更能接近史实的真相。这样的话，既看到望族的积极作用，又看到他们的消极影响，也是比较恰当的一个结论。

# 第三章

# 明清鲁南仕宦望族与基层社会

## 第一节
## 明清鲁南地区的自然与人文环境

### 一、自然地理环境

人类的生存离不开自然地理环境，自然地理环境为人类提供着自然地域空间，是人类赖以生存的基础。一个地区的自然地理环境主要包括地理位置、气候、地貌、河流等重要的资源。明清时期鲁南地区独特的自然地理环境养育着当地人民，孕育出一代代的名门望族。明清时期，滕县、峄县统归兖州府管辖，此二县所在地理位置与今枣庄的位置相当，明清时期的鲁南望族即生于斯，长于斯。

枣庄位于山东省南端，故有山东"南大门"的美誉。枣庄地区东西宽 56 千米，南北长 96 千米，总面积达 4550 平方千米。枣庄地区东与费县、苍山县相邻，西濒微山湖，南与江苏省铜山县、邳县接壤，北与邹县毗连。枣庄地处鲁中南低山丘陵地区，地势北高南低，北部最高峰达 620 米，为全市最高点。500 米以上的山峰有莲青山、抱犊崮等，横亘市北部，绵延起伏，其中，抱犊崮有"沂蒙七十二崮之首"的美誉。枣庄境内山脉较多，且多属于华北型地质，较好地保存了市内的煤层，故枣庄煤业较发达，有"煤城"之称。枣庄境内地形较复杂，有丘陵、低山、平原、沿湖洼地等多种类型的地貌。其中，丘陵约占总面积的 54.6%，平原约占总面积的 26.6%，洼地约占总面积的 18.8%。枣庄境内的河流属于淮河流域运河水系，大小河流共 24 条。其中，京杭运河穿过枣庄南部，在枣庄境内绵延 39 千米，属枣庄境内的大型河流。除此，枣庄境内中型河流有 3 条，包括伊家河、峄城大沙河、城郭河；流域面积在 100 平方千米以上的河流 8 条，30—100 平方千米的河流 12 条。除京杭运河枣庄段为南四湖泄洪河道外，其他主要河流均发源于东北部山区，分别流入南四湖和运河。枣庄位于中纬度暖温带，所属气候为北温带季风型大陆性气候，具有光照好、积温高、热量丰富、雨量充沛、雨热同期的气候特点，光、热、水、气等条件优越。气候四季变化明显，春季气候多变，西南风较多，降水较少，常干旱。夏季炎热，空气湿润，降水集中。秋季云雨较少，以秋高气爽为主要特征。冬季寒冷而干旱，多西北风。① 受季风气候的影响，枣庄地区易发生旱涝灾害、冰雹灾害等，同时，因其独特的地质特征，易发生地震等地质灾害。本文主要研究明清鲁南地区的望族情况，现将明清时期鲁南望族所生活地区的主要自然灾害分类统计如下（表3-1）：

**表3-1　明清时期鲁南地区自然灾害分类统计表**

| 时间 | 灾害详情 | 发生地区 | 资料来源 |
|---|---|---|---|
| 成化年间 | 地震3次、风灾1次 | 峄县、滕县 | 道光《滕县志》卷五《灾祥志》、《枣庄市志》卷四《自然灾害》 |
| 弘治年间 | 地震1次 | 峄县 | 《枣庄市志》卷四《自然灾害》 |
| 正德年间 | 大火1次、雹灾1次、大饥荒1次、龙卷风1次 | 峄县、滕县 | 光绪《峄县志》卷一五《灾祥》、道光《滕县志》卷五《灾祥志》 |
| 嘉靖年间 | 地震3次、大饥2次、蝗灾2次、大水1次、大疫1次、沙尘暴1次 | 峄县、滕县 | 光绪《峄县志》卷一五《灾祥》、道光《滕县志》卷五《灾祥志》、《枣庄市志》卷四《自然灾害》 |
| 隆庆年间 | 大水1次 | 滕县 | 道光《滕县志》卷五《灾祥志》 |
| 万历年间 | 大雨雪3次、大水2次、大风1次、旱2次、大饥3次、地震1次 | 峄县、滕县 | 光绪《峄县志》卷一五《灾祥》、道光《滕县志》卷五《灾祥志》 |
| 天启年间 | 地震2次、蝗灾1次 | 滕县 | 道光《滕县志》卷五《灾祥志》 |
| 崇祯年间 | 雹灾1次、大水4次、大饥2次、疫病1次、沙尘暴1次 | 峄县、滕县 | 光绪《峄县志》卷一五《灾祥》、道光《滕县志》卷五《灾祥志》 |
| 顺治年间 | 河决1次、雹灾1次、饥1次 | 峄县 | 光绪《峄县志》卷一五《灾祥》 |
| 康熙年间 | 地震5次、蝗灾5次、大旱3次、大水6次、大雨1次、大风3次、大雪1次、大饥3次、雹灾3次、大旱3次 | 峄县、滕县 | 光绪《峄县志》卷一五《灾祥》、道光《滕县志》卷五《灾祥志》 |

① 枣庄市人民政府网站，http://www.zaozhuang.gov.cn/zjzz/zzgk/zzgs/201912/t20191204_1287649.html。

续表

| 时间 | 灾害详情 | 发生地区 | 资料来源 |
|---|---|---|---|
| 雍正年间 | 大水 1 次 | 峄县、滕县 | 光绪《峄县志》卷一五《灾祥》、道光《滕县志》卷五《灾祥志》 |
| 乾隆年间 | 大水 7 次、蝗灾 2 次、雷电大风 2 次、饥 4 次、雹灾 3 次、虫灾 2 次、地震 1 次、旱 7 次、大风 4 次、黄河决口 2 次、沙尘暴 1 次、大疫 1 次 | 峄县、滕县 | 光绪《峄县志》卷一五《灾祥》、道光《滕县志》卷五《灾祥志》 |
| 嘉庆年间 | 大雨水 6 次、地震 3 次、黄河决口 1 次、大风 11 次、雹灾 9 次、大旱 5 次、蝗灾 5 次、大饥 8 次 | 峄县、滕县 | 光绪《峄县志》卷一五《灾祥》、道光《滕县志》卷五《灾祥志》 |
| 道光年间 | 大疫 1 次、虫灾 4 次、大雨水 18 次、大饥 2 次、大旱 5 次、雹灾 9 次、大风 12 次、大雪 5 次、地震 10 次、蝗灾 6 次 | 峄县、滕县 | 光绪《峄县志》卷一五《灾祥》、道光《滕县志》卷五《灾祥志》 |
| 咸丰年间 | 大雪 1 次、大雨 1 次、地震 3 次、大水 1 次、雹灾 1 次、大饥 2 次、大风 1 次、大旱 3 次、蝗灾 5 次、瘟疫 1 次、黄河决口 2 次 | 峄县、滕县 | 光绪《峄县志》卷一五《灾祥》、道光《滕县志》卷五《灾祥志》 |
| 同治年间 | 雹灾 1 次 | 滕县 | 《枣庄市志》卷二《大事记》 |
| 光绪年间 | 大雨水 4 次、大旱 2 次、大饥 3 次、虫灾 4 次、蝗灾 3 次、地震 1 次、大风 1 次、瘟疫 1 次 | 峄县、滕县 | 光绪《峄县志》卷一五《灾祥》、《枣庄市志》卷二《大事记》 |

表 3-1 的统计显示，天顺七年至光绪二十八年（1463—1902），大约 440 年，共发生自然灾害 91 次。各种自然灾害给当地人民生活带来巨大的灾难，旱涝、蝗灾等导致农作物减产，农业受到极大损失，进而出现饥荒。

### 二、明清时期鲁南地区的社会人文环境

枣庄地区历史渊源长远。在夏朝时期，今枣庄地区南属鄫国，北部和西部属滕和薛。明代，枣庄地区属山东省济宁府（后属兖州府），北置滕县，南置峄州，洪武二年（1369）峄州降为峄县。洪武十八年（1385），滕县、峄县改属兖州府。清代，枣庄地区属于山东省兖州府，北置滕县，东南置峄县。①

枣庄地区人杰地灵，自古涌现出众多的历史文化名人。这里是中国古代伟

---

① 胡小林等：《枣庄历史与名人》，黄河出版社 1996 年版，第 3—6 页。

大的思想家、科学家墨子的故里，人类造车鼻祖奚仲在此诞生，因"自荐"而名传后世的毛遂，"凿壁偷光"的大经学家、西汉丞相匡衡，明代"博学宏词"的大文学家贾三近等历史名人，都是枣庄灵山秀水哺育出来的杰出人物。这里还有 7300 多年前的北辛文化遗址，古滕国、古薛国等众多古遗址，孟尝君父子田文、田婴墓和众多的汉墓，及明永乐皇帝妃子权妃墓，全国汉画像石陈列之最的汉画像石，都是融人文之精华神奇魅力的体现。①

悠久的历史造就了枣庄光辉灿烂的文化，尤其在明清时期，京杭运河枣庄段的开通为枣庄文化的发展注入了新的活力。

枣庄境内最早的运河是春秋时期开通的偪阳运河，距今已有 2700 年的历史，而对枣庄影响最大的当属明朝开通的京杭运河枣庄段。万历三十二年（1604），朝廷为了解决黄河泛滥阻断漕运的问题，实行"避黄行运"，开通了从微山湖夏镇李家口至邳州直河口再进入黄河的运河，因主要补充水源为泇河，故又称泇运河。泇运河在枣庄境内长约 93.9 千米，流经今滕州、薛城、峄城和台儿庄地区。"自泇河既开，漕无壅阏"②，泇运河的开通，彻底改变了因黄河泛滥致使漕运阻塞的局面。因而，清代水利专家、河道总督靳辅才会由衷地说出，"有明一代治河，莫善于泇河之绩"③。

同时，运河的贯通也带动了沿河地区社会经济的繁荣，为南北方的物资流通、文化交流发挥了重要作用。"当乾嘉盛时，漕粮数千艘，皆道泇河北上，而下游商贩货币流衍，所有闸汛守卒，饷馈丰赡，时得奇羡以自润。"运河再次贯通后，物资流通便捷，连运河上的守军都获利丰厚。台儿庄作为运河沿岸的市镇，迅速发展成为鲁南重镇、"国家要害"。"自泇河既导，而东南财糈跨江绝淮鳞次仰沫者凡四百万有奇，于是遂为国家要害云。"④ 光绪《峄县志》中也记载了运河贯通后，台儿庄的繁荣与发达。"台庄濒运河，商贾辐凑，阛阓栉比，亦徐兖闲一都会也。"⑤ 商业的繁荣促进了文化的交融。台儿庄成为京杭大运河上南北文化交融、中西文化合璧的典型代表。由此可见，泇运河的开通不仅促进了枣庄境内经济的发展，而且在其带动下所形成的运河文化也成为枣庄文化的重要组成部分。

区域内所发生的重大事件会对本区域的经济社会发展产生重大影响，进而

---

① 胡小林等：《枣庄历史与名人》，黄河出版社 1996 年版，第 3—11 页。
② 光绪《峄县志》卷一二《漕渠志》，清光绪三十年刻本。
③ 邵之棠：《皇朝经世文统编》卷二二《地舆部七·河工》。
④ 光绪《峄县志》卷二三《艺文志·募建台庄城引》，清光绪三十年刻本。
⑤ 光绪《峄县志》卷二四《碑碣·六品衔例赠修职郎马公之碑》，清光绪三十年刻本。

影响到基层民众的社会生活。研究明清鲁南望族与基层社会的状况，就需要了解明清时期本地区所发生的重大事件，以此作为大背景深入研究。现将明清两代发生在鲁南滕县、峄县的主要事件统计如下（表3-2）：

表3-2　明清时期鲁南地区主要历史事件统计表

| 时间 | 事件 | 发生地区 | 资料来源 |
| --- | --- | --- | --- |
| 洪武二年（1369） | 十月,滕州废为县属济宁府 | 滕县 | 宣统《滕县续志》卷一《通纪》 |
| 洪武十八年（1385） | 滕县改属兖州府 | 滕县 | 宣统《滕县续志》卷一《通纪》 |
| 正德三年（1508） | 浚昭阳湖 | 滕县 | 宣统《滕县续志》卷一《通纪》 |
| 嘉靖四十四年（1565） | 筑沙河薛河堤,诏开夏镇新河 | 滕县 | 宣统《滕县续志》卷一《通纪》 |
| 隆庆六年（1572） | 筑昭阳湖 | 滕县 | 宣统《滕县续志》卷一《通纪》 |
| 万历二十八年（1600） | 六月,开泇河,三十二年工成 | 滕县 | 宣统《滕县续志》卷一《通纪》 |
| 万历三十三年（1605） | 大浚泇河 | 滕县 | 宣统《滕县续志》卷一《通纪》 |
| 万历三十五年（1607） | 筑郗山堤 | 滕县 | 宣统《滕县续志》卷一《通纪》 |
| 天启三年（1623） | 闽贼伪官薛承宣来收峄篆 | 峄县 | 光绪《峄县志》卷一六《大事记上》 |
| 天启三年（1623） | 五月十六日,练总张茂才率部曲入城,执承宣,杀以祭 | 峄县 | 光绪《峄县志》卷一六《大事记上》 |
| 崇祯四年（1631） | 浚泇河 | 滕县 | 宣统《滕县续志》卷一《通纪》 |
| 崇祯六年（1633） | 重浚泇河 | 滕县 | 宣统《滕县续志》卷一《通纪》 |
| 崇祯十五年（1642） | 二月,清兵下滕县 | 滕县 | 宣统《滕县续志》卷一《通纪》 |
| 顺治七年（1650） | 诸贼伪就抚,散归村落胁诱良民,未几,复判城门 | 峄县 | 光绪《峄县志》卷一六《大事记上》 |

续表

| 时间 | 事件 | 发生地区 | 资料来源 |
|------|------|----------|----------|
| 顺治八年（1651） | 二月二十二日,贼步骑数千名寇徐州 | 峄县 | 光绪《峄县志》卷一六《大事记上》 |
| 康熙二十三年（1684） | 建滕县修永闸,修砌十字河斗门 | 滕县 | 宣统《滕县续志》卷一《通纪》 |
| 康熙四十四年（1705） | 二月,上南巡,绅民跪迎道左 | 滕县 | 宣统《滕县续志》卷一《通纪》 |
| 康熙五十六年（1717） | 行乡饮酒礼 | 滕县 | 宣统《滕县续志》卷一《通纪》 |
| 乾隆二十年（1755） | 河溢,微山湖淤,接筑拦黄坝七十里 | 滕县 | 宣统《滕县续志》卷一《通纪》 |
| 乾隆二十一年（1756） | 赈滕县水灾 | 滕县 | 宣统《滕县续志》卷一《通纪》 |
| 乾隆二十二年（1757） | 疏浚微山湖,赈滕县水灾,开新伊河 | 滕县 | 宣统《滕县续志》卷一《通纪》 |
| 乾隆二十七年（1762） | 上南巡,阅微山湖 | 滕县 | 宣统《滕县续志》卷一《通纪》 |
| 嘉庆九年（1804） | 七月,巡抚铁保办河道,谕以导泉源蓄微山湖诸水为本 | 滕县 | 宣统《滕县续志》卷一《通纪》 |
| 道光六年（1826） | 四月,浚泇河 | 滕县 | 宣统《滕县续志》卷一《通纪》 |
| 道光九年（1829） | 挑挖十字河成 | 滕县 | 宣统《滕县续志》卷一《通纪》 |
| 道光十七年（1837） | 滕人捐修文庙 | 滕县 | 宣统《滕县续志》卷一《通纪》 |
| 道光二十六年（1846） | 知县王政主修《滕县志》14卷 | 滕县 | 《枣庄市志》卷二《大事记》 |
| 道光二十九年（1849） | 贷滕县雹灾仓谷缓征 | 滕县 | 宣统《滕县续志》卷一《通纪》 |
| 咸丰元年（1851） | 五月修泇河堤坝,十二月修泇河石埽 | 滕县 | 宣统《滕县续志》卷一《通纪》 |
| 咸丰二年（1852） | 赈滕县水灾 | 滕县 | 宣统《滕县续志》卷一《通纪》 |
| 咸丰四年（1854） | 滕人重修城垣、十月修泇河堤工 | 滕县 | 宣统《滕县续志》卷一《通纪》 |

| 时间 | 事件 | 发生地区 | 资料来源 |
|---|---|---|---|
| 咸丰九年（1859） | 捐输军饷,捻匪由峄而滕 | 滕县 | 宣统《滕县续志》卷一《通纪》 |
| 咸丰十年（1860） | 夏,击破刘双印所率之万余叛军 | 峄县 | 《枣庄市志》卷二《大事记》 |
| 咸丰十一年（1861） | 福匪陷夏镇,烧东关;捻匪围县城,破郑家寨,四乡烧杀甚惨 | 滕县 | 宣统《滕县续志》卷一《通纪》 |
| 咸丰十一年（1861） | 五月,僧格林沁率部驻滕县,以阻捻军 | 滕县 | 《滕县志》第五编《军事》 |
| 同治元年（1862） | 捻匪犯滕峄,十月白莲池教匪与福匪合,邹滕大扰 | 滕县 | 宣统《滕县续志》卷一《通纪》 |
| 同治二年（1863） | 五月,总兵陈国瑞驻兵滕县,进剿邹县白莲池教起义军 | 滕县 | 《滕县志》第五编《军事》 |
| 同治十年（1871） | 补常平仓谷 | 滕县 | 宣统《滕县续志》卷一《通纪》 |
| 同治十一年（1872） | 三月,修洳河堤工 | 滕县 | 宣统《滕县续志》卷一《通纪》 |
| 光绪四年（1878） | 峄县中兴矿局开办 | 峄县 | 《枣庄市志》卷二《大事记》 |
| 光绪十七年（1891） | 运河道著安工次被劫,县令秦应逵、把总袁其智革职查办 | 滕县 | 宣统《滕县续志》卷一《通纪》 |
| 光绪十九年（1893） | 六月,半筒子小窑发生严重透水事故,溺死旷工300余人 | 峄县 | 《枣庄市志》卷二《大事记》 |
| 光绪十九年（1893） | 滕人重修城垣 | 滕县 | 宣统《滕县续志》卷一《通纪》 |
| 光绪二十二年（1896） | 峄县中兴矿局停办 | 峄县 | 《枣庄市志》卷二《大事记》 |
| 光绪三十年（1904） | 八月,光绪《峄县志》编纂完成 | 峄县 | 《枣庄市志》卷二《大事记》 |
| 光绪三十二年（1906） | 山东省商会滕县分会成立 | 滕县 | 《枣庄市志》卷二《大事记》 |
| 光绪三十三年（1907） | 高熙喆编成《滕县乡土志》 | 滕县 | 《枣庄市志》卷二《大事记》 |

# 第二节
# 明清时期鲁南主要望族及其特点

## 一、明清时期鲁南的主要望族

鲁南这片山环水绕、人杰地灵的热土，哺育出诸如南常褚氏、牛山孙氏、峄阳王氏、峄阳贾氏、郗山殷氏、古滕满氏、云门李氏等仕宦望族。虽然这些望族的祖先大多由外地迁徙而来，但他们都能在这片热土上努力劳作、辛勤耕耘，日积月累而家资丰盈，为家族的兴旺昌盛打下了基础。隆盛后的鲁南望族普遍都能敦教励学、扶危济困、造福乡里，为鲁南地区的经济社会文化发展作出了重要的贡献。

### （一）南常褚氏

南常褚氏自西汉起，世居峄境，因家于南常而称之为"南常褚氏"，又因峄县古称兰陵，因而亦称"兰陵褚氏"。千百年间，南常褚氏繁衍生息，据史记载，族中"人才济济，宦绩表表，高至丞相，爵通侯下，亦不失博士，指不胜数，至于乘风云建伟业者，代不乏人"[①]。尤其是在明清时期，南常褚氏更是人才辈出，名声显赫，为峄县一大族也（见表3-3）。

表3-3　南常褚氏家族成员仕宦表

| 主要人物 | 功名情况 | 曾任官职 | 著述 | 主要活动时期 | 资料来源 |
|---|---|---|---|---|---|
| 褚显忠 |  | 羽林卫指挥使 |  | 至正、洪武 | 褚氏祠堂《历代名人碑》、光绪《峄县志》卷二〇《选举》 |
| 褚德堪 |  | 礼部儒官 |  | 天启 | 褚氏家祠碑 |
| 褚德培 | 进士 | 文林郎、陕西道监察御史 | 《兰台谏草》《问蜀》《燕山市艺》等 | 万历、崇祯 | 褚氏祠堂《历代名人碑》、光绪《峄县志》卷二〇《选举》 |
| 褚德坦 |  | 内阁中书 |  | 崇祯 | 褚氏家祠碑 |

---

① 褚氏祠堂《历代名人碑》碑文。

| 主要人物 | 功名情况 | 曾任官职 | 著述 | 主要活动时期 | 资料来源 |
|---|---|---|---|---|---|
| 褚化鳌 | | 诰赠徵仕郎、行人司行人、陕西道监察御史 | | 天启、崇祯 | 褚氏家祠碑、光绪《峄县志》卷二〇《选举》 |
| 褚化鲲 | | 诰赠奉政大夫、刑部山东司员外郎 | | 崇祯、顺治 | 褚氏家祠碑 |
| 褚懋源 | | 州同 | | 顺治 | 褚氏祠堂《历代名人碑》 |
| 褚德埙 | 贡生 | 光禄寺署正、理藩院院判、刑部山东司员外郎、奉政大夫 | 《苏峄镜文集》《排沙集》《笔花斋集》《观海篇》等 | 顺治 | 褚氏祠堂《历代名人碑》、光绪《峄县志》卷二〇《选举》 |
| 褚德增 | | 登仕佑郎鸿胪寺序班 | | 顺治 | 褚氏家祠碑、光绪《峄县志》卷二〇《选举》 |
| 褚光钊 | 岁贡生 | 内阁中书、工部员外郎 | | 顺治 | 褚氏祠堂《历代名人碑》、光绪《峄县志》卷二〇《选举》 |
| 褚光铉 | | 工部历事 | | 崇祯 | 褚氏家祠碑、光绪《峄县志》卷二〇《选举》 |
| 褚光镆 | 岁贡生 | 都察院历事 | | 顺治 | 褚氏祠堂《历代名人碑》、光绪《峄县志》卷二〇《选举》 |
| 褚光铣 | 举人 | 泗州同知、灵璧知县、盱眙知县 | | 顺治 | 褚氏家祠碑、光绪《峄县志》卷二〇《选举》 |
| 褚光翰 | | | | 顺治 | 光绪《峄县志》卷二一《乡贤》 |
| 褚光铃 | 庠生 | 宿州同知、鸿胪寺序班、浙江武康县县丞 | | 顺治 | 褚氏祠堂《历代名人碑》、光绪《峄县志》卷二〇《选举》 |

续表

| 主要人物 | 功名情况 | 曾任官职 | 著述 | 主要活动时期 | 资料来源 |
|---|---|---|---|---|---|
| 褚永法 | | 微仕郎 | | 康熙 | 褚氏家祠碑 |
| 褚文炟 | 拔贡生 | 乐陵县教谕 | | 雍正 | 光绪《峄县志》卷二〇《选举》 |
| 褚文炤 | 岁贡生 | 平度县训导 | | 雍正 | 光绪《峄县志》卷二〇《选举》 |
| 褚懋濬 | 岁贡生 | 赐赠昭信校尉 | 《四幸山人集》 | 雍正 | 褚氏家祠碑、光绪《峄县志》卷二〇《选举》 |
| 褚廷瑞 | | 恩赠昭信校尉 | | 雍正、乾隆 | 褚氏家祠碑 |
| 褚廷枢 | | | 《东山诗草》 | 康熙 | 光绪《峄县志》卷二一《文苑》 |
| 褚廷珣 | | 恩赠武信郎 | | 乾隆 | 褚氏家祠碑 |
| 褚成珽 | | 赐赠修职郎 | | 乾隆 | 褚氏家祠碑 |
| 褚宏道 | | 礼部儒官 | | 乾隆 | 褚氏家祠碑 |
| 褚文魁 | | 高唐营千总 | | 乾隆 | 光绪《峄县志》卷二〇《选举》 |
| 褚文辉 | | 修职郎 | | 乾隆 | 褚氏家祠碑 |
| 褚文烺 | 监生 | 恩授吏目 | | 乾隆 | 光绪《峄县志》卷二〇《选举》 |
| 褚文炎 | 恩生 | | | 乾隆 | 光绪《峄县志》卷二〇《选举》 |
| 褚文联 | 监生 | 候选县丞 | | 乾隆 | 光绪《峄县志》卷二〇《选举》 |
| 褚安民 | | 卫千总 | | 乾隆 | 光绪《峄县志》卷二一《耆旧》 |
| 褚从化 | | 卫辉守备 | | 嘉庆 | 光绪《峄县志》卷二〇《选举》 |
| 褚明峙 | | 修职郎 | | 嘉庆 | 褚氏家祠碑 |

| 主要人物 | 功名情况 | 曾任官职 | 著述 | 主要活动时期 | 资料来源 |
|---|---|---|---|---|---|
| 褚明哲 | 监生 | 河南修武县县丞、考成县知县 | | 嘉庆 | 褚氏家祠碑、光绪《峄县志》卷二一《宦绩》 |
| 褚明昶 | | 修职郎 | | 嘉庆 | 褚氏家祠碑 |
| 褚克盈 | | 登仕郎 | | 嘉庆 | 褚氏家祠碑 |
| 褚敬周 | | 文彦郎 | | 道光 | 褚氏家祠碑 |
| 褚敬渤 | | 五品蓝翎 | | 道光 | 褚氏家祠碑 |
| 褚修尊 | | 奉政大夫、五品蓝翎 | | 道光 | 褚氏家祠碑 |
| 褚修来 | | 登仕郎 | | 道光 | 褚氏家祠碑 |
| 褚慎楫 | | 登仕郎 | | 道光 | 褚氏家祠碑 |
| 褚懋淯 | | 县丞 | | 道光 | 光绪《峄县志》卷二○《选举》 |
| 褚懋澍 | | 州同 | | 道光 | 光绪《峄县志》二○《选举》 |
| 褚懋沭 | | 州同 | | 道光 | 光绪《峄县志》二○《选举》 |
| 褚明述 | | 修职郎 | | 道光 | 褚氏家祠碑 |
| 褚好修 | | 六品军功 | | 咸丰 | 褚氏家祠碑 |
| 褚恭修 | | 六品军功 | | 咸丰 | 褚氏家祠碑 |
| 褚慎处 | | 韩庄营千总钦加六品衔 | | 同治 | 褚氏家祠碑 |
| 褚廷楹 | | 州同 | | 同治 | 光绪《峄县志》卷二○《选举》 |
| 褚明龙 | | | | 同治 | 光绪《峄县志》卷二○《选举》 |
| 褚明寰 | 岁贡生 | 儒林郎 | | 嘉庆 | 光绪《峄县志》卷二○《选举》 |

续表

| 主要<br>人物 | 功名<br>情况 | 曾任官职 | 著述 | 主要活<br>动时期 | 资料来源 |
|---|---|---|---|---|---|
| 褚明峻 | 监生 | | | 乾隆 | 光绪《峄县志》卷二一《宦绩》 |
| 褚成玺 | 增生 | | 《澹静斋文稿》《澹静斋乐府》《庚戌杂著》《管见录》《词曲图谱》《平中奇传奇》 | 同治 | 光绪《峄县志》卷二一《文苑》 |
| 褚廷霖 | 岁贡生 | 齐东县训导 | | 同治 | 光绪《峄县志》卷二〇《选举》 |
| 褚敬守 | | 韩庄堵御奖五品 | | 同治 | 褚氏家祠碑 |
| 褚廷楫 | | 州同 | | 光绪 | 光绪《峄县志》卷二〇《选举》 |
| 褚慎章 | | 湖北茅山巡检 | | 光绪 | 光绪《峄县志》卷二一《宦绩》 |
| 褚慎绹 | 岁贡生 | | | 光绪 | 光绪《峄县志》卷二一《耆旧》 |
| 褚敬铭 | | 奎文阁典籍 | | 光绪 | 褚氏家祠碑 |
| 褚敬斗 | | 奎文阁典籍 | | 光绪 | 褚氏家祠碑 |
| 褚敬词 | | 奎文阁典籍 | | 光绪 | 褚氏家祠碑 |
| 褚修孝 | 拔贡生 | 冠县训导、海丰县教谕 | | 光绪 | 褚氏家祠碑、光绪《峄县志》卷二一《耆旧》 |
| 褚修玠 | 岁贡生 | 奉政大夫钦加太常寺博士 | | 光绪 | 褚氏家祠碑 |
| 褚修辉 | | 五品军功 | | 光绪 | 褚氏家祠碑 |
| 褚成珉 | 廪贡生 | 海州训导 | | 光绪 | 光绪《峄县志》卷二一《宦绩》 |
| 褚玉璞 | | 直隶省督办、荣禄大夫、璞威将军 | | 宣统 | 褚氏家祠碑、光绪《峄县志》卷二〇《选举》 |

续表

| 主要人物 | 功名情况 | 曾任官职 | 著述 | 主要活动时期 | 资料来源 |
|---|---|---|---|---|---|
| 褚明峰 | | 例贡生 | | 宣统 | 光绪《峄县志》卷二〇《选举》 |
| 褚思玺 | | 援州吏目钦加五品 | | 宣统 | 褚氏家祠碑 |
| 褚明律 | 监生 | | | 宣统 | 光绪《峄县志》卷二一《耆旧》 |

位于枣庄市薛城区南常街中部的南常褚氏家祠（笔者拍摄）

## （二）牛山孙氏

牛山孙氏的始祖孙泗于明初永乐年间由山西平阳迁至峄县，落居于县西牛山镇。明清数百年间，牛山孙氏以耕读为本，力田、重读、喜武，垦殖兴业，人才代出，"孝弟力田者有之，睦姻敦族者有之，绍书香掇巍科保世以滋大者尤后先辉映"①；"内外群从子弟列庠序、掇科名者，后先相望，皆能束修自爱，违远非义"②。明清两代，牛山孙氏八至十七世有庠生、廪生、增生、附

① 《峄阳牛山孙氏族谱》卷一《家传》，第103页。
② 光绪《峄县志》卷二一《乡贤列传下·乡贤》，清光绪三十年刻本。

生、监生、贡生、举人、进士及博士和武学等400余人。（参见表3-4）

### 表3-4　牛山孙氏家族成员仕宦表

| 姓名 | 功名情况 | 曾任官职 | 著述 | 主要活动时期 | 资料来源 |
|------|----------|----------|------|--------------|----------|
| 孙治 | 庠生 | | | 万历 | 光绪《峄县志》卷二一《耆旧》 |
| 孙献恪 | 庠生 | 州同 | | 崇祯 | 《峄阳牛山孙氏族谱》卷一《家传》 |
| 孙献珍 | 武进士 | 广西镇安营守备、陕西守备 | | 崇祯 | 光绪《峄县志》卷二一《宦绩》 |
| 孙献奇 | 庠生 | | | 崇祯、顺治 | 《峄阳牛山孙氏族谱》卷一《家传》 |
| 孙尔昌 | 监生 | 州同 | | 顺治、康熙 | 《峄阳牛山孙氏族谱》卷一《家传》 |
| 孙献可 | 贡生 | | | 康熙 | 《峄阳牛山孙氏族谱》卷一《家传》 |
| 孙靖远 | 武举 | | | 康熙 | 《峄阳牛山孙氏族谱》卷一《家传》 |
| 孙超 | 岁贡生 | | | 康熙 | 《峄阳牛山孙氏族谱》卷一《家传》、光绪《峄县志》卷二〇《选举》 |
| 孙升 | 举人 | 朝城县训导 | | 康熙 | 《峄阳牛山孙氏族谱》卷一《家传》 |
| 孙世俨 | | 孟县主簿、河州同知、甘州府知府 | | 康熙 | 光绪《峄县志》卷二〇《选举》 |
| 孙柱 | 贡生 | | | 康熙 | 《峄阳牛山孙氏族谱》卷一《家传》 |
| 孙世偲 | | 州同 | | 雍正 | 《峄阳牛山孙氏族谱》卷一《家传》 |
| 孙会群 | 武庠生 | | | 雍正 | 《峄阳牛山孙氏族谱》卷一《家传》 |

| 姓名 | 功名情况 | 曾任官职 | 著述 | 主要活动时期 | 资料来源 |
|------|---------|---------|------|------------|---------|
| 孙世佐 | | 县丞 | | 雍正 | 《峄阳牛山孙氏族谱》卷一《家传》 |
| 孙化鲲 | 举人 | | | 乾隆 | 《峄阳牛山孙氏族谱》卷一《家传》、光绪《峄县志》卷二〇《选举》 |
| 孙文炳 | 举人 | 东昌府棠邑县教谕 | | 乾隆 | 《峄阳牛山孙氏族谱》卷一《家传》 |
| 孙镇 | 拔贡生、钦赐举人 | 黄县教谕、钦赐国子监学正 | 《寅清斋集》 | 乾隆 | 光绪《峄县志》卷二一《文苑》 |
| 孙经 | 监生 | | | 乾隆 | 《峄阳牛山孙氏族谱》卷一《家传》 |
| 孙怀琦 | 拔贡生 | 黄县教谕 | | 乾隆 | 《峄阳牛山孙氏族谱》卷一《家传》 |
| 孙文风 | 贡生 | | | 乾隆 | 《峄阳牛山孙氏族谱》卷一《家传》 |
| 孙肇范 | 贡生 | 单县教谕 | | 乾隆 | 《峄阳牛山孙氏族谱》卷一《家传》 |
| 孙葆树 | 举人 | | | 乾隆 | 《峄阳牛山孙氏族谱》卷一《家传》 |
| 孙葆菖 | 拔贡生 | | | 道光 | 《峄阳牛山孙氏族谱》卷一《家传》 |
| 孙承瀚 | 举人 | | | 道光 | 光绪《峄县志》卷二一《乡贤》 |
| 孙绍宗 | 增生 | 州同、貤赠文林郎 | | 康熙 | 光绪《峄县志》卷二一《耆旧》 |
| 孙新吉 | 举人 | 云南江川知县 | | 乾隆 | 光绪《峄县志》卷二一《宦绩》 |

续表

| 姓名 | 功名情况 | 曾任官职 | 著述 | 主要活动时期 | 资料来源 |
|---|---|---|---|---|---|
| 孙谔 | 举人 | 龙泉县知县、蒲州府同知、蒲州府知府 | | 乾隆 | 光绪《峄县志》卷二一《宦绩》 |
| 孙栝 | 监生 | 河南罗山县知县、陈州府知府、浙江按察使 | | 乾隆 | 《峄阳牛山孙氏族谱》卷一《家传》 |
| 孙梁 | 举人 | 东阿县教谕、知县 | | 乾隆 | 《峄阳牛山孙氏族谱》卷一《家传》 |
| 孙肇寰 | | 候选同知 | | 咸丰 | 《峄阳牛山孙氏族谱》卷一《家传》 |
| 孙肇谟 | 贡生 | | | 咸丰 | 《峄阳牛山孙氏族谱》卷一《家传》 |
| 孙肇模 | 恩贡生 | | 《唾余集诗稿》 | 乾隆 | 《峄阳牛山孙氏族谱》卷一《家传》 |
| 孙葆轸 | 举人 | 莘县训导、掖县教谕 | | 乾隆 | 《峄阳牛山孙氏族谱》卷一《家传》 |
| 孙葆容 | 拔贡生 | | | 康熙 | 《峄阳牛山孙氏族谱》卷一《家传》 |
| 孙葆钦 | 贡生 | | | 康熙 | 《峄阳牛山孙氏族谱》卷一《家传》 |
| 孙显祖 | 举人 | | | 康熙 | 光绪《峄县志》卷二一《耆旧》 |
| 孙益揄 | 贡生 | 济南府训导 | | 康熙 | 《峄阳牛山孙氏族谱》卷一《家传》 |
| 孙周存 | 贡生 | 州同 | | 乾隆 | 《峄阳牛山孙氏族谱》卷一《家传》 |
| 孙毓虞 | 贡生 | 青城教谕 | | 乾隆 | 《峄阳牛山孙氏族谱》卷一《家传》 |
| 孙承薪 | 举人 | 候选知县 | | 道光 | 牛山孙氏墓志铭 |
| 孙葆尊 | 举人 | 文林郎 | | 道光 | 牛山孙氏墓志铭 |

续表

| 姓名 | 功名情况 | 曾任官职 | 著述 | 主要活动时期 | 资料来源 |
|---|---|---|---|---|---|
| 孙振魁 | 举人 | 州同、恩授武德佐骑尉 | | 乾隆 | 牛山孙氏钦赐功名碑 |
| 孙献珍 | 武举人 | 广西镇安营守备 | | 康熙 | 光绪《峄县志》卷二一《宦绩》 |
| 孙愈振 | 武进士 | | | 顺治 | 光绪《峄县志》卷二一《宦绩》 |
| 孙方夏 | 庠生 | | | 乾隆 | 光绪《峄县志》卷二一《宦绩》 |
| 孙建泰 | 诸生 | | | 崇祯 | 光绪《峄县志》卷二一《宦绩》 |
| 孙延宗 | 贡生 | | | 雍正、康熙 | 光绪《峄县志》卷二一《宦绩》 |
| 孙步班 | 贡生 | | 《旷寄堂诗文集梦游记》 | 康熙 | 光绪《峄县志》卷二一《文苑》 |

位于枣庄市薛城区周营镇牛山村的牛山孙氏牌楼（笔者拍摄）

位于枣庄市薛城区周营镇牛山村的牛山孙氏宗祠（笔者拍摄）

**（三）峄阳王氏**

峄阳王氏，自明初由山西迁至山东峄县南部之小山子村，以地名而得族名"峄阳王氏"，亦称"小山子王氏"。峄阳王氏入鲁数百年间，诗书传家，耕读继世，苗裔遍及鲁南、苏北，乃至海外，文治武功不胜枚举（见表3-5）。

**表3-5　峄阳王氏家族成员仕宦表**

| 姓名 | 功名情况 | 曾任官职 | 著述 | 主要活动时期 | 资料来源 |
|---|---|---|---|---|---|
| 王守德 | | 省祭 | | 崇祯、顺治 | 光绪《峄县志》卷二一《宦绩》、民国《峄阳王氏族谱》卷四《先德录》 |
| 王让 | 监生 | | | 康熙 | 光绪《峄县志》卷二一《孝友》 |
| 王绅 | 恩贡生 | 修职郎、授奉议大夫 | | 道光、咸丰 | 民国《峄阳王氏族谱》卷四《先德录》 |
| 王缄 | 举人 | 新泰县教谕、章邱县训导、敕授修职郎 | | 道光、咸丰 | 光绪《峄县志》卷二一《宦绩》 |
| 王德劭 | 岁贡生 | 观城县训导 | | 同治 | 民国《峄阳王氏族谱》卷四《先德录》 |

续表

| 姓名 | 功名情况 | 曾任官职 | 著述 | 主要活动时期 | 资料来源 |
|---|---|---|---|---|---|
| 王抚 | 监生 | 五品军功、授承德郎 | | 咸丰、同治 | 民国《崞阳王氏族谱》卷四《先德录》 |
| 王德厂 | 监生 | 五品军功 | | 同治、光绪 | 民国《崞阳王氏族谱》卷四《先德录》 |
| 王荣宣 | 监生 | 登仕郎、民团团长 | | 宣统 | 民国《崞阳王氏族谱》卷四《先德录》 |
| 王荣桂 | 监生 | 奎文阁典籍 | | 光绪 | 民国《崞阳王氏族谱》卷四《先德录》 |
| 王绡 | 监生 | 昭武都尉、都司 | | 道光、咸丰 | 民国《崞阳王氏族谱》卷四《先德录》 |
| 王奉孟 | 监生 | 守御所千总、授武德骑尉 | | 乾隆 | 民国《崞阳王氏族谱》卷四《先德录》 |
| 王奉恕 | 庠生 | 承德郎、钦加六品军功 | | 道光 | 民国《崞阳王氏族谱》卷四《先德录》 |
| 王奉祖 | 监生 | 守御所千总、赠昭武都尉 | | 道光 | 民国《崞阳王氏族谱》卷四《先德录》 |
| 王奉毅 | 增生 | 赠奉议大夫、章邱县训导 | | 嘉庆、道光 | 民国《崞阳王氏族谱》卷四《先德录》 |
| 王汝峻 | 岁贡生 | 修职郎 | | 道光 | 民国《崞阳王氏族谱》卷四《先德录》 |
| 王榀 | 监生 | 武德佐骑尉 | | 嘉庆 | 民国《崞阳王氏族谱》卷四《先德录》 |
| 王建业 | 监生 | 赠武略佐骑尉 | | 雍正、乾隆 | 民国《崞阳王氏族谱》卷四《先德录》 |
| 王澍 | 监生 | | | 康熙 | 民国《崞阳王氏族谱》卷四《先德录》 |
| 王德陈 | 贡生 | 钦赐七品、以知县用 | | 光绪、宣统 | 民国《崞阳王氏族谱》卷四《先德录》 |

续表

| 姓名 | 功名情况 | 曾任官职 | 著述 | 主要活动时期 | 资料来源 |
|---|---|---|---|---|---|
| 王迈卿 | 贡生 | 县丞、军机处供事 | | 同治、光绪 | 民国《峄阳王氏族谱》卷四《先德录》 |
| 王鼎铭 | 增贡生 | 官中书、湖南新田县知县 | | 道光 | 光绪《峄县志》卷二一《乡贤》 |
| 王奉毅 | 增生 | | | 康熙 | 光绪《峄县志》卷二一《耆旧》 |
| 王绶 | 庠生 | | | 乾隆 | 光绪《峄县志》卷二〇《选举》 |
| 王绅 | 贡生 | | | 乾隆 | 光绪《峄县志》卷二〇《选举》 |
| 王缄 | 举人 | | | 乾隆 | 光绪《峄县志》卷二〇《选举》 |
| 王樽 | 附贡生 | | | 乾隆 | 光绪《峄县志》卷二〇《选举》 |
| 王槛 | 监生 | | | 乾隆 | 光绪《峄县志》卷二〇《选举》 |

### （四）峄阳贾氏

峄阳贾氏始自东郡博平县，明初为避战乱，迁居于峄阳。数百年间，峄阳贾氏始终做到"持己以敬，接人以恭，为官清廉，做民和顺"，在明朝中后期繁盛一时，号称"东鲁世家、峄阳宦族"（见表3-6）。

表3-6　峄阳贾氏家族成员仕宦表

| 姓名 | 功名情况 | 曾任官职 | 著述 | 主要活动时期 | 资料来源 |
|---|---|---|---|---|---|
| 贾铭 | 贡生 | 华县县丞 | | | 光绪《峄县志》卷二〇《选举》 |
| 贾访 | 举人 | 建昌府推官 | | | 光绪《峄县志》卷二〇《选举》 |
| 贾谅 | 举人 | 刑科给事中、都察院右副都御史 | | 洪武、宣德 | 光绪《峄县志》卷二〇《选举》 |

| 姓名 | 功名情况 | 曾任官职 | 著述 | 主要活动时期 | 资料来源 |
|---|---|---|---|---|---|
| 贾宗鲁 | 选贡生 | 安肃、山海、高淳、南阳诸郡教谕、赠授中大夫、光禄寺卿 | | 嘉靖 | 光绪《峄县志》卷二〇《选举》 |
| 贾梦龙 | 恩贡生 | 内邱县训导、封授中宪大夫、太常寺少卿 | 《昨梦存》《泮东诗集》《永怡堂词》 | 隆庆、万历 | 光绪《峄县志》卷二一《乡贤》、《峄阳贾氏族谱》 |
| 贾三近 | 进士 | 兵部右侍郎、都察院佥都御史 | 《东掖奏章》《西辅封事》《救荒檄》《煮粥法》《箧笥藏稿》《左掖漫录》《宁鸠子》《峄志》 | 隆庆、万历 | 光绪《峄县志》卷二〇《选举》、《峄阳贾氏族谱》 |
| 贾樃 | 恩荫官生 | | 《怡性吟》 | 万历 | 光绪《峄县志》卷二一《耆旧》 |
| 贾樾 | 贡生 | | 《枕籁集》 | 万历 | 光绪《峄县志》卷二〇《选举》 |
| 贾文燽 | 举人 | 馆陶县教谕、保安县知县 | | 崇祯 | 光绪《峄县志》卷二〇《选举》 |
| 贾文炜 | 贡生 | | 《仙坛山人集》《仙檀诗集》 | 崇祯 | 光绪《峄县志》卷二〇《选举》 |
| 贾文辉 | 武庠生 | | | 崇祯 | 《贾氏族谱》卷首《传文》 |
| 贾恪 | 廪生 | | | 康熙 | 光绪《峄县志》卷二一《孝友》 |
| 贾廷瑀 | 岁贡生 | | | 乾隆 | 光绪《峄县志》卷二一《孝友》 |

续表

| 姓名 | 功名情况 | 曾任官职 | 著述 | 主要活动时期 | 资料来源 |
|---|---|---|---|---|---|
| 贾慧 | 廪生 |  |  | 乾隆 | 光绪《峄县志》卷二一《孝友》 |
| 贾浩 | 武进士 | 武备、敕授武德将军 |  | 康熙 | 光绪《峄县志》卷二一《耆旧》 |
| 贾旺 | 贡生 | 诰封嘉议大夫、都察院右副都御史 |  | 乾隆 | 光绪《峄县志》卷二〇《选举》 |
| 贾杰 | 举人 | 户部郎中,终陕西参政 |  | 乾隆 | 光绪《峄县志》卷二〇《选举》 |

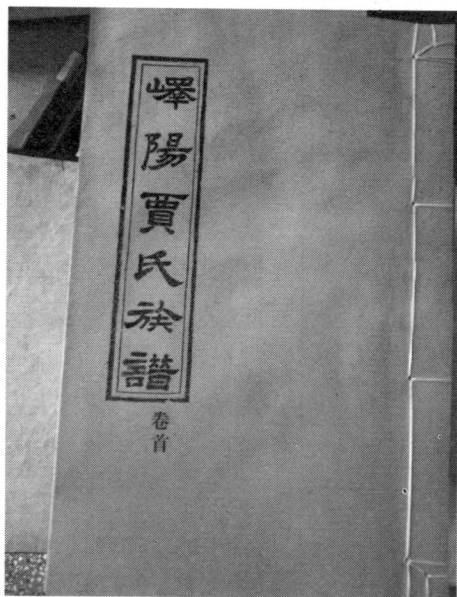

峄阳贾氏族谱（笔者拍摄）

## （五）郗山殷氏

郗山殷氏为鲁南本地望族，相传为商代微子之后，因居于微山湖之畔的郗山而得名"郗山殷氏"。郗山殷氏尊奉元代徐州录事参军殷戡尔为始祖，历元明清三代，数百年间更替繁衍，敦教励学，家族人才辈出，日渐隆兴，尤盛于清代（见表3-7）。

表3-7 郗山殷氏家族成员仕宦表

| 主要人物 | 功名情况 | 曾任官职 | 著述 | 主要活动时期 | 资料来源 |
|---|---|---|---|---|---|
| 殷应寅 | 贡生 | 通政使司、江南如皇县尹 | | 康熙 | 道光《滕县志》卷八《吏治》 |
| 殷躬逮 | 岁贡生 | | | 雍正 | 《殷氏族谱》卷八《载籍》 |
| 殷作谋 | 拔贡生 | 江西大庾县县令 | 《见心堂制义》《治庾辑略》 | 乾隆 | 道光《滕县志》卷八《吏治》 |
| 殷铭 | 监生 | 鸿胪寺序班 | | 乾隆 | 《殷氏族谱》卷八《载籍》 |
| 殷长立 | 例贡生 | 广东廉州府同知、潮州府同知、高州府知府 | | 乾隆 | 道光《滕县志》卷八《吏治》 |
| 殷长经 | 贡生 | 永定河霸州吏目、宛平县丞 | | 乾隆 | 道光《滕县志》卷八《掾曹》 |
| 殷应星 | | 江西安福县丞、汉阳府同知 | | 乾隆 | 道光《滕县志》卷八《掾曹》 |
| 殷秩征 | 举人 | 登州府栖霞县教谕、广东潮州府监大使 | | 乾隆 | 道光《滕县志》卷八《儒林》 |
| 殷征峰 | | 高州府知府、广东高廉兵备道 | | 乾隆 | 《殷氏族谱》卷八《艺文》 |
| 殷玉琛 | 岁贡生 | 貤赠修职佐郎 | | 乾隆 | 道光《滕县志》卷八《儒林》 |
| 殷苑 | 举人 | | 《诗经叶韵辨讹》《蒔竹山房文稿》《制艺类抄》 | 乾隆 | 道光《滕县志》卷八《儒林》 |
| 殷荃 | 岁贡生 | 曹县定陶县学、登州府学训导 | | 乾隆 | 道光《滕县志》卷八《儒林》 |
| 殷玉琇 | 廪生 | | 《山左诗续抄》 | 道光 | 道光《滕县志》卷八《儒林》 |
| 殷长端 | 附贡生 | | | 道光 | 道光《滕县志》卷八《儒林》 |
| 殷献昌 | 举人 | 国子监典簿 | | 同治 | 《殷氏族谱》卷一 |

（七）古滕满氏

古滕满氏始自满迪，满迪祖籍山西，是元朝至治年间进士，官居峄州刺史，"因老解组寄寓于峄"。从满迪开始，数百年耕耘繁衍，习文修武，至今已历二十余世，在清代中后期日渐隆盛，人才辈出，其中尤以满德坤、满作宾为代表，文治武功享誉峄滕（见表3-8）。

表3-8　古滕满氏家族成员仕宦表

| 主要人物 | 功名情况 | 曾任官职 | 著述 | 主要活动时期 | 资料来源 |
|---|---|---|---|---|---|
| 满锡璋 | 举人 | 卫千总 | | | 《古滕满氏族谱》卷一 |
| 满允元 | 贡生 | 泰安州训导 | | 康熙 | 《古滕满氏族谱》卷一 |
| 满兆熺 | 监生 | 州同 | | 康熙 | 《古滕满氏族谱》卷一 |
| 满兆炜 | 监生 | 布政司理问 | | 康熙 | 《古滕满氏族谱》卷一 |
| 满作宾 | 廪生 | 敕赠武信郎、昭武都尉 | | 康熙、雍正 | 《古滕满氏族谱》 |
| 满朝桂 | 武举人 | 卫千总、守备、都司 | | 乾隆 | 《古滕满氏族谱》 |
| 满文登 | 监生 | 江西新城县丞、泸溪县令、靖安县令 | | 康熙 | 道光《滕县志》卷八《掾曹》 |
| 满德安 | 举人 | 兵马司副指挥、直隶内邱县令、永寿县令 | | 乾隆 | 道光《滕县志》卷八《吏治》 |
| 满德坤 | 武进士 | 二等侍卫、直隶提标游击、湖北郧阳总兵、保定营参将 | | 嘉庆 | 道光《滕县志》卷八《武功》 |
| 满秀卿 | 贡生 | | 《典制时令》《吟窗草诗集》 | 咸丰 | 《古滕满氏族谱》 |
| 满殿甲 | 武举人 | 梁山闸府经制外委正五品 | | 咸丰、同治 | 《古滕满氏族谱》 |
| 满秋石 | 举人 | 武义县知县 | 《续滕风》《断蔗山房诗稿》《归云楼近稿》《为可堂文集》《芸窗诗集》 | 乾隆 | 道光《滕县志》 |

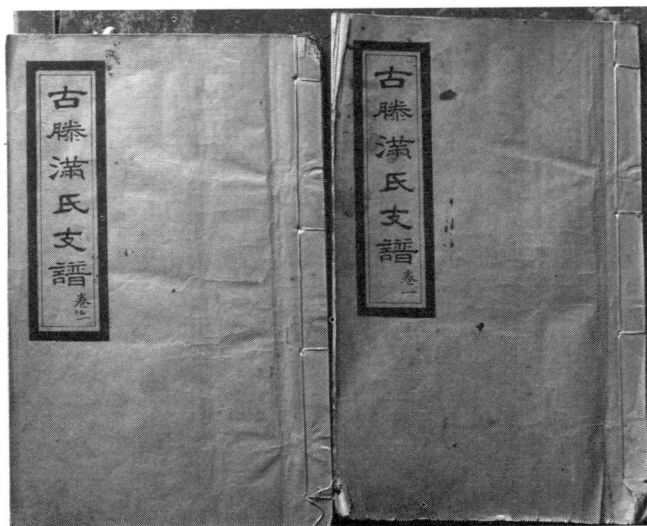

古滕满氏支谱（笔者拍摄）

### （七）云门李氏

云门李氏相传原籍东阿县，明初时迁至峄地，尊李东阳为始祖，数百年间敦教励学，安分守己。至清代康乾时期逐渐隆盛，李氏族人文声斐然，孝悌忠义，其中尤以李克敬为代表，族内人才辈出，俨然峄滕间一个大族（见表3-9）。

表3-9　云门李氏家族成员仕宦表

| 主要人物 | 功名情况 | 曾任官职 | 著述 | 主要活动时期 | 资料来源 |
|---|---|---|---|---|---|
| 李九思 | | 延安府同知 | | | 《峄阳李氏族谱》卷一 |
| 李冲 | | 赠文林郎、翰林院编修 | | 康熙 | 光绪《峄县志》卷二一《乡贤列传》 |
| 李克敬 | 进士 | 翰林院庶吉士 | 《四书言》《经解》《大哀》《小哀书》《浙行录》《谐喻》《渔书》《随笔》《若为吟》《东南雅言》 | 康熙 | 光绪《峄县志》卷二一《乡贤列传》 |
| 李岳 | 监生 | 署任韩庄闸 | | 雍正 | 光绪《峄县志》卷一九《闸官》 |

续表

| 主要人物 | 功名情况 | 曾任官职 | 著述 | 主要活动时期 | 资料来源 |
|---|---|---|---|---|---|
| 李大声 | 拔贡生 | | | 乾隆 | 《峄阳李氏族谱》卷三 |
| 李大晟 | 岁贡生 | | | 乾隆 | 《峄阳李氏族谱》卷三 |
| 李钦备 | 岁贡生 | 曹州府观城县训导 | | 乾隆 | 《峄阳李氏族谱》卷三 |
| 李溯清 | 岁贡生 | 候选训导 | | 道光 | 《峄阳李氏族谱》卷三 |
| 李志芳 | 监生 | | | 道光 | 《峄阳李氏族谱》卷三 |

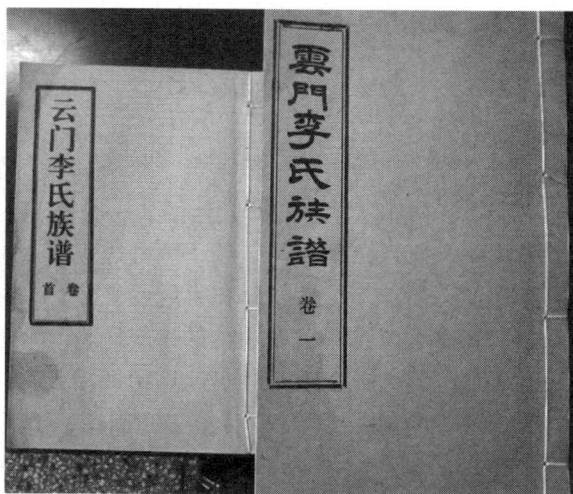

云门李氏族谱（笔者拍摄）

## 二、明清时期鲁南望族的特点

### （一）农耕起家

中国古代自商鞅变法开始，"夫商君为秦孝公明法令，禁奸本，尊爵必赏，有罪必罚，平权衡，正度量，调轻重，决裂阡陌，以静生民之业而一其俗，劝民耕农利土，一室无二事，力田蓄积，习战陈之事，是以兵动而地广，兵休而国富，故秦无敌于天下，立威诸侯，成秦国之业"①。这使得"僇力本

---

① ［汉］司马迁：《史记》卷七九《范雎蔡泽列传》，中华书局1982年版，第2422页。

业，耕织致粟帛多者复其身。事末利及怠而贫者，举以为收孥"①。因此重农抑商的思想日益得到巩固，正是这种重本轻末的传统深深地影响着明清时期鲁南的望族。

明清时期枣庄的仕宦望族纵贯明清两代，涵盖了今枣庄地区的四至八方，虽规模不一，影响各异，但基本上反映了明清时期鲁南地区的社会生活的全貌。从明清鲁南望族的发展基础看，他们基本上都是以农耕起家，先世以少量土地为基础，畜产兴业，经世累积，终成巨室。就如同满氏族谱记载的那样，望族先人们"能勤稼穑，务质朴，经营内外昼夜弗辍。纵一粒之米，不曾轻抛；一寸之薪，不曾轻弃。数年后家道日隆起，不惟复先人之旧且加增焉"②。正是望族祖先们这种不费一粒米、不弃一寸薪的节俭勤劳，为家族的后续发展壮大打下坚实的基础。

正如明初迁至峄南小山子村的峄阳王氏，诗书传家，耕读继世，经过十几世的苦心经营，田产大增，后来竟至良田千顷。至今，当地还流传着峄阳王氏挂"千顷碑"、打响场的传说。

明清时期，朝廷重农抑商，封赏田过千顷者，给予匾额褒荣。峄阳的牌匾俗称"千顷碑"。在那时，千顷碑可不是随便挂的，一方面这是朝廷和官府给予的政治荣誉和经济保护，而且民间传言，挂千顷碑之家可以减免租税；另一方面，挂千顷碑也意味着必须承担支持朝廷和官府的义务，如果遇上荒歉之年和用兵供粮，千顷之家就要承担起赈粮和饷粮的供应之责。峄阳王氏经过累世经营，坐拥良田，最高时达到两千多顷，对于这样的产粮大户，官府自然优待有加，顺理成章地颁给"千顷碑"，而且前后给了两面。

峄阳王氏坐拥这么多的田产，不得不面对一个生产上的问题：粮食收获时，哪来那么多的麦场和时间来打麦子和晾晒庄稼？普通农家晾晒麦子就是把六七十平方米的地面整平、压实，然后把麦捆这样的"场"上摊开，再用石质的碌碡碾轧脱粒。但这样的小场根本无法满足千顷庄稼的打晾，于是"打响场"就被创造出来了。

建响场时，要把十几亩或者几十亩的地挖空，然后在坑底支起架子，铺上厚木板，木板上覆盖厚土，压实成"场"，木板下挂上铜铃铛，几十套骒马，列队成阵，拉着碌碡，奋蹄驰骋，将麦子轮番运到场上，沸沸扬扬。打场的吆喝声、骒马的嘶鸣声、响亮的鞭子声、骒马身上的铜铃声，还有木板下的铜铃声融汇交织在一起，此起彼伏，声震八方，着实成了一幅壮观的景致，引来看

① 《史记》卷六八《商君列传》，第 2230 页。
② 《古滕满氏族谱》卷一中集《满公恩揆传》，第 46 页。

热闹的人围得水泄不通，场面如同演大戏、赶庙会一样。

打响场这种农事生产活动还带有强烈的政治色彩。不但响场的巨大声响和阵势扰民，甚至有人借助打响场来炫耀声势，挑战官府的权威。因而，田产达不到一定规模，没有很高的权势，打响场是要被治罪的。由此可见峄阳王氏在当地的威势与影响，以此，也可一窥明清鲁南望族农耕起家的雄厚经济基础。

有学者统计，清代一个童生仅参加县府两级的考试就要花费掉 10 两左右的白银，"在清初 10 两银子通常可以买到 10 石粮食，相当于一个三口之家农民的全年口粮，甚至是全部家产。因此参加科举考试的费用，贫苦农民一般是担负不起的。经济能力对于世代应举的科举家族，尤其显得格外重要。因为科举家族有众多的族人参加考试，必须具备相当雄厚的物质基础"①。此外，"在一般情况下，捐纳监生大约需要白银 100 两左右，远非普通农家所能承担。地主子弟捐纳监生后，就可以绕开童试，直接参加乡试，而且可以在本省参加乡试，还能够到京城所在的顺天府参加乡试"②。由此可见，仕宦家族的子弟们由童生到秀才，由秀才到举人，再由举人到进士，需经过层层选拔，历经县试、府试、院试道道门槛，差旅应酬等应举花费绝不在少数。

从明清鲁南望族宦绩表表的现象看，明清鲁南望族肯定也花费了大量的财力供应子侄们求取功名。鲁南望族中存在大量监生，也从另一个侧面反映出鲁南望族的雄厚家资。这一时期的鲁南地区除峄南台儿庄地区有运河穿过，商旅辐辏，商业繁荣，个别家族以商兴族外，绝大部分地区的家族还是以农耕起家，力田为业。商业的流动性和竞争性并不能使家族子弟安心儒业，这在学而优则仕的传统社会要想跻身显贵几乎是不可能的。明清时期的中国社会还是传统的农业社会，仕宦家族的先辈们忍辱负重，苦心经营，经世积累，才由种地农民慢慢发展成为靠土地的地租为收入的地主。从牛山孙氏孙显祖的经历可窥一斑，"兵燹后田宅荒废，（孙显祖）于是课奴婢耕作，间效计然，择人而任，时不数年，起家比素封"③。在结构稳定的传统社会，土地这种具有长期收益的不动产为家族的持续发展提供了源源不断的物质支持，使得家族的后辈们避免了田间劳作，专心致志地从事举业，求取功名。这也能在一定程度上解释为什么明清时期鲁南的部分仕宦望族避居乡野，祖上几代功名寡鲜，而后世宦绩不俗。

---

① 张杰：《清代科举家族》，社会科学文献出版社 2003 年版，第 69 页。
② 张杰：《清代科举家族》，社会科学文献出版社 2003 年版，第 77 页。
③ 光绪《峄县志》卷二四《艺文志·碑碣·明经孙显祖墓碑》，清光绪三十年刻本。

（二）孝悌持家

儒家主张忠孝节义，对父母要承欢色养，对兄弟要友爱，传统的"二十四孝"更是基层民众生活的典范。自汉代开始，朝廷尊崇儒家，以之为官方主流思想，倡导以孝治天下。明清时期鲁南的望族更是要求家族成员们孝悌持家。在"孝"上，要"巨细事，入必告，反必面，命退则退，教则怡颜，耸立屏息以听父母"①；在"悌"上，要对同族兄弟友爱谦让、"友恭笃挚"。鲁南众多望族均将"孝悌"列为族规之一，以训诫子孙后世。南常褚氏家族的家训中即有"敦孝悌，亲老敬"的规定；滕阳种氏家训中也有"端品行、敦孝悌、凛取兴、重礼义"之语；《峄县志》《滕县志》中也列有"孝义""孝友"等目以敦品行、施教化，书中承欢色养、兄弟相让之史迹不绝于文。

例如，牛山孙氏族人孙治"以耆德称，两举乡饮"②，他在与兄弟分居时，"阴成父志，祖居让季，间壁让仲"。在分家后，孙治"设书馆，敬延师儒，陶铸小子，启迪成人"③，教育宗族子弟。在他身体力行的教育下，其子"炽斗，多义举，邑有凤累，为捐资除之，亦尝与乡饮礼"。

南常褚氏族人褚文炎是褚氏家族中孝悌持家的典型代表。光绪《峄县志》记载：

> 褚文炎，字丽中，恩生。邑廪生廷枢长子也。天性孝友，廷枢家贫嗜学，不治生产，炎勤俭自效，俾父无内顾忧。父卒，哀毁动邻里。事母色养备至，母偶怒，虽盛暑必衣冠和颜跪母前求解，待霁方起。饮食起居必亲视，出必告，反必面。母年九十余，炎年七十余，犹依依如赤子状。又笃友爱弟，郡庠生文爽析箸时，牛马田宅肥美者悉与之。乡人有因而感化者。④

从中不难看出褚文炎对父母孝敬之极，对兄弟友爱之至。

峄阳贾氏的贾恪对兄弟友爱，对母亲孝敬。兵燹之后，"生计艰难，先世所遗田舍本不多，（贾）恪乃尽让之兄"。自己则"授徒为业，常迫饥寒不能自存，独于母甘旨无缺。母年老，视听俱衰，恪饮食起居必亲，真爱至敬，三十年如一日。又因母事佛，甘蔬素终身，不御酒肉。与人言辄流涕，以不能表

---

① 《峄阳牛山孙氏族谱》卷一《家传·参军有三公传》，第5页。
② 光绪《峄县志》卷二一《乡贤列传下·耆旧》，清光绪三十年刻本。
③ 《峄阳牛山孙氏族谱》卷一《家传》，第1页。
④ 光绪《峄县志》卷二一《乡贤列传下·孝友》，清光绪三十年刻本。

扬苦节报恩于万一为恨。母邁痁疾，百药不效，恪吁天愿以身代，月余，母病得痊，而恪竟以是岁病痁。终年四十有六。县令张镜，以'孝行可风'表其门"①。贾恪正是对母亲之孝敬，以身替母疾，从而得到了官府的嘉奖。无规矩不成方圆，孝悌持家使得鲁南的世家大族能够始终做到家庭和睦，兄弟友爱，成为名副其实的望族。

在族规家风的管束熏陶下，不仅宗族的男性成员要恪守孝悌之义，女性成员亦如此。如南常褚氏族人孝廉褚修孝的儿子褚敬乔之女褚氏，"性纯孝，母有疾垂危，氏两次割肉煎药以进，母饮之，愈"。在嫁给同邑孙会成为妻后，"事姑至孝，姑病亚，氏割左肱肉二两许，切而熟之以奉姑。姑食之，越三日亦愈"。虽割肉事亲的孝行太过极端，但反映出鲁南望族对孝悌之义的讲求。身为望族子弟，望族成员们的一言一行都会成为基层民众的焦点，他们的德行是基层乡风的标杆，所以他们潜意识中认为要比普通人家的子弟做得更好，才能无愧于往世先贤，因而有割肉事亲这种极端事件的出现就不足为奇了。

（三）积极入仕

"曾子曰：吾尝仕为吏，禄不过钟釜而喜者，非为多也，乐有以养亲也；吾尝游越得尊官，犹北向而泣者，非为贱也，悲不见吾亲也。夫古之仕者，徒得以禄养亲，亲在则享；没则已焉。此古人所以有风木之恨也。"②"夫孝始于事亲，中于事君，终于扬名以显父母，斯乃传之所谓孝之大者乎。"③ 张载曰：为天地立心，为生民立命，为往圣继绝学，为万世开天平。无论是扬名显亲，抑或是为民请命，深受儒家忠孝仁义文化熏陶的士子们必然沿着修身、齐家、治国、平天下的道路前仆后继，积极入仕，甚至皓首穷经。聚族而居的仕宦宗族子弟们，不仅要扬名显亲，还担负着光宗耀祖的重任。而在等级森严的传统社会，尤其是隋唐以后，科举之路成为底层民众最主要的晋升之途，"学而优则仕"自然而然地成为望族子弟们光宗耀祖的必然选择。只有在相对公平的科场上，出身贫寒的士子才有可能平步青云，甚至飞黄腾达。

自隋唐开创科举制以来，经过历代的发展，到明清时期，成熟的科举制成为选拔官员的主要途径。"明清时期，科举与入仕是紧密结合在一起的。在当时的条件下，只要考中举人，即可获得相应的进身机会，甚至只要取得贡生资格，也可出仕，更不用说考中进士。许多望族子弟正是通过这一途径，才步入仕途的。有些人还因此入阁拜相，位至三公，或出为封疆大吏。'朝为田舍

---

① 光绪《峄县志》卷二一《乡贤列传下·孝友》，清光绪三十年刻本。
② 道光《滕县志》卷二《封赠表》，清道光二十六年刻本。
③ 道光《滕县志》卷二《封赠表》，清道光二十六年刻本。

郎，暮登天子堂'的现象，是很普遍的。"① 明太祖于洪武三年（1370）下诏"将亲策于廷，第其高下而任之以官。使中外文臣皆由科举而进，非科举者毋得与官"②。

明代特别重视翰林，并从进士中选拔庶吉士进入翰林院，作为卿相的后备人才进行培养。永乐初年（1403），内阁的七人中，非翰林出者有一半。而翰林纂修，也是诸色参用。到了天顺二年（1458），李贤奏定翰林纂修专选进士。由此"非进士不入翰林，非翰林不入内阁，南北礼部尚书、侍郎及吏部右侍郎，非翰林不任，而庶吉士始进之时，已群目为储相。通计明一代宰辅一百七十余人，由翰林者十九"③。清代黄大华《明七卿考略》收录自洪武至崇祯的卿相582人，其中进士320人，占总数的54.98%。永乐至崇祯为506人，进士出身者314人，占62.06%。王其榘《明代内阁制度史》列有阁臣164人，其中进士158人，占96.34%。由此可见明朝对科举的重视，就连《明史》的编撰者们也惊叹，"翰林之盛，则前代所绝无也"。

清承明制，尤其是在选官制度上，《清会典》卷七记载："分出身之途以正仕籍，凡官之出身有八：一曰进士，二曰举人，三曰贡生（恩、拔、副、岁、优、例），四曰阴生，五曰监生，六曰生员，七曰官学生，八曰吏。无出身者满洲蒙古汉军曰闻散，汉曰俊秀。"王德昭在《清代科举制度研究》中详细统计了清代部分官职中进士所占的比重，见表3-10：

表3-10　清代部分官职中进士任职占比表④

| 官职 | 总数 | 进士人数 | 占比（%） |
|---|---|---|---|
| 尚书 | 744 | 339 | 45.56 |
| 左都御史 | 430 | 221 | 51.40 |
| 总督 | 585 | 181 | 30.95 |
| 巡抚 | 989 | 390 | 39.43 |

乾隆后期至清末的781位侍郎中，进士457人，举人62人，整体占比66.45%。由此足见，分科举士已成选官主流，而且"有清一沿明制，二百余年，虽有以他途进者，终不得与科第出身者相比"⑤。科举是明清两代选官的

① 江庆柏：《明清苏南望族文化研究》，南京师范大学出版社1999年版，第117—118页。
② 《明史》卷七〇，第1696页。
③ 《明史》卷七〇，第1702页。
④ 王德昭：《清代科举制度研究》，香港中文大学出版社1982年版，第58页。
⑤ 《清史稿》卷一六〇《选举一》，第3099页。

主要途径，望族子弟们通过科举入仕以期扬名显亲，洪振家声，自然成为顺理成章之事。

再言鲁南，地近儒学圣地曲阜，好儒通礼。司马迁称"鲁滨洙泗，犹有周孔遗风，俗好儒，备于礼，故其地谈经抗疏者林立"①。西汉时的东海郡，"兰陵承十居五。高至丞相爵，通侯下亦不失博士，由汉以来指不胜屈。至于乘风云建伟绩者，代不乏人，历历可考"②。明清时期鲁南地区"崇尚文志，邑人士始有宦于朝者。而胡鸿胪恭、贾中丞谅，乃并以孝廉起家荐陟九列。其后，丁给谏本、贾司马三近、褚侍御德培，皆以宿学名德奋迹科甲"③。正是在这种谈经抗疏的氛围以及学而优则仕传统的导引下，鲁南的峄滕士子们前赴后继，逐名科场。即使名落孙山也不轻言放弃，屡败屡战。明清时期考中举人已非易事，考中进士更是难上加难。"五十少进士，三十老明经。"吴敬梓在《儒林外传》中对范进中举后喜极而疯的描述，形象地说明考中举人的艰难，更遑说考取进士了。"商衍鎏据《清会要事例》历科中额和《续清文献通考》殿试人数作统计，清代会试共112科，录取人数26391名，故平均每科取中约236人。各科应考会试人数，更无准确记录可据。大抵每科新中举人约一二百人，历届会试未中举人来考者如以五倍计算，作六千人，则各届会试人数约七八千人，取中的机会仍仅约一与三十之比。"④ 而在北京的一位美国人描述了他眼中的科举："在北京每三年一次的考试中，应试的人数一般都在14000人左右，而被录取者通常不会超过500人。从以上事实可以看出，科举考试的要求相当苛刻，竞争也异常激烈残酷。事实上，每次考试中能够获得梦寐以求的学位资格者，不超过总应试人数的10%。据说，审阅试卷的标准主要看书写是否规范，文体是否八股、内容是否孔孟。任何丁点超出儒家学说的独立见解都被视为异端邪说，都会受到严厉的谴责。如果出现这种情况，决不可能企望判官给出好的成绩。除此之外，对其他两点阅卷官也异常重视。仅仅写错一个字，或者卷面上有星点的墨渍，便会导致一个人名落孙山……"⑤

科考的艰辛更能体现出功名的价值，因而士子们才会前赴后继投身于此，甚至不惜耗掉大半青春。如云门李氏族人李克敬，年少时就才满峄阳，更立下大志"生于斯世，要做天地有用之人"，他认为凭借自己的才学，"二十余年

① 《史记》卷一二九《货殖列传》，第3266页。
② 光绪《峄县志》卷二一《乡贤》，清光绪三十年刻本。
③ 光绪《峄县志》卷二一《乡贤》，清光绪三十年刻本。
④ 王德昭：《清代科举制度研究》，香港中文大学出版社1982年版，第65页。
⑤ [美]何天爵：《真正的中国佬》中译本，鞠方安译，光明日报出版社1998年版，第188—189页。

可了功名事，四十左右便当逍遥圆，为生死之谋，图不朽之业"。他在诗中更是多处表露"少小足奇志，拟意自豪狂""萧然布衣士，一朝动帝王""谈笑麾万军，风流差葛羊。成功拂袖归，钟鼎轻毫芒""抱膝坐待大风来，破浪长鸣动天地"。踌躇满志的李克敬对仕途前程颇具信心。然而，事与愿违，每三年一次的乡试，次次都名落孙山。人生的黄金时间都耗费在峄县到济南的路途中。心灰意冷、心如枯兰的他写道："诋意今半世，坎坷困名场。""血力尽于此，著作等身长。一字无所用，按剑盼夜光。""所期一未就，忍令中途荒。""少壮不为贫贱留，富贵那因忧患得。已是蹉跎过盛年，忍把愁鞭逐去日。"屡踬场屋的他又为衣食所困，只好当起了教书先生。① 直到康熙南巡得蒙召见，其所献诗文被定为一等第一名，李克敬这才时来运转，"年四十始以经魁举于乡，又八年始成进士"②，后官至翰林院编修，可谓是飞黄腾达，功成名就。

而褚氏族人褚懋浚就没有这么幸运。光绪《峄县志》记载："生有俊才，早岁补邑庠，人皆谓科第可立掇。中年坎坷，屡困场屋，又遭讼狱死丧，盗贼之患接时踵至，家遂益落。"③ 在众多鲁南望族的家谱中，"屡踬场屋""屡困科场""无意举业""绝意进取"等语，数见不鲜，字里行间流露着望族子弟们应举道路上的艰难与辛酸。

据不完全统计，明清时期鲁南峄滕地区有进士 44 人，其中峄县 15 人，滕县 29 人；有举人 172 人，其中，峄县 77 人，滕县 95 人。另外，明清时期峄县有 7 名武进士，11 名武举人。

科举不仅有利于当事者本人，亦使整个家族也因之荣耀显贵。一方面，通过科举，一大批望族子弟们进入统治阶层，直接带动了本家族的兴旺发达，拉近了国家与家族之间的距离，沟通了国家的意旨与家族的愿望。另一方面，科举也成为家族的一种动员力量，使得家族内部更具有凝聚力。望族子弟们求取功名，成功入仕后，往往能够恪尽职守，以身作则，这是因为他们身上肩负的是整个家族的荣誉，是扬名显亲、光宗耀祖的使命感，这种无形的力量时刻鞭策着他们，要他们心系黎庶、心怀天下、忠君爱国。

小山子王氏族人王鼎铭，忠于职守，甚至不惜献出自己的生命完成忠君爱国的使命。道光九年（1821）秋，王鼎铭被授予湖南新田县知县后，车马从简，"微服入邑"，"民有讼则吁而进，立与判决"，没过多久"一切奸弊皆

---

① 孙桂俭主编：《枣庄历史人物志》下卷，上海三联书店 2006 年版，第 614 页。
② 光绪《峄县志》卷二一《乡贤列传下·乡贤》，清光绪三十年刻本。
③ 光绪《峄县志》卷二一《乡贤列传下·耆旧》，清光绪三十年刻本。

绝"。严于律己的王鼎铭"惫甚则伏案少息，虽大风雨不入内。间出勘事从一仆一役，饔飧皆自备，不以烦民"①。在新田县遭遇大旱之时，王鼎铭"日祷于城隍"，甚至"自着械暴烈日中，自辰至午，且祝且泣"。这种舍生忘死、为民请命的精神或许感动了上天，"即日大雨，远近沾洽，民大悦"。正是有这样为民请命的"父母官"，所以在邻县瑶族造反时，新田县的瑶族村寨听从了王鼎铭的劝说而奉公守法、安心生产。在官军围剿失利、叛军攻打县城时，王鼎铭自知独力难支，便"散遣募客，亟谕士民逃"，并言"吾职当死此，诸君可速为行计"。他则率领不愿离去的士卒百姓抵御叛军，终因寡不敌众，为国捐躯，临终前仍"骂贼不绝口"。王鼎铭一心为民，忠君爱国，可歌可泣！

正是这种高尚的道德情操使得鲁南望族区别于一般的家族，诚如江庆柏先生所言："更多的时候，人们是以道德的标准来作为衡量望族的尺度的……道德的标准对望族来说，是十分重要的，一个无道德可言的家族，无论其仕宦文章取得多大成就，人们仍难以将它与作为人们心目中'偶像'的望族联系起来……"②

（四）诗书传家

明清时期鲁南的世家望族以力田起家之后，逐渐发迹繁荣，子弟们竞相投身举业，终至宦业表表，簪缨相望。深究其繁荣的内在因素是望族自始至终所强调的诗书传家。

中国自古就有诗书传家的传统，尤其是"东汉以后学术文化重心不在政治中心之首都，而分散于各地之名都大邑。是以地方大族盛门乃为学术文化之所寄托。中原经五胡之乱，而学术文化尚能保持不坠者，固由地方大族之力，而汉族之学术文化变为地方化及家门化矣。故论学术，只有家学之可言，而学术文化与大族盛门常不可分离也"③。正如章炳麟所言，"古之世禄，子就父学，为畴官"④。家学相继，是中国文化史上一种特有的现象，在一些世代贵胄的名门望族中，往往会由于累代的积淀，而逐渐形成一种代表自己特色的家学。这种家学又会进一步提高家族的地位与声望，并使之青史留名。⑤ 正是有了诗书传家的传统，明清时期鲁南望族才能够不坠家声，宦业表表。

从鲁南望族的家谱看，几乎每一位祖辈先贤的传记中都有其业儒好学、诗

---

① 光绪《峄县志》卷二一《乡贤列传下·乡贤》，清光绪三十年刻本。
② 江庆柏：《明清苏南望族文化研究》，南京师范大学出版社 2016 年版，第 10—11 页。
③ 陈寅恪：《金明馆丛稿初编·崔浩与寇谦之》，上海古籍出版社 1980 年版，第 131 页。
④ 《检记·订孔·上》。
⑤ 朱亚非：《明清山东仕宦家族与家族文化》，山东人民出版社 2009 年版，第 37 页。

书传家的记载，而且在县志中还记载了诸多政绩斐然、著作等身的知名人士，如云门李氏族人李克敬，峄阳贾氏族人贾梦龙、贾三近，兰陵褚氏族人褚德培、褚成玺，古滕满氏族人满秋石、满秀卿，郯山殷氏族人殷苞等等。他们潜心儒学，恣意文海，为后世留下了丰富的文化遗产，更弘扬了本族的赫赫家声。

成书于明代万历年间的世情小说《金瓶梅》，通过对市井生活的描绘，深刻地反映出明代后期封建社会的黑暗，因而被誉为"天下第一奇书"。这样一本神奇的巨著，关于它的作者和成书过程，学界却一直有着不同的说法。在20世纪30年代发现的《金瓶梅词话》中，记载了此书的作者是"兰陵笑笑生"，而对于兰陵笑笑生的真实身份众说纷纭。其中，鲁迅、郑振铎、吴晗等人认为《金瓶梅》是用山东方言写成的，并根据欣欣子序中所述，推断出兰陵笑笑生应该是山东峄县的明代大名士。20世纪80年代初期，张远芬通过大量考证提出，兰陵笑笑生就是峄阳贾氏的贾三近。在其《金瓶梅新证》一书中，张远芬为其"贾三近"说提出了10条证据：（1）兰陵是山东峄县，贾三近是峄县人；（2）贾三近有资格被称为"大名士"；（3）小说的成书年代与贾三近生活的年代正相契合；（4）贾三近时为正三品的大官，他的阅历足可创作《金瓶梅》；（5）小说中有大量峄县、北京、华北方言，贾三近分别在这些地区居住过；（6）小说中有几篇高水平的奏章，贾三近精于此道；（7）小说中有些人物形象类似于贾三近；（8）小说多有戏曲描写，贾三近有此生活积累；（9）贾三近曾10年在家闲居，有创作的时间保证；（10）贾三近写过小说，有创作《金瓶梅》的文学修养。20世纪90年代，学者许志强在接受兰陵笑笑生是兰陵人的观点后，认为《金瓶梅》的作者不是贾三近而是其父贾梦龙。他从贾梦龙的生卒年代、经历、文学修养、思想心态、名号、对佛教和道教的兴趣、写作内容、对平康巷的吟咏等方面进行推论，认为贾梦龙更有可能写出这部"天下第一奇书"。① 无论《金瓶梅》的作者是贾三近抑或是贾梦龙，他们都是峄阳贾氏的族人。这无疑是鲁南望族文学修养高深、诗书传家的绝好展现。

云门李氏族人李冲与峄阳贾氏的贾三近交情甚笃，李冲敏而好学，"家贫甚，日两餐不能给，冲昼樵夜读，吟诵自若"②。李冲成家之时，"无尺土，无寸椽，昼则日樵采，夜燃薪而诵，励志苦读，以力继先业"③。在李冲潜移默

---

① 王志民主编：《山东区域文化通览·枣庄卷》，山东人民出版社2012年版，第149页。

② 光绪《峄县志》卷二一《乡贤列传下·耆旧》，清光绪三十年刻本。

③ 《峄阳云门李氏族谱》卷一，第22页。

化的熏陶教育下，其子李克敬更是"文名噪海内，生平著述甚多"①。年少时，李克敬便风流倜傥，才满峄阳，但因屡困科场，直到五十余岁才中得进士。其间，他始终潜心创作，笔耕不辍。康熙南巡时，驻跸台儿庄，"时献诗赋者六七百人"②，而康熙皇帝唯独将李克敬的《皇雅》和《圣颂》钦定为一等第一名。一时间，李克敬才名满天下，并在几年后高中康熙戊子科进士，官翰林院编修，参与编写《大清一统志》。他在数十年的游学与教书的过程中，创作了大量的作品，有《四书言》《经解》《大哀》《小哀书》《浙行录》《谐喻》《渔书》《随笔》《若为吟》《东南雅言》，以及文集共若干卷，给后人留下了宝贵的精神财富。

古滕满氏也是鲁南望族中诗书传家的代表，族人满秋石，业儒嗜学，著作甚丰。满秋石"十五就外傅，笃学嗜诗"③，常与同门品茗论诗、切磋诗艺。后跟随滕县名士颜星堂习文，学业精进，表现突出，深得颜先生喜爱。乾隆三十九年（1774），满秋石赴济南应乡试。颜先生预言，此次滕县应试学子中，如果只有一人中举，即为满秋石。如果满秋石不中，他就将自己唯一的右眼挖掉。到了放榜的日子，别人都接到了喜报，却迟迟没有满秋石中举的消息。有人问颜先生是不是要把右眼挖出来。颜先生急不可耐，骑驴到县城问榜。行至苗桥河口庙前，购得一棵甘蔗解渴。此时，一名公差骑马至此，颜先生询问公差去向，公差回答去柴里村给新科举人满秋石送喜报。颜先生抡起甘蔗痛打公差，甘蔗断为两截。公差问其原因，颜先生说，喜报延误两天，差点葬送了我的这只眼睛。颜先生打公差打断甘蔗这件事，使满秋石百感交集，于是他把自己的第一部诗集取名《断蔗山房诗稿》。④ 后来，在科举院试失败后，满秋石"益肆力于诗。取邑中孝子、贞妇、可歌可泣者，被之声律为《续滕风》"⑤。在被选任浙江武义县知县后，满秋石为政风流，有"常空负心安政拙，未能谐俗笑官穷""江千久住原无事，画债全完便许归""案空松鼠落，梦晓竹鸡鸣"等句，后因疾病辞归乡里，著有《断蔗山房诗稿》4 卷、《芸窗诗集》1 卷、《归云集》1 卷、《为可堂文集》若干卷，计 1000 多首诗。在他诗书传家思想的熏陶教育下，其子满东洋也学富五车、满腹经纶，著有《浣花堂草》《稚园诗集》等。

---

① 光绪《峄县志》卷二一《乡贤列传下·文苑》，清光绪三十年刻本。
② 光绪《峄县志》卷二四《古迹考·碑碣·翰林院编修李克敬墓碑》，清光绪三十年刻本。
③ 道光《滕县志》卷八《人物志·吏治》，清道光二十六年刻本。
④ 王志民主编：《山东区域文化通览·枣庄卷》，山东人民出版社 2012 年版，第 168 页。
⑤ 道光《滕县志》卷八《人物志·吏治》，清道光二十六年刻本。

　　鲁南望族子弟在嗜经好文、著书立说的同时，也会开门授徒、奖掖后进，以此来践行孟子"得天下英才而教育之"的理念。此举也进一步扩大了望族的影响，强化了望族在地方上的威信。

　　峄阳贾氏的贾恪，兰陵褚氏的褚光翰、褚廷枢都曾开馆授徒，甚至以"授徒为业"。褚廷枢曾因"孝谨端方，博学能文"① 被滕县县令聘为"群公子师"。褚廷霖官居齐东县训导，"自谢职后，尤潜心理学。县令陈安策、李居广重其人，先后延为义学，师于邑中，子弟多所成就"②。云门李氏的李克敬在科举失意后也曾子承父业，开馆授徒，而且还颇有成就。"其教人，善于奖诱，沂州、徐州、曲阜、滋阳诸及门皆卓有成就，掇巍科，膺禄仕，而孔毓琚、颜肇亮、颜懋伦、徐鼎、王者弼等尤著。"③ 在《峄阳牛山孙氏族谱》卷一《家传·皇清敕授儒林郎济南府训导蜚若孙公墓表》中记载了孙益揄的相关事迹，最后的落款是"赐进士出身大理寺少卿加一级受业门人高山顿首拜撰"，可见，牛山孙氏在奖掖后进方面也是很有成就的。虽然望族子弟中开馆授徒的事例以个案的形式呈现，但这些事例都是群体中的优秀代表，从侧面体现了整个家族文教为先、诗书传家的传统。另外，开馆授徒、奖掖后进的方式，也进一步提高了望族在当地的声威，强化了望族对基层社会的影响力。

　　明清时期的鲁南望族凭借诗书传家的传统培养了众多的治国贤才、文人墨客，同时他们也不忘延续自己的赫赫家声，非常重视对后世子弟的培养与教育。兰陵褚氏家族在家范条议中明确要求后世子孙要"修义塾"，以教育"族人子弟无力读书者"，延续"族人沐诗书之泽百余年"的传统，而且还呼吁族人"尚其量力捐财以奉贻，谋吾族后有兴者"④。众多的谱牒家乘中，记载了大量望族先贤延师以教子弟的事迹。即使是在非常艰难困苦的时候，鲁南望族也不忘对子孙的教育。《古滕满氏族谱》记载，满氏族人满恩拣，在"咸丰辛酉，皖匪窜滕，蹂躏匝月。长子被掠去，田宅丘墟"之时，仍"延名宿教次子奕立读，虽重聘不惜"⑤。足见其对教育子孙的重视，也体现出鲁南望族诗书传家的传统根深蒂固。

　　明清时期鲁南的仕宦望族以文教为先，以诗书传家，望族子弟嗜经好文、

---

　　① 光绪《峄县志》卷二一《乡贤列传下·文苑》，清光绪三十年刻本。

　　② 光绪《峄县志》卷二一《乡贤列传下·宦绩》，清光绪三十年刻本。

　　③ 光绪《峄县志》卷二一《乡贤列传下·乡贤》，清光绪三十年刻本。

　　④ 《兰陵褚氏家乘》卷首《褚氏家范条议》，第39页。

　　⑤ 《古滕满氏族谱》卷一中集，第47页

著书立说宣扬家族声威，并通过开馆授徒、奖掖后进进一步扩大了家族的影响，由此可见，诗书传家是鲁南望族家声不坠、兴旺昌盛的主要原因之一。

（五）文武兼修

明清时期的鲁南地区战乱频仍，天灾人祸不断。一旦遇到大的天灾，加之赋役逼迫，百姓苦不堪言，苦苦挣扎者有之，流离失所者有之，揭竿而起者亦有之。家资丰饶、地位显赫的望族自然而然地就成为饥民或者土匪眼中的肥肉，很容易受到劫掠。面对这种情况，鲁南望族当然不会自甘欺凌，因此文武兼修、看家护院成为乱世中望族子弟的首要标准。另外，明清时期的鲁南地区民众"其质直怀义，类鲁；其宽缓阔达，类齐；其轻剽任气，类楚"①。小民虽不争强好斗，但也"羯羠悍劲"、勇武有力。加之，诸多士子科场失意，以文才入仕途的愿望难以实现，只好弃文从武，转而以武略求取功名，光耀门楣。

不同于其他地区望族的是，鲁南望族子弟有诸多习文修武者，甚至还有一些武功盖世、建立了卓越的功勋。兰陵褚氏褚显忠在洪武中期以武功封千户，在永乐年间又被授羽林卫指挥使；褚光钊在顺治年间随军征讨反叛的姜瓖，并"以舍人赞军事"，后"以军功拜部"②。峄阳贾氏贾浩中得康熙戊子科武进士，被选任为守备；贾文辉，武庠生出身，好射猎，娴韬略，时常率团练随官军征讨。峄阳王氏王守德在"明季土匪扰峄，守德团练乡兵以备非常"③。牛山孙氏孙献珍，字重三，少而英敏，"睨诸科举家……愿为有用学，立功名于天下，去而读孙吴书，博观古将略武备，阴符奇门之类，昼夜不能休。其弓矢百步贯的，无虚发者。年三十联捷武闱。天子试其射，再三嘉叹，许以大用"④。凡此种种，不胜枚举，其中尤以古滕满氏最具代表性。

《古滕满氏族谱》宗训"戒役胥"条中提到，"吾族名教相衍，秀者列宫墙，顽者任耕凿，从无混迹衙署作奸犯科之辈。惟愿世守家风，永矢勿替，庶不贻羞先代。若有贫而无策、膂力过人可以从事行戎……"⑤ 满氏的后世子孙也切遵族训，文武兼修。如满德坤、满秀卿、满作宾、满朝桂、满殿甲等辈，皆为个中佼佼者。其中尤以满德坤最为著名。满德坤，"字载夫，嘉庆庚申以武科举于乡，联捷进士，殿试第一甲第二名，授二等侍卫，补直隶提标游击，

---

① 光绪《峄县志》卷六《风俗》，清光绪三十年刻本。
② 光绪《峄县志》卷二一《乡贤列传下·乡贤》，清光绪三十年刻本。
③ 光绪《峄县志》卷二一《乡贤列传下·官绩》，清光绪三十年刻本。
④ 光绪《峄县志》卷二四《古迹考·碑碣·明远将军墓碑》，清光绪三十年刻本。
⑤ 《古滕满氏族谱》卷一，第19页。

署保定营参将"。道光六年（1826），他随军平定张格尔叛乱，并亲缚张格尔，献俘于午门前。满作宾，"盛行刚方，文武兼备"①，其子满朝桂，亦"生而果毅，秉性刚方，幼亦曾嗜读，然学文未成，去而就武。甫弱冠，入武庠。先君期公上进志切，故骑射之功罔敢稍懈。年未及壮，应乾隆丙子科，即以武魁举于乡选，授卫千总，委任守备，题授都司"②。满秀卿也是弃文从武，跟随僧格林沁征战沙场。以上几人只是古滕满氏族人中从武经略的代表。虽然，现存资料中没有对满氏族人投身行伍的人数有确切的统计，但从《古滕满氏族谱》中满殿甲的传记"公与族人并肩作战，在营中之势力及人丁之多，竟有'满半营'之说"可见一斑。

正是在明清时期的特定环境下，鲁南望族中出现了文武兼修，甚至弃文从武的现象。望族子弟们在科考无望的情况下，要想建功立业、光耀门楣必须另选他途，投身行伍成为一个不错的选择。如峄阳王氏的王迈卿，年少时"倜傥有大志"，"入北闱，未售，旋考取军机处供事"，曾叹息"人生斯世，当建功立业，扬名显亲，岂可终为蓬蒿人乎!"中法战争爆发，王迈卿"遂投袂而起。从戎海上，为宋大帅庆幕宾，运筹帷幄，屡著奇功"③。鲁南望族中有众多子弟在科举落榜之后风云际会之时，投身行伍，建功立业。乱世之时，这种现象更是比比皆是，客观上起到了保家护院、延宗续祀的作用，也非常有利于强化宗族内部的凝聚力，维护本族在地方上的声威。

明清时期鲁南的望族以农耕起家，经过几世积累，渐至丰饶。为了维系整个家族的传承与发展，家族坚持孝悌持家，以维系家族内部的团结和睦，凝聚家族的力量；坚持诗书传家，著书立说、开馆授徒，并加强对后世子弟的培养与教育，鼓励他们勤学苦读，通过各种途径积极入仕，以此来扩大家族的声威，巩固家族的势力。在匪乱横行的特殊时期，望族子弟中诸多才俊文武兼修，以保家护院、庇护乡邻。更强的实力也意味着更大的责任。正是因为鲁南望族在本地区突出的地位和无法比肩的势力，使得众多的基层社会事务没有他们的参与难以解决，由此望族也背负了众多基层民众的期许，成为乡里道德的标杆。望族也只有积极地参与基层的社会生活，才能更有效地承担起自己的责任，体现出自身的价值。

---

① 《古滕满氏族谱》卷一中集，第7页。
② 《古滕满氏族谱》卷一中集，第8页。
③ 王明东:《名门的记忆——"峄阳王氏"掌故与史实》(试印研讨本)，第75页。

# 第三节
# 明清鲁南望族与基层社会的关系

明清鲁南望族往往人口众多，田产充裕，族人普遍受教育且受教育程度较高，还有诸多正在或者曾经入仕为官的族人，他们谙熟官场世故，能够很好地与官府衔接。望族子弟多能谨遵祖训、奉公守法、克勤克俭，言行也成为乡党们的标杆，因而获得基层普通民众的钦佩与敬仰。声望的获得与积累，也促使望族有意识的严以律己，和睦亲族里党，强化人际网络，凝聚力量，更积极主动地参与基层的政治生活，引领地方的文化建设，从事地方的公益活动等等。

## 一、明清时期鲁南望族的基层社会活动

宦业表表、家声赫赫的鲁南望族往往掌握着大量的社会资源，与普通家族相比，他们的言辞与行为更能引起普通民众的效仿，从而广泛而深入地影响到基层的社会生活。有学者认为，在明清时期，一定意义上可以说"皇权不下县"，这就为望族深入参与基层社会生活提供了广阔的施展舞台。带着名门的自豪和普通民众的敬仰，鲁南的望族子弟们积极主动地参与到基层的社会生活中去，这既维护了家族自身的利益，也维系了朝廷在基层的统治秩序。

### （一）参与基层政务

政务，是指政府的事务性工作，泛指行政事务。基层政务纷繁复杂，而望族并无直接的行政决定权，因而望族参与的基层政务是特指与朝廷、官府、官员有紧密联系的地方事务，这些地方事务或是与朝廷、官府下发的政策律令要旨一致，或是获得某一官吏的请托、支持。

明清时期的鲁南望族受地方官员的请托而参与基层政务的情况较为普遍，如峄阳王氏族人王守德"团练乡兵以备非常"①。峄阳贾氏的贾文辉，武庠生出身，在盗贼蜂起之时，"膺县长命约乡曲义勇，指以大义，誓保峄境。凡县主征剿，必请偕往指画方略，悉中机宜"②。在"乾隆丙午偏宇大饥，道殍相望"之时，牛山孙氏的孙颖斋因之前在"修治城垣"时表现突出，因而县令"属公（孙颖斋）赈事"，并"以峄境东南乡属公（孙颖斋）焉"③。而孙颖斋

---

① 光绪《峄县志》卷二一《乡贤列传下·官绩》，清光绪三十年刻本。
② 《贾氏族谱》卷首《传文》，第 53 页。
③ 《峄阳牛山孙氏族谱》卷一《家传·太学颖斋公传》，第 31 页。

也不辱使命，先是稳住中饱私囊的胥吏，理顺利益关系，然后尽心尽力地赈济灾民。最终，"公（孙颖斋）赈事遂为合邑最"，从而不负重托，圆满地完成了使命。以至于县令"张公欲制'醇成第一'匾额以赠公"。

在遵命行事的情况之外，望族成员也主动参与基层政务。身负名望与威信的鲁南望族奋不顾身的投身于基层政务之中，防匪御敌、革旧除弊、灾害赈济等等，都能看到他们的身影。

对于参与基层政务，无论是主动请求参与其中，还是被动要求，望族相较于普通家族有着更大的优势。一方面，望族子弟多有功名，曾经或者正在为官之人众多，对行政管理经验较熟悉。作为清醒的旁观者，望族能够为官府提供适合本地区发展的合理意见或建议。如峄阳贾氏的贾文炜，"邑中利弊多所建白"[1]。云门李氏的李克敬，康熙乙未科进士，官居翰林院编修。"峄有贤令杨君仁迪，公为孝廉，与初假归时，每与商榷兴除事，多见施行。"[2] 即使辞官归隐后，李克敬也关心乡里、热心政务，对于邑农牵牛运煤导致耕牛毙死之事，"撤诸桥梁而建闸，免修坝费而可通舟楫运煤，当岁省万牛，农末两资"[3]，并为此事"数请于前后河使"，足见其用心之深。峄阳贾氏的贾梦龙，"民有疾苦力言之令长，多所兴革"[4]。牛山孙氏的孙益揄，"为诸生时，即心存利济湘有急难者，多居间排解，贫不能衣食，婚嫁丧葬则辄周济之。遇大利害，有关民生休戚者或力请当事或默相转移。如宪檄养马不果行，夫价议增中止，勘灾免税诸政，峄民嘉赖皆先生（孙益揄）力也"[5]。另一方面，财力雄厚、族人众多的鲁南望族在地方上具有较高的威望和影响力，与普通小民相比，更有能力帮助官府和民众。官员们要治理好本辖区，维系好同这些世家大族的关系很关键，往往能起到事半功倍的治理效果。这种势力与威望使得望族奋不顾身的使命感和责任感油然而生，从而积极主动地参与基层政务。

崇祯十五年（1642），清军进逼峄县县城，峄县诸望族积极协助守城御敌，并为此付出巨大牺牲。光绪《峄县志》对此有着详细的记载：

> 国兵南徇，兖滕残破，我峄闻警城守。于是李氏守东门，褚氏守西门，贾氏、孙氏守南、北二门，吾王氏与诸族凡胜兵者皆与登陴焉，而令

---

① 《贾氏族谱》卷首《传文》，第52页。
② 光绪《峄县志》卷二四《古迹考·碑碣·翰林院编修李克敬墓碑》，清光绪三十年刻本。
③ 光绪《峄县志》卷二四《古迹考·碑碣·翰林院编修李克敬墓碑》，清光绪三十年刻本。
④ 《峄阳贾氏族谱》卷首《传文》，第41页。
⑤ 《峄阳牛山孙氏族谱》卷一《家传·皇清敕授儒林郎济南府训导萤若孙公墓表》，第95页。

王君汝玉实部分督帅之。未几城破，汝玉战死，孙李诸族大半被歼，其余老弱妇孺触冒锋刃，伤亡尤众。及至兵退城复，僵骸塞途，居人仓卒瘗之近郊，今郭外累累诸冢不下数千百，皆故国殇也。①

正是望族们的那份责任与坚守支持着他们在家国危难之际，挺身而出，即使付出再大的牺牲也奋不顾身、蹈死不顾。因而在清兵入犯之时，鲁南诸望族才会积极协助官府，分守四门，直至城破，"诸族大半被歼""僵骸塞途"。

明清时期的鲁南望族成员即使身处乡野，也心系天下，关心民众疾苦。他们不仅为保家卫国流血出汗，而且在纾民穷厄、解民疾苦等方面也出工出力、奔走呼吁。

牛山孙氏的孙献恪，在顺治初年为减轻邑人沉重的田税而奔走呼吁。光绪《峄县志》记载，"峄地粮颇重，田百亩纳银九两四钱，邑人大困。献恪与从孙曰泰走诉当道，得援案尽汰冗费，顷地纳银一两八钱九分，永为定例"②。正是孙献恪从中协调，才使得民众沉重的赋税得以减轻。孙献恪还对不合理的徭役征发，"控诸河院"，力请裁减。"邑差徭以漕渠签派为大累，闸坝诸夫二百三十一名，征发无时，往往至破家。献恪据情控诸河院，以施庄闸夫十七名拨归鱼台；得胜，丁庙二闸夫二十二名拨归滕县，而夫食之裁充军饷者，亦蒙在事者奏复。居民得少苏息，皆献恪力也。"③ 而且，孙献恪还身体力行，在闸夫徭夫饷金不足之时，"独出囊金千旋，分两旗上下轮番，一省国用，一便民生"④。其同族长辈孙尔昌也积极参与地方公共事务。光绪《峄县志》记载"康熙初，其悍仆邢德喜以受责怀忿携妻子跳身投某旗，诬尔昌负旗主银三千两，县逮尔昌送旗，尔昌鸣冤。刑部尚书魏象枢为奏其事，奉诏勘问，得诬陷状"⑤。孙尔昌被诬陷之后，仍对当时"满州逃人为害地方，州县官不能制"之事，"于覆盆之下冒死呼吁，已冤得伸，奸仆置法，自此满州逃人不敢蹈故作祟，厥功大矣"⑥。从以上事例中不难看出，鲁南地方望族与基层官员结合在一起，各取所需。基层官员借助望族在本地区的威望与势力推行各种政策，获得各种政绩，治理地方也就游刃有余；地方望族通过与官府合作，来表达自己的政治诉求，同时彰显出家族在本地区的威势。当然，官府也鼓励民众监督

---

① 光绪《峄县志》卷二一《乡贤列传下·忠义》，清光绪三十年刻本。
② 光绪《峄县志》卷二一《乡贤列传下·耆旧》，清光绪三十年刻本。
③ 《峄阳牛山孙氏族谱》卷一《家传·参军有三公传》，第5页。
④ 《峄阳牛山孙氏族谱》卷一《家传·参军有三公传》，第6页。
⑤ 光绪《峄县志》卷二一《乡贤列传下·耆旧》，清光绪三十年刻本。
⑥ 《峄阳牛山孙氏族谱》卷一《家传·州同殿飏公传》，第4页。

地方官，造成民众与官员关系紧张。古滕满氏的满作宾就曾检举本区贪污的县令。《古滕满氏族谱》记载：

> 满公作宾，字尚宾，邑庠生，以子职应赠武信郎，晋封昭武都尉。曾祖一变公，明岁贡生。祖耀宗公，明庠生，父冲飞公，清初庠生，救赠修职郎，公其季子也。公盛行刚方，文武兼备。好理不平事，虽官府不忌也。雍正年间，县宰贪污、假公济私，民不堪其扰。公上诉省院，卒得其平而害除，民无不交称乐道者。①

作为地方望族的一员，望族子弟"虽官府不忌也"，这正是家族强大实力的体现。明朝时，朝廷就允许民众将害民恶吏"许民间高年有德耆民，率精壮拿赴京来"以"绑缚赴京治罪"②，而且还在《大诰》中明确规定"今后布政司府州县在役之吏、在闲之吏，城市乡村老奸巨猾顽民，专一起灭词讼，教唆陷人，通同官吏害及州里之间者，许城市乡村贤良方正豪杰之士有能为民除患者，会议城市乡村，将老奸巨猾及在役之吏、在闲之吏，绑缚赴京，罪除民患，以安良民。敢有邀截阻挡者，枭令，拿赴京时，关津渡口，毋得阻挡"③。而清时民间更有这样的传统，雍正皇帝对贪官污吏极其憎恶，治理贪腐手段强硬。因而，各种有利因素汇集在一起，才使得满作宾民告官之事"卒得其平而害除"。

在地方教育的建设上，望族子弟也有不少义举。如峄阳贾氏的贾浩，因"国初（清初）儒学旧额止入学八名，不惜捐资赴都详请，遂广额四名。至今学校济济，公与有力焉"④。

地方政府主官一般都是上级委任的外来人士，人生地不熟，要想有效治理地方，就要依靠地方望族的支持，这种依靠甚至演变成崇敬乃至敬畏之情。对此，冯尔康先生有着深刻的分析："综观祠堂及其公有经济的建设者、族长及管事、祭祀的对象和祭祀中优待的成员，我们知道，清代宗祠所尊崇的人物是官员及其致仕者、有功名的读书人、热心于家族建设的有钱的田主和商人。这中间高官少，中下级官员和有功名的人多，而不论是什么官，他们对祠堂的经营和掌握，多半是在做官以前或致仕之后，即在为绅衿的时候。这些人中有一

---

① 《古滕满氏族谱》卷一中集，第7页。
② 《明史·刑法志》。
③ 《大诰·乡民除患第四九》。
④ 光绪《峄县志》卷二一《乡贤列传下·耆旧》，清光绪三十年刻本。

些人员是通过捐纳获取官职，他们原来是富有的地主和商人。因此有特权的绅衿和平民的地主富商是家族祠堂的主要建设者和管理者，换句话说，是这类人控制着祠堂，祠堂实际上是属于他们的。"① "到了明清时期，特别是清代，掌握宗族的官僚在层次上明显下移了，且与无身份的富人结合在一起，这同当时的社会结构和政治特色正相吻合。雍正朝河东总督田文镜说：'绅为一邑之望，士为四民之首'，地方官'平时奉缙绅如父母，事缙绅若天帝……故宁得罪于百姓，不敢得罪于缙绅'。绅衿在清代是农村，也是城镇社会力量的主宰，宗族也自然成为他们的囊中物。"② 冯尔康先生所言的绅衿是指那些做官以前或致仕之后赋闲在乡的人，因为入仕从政之后要去外地为官，只有在做官以前或者致仕归隐之后，绅衿们才有充足的时间和精力参与地方政务。"绅衿"二字中，绅是指绅士，即有官职而退居在乡之人；衿是青衿，因为是生员所穿的衣服，特指生员，后来泛指地方上体面的人。因而，宦业表表、簪缨相望的望族子弟自然是绅衿群体中的一部分，而且应该是极具代表性的那部分，因为他们也有充足的经济实力，有功名、有文化，掌握着地方的舆论。因而，地方官员与地方望族相互结合，各取所需，结成利益共同体，互利共生。地方官员依靠望族，顺利推行朝廷的政策律令；地方望族通过支持地方官员的工作来表达自己的政治诉求，积极参与基层政务，参与地方的治理。

（二）经营人际网络

明清时期的鲁南望族之所以能够蜚声乡野、家声不坠，与其历代积累下来的错综复杂的人际网络是分不开的。人不能独立于社会，尤其在中国这样一个人情社会，尤其注重亲友。"亲"是指有血缘关系的亲人，数量不多，范围较窄。而"友"就不一样了，在人生经历中结识的各种朋友都可以算在其中，同学、同年、同僚、同袍等，数量众多，范围广阔。一个人在求学、为官、从军、经商的过程中积累下来的人际关系就是他的人脉，而以血缘为纽带的望族子弟们，一个一个的人脉结合在一起就汇集成了整个家族错综复杂的人际网络。

明清时期鲁南望族的人际网络主要形成方式有望族成员间的人际交往以及望族之间的联姻。

鲁南望族的主要成员一般都掌握丰富的社会资源，具有强大的政治经济实力，他们在求学、为官、从军的过程中积累了丰富的人际关系，这些望族子弟以家族发展为己任，努力扩展自己的人际网络，积极整合各种资源来促进家族

① 冯尔康：《18 世纪以来中国家族的现代化转向》，上海人民出版社 2005 年版，第 39 页。
② 冯尔康：《18 世纪以来中国家族的现代化转向》，上海人民出版社 2005 年版，第 40 页。

的发展。望族子弟经营人际网络的途径主要是交游，包括求学中的交游、为官中的交游以及致仕归隐后的交游。他们家有良田众多，不为衣食所忧，有着充裕的物质基础、充沛的精力和充足的时间，因而游山玩水、吟诗作对、纵情园野就成了他们生活中重要的内容。

峄阳贾氏的贾梦龙，为内丘训导之时便"立文社，开讲席，蠲学租以济贫生"。等他的儿子贾三近"任给谏，遂解组归里"，"日与耆旧结社山水间，所至题咏诗文词赋，咳唾立成"①。贾梦龙游山玩水，陶冶性情，能与之偕往的"耆旧"虽无明确记载，但也皆非等闲之辈，多是地方上的名士与其他望族人士。因为贾梦龙之子贾三近官居御史，身居高位，而峄阳贾氏又是鲁南望族名门，不是一般的人士所能攀附的。贾梦龙退居乡野后的交游十分契合刘禹锡《陋室铭》中的那句"谈笑有鸿儒，往来无白丁"。与名士望族交往密切，一方面是由于贾梦龙优秀的品行和才学。贾梦龙"行谊端方"，"为人豁达好施，宅第容膝而止，人有急难，倾囊赠之不吝也"②。在他辞官归隐后还告诫官居高位的贾三近，"家有簿田，堪供伏腊，汝为天子近臣，务矢心公忠，昌言弼主，其孝大矣"③。贾梦龙曾官居内丘训导，文学造诣较高，所著有《昨梦存》《泮东诗集》《永怡堂词》诸稿。另一方面是由于其子贾三近的赫赫官声。贾三近隆庆戊辰科高中进士之后，"致清要，居翰苑，以文鸣一时。其在谏垣也，正言不阿，丰采闻天下。每一疏出，士大夫传诵，咸击节，敛容舌，拆然不下"④。贾三近的同僚于慎行还为其父贾梦龙六十大寿作《诰封中大夫光禄寺卿柱山贾公六帙寿序》，虽是道贺贾梦龙六十大寿，但全文大半篇幅是在夸赞贾三近。对此，笔者认为深层次的原因是峄阳贾氏整个家族的良好家声。峄阳贾氏以诗书传家，又世代间功名相继，美名遍及乡党，因而才会有诸多的名士大族争相交往。

李克敬的高祖李杏，字实斋，是贾三近志同道合的文友，二人都是当时远近闻名的才子，贾三近还有"李实斋，李实斋，吃得宴席打得柴"的戏语。郗山殷氏的殷苞，乾隆丙午科举人，"质粹美，笃行力学"。科场失意后，"遂绝意进取，益肆力于古大家，与杨静存、颜东田两先生相切剧古文，宕逸秀折得龙门神髓，制艺崇礼法，不尚浮艳。晚自高庙复归于微山，从游者不远百余里，多取科名去，而公竟以湖山老矣。生平不妄交游，请业问礼之外门无杂

---

① 《峄阳贾氏族谱》卷首《传文》，第41页。
② 《峄阳贾氏族谱》卷首《传文》，第41页。
③ 光绪《峄县志》卷二一《乡贤列传下·乡贤》，清光绪三十年刻本。
④ 《峄阳贾氏族谱》卷首《寿序》，第44页。

客，为人谋务在见性真，步趋言动一归于礼，朗然玉立，望之疑有仙骨者"①。此外，峄城区青檀寺有明代刻碑一块，为明万历十二年（1584）所刻，斑驳字迹中但依稀辨得该碑记录了贾三近、潘愚等十二人成立莲花诗社的事迹。

鲁南望族子弟除了以文会友、纵情山水外，还撰写了一些墓志铭。墓志铭多为逝者的亲朋故友，或地方名流而作，由此也可一窥望族的地方人际网络。如李克敬为牛山孙氏族人孙献珍所写的《明远将军墓碑》就被收录于光绪《峄县志》的《艺文志》中。同时，李克敬还在南常褚氏族人褚懋浚病故之时，赋悼诗哭之，其中有"书生薄命争如此，又感阿咸哭嗣宗"之语，而"阿咸"是对弟弟的称呼，这里指的就是褚懋浚，足见李克敬与褚懋浚交情匪浅。另外，峄阳王氏族人王楹"居家以孝友称，与二弟同居数十年，无闲言，族某以穷故徙河南，招归，为置产以赡。岁饥，出粟以食饿者，时人称焉。及卒，黄司寇爵滋表其墓，以为笃行云"②。黄爵滋为清末重臣，著名思想家、文学家，"以诗名，喜交游，每夜闭阁草奏，日骑出，遍视诸故人名士，饮酒赋诗，意气豪甚"③。而峄阳王氏王楹的品行竟可以得到黄爵滋的认可，足见峄阳王氏的交际之广、影响力之大。

鲁南望族乐于接纳流寓之士，这也为之扩大交游圈提供了方便。光绪《峄县志》记载了明末清初的峄县名士阎尔梅的事迹，阎尔梅本江苏沛县人，"少随其父避乱，客峄之南常村褚氏"④。正是在南常客居的经历使得阎尔梅"博通经史，文名噪大江南北"。由此也可看出，南常褚氏诗书传家的家风对后世的影响。

通过交游，鲁南望族与望族之间，以及望族与权贵、名士之间交流融合，相互呼应。权与势的结合使之集聚多种优势资源，这令强者更强，望族在地方上的势力更加稳固。

除交游外，望族间的联姻也是鲁南望族延祀家声、扩大影响的重要手段。通过联姻，望族间结成了具有血缘关系的庞大的人际网络。

《峄阳牛山孙氏族谱》中记载了南常褚氏褚凤毛（即褚成珉）为孙世间所著的传记，文中褚成珉称孙世间为表伯，并言及曾被孙世间训诫，文末更有"予忝系至戚，居界北邻"之语，最后落款为"敕授修职郎登州府海宁州儒学

① 道光《滕县志》卷八《人物志·儒林》，清道光二十六年刻本。
② 光绪《峄县志》卷二一《乡贤列传下·耆旧》，清光绪三十年刻本。
③ 《清史稿》列传一六五《黄爵滋》。
④ 光绪《峄县志》卷二一《乡贤列传下·流寓》，清光绪三十年刻本。

训导同邑愚表侄褚凤毛薰沐顿首拜撰"。① 另有南常褚氏褚修孝为牛山孙氏族人孙毓相所著之传记，而落款为"道光丁酉科举人愚表孙褚修孝顿首拜撰"②。在褚修孝撰写的《节妇褚氏实略》中，褚修孝称褚氏为"族姑母"。另族谱《节孝》中收录的《孙母褚太宜人传》提道："宜人褚氏为工部员外郎上荆南道讳光钊之九世女孙太学生讳修筠之次女。"③《褚孺人传》中记载："孺人姓褚氏，工部员外郎上荆南道讳光钊之后，太学生讳敬崇之女。"④ 由此可以看出南常褚氏与牛山孙氏确有姻亲关系，而且极有可能是世代联姻。因为南常与牛山相距不过十几里，且方圆几十里内只此两家望族，在讲究门当户对的封建婚姻中，孙氏与褚氏世家联姻是非常有可能的。

孙氏与峄阳王氏、峄阳贾氏、郗山殷氏、云门李氏也都有姻亲关系。《峄阳牛山孙氏族谱》中记有峄阳王氏的王缄为其外叔祖孙协所著的传记，其文首便说道"丁酉冬，缄过品石舅氏家"⑤，文中多次提到"舅氏"之语，其落款为"丁酉科举人愚外侄孙王缄顿首拜述"。又《王孝女传》中提到"孝女王氏，山东峄县人，父铭三，章丘县训导，母孙氏"⑥。文中提到的"铭三"即峄阳王氏的王缄。可见，王缄的女儿也嫁到了牛山孙家，而王缄的妻子，即王孝女的母亲，也极有可能是牛山孙氏的女子。又《王节妇节孝传》也记述了王节妇的事迹，而王节妇即"小山子村王公德鲸女也"⑦。《峄阳牛山孙氏族谱》中提到孙毓虞"父太学公讳怀敏，例赠修职郎，母李太孺人，同邑太史克敬公孙女"⑧。这也证实了孙氏与峄阳王氏有姻亲关系。

光绪《峄县志》中提到"庠生孙献奇妻贾氏，同邑诸生贾文烨女"⑨。《峄阳牛山孙氏族谱》中提到节妇殷氏为"同邑庠生殷长任女"⑩，殷长任是郗山殷氏中的代表性人物。《殷氏族谱》中记载了册封殷献征的圣旨，文中提到，"尔殷献征乃陕西同州府大荔县知县令调郧州宜君县知县满德安之外祖父"等语，从中可以看出，郗山殷氏与古滕满氏存在姻亲关系。殷氏与其他宗族之间也有姻亲关系。如郗山殷氏殷鹤征之女嫁给了南常褚氏的褚成珝为

① 《峄阳牛山孙氏族谱》卷一《家传》，第 15 页。
② 《峄阳牛山孙氏族谱》卷一《家传》，第 33 页。
③ 《峄阳牛山孙氏族谱》卷一《节孝》，第 232 页。
④ 《峄阳牛山孙氏族谱》卷一《节孝》，第 235 页。
⑤ 《峄阳牛山孙氏族谱》卷一《家传》，第 29 页。
⑥ 《峄阳牛山孙氏族谱》卷一《节孝》，第 137 页。
⑦ 《峄阳牛山孙氏族谱》卷一《节孝》，第 229 页。
⑧ 《峄阳牛山孙氏族谱》卷一《家传·皇清例授修职郎青城县教谕孙公协亭墓表》，第 103 页。
⑨ 光绪《峄县志》卷二二《烈女》，清光绪三十年刻本。
⑩ 《峄阳牛山孙氏族谱》卷一《节孝》，第 124 页。

妻，而这位殷氏女子就是褚慎绸的祖母，褚慎绸之子即褚修孝。可见，郗山殷氏与南常褚氏有姻亲关系。《峄阳贾氏族谱》中提到节妇褚氏，为"庠生褚文联之女，武孝廉贾浩之子奉祀生作模之继室也"①。峄阳贾氏与南常褚氏极有可能是世代联姻的姻亲关系。

从以上史料不难看出，峄阳王氏、峄阳贾氏、郗山殷氏、牛山孙氏以及古滕满氏之间有着错综复杂的姻亲关系。正是这种盘根错节的家族联姻，扩大了鲁南各望族之间的联系，也方便了望族之间的沟通、交流，同时还有利于望族间彼此联合以解决所遇的困境。家族联姻式的抱团发展使得鲁南望族在当地的势力更加巩固，长盛不衰，家族的发展也愈加壮大，对基层社会的影响也经久不息。

**（三）引领文化建设**

明清时期，以诗书传家的鲁南望族，其子弟大多都具备深厚的文化基础和较高的文化素养，贾三近、李克敬、满秋石、殷应寅等等皆为文学名士，他们或在赋闲在乡的闲隙间，抑或是在致仕归隐的悠闲中，作诗为文，著书立说，成为地方文化活动的倡导者和组织者。

明清鲁南望族引领地方文化建设主要是以参与编撰地方志的形式展现的。地方志是记述本地区历史沿革、先贤名士的正统史书，能够参与地方志的编撰，是非常光荣的事情。明清时期鲁南望族中的诸多子弟参与了地方志的编撰工作。光绪《峄县志》记载，"峄志之失修久矣，始明邑人贾侍郎三近创为志书，国初李太史克敬续辑，颇有异同"②。不难看出，贾三近和李克敬都参与了峄县志的编撰工作。南常褚氏的褚慎绸和褚修孝父子更是先后参与其中。光绪《峄县志》记载，褚慎绸"性醇简，与俗多不谐，然其交人终始如一，未尝以不肖待人。邑令万公辑邑志，委慎绸采访，持例甚正，不轻许与人，士以此严重之"③。正是因为褚慎绸的才学与德行出众，才会被县令万承绍邀请参与编写县志。及至后任县令王宝田编写光绪《峄县志》时，"与学校诸同人咨访故实，得嘉庆、咸丰时前令万君承绍、蒋君庆第所为条目，及邑孝廉褚君修孝所辑底稿，其义例至详备"④。可见，在褚慎绸之后，其子褚修孝也参与了峄县地方志的编撰。在县令王宝田编写光绪《峄县志》的过程中，牛山孙氏有廪生孙承平、岁贡生孙承溶参与其中，南常褚氏有褚修玠参与其中。云门李

① 《贾氏族谱》卷首《节孝》，第80页。
② 光绪《峄县志》卷首《重修峄县志序》，清光绪三十年刻本。
③ 光绪《峄县志》卷二一《乡贤列传下·耆旧》，清光绪三十年刻本。
④ 光绪《峄县志》卷首《重修峄县志序》，清光绪三十年刻本。

氏的李大声，"以名家子、博学能文章，为时所重，两修县志，淹雅为邑侯所委任"①。参与地方志的编撰，一方面体现出地方官员对这些望族子弟才学品行的认可；另一方面，通过参与编撰地方志，鲁南望族可以进一步扩大家声，族中先贤得以名列青史。由此可见，鲁南望族对鲁南地区地方文化建设影响较大。

明清时期鲁南望族还积极参与文化设施的建设。如峄县的乡贤祠重修，就有望族参与。先贤祠用以祭祀本地区往世的先贤名士，其中尤以宦业表表、簪缨相望的望族子弟最多，因而在重修乡贤祠的过程中他们也会更加积极。光绪《峄县志》记载，乾隆二十二年（1757）知县忠连、乾隆四十三年（1778）知县张玉树重修过乡贤祠，在道光五年（1825）时，"褚氏、贾氏重修"②。

县志及家谱资料中，还有关于望族子弟成立文学社团的零星记载，从中也可以看出明清时期鲁南望族对基层文化建设的引领发展。如现存于峄城区青檀寺中的莲花诗社碑刻，镌刻于明朝万历十二年（1584），记述了贾三近、潘愚等十二人成立莲花诗社的事迹。而贾三近的父亲贾梦龙就曾"立文社、开讲席"，郗山殷氏的殷作谋也曾"结社夏阳"。这一时期，鲁南的结社活动是与全国范围内的结社风气分不开的。正如谢国桢所论，"结社这一件事在明末已成风气，文有文社，诗有诗社，普遍了江、浙、福建、广东、江西、山东、河北各省，风行了百数十年，大江南北，结社的风气犹如春潮怒上，应运勃兴。那时候不但读书人们要立社，就是士女们也要结起诗酒文社，提倡风雅，从事吟咏，而那些考六等的秀才也要夤缘加入社盟了"③。

鲁南望族的结社行为及其发展演变不同于南方地区，有着自己的特点。鲁南地区的结社仍以文社为主，且社员主要是当地的文学名士，以切磋诗文为主要目的，规模较小、目标单一。外地人士及女性群体并没有参与其中，社员也没有突破地域、身份、议题的限制，主要还是讨论道德文章，并没有像南方的部分诗社那样激进。谢国桢这样总结南方社团的变化，"结社这件事本来是明代士大夫以文会友很清雅的故事。他们一方面学习时艺来揣摩风气，一方面来择选很知己的朋友……所以明季几社的成立，他们只师生通家子弟在一块结合，外人是不能参加的。后来才门户开放，'社集之日，动辄千人'。不意一件读书人的雅集却变成了一种社会上政治的运动"④。他将明清之际的社集活

---

① 光绪《峄县志》卷二一《乡贤列传下·耆旧》，清光绪三十年刻本。
② 光绪《峄县志》卷九《学校》，清光绪三十年刻本。
③ 谢国桢：《明清之际党社运动考》，上海书店出版社 2004 年版，第 7 页。
④ 谢国桢：《明清之际党社运动考》，上海书店出版社 2004 年版，第 99 页。

动分为三个时期，嘉靖到万历初年的社集以文会友，是社集萌芽的时代；崇祯年间社局，由诗文的结合而变为政治的运动；弘光以后，由政治的运动而变为社会革命的运动。① 而鲁南地区的结社活动始终处于社集的萌芽时期，并未进入第二、第三阶段。

（四）主持公共事务

在明清时期的基层社会中，官府的管理很难做到面面俱到。官府在征发赋役、靖土安民之外，会在灾荒之年立义仓、设粥厂，赈济灾民；组织团练保乡卫族；捐资助学，修桥铺路。在地方公共事务方面，限于财力和人力的短缺，官府非常需要其他社会势力的介入，以缓解压力。在官府有心无力、鞭长莫及之时，基层望族积极参与地方公共事务的管理与建设，既缓解了官府的压力，又扩大了自己的影响。望族之所以乐于参与地方公共事务的管理也是有原因的。一方面，诸如赈济灾民、修桥铺路、组织团练等，都是花费巨大的项目，不是一般的家庭能够承担得起的，只有经过几世几代积累下财富的望族，才能胜任这些消耗巨大的义行。另一方面，望族都有累世而成的优良家声，这种良好的声誉能够让基层民众充分信服，尤其是在调解邻里争端、敦亲睦族、协调各方利益、处理多方面的关系时，这种影响力变得尤为重要。总之，正是因为望族在基层社会中的雄厚实力以及巨大影响力，望族才能够得心应手地主持处理基层公共事务。

首先，在赈济灾民方面，每逢荒灾之年，鲁南望族都积极参与赈灾。关于此类事迹的记载，在县志及家谱中不胜枚举。如南常褚氏的褚明峻，在乾隆丙午岁大饥之时，"为粥食饿，多所全活。是时饥民相聚劫掠事发，村有被逮者，倾囊解脱之"②。同族人褚安民也是在乾隆丙午岁大饥之时，"出粟赈乡里，多所全济。邑侯程表其门"③。褚明升"道光十三年春饥，出粟以活族人"④。褚光铣也曾"出积粟赈饥贫"⑤。云门李氏的李大晟，为李克敬之孙，"乾隆中岁祲"，李大晟"尽出所有以周贫困，世尤以此称之"⑥。峄阳王氏的王檻，"岁饥，出粟以食饿者，时人称焉"⑦。郗山殷氏族人殷长端，"岁饥，

---

① 谢国桢：《明清之际党社运动考》，上海书店出版社 2004 年版，第 8 页。
② 《兰陵褚氏家乘》卷一〇《世系》，第 10 页。
③ 光绪《峄县志》卷二一《乡贤列传·耆旧》，清光绪三十年刻本。
④ 光绪《峄县志》卷二一《乡贤列传·孝友》，清光绪三十年刻本。
⑤ 光绪《峄县志》卷二一《乡贤列传·耆旧》，清光绪三十年刻本。
⑥ 光绪《峄县志》卷二一《乡贤列传·耆旧》，清光绪三十年刻本。
⑦ 光绪《峄县志》卷二一《乡贤列传下·耆旧》，清光绪三十年刻本。

出粟济族党，远近德之"①。殷高龄在乾隆丙午岁大饥之时，"出藏粟，邻里多赖以活。有鬻妻者，助之财，俾得完聚。弃子女者，收养之，岁稔后归其父母，其养而无归者，为之婚配焉"②。从诸多史料中可以看出，南常褚氏非常重视设义仓、赈饥贫，这与褚氏的优良家风是分不开的。南常褚氏的先祖褚玳，"多隐德，尝慕范文正公之为人。置义仓、义塾，勒石以垂家训"③。在《兰陵褚氏家范条议》中，明确要求后世子孙要"设义仓，以赡族人"，使得南常褚氏"百七十余年，聚族渐繁，未若他姓之凋零几尽者"④。

牛山孙氏族人孙茂懿也非常热心于赈济饥贫的事务，甚至毁家纾难也在所不惜。孙氏族谱《孙端惠先生笃行碑》中记载，孙茂懿"性慷慨好施，亲友急难辄解推资助，力竭则称贷继之"。

> 宣统乙酉、庚戌两岁大饥，宿邳饥民来乞食者流离满道，兼以裸疫，殍殣相望，先生急走谒县令，召集诸绅富首捐巨款，集众资购粮平粜，设立粥厂，自于宅旁蠲闲舍收容乞饿，出仓粟作麇分赋之，病者给药。至麦熟，问其归途远近，酌与路费，两年所全活者以数千计。先生略无德色，仍以力小不能多为憾。先生初承嗣所继产有田四十顷，季年耗其大半，先生自奉极俭约，资产之耗皆以好行其德之故，可盛谓德事矣……⑤

另外，《峄阳牛山孙氏族谱·清内阁中书加五级孙端惠公传》中详细记载了孙茂懿其他赈济灾民的义举。

> 戊戌春大旱，饥疫，道殍相望，公辟外舍收养老幼废疾，膳粥药饵。及岁熟，给川资而遣之，所全活数百人。丁未春，江南饥，流民入峄境，公煮粥以济之。又与城内绅商集议建粥厂，设平粜局，自铜沛邳宿灵海诸邑来就食者甚众。公虑其不均不偏，令长公子景轩检视，汗气熏蒸，染疫甚重，举家忧惶。公不因此少懈……次年春，又饥，平粜局辇运未至，韩庄粮艘告尽，炊烟几断，公倾廪减价零售，不足则籴诸戚友以继之，数十里皆仰给焉。乡里交口感颂。⑥

① 道光《滕县志》卷九《人物志·孝义》，清道光二十六年刻本。
② 《殷氏族谱》卷八《载籍》，第9页。
③ 光绪《峄县志》卷二一《乡贤列传下·耆旧》，清光绪三十年刻本。
④ 《兰陵褚氏家乘》卷首《兰陵褚氏家范条议》，第39页。
⑤ 《峄阳牛山孙氏族谱》卷一《家传》，第189页。
⑥ 《峄阳牛山孙氏族谱》卷一《家传》，第189页。

　　由此可见，孙茂懿仁慈之心，为赈济灾民，乐善好施，甚至不关心自己儿子的安危，更遑论资产"耗其大半"了。

　　其次，战乱频仍之时，鲁南望族子弟往往会组织团练，护乡保邻，力还一方平安。明清时期，鲁南地区战乱匪祸不断，望族家资充盈，自然成为历次祸乱掠夺的对象。因而，为保家护族，安定乡里，鲁南望族大多文武兼修，并在战乱之时组织乡团抗匪御敌。

　　峄阳王氏族人王守德，字历山，以字行世，人称"王历山"。在明末清初之际，与苏北的苏伯起共有"苏伯起，王历山，山东江苏半边天"之说。明末，天下动乱，叛匪蜂起，峄阳小山子王氏族人王守德"团练乡兵以备非常"①，配合官军进剿入犯鲁南的土匪。王守德出身本地大族，谙熟地方的人情地理，因而剿匪时总能克敌制胜，直至将土匪彻底击溃。清军进入中原后，王守德仍跟随官军剿匪，"带勇随营屡捷，沂州总兵某以守备奖之"。在清军入关、明朝灭亡之际"带勇随营"，组织团练武装靖乡保民，还一方平安。在官军班师回防后，王守德继续清剿余匪，"统兵搜惕，村落、山谷，处处皆尽，贼遂平"。而且，他还率兵主动出击，北渡运河向西一直打到曹庄、微山湖一带，斩杀匪首，击溃乱匪，使得"贼屡欲渡河南侵，畏其威势，终不敢渡"。王守德团练乡兵，助官剿匪，保一方平安，威震苏北、鲁南。

　　难能可贵的是，王守德虽身为一员武将，除了忠于职守，杀贼报国，护佑地方，他还非常重视文教宣化，礼遇饱学之士。"虽当攻战，回未卸甲，即先谒塾师"。为鼓励家人读书，"遇家庆，燕集文学之妇，虽行辈卑，得上座，即姆婶不得先焉"。在这种身体力行的倡导下，峄阳王氏族人知书识礼的门风更加浓厚。②

　　峄阳贾氏族人贾文辉，武庠生出身，"好射猎，娴韬略，结交英俊。时盗贼蜂起，膺县长命约乡曲义勇，指以大义，誓保峄境。凡县主征剿，必请偕往指画方略悉中机宜，峄民赖以安定"③。可以看出，正是考虑到峄阳贾氏的影响力，县令才会在困难之时找到贾文辉，令其组织团练，而基层民众也受贾氏的影响参与地方团练，听从贾文辉的指挥调遣，最终实现了"峄民赖以安定"。

　　牛山孙氏的孙献奇是孙氏家族中热心公共事务的代表。《峄阳牛山孙氏族谱》记载其"精力过人，善骑射，豪侠尚义。尤乐排难解纷，乡里有大疑难，

---

①　光绪《峄县志》卷二一《乡贤列传下·武功》，清光绪三十年刻本。
②　王明东：《名门的记忆——"峄阳王氏"掌故与史实》（试印研讨本），第11页。
③　《贾氏族谱》卷首《传文》，第53页。

人所不能解，公至，敷陈是非，数言冰释，一邑推为长者"①。明清鼎革之际，匪乱横行，而"邻近村落多依公楼为卫"，并在匪兵攻袭之时，奋勇战斗，甚至被火炮震晕，醒来后仍奋不顾身，"卒保一楼之命"。同族的孙肇寰，"慷慨多大略"，"济困扶危，排难解纷，必尽情尽力，无稍阿曲"。"晚岁遭南捻之乱，乡人公立义堡，推公董其事，公攘外安内，具有方略。斯时，草窃之众到处蜂起，邑中堡寨多屈于贼势，公独卓立不挠。"②

南常褚氏在战乱之时也会聚族互保，抗匪御敌。如族人褚光铉，"崇祯庚辰岁大祲，邑中盗起，建议立义营楼堡，互防严守。盗以有备不敢犯。一渠魁跳梁，国初大兵讨之，未获。光铉为设方略以购，遂就擒"③。明清鼎革之际，世道混乱，匪祸频仍，家资充盈的地方望族成为匪兵觊觎的对象，因此鲁南望族普遍组织团练乡勇以保家护族、安定乡里，也正是有了望族的组织和领导，基层民众团结在望族周围，抗匪御敌，赢得了一方平安。

再次，鲁南望族子弟还积极调解邻里纠纷，敦亲睦族，稳定社会秩序。由于民众间产生争执纠纷时，经常遭到官府的盘剥，因而不愿将纠纷付诸诉讼。与之相对应，鲁南望族子弟与乡里乡亲朝夕相处，并凭借较高的影响力和良好的声誉，会在邻里发生纠纷时，成为民众纠纷自我协调的重要寻求帮助对象。望族子弟为弘扬家声、敦亲睦族考虑，也非常乐意调解邻里纠纷，在基层社会的秩序稳定中发挥了一定作用。

如峄阳贾氏族人贾士锦，"生而豪爽，慷慨有大略，光明磊落，声若洪钟，遇事敢言。邑有难决之讼，公之评之，辄两相愧服而止，县父母多委重之。平生排难解纷，济困扶倾，恤族周贫，除强暴安善良，侠骨豪肠，更仆难数。视弟侄事如己事，凡田赋税课皆身任之，不辞往者。漕夫之累，邑民多至破家，即在绅士尤难之。公有弟五人，公以布衣独支持差徭，使弟侄辈得以读书安业，出立门户者，皆公之力也"④。贾玉蕴，"凡地方义举胥踊跃乐输，刚直著于乡党，有不平事，每就质正焉"⑤。古滕满氏的满恩拣，"邻里有争端，公（满恩拣）辄前之排解，或正言以责，或婉言相劝，务使和好而后已，村中后无兴讼至长吏之庭者"⑥。牛山孙氏族人孙毓唐"性雄豪，有气敢任，遇人缓急勇为之，不避僵仆。里某甲兄死，利其产，将鬻其嫂，兄子宿田中，潜

---

① 《峄阳牛山孙氏族谱》卷一《家传》，第 3 页。
② 《峄阳牛山孙氏族谱》卷一《家传》，第 47 页。
③ 光绪《峄县志》卷二一《乡贤列传下·耆旧》，清光绪三十年刻本。
④ 《峄阳贾氏族谱》卷首《碑文》，第 56 页。
⑤ 《贾氏族谱》卷首《传》，第 65 页。
⑥ 《古滕满氏族谱》卷一中集，第 47 页。

纵火焚之，肌肤皆焦烂。毓唐闻义形于色，舁至舍，善饮食之，率乡人以白其冤。夏坐里门，有童子仓皇乞救，后一人追之急，持刀大言：'敢救者，血吾刃'，毓唐执而鸣诸官，一讯伏辜。盖强盗杀是童以灭口也"①。由此可见，正是望族子弟优良的品行、良好的家声，使得他们在调解纷争时能够使"两相愧服"，甚至使邻里间"无兴讼至长吏之庭者"。而且，类似贾士锦之辈，除调解邻里争端，对兄弟子侄也关怀备至，所有田赋税课由自己承担，敦亲睦族，不坠家声。

作为地方公共事务的参与人，望族子弟一般都能做到中正客观，令人信服，有时还会扶危济困、惩霸抑强。如褚氏族人褚明律，"开爽有节概。近邻孀妇某，门衰子幼，为豪强者所讼，将破家。明律闻愤甚，自鬻麦田数十亩脱之"②。世家大族没有恃强凌弱，反而惩恶扬善的义行，使得望族被广大民众所认同，望族在基层社会的影响力也愈加巩固。

另外，具有优良家风、良好品行以及雄厚家资的明清鲁南望族成员，大多乐善好施、急公好义。地方上捐资助学、修桥铺路、疏浚河道等公益事业，鲁南望族大都能积极参与。对于身处困境的乡党邻朋，鲁南望族也能施以援手，雪中送炭，积极从事乡里公益活动。方志及家谱中关于此类活动的记载不胜枚举。《古滕满氏族谱》的宗训中要求子孙要为"善行"，"吾族中贫富不齐，难概责其乐善好施，但随分随力推广此善心。老聃云：富者赠人以财，仁者赠人以言。阴骘文云：行时时之方便，作种种之阴功。又云：家富，提携亲戚；岁饥，赈济邻朋"③。南常褚氏族人褚成炎，"天性慷慨，尤勇为义。乾隆间伊河淤，挑浚款不继，成炎持三千缗助之。邑令忠公重其人，以'和风霁月'额褒之"④。褚光铉也曾"捐建学宫戟门，出积粟赈饥贫"⑤。褚廷霖曾执教于义学之中，"师于邑中，子弟多所成就"⑥。峄阳贾氏的贾梦龙"为人豁达好施，宅第容膝而止，人有急难，倾囊赠之不吝也"⑦。贾玉蕴在"乡贤祠渐就倾圮"之时，于"道光季年与褚氏、李氏集资重修"。⑧ 郗山殷氏的殷复礼，"遇事有气量，乐善好施见乡邻，贫不能娶，丧不能举者，多为资助，储材木，制絮

① 《峄阳牛山孙氏族谱》卷一《家传》，第 35 页。
② 光绪《峄县志》卷二一《乡贤列传下·耆旧》，清光绪三十年刻本。
③ 《古滕满氏族谱》卷一《宗训》，第 16 页。
④ 光绪《峄县志》卷二一《乡贤列传下·耆旧》，清光绪三十年刻本。
⑤ 光绪《峄县志》卷二一《乡贤列传下·耆旧》，清光绪三十年刻本。
⑥ 光绪《峄县志》卷二一《乡贤列传下·宦绩》，清光绪三十年刻本。
⑦ 光绪《峄县志》卷二一《乡贤列传下·乡贤》，清光绪三十年刻本。
⑧ 《贾氏族谱》卷首《传》，第 65 页。

衣，以济困穷"①。古滕满氏族人满兆瑛，"家本素丰，不啬于财……又尝遵
例，施棉衣约计数百件。但谓聊以御薄寒，而无心于求议叙。他若捐仓谷、修
桥梁、施药饵、周亲、恤族、种种义行，不可屈指"②。云门李氏的李珽芳，
"凡桥梁之建筑，庙宇之修葺，虽财政困难必捐资以为倡"③。牛山孙氏的孙茂
懿在光绪《峄县志》编修过程中"搜辑文献，考订编摩，及付梓时，工未竣
而资竭，公首输巨资，倡募数百金立就"④。光绪《峄县志》记载，牛山孙氏
的孙怀敬，"与同里李如杲结义社，饥岁多所振救。别业近彭城，多暴桀子
弟，为立义学以教之。其他善行皆类此"⑤。同是牛山孙氏的孙毓畅不惜重金，
多次捐资修桥，造福乡里。光绪《峄县志》记载，三家汪桥，"道光十年监生
孙毓畅继修三次"，倪家桥"嘉庆五年阴平社监生孙毓畅倡议重修"，"大汪
桥，嘉庆十年孙毓畅独修，近被土淤。双楼桥，嘉庆五年孙毓畅倡议重修"⑥。
从史料记载看，由台儿庄至阴平所经过的四座桥中，孙毓畅参与修筑了三座，
足见其用心之深。

鲁南望族子弟以雄厚家资为后盾，凭借家族积累的良好声誉，积极参与地
方公共事务，赈济饥贫、周济邻里、组织团练、保家护院、敦亲睦族、化解纠
纷，捐资助学、修桥铺路等；加之簪缨相望、宦业表表的鲁南望族子弟大多都
有从政的经历，耳濡目染之下基本能够胜任地方公共事务的组织协调之事。凭
借雄厚的经济基础、庞大的人际关系网络、强大的影响控制力，以及累世的良
好声誉，鲁南望族子弟在主持地方公共事务时得心应手，得到了基层民众以及
官府的认可，并进一步巩固了望族在基层的势力。

（五）和睦亲族里党

为继祀延宗，保持家声不坠，鲁南望族极其重视家族的内部建设，以保持
家族的团结和睦，保障整个宗族的持续发展。为敦亲睦族计，鲁南望族的家谱
族规中，均有相关的规定，要求后世子孙富帮穷、丰济乏，置义田、立义仓、
设义塾，以帮助贫困穷乏的同族子弟。为维护家族的内部团结，要求后世子孙
要息争宁讼、家丑不外扬、内部矛盾内部解决等等。

为了维护家族的团结稳定，鲁南望族普遍立宗祠、修族谱、定祭礼以明辨
亲疏，凝聚宗族、聚拢人心；设义田、立义仓保障宗族的有序发展，持续繁

---

① 《殷氏族谱》卷八《载籍》，第3页。
② 《古滕满氏族谱》卷一中集，第10页
③ 《峄阳李氏族谱》卷三《清八品寿官商陈李公传》，第68页。
④ 《峄阳牛山孙氏族谱》卷一《家传》，第189页。
⑤ 光绪《峄县志》卷二一《乡贤列传下·耆旧》，清光绪三十年刻本。
⑥ 光绪《峄县志》卷二五《杂记·阴平社》，清光绪三十年刻本。

衍。无规矩不成方圆，正是由于世代遵守的严格的族规，才使得亲疏有别、长幼有序，保证了宗族内部的稳定。而义田、义仓、义塾的设立使得族中鳏寡孤独之人、贫寒羸弱之家能够生存，甚至学习知识、识文断字，感受到亲缘的温暖，这非常有利于宗族内部的团结。

图 3-1　南常褚氏家祠（位于枣庄市薛城区南常街中部，笔者拍摄）

如南常褚氏为了维护家族的团结有序，在《兰陵褚氏家乘》中规定，要重祀典、立墓碑、培墓木、尊族长、举族正、息争讼、存忠厚、立义仓、修义塾、戒随姓、务本业，以此来团结人心、凝聚宗族。《古滕满氏族谱》祠规第五条要求后世子孙要效法范仲淹"置义田"赡恤族人之举。号召族中"丰裕之家立一会社，酒肴不必过奢，每月会资若干，交会长收管，生息行之数年，量置田亩，计其岁入，为极贫者婚嫁丧葬之助。余资作义学束修"①。同样，在《兰陵褚氏家范条议》中，褚氏先贤要求后世子孙要设义仓，号召族中"颇足衣食者"，"勉为继述"周济族中"婚姻死墓之不办、废疾贫困之可悯者，以推祖恩，以苏族困"②。在维护家族内部关系上，族规要求后世子孙以孝悌为先，戒健讼。《古滕满氏族谱》宗训的开篇便是"孝弟"，要求族中"兄弟第一不可争财产，小而举动语言，为弟者都能逊让，这便是悌。至于弟敬兄，兄又当爱弟，所谓友也"③。可见望族对维护家族内部稳定的重视。家庭的内部矛盾尽量在族内解决，不要付诸诉讼。他们认为付诸诉讼，成本高、影响不好，"公庭呹喝、吏役作践，耻辱皆所难堪。而盘费打点，动损家资，士则妨读，农则误耕，身产交败未有不由于此者也"。要求子孙要"深以健讼为诫，绅衿知履公庭之可羞，乡民知犯王法之可畏。循守保本，相安无事，则家门清白，道德之士必辈出矣"④。兰陵褚氏在息争讼时，要求子孙念及亲情不要轻易诉诸公廷，认为"大易以

① 《古滕满氏族谱》卷一《祠规》，第 13 页。
② 《兰陵褚氏家乘》卷首《兰陵褚氏家范条议》，第 39 页。
③ 《古滕满氏族谱》卷一《宗训》，第 13 页。
④ 《古滕满氏族谱》卷一《宗训》，第 18 页。

争讼为凶戒大凡也，况谊属一脉，岂可以尺地寸土或口角小嫌辄为呈状公廷乎"。即使族长有冤屈不幸之事，"与其鸣之于官，何如告之族长族正，从公调处，曲直分而骨肉全，岂不厚哉。后有不告族长、族正，首出健讼者，即得直族长、族正亦有为公举其非"①。鲁南望族坚持孝悌持家、敦亲睦族，家族内部有着良好的矛盾解决机制，强化了家族的凝聚力，维护了家族内部的团结稳定，这在望族子弟分家析财时表现得尤其明显。

县志及家谱中记载了许多先人后己、兄弟相让的事迹。兰陵褚氏的褚化鳌，"家丰于财，当析箸日，资产仆马听弟所欲者取之。笥有逋券千金，笑曰：'吾独不能效冯驩市义乎？'尽投诸火。族间一不肖夫事败，有称快者，化鳌蹙然曰：'三世而上何人哉？'人以此多之"②。褚成瑛，"生平敦廉让分毋求多，虽或亏我，胸中毫无芥蒂。析箸时，田产器物分配停匀，任弟择取，而弟亦有让无争。彼世之锱铢争较，手足乖违者闻之可以少愧对矣"③。褚成珉，"与弟析箸，牛马田产取其下者，生平尚义乐施，人多赖之"④。褚明龙，"兄弟友爱，美田宅皆推与之"⑤。

郗山殷氏的殷高龄也是敦亲睦族的代表。殷高龄"父母早世，爱弟最笃。析爨时，田宅胥与弟善者"，族中子弟急难之时他也奋不顾身地施以援手。"从侄正贤葬父母无吉地，公以己所卜地与之……乾隆丙午岁大饥，出藏粟，邻里多赖以活。有鬻妻者，助之财，俾得完聚。弃子女者，收养之，岁稔后归其父母，其养而无归者，为之婚配焉"⑥。古滕满氏的满文登，在致仕归乡之后，"见先公诸茔墓，多无碑碣，公则悉为勒石"。

在灾荒之年，望族子弟中常有赈济族人、招抚流亡之义举，如南常褚氏的褚明升"好赒人急，道光十三年春饥，出粟以活族人；收买幼子女十数人，后悉召其父母还之。族某母殁无葬地，给以良田数亩使作茔，不受其直。其他义行多类此"⑦。褚成京"宽仁有识度"，"兄弟友爱，终身未尝析居""族某落魄他乡，成京招回，为置宅一区、田三百亩以养之"⑧。褚廷霖，"慕义好施，族党间有贫苦乏嗣不能置妾或丧不克葬者，往往倾囊助之。自谢职后，尤

---

① 《兰陵褚氏家乘》卷首《兰陵褚氏家范条议》，第 40 页。
② 光绪《峄县志》卷二一《乡贤列传下·耆旧》，清光绪三十年刻本。
③ 《兰陵褚氏家乘》卷一〇《世系》，第 9 页。
④ 《兰陵褚氏家乘》卷一〇《世系》，第 9 页。
⑤ 光绪《峄县志》卷二一《乡贤列传下·孝友》，清光绪三十年刻本。
⑥ 《殷氏族谱》卷八《载籍》，第 9 页。
⑦ 光绪《峄县志》卷二一《乡贤列传下·孝友》，清光绪三十年刻本。
⑧ 光绪《峄县志》卷二一《乡贤列传下·孝友》，清光绪三十年刻本。

潜心理学。县令陈安策、李居广重其人，先后延为义学，师于邑中，子弟多所成就"。牛山孙氏的孙献珍，"笃于族谊，尝重修家乘以教亲睦，周恤贫乏。荒年有鬻子女者，为赎还之"。云门李氏的李志芳，"性好济人，族有昏丧无力者，即醵资助之。从弟之芳贫甚，岁助衣食使不废学，遂入庠"①。峄阳贾氏的贾思敬，"故忠厚长者。族某以年荒亡于外，思敬招归为置产。宗祠圮，即自出资修之，时称其贤。此邑缙绅，先生皆以世家明德为前后县大夫所优礼者也"②。

即使在平时，望族子弟对出嫁的姐妹也是关怀备至。如南常褚氏的褚明峻，"女兄弟三人，夫家俱贫，公（褚明峻）时时助济，至老不衰。诸从兄弟困乏不能自存，公分润多寡，极加温恤。诸侄婚嫁不能举者，大半皆公全之"③。郗山殷氏的殷长端，孝敬父母，尊敬兄长，"姊二人，长适王氏，早孀，奇贫，（殷长端）为置田以养。次适褚氏，甥早亡，抚其遗孤，褚氏宗得不坠"④。牛山孙氏的孙世偲，字怀庵，"少孤，事母提能色养。姊适王，业落，为置田宅养之。从子幼孤，养之成立，美田宅皆让与之"⑤。《峄阳牛山孙氏族谱》中记载更为详细，"公（孙世偲）次姐适滕邑王氏，家萧索"，孙世偲"割房数十，上地顷余，立契授诸姐"⑥。另外，在兄弟逝去后，孙世偲主动承担起抚养侄子的责任，"公教养如己出，分田，择膏腴授之，未尝视为犹子也"⑦。而且，孙世偲"家富饶，未尝以富贵加乡里。乡里艰厄者辄谋诸公，公倾囊济之，无吝色，乡党所以有'善人'称"⑧。正是由于孙世偲和亲睦族、怀济乡里的义行善举，得到了乡党们的广泛认可，才有了"善人"这一称誉。

综上，明清时期的鲁南望族在基层社会普遍有着无人比肩的雄厚物力、财力，以及在四邻八乡中广泛的影响力。族中有众多出仕为官的子弟，在耳濡目染之下，深谙为官治理之道，方便他们积极参与基层政务；鲁南望族在与名人志士交游、与其他鲁南望族的联姻中，不断扩大自己的交际范围，形成了覆盖本地区各行业、各阶层的庞大的人际关系网络，为家族的发展打下了坚固的基础；在地方文化建设方面，鲁南望族凭借诗书传家的文化传统，其成员大多有

---

①　光绪《峄县志》卷二一《乡贤列传下·孝友》，清光绪三十年刻本。
②　《贾氏族谱》卷首《传文》，第57页。
③　《兰陵褚氏家乘》卷一〇《世系》，第10页。
④　道光《滕县志》卷九《人物志·孝义》，清道光二十六年刻本。
⑤　光绪《峄县志》卷二一《乡贤列传下·耆旧》，清光绪三十年刻本。
⑥　《峄阳牛山孙氏族谱》卷一《家传·别驾怀庵公传》，第17页。
⑦　《峄阳牛山孙氏族谱》卷一《家传·别驾怀庵公传》，第17页。
⑧　《峄阳牛山孙氏族谱》卷一《家传·别驾怀庵公传》，第17页。

较高的文化造诣，通过参与地方大型文化建设活动、立文社、开讲席等途径，引领基层文化的发展；强大的实力也意味着巨大的责任，鲁南望族身兼历史使命感与社会责任感，主动承担起公共事务建设的责任，积极投身于公共事务的建设。赈济贫乏、组织团练、化解纠纷、扶危济困、敦亲睦族等，成为正统统治力量的积极补充部分，为维护基层社会秩序的稳定作出了重要的贡献。鲁南望族还注重对家族内部事务的建设，诸如修族谱、设祭田、定祭礼、立义仓等，要求后世子孙要遵家训、务本分、戒健讼、为善行，还要设义塾，延名师以教育子弟等等。总之，明清时期鲁南望族的活动遍布基层社会的方方面面、角角落落。一方面，鲁南望族通过深入参与基层社会的各项事务，不断增强本家族的实力，提高家族在本地区的影响力；另一方面，正是望族的积极参与，使得基层社会秩序稳定、民众生活安定，望族在基层社会中的作用得到官府和民众的广泛认可。

## 二、望族参与地方事务的原因

鲁南望族耗费大量的人力、物力和财力积极参与地方事务的建设，也是有原因的，笔者主要根据县志、家谱等史料，从主观和客观两方面加以分析。

在主观方面，鲁南望族出身的子弟大多具有较高的文化素养和道德品行，能够以维护公众利益为己任，自觉地承担起自己的责任，为民请命、打抱不平、敦亲睦族、和睦相邻等等。在儒学教育的熏陶之下，望族子弟亦能以家国天下为己任，遵循修身、齐家、治国、平天下之道，勇于担当、甘于付出。方志及族谱中对他们的品行都有相关的记载。如南常褚氏褚文炎"天性孝友""笃友爱弟"；褚慎绸"性醇简"；褚明龙有"薛包遗风"；褚廷霖"聪颖好学""慕义好施"；褚成炎"事母以孝闻，天性慷慨，尤勇为义"；褚成京"宽仁有识度"；峄阳贾氏的贾梦龙"行谊端方"，贾恪"赋性刚正，好义乐施"，贾宗鲁"性醇厚""操履清约"；郗山殷氏的殷应寅"为人磊落见肝胆，桑梓葭莩每倚赖焉"，殷苞"质粹美，笃行力学""性素恬退淡声利"；峄阳王氏的王大俊"端方直谅，遇物以诚"，王樽"与人和易，有长者称"，王檻"居家以孝友称"；古滕满氏的满作宾"盛行刚方，文武兼备。好理不平事，虽官府不忌也"，满朝桂"生而果毅，秉性刚方"。鲁南望族的代表人物皆是如此，正是在他们的带领感召下，大部分望族成员皆能慕义好施，勇于担当，敢挑重担，关心广大基层民众的疾苦。

在客观方面，鲁南望族积极参与地方公共事务的建设还受到诸多外力的影响。现实利益的诱惑、政策律令的支持、家规宗训的劝导以及历史传统的影响都促使望族子弟积极参与基层社会的建设。

首先，望族子弟积极参与基层的公共事务建设，也为他们带来了诸多现实利益。

其一，积德行善，积极参与地方公共事务建设的望族子弟，更容易获得名留青史的机会。方志作为某一地区政治、经济、文化、社会发展的记录，是本地区的正史，方志中的"乡贤""孝友""耆旧""忠义"等目，专门记录本地区忠孝仁义之士，如果能够名列其中，不仅是个人的荣耀，也是家族的光荣。明清时期鲁南望族的子弟大多熟读史书，而且还有诸多成员参与了地方志的编修工作，这些经历使他们深刻地认识到，要想像先贤名士那样在史书中占有一席之地，就要有盛名才学、高尚品行，而这些素质就体现在日常的社会生活中，体现在基层民众的口耳相传中。因此，无论是发自本心，抑或是沽名钓誉，鲁南望族成员确确实实地参与了基层社会的管理建设，并积极投身于公益事业中，慕义好施、积德行善，并在史书中留下了浓墨重彩的一笔。

其二，慕义好施可以赢得生前身后名。如生前有机会成为乡饮大宾，死后也可"从祀乡贤"，显盛于当时乃至后世。如牛山孙氏的孙治，"以耆德称，两举乡饮。子焜斗，多义举，邑有凤累，为捐资除之。亦尝与乡饮礼"①。孙怀琦淡于进取，"殚精理学，邑贤侯荫棠张公钦公（孙怀琦）品望，延为乡饮大宾"②。

《大明会典》记载，朝廷为"敦崇礼教"而举行乡饮酒礼，但乡饮酒礼并不是简单的宴饮，而是朝廷维护统治秩序、德育教化的一种途径。这从出席乡饮酒礼的人员以及宴席的座次规定上就可一窥究竟。"乡饮酒礼，叙长幼，论贤良，别奸顽，异罪人。其坐席间，高年有德者居于上，高年淳笃者并之，以次序齿而列。其有曾违条犯法之人列于外坐，同类者成席，不许干于善良之席。主者若不分别，致使贵贱混淆，察知或坐中人发觉，罪以违制。奸顽不由其主，紊乱正席，全家移出化外。二十二年，再定图式。凡良民中，年高有德无公私过犯者，自为一席，坐于上等。有因户役差税迟误，及曾犯公仗私笞招犯在官者，又为一席，序坐中门之外。其曾犯奸盗诈伪说事过钱，起灭词讼，蠹政害民，排陷官长及一应私仗徒流重罪者，又为一席，序坐于东门之内。执壶供事各用本等之家子弟，务要分别。三等坐次，善恶不许混淆，其所行仪注，并依原颁定式。如有不遵图序坐，及有过之人不行赴饮者，以违制论。"③

————————————

① 光绪《峄县志》卷二一《乡贤列传下·耆旧》，清光绪三十年刻本。
② 《峄阳牛山孙氏族谱》卷一《家传》，第 28 页。
③ ［明］申时行、赵用贤等纂修：万历《重修大明会典》卷七九《乡饮酒礼》，载《续修四库全书·史部·政书类》第 789 册，上海古籍出版社 2002 年版，第 423 页下至 424 页上。

能在国家主导的宴饮上居于上首，无尚光荣。从《大明会典》的记载不难看出，只有德高望重之人才能成为乡饮大宾，因而崇德向化、慕义好施就成为基层民众尤其是基层望族引导子弟们居家生活的重要内容。他们积极主动参与基层社会的管理建设，以期生前获得乡饮大宾的资格，死后亦可从祀乡贤，以使家声不坠，光耀门楣。

其三，乐善好施，多行义举，一定程度上可以使自身和家族免遭祸害。明清时期的鲁南望族普遍拥有雄厚家资，本质上是属于剥削地位的地主阶级，正所谓树大招风，因而望族往往成为心怀不轨之人觊觎的对象，尤其是在战乱之时常常成为兵匪掠夺的目标。如牛山孙氏的孙怀琦曾因名声大而遭到别人的陷害，"沛邑狂生某以私意注四子书并诗书经非议朱子，仰公名作为序属之，公迎銮献之，以愚妄得罪，株连及公，拖累至南省岁余"①。因而，声名显赫的鲁南望族为人处世异常谨慎小心。另外，不法之人面对乐善好施、品行敦厚之人，即使再穷凶极恶也往往盗亦有道，心生敬意，不予扰乱。如南常褚氏族人褚成瑄就曾因乐善好施、积德行善而免遭劫难。《兰陵褚氏家乘》记载：

> 成瑄，字席珍，监生，侍御公六世孙，性仁厚，尚节义，临事毅然不可回挠。侍御公改葬微山，水陆间隔，祭田多被侵占，公率族人讼理，侵地悉返。凡封君以下诸族林墓，无不身任经理，而赞修谱庙、倡捐祭田，义行尤表表宗族间。生平恶恶极严，尝惩族人之不率，杜士习之冒滥，虽怨毒不避也。晚年善医，精外科，常蓄药饵以救急难，求诊者往往饮食之，岁耗百金。乾隆丙午岁大祲，公分廪粮，施饭粥，全活甚众。是时，盗贼充斥群不逞谋劫公同党相诘厉，未至公宅数散去，其厚德感人如此。②

同族的褚明律，也慕义好施，"开爽有节概。近邻孀妇某，门衰子幼，为豪强者所讼，将破家。明律闻愤甚，自鬻麦田数十亩脱之。其后赴试，止滕之界河驿。屡岁荒多盗，方踌躇，有三人踉跄来劝令速返，并护之归。审其姓氏，皆前被德者也。无子，至六旬生二子。盖厚德所召云"③。

庄子为盗跖立传而日渐形成的"盗亦有道"的思想，深深地影响着基层社会。因而望族子弟在平时慕义好施，积德行善，也为有朝一日战乱之时，能

---

① 《峄阳牛山孙氏族谱》卷一《家传》，第28页。
② 《兰陵褚氏家乘》卷一〇《世系》，第9页。
③ 光绪《峄县志》卷二一《乡贤列传下·耆旧》，清光绪三十年刻本。

够遇一"有道之盗",以免于兵燹屠戮,守家护族。

其次,朝廷为了稳定基层的统治,颁布各种政策法规、律令诏敕,劝导民众尊礼守法、互帮互助、团结和睦。同时,鼓励望族积极参与基层社会的建设,补充基层权力的空白点,以维护封建统治的稳固。如洪武二十八年(1395)二月,明太祖朱元璋就曾诏谕户部曰:

> 古者风俗淳厚,民相亲睦,贫穷患难,亲戚相救;婚姻死丧,邻保相助。近世教化不明,风俗颓敝,乡邻亲戚不相周恤,甚者强凌弱,众暴寡,富吞贫,大失忠厚之道。朕即位以来,恒申明教化,于今未臻其效。岂习俗之固未易变耶?朕置民百户为里,一里之间有贫有富,凡遇婚姻、死丧、疾病、患难,富者助财,贫者助力,民岂有穷苦急迫之忧?又如春秋耕获之时,一家无力,百家代之,推此以往,百姓宁有不亲睦者乎?尔户部其谕以此意使民知之。①

正是在这种号召下,鲁南望族不断加强宗族的内部建设,敦亲睦族、团结邻里,杜恶向善,并推而广之,和睦里党,调解纠纷,化解矛盾,承担起基层社会话事人、和事佬的角色,努力维护基层社会的稳定和谐。此外,明朝政府还鼓励民众举报、整治贪官污吏,大建申明亭,因之才会有像满作宾那样的人物,为整治贪官污吏,自费去省院上告。

对于为基层社会稳定作出重大贡献的人,明清政府往往都会给予褒奖和宣扬,这种光耀门楣的方式无疑又会吸引大量的望族子弟投身于基层社会建设之中。这种褒奖一般分为两类,一类是在靖土保民、抗匪御敌中立有军功,如峄阳王氏的王守德,在"明季土匪扰峄"之时,"(王)守德团练乡兵以备非常。国初官兵剿贼,守德带勇随营屡捷,沂州总兵某以守备奖之"②。南常褚氏的褚光铣,在清军入主中原南征的过程中,"从戎参赞""以功除泗洲同知"③。褚光铉在邑中盗起之时,"立义营楼堡,互防严守""设方略"协助官军抓获乱匪首领,使得"抚军王永吉以礼请"。④ 这样,积极参与基层社会的建设以获得官府的嘉奖,便成为进入仕途的捷径。这就使那些科举失意、入仕无门的士子们燃起了新的希望。积极参与基层社会的建设不仅可以扬名立万、兴振家

---

① 《明太祖实录》卷二三六,洪武二十八年二月乙丑条。
② 光绪《峄县志》卷二一《乡贤列传下·官绩》,清光绪三十年刻本。
③ 光绪《峄县志》卷二一《乡贤列传下·乡贤》,清光绪三十年刻本。
④ 光绪《峄县志》卷二一《乡贤列传下·耆旧》,清光绪三十年刻本。

风，而且还可以得到一官半职，进入仕途，何乐而不为呢？

另一类是在对基层民众进行劝诫引导的同时，明清政府还对德行高尚者实施旌表。通过旌表来宣扬德化，引导基层民众孝悌友爱，培养民众的忠孝节义观念。官府对基层民众的旌表尤以节孝最多，在方志中专门列有"孝义""节妇""烈女"等目，还为忠孝节孝之人在居住之地建立旌表牌坊。另外，明清时期的皇帝还专门下诏旌表忠孝节义之人。如明朝洪武年间朱元璋下令旌表节妇，规定："民间寡妇，三十以前夫亡守制，五十以后不改节者，旌表门闾，除免本家差役。"① 嘉靖年间，明世宗诏令"孝子顺孙义夫节妇已旌表年及六十者，孝子冠带荣身，节妇照八十以上例，给赐绢帛米肉"②。后来明朝又专门规定"凡有孝行节义为乡里所推重者，据各地方申报，风宪官核实奏闻，即与旌表"。到了清代，旌表更被广泛推广，冯尔康在其著作中提到，"清朝政府大力表彰'孝子义士''节妇烈女'。被旌表的人，要由其家族、家庭申报，这就需要一些费用，经济拮据的人家难于申报，有的地方官为防止漏报，亲自采访，有时皇帝特意下令采取措施，促使贫民申报。对申报获准的，政府发给银两，在被表彰者的村镇城厢建立牌坊，以示荣耀，并在州县学内建设忠义祠，在学堂附近建立节孝祠，各立石碑，刊刻被表彰者的姓名，祠内设置牌位，供人瞻仰祭祀"③。从现在看来，姑且不论这些节妇烈女至孝之人是不是被禁锢思想、压抑人性，只这些孝义节烈之行，确实在客观上维护了家庭团结稳定。在缺乏完善的社会保障体系的明清时期，家庭团结稳定，能使老有所养、幼有所爱，争端消弭，社会稳定。

明清时期，鲁南望族成员被旌表的不在少数。如南常褚氏族人褚成炎因"乾隆间伊河淤，挑濬款不继，成炎持三千缗助之。邑令忠公重其人，以'和风霁月'额褒之"④。褚安民因"乾隆丙午岁大饥，安民出粟赈乡里，多所全济。邑侯程表其门"⑤。褚德坦之女褚氏，嫁给同邑庠生李一晨为妻，"夫亡时年二十有三……守节以终。县令周祚增以'贞同金石'表其门"⑥。褚化鳌之女褚氏，嫁给沂州文学黄稽为妻，年二十二，黄稽病逝，褚氏"操守冰霜几五十年。沂守以其事上御史台，檄下榜其门，须次具闻，以流寇乱遂寝"。褚

---

① 《万历重修大明会典》卷七九《旌表》，载《续修四库全书·史部·政书类》第789册，上海古籍出版社2002年版，第425页上。
② 《万历重修大明会典》卷七九《旌表》，第426页上。
③ 冯尔康：《18世纪以来中国家族的现代转向》，上海人民出版社2005年版，第52页。
④ 光绪《峄县志》卷二一《乡贤列传下·耆旧》，清光绪三十年刻本。
⑤ 光绪《峄县志》卷二一《乡贤列传下·耆旧》，清光绪三十年刻本。
⑥ 光绪《峄县志》卷二二《烈女》，清光绪三十年刻本。

经之女，嫁给同邑李应轸为妻，李应轸死后，褚氏随即殉葬，"明年巡抚赵祥星以闻，得旨建坊旌其门"。峄阳贾氏的贾恪，事母极孝，友爱兄弟，其病殁后，"县令张镜，以'孝行可风'表其门"。贾文火皀之女贾氏，嫁给费县庠生王洵，"生一子二女而洵亡。氏与父诀，绝粒六日死。学使者某给颜额旌之"①。

种种被旌表的孝义节烈之行，在史书中不胜枚举。这些旌表虽然禁锢了思想、压抑了人性，导致了许多非理性的行为，但是在当时，如能得到官府的旌表，不仅是个人和家族的荣耀，而且还可以得到官府的物质奖励，甚至减免赋役。这些都在一定程度上激励了鲁南望族子弟积极践行孝悌忠义、推行善举义行。

再次，明清时期鲁南望族也通过家规宗训劝导后世子孙要好义行善，积极参与基层社会的建设。如云门李氏在家谱《李次公家训》中提到，"为善者，天报之以福；为不善者，天报之以过"。"作善，降之百祥；作不善，降之百殃。"②古滕满氏也在宗训提到"天地好生，人性皆善。善之事多端，善之量无穷"。考虑到"族中贫富不齐，难概责其乐善好施，但随分随力推广此善心"。并倡导后世子孙要"家富，提携亲戚；岁饥，赈济邻朋"③。

另外，望族成员有时也会顺承父母的欢心而乐施行善。如牛山孙氏的孙绍宗，"奉母教甚谨。母喜义举，绍宗即立家塾、焚券契以广德意，母乐周济，绍宗即捐棺椁、散衣食以给困乏。凡事承颜顺旨，曲得亲欢心。为人刚方正直，通达事务，闾里有不平咸质焉。其舅氏私卖绍宗涧头地五百余亩，怡然安之。有姓售荒田二十顷，以三年成熟立契，绍宗不待三年，偿价毕即报官任粮。又邻人负粮差数年，欲逃，谋于绍宗，绍宗即慨为代输，邻人自此殷富。课子孙以忠厚，与人交落落然，不阿不欺。邑人倚为典型"④。南常褚氏的褚慎绸，"幼失怙，事王母及母谨甚。岁歉，诸昆季有饥者，慎绸恐贻王母忧，时赡以粮米，不继则割产以济之"⑤。可见，家规族训的劝导、先人前辈的要求也进一步促成了鲁南望族子弟积极参与基层社会的建设，为基层社会的建设出工出力，添砖加瓦。

此外，鲁南望族子弟积极参与基层社会的建设还在一定程度上受到了鲁

① 光绪《峄县志》卷二二《烈妇》，清光绪三十年刻本。
② 《云门李氏族谱》卷一《李次公家训上卷》，第 39 页。
③ 《古滕满氏族谱》卷一《宗训》，第 16 页。
④ 光绪《峄县志》卷二一《乡贤列传下·耆旧》，清光绪三十年刻本。
⑤ 光绪《峄县志》卷二一《乡贤列传下·耆旧》，清光绪三十年刻本。

南地区历史传统的影响。本地区"虽蕞尔邑,而山川之秀丽,风俗之淳美,洋洋乎亦山左名胜之区也"①。而且"风俗至醇厚,父老相率勤稼穑,以殖衣食。岁时延师曲,有礼意,饮馔皆丰洁,毋敢草具。是时,学校土习循谨,甚为子弟师者,行检饬备,而礼貌尤严,虽盛暑未尝裸袒。诸子弟在塾,进退揖让唯谨,稍率易辄加朴责。以故为学多成,而俗亦益茂"②。正是在这种山川秀丽、风俗醇厚的环境中培育出的名士贤哲,敦教励学、和亲睦族、扶危济困,积极参与基层社会的公共事务,为后世的望族子弟作出了表率,树立了榜样。

汉代的疏广,官居太子太傅,其侄疏受,官居太子少傅,二人功成名就之后,辞官归隐。汉宣帝及皇太子共赐金七十斤,疏广回到家乡后,"日令家共具设酒食,请族人故旧宾客,与相娱乐"。并且教育子孙"贤而多财,则损其志;愚而多财,则益其过。且夫富者,众人之怨也;吾(疏广)既亡以教化子孙,不欲益其过而生怨"③。这种"乐与乡党宗族共飨其赐"的事迹对鲁南的后世士人产生了巨大影响,二疏"散金台"至今仍受后人观瞻敬仰。同一时期的匡衡,少时家贫,凿壁偷光,励志苦学,终成一代经学大师,国家的栋梁之臣。元代的匡才,乃汉丞相匡衡之后人,"才多智勇,好读孙吴书",在宋元战乱之际,招抚流亡,保卫家乡,并且作战英勇,屡立战功。王道楫,乃"宋丞相王沂公曾之曾孙也。初任评事,早弃官,筑室偪阳城西,平居恬静,寡言笑,家无余资财,至赈贫恤孤惟恐不及"。此外,还有勇挑重担、自我推荐的毛遂也对鲁南望族子弟产生了巨大的影响。这些先贤名士敦亲睦族、周济乡里、乐善好施,积极参与基层社会的建设,事迹留于青史,美名传于四方,为自己和家族赢得了良好的声誉。正是在这些先贤名士事迹的熏陶和感染下,明清时期的鲁南望族成员积极投身于基层社会的建设之中。

明清时期鲁南望族不惜耗费巨大的人力、物力和财力资源,积极参与地方各项事务,建设基层社会,服务乡里民众有着深刻的原因。主观上,望族成员较高的人文素养、勇于担当的责任意识,使其自觉地以家国天下为己任,为实现自己的理想夙愿,不辞辛劳。客观上,望族成员参与基层社会的建设受到了家规宗训的劝导、政策律令的支持以及历史传统的影响,而且积极参与基层社会的建设能够为望族成员带来诸多现实利益,诸如旌表家门、减轻赋税、青史留名、光宗耀祖等,甚至还可以免遭祸患。总之,在诸多因素共同作用之下,

---

① 光绪《峄县志》卷首《重修峄县志序》,清光绪三十年刻本。
② 光绪《峄县志》卷六《风俗》,清光绪三十年刻本。
③ 光绪《峄县志》卷二一《乡贤列传上·乡贤》,清光绪三十年刻本。

鲁南望族成员积极投身于基层社会的建设之中，为进一步改善民众生活、促进社会发展作出了应有的贡献。

### 三、明清鲁南望族与其他地区望族之比较

明清时期各地的世家大族，具有大多数望族的共性，如农耕起家、孝悌持家、诗书传家等等，但鲁南望族处在鲁南地区特定的自然与社会环境下，又有着自己的特性。

（一）与山东其他望族的对比

与山东省内其他望族相比，明清时期鲁南望族的最大特性就是文武兼修，这一特性是在明清时期鲁南地区特定的社会环境下形成的。明清时期的鲁南社会，战乱频仍，尤其是在明清鼎革和清末之时。长期的战乱使得修武习兵之俗在基层社会盛行，鲁南望族群体更是概莫能外，而且是有过之而无不及。这是因为每逢战乱，家资充盈的望族都会成为匪兵觊觎的对象，为了护家保族，望族子弟习文修武就是再自然不过的事情了。诸如古滕满氏的满德坤、满秀卿、满作宾、满朝桂、满殿甲；南常褚氏的褚显忠、褚光钊、褚成京；牛山孙氏的孙献珍、孙靖远、孙世佐；峄阳贾氏的贾浩、贾文辉；峄阳王氏的王守德、王迈卿等等，都是习文修武的代表，其中尤以古滕满氏为最。

正是由于鲁南望族子弟文武兼修，整个家族可以在和平时期兴文教、施德化，在战乱之际护家保族，保证家族的安全。这些文教武功使家族得以家声不坠，维系了整个家族的持续发展。

（二）与南方望族的对比

与南方望族相比，鲁南望族的与众不同主要体现在家族处理纠纷的方式上以及家族转型的过程中。在处理纠纷的方式上，深受儒家思想影响的鲁南望族，崇礼尊义，"戒健讼"，凡事以和为贵，努力通过各种方式化解纠纷。而南方地区就有所不同，明清时期南方宗族为解决纠纷往往求诸诉讼乃至使用宗族械斗之法。"以漳州讲，械斗最早发生在明初永乐年间，就全国讲，械斗盛行清代，延续到民国时期，以至本世纪下半叶的个别地方。械斗多发区福建、广东，长江流域的其他省区也时有发生，如道光二年（1822年）江西、湖南、浙江、广西都出现械斗致死的命案，而广东潮州尤多，竟达37起。① 与张集馨同时的黄爵滋在《饬查械斗情形及会首铳楼各款疏》中说，晋江石狮许氏、蔡氏，磁灶吴氏，前浦苏氏，惠安张坑张姓等宗族，'无日不斗，无斗不毙

① 《清宣宗实录》卷三二,道光二年润三月壬午条。

命'。如 1834 年、1838 年许姓与边湖乡吴姓先后械斗，1839 年这个吴姓又同蔡氏械斗，同年及次年，苏氏与磁灶吴氏械斗。"① 由此可见，鲁南地区的望族对待纠纷的解决办法相对文明，他们认为流血冲突只会导致更多的损失和伤害，以和为贵、多方调停的纠纷解决之道也是社会稳定运行的重要条件。

在家族转型的过程中，大多数鲁南望族没有跟上时代大发展的趋势，这或许与个别望族成员的保守思想不无关系，但更多的还应是北方封闭顽固的社会氛围。在明清商品经济大发展的时期，鲁南望族坚守着耕读继世的传统，孝悌持家、诗书传世，固守着"士为四民之首"的陈旧观念，依然是"学而优则仕"，寒窗苦读，积极入仕，并没有将商人、商业放在眼里。而同一时期的南方早已冲破了传统重农抑商思想的限制，积极投身于商业发展之中，使得"昔日逐末之人尚少，今去农而改业为工商者，三倍于前矣"②。甚至在明代就出现了"滇南车马纵贯辽阳，岭徼宦商衡游蓟北"③ 的现象。现今商业气息浓厚的广东地区，在清代已是商贾辐辏了。清人屈大均记载，岭南地区"民之贾十三，而官之贾十七。官之贾本多而废居易，以其奇策。绝流而渔，其利尝获数倍。民之贾难极其勤苦，而不能与争。于是民之贾日穷，而官之贾日富。官之贾日富，而官之贾日多。遍于山海之间，或坐或行，近而广之十郡，远而东西二洋，无不有也。民贾于官，官复贾于民，官与贾固无别也，贾与官亦复无别。无官不贾，且又无贾而不官"④。于是面对工商业的快速发展，明代余继登甚至发出"恐数岁之后，民皆弃本趋末，为患非细"⑤ 的感慨。

冲破"士农工商"等级身份束缚的南方望族，将发展家族经济的视野扩展至商业领域，积极从事商业活动。如，"凤湖汪氏，世以诗礼承家，文人高士，抱节明经，代不乏人。有以计然致富者，有以盐策起家者，连檐比屋，皆称素封。……诚望族也"⑥。又如，"新安汪氏，设益美字号于吴阊，巧为居奇。密嘱衣工，有以本号机头缴者，给银二分。缝人贪得小利，遂群誉布美，用者竞市。计一年消布约以百万匹，论匹赢利百文，如派机头多二万两，而增息二十万贯矣。十年富甲诸商，而布更遍行天下。嗣汪以宦游辍业，属其戚程，程后复归于汪。二百年间，滇南漠北，无地不以益美为美也"⑦。随着经

① 冯尔康：《中国古代的宗族与祠堂》，商务印书馆国际有限公司 1996 年版，第 160 页。
② ［明］何良俊：《四友斋丛说》卷一三《史九》，中华书局 1997 年版，第 112 页。
③ ［明］宋应星：《天工开物·自序》，岳麓书社 2002 年版，第 1 页。
④ ［清］屈大均：《广东新语》卷九《事语·贪吏》，中华书局 1997 年版，第 304—305 页。
⑤ ［明］余继登：《皇明典故纪闻》卷一三，中华书局 1981 年版，第 233 页。
⑥ 谢国桢：《明代社会经济史料选编》中册，福建人民出版社 1980 年版，第 96—97 页。
⑦ 谢国桢：《明代社会经济史料选编》中册，福建人民出版社 1980 年版，第 97—98 页。

济实力的增强、视野的开阔，本已"富埒王侯"的他们也不再将积极入仕当作家族发展的唯一目标。所以，他们在后世子孙的教育培养上也更注重多样化，不再局限于教授单一的儒家经典，甚至还引入了西方先进的科学文化知识。而与之形成鲜明对比的鲁南望族，仍在固执坚守着耕读继世的传统，苦心经营自己的"百亩之田"，耻于发展末业，没有跟上社会发展的大趋势，进入近代后，家族逐渐衰落沉寂。

# 小　结

望族是明清时期鲁南社会的一支显赫力量，是明清封建王朝统治的社会基础，是基层稳定的重要维护者、地方经济生产的主要组织者，也是传统文化和地域文化的传承者。从明清时期鲁南望族与基层社会的互动中，不难看出，望族的势力已经渗透到了基层社会的方方面面，包括政治、经济、文化以及公共事务等。而明清时期鲁南地区的自然与人文环境也塑造了鲁南望族特殊的性格品质，并且这些性格品质已深浸到望族的精髓之中。

一方面，望族在明清鲁南的基层社会中具有政治上的强大掌控力。宦业表表的鲁南望族凭借强大的实力成为朝廷在地方稳固统治的依靠，深谙官场规则的望族子弟通过"乡饮酒礼""申明亭"等制度，积极参与地方政务建设，监督地方官员施政，襄助对民众的教化；望族往往占有大量土地，通过积极参与地方的赋役征缴、水利工程建设、设铺开店等活动掌握着地方经济的话语权；望族对鲁南基层社会的文化具有强大的渗透力，诗书传家的望族子弟通过编志修史、著书立说、修谱立祠等活动，引领地方文化的发展。明清时期鲁南望族积极参与基层社会建设的过程，也是其不断扩大本家族实力和影响力的过程，这使得鲁南望族在鲁南地区的地位愈加巩固，甚至连地方官员也不敢轻易撼动。

另一方面，明清时期的鲁南望族作为地主阶级，其剥削和压迫人民的本质是无法改变的，其发展经济、敦亲睦族的首要目的是促进本家族自身的发展，根本目的在于维护封建专制统治秩序。在其发展地主经济时，伴随着的是对农民的盘剥；在其掌控地方文化的过程中，伴随着的是对基层民众思想的控制。这种思想意识与统治者高度一致的特征，利于国家大一统的稳定，但限制了家族的发展路径，使之随时代更替而出现大波折，亦使望族在社会发展的新趋势面前缺少尝试的勇气，由此也导致了明清之后鲁南望族的逐渐没落。

# 第四章
# 明清鲁中仕宦望族与基层社会

## 第一节
## 鲁中地区的地理环境和人文风貌

天人关系，是中国古代哲学的重要命题。人类生活在自然社会中，与周围的环境有着密不可分的联系，而人们对于天的认识，随着社会生产力的发展，也经历了商周"天命论""人定胜天""天人合一"等相关理论的变化。正所谓"一方水土养一方人"，鲁中地区这种多山地丘陵的地形加上河渠众多的水文条件，孕育着这片土地上的人们，使之人才辈出，使这一地域在中华民族发展史上占有重要地位。

### 一、地理环境

明清时期鲁中地区大致位于济南府、泰安府、青州府范围之内，主要包括历城、章丘、肥城、新泰、泰安、莱芜、淄川、邹平、新城、长山、临淄、益都、博山、临朐、蒙阴、沂水、平阴、东平、宁阳等 19 州县。鲁中乃至整个山东地区由于其独特的地理位置，在全国政治中的地位也日益重要。

鲁中地区位于山东中部，山脉众多，且山地丘陵占较大比重。河湖纵横分布，自古就有多条重要河流流经此地。这种独特的地形水文条件，使得当地的百姓多在一些地势低平的地方从事农业生产，加上季风性气候为当地带来了丰沛的降水，保证了农业生产的顺利进行。

（一）多山地貌

鲁中地区地貌以山地丘陵为主，多山成为这里的典型特征。"全省海拔高度逾千米的中山有 6 处，即泰山、鲁山、沂山、蒙山、徂徕山及崂山主峰与其周围的山地。"① 除崂山位于鲁东地区外，其余五座均位于鲁中地区。低山多分布于中山的北侧，而沂山、鲁山与蒙阴谷地交界地带为鲁中地区范围大而完整的低山区。丘陵多形成于中低山山区的周围外延部分，并且由于长期的侵蚀、剥蚀，山势较为缓和，被众多的河间谷地分割，没有明显的脉络走向。②

在地方志中有众多关于当地山川的记载，并有一些对当地山川源流的考证，如"济南山脉其说有二：一说自西而东则以泰山为主，一说自东而西则以长白为主岳"③。

邹平县山脉纵横，有"傍邹皆山也"④ 之称；长山县更是因境内长白山而得名。有的山呈多县分布，如长白山跨四县，西南为章丘，东南为淄川，西北为邹平，东北为陵县。⑤ 古人为了修身养性或者求仙得道，也往往长期定居于一些深山之中，东岳泰山自不用多言，其他山如范仲淹曾在长白山醴泉寺读书求学，今有范公泉遗迹；新城县吴公山传说有仙人吴公在此修道；益都云门山，有唐朝天宝年间的北海太守赵居贞登临为唐元宗祈寿，赋诗刻石于此；等等。

（二）河湖密布

鲁中地区多山地丘陵，使得这一地区河流众多。总体上讲，"山东诸河分属于黄河、淮河、海河、小清河及山东半岛水系"⑥，而鲁中地区主要属于黄河、小清河水系，比较大的河流有大汶河、大清河、小清河、孝妇河等。

明清时期鲁中地区的河流还有黄河、运河、泗河（古称泗水）、玉符河、济水、淶水、淄水、会通河等。山东自古也有很多湖泊，在清末编纂的《山东通志》中载有56处，而鲁中地区的湖泊主要集中于山地丘陵的外围平原上。由于盲目开荒导致森林植被的破坏，今天的很多湖泊都已消失，鲁中现存主要有大明湖、东平湖、白云湖、麻大湖、锦秋湖等。

---

① 山东省地方史志编纂委员会编：《山东省志·自然地理志》，山东人民出版社1996年版，第49页。此书将山东陆地地貌基本类型划分为中山（绝对高度1000米以上）、低山（绝对高度500至1000米之间）、丘陵（200至500米之间）、平原（200米以下，具体又分为局部冲积平原与冲积扇平原、山间冲积平原与剥蚀平原）等四个等级。
② 山东省地方史志编纂委员会编：《山东省志·自然地理志》，山东人民出版社1996年版，第55—65页。
③ 道光《济南府志》卷五《山水一》，清道光二十年刻本。
④ 道光《济南府志》卷五《山水一》，清道光二十年刻本。
⑤ 道光《济南府志》卷五《山水一》，清道光二十年刻本。
⑥ 山东省地方史志编纂委员会编：《山东省志·自然地理志》，山东人民出版社1996年版，第179页。

### （三）自然灾害

鲁中地区属于暖温带大陆性季风气候，四季分明，气候温和，降水适宜。由于多山地丘陵，冬春易发生低温、寒潮、霜冻、雪灾等灾害；降水季节差异性大，易造成旱涝灾害；此外，蝗灾、地震等灾害也时有发生。徐光启在其著作《农政全书》中说道："凶饥之因有三，曰水，曰旱，曰蝗，地有高卑，雨泽有偏被，水旱为灾，尚多幸免之处。惟旱而蝗，数千里间草木皆尽，其害犹惨，过于水旱也。"① 元后期至清末寒冷期，"从史料记载的情况来看，整个中国东部最显著特征是寒冷事件大大增加"②。整个鲁中地区气候呈现寒冷化，气温差较大，更易导致自然灾害的发生。

徐道一先生在研究中国历史上的自然灾害时，认为中国历史上有四大灾害群发期，即夏禹灾害群发期、商周灾害群发期、明末清初灾害群发期和清末灾害群发期。③ 结合《济南府志》《青州府志》《泰安府志》等记载的自然灾害情况，可以看到明末清初和清末是鲁中地区自然灾害的多发期，这也印证了灾害对于王朝兴衰、更替的影响。灾害造成的危害是巨大的，如道光《章丘县志》收录了袁声所写《大饥》一诗，描述崇祯十四年（1641）章丘地区连年受灾、饥馑相望的惨状：

## 大　饥④

为问彼苍何太酷，忍教两载断三餔。

怀中爱子抛荒草，海上饥魂附野乌。

数口妻孥一日散，万家老幼望天呼。

思儿痛母千般事，不尽流民郑侠图。

在面对自然灾害时，明清时期中央政府一般会采取一系列荒政应对灾害。《大清会典》中记载："凡荒政十有二，一曰备祲，二曰除孽，三曰救荒，四曰发赈，五曰减粜，六曰出贷，七曰蠲赋，八曰缓征，九曰通商，十曰劝输，十有一曰兴工筑，十有二曰收流亡。"⑤ 具体有放粮救灾、蠲免租赋、兴修水利、安置流民等，其中以蠲免租赋和放粮救灾为主。来自底层的明太祖深知灾

---

① ［明］徐光启：《农政全书》卷四四，中华书局 1956 年版，第 916 页。

② 邹逸麟主编：《黄淮海平原历史地理》，安徽教育出版社 1997 年版，第 39 页。

③ 徐道一：《严重自然灾害群发期与社会发展》，载马宗晋等编《灾害与社会》，地震出版社 1990 年版，第 295—297 页。

④ 道光《章丘县志》卷一三《艺文志》，《中国地方志集成·山东府县志辑》第 68 册，第 372 页上。

⑤ ［清］托津等：《钦定大清会典》（嘉庆朝）卷一二，台北文海出版社 1992 年版，第 638—643 页。

害对于百姓的危害，始建国即下诏："令水旱去处，不拘时限，从实踏勘实灾，税粮即与蠲免。"弘治三年（1490），又明确规定蠲免租赋的数额："全灾者免七分，灾九者免六分，八分者免五分，七分者免四分，六分者免三分，五分者免二分，四分者免一分。"① 对于消极应害、隐匿灾害不报的官员，政府也严惩不贷，如明洪武二十二年（1389）四月，"遣御史按山东官匿灾不奏者"②。地方上一般会号召包括仕宦望族在内的广大士绅协助救灾，"如各省乐善之家，有能存恤周济者，该地方官酌量轻重，赏给花红旗匾。最优者，详请题达，给以顶带，以示鼓励"③。而仕宦望族的举动使得他们与地方社会发生密切联系，提高了自身的社会威望。

## 二、社会文化环境

山东乃"齐鲁文明礼仪之邦"，文化昌盛，历来人才辈出。大致位于山东中部的鲁中地区，更是因其独特的地理位置，凝聚了齐鲁文化的精华。作为"山左首郡"的济南，"名宦人物焜耀区宇，其德业、勋名、文章、著述，不可偻指，数为东道名邦久矣"④。青州为古九州之一，"青之人才，于周为盛尚矣。汉典以来，儒林辈出"⑤。泰安地区"名山大川之气盘积磅礴，必钟为人杰"⑥，人们以泰山、汶水为根受到滋养，更是英贤不绝。

### （一）明清之前的古圣先贤

三皇五帝时期，舜曾耕于历山，身体力行，用德教化人民。西周初年，山东地区分封有齐、鲁两国，两国毗邻，以泰山为界，"泰山之阳则鲁，其阴则齐"⑦，经过几千年发展形成了山东地区独特的齐鲁文化。而泰山及其周围地区亦是我国早期文明的发源地。泰山，即"大山"，泰山作为山东地区最高的山，被古人认为是与天最接近的地方。在早期天神崇拜和祖先崇拜等思想的影响下，历代统治者多在泰山举行封禅大典向天地告知自己的丰功伟绩，平民百姓多来此烧香祈福。⑧ 孔子长期生活于曲阜，曾登临泰山，有"登泰山而小天下"的感叹，其门徒更是遍布齐鲁。孔门七十二贤之一的闵子，以其德行、

① ［明］王圻:《续文献通考》卷四二,浙江古籍出版社2000年版。
② 《明史》卷三,第46页。
③ 《清世宗实录》卷一〇八,雍正九年七月乙酉,中华书局1985年影印版。
④ 道光《济南府志·重修济南府序》,清道光二十年刻本。
⑤ 咸丰《青州府志》卷三八《人物传一》,清咸丰九年刻本。
⑥ 乾隆《泰安府志》卷之一六《人物一》,清乾隆二十五年刻本。
⑦ 《史记》卷一二九《货殖列传》,第3265页。
⑧ 王克奇:《山东政治史》,山东人民出版社2011年版,第2—3页。

孝行著称于世，与颜渊、曾参齐名，被奉为"笃圣"。他"不仕大夫，不食汙君之禄，夫子尝以君子称之"①。死后葬在华不住山下。淄川地区有孔子弟子先贤公皙子之墓，公皙子生前鄙视天下多到士大夫家当官，不肯屈尊折节。新城地区有孟子弟子先贤万子之墓，生前推崇仁政，帮助孟子完成《孟子》七篇。战国时期，中国社会出现了百家争鸣的现象。齐国为了招揽人才、壮大自身力量，在都城的临淄设立稷下学宫，吸引了大批学者前来讲学，使得当时的齐国一时成为中国的思想文化中心。"百家争鸣中不少顶尖的学者，如孟子、荀子、宋钘、尹文、淳于髡、彭蒙、慎到、田季真、接予、环渊、邹衍、兒说、田巴等，都曾为稷下学派的繁荣作出了创造性的贡献。"②《章丘先贤志》以阴阳家创始人邹衍为首，他创造了"五德终始说"诠释王朝的更替，"大小九州"的观念更是丰富了人们关于世界的认识。鲁仲连是战国时期齐国人，《通志》记载鲁仲连故里在新城县东北锦秋湖旁③，他擅长辩论与谋略，曾客游赵国，帮助赵国摆脱秦国的围攻。他虽有功但不做官任职，保持高风亮节。

秦朝实行焚书坑儒，天下书籍多数被毁。伏生，先秦博士，邹平人。汉文帝时，求天下能治《尚书》者，伏生以九十岁高龄教授之，使得山东大师无不涉《尚书》以教，避免了中华文化的消亡。济南人终军，是西汉著名的政治家、外交家，曾先后出使匈奴、南越。南越与汉和亲，终军被派往南越说服其归附，终军受命，"必羁南越王而致之阙下"④。但被南越丞相吕嘉杀害，世称"终童"。魏晋南北朝时期，北方少数民族大量南迁，政权更替频繁，这一时期在文化传承上主要依靠世家大族，他们对于保存民族文化、维护政治统一发挥了巨大作用。"盖自汉代学校制度废除，博士传授之风气止息以后，学术中心移于家族，而家族复限于地域，故魏晋南北朝之学术、宗教，皆与家族、地域不可分。"⑤鲁中地区主要有清河崔氏、泰山羊氏等家族，他们在这时期经学的发展中起到重要作用。清河崔氏经历魏晋南北朝的社会变动，家族成员纷纷从故土东武城迁徙到全国各地，按《新唐书·宰相世系表二下》的记载："崔氏定著十房，一曰郑州，二曰鄢陵，三曰南祖，四曰清河大房，五曰清河小房，六曰清河青州房，七曰博陵安平

---

① 道光《济南府志》卷四五《人物一》，清道光二十年刻本。
② 孟祥才：《山东思想文化史》前言，山东人民出版社 2011 年版，第 3 页。
③ 道光《济南府志》卷四五《人物一》，清道光二十年刻本。
④ ［汉］班固：《汉书》卷六四下《终军传》，中华书局 1962 年版，第 2821 页。
⑤ 陈寅恪：《隋唐制度渊源略论稿》，生活·读书·新知三联书店 2001 年版，第 20 页。

房，八曰博陵大房，九曰博陵第二房，十曰博陵第三房。"① 崔氏代有以诗文传世的名家，第六支清河青州房就位于鲁中地区。泰山羊氏位于新泰境内，有新泰羊流镇一带陆续出土的羊氏墓志碑刻等为证。② 羊氏先后出现了羊祜、羊欣等文学家、书法家，羊徽、羊璿之等诗人，他们开创了泰山羊氏文学的辉煌。当然，这几大家族在隋唐时期仍保持着旺盛的活力，优秀人才辈出，为山东文学的兴盛作出了巨大贡献。

隋唐时期，科举考试制度使得一大批庶族地主兴起，山东在这时候的文化也达到了新的高度。房玄龄是唐初著名的政治家和思想家，他参与策划"玄武门之变"，协助李世民登上皇位。他当上宰相后，一味让贤、不言功，有条不紊地促进唐初政治的建设，与杜如晦有"房谋杜断"之称，促进了"贞观之治"的形成。五代时，长山景范、邹平田敏在政治和经学上都有较深的造诣。

北宋时泰山书院形成了一个学术团体，即"泰山学派"，吸引了一大批儒学名士如石介、胡瑗、孙复等前来讲学。作为一个学术团体，他们在学术上不盲从儒家经典，不迷信圣人权威，大胆阐发自己独特的见解。后积极参与政治，抨击时政，积极支持范仲淹等主持的"庆历新政"，他们为宋代理学的形成贡献了重要的作用。③ 范仲淹祖籍江苏，因幼年丧父，跟随母亲改嫁到孝妇河畔长山朱氏，从此与山东结缘。长山朱氏家族也因范仲淹而门第增辉，成为长山乃至鲁中地区的名门望族。朱范两姓保持千年亲情，至今孝妇河畔仍有"范公故里"之名。④ 除了宋代理学，这一时期在文学上词创作达到了新的高峰。李清照（山东章丘人）属于"婉约派"，她的词描写细腻、刻画鲜明，作品大多催人泪下，使人生出无限愁思。辛弃疾（山东历城人）的词属于"豪放派"，被称为"词中之龙"，音韵铿锵有力，加上其爱国情怀，更耐人寻味。其传世词作 620 余首，在整个中国文学史上也属罕见。

由于辽、金等的南侵，大批汉族知识分子南迁。金元二十多年的战争，使得北方社会遭到空前浩劫，不仅人民生活悲惨，而且大部分学校被毁，北方社会的文化受到严重的摧残。在这场民族浩劫中，归附蒙古的汉族世侯严实、严

---

① ［宋］欧阳修等：《新唐书》卷七二下《宰相世系表二下》，中华书局 1975 年版，第 2817 页。

② 史书、地志及各名家注释都认为羊氏籍贯为泰山南城。关于南城，人们多认为是南城县故地，即今费县西南、平邑东南一带，但今天出土发现纠正了这一错误。转引自李伯齐、王勇、徐文军《山东文学史》，山东人民出版社 2011 年版，第 113 页。

③ 孟祥才：《山东思想文化史》，山东人民出版社 2011 年版，第 305—317 页。

④ 《范公故里朱文瀚家族》，载卢兴国主编《邹平名门望族》，山东友谊出版社 2013 年版，第 40—41 页。

忠济父子，使得山东东平成为唯一保存了文化和学校的圣土。严实父子为了稳定自己辖区内的统治，大批招贤纳士，兴办学校，吸引了宋子贞、元好问、衍圣公孔元措等前来，形成了名噪一时的"东平府学"。①

明清之前鲁中地区的古圣先贤中既有权谋善变的政治家，也有学富五车、名噪一时的思想家、文学家。鲁中地区人民在先贤的影响及受世家大族的优良家风的熏陶下，不断发愤图强，终成众多可造之才。所有这些，为明清时期仕宦望族的产生与壮大提供了深厚的文化积淀。

（二）明清之际的文化氛围

明清统治者为了维护王朝统治，特别重视文化事业。朱元璋建立明朝后，明确"治国以教化为先，教化以学校为本"②的文教政策，在中央设立太学，全国设立府、州、县学，加强国家对人才的培养。同时尊孔崇儒，设置了衍圣公官署，将孔、孟、颜三氏之学提升为官学。清代统治者不仅礼遇孔子后人，而且也冠以孔子本人"大成至圣文宣先师"等名号，乾隆时更亲自到曲阜朝拜达九次。

统治者主要是通过科举考试选拔人才。而在明清时期，只有在府、州、县学学习的生员才有资格参加科举考试，因而史料中也不乏众多重修、增建山东官学的记载，如青州府学在明代重修8次，在清代截止到道光二十一年（1841）也重修有8次之多。③除官学之外，全国还有众多的社学、义学、私塾，从而促进了基层社会民众的启蒙教育。山东乃孔孟之乡，历来有尊师重教的传统，鲁中地区又位于山东文化的中心，亦甚于此。以济南府为例，"自秦汉以来，师儒林立，从祀孔子之庙、列乡贤者不可终仆数，其于诗书六艺之文，盖彬彬矣"④。众多读书人刻苦耕读，四处求学，终成栋梁之材。历城地区，"士乐读书，即农夫胥役亦知延师教子，学馆如云，名里相望"⑤，可见历城地区读书之风盛行。邹平地区，无论士农皆务耕织，"学者耻自炫，心有所得，著之篇章，往往消鼠蠹不传云"⑥。淄川地区，"崇尚经术，数历名节"⑦。新城地区，"诗书世泽，学士尤能守其矩矱"⑧。科举制度下，"金榜题名"乃

① 孟祥才：《山东思想文化史》，山东人民出版社2011年版，第329—342页。
② 《明史》卷六九，第1686页。
③ 李伟、魏永生：《山东教育史》，山东人民出版社2011年版，第211—213页。
④ 道光《济南府志》卷一七《学校》，清道光二十年刻本。
⑤ 道光《济南府志》卷一三《风俗》，清道光二十年刻本。
⑥ 道光《济南府志》卷一三《风俗》，清道光二十年刻本。
⑦ 道光《济南府志》卷一三《风俗》，清道光二十年刻本。
⑧ 道光《济南府志》卷一三《风俗》，清道光二十年刻本。

人生的四乐之一，读书求取功名成为无数读书人的梦想。章丘地区，"士多英才，科第相望"①。长山地区，"士务功名，习尚敦厚"②。鲁中地区普遍重视儒业，是望族兴起的重要文化背景。同时在中国传统的宗法制度的影响下，家族一般聚族而居，而能够培养更多的科举人才似乎成了大多数家族的共同理想。家族成员中科举后，在中央或地方担任要职，为家族带来众多福利，进而壮大了家族自身，百年后，终成地方性乃至全国性的仕宦望族。明清两代，鲁中地区出现了众多的仕宦望族，如历城朱宏祚家族、章丘焦馨家族、新城王士祯家族、淄川毕自严家族、临朐冯琦家族等，这些家族无一不是因重视儒业起家，并因之成为鲁中地区家族的典范。

明清时期科举人才辈出。据相关研究，明代全国共录取进士 24687 人，山东进士占 1825 人；清代全国共录取进士 26758 人，山东进士 2260 人。鲁中地区所在州县进士录取情况见表 4-1。

**表 4-1　明清时期鲁中地区各县进士数量分布表③**　　单位：人

| 府 | 县 | 数量 | | 合计 |
| --- | --- | --- | --- | --- |
| | | 明代 | 清代 | |
| 济南府 | 历城 | 69 | 94 | 163 |
| | 章丘 | 36 | 62 | 98 |
| | 新城 | 31 | 36 | 67 |
| | 肥城 | 9 | 8 | 17 |
| | 新泰 | 2 | 1 | 3 |
| | 泰安州 | 14 | 12 | 26 |
| | 莱芜 | 11 | 18 | 29 |
| | 淄川 | 30 | 42 | 72 |
| | 长山 | 11 | 38 | 49 |
| | 邹平 | 10 | 26 | 36 |

---

① 道光《济南府志》卷一三《风俗》，清道光二十年刻本。

② 道光《济南府志》卷一三《风俗》，清道光二十年刻本。

③ 资料来源于张增祥：《明清时期山东进士的时空分布研究》，南京师范大学 2008 年硕士学位论文，第 4—6 页。

续表

| 府 | 县 | 数量 | | 合计 |
| --- | --- | --- | --- | --- |
| | | 明代 | 清代 | |
| 兖州府 | 平阴 | 10 | 14 | 24 |
| | 东平州 | 36 | 15 | 51 |
| | 宁阳 | 10 | 12 | 22 |
| 青州府 | 临淄 | 5 | 17 | 22 |
| | 益都 | 77 | 37 | 114 |
| | 临朐 | 21 | 10 | 31 |
| | 蒙阴 | 19 | 4 | 23 |
| | 沂水 | 14 | 14 | 28 |
| | 博山 | | 9 | 9 |
| 合计 | | 415 | 469 | 884 |

　　总体来看，明清两代鲁中地区进士数量占全省比重变化不大。山东省 107 个州县共有进士 4085 人，鲁中地区 19 个州县有 884 人，占全省的 21.64%；明代 1825 人，鲁中地区有 415 人，占全省的 22.74%；清代 2260 人，鲁中地区有 469 人，占全省的 20.75%。具体来说，鲁中地区进士最多的州县为历城、章丘、新城、淄川、长山、邹平、东平、益都等地，这也与明清时期山东的两个人才密集区（一是鲁西大运河沿岸地区，二是鲁中、东经济发达区①）相一致。明清时期山东的两个人才密集区的形成，与其发达的商品经济、便利的水路交通、优良的文化氛围密不可分，而鲁中地区主要的仕宦望族大都分布于此。

　　一个地方的地貌、水文、自然环境状况、文化传统等，制约着历史的发展，对人类社会影响深远。鲁中地区大致位于山东中部，山脉众多，河湖密布。独特的山水气候孕育着这片土地上的人们，使其具备了从事农耕的优越条件。该地深受孔孟文化影响，文化昌盛，历来人才辈出。一些大家族的先辈均以耕读传家，既创文脉又不忘家族资产的积累，终随着家族主要人物的出现达到鼎盛，对国家和地方社会产生深远影响。

---

　　① 王耀生：《明清时期山东进士地域分布特点及与经济、区位、民风的关系》，《中国地方志》2005 年第 9 期。

# 第二节
# 明清鲁中的仕宦望族

在宗法社会下，家族聚族而居，科举人才的出现则进一步壮大了家族力量及其影响力。经过长期发展，"家族三代以上在科举上有多人考中进士举人者，家族中有多人担任五品以上中高级官员者，并且家族兴盛年代超过一百年以上者"[①] 多为仕宦望族。这些仕宦望族势力有大有小，可能是某一地域也可能至全国；其影响的持久性也各不相同，有的只繁盛于某一朝代，有的则跨越多个朝代。望族成员跻身政坛，通过造福百姓捞取政治资本，主要人物的出现亦能将整个家族推向高峰。同时，我们也可以看到，仕宦望族之间的相互通婚，有助于形成互助互利的姻亲联盟，这对于仕宦家族社会地位的提升、科名的取得、地方家族的融合与稳定均大有益处。[②] 此外，这些家族成员也属于文人士大夫阶层，他们在闲暇时间从事一些文学创作，与其他家族成员交游，不仅扩大了在文坛的影响力，也加深了家族的文化积淀，影响子孙后代。家族成员及姻亲联盟之间的互助，一定程度上有利于帮助仕宦家族渡过难关，有时甚至起到决定性作用。

## 一、繁盛于明的仕宦望族

### （一）邹平张延登家族

原邹平县有两大张氏望族，张延登家族因居住于邹平城里而被称为"西张氏"。张氏先人张明秀由河北枣强迁到邹平，累世农桑、诗书传家，在第五世张桂、张松兄弟时开始为官，在第七世张一元及其嗣子张延登时家族达到高峰。邹平城里的"父子褒封"牌坊、民间谚语"只知南京有都堂，不知北京有皇上"显示了西张氏家族的显赫。张氏家族成员主要活跃于明朝嘉靖至崇祯年间，清朝虽也有中举当官者，但已没落。明清两代，张氏家族共出现进士4人、举人11人，主要的出仕为官者见表4-2。

---

①  朱亚非等：《明清山东仕宦家族与家族文化》，山东人民出版社 2009 年版，第 12 页。

②  Hillary J. Beattie, *Land and Lineage in China： a study of T'ung-Ch'eng County, Anhuei, in the Ming and Ch'ing Dynasties*, Cambridge：Cambridge University Press, 1973, p. 126.

表 4-2　邹平张延登家族仕宦表①

| 主要人物 | 功名情况 | 曾任官职 | 著述 | 主要活动时期 | 资料来源 |
|---|---|---|---|---|---|
| 张桂 | 贡生 | 清河县学训导 | | 嘉靖 | 道光《济南府志》卷五〇《人物六》 |
| 张松 | 贡生 | 祁县知县 | 《瀛南子》《祁大夫祠记》，并创修《邹平县志》 | 嘉靖 | 道光《济南府志》卷五〇《人物六》 |
| 张一元 | 进士 | 山西阳曲县知县、考功司主事、文选司员外郎、考功郎、户部郎中、光禄寺正卿、都察院金都御史、河南巡抚 | | 隆庆 | 道光《济南府志》卷五〇《人物六》 |
| 张延登 | 进士 | 内黄县令、上蔡县令、礼部主事、兵科给事中、吏科给事中、太仆少卿、太仆正卿、都察院右都御史、工部尚书、都察院左都御史等 | 《巡视事宜》《晏海编》《东园小骚》《孝勇传》《四烈传》《三物说》《修城记》及众多奏疏 | 万历、泰昌、天启、崇祯 | 道光《济南府志》卷五〇《人物六》 |
| 张万钟 | 贡生 | 镇江府江防同知兼推官 | 《鸽经》 | 崇祯、南明弘光 | 道光《济南府志》卷五〇《人物六》 |
| 张万选 | 贡生 | 太平府推官、刑部员外郎 | | 崇祯、顺治 | 道光《济南府志》卷五四《人物十》 |
| 张同居 | 荫官 | 南京户部主事、广州廉州府知府 | 《澄海集》《座右格言》 | 崇祯 | 道光《济南府志》卷五〇《人物六》 |
| 张万绥 | 进士 | 授博野县知县，未任而卒 | | 顺治 | 道光《济南府志》卷五四《人物十》 |
| 张尔奎 | 进士 | 广宁县知县 | 《柯古堂诗文集》四卷、《粤行日记》 | 顺治 | 道光《济南府志》卷五四《人物十》 |

---

① 其他参考资料:民国《邹平县志》卷一五《人物志上》,民国二十年重印本;《梁邹西张氏族谱》,山东省图书馆藏;《明清邹平城里张氏家族》,载卢兴国主编《邹平名门望族》,山东友谊出版社2013 年版。

（二）长山徐以贞家族

西街徐氏家族是明朝长山地区崛起最早的几个仕宦望族之一，当时有"无徐不衙门"之誉。西街徐氏于明初由江苏昆山搬迁而来，属于唐朝名门之后①。始迁祖徐伯谅秉承耕读传家的优良传统，在其孙徐麟时家族开始跻身仕宦之途，在第五世徐以贞时家族达到鼎盛。徐氏家族成员主要活跃于明朝宣德至崇祯年间，虽在明清两代仅有进士1人、举人2人，但以贡生身份入仕者前赴后继，主要的出仕为官者见表4-3。

**表4-3　长山徐以贞家族仕宦表**

| 主要人物 | 功名情况 | 曾任官职 | 著述 | 主要活动时期 | 资料来源 |
|---|---|---|---|---|---|
| 徐麟 | 岁贡 | 顺义县知县、顺德府通判 | | 宣德、天顺 | 嘉庆《长山县志》卷六《岁贡》 |
| 徐谊 | 岁贡 | 倚氏县知县、灵州知州、大同府知府 | | 成化 | 道光《济南府志》卷五〇《人物六》 |
| 徐国贞 | 贡监 | 孟县县丞、霍印县县丞 | | | 嘉庆《长山县志》卷六《贡监》 |
| 徐守贞 | 贡监 | 代府主簿、延绥卫千户 | | | 同上 |
| 徐大贞 | 岁贡 | 灵州知州、武德将军 | | | 《长山西街徐氏家族》，载卢兴国主编《邹平名门望族》 |
| 徐以龙 | 岁贡 | 静宁州训导、武乡县教谕 | | 嘉靖 | 嘉庆《长山县志》卷六《岁贡》 |
| 徐以贞 | 进士 | 宁晋县知县、福建道御史、松溪县知县、霸州知州、工部郎中、河南怀庆府知府、都察院右佥都御史、凤阳同知 | | 弘治、正德 | 道光《济南府志》卷五〇《人物六》 |

---

① 《昆山徐氏谱序》述：唐初有缘县名宦将女儿配给徐州府徐公，生有四子。四子均发部，封母坐府听部事，有"母子五尚书"之称。后代仍有十二人官至宰相，其他大员不计其数。南京有谚语"书香望族称徐氏，天下有名第一家"。转引自：《长山西街徐氏家族》，载卢兴国主编《邹平名门望族》，山东友谊出版社2013年版，第72页。

| 主要人物 | 功名情况 | 曾任官职 | 著述 | 主要活动时期 | 资料来源 |
|---|---|---|---|---|---|
| 徐继志 | 岁贡 | 山西长治县主簿 | | 嘉靖 | 嘉庆《长山县志》卷六《岁贡》 |
| 徐学书 | 岁贡 | 教谕 | | | 《长山西街徐氏家族》，载卢兴国主编《邹平名门望族》 |
| 徐子粹 | 岁贡 | 大同府训导、教授 | | 万历 | 嘉庆《长山县志》卷六《岁贡》 |
| 徐子默 | 岁贡 | 费县训导、凤阳府教授 | | 万历 | 同上 |
| 徐子肃 | 岁贡 | 渠邱县训导、聊城教谕、西安府教授、威海卫教授 | | 万历 | 道光《济南府志》卷五〇《人物六》 |
| 徐子简 | | 天城仓库大使 | | | 《长山西街徐氏家族》，载卢兴国主编《邹平名门望族》 |
| 徐逢原 | 岁贡 | 山西潞南府长治县左堂 | 《乐府诗》 | | 同上 |
| 徐日升 | 举人 | 江南泰州知州、户部员外郎、户部郎中、通州监军道、河南按察司金事 | 《卷石草堂文集》 | 万历、泰昌、天启、崇祯 | 道光《济南府志》卷五〇《人物六》 |
| 徐秸 | 贡监 | 县丞 | | | 《长山西街徐氏家族》，载卢兴国主编《邹平名门望族》 |
| 徐觐廷 | 岁贡 | 候选儒学副堂 | | | 同上 |
| 徐其越 | 武举 | 候选千总 | | 康熙 | 嘉庆《长山县志》卷六《武举人》 |
| 徐朝栋 | 岁贡 | 州右堂 | | | 《长山西街徐氏家族》，载卢兴国主编《邹平名门望族》 |

## 二、跨越明清的仕宦望族

### （一）新城王士禛家族

新城王氏家族是明清时期最为重要的仕宦望族之一，在当时的政治、文化、军事等各方面都有着重大影响。新城王氏是明初为躲避白马军乱由青州诸城搬迁而来，始迁祖王贵力本务农、多行善举，在第三世王麟时走向科宦之路，因在第五、六世时有众多科举为官者而达到鼎盛，形成了庞大的官僚政治集团。明清易代虽给王氏家族以重创，但到清初以王士禛为代表的家族成员的出现则又使得家族中兴。明清两代，新城王氏共出现进士29人，举人38人，贡生、贡监达百人，主要的出仕为官者见表4-4。

**表4-4　新城王士禛家族仕宦表①**

| 主要人物 | 功名情况 | 曾任官职 | 著述 | 主要活动时期 | 资料来源 |
|---|---|---|---|---|---|
| 王麟 | 岁贡 | 永平郡司训、鹿邑县教谕、颍川王府教授 | | 正德 | 道光《济南府志》卷五一《人物七》 |
| 王耿光 | 岁贡 | 马湖府经历 | | 嘉靖 | 道光《济南府志》卷五一《人物七》 |
| 王重光 | 进士 | 工部主事、户部员外郎、云中金事、上谷参议、贵州参议 | 《史论》《五刑加减律议》《太仆家训》 | 嘉靖 | 道光《济南府志》卷五一《人物七》;民国《重修新城县志》卷二四《艺文志一》 |
| 王近光 | | 太医院吏目 | | 嘉靖 | 《新城王氏世谱》 |
| 王之都 | 进士 | 河南沔池县令、宁晋县令、柏乡县令、密云县令、户部主事员外郎、开封府知府、平凉府知府 | 《殚心录》 | 万历 | 道光《济南府志》卷五一《人物七》;民国《重修新城县志》卷二四《艺文志一》 |

---

① 详细探讨新城王氏家族的科研成果有何成:《明清新城王氏家族文化研究》,中华书局2013年版。本表是在此书研究的基础之上,查找相关地方志而作。

| 主要人物 | 功名情况 | 曾任官职 | 著述 | 主要活动时期 | 资料来源 |
|---|---|---|---|---|---|
| 王之垣 | 进士 | 荆州府推官、刑科给事中、礼科右给事中、兵科左给事中、礼科都给事中、太仆寺少卿、鸿胪寺卿、大理寺少卿、两京太仆寺卿、顺天府尹、都察院右副都御史、户部侍郎 | 《历仕录》《炳炽编》《摄生编》《百警编》《谏议书稿》《基命录》《念祖约言》《惺心楼三编》《日程编》《琅琊游记》 | 嘉靖、隆庆、万历 | 道光《济南府志》卷五一《人物七》;民国《重修新城县志》卷二四《艺文志一》 |
| 王之辅 | 举人 | 山西隰州牧、霍州州牧、大名府同知、户部员外郎 | | 隆庆、万历 | 道光《济南府志》卷五一《人物七》 |
| 王之城 | 贡生 | 鹿邑知县、博野县令、温州府同知、通州同知、忻州道同知、淮安同知 | 《海防要略》 | 隆庆、万历 | 道光《济南府志》卷五一《人物七》 |
| 王之猷 | 进士 | 平阳府推官、礼曹郎、凤阳观察副使、浙江参政、浙江按察使 | 《柏峰集》 | 隆庆、万历 | 道光《济南府志》卷五一《人物七》;民国《重修新城县志》卷二四《艺文志一》 |
| 王之栋 | 贡生 | 高阳知县 | | 万历 | 《新城王氏世谱》 |
| 王建中 | | 指挥 | | | 《新城王氏世谱》 |
| 王一儒 | 岁贡 | 学正 | | | 《新城王氏世谱》 |
| 王象兑 | 明经 | 曹州训导、米脂知县 | | 崇祯 | 《新城王氏世谱》 |
| 王象壮 | 岁贡 | 光禄寺署丞 | | 崇祯 | 《新城王氏世谱》 |
| 王象奎 | 太学生 | 常州府通判 | | 崇祯 | 《新城王氏世谱》 |
| 王象云 | 进士 | 大同知县、永清知县、山西道监察御史、山西参议 | 《王氏礼经解》 | 天启、崇祯 | 道光《济南府志》卷五一《人物七》;民国《重修新城县志》卷二四《艺文志一》 |
| 王象咸 | | 光禄寺署丞、乌撒军民府通判 | | 崇祯 | 道光《济南府志》卷五一《人物七》;《新城王氏世谱》 |

续表

| 主要人物 | 功名情况 | 曾任官职 | 著述 | 主要活动时期 | 资料来源 |
|---|---|---|---|---|---|
| 王象寅 | 荫生 | 指挥佥事 | | | 《新城王氏世谱》 |
| 王象坤 | 进士 | 河南杞县县令、户部主事、礼部祠祭司郎中、江西副使、河南副使、河南参政、江西按察使、浙江右布政使、山西布政使 | | 嘉靖、隆庆、万历 | 道光《济南府志》卷五一《人物七》 |
| 王象乾 | 进士 | 闻喜知县、兵部主事、兵部郎中、保定知府、河南副使、河南右参政、河南右布政使、都察院右佥都御史、都察院右副督御史、兵部右侍郎、蓟辽总督、兵部尚书、吏部尚书 | 《文选删注》《音韵类编》《皇明典故纪闻》《经理拜珂宣大奏议》《开天玉律》《忠勤录》 | 隆庆、万历、泰昌、天启、崇祯 | 道光《济南府志》卷五一《人物七》；民国《重修新城县志》卷二四《艺文志一》 |
| 王象贲 | 荫生 | 户部员外郎 | | 万历 | 《新城王氏世谱》 |
| 王象晋 | 进士 | 中书舍人、礼部主事、行人司左司副、礼部员外郎、湖广按察司副使、江苏参政、河南按察使、浙江右布政使 | 《剪桐载笔》《赐间堂集》《清寤斋心赏编》《滑耀编》《秦张诗余合璧》《群芳谱》 | 万历、泰昌、天启、崇祯 | 道光《济南府志》卷五一《人物七》；民国《重修新城县志》卷二四《艺文志一》 |
| 王象震 | 恩贡 | 颍州学正 | | | 《新城王氏世谱》 |
| 王象蒙 | 进士 | 河内县令、阳城知县、江西道监察御史、常州推官、户部员外郎、光禄寺少卿 | | 万历、泰昌、天启、崇祯 | 道光《济南府志》卷五一《人物七》 |
| 王象斗 | 进士 | 户部主事 | | 万历 | 道光《济南府志》卷五一《人物七》 |
| 王象节 | 进士 | 翰林院庶吉士、检讨 | | 万历 | 道光《济南府志》卷五一《人物七》 |

| 主要人物 | 功名情况 | 曾任官职 | 著述 | 主要活动时期 | 资料来源 |
|---|---|---|---|---|---|
| 王象艮 | 明经 | 南国子监典簿、颍上知县、洛南知县、姚安府同知 | 《迁园集》 | 泰昌、天启 | 道光《济南府志》卷五一《人物七》 |
| 王象益 | 岁贡 | 博兴训导 | 《景先楼集》 | 崇祯 | 道光《济南府志》卷五一《人物七》 |
| 王象明 | 岁贡 | 大宁知县 | 《雨萝》《鹤隐集》《山居集》 | 崇祯 | 道光《济南府志》卷五一《人物七》；民国《重修新城县志》卷二四《艺文志一》 |
| 王象恒 | 进士 | 祥符知县、卢龙知县、监察御史、太仆寺少卿、都察院右佥都御史 | 《西台奏疏》《巡抚奏疏》 | 万历、泰昌、天启、崇祯 | 道光《济南府志》卷五一《人物七》；民国《重修新城县志》卷二四《艺文志一》 |
| 王象复 | 选贡 | 保定府同知 | | 天启、崇祯 | 道光《济南府志》卷五一《人物七》 |
| 王象丰 | 武进士 | 临清参将 | | | 《新城王氏世谱》 |
| 王象春 | 进士 | 吏部郎中 | 《地理俯察备要》《问山亭集》《齐音》《昔湖集》《李杜诗评》 | | 民国《重修新城县志》卷一四《人物二》；卷二四《艺文志一》 |
| 王象会 | 贡生 | 县丞 | | | 《新城王氏世谱》 |
| 王与美 | 岁贡 | 内阁中书舍人 | | 崇祯 | 民国《重修新城县志》卷一五《人物三》 |
| 王与胤 | 进士 | 翰林院庶吉士、湖广道监察御史 | 《陇首集》《西来集》《一可已编》 | 崇祯 | 道光《济南府志》卷五一《人物七》；民国《重修新城县志》卷二四《艺文志一》 |
| 王与籽 | 荫生 | 锦衣卫指挥签事 | | 崇祯 | 道光《济南府志》卷五一《人物七》 |
| 王与章 | 荫生 | 锦衣卫副千户 | | 崇祯 | 民国《重修新城县志》卷二一《恩恤志》 |

续表

| 主要人物 | 功名情况 | 曾任官职 | 著述 | 主要活动时期 | 资料来源 |
|---|---|---|---|---|---|
| 王与廉 | 荫生 | 济南卫指挥 | | | 《新城王氏世谱》 |
| 王与端 | 荫生 | 上林苑署丞 | 《栩斋集词曲》 | 崇祯 | 民国《重修新城县志》卷一五《人物三》 |
| 王与襄 | 进士 | 广宁府司理裁、长乐县令 | 《历亭诗选》 | 顺治 | 民国《重修新城县志》卷一六《人物四》；民国《重修新城县志》卷二四《艺文志一》 |
| 王与仁 | 武进士 | 蓝翎侍卫 | | | 《新城王氏世谱》 |
| 王士凭 | 荫生 | 锦衣卫指挥佥事 | | 崇祯 | 民国《重修新城县志》卷二一《恩恤志》 |
| 王士禄 | 进士 | 莱州教授、国子监助教、吏部考功司主事、吏部稽勋司员外郎 | 《十笏草堂集》《焦山古鼎考》《司勋五种集》《西樵诗集》《读史蒙拾》《燃脂集例》《燃脂集》《炊闻词》《围炉诗话》《毛诗指古编》《辛甲集》《上浮集》《表余堂集》《朱鸟逸史》等 | 顺治、康熙 | 道光《济南府志》卷五五《人物十一》；民国《重修新城县志》卷二四《艺文志一》 |
| 王士禛 | 进士 | 扬州推官、礼部主事、礼部员外郎、户部郎中、翰林院侍讲、侍读、明史纂修官、国子监祭酒、翰林院少詹事、都察院左副都御使、兵部侍郎、户部侍郎、都察院左都御使、刑部尚书 | 《古欢录》《居易录》《池北偶谈》《香祖笔记》《古夫于亭杂录》《分甘余话》《皇华纪闻》《精华录》《渔洋文略》《带经堂全集》《衍波词》《师友录》《感旧集》等 | 康熙、雍正 | 道光《济南府志》卷五五《人物十一》；《新城王氏世谱》；民国《重修新城县志》卷二四《艺文志一》 |

续表

| 主要人物 | 功名情况 | 曾任官职 | 著述 | 主要活动时期 | 资料来源 |
|---|---|---|---|---|---|
| 王士祜 | 进士 | 候选中书舍人 | 《古钵集》 | 康熙 | 道光《济南府志》卷五五《人物十一》；民国《重修新城县志》卷二四《艺文志一》 |
| 王士骥 | 进士 | 内阁中书舍人 | 《听雪堂诗集》《听雪堂词集》《游大梁诗集》 | 顺治 | 民国《重修新城县志》卷一六《人物四》；民国《重修新城县志》卷二四《艺文志一》 |
| 王士禧 | 例贡 | 内阁中书舍人 | 《抱山堂集》《和月泉咏社诗》《送怀草》《豫游草》《表余落华合选》 | 顺治 | 道光《济南府志》卷五五《人物十一》；《王士祯年谱》；民国《重修新城县志》卷二四《艺文志一》 |
| 王士完 | 监生 | 候选州同知 | | | 《新城王氏世谱》 |
| 王士良 | 监生 | 奉节知县 | | | 《新城王氏世谱》 |
| 王士骊 | 明经 | 诸城训导 | 《金台杂咏》《学诗偶存》 | 顺治 | 民国《重修新城县志》卷一六《人物四》 |
| 王士跣 | 贡生 | 考授州同知 | | | 《新城王氏世谱》 |
| 王士梓 | 武进士 | 平溪卫守备 | | | 《新城王氏世谱》 |
| 王启柞 | 例贡 | 考授州同知 | | | 《新城王氏世谱》 |
| 王启大 | 举人 | 莒州学正 | 《石帆亭》 | 康熙 | 道光《济南府志》卷五五《人物十一》 |
| 王启沃 | 进士 | 内阁中书舍人 | | | 《新城王氏世谱》 |
| 王启沥 | | 唐山知县 | | | 《新城王氏世谱》 |
| 王启涑 | 廪贡 | 茌平教谕 | 《茌平诗存》《西城杂咏》《闻诗堂稿》《闻诗堂随笔》《苏诗补注》 | 康熙 | 道光《济南府志》卷五五《人物十一》 |
| 王启深 | 岁贡 | 曹县训导 | | 康熙 | 民国《重修新城县志》卷一八《人物六》 |

续表

| 主要<br>人物 | 功名<br>情况 | 曾任官职 | 著述 | 主要活<br>动时期 | 资料来源 |
|---|---|---|---|---|---|
| 王启汧 | 廪贡 | 候选教谕 | | 康熙 | 民国《重修新城县志》卷一八《人物六》 |
| 王启溶 | 监生 | 候选州同知 | | 康熙 | 道光《济南府志》卷五五《人物十一》 |
| 王启烈 | 贡生 | 祁阳知县 | | | 《新城王氏世谱》 |
| 王启颙 | 附贡生 | 临朐教谕 | | | 《新城王氏世谱》 |
| 王启榷 | 监生 | 候补知县 | | | 《新城王氏世谱》 |
| 王兆陨 | 监生 | 候选州同 | | | 《新城王氏世谱》 |
| 王兆郑 | 廪贡 | 候选州同 | | | 《新城王氏世谱》 |
| 王兆鹏 | 拔贡 | 儒学教谕 | | | 《新城王氏世谱》 |
| 王兆鹍 | 举人 | 知县 | | | 《新城王氏世谱》 |
| 王兆万 | 武进士 | 陕西宁羌营游击、湖广襄阳参将 | | 康熙 | 道光《济南府志》卷五五《人物十一》 |
| 王兆注 | 贡生 | 北城兵马司指挥、南城兵马司指挥、湖南常德府通判 | 《湘江集》《游粤西诗》 | | 道光《济南府志》卷五五《人物十一》 |
| 王兆镒 | 举人 | 内阁中书舍人 | | | 《新城王氏世谱》 |
| 王兆鄝 | | 候选光禄寺典簿 | | 雍正 | 道光《济南府志》卷五五《人物十一》 |
| 王兆锦 | 贡生 | 寿张训导 | | | 《新城王氏世谱》 |
| 王兆臬 | 拔贡 | 县丞 | | | 《新城王氏世谱》 |
| 王祖珏 | 监生 | 东平州学正 | | 乾隆 | 道光《济南府志》卷五五《人物十一》 |
| 王祖熙 | 举人 | 藤县教谕 | 《唾痕诗》《病痂》《经义》 | 乾隆 | 道光《济南府志》卷五五《人物十一》 |
| 王祖肃 | 援例 | 江苏试州倅、常熟丞、句容丞、华亭丞、徽州同知、江西建昌知府、贵州镇远府知府 | | 乾隆 | 道光《济南府志》卷五五《人物十一》 |
| 王祖昌 | 恩贡生 | 世袭恩骑尉 | 《秋水亭集》《文略》 | 乾隆 | 道光《济南府志》卷五五《人物十一》 |

续表

| 主要人物 | 功名情况 | 曾任官职 | 著述 | 主要活动时期 | 资料来源 |
|---|---|---|---|---|---|
| 王祖瑛 | 贡生 | 广东香山县丞 | | | 《新城王氏世谱》 |
| 王祖玺 | 援例 | 翰林院侍诏 | | 乾隆 | 道光《济南府志》卷五五《人物十一》 |
| 王祖眺 | 武举人 | 南中常随 | 《南游诗草》《漱玉集》《晚香集》 | 雍正 | 道光《济南府志》卷五五《人物十一》；民国《重修新城县志》卷二四《艺文志一》 |
| 王宸仔 | 举人 | 江南知县、汝阳知县、西平知县、开封分府知县、涉县知县 | | 乾隆 | 道光《济南府志》卷五五《人物十一》 |
| 王宸佶 | 进士 | 莱州府教授 | 《端谷诗草》 | | 《新城王氏世谱》 |
| 王宸俸 | 武进士 | 北京堤塘、山东堤塘 | | 乾隆 | 道光《济南府志》卷五五《人物十一》 |
| 王允楚 | 进士 | 河南知县、山西泽州府知府 | | 嘉庆 | 民国《重修新城县志》卷一七《人物五》 |
| 王允灌 | 进士 | 内阁中书舍人、军机章京 | 《王氏诗源》《必恭编》《王氏世科录》《王氏合集书目考略》《双梧轩日札》《双梧轩诗集》 | 道光 | 民国《重修新城县志》卷一八《人物六》；民国《重修新城县志》卷二四《艺文志一》 |
| 王允枢 | | 京师提塘 | | | 《新城王氏世谱》 |
| 王允文 | 岁贡 | 曹县训导 | | | 《新城王氏世谱》 |
| 王允瀚 | 恩贡 | 直隶州判 | | | 《新城王氏世谱》 |
| 王维拔 | 附贡 | 中书科中书 | | | 《新城王氏世谱》 |
| 王维琛 | | 知县 | | | 《新城王氏世谱》 |
| 王翔 | 拔贡 | 四川罗江知县、璧山知县、 | 《丛芸阁诗文集》 | 咸丰 | 民国《重修新城县志》卷一八《人物六》 |
| 王亿年 | | 湖北当阳知县 | | | 《新城王氏世谱》 |

续表

| 主要人物 | 功名情况 | 曾任官职 | 著述 | 主要活动时期 | 资料来源 |
|---|---|---|---|---|---|
| 王茂菱 | 世袭 | 云骑尉 | | 同治 | 民国《重修新城县志》卷二一《恩恤志》 |
| 王茂德 | 恩贡 | 即墨教谕 | | | 《新城王氏世谱》 |
| 王树愈 | 优贡 | 直隶州州判 | | | 《新城王氏世谱》 |

### （二）章丘焦馨家族

焦馨家族是明清时期章丘地区著名的仕宦望族。据王士禛《少司徒焦公传》（焦毓瑞传记），焦氏家族于明初迁自河北枣强，始迁祖为焦成。经过家族成员的努力，在第十世焦馨时开焦氏文运，此后人才不断涌现。明清两代，焦氏家族共出现进士 11 人，举人、贡生数十人，主要的出仕为官者见表 4-5。

#### 表 4-5　章丘焦馨家族仕宦表①

| 主要人物 | 功名情况 | 曾任官职 | 著述 | 主要活动时期 | 资料来源 |
|---|---|---|---|---|---|
| 焦馨 | 进士 | 中书舍人、驾部员外郎、驾部郎中、河南按察司副使、河南参政、河南按察使、河南右布政使、陕西左布政使、都察院副都御史 | 《栋云斋文集》 | 万历、崇祯 | 道光《济南府志》卷四九《人物五》 |
| 焦日芬 | 岁贡 | 建昌府推官 | | 顺治 | 道光《济南府志》卷四三《选举五》 |
| 焦毓瑞 | 进士 | 国史院庶吉士、御史、刑部右侍郎、兵部右侍郎、户部左侍郎 | 《南游草》 | 康熙 | 道光《济南府志》卷五四《人物十》 |
| 焦毓栋 | 进士 | 行人司行人、吏部考功主事、验封员外郎、考功郎中 | | 康熙 | 道光《济南府志》卷五四《人物十》 |

① 其他参考资料：黄金元：《明清之际济南府望族与诗歌研究》，山东师范大学 2010 年博士学位论文；《绵延三百年的宦门望族——章丘焦氏》，族谱网，2022 年 8 月 23 日。

| 主要人物 | 功名情况 | 曾任官职 | 著述 | 主要活动时期 | 资料来源 |
|---|---|---|---|---|---|
| 焦毓鼎 | 进士 | 钟祥令 | | 康熙 | 道光《济南府志》卷五四《人物十》 |
| 焦毓庆 | 拔贡 | 江西永新令 | | 顺治 | 道光《济南府志》卷五四《人物十》 |
| 焦宏年 | 岁贡 | 福山训导、招远训导、高密训导、掖县教谕 | | 康熙 | 道光《章丘县志》卷一一《人物志下》 |
| 焦应年 | 廪贡 | 胶州训导 | | 康熙 | 道光《章丘县志》卷一一《人物志下》 |
| 焦祈年 | 进士 | 翰林院编修、御史、顺天府丞、顺天府右通政、广东观风整俗使、光禄寺卿、顺天府尹 | | 雍正 | 道光《济南府志》卷五四《人物十》 |
| 焦绥祚 | 进士 | 内阁中书舍人、奉天府经历 | | 康熙 | 道光《济南府志》卷五四《人物十》 |
| 焦演祚 | 诸生 | 候选学正 | 《广益录》 | | 道光《济南府志》卷五四《人物十》 |
| 焦绾祚 | 岁贡 | 候选学正 | 《如圃诗稿》 | | 道光《济南府志》卷五四《人物十》 |
| 焦式冲 | 进士 | 江南仪徵令 | 《余青园诗集》 | 乾隆 | 道光《济南府志》卷五四《人物十》 |
| 焦尔厚 | 举人 | 商河教谕、甘肃崇信令、西宁令、河州同知、长沙同知、贵州遵义知府 | 《朴村诗草》 | 乾隆 | 道光《济南府志》卷五四《人物十》 |
| 焦以润 | 进士 | 河南虞城县令、淮宁知县 | 《竹涛偶吟》《候明草》 | 乾隆 | 道光《章丘县志》卷一一《人物志下》 |
| 焦希和 | 荫生 | 恩骑尉 | | 嘉庆 | 道光《济南府志》卷五四《人物十》 |
| 焦友麟 | 进士 | 翰林院庶吉士、刑科给事中、湖广道御史、山西学政 | 《鉴舫诗存》 | 道光 | 徐世昌《晚晴簃诗汇》卷一三七,民国退耕堂刻本 |

（三）淄川毕自严家族

毕氏家族是明清时期淄川地区著名的仕宦望族。始迁祖毕敬贤于明初迁入，家族成员以农事传家，七世毕木开毕氏文学，到八世毕自严兄弟三人时步入仕宦。毕自严兄弟八人和睦，且富有文采，号称"八阳风范"。随着毕际友、毕盛青等的入仕，毕氏家族在明代有"三世一品，四世同朝"的盛誉，故在这时家族达到鼎盛。入清后，虽然家族多人考中功名，但由于毕氏子孙早亡现象严重，家族总体走向衰落。明清两代，毕氏家族共出现进士5人、举人3人，主要的出仕为官者见表4-6。

表4-6 淄川毕自严家族仕宦表①

| 主要人物 | 功名情况 | 曾任官职 | 著述 | 主要活动时期 | 资料来源 |
|---|---|---|---|---|---|
| 毕自严 | 进士 | 松江府推官、刑部主事、浙江恤刑差、工部虞衡司主事、都水司郎中、河南参议、山西参议、山西副使、陕西参政、都察院佥都御史、户部右侍郎、南京都察院都御史、南京户部尚书 | 《石隐园诗文藏稿》《抚津督饷抚留宪留计共疏草》《度支奏议堂稿》《各司》《选定古文尚友编》《古今四时绝句》 | 万历、天启、崇祯 | 道光《济南府志》卷五〇《人物六》；《淄川毕少保公年谱》 |
| 毕自寅 | 举人 | 吴桥县令、南京兵马司指挥、南京户部主事 | 《拱玉园书》《志隐集》《选石斋诗》 | 万历、天启、崇祯 | 道光《济南府志》卷五〇《人物六》 |
| 毕自肃 | 进士 | 北直隶定兴知县、礼部主事、宁前兵备道参议、宁前兵备道副使、太仆寺少卿、都察院右佥都御史 | 《抚辽疏草》 | 万历、天启、崇祯 | 道光《济南府志》卷五〇《人物六》 |
| 毕际有 | 拔贡 | 稷山知县、江南通州知州 | 《存吾草》《淄乘徵》 | 顺治 | 道光《济南府志》卷五四《人物十》 |
| 毕际竑 | 贡生 | 郯城训导 | 《痴说》 | 崇祯 | 乾隆《淄川县志》卷五《贡生》 |

---

① 其他参考资料：《理财能臣毕自严家族》，载于秦海滢《明清时期山东孝妇河畔的望族——以淄川地区为中心》，中山大学博士后研究工作报告，2006年。

| 主要人物 | 功名情况 | 曾任官职 | 著述 | 主要活动时期 | 资料来源 |
|---|---|---|---|---|---|
| 毕际复 | 贡生 | 掖县训导 | | 崇祯 | 乾隆《淄川县志》卷五《贡生》 |
| 毕际泰 | | 海运守备加衔都司 | | 顺治 | 乾隆《淄川县志》卷五《重续武职》 |
| 毕盛赞 | 进士 | 山西芮城知县 | | 顺治 | 乾隆《淄川县志》卷五《进士》 |
| 毕盛青 | 进士 | 中书舍人、江西赣州府同知 | | 顺治 | 乾隆《淄川县志》卷五《进士》 |
| 毕盛钜 | 拔贡 | 黄县教谕 | 《石隐园唱和集》 | 顺治 | 乾隆《淄川县志》卷五《续贡生》；卷六《重续孝友》 |
| 毕盛钰 | 贡生 | 莘县训导 | | 康熙 | 乾隆《淄川县志》卷五《续贡生》 |
| 毕盛膂 | 监生 | 考定州同知 | | 康熙 | 乾隆《淄川县志》卷五《例贡》 |
| 毕盛前 | 监生 | 考定州同知 | | 康熙 | 乾隆《淄川县志》卷五《例贡》 |
| 毕世扶 | 监生 | 考定州同知 | | 雍正 | 乾隆《淄川县志》卷五《例贡》 |
| 毕海椽 | 监生 | 考定县丞 | | 雍正 | 乾隆《淄川县志》卷五《例贡》 |
| 毕海琭 | 监生 | 考定县丞 | | 雍正 | 乾隆《淄川县志》卷五《例贡》 |
| 毕岱煋 | | 贵溪县丞、万安县丞 | | 雍正 | 道光《济南府志》卷五四《人物十》 |
| 毕岱熏 | 举人 | 武城县教谕、武定府教授、四川洪雅县知县 | 《周易集解》《众绿园诗草》 | 乾隆 | 宣统《三续淄川县志》卷九《三续仕宦》 |
| 毕岱相 | 监生 | 北河县丞 | | 乾隆 | 宣统《三续淄川县志》卷九《三续杂职》 |

续表

| 主要人物 | 功名情况 | 曾任官职 | 著述 | 主要活动时期 | 资料来源 |
|---|---|---|---|---|---|
| 毕岱棠 | 监生 | 候选布政司经历 | | 乾隆 | 宣统《三续淄川县志》卷九《三续杂职》 |
| 毕岱楹 | 监生 | 北河县丞 | | 乾隆 | 宣统《三续淄川县志》卷九《三续杂职》 |
| 毕昌绪 | 拔贡 | 八旗官学教习、直隶博野知县、永清知县、河间知县、张家湾通判、直隶州知州、坝州知州、河间府同知 | | 嘉庆 | 宣统《三续淄川县志》卷九《三续仕宦》 |
| 毕道远 | 进士 | 翰林院庶吉士、司经司洗马、翰林院侍读、侍讲、咸安宫总裁、国子监祭酒、礼部侍郎、户部侍郎、兵部侍郎、都察院左都御史、兵部尚书、礼部尚书 | | 道光 | 宣统《三续淄川县志》卷一〇《三续名臣》 |
| 毕念承 | 荫生 | 工部虞衡屯田司郎中、安徽池州府知府 | | 咸丰 | 宣统《三续淄川县志》卷九《三续恩荫》 |
| 毕颖光 | 荫生 | 刑部江苏司主事 | | 咸丰 | 宣统《三续淄川县志》卷九《三续恩荫》 |
| 毕定邦 | | 赣州镇标右营守备、江西玉山游击、参将 | | 咸丰 | 宣统《三续淄川县志》卷九《三续忠节》 |
| 毕化成 | 世袭 | 骑都尉、江宁城守营都司、徐州镇都司、徐州城守营都司、苏州营游击 | | 光绪 | 宣统《三续淄川县志》卷九《三续世职》 |
| 毕元亨 | 监生 | 龙泉主簿 | | | 乾隆《淄川县志》卷五《例贡》 |
| 毕宜宓 | | 吏员考授从九品 | | | 宣统《三续淄川县志》卷九《三续仕宦》 |
| 毕诒远 | | 东河同知、中河通判、河南同知 | | | 宣统《三续淄川县志》卷九《三续仕宦》 |

续表

| 主要人物 | 功名情况 | 曾任官职 | 著述 | 主要活动时期 | 资料来源 |
|---|---|---|---|---|---|
| 毕龙甲 | 恩贡 | 候选州判 | | | 宣统《三续淄川县志》卷九《三续贡生》 |
| 毕德麟 | 监生 | 江南风常帮领运千总、凤阳卫守备 | | | 宣统《三续淄川县志》卷九《三续武职》 |
| 毕登珏 | 监生 | 候选州同知从事 | | | 宣统《三续淄川县志》卷九《三续武职》 |
| 毕凝伟 | 监生 | 候选布政司经历 | | | 宣统《三续淄川县志》卷九《三续武职》 |

## （四）益都孙廷铨家族

孙廷铨家族是明清益都地区著名的仕宦望族。始迁祖孙克让于明初迁居益都颜神镇（清代升为博山县），家族成员乐善好施，诗书传家。随着家族不断壮大，部分成员搬迁到淄川地区，因而本部分所述孙氏家族主要包括两大支系：居住于益都颜神镇的颜山孙氏，家族成员以孙廷铨为代表；搬迁到淄川的般阳孙氏，家族成员以孙之獬为代表。虽然孙之獬一支搬迁到淄川地区，但在博山县志中仍将这一支的主要成员记载在内。明清两代，孙氏家族共出现进士18人、举人18人，主要的出仕为官者见表4-7。

表4-7　益都孙廷铨家族仕宦表①

| 主要人物 | 功名情况 | 曾任官职 | 著述 | 主要活动时期 | 资料来源 |
|---|---|---|---|---|---|
| 孙霁 | 进士 | 湖南湘潭县丞、高山卫经历 | | 隆庆、万历 | 民国《续修博山县志》卷一一《人物志·乡贤》 |
| 孙震 | 岁贡 | 濮州训导、潍县教谕 | | 崇祯 | 民国《续修博山县志》卷一一《人物志·乡贤》 |
| 孙景昌 | 进士 | 清苑知县、江西南昌令 | | 崇祯 | 乾隆《博山县志》卷五下、卷六上 |

---

① 其他参考资料:《一本观的孙氏家族》,载于秦海滢《明清时期山东孝妇河畔的望族——以淄川地区为中心》,中山大学博士后 2006 年研究工作报告。文中结合大量《般阳孙氏谱乘考》《颜山孙氏家承》等谱牒资料,故较可信。

续表

| 主要人物 | 功名情况 | 曾任官职 | 著述 | 主要活动时期 | 资料来源 |
|---|---|---|---|---|---|
| 孙廷铨 | 进士 | 明朝魏县知县、宁县知县、监纪推官、清朝河间府推官、吏部主事、太常寺少卿、兵部尚书、户部尚书、吏部尚书、秘书院大学士参机务 | 《颜山杂记》《汉史亿自订诗文集》《琴谱指法》《南征纪略》 | 崇祯、顺治 | 民国《续修博山县志》卷一一《人物志·乡贤》 |
| 孙廷铎 | 贡生 | 广西阳江令 | 《礼记续纂》《诗集》 | 康熙 | 民国《续修博山县志》卷一二《人物志·文苑》 |
| 孙廷锡 | 官生 | 陕西保安县知县 | 《拙鸣集》 | 康熙 | 民国《续修博山县志》卷一二《人物志·文苑》 |
| 孙廷矿 | 监生 | 候选县丞 | | | 乾隆《博山县志》卷五下 |
| 孙廷枢 | 武进士 | 武骑都尉、光禄寺署正 | | | 民国《续修博山县志》卷一二《人物志·义行》 |
| 孙宝仍 | 恩荫 | 光禄寺典簿、光禄寺署正 | 《时释堂集》 | | 乾隆《博山县志》卷七下 |
| 孙宝保 | 监生 | 候选经历 | | | 乾隆《博山县志》卷六上 |
| 孙崇坫 | 举人 | 翰林院孔目、待诏、天津北新仓监、教职 | | 道光 | 《颜山孙氏家乘》 |
| 孙崇垣 | 廪贡 | 钜野训导、滋阳训导、海阳教谕 | 《种松书屋诗》 | 嘉庆、道光 | 民国《续修博山县志》卷一二《人物志·文苑》 |
| 孙崇基 | 廪贡 | 单县教谕 | 《辰巳山人遗稿》 | | 民国《续修博山县志》卷一二《人物志·文苑》 |
| 孙崇祚 | | 邹县教谕 | 《乡党便考》《槐阴堂诗文稿》 | | 民国《续修博山县志》卷一四 |
| 孙光辉 | 进士 | 真定府推官、南阳府推官、南京户部主事 | 青词数十卷 | 嘉靖 | 乾隆《博山县志》卷五下;卷六下 |

续表

| 主要人物 | 功名情况 | 曾任官职 | 著述 | 主要活动时期 | 资料来源 |
|---|---|---|---|---|---|
| 孙之獬 | 进士 | 明朝翰林院检讨、侍讲;清朝江西提督军务、兵部尚书兼都察院右副督御史 | | 天启、崇祯、顺治 | 乾隆《博山县志》卷五下、卷七上 |
| 孙珀龄 | 进士 | 工科给事中、刑科给事中、礼科给事中、大仆寺少卿、鸿胪寺卿、通政使司左都政 | | 顺治 | 乾隆《博山县志》卷五下 |
| 孙嗣端 | 恩荫 | 都察院经历、刑部郎中、江西临江府知府 | | 乾隆 | 乾隆《博山县志》卷五下 |
| 孙星徽 | 贡生 | 候选州同知 | | 乾隆 | 乾隆《博山县志》卷七下 |
| 孙络 | 举人 | 东平州学正 | 《观复堂集》 | 乾隆 | 民国《续修博山县志》卷一二《人物志·文苑》 |
| 孙缀 | 举人 | 吴桥知县、钜鹿知县、赞皇知县 | 《捕蝗说》 | 乾隆、嘉庆 | 民国《续修博山县志》卷一二《人物志·文苑》 |
| 孙蕙 | 进士 | 江南宝应县知县、江南同考试官、户科给事中、闽试官 | 《心谷制艺》《安宜制略》《笠山奏议》《笠山诗选》《历代循良录》《感应篇笺注》《卧帆草》 | 顺治 | 乾隆《淄川县志》卷五《进士》、卷六《续循良》 |
| 孙若群 | 进士 | 山西交城县知县、云南晋宁州知州 | | 顺治 | 乾隆《淄川县志》卷五《进士》 |
| 孙宗元 | 进士 | 山西临晋县知县、临署知县、开封府南河同知、广西思恩府同知、滦州知州 | | 顺治 | 乾隆《淄川县志》卷五《进士》 |
| 孙幹 | 举人 | 蓬莱教谕 | | 崇祯 | 乾隆《淄川县志》卷五《举人》 |

续表

| 主要人物 | 功名情况 | 曾任官职 | 著述 | 主要活动时期 | 资料来源 |
|---|---|---|---|---|---|
| 孙惧修 | 举人 | 滋阳教谕 | | 乾隆 | 乾隆《淄川县志》卷五《重续举人》 |
| 孙稔 | 贡生 | 考授守备、江西提督参谋 | | 顺治 | 乾隆《淄川县志》卷五《武职》 |
| 孙孝源 | 举人 | 观城教谕 | | 道光 | 乾隆《淄川县志》卷九《三续仕宦》 |
| 孙济奎 | 举人 | 邹县训导 | 《迁山诗古文集》 | 同治 | 乾隆《淄川县志》卷九 |
| 孙铭书 | 举人 | 河南荣泽知县 | | 光绪 | 乾隆《淄川县志》卷九 |
| 孙惠吉、孙覃慰、孙裕庆 | 世袭 | 恩骑尉 | | | 乾隆《淄川县志》卷九 |

### （五）博山赵进美家族

博山赵进美家族是山东地区明清时期在政治、经济、军事、哲学、文学、医学、艺术等众多领域都有影响力的著名文化世家。赵氏始迁祖赵平，自洪武初年（1368）由蒙阴避乱颜神镇。随着家族人口的不断增加，赵氏家族主要分为两大支派：三世赵廷杰后人多居于城中，故称"南赵"；赵廷毅后人多居于城北五里，故称"北赵"。明清两代，赵氏家族共出现进士9人、举人8人，尤以"北赵"的科名为盛，主要的出仕为官者见表4-8。

表4-8　博山赵执信家族仕宦表①

| 主要人物 | 功名情况 | 曾任官职 | 著述 | 主要活动时期 | 资料来源 |
|---|---|---|---|---|---|
| 赵应时 | 岁贡 | 兰阳县主簿，敕授将仕郎 | | 嘉靖 | 乾隆《博山县志》卷五下《选举》 |
| 赵应宿 | 岁贡 | 隰州州判 | | 隆庆 | 同上 |

---

① 详细探讨博山赵氏家族的科研成果有王勇：《明清博山赵氏家族文化研究》，中华书局2013年版。本表是在此书研究的基础之上，查找相关地方志而作。

| 主要人物 | 功名情况 | 曾任官职 | 著述 | 主要活动时期 | 资料来源 |
|---|---|---|---|---|---|
| 赵邦教 | 岁贡 | 顺天府照磨 | | 隆庆 | 同上 |
| 赵敬简 | 举人 | 卢龙县令、巩昌府通判 | | 嘉靖 | 乾隆《博山县志》卷六上《乡贤》 |
| 赵敬宾 | 举人 | 宿迁知县 | | 嘉靖、万历 | 乾隆《博山县志》卷六下《事功》 |
| 赵毓秀 | 岁贡 | 新泰县教谕 | | 万历 | 乾隆《博山县志》卷五下《选举》 |
| 赵尔待 | 举人 | 金华府推官、岢岚知州 | | 万历 | 乾隆《博山县志》卷五下《选举》 |
| 赵振业 | 进士 | ［明］邯郸令、云南道监察御史、应天学政、四川布政司右参议、湖广按察司副使；［清］山西按察司佥事、江南布政司右参议 | | 天启、崇祯、顺治 | 乾隆《博山县志》卷六下《事功》 |
| 赵服采 | | 葆城县主簿 | | | 乾隆《博山县志》卷五下《选举》 |
| 赵不扬 | | 洛阳县巡检、南阳唐王府典簿 | | | 同上 |
| 赵不振 | | 辽东仓官 | | | 同上 |
| 赵进美 | 进士 | 行人司行人、太常寺博士、顺天同考试官、刑科给事中、户科右给事中、礼科左给事中、江南按察司副使、广东布政使司参政、陕西布政使司参政、江南江镇道参政、河南布政使司参政、福建按察使 | 《清止阁集》《清止阁诗》《清止文草》《清止阁词》 | 崇祯、顺治、康熙 | 乾隆《博山县志》卷六下《事功》 |

续表

| 主要人物 | 功名情况 | 曾任官职 | 著述 | 主要活动时期 | 资料来源 |
|---|---|---|---|---|---|
| 赵其昌 | 进士 | 直隶雄县知县 | | 康熙 | 民国《续修博山县志》卷九《选举志》 |
| 赵作谋 | 荫生 | 国子监典簿 | 《澹宜草堂诗》 | | 乾隆《博山县志》卷五下《选举》 |
| 赵作耳 | 监生 | 东阿教谕、范县教谕 | | | 乾隆《博山县志》卷六下《事功》 |
| 赵班玺 | 进士 | 河南道监察御史 | | 顺治 | 乾隆《博山县志》卷五下《选举》 |
| 赵徽玺 | 副贡 | 东阿县教谕 | | 康熙 | 乾隆《博山县志》卷五下《选举》 |
| 赵执信 | 进士 | 翰林院庶吉士、编修、山西乡试正考官、右春坊右赞善兼检讨 | 《饴山诗集》《饴山文集》《谈龙录》《声调谱》《礼俗权衡》《海鸥小谱》《碧云仙师笔法录》《全史四字鉴略》 | 康熙 | 乾隆《博山县志》卷七下《文苑》 |
| 赵执端 | 庠生 | 汶上县教谕 | 《宝菌堂遗诗》 | | 同上 |
| 赵执璐 | 荫生 | 候补主事、淮安府山清外河同知 | | | 乾隆《博山县志》卷七上《孝友》 |
| 赵执琯 | 举人 | 武定州学正 | 《铁峰诗集》 | 康熙 | 乾隆《博山县志》卷五下《选举》 |
| 赵宪 | 进士 | 己酉科江南乡试同考官、深泽知县、东光知县 | 《宝芝庭诗集》 | 雍正、乾隆 | 乾隆《博山县志》卷五下《选举》 |
| 赵慈 | 岁贡 | 候选训导 | 《西陵诗抄》 | | 乾隆《博山县志》卷五下《选举》 |

续表

| 主要人物 | 功名情况 | 曾任官职 | 著述 | 主要活动时期 | 资料来源 |
|---|---|---|---|---|---|
| 赵孚先 | | 广西浔州府贵县五山汛巡检、候选主簿 | | | 民国《续修博山县志》卷九《选举志》 |
| 赵绍先 | 拔贡 | 商河县教谕 | | 乾隆 | 民国《续修博山县志》卷九《选举志》 |
| 赵颡 | 举人 | 金匮知县、江苏吴县知县 | | 乾隆 | 民国《续修博山县志》卷九《选举志》 |
| 赵顾 | 进士 | 知县 | | 乾隆 | 民国《续修博山县志》卷九《选举志》 |
| 赵贯 | 进士 | 安徽怀远县等知县 | 《铁砚斋诗文集》 | 乾隆 | 同上 |
| 赵克明 | 进士 | 武义知县、登州府教授 | | 嘉庆 | 同上 |
| 赵孔彰 | 岁贡 | 泰安县训导 | | | 民国《续修博山县志》卷九《选举志》 |
| 赵塘 | 举人 | 禹城县教谕 | 《马铁石碑记》 | 道光 | 民国《续修博山县志》卷九《选举志》 |
| 赵玉龄 | 岁贡 | 陵县训导、临邑教谕 | | 光绪 | 民国《续修博山县志》卷九《选举志》 |
| 赵印川 | 举人 | 福清县己酉、辛亥两科乡试同考官、督粮道署理、按察使司按察使、延建邵兵备道 | | 道光 | 民国《续修博山县志》卷一二《人物志·忠烈》 |

## （六）临朐冯琦家族

冯氏家族是明清时期临朐著名的仕宦望族、海内著名的文献世家，仕宦与文学均可与新城王氏相提并论。冯氏远祖冯才兴乃元代万户侯，冯才兴长子冯思忠于明初戍辽，入军籍，而冯氏真正兴盛于正德年间。临朐冯氏始迁祖冯裕中进士后重返临朐，在冯琦、冯溥时家族达到鼎盛。明清两代，冯氏家族科甲蝉联、文人辈出，共出现进士9人、举人4人，主要的出仕为官者见表4-9。

表 4-9　临朐冯琦家族仕宦表①

| 主要人物 | 功名情况 | 曾任官职 | 著述 | 主要活动时期 | 资料来源 |
|---|---|---|---|---|---|
| 冯裕 | 进士 | 松江府华亭县知事、安徽萧县知县、晋州知州、南京户部员外郎、甘肃平凉知府、贵州石阡知府、贵州按察司副使 | 《方伯集》 | 正德、嘉靖 | 光绪《临朐县志》卷一四《人物志》 |
| 冯惟重 | 进士 | 行人司行人 | 《大行集》 | 嘉靖 | 光绪《临朐县志》卷一四《人物志》 |
| 冯惟敏 | 举人 | 直隶涞水县令 | 《山堂诗稿》《击筑余音》《海浮山堂词稿》《石门集》等 | 嘉靖 | 光绪《临朐县志》卷一四《人物志》 |
| 冯惟讷 | 进士 | 宜兴县令、蒲州知州、扬州府同知、南京户部员外郎郎中、陕西佥事、浙江提学副使、山西右布政使、江西左布政使、光禄寺卿 | 《古诗纪》《光禄集》《青州府志》《风雅逸韵》《楚辞旁注》《逸诗约注》《杜诗删注》《冯光禄诗集》《文献通考纂要》 | 嘉靖、隆庆 | 光绪《临朐县志》卷一四《人物志》 |
| 冯子履 | 进士 | 直隶固安令、兵部主事、山西布政使司参议、山西按察司副使、和州知州、河南副使、河南参政 | | 隆庆、万历 | 光绪《临朐县志》卷一四《人物志》 |
| 冯子升 | 庠生 | 户部郎中 | | | 李维桢：《冯氏家乘》，清抄本。 |

---

① 其他参考资料：朱亚非等著《明清山东仕宦家族与家族文化》，山东人民出版社 2009 年版；张秉国著《临朐冯氏家族文化研究》，中华书局 2013 年版。

续表

| 主要人物 | 功名情况 | 曾任官职 | 著述 | 主要活动时期 | 资料来源 |
|---|---|---|---|---|---|
| 冯琦 | 进士 | 筵讲官、少詹事、礼部右侍郎、吏部左侍郎、礼部尚书 | 《宗伯集》《宋史纪事本末》《经济类编》《北海集》《两朝大政记》《唐诗类韵》《通鉴分解》《北海书抄》《海岱会集》 | 万历 | 光绪《临朐县志》卷一四《人物志》 |
| 冯瑗 | 进士 | 湖广茶陵知州、山西参政、开原兵备道、河南布政司使 | 《黄龙纪事》《开原图说》《冶源园居即事诗十首》 | 万历 | 光绪《临朐县志》卷一四《人物志》 |
| 冯珣 | 贡生 | 陕西长武知县、交河县知县、兴安州知州、汉中府同知 | 《韫璞斋稿》 | 万历 | 光绪《临朐县志》卷一四《人物志》 |
| 冯璋 | 府庠生 | 茂陵卫经历 | | | 李维桢:《冯氏家乘》,清抄本。 |
| 冯瓒 | 世袭 | 广宁左卫指挥金事 | | 崇祯 | 光绪《临朐县志》卷一四《人物志》 |
| 冯琰 | 贡生 | 四川重庆府壁山县知县 | | 崇祯 | 光绪《临朐县志》卷一四《人物志》 |
| 冯士衡 | 贡生 | 孝丰县知县 | 《西苑诗》 | 崇祯 | 光绪《临朐县志》卷一四《人物志》 |
| 冯士标 | 进士 | 兵部武选司主事、陕西布政使司右参议兼按察司金事、四川建昌兵备副使 | 《西征记》 | 顺治 | 光绪《临朐县志》卷一四《人物志》 |
| 冯士杰 | 荫生 | 户部员外郎 | | | 李维桢:《冯氏家乘》,清抄本。 |

续表

| 主要人物 | 功名情况 | 曾任官职 | 著述 | 主要活动时期 | 资料来源 |
|---|---|---|---|---|---|
| 冯士榘 | 荫生 | 户部主事 | | | 同上 |
| 冯溥 | 进士 | 翰林院庶吉士、秘书院侍读学士、吏部右侍郎、吏部左侍郎、都察院左都御史、文华殿大学士兼理刑部尚书 | 《佳山堂诗集》 | 顺治、康熙 | 光绪《临朐县志》卷一四《人物志》 |
| 冯协一 | 荫生 | 浙江绍兴同知、江西广信府知府、广州府知府、汀州府知府、福建台湾府知府等 | 《友柏堂遗诗选》 | 康熙 | 光绪《临朐县志》卷一四《人物志》 |
| 冯愿 | 荫生 | 无为州知州 | | | 光绪《临朐县志》卷一四《人物志》 |
| 冯肃 | 荫生 | 扬州府知府、升副使 | | | 李维桢:《冯氏家乘》,清抄本。 |
| 冯恬 | | 河南商城营守备 | | | 同上 |
| 冯时升 | | 教谕 | | | 光绪《临朐县志》卷一四《人物志》 |
| 冯桂增 | | 豫军裨将、守备、游击、副将,振威将军 | | 同治、光绪 | 光绪《临朐县志》卷一四《人物志》 |

### （七）蒙阴公鼐家族

蒙阴公氏家族是明清时期罕见以文学见长的文学世家和"馆阁世家"。公氏祖上在元代为蒙阴上东门万户,进入明代,蒙阴公氏家族开始走向繁荣,自正德至万历年间,先后一门五世考中五个进士,而且公家臣与儿子公鼐同为翰林,世称"五世进士,父子翰林"。进入清代,家族依然兴旺,但在功名和仕途上已不如以前显赫。明清两代,公氏家族共出现进士5人、举人12人,主要的出仕为官者见表4–10。

表 4-10 蒙阴公鼐家族仕宦表

| 主要人物 | 功名情况 | 曾任官职 | 著述 | 主要活动时期 | 资料来源 |
|---|---|---|---|---|---|
| 公恕 | | 固始县丞 | | | 宣统《蒙阴县志》 |
| 公勉仁 | 进士 | 行人、江西道监察御史、太仆寺少卿、四川参议、都御使、郧阳推左 | 《东山集》《守边策略》 | 弘治、正德 | 宣统《蒙阴县志》卷四《人物志》；乾隆《沂州府志》卷二五《人物上》，卷三〇《艺文志·著书目》 |
| 公跻奎 | 进士 | 工部郎中、湖广副使 | 《蒙山叠翠》《堂阜遗迹》《中严诗草》 | 嘉靖 | 宣统《蒙阴县志》卷四《人物志》；乾隆《沂州府志》卷三〇《艺文志·著书目》，卷三五《艺文志·近体诗》 |
| 公志继 | 拔贡 | 训导 | | | 宣统《蒙阴县志》 |
| 公志绪 | 恩贡 | 知州、长史 | | | |
| 公志真 | 选贡 | 知县 | | | |
| 公增仁 | | 知县 | | | |
| 公志斜 | 贡生 | 县丞 | | | |
| 公一载 | | 兴济知县 | | 嘉靖 | 宣统《蒙阴县志》卷四《人物志》 |
| 公一鸣 | | 南陵丞 | 《墨庄集》《墨庄摭要》 | 嘉靖 | 宣统《蒙阴县志》卷四《人物志》 |
| 公一扬 | 进士 | 大理寺评事、河南尉氏知县、裕州知州、工部都水司郎中 | 《前题》《汶水拖蓝》《闲音集》《静菴摘稿》 | 嘉靖 | 宣统《蒙阴县志》卷四《人物志》；乾隆《沂州府志》卷三五《艺文志·近体诗》 |
| 公一跃 | 副贡 | 广昌县丞、岷州经历 | | 嘉靖 | 宣统《蒙阴县志》卷四《人物志》 |
| 公一翔 | | 京卫千户 | 《中岩诗草》 | 嘉靖 | 宣统《蒙阴县志》卷四《人物志》 |

续表

| 主要人物 | 功名情况 | 曾任官职 | 著述 | 主要活动时期 | 资料来源 |
|---|---|---|---|---|---|
| 公一楠 | | 溧阳主簿、祥福县丞 | 《中山诗集》 | | 宣统《蒙阴县志》 |
| 公家邻 | 举人 | 虞城知县 | | 万历 | |
| 公家祚 | 贡生 | 训导 | | | |
| 公登策 | 选贡 | 府经历 | | | |
| 公登籍 | 贡生 | 真定府教授 | | | |
| 公家炳 | | 扬州大使 | | | |
| 公家英 | | 盐场大使 | | | |
| 公家卿 | 岁贡 | 太常寺博士 | | | |
| 公家屏 | 岁贡 | 盐课司大使 | | | |
| 公家臣 | 进士 | 翰林院编修、泽州判官、南京户部主事、礼部侍郎 | 《见蒙书屋》《柳塘集》 | 隆庆、万历 | 宣统《蒙阴县志》卷四《人物志》;乾隆《沂州府志》卷三〇《艺文志·著书目》、卷三五《艺文志·近体诗》 |
| 公鼐 | 进士 | 翰林院编修、礼部侍郎、翰林院侍读学士 | 《东蒙山赋》《东蒙辩》《清源观三官庙碑记》《募修寿圣寺疏》《问次斋集》 | 万历、泰昌、天启 | 宣统《蒙阴县志》卷四《人物志》、卷五《艺文志》、卷六《艺文志》、卷七《艺文志》;乾隆《沂州府志》卷三〇《艺文志·著书目》 |
| 公鼒 | 举人 | 工部屯田司主事 | 《浮来集》《千金裘》《小东园集》 | 万历 | 宣统《蒙阴县志》卷四《人物志》、卷六《艺文志》;乾隆《沂州府志》卷三〇《艺文志·著书目》 |
| 公光国 | 敕功得官 | 直隶河南副总兵 | 《自适吟》《寄乐园》 | 崇祯 | 宣统《蒙阴县志》卷四《人物志》 |
| 公安国 | 武生 | 淮安守备 | | 崇祯 | 宣统《蒙阴县志》卷四《人物志》 |

续表

| 主要人物 | 功名情况 | 曾任官职 | 著述 | 主要活动时期 | 资料来源 |
|---|---|---|---|---|---|
| 公端 | | 光禄寺署丞 | | | 宣统《蒙阴县志》 |
| 公秉文 | 恩生 | 太仆寺丞、刑部郎中 | | | |
| 公显文 | 恩生 | 鸿胪寺序班 | | | |
| 公亮 | 武生 | 大将军 | | | |
| 公震 | | 青州教授 | | | |
| 公琇 | 廪生 | 修职郎 | | | |
| 公涵 | 贡生 | 范县训导 | | | |
| 公随 | 选贡 | 昌乐县教谕 | | | |
| 公需 | 贡生 | 德平县教谕 | | | |
| 公旬 | 恩荫 | 南京户部郎中 | | | 宣统《蒙阴县志》卷四《人物志》 |
| 公家珍 | 贡生 | 襄城县令、黄州同守 | 《义课》 | 顺治 | 宣统《蒙阴县志》卷四《人物志》 |
| 公戴东 | 举人 | 鱼台训导、金乡教谕 | | 咸丰 | 宣统《蒙阴县志》卷四《人物志》 |
| 公家观 | 贡生 | 鱼台教谕 | | | 宣统《蒙阴县志》 |
| 公道东 | 举人 | 候选知县 | | | |
| 公廷揢 | 举人 | 知县 | | | |
| 公廷晖 | 监生 | 永定府巡检 | | | |
| 公廷暖 | | 福山教谕 | | | |
| 公廷士 | 贡生 | 教谕 | | | |
| 公元夑 | 举人 | 国子监学政 | | | |
| 公元聘 | 选贡 | 济阳县教谕 | | | |
| 公元燮 | 拔贡 | 峄山县教谕 | | | |
| 公元价 | 监生 | 候选州同 | | | |
| 公肇玮 | 举人 | 知县 | | | |
| 公肇琨 | | 高密县教谕 | | | |

续表

| 主要人物 | 功名情况 | 曾任官职 | 著述 | 主要活动时期 | 资料来源 |
|---|---|---|---|---|---|
| 公肇经 | 儒生 | 孔府诗礼堂启事 | | | |
| 公肇清 | | 孔府诗礼堂启事 | | | |
| 公毓恩 | | 孔庙举事官 | | | |
| 公方愉 | 监生 | 候选县丞 | | | |
| 公印堂 | 庠生 | 热河县知事 | | | |
| 公懋忠 | 廪生 | 济南巡官 | | | |

### 三、繁盛于清的仕宦望族

#### （一）历城朱宏祚家族

朱宏祚家族，是清代济南府著名的文学望族。朱氏家族世居青州，明初迁到高唐县，到朱美先时迁居历城，从此定居。清初家族成员三世朱昌祚因军功起家，其家族也是从这时候开始步入书香门第。朱绅、朱纲均师从王渔洋学诗，且家族中出现的著名诗人、学者达数十人之多。家族成员也积极入仕，清代朱氏家族共出现进士 2 人、举人 7 人，主要的出仕为官者见表 4-11。

表 4-11　历城朱宏祚家族仕宦表①

| 主要人物 | 功名情况 | 曾任官职 | 著述 | 主要活动时期 | 资料来源 |
|---|---|---|---|---|---|
| 朱光祚 | 贡生 | 儒林郎、内阁中书舍人 | | 顺治 | 光绪《高唐州志》卷八《选辑》 |
| 朱昌祚 | | 宗人府启心郎，工部侍郎，浙江巡抚，直隶、山东、河南总督 | 《熙朝雅颂集》 | 顺治、康熙 | 道光《济南府志》卷五三《人物九》；光绪《高唐州志》卷八《著述》 |
| 朱宏祚 | 举人 | 盱眙知县、刑部广东司主事、刑部员外郎、兵部督捕郎中、直隶天津道佥事、直隶守道参议、广东巡抚、闽浙总督、监修河南河工 | 《记事诗》《后纪事》《忠清堂奏疏》《朱氏家谱》《赠刘云麓使君诗》 | 顺治、康熙 | 道光《济南府志》卷五三《人物九》；光绪《高唐州志》卷八《著述》 |

① 其他参考资料：黄金元著《明清之际济南府望族与诗歌研究》第九章《历城朱氏诗歌研究》，山东师范大学 2010 年博士学位论文。

| 主要人物 | 功名情况 | 曾任官职 | 著述 | 主要活动时期 | 资料来源 |
|---|---|---|---|---|---|
| 朱绂 | 荫生 | 大理寺卿、西曹 | | | 光绪《高唐州志》卷八《著述》《选辑》 |
| 朱纲 | 贡生 | 兵部主事、刑部郎中、天津道副使、天津直巡道、河南按察使、湖北按察使、湖南布政使、云南巡抚 | 《济南草》《苍雪山房稿》《检尸考要》 | 康熙、雍正 | 道光《济南府志》卷五三《人物九》；光绪《高唐州志》卷八《著述》 |
| 朱绛 | 贡生 | 刑部郎中、永州知府、铜仁知府、广东肇高廉罗道副使、广东按察使、广东布政使 | 《岭南草》《棣华书屋》 | 康熙、雍正 | 道光《济南府志》卷五三《人物九》；光绪《高唐州志》卷八《著述》 |
| 朱綵 | 进士 | 内阁中书舍人、刑部主事、刑部员外郎、郧阳知府 | | 康熙 | 道光《济南府志》卷五三《人物九》 |
| 朱纬 | 贡生 | 邱县训导 | 《梦村集》 | 康熙 | 道光《济南府志》卷五三《人物九》；光绪《高唐州志》卷八《著述》 |
| 朱缵 | 举人 | 乳源县知县 | | 雍正 | 道光《济南府志》卷四二《选举四》 |
| 朱令昭 | 监生 | 州同知 | 《闽游集》《皇葵集》 | 雍正 | 道光《济南府志》卷五三《人物九》；光绪《高唐州志》卷八《著述》 |
| 朱琦 | 举人 | 陕西神木知县、万载知县、安岳知县、彭县知县 | 《倚华楼诗》 | 乾隆 | 道光《济南府志》卷五三《人物九》 |
| 朱璜 | 举人 | 蒙阴教谕、青州教授 | | 乾隆 | 道光《济南府志》卷五三《人物九》 |
| 朱彤 | 进士 | 费县训导、曹州府教授 | | 乾隆 | 道光《济南府志》卷五三《人物九》 |

续表

| 主要人物 | 功名情况 | 曾任官职 | 著述 | 主要活动时期 | 资料来源 |
|---|---|---|---|---|---|
| 朱曾武 | 举人 | 广东开平知县 | 《四书字义说略》《制义纲目说略》《唐诗绎律》《时文一贯录》 | 乾隆 | 道光《济南府志》卷五三《人物九》 |
| 朱曾喆 | 贡生 | 宁阳教谕 | 《养中之塾学古文》《朱绛墓表》 | 乾隆 | 道光《济南府志》卷五三《人物九》；光绪《高唐州志》卷八《著述》 |
| 朱士偣 | 增贡 | 江苏县丞 | | 嘉庆 | 道光《济南府志》卷五三《人物九》 |

### （二）宁阳黄恩彤家族

汶南黄氏家族是清代山东宁阳地区一个典型的仕宦望族。黄氏家族自永乐二年（1404）移民来宁阳定居，累世农桑使得家族不断兴盛，自十二世黄恩彤考中进士以来，家族两代三进士四举人，家族势力达到了顶峰。此外，黄氏家族有监生29人，贡生3人，庠生2人，武生2人，太学生、礼生、文生各1人。入仕为官者21人，恩荣寿官3人，被举为乡饮介宾者1人、乡饮耆宾者8人，主要的出仕为官者见表4-12。

表4-12　宁阳黄恩彤家族仕宦表①

| 主要人物 | 功名情况 | 曾任官职 | 著述 | 主要活动时期 | 资料来源 |
|---|---|---|---|---|---|
| 黄恩澍 | 进士 | 四川大名府知县 | 《淡如菊斋文稿》《片云小草诗稿》 | 道光 | 《汶南黄氏世谱》，宣统三年（1911）刻本 |

① 针对汶南黄氏家族，笔者曾专门写过一篇文章进行研究,详见李井铭:《汶南黄氏家族与基层社会探究》,《牡丹江师范学院学报》(哲学社会科学版)2016年第3期。

续表

| 主要人物 | 功名情况 | 曾任官职 | 著述 | 主要活动时期 | 资料来源 |
|---|---|---|---|---|---|
| 黄恩彤 | 进士 | 刑部主事、秋审处行走、秋审处坐办、律例馆提调、热河都统衙门理刑司员、直隶司主事、直隶司员外郎、四川司郎中、江南监法道道员、江苏按察使、广东按察使、广东布政使、广东巡抚 | 《知止堂集》《鉴评别录》《飞鸿集》《秋声词》《飞鸿集文》《两汉史断》《三国书法》《读史漫录》《余霞集》《名宦传》《离骚分段约说》《憩亭诗稿》《使粤诗草》《忘余诗草》《大清律例按语根源》《稀龄追忆录》 | 道光 | 《清史稿》卷三七一《黄恩彤传》;《汶南黄氏世谱》,宣统三年(1911)刻本 |
| 黄丕勋 | | 七品衔 | | | 《汶南黄氏世谱》,宣统三年(1911)刻本 |
| 黄丕协 | | 从九品衔 | | | 同上 |
| 黄师闿 | 进士 | 翰林院编修、记名御史、右春坊右赞善、广西思恩府知府、桂林知府 | 《落花生赋》 | 咸丰、同治 | 《汶南黄氏世谱》,宣统三年(1911)刻本;光绪《宁阳县志》卷二二《艺文》 |
| 黄宝书 | 举人 | 临清学正 | 《衣德堂古近体诗》 | 咸丰 | 《汶南黄氏世谱》,宣统三年(1911)刻本 |
| 黄师侃 | 监生 | 候补内府中书舍人、员外郎 | | | 《汶南黄氏世谱》,宣统三年(1911)刻本;光绪《宁阳县志》卷九《荫叙录》 |
| 黄秉玉 | | 七品衔 | | | 《汶南黄氏世谱》,宣统三年(1911)刻本 |

续表

| 主要人物 | 功名情况 | 曾任官职 | 著述 | 主要活动时期 | 资料来源 |
|---|---|---|---|---|---|
| 黄怀秀 | | 从九品衔 | | | 《汶南黄氏世谱》，宣统三年（1911）刻本 |
| 黄怀辂 | | 七品衔 | | | 同上 |
| 黄怀琴 | | 五品衔 | | | 同上 |
| 黄力田 | 增贡 | 候选通判 | | 同治 | 《汶南黄氏世谱》，宣统三年（1911）刻本；光绪《宁阳县志》卷九《选举》 |
| 黄福田 | 附贡 | 教谕 | | 同治 | 同上 |
| 黄守田 | 监生 | 五品衔 | | | 《汶南黄氏世谱》，宣统三年（1911）刻本 |
| 黄开田 | 廪贡 | 议叙训导 | | | 同上 |
| 黄稔田 | 监生 | 议叙布政司照磨 | | | 同上 |
| 黄继刧 | | 六品衔 | | | 同上 |
| 黄继禧 | | 从九品衔 | | | 同上 |
| 黄继菜 | | 五品衔 | | | 同上 |
| 黄彦怡 | 监生 | 议叙按察司照磨 | | | 同上 |
| 黄彦诚 | 监生 | 议叙按察司照磨 | | | 同上 |

## 四、仕宦望族之间的互动

### （一）仕宦望族间的通婚情况

潘光旦先生认为婚姻有聚类之理，"这种类聚与选择的手续越持久，即所历世代越多，则优良品性的增加、集中、累积，而一个氏族出生人才的能力与夫成为一乡一国之望的机会也就越不可限量"[1]。望族间的通婚，不仅能提升家族的政治影响力，也能够促进家族自身各方面的建设。关于鲁中地区仕宦望

---

[1]　潘光旦：《明清两代嘉兴的望族》，商务印书馆1947年版，第129页。

族婚姻状况的研究，学术界也多有涉及①。本部分主要是结合各望族的具体通婚情况，来研究鲁中望族通婚关系的特点。

1. 讲求门当户对

明初，天下大定，朝廷统计天下户口，置户帖、户籍对百姓进行严加约束，并规定"凡户三等：曰民，曰军，曰匠。民有儒，有医，有阴阳。军有校尉，有力士、弓、铺兵。匠有厨役、裁缝、马船之类。濒海有盐灶。寺有僧，观有道士。毕以其业著籍。人户以籍为断，禁数姓合户附籍"②。山东紧靠统治中心，亦是如此，"惟孔、颜、曾、孟列儒籍，其散居各州县未入谱者不列也。余为民籍，若商籍、竈籍，考试者亦鲜。明时其制有异，考先人同年齿录，新城王氏为军籍，各省或匠籍、军籍，名目甚多，不全记。最可怪者，有富籍、丐籍"③。具体来说，益都孙氏为匠籍，新城王氏、临朐冯氏、蒙阴公氏为军籍，余皆为民籍。此外鲁中地区的望族多于明初大移民时从外地迁徙而来，如《长山徐氏族谱》后序记载：洪武初年从南方人口稠密的州县分拨山东，以直隶枣强为分丁局，"维时昆山县徐氏迁于枣者五十丁，除留枣五丁，余分聊城、泰山、新台、兰山、郯城、菏泽、长山、曲阜、临淄、昌邑、福山、莱阳、高密等县"④。鲁中地区望族的始迁祖多数为平民出身，加上从外地迁入，根基未稳，因而这些家族成员早期的贫寒决定了其通婚对象的平民化。新城王氏前三世通婚对象均属平民，家谱中对于她们家庭背景及嫁女情况均未有记载，其始迁祖王贵原配初氏更是神秘。临朐冯氏家族的冯裕还未步入仕途之前，仅是辽宁广宁卫的普通军户，默默无闻，其通婚的对象也是普通平民。冯裕的曾祖父冯福通入赘于广宁右屯卫盐场小屯吴家，冯裕在未及第时所娶妻伏氏亦是广宁寒族。

在家族发展的初期，仕宦望族的先辈们大都能经过辛勤劳动获取财富。以宁阳黄恩彤家族为例，汶南黄氏始迁祖黄鉴定居于宁阳东北部汶水南岸的龙鱼

---

① 鲁中地区仕宦望族婚姻状况研究的成果有何成：《明清新城王氏家族文化研究》第三章《新城王氏的婚姻与婚姻圈》，中华书局 2013 年版；王勇《明清博山赵氏家族文化研究》第五章《立足孝乡辐射山左——博山赵氏家族与山东文化世家的联姻》，中华书局 2013 年版；张秉国：《临朐冯氏家族文化研究》第四章《以道相交，以文会友——临朐冯氏的交游及姻亲》，中华书局 2013 年版；于瑞桓、何成：《明末清初新城王氏婚姻简论》，《烟台大学学报》(哲学社会科学版) 2002 年第 2 期；秦海滢《明清时期山东孝妇河畔的望族——以淄川地区为中心》第二章《科名与著姓望族》部分内容，中山大学博士后研究工作报告，2006 年；等等。

② 《明史》卷七七，第 1878 页。

③ ［清］王培荀著，蒲泽校点，严薇青审订：《乡园忆旧录》，齐鲁书社出版社 1993 年版，第 51 页。

④ 转引自：《长山西街徐氏家族》，载卢兴国主编《邹平名门望族》，山东友谊出版社 2013 年版，第 71 页。

泉村①后，因他勤苦力耕，开垦荒地，拥有了一定数量的土地。他又利用当地丰富的渔牧资源，使得家资更加富盛，"是时，牛以蹄计者四千，马以匹计者三百，羊豕以只计者各二千焉"②。积累一定财富之后，为摆脱社会身份的限制，家族开始重视子弟的教育，以期通过科举步入仕途。黄恩彤在《世谱后序》中也指出了黄氏十支中唯次三支黄廷弼一支最盛的原因："固由累代敦本力田、诵诗读书，有以守其宗祧而启其后嗣"③，即从黄景洙开始的历代黄氏族人注重"耕读传家"的家风，不仅使得家族资产不断增加解决了生存问题，而且强调学习诗书、勉励后代入仕以光耀门楣。的确，从《汶南黄氏世谱》各家族成员的介绍中也可以看出：汶南黄氏从黄廷弼的长子第八世黄朝允成为黄氏家族第一个监生开始，黄氏家族的读书出仕人数成倍激增，汶南黄氏也就是从这时候开始跻身于仕宦家族的行列，在地方上的影响不断增加。④ 这些家族跻身仕宦家族行列后，其婚姻对象开始拓展到官僚世家和书香门第中。婚姻成为家族提高声望的重要手段，"是一种政治行为，是一种借新的联姻来扩大自己势力的机会，起决定作用的是家世的利益，而绝不是个人的意愿"⑤。以新城王氏为例，自第四世王重光开始，新城王氏共与40多个不同地域的名门望族进行通婚，何成总结其通婚对象"主要有三种类型：文献望族、官僚世家、武将世家"⑥。具体的家族有临邑邢侗家族、临朐冯琦家族、博山赵进美家族、新城徐准家族、新城刘溥家族、新城李延寿家族、新城于璧家族、新城于纶家族、新城荣冕家族、新城伊辟家族、新城耿鸣世家族、新城毕亨家族、新城成绩家族、新城沈渊家族、新城张羽凤家族、新城宋锐家族、新城田氏家族、邹平孙栻家族、邹平张延登家族、邹平张奇策家族、邹平成巳家族、淄川毕自严家族、淄川高举家族、淄川王鳌永家族、淄川张至发家族、长山刘鸿训家族、长山李化熙家族、长山徐以贞家族、长山曲玉骥家族、长山鲍开茂家族、长山吴琬家族、长山袁守侗家族、长山王桢家族、汶上路楷家族、济宁陈贞家族、高苑张希稷家族、青城于永青家族、青城韩庭芑家族、章丘焦馨家

---

① 龙鱼泉村，土名黄家崦，上一名黄家老庄。《汶南黄氏世谱·汶南黄氏源流记》，清宣统三年刻本。

② 《汶南黄氏世谱·汶南黄氏源流记》，清宣统三年刻本。

③ 《汶南黄氏世谱·世谱后序》，清宣统三年刻本。

④ 以上关于汶南黄氏家族的资料，详见李井铭：《汶南黄氏家族与基层社会》，《牡丹江师范学院学报》2016年第3期。

⑤ ［德］恩格斯：《家庭、私有制和国家的起源》，《马克思恩格斯全集》第4卷，人民出版社1956年版，第74页。

⑥ 何成：《明清新城王氏文化研究》，中华书局2013年版，第123页。

族、历城朱宏祚家族、德平葛守礼家族、益都孙廷铨家族（包括孙之獬一支）、惠民李之芳家族、海丰杨巍家族、陵县康丕扬家族、滨州杜受田家族等等。博山赵氏于明初为避乱从蒙阴搬迁到颜神镇，始迁祖赵平娶元故都孙女许氏为妻。三世赵廷杰娶同邑宣宗朝吏部右侍郎王让姐姐为妻，两例证明赵氏家族在迁到博山时的经济状况不差，且通婚的家庭虽非名门显贵，亦是官僚或富足之庭。① 到第六世，赵氏家族开始注重科举，家族累代的努力终使博山赵氏成为一著名仕宦望族。明清两代，与博山赵氏家族通婚的官僚或文学世家有：博山王让家族、益都孙廷铨家族（包括孙之獬一支）、博山翟凤翀家族、博山张晓家族、淄川张至发家族、淄川毕自严家族、淄川高举家族、淄川唐梦赉家族、新城王士禛家族、临朐冯琦家族、历城朱宏祚家族等等。

　　家族的兴盛与否意味着家族通婚对象门户的高低，门户观念在仕宦望族的婚姻中占有支配地位。无论是新城王氏还是博山赵氏，他们通婚的对象多为官宦之家和文学世家，与他们联姻不仅能提升家族成员的才学，而且能保证众多的成员出仕为官。明清两代士绅的身份虽不能世袭，但其子弟获致功名的机会较一般平民大，且明代进士有一半以上来自官宦家庭。② 此外，明清时期的婚启也往往间接反映出门户观念，如淄川唐梦赉所写《通毕公载绩刺史婚启》：

　　　　榴吐红巾，坐文梁之燕语；荷张翠盖，发晴浦之鸳书。茑萝绿松荫以干霄，棠蕚依长林而并茂。淼淼银渚，喜河鼓之缠明；望望枌榆，庆门楣之瑞。霭天作之配，文定厥祥，恭惟匡时董贾奏勘龚黄。世第簪缨，曳履敝星辰之府；家学霄汉，分符飓兔鸟之声。鸣琴不废缥缃七字，真夺篝扇传经，孰如乔梓双珠诧，比封胡遗爱江南。祝风流刺史拥书砚北，暂为泉石幽人嗣，惟芳峥嵘高才卓荦七篇，锁棘案头，惊走灵蛇，八法临池，腕下疑飘采凤，业就绳其祖武。请看如晦孙，曾名传籍甚人言，再是元将兄弟装回梓里巷，可鸣可屈指芸堂。床将堆笏（侄婿），生邻泰岱凤，已仰丈人之峰（舍弟），自出谓南弗克吟，公子之旬年去奇编，欣赏太平菴内放翁诗，时当古义切摩投豆亭中黄发训。谓一山隔井陌得晨夕，结素心之交，乃两姓世婚姻，更媒妁通赤绳之好。令仲孙名门华胄，搦管应已赋高轩（舍侄女），蓬户寒姿缝缝，未能娴内，则恐布衣汲甕鹿车未足供。蘋蘩想绣幕牵丝，月姨已先订伉俪。遂忘耦大祗以缘深迳者，鱼茧千言唾九天之珠玉，鸾笺十样倒三峡之波澜。礼虽重于斧柯，词犹溢美报敢拟乎。

　　① 　王勇：《明清博山赵氏家族文化研究》，中华书局 2013 年版，第 8、18 页。
　　② 　赖惠敏：《清代的皇权与世家》，北京大学出版社 2010 年版，第 6 页。

琼玖墨以腾，伏愿龙乘甥馆，凤引萧楼，端蒙以养正之功，十年乃字协终焉。允臧之卜五世其昌学海，文山聿念先司农之德，练裳木屐，庶几古处士之遗。拂芜简以陈辞，笔花欲舞对薰风而拜，使颜色将飞。①

婚启显示，唐梦赉为舍弟向淄川毕氏求婚，引用大量的优美词句交代了唐氏、毕氏两家的家世情况，对双方的才学、家学都有重点介绍，浓厚的门户观念显露无遗。

2. 重视乡土联姻

"安土重迁，黎民之性；骨肉相附，人情所愿也。"② 在中国这个礼法社会下，百姓有着较为深厚的乡土观念，同一地域下有共同的风俗、交际与利益，即便是婚嫁亦注重这种乡土之谊。美国学者 William Skinner（施坚雅）在研究中国农村市场与社会结构的关系时，提出了市场体系理论，将市场圈与社交圈、通婚圈相等同："农民常常在市场社区内娶儿媳。媒人们（在四川他们常在集镇上的某些茶馆中活动）和适龄小伙子的母亲们有相当大的保证，可以在整个基层市场社区中寻找未来的儿媳，但他们对体系之外的家庭则缺乏了解，无法从那里寻找候选人。总之，基层市场社区中有一种农民阶层内部通婚的特别趋向。"③

在仕宦望族发展的初期，成员多为无功名者，经济条件较差，因而通婚仅限于本乡本土，范围不大。以新城王氏184次通婚为例，始迁祖王贵原籍青州府诸城县初家庄，其妻亦诸城初氏女。虽不知两人是否为同村人，但至少证明为一县内通婚。王氏家族到第五代，虽王之都官至平凉府知府、王之垣官至户部侍郎、王之猷官至浙江按察使，但这时候还是王氏家族发展的初期，政治影响力一般，除王之垣与汶上陆楷家族联姻超出一县之外，其余22次均与新城当地家族通婚。随着王氏家族的不断兴盛，家族成员出仕做官增多，家族通婚超出新城范围。据统计，新城王氏主要与济南府内望族通婚，共有145次婚姻（包括1—5世的23次婚姻），占总通婚数的78.8%；其次是青州府内望族，共17次，占总通婚数的9.2%；再次为济宁州与兖州府各1次。而济南府范围内，又以新城为最多，其次为淄川、长山、邹平、青城、临邑、历城等地。④

---

① ［清］唐梦赉：《志壑堂文集》卷四，转引自秦海滢《明清时期山东孝妇河畔的望族——以淄川地区为中心》，中山大学博士后2006年研究工作报告，第66页。

② 《汉书》卷九《元帝纪第九》，第292页。

③ ［美］施坚雅：《中国农村的市场和社会结构》，史建云、徐秀丽译，中国社会科学出版社1998年版，第45页。

④ 何成：《明清新城王氏文化研究》，中华书局2013年版，第108页。

《明清博山赵氏家族文化研究》搜集的 116 例婚姻关系中，赵氏与博山本地四个家族通婚有 76 次，与淄川五个家族通婚 31 次，与新城王氏通婚 7 次，与临朐冯琦家族、历城朱宏祚家族通婚各 1 次。其中与青州府通婚（包括博山和临朐）总共 77 次，占总比重的 66.4%。① 《临朐冯氏家族文化研究》搜集的 63 例婚姻关系中，记载不详者 31 次（其中 27 次仅简单记载女方或夫家的生平，推测应为益都本地人）。与广宁通婚 3 次，济南府的济阳、临淄、海丰共 4 次，其余均与青州府本地家族通婚。② 由此可见，仕宦望族注重与本府所在望族的通婚，通婚数量基本以族望所在地为中心，向周边依次递减。

至于仕宦望族为何重视乡土联姻，何成认为主要有三种因素："一是地域较近，是家长出于爱护子女的一种普遍心态或指导原则；二是明清科举世家的利益主要还是在乡梓，望族之间可以通过联姻、交游、师生、同年等各种关系加强联系，互通声气，积极参与地方行政事务，共同维护家族共同圈的利益；三是地缘接近，交通便利，风俗和文化圈的较易认同，交游更为密切。"③ 以历城朱氏家族成员朱缃为例，他年少便富有才华，精通三史、四库、六经、七略至天官壬遁之书。为人不喜欢交结权贵，曾在章丘明水建筑房屋，曰"橡村"，有"饶水竹之胜"。朱缃每日在此与四方名士觞咏为乐，赋诗畅谈。④ 他毕生致力于诗歌，曾于文坛盟主王士禛处学诗，并与朱彝尊、蒲松龄、田雯等交游。朱氏本是历城仕宦望族，加上朱缃与王士禛的师生与交游之情，王将其孙女嫁于朱照长子朱崇谦，结成姻戚。朱缃死后，王士禛还曾为其撰写《朱缃墓志铭》⑤，以示哀悼：

　　……朱君子青晚出，风流文采，独能自见于当世。方期以远大，庶几成一家之言，以继诸先哲之后，而竟天阏以死。天实生才而又摧折困厄之，如此其有意耶？其无意耶？……顾薄科举程文以为不足为，而独致力于歌诗。其为诗义兼骚雅体，被文质，幹之以风力，润之以丹青，彬彬然，近代一作手也。子青既盛有诗名，四方胜流名士过历下者，揽湖山之秀，挹清流之洁，而未识子青，则犹以为未足也，必停车结驷而造焉。……子青天性纯孝又耽尚邱壑，既连不得志于有司，则循近例入赀得授曹

---

① 王勇：《明清博山赵氏家族文化研究》，中华书局 2013 年版，第 226—254 页。

② 张秉国：《临朐冯氏家族文化研究》，中华书局 2013 年版，第 189—196 页。

③ 于瑞桓、何成：《明末清初新城三氏婚姻简论》，《烟台大学学报》（哲学社会科学版）2002 年第 15 卷第 2 期。

④ 道光《济南府志》卷五三《人物九》，清道光二十年刻本。

⑤ 王士禛《蚕尾续文集》卷一五记载《朱缃墓志铭》名为《候补主事子青朱君墓志铭》。

郎，家居不入仕者十年，日侍两亲寝门，雍雍如也。……子青笃于人伦，信于朋友，言行相顾，内外无异词。①

墓志铭中虽有众多的溢美之词，但较为详细地介绍了朱缃的生平，为研究朱缃本人及朱氏家族提供了重要的资料。朱王两家本就为仕宦望族，两家的联姻更是扩大了双方在政治、文学上的影响力，加强了乡土之间的交流。

3. 保持世代通婚

所谓"世婚"，即家族之间为了某种利益，合两姓之好，而保持世代为婚的一种现象。罗时进对清代江南地区众多家族婚姻状况进行分析，指出"联姻又往往不会满足于单一的嫁娶关系，常常会自觉引导到某种极致状态，即连环婚姻和累世婚姻"②。

世婚现象在明清时期的仕宦望族间经常出现。何成在研究新城王氏的联姻状况时，将联姻两次及以上作为世婚的标准，发现新城王氏与新城、淄川、长山、邹平、青城、博山、益都等几个地区的 25 个家族保持世婚。③ 同样，在博山赵氏 116 次婚姻中，也有众多的世婚情况，见表 4-13。

表 4-13　博山赵氏之姻亲及通婚次数表④　　　　　　单位：次

| 编号 | 籍贯 | 家族状况 | 娶入次数 | 嫁女次数 | 总数 |
|---|---|---|---|---|---|
| 1 | 博山 | 孙廷铨家族 | 29 | 29 | 58 |
| 2 | 博山 | 翟凤翀家族 | 11 | 1 | 12 |
| 3 | 博山 | 张晓家族 | 4 | 1 | 5 |
| 4 | 博山 | 王让家族 | 1 | 0 | 1 |
| 5 | 淄川 | 张至发家族 | 2 | 1 | 3 |
| 6 | 淄川 | 毕自严家族 | 7 | 0 | 7 |
| 7 | 淄川 | 高举家族 | 18 | 1 | 19 |
| 8 | 淄川 | 孙之獬家族 | 1 | 0 | 1 |

① 光绪《高唐州志》卷八《选辑·朱缃墓志铭》，清光绪三十三年刻本。
② 罗时进：《地域·家族·文学——清代江南诗文研究》，上海古籍出版社 2010 年版，第 54 页。
③ 何成：《明清新城王氏文化研究》，中华书局 2013 年版，第 147 页。
④ 本表据王勇：《明清博山赵氏家族文化研究》第五章《立足孝乡辐射山左——博山赵氏家族与山东文化世家的联姻》的婚姻研究而作。

| 编号 | 籍贯 | 家族状况 | 娶入次数 | 嫁女次数 | 总数 |
|------|------|----------|----------|----------|------|
| 9 | 淄川 | 唐梦赍家族 | 1 | 0 | 1 |
| 10 | 新城 | 王士禛家族 | 5 | 2 | 7 |
| 11 | 历城 | 朱宏祚家族 | 0 | 1 | 1 |
| 12 | 临朐 | 冯琦家族 | 1 | 0 | 1 |

由表 4-13 可见，博山赵氏主要与博山本地、淄川和新城的 7 个家族维持世婚，总数为 111 次，占总通婚次数的 95.7%。此外，我们在世代通婚中也可以发现一种现象，即大量的不计行辈婚现象的出现。以博山赵氏与孙廷铨家族通婚为例，赵氏十一世作目娶孙氏十世廷钟女为妻，赵氏十二世荫宣娶孙氏十世廷铎女为妻，赵氏十三世坤娶孙氏十七世芙女等等，次数众多。博山赵氏与翟凤翀家族亦是如此，赵氏十世凯美娶翟氏七世元会女，翟氏九世恂娶赵氏十世进美之女。李向群对唐代皇室中不计行辈婚的情况进行研究，他认为这种现象被当时的社会习尚所认可，是受北方少数民族习俗的影响，是一种封闭性极强的亲上做亲型婚姻。① 这种风俗一直流传到明清时期，并被大部分的仕宦家族所接受，成为中国婚俗文化的一部分。

世代通婚有其利弊。优点在于婚姻双方的家庭相互了解，减少了不必要的交往成本，并能加强因单线婚姻造成的望族之间短期的联系。但从现代优生角度来看，世代通婚限制了通婚范围，不利于优生。以淄川毕氏为例，毕氏家族自康熙以后总体衰落，其重要原因是由于毕氏子孙早亡现象严重，无法保证科名的衔接。自耕年仅三十而卒，自裕年仅四十三而卒，自耘五十二而卒，自寅长子际章十七岁未娶而卒，自严子际复二十八而卒，际复子盛谟早卒，际孚子盛鉴二十九而卒，盛铨四十七而卒，际孚孙世浃和世疏早卒，自肃孙盛青四十八而卒，盛育子世持三十九而卒，世持四子海玥早卒。② 虽未标明这些家族成员死亡的具体原因，但大批量家族成员的早卒很大程度上与世代通婚有关，要想证明还有待于对淄川毕氏及其通婚家族的婚姻状况进行进一步的研究。

4. 结成婚姻网络

一般来说，一个家族有若干个通婚家族，而这些家族又有自己另外的一套

---

① 李向群：《唐代皇室婚媾中的不计行辈婚》，《陕西师大学报》（哲学社会科学版）1989 年第 3 期。

② 秦海滢：《明清时期山东孝妇河畔的望族——以淄川地区为中心》，中山大学博士后 2006 年研究工作报告，第 49 页。

通婚体系。这样以若干家族为连接点，从而组成了范围广大的婚姻网络。这个婚姻网络，既可是一乡一县，又可是一省一国。"士族为了保持自身政治社会地位的优越，须先保持自身血统关系的高贵，联姻同等门第的士族，才能使家族门第长久不衰。高级士族毕竟少数，同门第间的联姻其所选择的婚家并非很多，所以这一时期士族间形成几个家族间的世亲联姻。"① 正是由于这种家族数量少及世婚现象，家族之间的利益交织，彼此之间的联系密切。

以新城王氏为例，其婚姻集团有近 50 个不同地域的仕宦望族，这些仕宦望族又有自己的婚姻集团。新城王氏与淄川高举家族有 8 次通婚，而高举家族又与淄川韩氏、毕氏、王氏、孙氏、贾氏，新城徐准、张羽凤家族，邹平张延登家族，长山刘鸿训、李化熙家族等有婚姻往来。② 新城王氏在淄川的其他望族均与淄川韩浚家族有婚姻关系，但是由于明末党争，新城王氏与淄川韩氏分别属于东林党与齐党，水火不相容。"齐党鉴于新城王氏在朝中和乡党中的地位声望，曾极力想引之为粤援，托王氏姻亲张延登游说王象晋。许之诠台之职，被王象晋拒绝，因而恼羞成怒，借京察排挤王象晋家居十余年之久。"③ 虽然两个家族之间并未借助姻亲直接建立起联系，但这也是两家间联系的反映。

新城王氏的另一姻亲长山袁守侗家族是清代山东著名的缙绅鼎族，自康熙起的 200 余年间这个家族先后出现了进士 9 人、举人 24 人、武举人 7 人，各种途径入仕为官者达 218 人之多。家族最著者为袁守侗，官至乾隆时期的军机大臣、户部尚书兼东阁大学士。据袁氏族谱记载，与袁氏通婚的家族包括长山刘鸿训家族、李化熙家族、王桢家族、李士翱家族、徐以贞家族、石日琮家族、王榕吉家族，新城王氏家族，海丰吴式芬家族，滨州杜受田家族，惠民李之芳家族，曲阜孔氏家族，德州卢荫溥家族，泰安赵国麟家族，诸城刘墉家族，河北献县纪晓岚家族，四川岳镇邦家族等。其范围不仅包括济南一府，还远达河北、四川等省；省内联姻涉及 28 县，省外有 12 省 23 县。而部分联姻则是世代相袭，多者达五六世。④ 王士禛将孙女嫁于袁守侗，结与袁氏成姻亲，就能与袁氏大部分的通婚望族建立起联系。新城王氏自王士禛后家族走向衰落，但正是由于与袁氏等的通婚，使得其仍有较高的影响力。

此外，新城王氏的通婚家族如海丰吴式芬家族、惠民李之芳家族、历城朱

---

①　冯尔康：《中国宗族史》，上海人民出版社 2009 年版，第 135 页。

②　［清］高之骧：《高氏家模》，淄博市图书馆馆藏。

③　何成：《明清新城王氏文化研究》，中华书局 2013 年版，第 146 页。

④　《焦桥袁氏家族》，载卢兴国主编《邹平名门望族》，山东友谊出版社 2013 年版，第 377、402 页。

宏祚家族、博山赵进美家族等都有自己的通婚集团。在讲求"一荣俱荣，一损俱损"的古代社会，家族为保证自己在中央、地方上的利益与权威，不得不结成范围广阔的婚姻网络。

5. 望族女性扮演重要角色

女性这一群体在中国封建社会长期处于被支配地位。中国女性大多具有孝顺、勤俭、吃苦耐劳的优良品性，注重名节，尤其是望族的女子，由于长期接受良好的教育，更是能够孝敬舅姑、相夫教子、勤俭持家。王之垣在《炳烛编》中就认识到了女性的婚配对于望族兴盛的重要作用，"古今世家亦多由母德之贤，故婚配不可不慎"[1]。并进一步指出了王氏家族婚配的标准："嫁女必须胜吾家，娶妇必须不若吾家。嫁女胜吾家，则女之侍人必钦必敬；娶妇不若吾家，则事舅姑必执妇道。"[2]

举例而言，《王节母徐氏传》是对长山徐日升之女的传记，她16岁便适长山王桢家族诸生王雯，精心侍奉舅姑。33岁时丈夫去世，欲殉节，但有一子四女未成年，乃活。抚育儿子孙枝成立，并督促其学业。孙枝能文章，好交游，所与游者皆严师贤友，官至昌邑县训导，多有善行，入县志孝友传。[3] 家里生产皆赖徐氏。诸女出嫁后，皆以勤俭闻名，年87岁卒。[4]《徐节母毕孺人传》是毕自肃之女的传记。该女16岁适长山徐日升子之大。侍奉舅姑以孝闻，与妯娌、姐妹相处融洽。相夫教子，内外交称贤明。丈夫生病，自割左腕肉以入药。丈夫死后，安抚舅姑。舅姑死后，回家照顾母亲王氏达二十余年。父亲毕自肃"子孙固多贤，科名鼎盛，然事有所疑必就母决之，其为两族严重如此"。母亲王氏死后回到徐家，含饴弄孙，年83岁卒。[5] 淄川毕氏、长山徐氏皆明清时期的仕宦望族，他们教育子女必当严格。虽然她们受传统儒教的影响，丈夫死后欲赴死、不复改嫁，但也体现出她们从一而终的品性。正是由于他们的谆谆教诲，子女才能成才，避免了家族的衰败。

望族女性多才女，其嫁入夫家后，能够将母家的家风、家学带入，给予夫家以新鲜血液。"探寻文化传衍的轨迹，从家教（钱穆以为家教包括家风和家学两项内容）着手，似更切实。绵绵瓜瓞，家教的年年相承、世世相继，并非刻板的承守，其中多有融汇以及在此基础上的创新。在这一传承与生发的过

① 王之垣:《炳烛编》,香港天马图书有限公司1999年版,第6页。
② 王之垣:《炳烛编》,香港天马图书有限公司1999年版,第9页。
③ 嘉庆《长山县志》卷九《孝友》,清嘉庆六年刻本。
④ 嘉庆《长山县志》卷一四《传》,清嘉庆六年刻本。
⑤ 嘉庆《长山县志》卷一四《传》,清嘉庆六年刻本。

程中，婚姻正是一种护持、融合与催发性机制。"① 以才女王碧莹为例，王碧莹乃长山王桢的从孙女，父亲王应骢饱读经史，母亲乃长山李士翱家族李炌。两个舅父李绪方、李东华均能诗文，王碧莹尝与舅父读书，切磋诗文。少女时代的她即负有诗名，19 岁适同邑赵氏赵象坤。赵氏乃长山仕宦之家、书香门第，但到赵象坤时家道衰落，已成清贫的书香人家。但夫妻俩以共同读书咏和自娱，品读唐人书画。她还形成了自己独特的诗风，如《望长白》：

> 晴岚积翠望中无，泰岱东分灵气殊。
> 怒劈三峰穿碧落，神通五岳足元都。
> 飞泉瀑布光如接，迭嶂层霄势可呼。
> 齐鲁风烟收绝顶，青天半落夕阳乌。

此诗完全没有女子的那种婉约，处处显示出豪放之气。40 岁王碧莹因丧母伤心过度而死，有《东篱集》藏于家。② 正是王碧莹的家风与赵氏家学交汇，使得赵氏诗名更盛。牟山刘其旋曾写《才女王碧莹传》，赞其"天地间原有诗钝根，人不自解耳。清风明月时时送与巾帼中，能不相负者惟王碧莹与李易安也！"③

此类才女还有很多，如博山女诗人赵慈、徐以贞女徐如莲等，胡文楷《历代妇女著作考》中统计的清代女性作家有 3660 余人。④ 但是由于"古代名媛之集，镌印不多，流传极少，蒐求非易，著录所载，或一书而数名，或名同而实异，或有目而无书，或名亡而实存，年代久远，难以考究"⑤。望族女子纵使不能诗文，但至少从小受母家的熏陶，潜移默化中也秉承了重文重教的传统，这对一切以科举为重的望族来说尤为重要。

（二）仕宦望族间的交游情况

鲁中望族间的互动除了相互通婚外，交游也占有很大的比重。关于鲁中地区仕宦望族交游情况的研究，学术界多局限于对望族成员交游状况的单独研究，对于交游特点总体概括较少。本部分主要是结合各望族成员的具体交游情况，来研究鲁中望族交游的特点。

---

① 徐雁平：《清代文学世家姻亲谱系》，凤凰出版社 2010 年版，第 6 页。

② 《明清长山东街王氏家族》，载卢兴国主编《邹平名门望族》，山东友谊出版社 2013 年版，第 359—361 页。

③ 嘉庆《长山县志》卷一四《传》，清嘉庆六年刻本。

④ 胡文楷：《历代妇女著作考》，上海古籍出版社 2008 年版，第 1206 页。

⑤ 胡文楷：《历代妇女著作考》，上海古籍出版社 2008 年版，第 6 页。

1. 家训对望族交游的规范

"国有国法，家有家规"，一个家族能够成为有影响力的仕宦望族，往往要经过家族几代人的不懈努力。要想保持门第长盛不衰，就需要对家族成员的思想、行为等进行规范，这时族规、家训得以产生。

仕宦望族以科举为第一要务。王象晋曾问一同年其家族科第极盛的原因，那同年说："非才过人也，惟严立课程耳！每日读经史毕，作文七篇，缺一不可；旷一日亦不可。"象晋深有感触，便用此法教育家族子孙。"每夜五鼓即起，终年在书屋；惟元旦拜家祠，与尊长贺节毕，即入塾肄业。虽至亲近族，罕得会面。一文不佳，责有定数。初不胜苦，久久操之既熟。入闱时，人忙我闲，视在塾反为从容。科第蝉联，良有故也。"① 的确，正是因为家族子孙都能严格履行家族教育，新城王氏才得以成为明清山东仕宦名门。这也从另一方面反映了正确交游对于家族兴衰的影响。

除对子孙的学业进行教育外，部分家族也注意规范子孙的处世行为。张延登家族无疑是其中做的比较突出的，其家训具体翔实，分为忠君鉴、孝亲鉴、夫妇鉴、兄弟鉴、朋友鉴、慈爱鉴等六大部分。朋友鉴就是对张氏子孙交游的一个规范，现摘录如下：

> 上士择交，必择文行忠信才能胜己之人；中士择交，无咎无誉平等之人；下士择交，多嫉胜己者而喜面谀顺己之人。盖小人与小人为朋。然小人初交时，极其亲热，能使人爱慕，将人事败，却又于中取利，或反落井下石，诚可畏也。朱子戒子书曰：交游之间，最宜审择。大凡敦厚忠信，能攻吾过者，益友也；谄谀轻薄，傲慢亵狎，导人为非者，损友也。以此求之，百无失一。戒之！慎之！歌曰：损友敬而远，益友近而亲。结交择德义，不论富与贫。君子淡如水，岁久情愈真。小人甜如蜜，转眼成仇人。善择可也。②

张氏家训要求子孙在择友时区分益友与损友，并提供了一种鉴别的方法。但是区分交游好坏比较困难，有时因交友不慎会招来杀身之祸。长山袁守侗之弟袁守佃与京师镇守使张子祥因是同窗好友，交往甚密。袁守佃，字念贻，自幼聪明过人，以贡生援例入国子监，官至户部山西司员外郎。乾隆四十八年

---

① [清]王培荀著,蒲泽校点,严薇青审订:《乡园忆旧录》,齐鲁书社出版社 1993 年版,第 4 页。

② 《梁邹西张氏族谱·张氏家训》。

（1783），张子祥贪污军饷十万两白银被查出，且有举兵谋反嫌疑。而袁守侗与和珅因秘杀山东巡抚国泰案而有嫌隙，和珅借机抓住把柄，以同伙罪名将袁守佃抓进监狱。袁守佃此时年纪尚轻，对好友的罪行毫无察觉，兄长袁守侗也因公务去世，政治上孤立无援，在和珅的诬陷下被杀。①

一些望族的族谱家训也告诉我们很多为人处世的准则：

## 李氏宗谱族规②

一、为人应清正廉明，不许索贪贿私；

二、为民应遵守国法，不许赌盗谣骗。

三、为学应勤勉精博，不许浮旷瞒混；

四、为人应善良诚信，不许刁诈诬蛮。

五、为长应严慈教养，不许娇宠纵溺；

六、为幼应赡侍孝悌，不许忤薄虐弃。

七、治家应勤俭淳厚，不许懒赖苟奢；

八、处事应凝敦明达，不许媚点昏犯。

这八条就是告诉我们从小要养成尊老爱幼的习惯，为国效力，为人正义、廉洁等。只有先立身，别人才会愿意与你交游。

2. 因通婚、同乡、同年、仕宦而交游

就文化传承而言，世家望族的子弟要想很好地继承家学，不能仅局限于家族内部的传承，还必须有外部师承与交友。师友之间互通声气，揄扬鼓吹，传播扩大，对于显名当时以及仕途都会产生重要影响。③ 因而仕宦望族成员多拜名士为师，与文人交游，进而步入仕途。

仕宦望族结为姻戚，家族间必然有众多的联系，成员间的交游也较为频繁。以王士禛为例，新城王氏与博山赵氏世代联姻，联姻多达 7 次，赵执信妻为王士禛外甥女，因而两人渊源颇深。自赵执信 18 岁中进士入翰林院后，便与同在京城为官的王士禛交往，而且两人互有诗文唱和，交往较密。后来两人关系恶化，何成在研究两人的关系时，总结了学术界流行的四种原因：一如《四库全书总目提要》所说，赵执信求王士禛给其《观海集》作序，而屡失其

① 《焦桥袁氏家族》之《袁和恩仇记》，载卢兴国主编《邹平名门望族》，山东友谊出版社 2013年版，第 429—430 页。

② 辉里村《李氏族谱·宗谱族规》。

③ 黄金元：《明清之际济南府望族与诗歌研究》，山东师范大学 2010 年博士学位论文，第 64 页。

期，执信遂相构衅；二如梁绍壬《两般秋雨庵随笔》所说，不过因王士禛不借给赵执信《声调谱》之故；三如赵执信《谈龙录》自述，一次与顾小谢论诗时曾公然讥斥渔洋"诗中无人"，做客人入都后将此事告诉王士禛，两人关系开始疏远；四是赵执信论学秩山左门庭，弃其家学的缘故。① 王培荀在其《乡园忆旧录》中也记载了两人的恩怨，"秋谷游吴门，与吴修龄交莫逆。一日酒酣，语修龄曰：'迩日论诗，惟位尊而年高者称巨手耳。'是时，宋牧仲方巡吴，闻之，遂述于渔洋，两人自此有隙"②。王的记载大概与第三种相类似。

高珩，字葱佩，号念东，晚号紫霞道人。善于交游，与同乡王鳌永、毕自严、韩源、王樛、孙蕙、唐梦赉等均有来往，而与唐梦赉最密。唐梦赉，字济武，号豹岩。于顺治九年（1652）被罢官后，"退居般水之阳，闭户读书，专心诗歌，性耽山水，日与司寇高公念东、宫詹李公吉津，徜徉山水"③。唐梦赉所著《志壑堂文集》中有多首诗是写给高珩的。长山刘鸿训和张至发两人相识，"两相国相去数十里，皆在崇祯五十三相中。功名不甚显，平生政绩卓越反在未为相时。盖在阁日浅，明怀宗求治太急，用人多疑，时方纷扰，动多掣肘故也"④。刘鸿训和淄川毕自严也十分交好，时阁老刘鸿训在朝很有威望，"以尚书毕自严善治赋，王在晋善治兵，请帝加倚信"⑤。正是刘鸿训的举荐，才有了毕自严人生的辉煌。

这时候仕宦望族间的交往并非仅局限于望族内部，凡是饱学之士，均有可能成为望族子弟交往的对象。如《聊斋志异》作者蒲松龄，字留仙，一字剑臣，别号柳泉居士，一生怀才不遇，却与淄川各望族均有交往。曾于康熙九年（1670）做淄川孙之獬家族孙蕙幕宾。归乡后，长期在乡间教书。蒲松龄进省城赶考路过毕家，遇上万卷楼内晾书于路旁，不忍离去。在毕际有的邀请下，从此开始了在毕家任教三十七年的生涯。此外，蒲松龄也与王士禛、赵执信等有交往。临朐冯氏冯惟键，定居临朐后，青州郡人士仰慕他的文采，多与其交往，并群起效仿他的诗文。⑥ 颜山孙氏家族的孙宝仁、孙宝信、孙宝任三兄弟，与邑中名流究心古文，颇有心得。

望族成员仕宦为官时也交下了颇多友谊，提升了家族影响力。益都孙宝仍

① 何成：《明清新城王氏文化研究》，中华书局2013年版，第187—190页。
② ［清］王培荀著，蒲泽校点，严薇青审订：《乡园忆旧录》，齐鲁书社1993年版，第23页。
③ ［清］唐梦赉：《志壑堂文集》，淄川区图书馆藏。
④ ［清］王培荀著，蒲泽校点，严薇青审订：《乡园忆旧录》，齐鲁书社1993年版，第17页。
⑤ 《明史》卷二五一，第6482页。
⑥ 光绪《临朐县志》卷一四上《人物一·先正上》，清光绪十年刻本。

第二女为博山赵执信之妻，之后，宝仍与执信同官京师十年，归同里居约二十年，可见两家交情之深。此外，王之垣在其著作《历仕录》，王士禛在其著作《居易录》《池北偶谈》等中，都记载了他们为官时的交游情况。

3. 游历助文气，诗文结良友

传统士人讲求以文会友，为避免离群索居，对一系列社会交往活动非常重视。正如顾炎武所说："独学无友，则孤陋而难成；久处一方，则习染而不自觉。不幸而在穷僻之域，无车马之资，犹当博学审问……若既不出户，又不读书，则是面墙之士，虽子羔、原宪之贤，终无济于天下。"①

游历能增长文人的才情。所谓"读万卷书，行万里路"，就是告诉我们知与行应该相结合，应该在游历中开阔眼界。"遍游名山胜水、探访古迹名胜、拜谒名士、访寻挚友，在自然风光与历史名胜之中激发灵感、陶冶性情、增广见闻、开拓胸怀，可谓文人墨客的人生至乐。游历、交往与埋头苦读相辅相成，使士人避免孤陋、获得更多切磋技艺、增益学术的机会。这对生存环境相对狭窄、无处施展抱负的基层士人们而言，更是不可多得的生活享受。"② 综观明清时期鲁中地区仕宦望族成员，我们可以看到一个普遍的现象，就是大部分有才情的士人都愿意游山玩水，且很多著作都是在游历中完成的。有些出仕为官者，到所任地区后，亦是遍访当地名山大川、拜谒名人古迹。如前文提到的唐梦赉，"性耽山水，日与司寇高公念东、宫詹李公吉津，徜徉山水"。

赵执信是清代一大才子，亦善于游历。作为山东人，山东大大小小的山川河水上都有他的足迹；赵为官北京时，曾宦游京师西部的河北、山西等地；因"演《长生殿》之祸"罢官后，足迹范围更广，游历天津、河南、江苏、浙江、江西、广东等地长达几十年。正是由于其游历范围的广泛，他写下了大量诗文，并结交了南北众多名士。"赵执信结识交游的文人在其诗文中出现的，据不完全统计有一百一十多人。"③

游历中的以文会友能提升文人的知名度。天启元年（1621），后金为害东北，影响到了明王朝与朝鲜的宗藩关系和中国东北的安危。为弥补大明王朝与朝鲜两国的关系，朝廷决定委派刘鸿训出使朝鲜，以图重修旧好。他经陆路到达朝鲜后，广交朝鲜政要，以出色的外交才能受到了朝鲜举国人民的欢迎。在朝鲜期间，朝鲜方面引导明朝使节参观了众多名山古迹，并以书法和诗赋等艺

---

① ［清］顾炎武撰，华忱之点校：《顾亭林诗文集》卷四《与人书一》，中华书局 1959 年版，第 90 页。

② 张烨：《明清时期山东地区基层士人研究》，华东师范大学 2013 年博士学位论文，第 127 页。

③ 宫泉久：《论清初山左诗人的结社交游》，《理论学刊》2008 年第 10 期。

术形式相互结交唱吟，其诗赋等被收录到《皇华集》中。① 这种以文会友，加强了中朝邦交和相互的文化交流。

文人之间因有共同诗文爱好而结良友。临朐冯氏与蒙阴公氏都是明清文献世家，家族内部有很多文人，诗文传世众多。蒙阴公氏公鼐、公鼒与冯氏冯琦、冯瑗、冯珣、冯珂等人均有众多的诗文往来。

4. 结社吟唱，谈天论政

诗人结社，在我国有悠久的历史。谢国桢在其《明清之际党社运动考》中写道："《周礼》所谓州社，《左传》所谓书社、千社，汉代有乡社、里社的名称，由社为一地之主，因其地而引申为社会的组织。后来习武备的叫作社，文士的结合也名做社，像晋代的惠远莲社，宋代胡瑗的经社，元代的月泉吟社，这都可以说明代结社的起源了。"② 明清时期诗人结社之风亦是非常流行，山东地区也不例外。

结社是科举制度的产物。明清讲求八股取士，这直接刺激了众多专攻八股社团的产生。如蒲松龄曾与众人结郢中社，"与李子希梅，寓居东郭，与王子鹿瞻、张子历友诸昆仲，一堁倪之隔……约以宴集之余晷，作寄兴之生涯，聚固不以时限，诗亦不以格拘，成时共载一卷，遂以'郢中'名社"③。结社时，一般尊年老有名望者为师，精心研究八股文的题脉格式，相互探讨心得，揣摩学习方法。如新城的张象津，字汉渡，博学能文，擅长碑版之作。"及门多才士。同邑何氏，雅好文墨，集同人为文社，会者七八十人，延先生与部曹徐子耘先生文骧主文衡。放舟锦秋湖，课毕游赏谈宴，一时称盛。"④ 虽有的结社以研究八股为目的，但在研究过程中也有助于彼此之间诗文创作水平的提高。

结社可以诗文酬答。在结社中，可以交流感情，结为朋友。冯裕致仕后，与青州诗人石存礼等八人结海岱诗社，"八人皆闲散之身，自吟咏外，别无余事，故互相推敲，自少疵类，其斐然可颂，良亦有由"⑤。冯惟健随父宦游南京时，与南都人陈凤、卢国贤等人"结文社青溪之上"⑥。顺治十四年（1657），王士禛等诸名士曾于大明湖畔举行秋柳社，并因一首《秋柳诗》而

① 关于此事，在《明史》《明实录》《李朝实录》中多有记载。孟宪尧：《〈皇华集〉与明代中朝友好交流研究》，延边大学2012年博士学位论文，以传世的25种《皇华集》为核心史料，对这一问题有过专门研究。

② 谢国桢：《明清之际党社运动考》，上海书店出版社2004年版，第5页。

③ ［清］蒲松龄：《蒲松龄全集》，学林出版社1998年版，第1033页。

④ ［清］王培荀著，蒲泽校点，严薇青审订：《乡园忆旧录》，齐鲁书社1993年版，第390页。

⑤ 《四库全书总目》，中华书局1997年版，第2643页。

⑥ 光绪《临朐县志》卷一四上《人物一·先正上》，清光绪十年刻本。

名声遍南北。他曾忆及此事："顺治丁酉秋，予客济南。时正秋赋，诸名士云集明湖。一日，会饮水面亭，亭下杨柳十余株，披拂水际，绰约近人。叶始微黄，乍染秋色，若有摇落之态。予怅然有感，赋诗四章，一时和者数十人。"①后来他到扬州做官时，遍交江南名士，批评奖掖后进，广泛结社交游，确立了其在诗坛上的盟主地位。历城朱氏朱令昭曾"倡柳庄社，与淄川张元、胶州高凤翰、义乌方起英等为忘形交。书法学习唐人，两手均能作画"②。

　　提到结社，不得不提复社问题。复社起源于明末，本是为应对科举交流经验而起，结果随着众多士人的加入，开始参与明末政治，对当时的政坛产生重大影响，清朝建立后被取缔。清朝统治者对结社一事不予提倡，如淄川地区"生员不许纠党多人立盟结社，把持官府武断乡曲。所作文字不许妄行刊刻，违者提调官治罪"③。复社本是一学术组织，到后来发展为一政治组织，弊端丛生。王培荀在其《乡园忆旧录》中陈及复社的种种问题："明季复社，声气遍天下，每会，至二三千人，几罹清流之祸。国初犹染余习，吾淄韩氏为主盟，新城则三王倡首。西樵、礼吉主'晓社'，渔洋举'秋柳社'，此外，又有'因社'。'秋柳社'中著名者，如东武邱海石、清源柳公廘、任城杨圣宜。原立社之初，诗酒文宴，特讲学之变调，后乃学步效颦，陋习相踵；甚至学使纳贿，生员之外复取社生，无定额、不达部。乡间诩诩，滥膺冠带。会言路条陈禁止，其风乃息。否则，覆辙相寻，未有已也。"④

　　除以上几点外，我们也应看到仕宦望族间的交游与通婚有一共同规律，即其交游圈和通婚圈的广度与深度与家族兴衰成正比。兴则盛，衰则亡，这又未尝不是万事万物亘古不变的一大规律呢。

　　（三）仕宦望族间的互助情况

　　望族在发展的过程中不可避免会遇到很多问题，要不想家族会从此彻底衰落，需要其姻亲、好友的帮助。费孝通曾说："乡土社会是靠亲密和长期共同生活来配合各个人的相互行为，社会的联系是长成的，是熟习的，到某种程度使人感觉到是自动的。只有生于斯、死于斯的人群里才能培养出这种亲密的群体，其中各个人有着高度的了解。"⑤ 望族之间因有密切的联系，互助也是建立在道德规范的基础之上的互惠行为。关于鲁中地区仕宦望族互助状况的研

---

① ［清］王士禛：《王士禛全集》，齐鲁书社 2007 年版，第 2004 页。
② 光绪《高唐州志》卷八《著述》，清光绪三十三年刻本。
③ 乾隆《淄川县志》卷首《谟训》，清乾隆四十一年刻本。
④ ［清］王培荀著，蒲泽校点，严薇青审订：《乡园忆旧录》，齐鲁书社 1993 年版，第 60 页。
⑤ 费孝通：《乡土中国》，三联书店 1985 年版，第 44 页。

究，学术界仅是在部分研究的部分内容中有所涉及，未见有专门研究。本部分主要是结合各望族的具体互助情况，来研究鲁中望族互助情况的特点。

1. 望族成员内部的互助

望族成员间因有共同的血缘，在其他成员遇到问题时，理应施以援手。李全生在长期研究农村中社会互助现象后，认为"至于在家庭内部成员之间的互助不是完全意义上的互助，在中国的人伦意识中，家庭成员之间存在着责任和情感，属于义不容辞的行为，不存在谁帮助了谁，谁感谢谁的观念"①。

关于家族互助情况，很多家族族谱中多有记载，如新城王氏是山东仕宦名门，随着人口的繁衍，家族支系众多。为凝聚宗族，王氏家族特别重视宗族建设，对于那些家庭贫困者，"剂义田以赡族众，广赈施以惠闾右"②。新城王氏对义田的管理、分配对象等都有成文的规定，其"尚亲、均贫、分厕、尊齿"四大分配原则，虽是宗法社会的产物，但对其他家族成员也有一定的帮助。科举是仕宦望族兴盛的关键，为了培养出众多的仕宦人才，新城王氏也利用义田的收入聘请乡间名流，设私塾教育子弟。正是这种仕宦生产链，使得新城王氏科举人才辈出。张延登家族家训中的孝亲鉴、兄弟鉴、慈爱鉴无一不是告诫子孙要孝敬父母、友爱兄弟，家族成员有困难时应尽力援助。历城朱氏家族朱绶，性好施予，振人之急，赈济同族，"周恤宗党贫困者"③。朱绶子朱崇熏，字彝存，由诸生援例为贡生。他也特别重视家族子弟诗文及科举能力的培养，听闻淄川张元的诗文名气，曾屡次路过淄川，花重金延请他教导家族子弟达三十多年。正是由于重视诗文，历城朱氏家族成为山东文化名门，人才辈出，家族众子弟作诗与张元齐名。④

当兄弟死后理应照顾其遗孤遗孀。博山赵泽芳兄长赵泽膏于 27 岁时病故，兄嫂也相继死亡，留下数月大儿子允森。泽芳视侄儿如己出，稍长延师教育之，以至成人。允森生子龙光以后，亦去世，泽芳又承担起照顾其遗孤遗孀的责任。龙光弱冠后补弟子员，兄长赵泽膏一脉香火不断有赖于泽芳。⑤ 张延登母亲生下他 21 天后，中蓐风而死。伯父乃河南巡抚张一元，无子嗣，因而张延登从小由伯母抚养长大。

---

① 李全生：《农村中社会互助现象初探》，《山东农业大学学报》（社会科学版）2003 年第 2 期，第 45 页。

② 王象晋：《重修新城王氏族谱原序》，转引自何成《明清新城王氏文化研究》，中华书局 2013 年版，第 82—84 页。

③ 光绪《高唐州志》卷八《选辑·朱绶墓志铭》，清光绪三十三年刻本。

④ 光绪《高唐州志》卷八《选辑·朱缃墓志铭》，清光绪三十三年刻本。

⑤ 民国《续修博山县志》卷一一《人物志·孝友》，民国二十六年铅印本。

当亲族身陷囹圄，其他成员也应尽力营救。邹平张延登子张万斛，字幼量，号定庵，拔贡。博学广智，擅长诗文和书法，他在自己的别院中饮酒抚琴，生活淡泊。晚年却遭遇不幸，家人徐升龙充巡抚署中书吏却被万斛仆人打死，万斛也受牵连入狱 10 年。其他子弟为了给他打官司，变卖家财，使得家族由盛而衰。①

2. 望族间政治上的互助

望族间相互通婚尤其是世婚组成了牢固的政治圈，在政治上互为奥援，一定程度上降低了政治上的危险性。新城王之垣官至户部左侍郎，在新城王氏的发展过程中起到重大作用。他为官期间清正廉洁，精明能干，并在政治上追随张居正。其在湖广地区为官时，因替张居正杖杀何心隐而受其他官员弹劾。何心隐是明末泰州学派的代表人物，异端思想家。张居正秉政后，为了加强明王朝的思想控制，整饬讲学，毁坏天下书院。何心隐却无视禁令，并重伤居正，"当入都颂言逐之"②。张居正听后，令时任湖广守臣的王之垣将何心隐逮捕，并按律治罪，结果何死于狱中。张居正倒台后，一些当朝官员弹劾王之垣杀何媚张，众多新城王氏为官者及其姻亲、门生等极力为其辩护，而其姻亲冯琦也伸出援手并致书之垣以安慰。

望族成员在政治圈内互相提拔，为顺利晋迁提供了保障。淄川毕氏与同邑望族王氏互为姻亲，毕自严任职大司农时，与其亲家王鳌永互相提携，在政治上互相帮助。临朐冯氏与新城王氏保持世婚，冯溥出仕清朝，官至刑部尚书、太子太傅，曾极力提拔王士祯，士祯也自称为其门生。即便是望族成员在政治上出现分歧，也能尽量将矛盾化小。冯溥与孙廷铨为密友，两人为同乡、同年，相互之间有诗文唱和。康熙十六年（1677），冯溥被提升为吏部侍郎。当时各省学道缺员，部郎又不足，吏部议论以知府补任。冯溥任时或许是为了争夺官位而不择手段，或许在用人上有众多受人非议之处，为化解矛盾，"时尚书孙廷铨、侍郎石申并乞假"③。通过"请假"的办法，避免了两人之间的正面冲突，同时也是孙廷铨为政温和爱民的体现。

3. 望族间经济上的互助

望族发展初期大都贫寒，而在起步阶段能得到经济等方面的援助，对望族来说如虎添翼。新城王氏在第四代王重光、王耿光兄弟时发展为地方性的望

---

① 《明清邹平城里张氏家族》，载卢兴国主编《邹平名门望族》，山东友谊出版社 2013 年版，第 181 页。

② ［清］谷应泰：《明史纪事本末》卷六一《江陵柄政》，中华书局 1977 年版，第 954—955 页。

③ 《清史稿》卷二五〇《冯溥列传》，第 9691 页。

族。王重光字廷宣，嘉靖进士，在其未及第之前家里非常贫困，饮食缺乏，靠姻亲新城刘溥家族供给。① 正是刘家的援助，使得重光摆脱生存上的烦恼，安心求学，从而步入仕途。

当姻亲家族生活困难时，其余家族也会给予援助，尽一些应尽的义务。长山徐日升女，适长山王桢家族。姐姐适邹平张氏（张延登家族），因夫君早亡，遗留两个孤儿。她将两个孩子收养在家中，并请老师教授他们功课，其中老大张万绶高中顺治年间进士。张氏母亲死后买不起棺材下葬，她帮忙埋葬并为其儿子置办田产。② 博山赵氏与历城朱氏家族结为姻亲，赵执信将女儿赵慈许配给朱绛子朱崇善。但朱绛死后，朱氏家族逐渐衰落，子孙在科名和文学上的影响很小，后家族又遭遇火灾，家族财产损失大半，朱氏后人更与平民无异。迫于生计，赵慈回到了博山的娘家，但生活依然非常艰辛。《国朝山左诗续钞》范坰所作《序》中说："方伯卒后，诸子多落拓，复遭回禄灾，氏依母家，至衣食不自给。"③ 朱崇善和赵慈育有一子朱琭，后定居博山。《朱绛墓表》也讲明朱绛死后，子孙迁移到外地谋生，无人祭祀，家族衰落的情况。④

望族间经济上的援助还有很多，大部分见于出嫁女子与娘家人之间的互动。如赵进美的孙女嫁于直隶朱氏，公公因当县令时贪污被杀，丈夫也牵连致死，只剩下孤儿寡母，生活艰辛，身陷牢狱。赵执璨看到姐姐境遇窘迫，遂携带千金到京师赎出她们母子，并暂居于家。按照惯例，出嫁女子不分家产，但为了姐姐母子的生计，又担心后人不能谅解引起不必要的争端，于是用数千斤购买了一些田产给予姐姐。姐姐将死时告诉儿子实情，并告诫其勿忘舅舅的恩德。⑤ 赵作肃有一姐姐适同县给事中孙蕙，突然生病致死，来不及置办棺木，他把自己储存的上好的棺木用来安葬其姐。⑥

望族间经济上的互助大多出于血缘亲情，责任使然。正是这种互助使得仕宦望族在衰落后仍能生存下来，有的勤奋努力考取功名，有的从衣食无着成为一般性的地主。如果说仕宦望族政治上的互助能保持望族门第长盛不衰，那么经济上的互助则是仕宦望族衰落后的依靠。

------

① 何成：《明清新城王氏家族文化研究》，中华书局 2013 年版，第 141 页。
② 嘉庆《长山县志》卷一四《传》，清嘉庆六年刻本。
③ 张鹏展：《国朝山左诗续钞》，载韩寓群《山东文献集成》第一辑第 42 册，山东大学出版社 2007 年版，第 617 页。
④ 光绪《高唐州志》卷八《选辑》，清光绪三十三年刻本。
⑤ 乾隆《博山县志》卷七上《孝友》，清乾隆十八年刻本。
⑥ 民国《续修博山县志》卷一一《人物志·孝友》，民国二十六年铅印本。

4. 望族间文化上的互助

仕宦望族成员大都有较高的知识文化涵养，彼此相互交游，并有责任联合培养家族人才。王象春长女适新城徐氏家族民和，民和早亡，长女生活较为困难。象春于是将女儿及外孙徐夜接到家中抚养，教徐夜诵读诗书，与王家子弟一块学习，并为之操办婚事，助其成家。徐夜字东痴，亦字稽庵，是明末著名遗民诗人，在其《告外祖季木公枢》第五首中就曾写道外祖父王象春的恩情："恩重无从说，徒多念往心。儿童看长大，婚冠并亲临。捉鼻当时爱，持身没世箴。诗文勤付托，一一意良深。"① 徐夜诗风的形成，很大程度上受新城王氏家学及外祖父象春文学思想的影响。徐夜还与从表兄弟王士祯交游，两人有多首诗相互应答，显示两者深厚情谊。

王培荀在《乡园忆旧录》中记载其家族亦山公擅长诗文，与同乡毕自严相交甚笃，两家还结为儿女亲家。但经过谢迁之乱，王家受到重创，毕自严便将丧父的外孙王皡迪兄弟两人养育在家。毕自严请先生教授他们诗文，并让兄弟俩一块儿与儿子毕际有共同学习。舅甥不仅有血缘亲情，还结下深厚友谊。毕际有，字载绩，号存吾，顺治年间拔贡，官至江南通州知州，于致仕回乡后写有《赠四甥皡迪》诗：

> 当我未生时，尔母已先无。尔遂与尔兄，同来我家居。我母视尔哺，我父课尔书。癸亥我初生，尔已八岁余。逮我事章句，尔已称名儒。临池走怀素，文章拟大苏。诗宗李长吉，数精邵尧夫。旁及诸家者，歧黄与堪舆。投石复超距，不肯蹈拘迂。酒酣时击剑，棋倦更投壶。比时我长兄，与尔年不殊。朝夕相砥砺，共期步天衢。余也亦同社，每每向谘诹。戚谊甥舅笃，切磋友朋如。我父晋司农，相携常同车。兵燹屡往返，无不与尔俱。戊寅遭家难，从此迹少疏。尔兄伴我读，尔与我兄胥。五日会文字，始获一聚酺。壬午我兄逝，尔遂返故庐。或月一至焉，相见少欢娱。甲申同患难，三月共山嵎。家食既难遂，余乃风尘趋。自兹益阔略，谈心凭双鱼。终岁或再遇，总不如当初。丙申余窃禄，高粱六载逾。亲朋接踵至，屡屡烦招呼。坚卧长白山，尔志甘犁锄。辛丑一暂归，聚晤只须臾。相悲都老大，对坐但欷歔。遥指五狼来，行行步次且。昨岁知多病，几乎成长徂。陡然闻命驾，疑信且踌躇。开门忽觌面，如获五斗珠。不能叙寒暄，盱目各如愚。草草具杯盘，慷慨酒沾濡。尔为发狂歌，我听捋髭须。白日

---

① ［清］徐夜著，武润婷等校注：《徐夜诗集校注》，山东大学出版社1997年版，第262页。

苦多事，长夜话舒徐。回首四十年，万事皆土苴。年来好屡迁，旧业成荒
芜。新构五亩园，一水环高间。抱膝吟此中，不屑计盈虚。菜妻作宾客，
乔梓为师徒。只此堪自慰，无庸叹居诸。周旋方两月，忽忽念归途。尚有
凌霄志，歧路泣杨朱。留连既不得，西送出郭郛。阿堵尔羞道，聊以表区
区。努力各进修，金石永不渝。烦言讯尔兄，别来可念予？①

王皞迪一生不仕，醉心于田园山水，擅长诗，有著作未传世。两人从小交好，
多年未见后以诗会友，用诗相互唱和。这首诗可以看作毕际有与王皞迪深厚友
谊的家传。

综观明清鲁中地区的仕宦望族，虽兴盛时间不一，影响范围不同，但均有
一共同规律：始创初期均重视耕读传家，重视家族子弟的文化教育；兴盛后尤
致力科举，形成广泛而牢固的通婚、交游圈，在政治、经济、文化等方面互为
奥援，对国家和地区产生重大影响。明清两代鲁中地区合计有进士 884 人，而
本文列举的代表性仕宦望族合计有 96 人，占比达到 10.86%。这些仕宦望族仅
是鲁中地区仕宦望族的一小部分，由此可见科举进士人才基本为仕宦望族所
垄断。

# 第三节
## 明清鲁中仕宦望族与基层社会的关系

明清仕宦望族是一个范围广泛的群体。成员既有在朝为官者，他们勤奋进
取，努力扩大自身的政治影响力，进而得到朝廷的恩赐与褒奖，提高家族的社
会地位；也有在乡世居者，谨言慎行、勤劳治家，争做地方上的表率。但无论
是谁，他们都直接与基层社会产生联系，为维护自身利益和改善生活境遇，通
过官府或个人行为参与到地方的政治、经济、文化、公益等各个方面，获得地
方威望。由于仕宦望族生于斯、长于斯，对基层社会有着深层次的理解，成为
地方政府众多政策、事务的实际执行者，在基层社会发挥了不可替代的作用。

### 一、仕宦望族与地方政权

中国这个大宗法社会下，讲求"家国同构"。国家的形成就是由无数个家

---

① ［清］王培荀著，蒲泽校点，严薇青审订：《乡园忆旧录》，齐鲁书社 1993 年版，第 61 页。

族组合而成，这些家族往往聚族而居，拥有家族祠堂，祭祀共同的祖先。为保证家族发展及子孙的和睦，他们还制定严格的族规家训。家族即为宗族，"宗族就是有男系血缘关系的人的组织，是一种社会群体。这里需要特别指出的，它不只是血缘关系的简单结合，而是人们有意识的组织，血缘关系是它形成的先决条件，人们的组织活动，才是宗族形成的决定性因素"①。由于中国地大物博，国家对地方社会的控制相对松散，很大程度上依赖于宗族的自治。

以青州邢玠家族为例，邢玠，字搢伯，明末著名的军事家，因万历年间援朝战争家喻户晓。其致仕归乡后，开始注重家族建设，制定了严格的宗规族约。其《宗规》明确规定了子孙应该重孝悌、重俭约、重谦谨、戒嫖赌、戒贪淫、戒执拗②等六条，并设有宗正、宗副、宗直、宗讲、宗监等来管理宗族事务。为了更为有效地约束子孙行为，制定了较为详细的《简明罚约条件》，现摘录几条如下：

> 无故啰惹生事，暴横乡里。事已到官者，任官处外，仍量罚钱五十文，以存宗法。如人愿赴本宗了事者，除依公断，归正赔罪外，罚钱一百文，仍量事加责，以平人心，俱记恶。
>
> 婚姻、田土、买卖交易，不公不明，欺压邻里、孤寡、市井小民者，除依公断，归正仍量加责外，罚钱一百文，记恶。
>
> …………
>
> 吾宗不自省察，实实得罪于人，罚责赔礼无论矣。如理外、意外，无干受人欺侮者，亦难坐视，当公同二三族人，向伊理讲，不然同诣乡约处，从公裁断。又不然，方具状到官，然亦只许据事直陈，不可张皇失实，以致欺官害民。俱为未便，此等动作，尤需查访直实，公议停妥，方许举行。不许三二人逞忿，擅自轻往。万一傍人不谅，行迹之间，谓吾会为纠众凌人，反为不美。违者罚钱一百文，记过。二次责十板，记恶。③

从上面摘录的几条家族与外人关系的罚约条件，可见仕宦望族既能协调本族事务，也能处理族人与外族之间的事务。当处理族外事务时，宗族是族人有力的后盾。宗族如同一个国家，一切事物都有明文的规定，宗族治理有序，社

① 冯尔康：《宗族制度、谱牒学和家谱的学术价值》，国家档案局二处、南开大学历史系、中国社会科学院历史研究所图书馆合编《中国家谱综合目录·代序》，中华书局1997年版，第2—3页。
② 邢其典：《青州邢氏族谱·宗规》，青州市三友印刷厂，2013年，第34—37页。
③ 邢其典：《青州邢氏族谱·简明罚约条件》，青州市三友印刷厂，2013年，第45—49页。

会当然安定，地方政权也得以巩固。

明清时期推行乡规民约，也是望族参与基层社会教化的产物。明朝初年，政府推行里甲制度，加强对人民的控制。随着土地兼并的加剧，社会动荡不已，里甲制度遭到破坏，转而推行乡约，加强对民众的教化。仕宦望族凭借自身的优势，在乡约中有举足轻重的地位，并参与众多的地方事务。政府正是看中了仕宦望族在推行乡约中的作用，因而在康熙年间的《圣谕广训》中对其职责加以明确：

> 敦孝弟以重人伦，笃宗族以昭雍睦，和乡党以息争讼，重农桑以足衣食，尚节俭以惜财用，隆学校以端士习，黜异端以崇正学，讲法律以儆愚顽，明礼让以厚风俗，务本业以定民志，训子弟以禁非为，息诬告以全良善，诫窝逃以免株连，完钱粮以省催科，联保甲以弭盗贼，解仇忿以重身命。①

正是《圣谕广训》等政府乡约政策的推行，使得明清时期在公共场所讲解乡约和在地方史志中讨论风俗的做法颇为流行②。地方政府也不遗余力地贯彻中央政府的号召，将推行乡约落到实处。如长山县令孙衍为力行教化，曾于康熙五十二年（1713）二月颁布《力行教化约》，首先讲明了康熙九年（1670）"上谕十六条"对乡民的教化，然后讲述了自己自任职以来长山风俗的淳朴，为了琢玉成器，所以规定"今与士民约，每逢朔望先于明伦堂讲读，训斥士子。文毕即远诣村镇居民萃集之所，宣解上谕十六条。各乡以次亲临，寒暑无间"③。通过这一举措，县里的乡民都能通晓上谕，规范礼仪。

政府极力推行乡规民约，各望族也紧跟号召，制定属于自己家族的族约。为保证族约落到实处，邢氏家族每月第六日还定期举行家族会议，拜祭祖宗。拜祭后，"大众依序退赴讲所。宗正首坐，宗副、宗直左右坐，直日宗纠后退一位，左右坐，其余宗人下一位，左右前后挨序坐。坐定讲宗法，将各簿放桌上。请至宗正前，宗正公同直副逐款高问：是月某人，犯某过、某条否？直日宗纠，有即据实尽言，无则答以未有。其次合族有闻见者，俱许直陈，无则已

---

① 转引自何成：《明清新城王氏家族文化研究》，中华书局 2013 年版，第 267 页。
② 任雅萱：《地方礼俗教化权利的分享与边界——以清前期士绅赵执信〈礼俗权衡〉为例》，《民俗研究》2016 年第 4 期。
③ 嘉庆《长山县志》卷一二《约》，清嘉庆六年刻本。

如。有即公同照罚，登考行簿，不许含糊"①。邢氏家族定期会议，既增进了宗族之间的团结，又贯彻了政府的号令，从而使得族众的行为得到规范。因而仕宦望族的积极作为，为地方政权施政提供了重要补充，不同程度上使得地方得以自治。

正是由于仕宦望族在地方社会中的重要作用，很多地方政府官员上任伊始，便首先拜访当地仕宦望族。仕宦望族成员既包括仕宦在外或已致仕等有功名者，也包括众多的无功名者。朱元璋曾于洪武十二年（1379）八月以法律形式肯定致仕官员的地位："自今内外官致仕还乡者，复其家，终身无所与，其居乡里，惟于宗族序尊卑如家人礼，于其外祖及妻家亦序尊卑，若筵宴则别设，不许坐于无官者之下，如与同致仕官会，则序爵爵同序齿，其与异姓无官者相见，不必答礼。庶民则以官礼谒见，敢有凌侮者论如律，著为令。"② 退休官员在地方上亦凭借显赫的地位，干预地方政权。如长山李化熙致仕后，仍关心地方事务，经常将长山县令请到自己居所畅谈地方民生。地方官也往往借助仕宦望族在国家或者地方上的影响，让他们参与到地方事务中来，对地方社会产生众多影响。如修建众多的桥梁、道路，组织地方团练，救助乡邻，发展地方文教等，无一不有他们的身影。关于这一部分，另行论述。地方政府为了拉拢仕宦望族，也采取为其成员建碑立祠，崇祀名宦、乡贤，举办乡饮酒礼等形式给予表彰。

入祀名宦、乡贤祠，对于个人而言是无上荣光，对于其所在家族来说更是光耀门楣。但不是所有望族成员都能入祀，只有"仕于其地而惠泽于民者谓之名宦；生于其地而德业、学行著于世者谓之乡贤"③。纵观鲁中地区地方志，我们可以发现众多仕宦望族成员因有良好的政绩或德行入祀名宦、乡贤的现象，呈现出普遍化趋势。如博山赵氏家族赵敬简，嘉靖年间，颜神镇矿徒暴乱不断，人心躁动，他创议修筑城墙，率领乡民三个月完成。并于万历十九年（1591）捐资重建汉关壮缪侯庙，参与纂修嘉靖《青州府志》等，后因有优良德行崇祀乡贤祠。④ 长山徐氏家族徐以贞，为官清正廉洁，深得百姓爱戴，镇抚边关时，颇有政绩。官至都察院右佥都御史，巡抚延绥等处督师。被朝廷诰

---

① 邢其典：《青州邢氏族谱·会日仪注》，青州市三友印刷厂，2013 年，第 41—42 页。

② 《明太祖实录》卷一二六，洪武十二年八月辛巳，台北"中研院"历史语言研究所 1962 年版，第 2011 页。

③ 赵克生：《明代地方庙学中的乡贤祠与名宦祠》，《中国社会科学院研究生院学报》2005 年第 1 期。

④ 乾隆《博山县志》卷六上《乡贤》，清乾隆十八年刻本。

封平虏伯，死后谥"忠正"，崇祀乡贤，赐谕葬。①

参加乡饮酒礼，也是地方政府对士绅阶层中德高望重者的尊重。明清两代，对于参加乡饮酒礼的人员，政府都有明确规定。如明代"以府州县长吏为主，以乡之致仕官有德行者一人为宾，择年高有德者为僎宾，其次为介宾，又其次为三宾，又其次为众宾，教职为司正"②；清袭明制，但乾隆八年（1743）将参加人员改为"嗣后乡饮宾、介，有司当料简耆绅硕德者任之，或乡居显宦有来观礼者，依古礼坐东北，无则宁阙，而不立僎名"③。乡饮酒礼具有复杂的礼式，一般于每年的正月十五或十月初一在县学宫举行，并赐以参加者匾额。以宁阳黄氏为例，黄氏人才辈出，清代家族成员被举为乡饮介宾者1人、乡饮耆宾者11人④。他们通过参加宁阳乡饮，不仅得到了政府对自身德才的肯定，也扩大了家族在地方上的影响力。

同时我们也应看到，某些地方政府官员与仕宦望族家族成员有门生故吏、同僚、好友、姻亲等方面的关系，两者之间互帮互助。仕宦望族与之交游，可以为家族谋取一些利益，提升家族实力；官员们与之交游，可以使地方上的多数事务得到望族的支持，促进政策的有力执行，取得良好的政绩。两者之间组成了较为紧密的关系链，两者的互动对于地方社会稳定、发展都具有重大影响。正是因为仕宦望族对地方政权具有重大影响，有时也可能因为部分望族的恃强凌弱而成为地方的公害，有些官员甚至"平时奉缙绅如父母，事缙绅若天帝……故宁得罪于百姓，不敢得罪于缙绅"⑤。

### 二、仕宦望族的价值选择

和平与稳定，是仕宦望族得以生存与发展的基本条件。和平状态下，仕宦望族成员大多按照"士农工商"的阶层划分，首先选择走科举这条正途；有的厌恶官场险恶，选择隐逸不仕；有的无心科举，选择其他产业谋生。一旦战乱，他们的生存面临挑战，便会毫不犹豫地站在统治阶级的立场上，对叛乱进行镇压。

---

① 道光《济南府志》卷五〇《人物六》，清道光二十年刻本。
② 《明史》卷五六，第1419页。
③ 《清史稿》卷八九《礼八》，第2655页。
④ 此处依据《汶南黄氏世谱》整理而成。乡饮介宾者1人，如十三世黄辑玉；乡饮耆宾者11人，如十二世黄丕庄、黄丕重，十三世黄怀魁，十四世黄继敏、黄继岐、黄继华、黄继廉，十五世黄广平、黄广岭、黄广峪、黄广信。
⑤ 中国第一历史档案馆：《清代档案史料丛编》第5辑《徐乾学等被控鱼肉乡里荼毒人民状》，中华书局1980年版，第40页。

（一）战乱中的仕宦望族的价值选择

山东乃兵家必争之地，历来战争不断。经过元明改朝换代，山东地区经济残破，人口大量逃亡或死亡。明初"靖难之役"，鲁中地区尤其是济南附近又成为统治集团内部战争厮杀的主要战场。为了恢复和发展生产，大量的移民迁入山东，鲁中地区仕宦望族的始迁祖们大部分于这个时期来到山东。"朱高煦之叛"虽然未给鲁中地区造成很大伤害，但是对于鲁中地区的和平亦是很大的冲击。随着统治阶层腐化加剧，阶级矛盾不断，各地农民起义风起云涌。明清易代亦给原本残破的鲁中地区带来灾难。本节主要从明清鲁中地区主要兵害入手，分析战乱中的仕宦望族的政治态度。

1. 明清鲁中境内战乱

（1）唐赛儿起义

明成祖永乐十八年（1420）三月，山东蒲台唐赛儿发动起义。唐赛儿，为蒲台农民林三妻，从小喜好诵读佛经。在当地流传的白莲教的影响下，于丈夫死后出家，自称"佛母"。为宣传白莲教，蛊惑民众，她自称自己能知道生死之事，并在益都、诸城、乐安、莒州、即墨、寿光等鲁东、鲁中地区四处活动。当时山东正处于百废待兴之际，加上天灾时有发生，人民生活困苦。白莲教看准时机，煽诱教众五百余人占据益都卸石棚寨为乱。青州卫指挥高凤领兵一千余人前去镇压，兵败被杀。莒州千户孙恭前去招抚，亦未奏效。起义军反而不断壮大，不断到四处州县劫掠。朝廷震惊，派安远侯柳升分兵剿匪。柳升到达益都后，派重兵包围卸石棚寨，不料被起义军的诈降蒙惑，起义军突围而去。起义军宾鸿等接连攻克莒州、即墨，包围安丘，安丘军民八百余人奋力守城，幸在被倭都指挥卫青的援助下保住。随着明朝官军的不断集结，起义军最终被镇压，唐赛儿不知所踪。[1]

（2）刘六、刘七农民起义

明正德五年（1510）十月，河北霸州人刘六、刘七因不堪当地严重的马政、徭役而掀起了大规模的农民起义。此次农民起义波及河北、山东、河南等广大地区，持续三年有余，对当时的统治造成了较强的冲击。六年正月，起义军进入山东，受到了当地群众的广泛欢迎，史载"山东居民，凡贼过之处，则乐于供给，粮草器仗皆因于民，弃家从乱者比比皆是；官军所过之处，即闭门逃遁，棰楚驱逼，尤不肯前"[2]。起义军首先攻打山东乐陵，未克，转而攻下长山、莱芜、潍县等地。八月，起义军遭到宦官谷大用的围堵，在由山东转

①　[清]谷应泰:《明史纪事本末》卷一三《平山东盗》,中华书局1977年版,第371—372页。
②　《明武宗实录》卷七四,台北"中研院"历史语言研究所1962年版,第1640页。

战京师的途中，开始兵分两路：以刘六、刘七、齐彦名等一路，以杨虎、刘惠、赵鐩等为一路。两路相互配合，不断壮大，进而转战于河北、山东等地。[①] 九月，杨虎、刘惠、赵鐩等一路在蒙山地区打败明副总兵李瑾军队，进而攻破济南、东昌、兖州等广大鲁中地区的部分州县。刘六、刘七、齐彦名等一路攻占宁阳、曲阜、沂水、济宁等地，并在与明王朝军队交锋时多次获胜。攻占临朐时，未攻破。[②] 正德六年七月，起义军被辽东、宣府大同等地的援兵联合绞杀，余下的一小股势力在正德七年被彻底消灭。

（3）王堂领导的青州矿工起义

明嘉靖元年（1522），青州颜神镇矿工、农民等因不满政府沉重的赋税而爆发起义。明中后期，土地兼并严重，大量农民失去土地涌入颜神镇，使得这一原本繁华的工商业小镇成为各种社会矛盾聚合之地。起义军以矿工王堂为领导，纠合数千的矿工、农民等，先后到益都、莱芜、新泰等地劫掠，并南下经过鲁西南进入河南。起义军声势浩大，多次打败明朝军队，"山东青州府矿贼流入东、兖二府及河南两直隶地方，所过焚劫横行，官吏莫能支，则相为巧文讳匿，辗转嫁祸，苟幸无罪"[③]。起义军最终于嘉靖四年（1525）被督漕都御史俞谏镇压。但益都、淄川等地区的社会矛盾仍未得到缓解，小规模的农民起义军时有发生，如嘉靖二十五年（1546）颜神镇姚世清作乱，境内骚然；万历四十三年（1615）饥民揭竿而起为盗，很快得以平定。[④]

（4）孔有德、李九成叛乱

明崇祯四年（1631），原毛文龙旧部孔有德、李九成由登莱援助辽东时发动叛乱。先是毛文龙旧部刘兴治在东江发动叛乱，登莱巡抚孙元化命孔有德等人前往平叛。行至吴桥时，滞留在新城的士兵因强取王象春家仆一鸡而发生矛盾，象春之子王与仁不肯善罢甘休，"申详抚按，必欲查首乱者戮以殉众，辽丁急至吴桥，邀前队改辕而南。"结果部队三千人声称为王氏所逼，"歃血立誓，若不血此耻而北行者，众其杀之"[⑤]。李九成负责为登莱巡抚孙元化购买战马，因花光钱财怕受罪责也加入叛乱。叛军连克乐陵、临邑、商河、新城等县，对新城王氏大肆屠杀，进而返回登莱地区。由于朝廷对孔有德、李九成叛乱剿抚意见不一，耽误了剿灭的最佳时机，使其不断壮大。后朝廷见招抚不

---

① 王克奇：《山东政治史》，山东人民出版社 2011 年版，第 394 页。
② 光绪《临朐县志》卷一〇《大事表》，清光绪十年刻本。
③ 《明世宗实录》卷二二，台北"中研院"历史语言研究所 1962 年版，第 638 页。
④ 乾隆《淄川县志》卷三《兵事》，清乾隆四十一年刻本。
⑤ ［明］文秉：《烈皇小识》卷三，上海书店出版社 1982 年影印本，第 70 页。

成，改用大军进剿。孔有德等在明朝军队的围剿下最终失败，于六年四月投靠清朝。

（5）清兵南下劫掠

萨尔浒战役之后，清朝基本占领了整个东北地区，并将势力不断深入关内，对明朝作战。早在崇祯二年（1629），皇太极就避开宁锦一线，亲率大军从大安口、龙井关、洪山口三路进军，一举攻克遵化、顺义等城，围困北京，并用反间计杀掉袁崇焕。崇祯十一年（1638），开始不断南下，劫掠包括山东在内的广大中原地区。九月，清军在多尔衮等的率领下，兵分两路，从墙子岭、青山口防线分别毁关南下。从十一月开始，清军连下良乡、高阳、涿州等地，分兵四路：一路进攻沧州、霸州，一路进攻山东济南，一路进攻临清，一路进攻彰德、卫辉。从十二月开始，连续对济南进行包围达两月之久。① 由于明朝军队畏惧清军，济南城内军民顽强抵抗两月后被攻破，大量军民被杀，济南焚毁一空。乾隆《历城县志》载，崇祯十一年清军攻城，多人死难，四城巡守义社生员死者 352 人；宁海王朱常泀于崇祯十二年（1639）守南城，城破被杀。此外泰安奉国大将军朱常汧、泰安奉国四将军朱常涝、临朐奉国将军朱常漾遭死难。② 明朝军队迫于各方面的压力，遣大兵救援济南，清军这时撤出，与其他军队合并继续劫掠山东其他地区。这次清军南下，对济南及其他地区造成了致命伤害，人口大量被杀，经济一片萧条。明清之交的著名学者张尔岐（今山东济阳人）在其著作《蒿庵闲话》中曾对清兵掠后的百姓生活景况有所描写：

> 庚辰（1640）后五六年，民间畜牧几尽，牛一头直二十金，大者致三十金，贫者相傅而耕，率六七人曳一犁，日三四亩，已困惫矣。或以一牛曳获子，其制似楼，无斗子而一足。日亦可三四亩，发土恨浅耳。③

崇祯十五年（1642）十一月，清兵从黄崖口再次大举入寇。清军攻破通州后，又一路攻破霸州、景州、河间等府，并占领临清。闰十一月中旬，清军猛攻东昌府，在明守将刘泽清的全力守御下，清军未能攻下。清军在临清兵分五路，由孔有德等率部分清军一路攻掠莘县、馆陶、高唐等地，又进入鲁南地区连下沂州、蒙阴、泗水、邹县，进入江苏。另一路清军自曹州东进，绕过济

① [清]谷应泰：《明史纪事本末补遗》卷六《东兵入口》，中华书局 1977 年版，第 1499—1500 页。
② 乾隆《历城县志》卷四一《忠烈》，《中国地方志集成·山东府县志辑》第 4 册，第 641—642 页。
③ [清]张尔岐著，张翰勋点校：《蒿庵闲话》卷一，齐鲁书社 1991 年版，第 320 页。

南，进入青州、临淄，北上又攻破阳信、滨州等城。另一支清军攻入兖州，鲁王朱寿镛自杀。清军又分兵攻占了泰安、青州、鱼台、武城、金乡、单县、滕县、峄县、郯城。次年二月，清军自寿光攻入德州，占领武定、乐陵、莱阳等地。① 此次清军南下，波及了包括鲁中地区在内的广大山东地区，由于清军奉行劫掠、屠城等政策，大批的鲁中仕宦望族成员被杀。

（6）明末山东农民起义

王茂德起义：崇祯十四年（1641），历城佛峪王茂德等揭竿而起，淄川邑人抵御，贼久攻不下乃走；十七年三月王茂德从西来驻扎周村，再次攻打淄川，未果；六月王茂德从东再来，驻扎城北，数万人攻城，城中之人极力抵抗，杀贼将韩士茂，虽兵退，但淄川被蹂躏不堪。②

史东明农民起义：崇祯十四年（1641），起义军的队伍迅速发展到十数万人，转战宁阳、曲阜间，一度威胁兖州。他们作战讲究战略战术，多次击溃明朝军队，并打出山东地界。从江苏回师后，攻占沂州、青州，并聚集二十万人进攻泰安，未克。后又转战莱芜，亦未克。这支起义军在莱芜兔子口被明朝军队联合绞杀。③

李青山农民起义：这是明末活动在山东地区规模最大、组织最为严密的农民武装起义。李青山首先在梁山寿张发动了起义，为笼络人心，他没收地主土地，给无地、少地农民耕种，并进行屯田、放牧以解决军队粮食问题。这支农民军活跃于东平、梁山附近，队伍不断壮大。崇祯十四年（1641）十一月，攻占东平城。后由于李青山接受朝廷招抚引起起义军内讧，于崇祯十五年（1642）一月被明朝重兵围剿以降。李青山等24人被解送北京以"谋反律"处死。④

明末山东农民起义是全国性农民起义运动高潮的一个重要组成部分。在李自成、张献忠等农民领袖的带动下，山东各地农民起来反抗，谋求自身的利益。明末山东农民起义众多，在此不一而足。

（7）鲁中地区的抗清斗争

顺治元年（1644），李自成起义军攻入北京，崇祯帝在煤山上吊自杀，结束了明王朝在中国的统治，建立了大顺政权。鲁中地区也顺应时势，建立了大

---

① ［清］谷应泰：《明史纪事本末补遗》卷六《东兵入口》，中华书局 1977 年版，第 1505—1506 页。
② 乾隆《淄川县志》卷三《兵事》，清乾隆四十一年刻本。
③ 康熙《泰安州志》卷之四《少司农郡人王度撰历年城守记》，清康熙十年刻本。
④ 台湾"中研院"历史语言研究所：《明清史料》乙编第十本《户科外抄刑科右给事中左懋第题本》，商务印书馆 1936 年版，第 944 页。

大小小的大顺农民政权。但是农民起义军进入北京后，被胜利冲破了头脑，并没有乘胜取得全国政权，并因"追赃"失去了大部分明朝士大夫的信任。同年，清军大举入关，大顺政权仅在北京一个多月便迅速撤离。随着清军在全国战斗的胜利，清王朝建立。但是农民起义军残余及明朝遗老遗少不愿意清朝统治，清初掀起了众多的抗清斗争，当然也包括鲁中地区。清初，鲁中地区的抗清斗争主要有：

赵应元"青州事件"：赵应元原为李自成裨将，大顺政权失败后潜回长山，并召集人马继续抗清。王鳌永，字蘅皋，号涧溯，明天启年间进士。降清后官复原职，招抚山东、河南。王鳌永向多尔衮举荐多名明朝才能之士。清兵定都北京后，任王鳌永为山东总督，招抚明朝残余势力及李自成旧部。赵应元伪装投降，半夜攻占青州，王鳌永不屈而死。① 赵应元坚守青州城，成为山东地区抗清的重要据点。清廷派出重兵镇压，迫于形势，赵应元伪降被杀。

谢迁暴动：顺治三年（1646），高苑农民谢迁聚集农民反清，接连攻克高苑、新城、长山、淄川等地，并以淄川为根据地据守。关于谢迁起义军攻打淄川的情形，乾隆《淄川县志》有载：顺治四年（1647）六月谢迁起义，先派奸细在淄川城中潜伏，夜晚垂绳将其他起义军带入城中，遂城被占领，并召集东山党羽数千人马于城中守御。清军历时两个月才将其歼灭。②

（8）捻军乱山东

捻军是与南方太平天国运动相对应的同时代的北方反清队伍。关于捻军的起源，众说纷纭，但大致认为其发源于皖北地区。最初是在反清号召下结成的秘密组织，其成员多是来自运河沿线的求食者，后因黄河改道等原因而起事，从事一些组织抵抗朝廷徭役、打富济贫的活动。1856年开始与太平军联合作战，成为北方地区主要的抗清力量。1860年开始大批进入山东，主要活动范围有曹州的菏泽、郓城、巨野、城武、定陶、曹县、单县、范县，沂州的兰山、郯城，兖州的滕县、峄县、滋阳、曲阜、泗水、汶上、宁阳，泰安的东阿、东平、肥城、莱芜、新泰，济宁州及其属县金乡、嘉祥、鱼台。③ 光绪《临朐县志》记载咸丰十一年（1861）春，捻军自益都东下到临朐东境，八月捻军入铜陵关劫掠九山、鹿皋等社，北上屯盘龙山等处攻略。武生魏希武纠结众人抵御，战败而死。九月朝廷派兵驻扎朐山，与捻军多次交战将其打败，捻

---

①　乾隆《淄川县志》卷六《忠节》，清乾隆四十一年刻本。
②　乾隆《淄川县志》卷三《兵事》，清乾隆四十一年刻本。
③　朱学勤：《钦定剿平捻匪方略》卷八五，转引自王克奇《山东政治史》，山东人民出版社2011年版，第441页。

军分窜安丘、沂水等地。① 随着太平天国运动的失败，清廷重兵围剿捻军，咸丰十七年（1867）十二月捻军被彻底剿灭。

2. 仕宦望族的价值选择

明清鲁中地区有着众多的仕宦望族，这些家族的兴盛有赖于科举的蝉联及当朝统治的安定。但明清时期的众多战乱，给鲁中地区带来了灾难，仕宦望族生存、发展空间受到影响。这个时候仕宦望族成员多能根据自身利益出发，做出不同的价值选择。

（1）对于战乱：拥护当朝统治，维护家园安危

自古读书人讲求"修身、齐家、治国、平天下"，故天下太平是每个读书人的梦想。仕宦家族成员从小受儒家传统伦理思想的熏陶，忠君爱国，对家国之事有着极深的责任感。当明清众多暴乱爆发时，他们都毫不犹豫地选择冲在最前列，反抗暴乱。如朱廉，武举人，征徐鸿儒余孽时在冈山战败阵亡；樊应科，时任千总，从征孔有德死于阵中。②

出于维护家园安危、保卫家园，他们不惜捐财捐物，招募乡勇，为守城作出贡献，提升家族的基层威望。即便城墙被攻破，他们也不会低头投降，大都以身殉节。崇祯年间孔有德叛乱攻打新城时，城里的人大都逃匿，但王象复认为新城王氏家族受国家恩重，不应逃跑，于是与儿子与夔、县令秦三辅共同守卫县城。县城被攻破后，除王象复、王与夔、张俨然、张蔚然、张爟然、耿弘炜、王好书、贾进忠、张允扬、祁真素、毕问学、王与瓒诸人死难外，尚有"县役王可泽等二十余人，居民韩福、焦茂材等三百七十二人、仆从侯有功等十七人皆随知县秦三辅死李九成之变。或战没或受戮，无一降者"③。孙止孝，字敬止，历城人。天启二年（1622）进士，由卢龙县知县晋升户部郎中，不久调任密云兵备道参议。清兵南下时家居，两次攻城，都是昼夜尽心策划布防。己卯，命子建宗率族人守东城，捐赀犒师，城陷自缢死。兄诸生则孝，举人纯孝，弟诸生永孝，姪惠宗、延宗数人皆死于难。④ 谢迁围攻淄川县城时，孙琰龄与父亲孙之獬力主守城，百姓获得安宁。但是因有潜伏，淄川城在晚上被攻破。孙之獬率领家人力战，终因寡不敌众被抓，断食五日不屈而死。同时孙子兰滋、兰聚、兰数、兰霭被杀，孙琰龄妻袁氏及两女投井而死。⑤

---

① 光绪《临朐县志》卷一〇《大事表》，清光绪十年刻本。
② 乾隆《历城县志》卷四一《忠烈》，《中国地方志集成·山东府县志辑》第4册，第640页下、641页上。
③ 民国《重修新城县志》卷一五《人物志三》，民国二十二年铅印本。
④ 乾隆《历城县志》卷四一《忠烈》，《中国地方志集成·山东府县志辑》第4册，第641页上。
⑤ 乾隆《博山县志》卷七上，清乾隆十八年刻本。

抵抗暴乱后，仕宦望族还会得到一些朝廷的荣誉与赏赐，这是仕宦望族得到朝廷肯定的表现，也提升了家族的社会威望。如王樛，王鳌永子，因父亲于青州事变中殉难，被授予仪卫指挥佥事世职，改入镶蓝旗，拜他喇布勒哈番。子孙王敷政、王劢均世袭。[①] 咸丰十一年（1861）捻军入犯时，新城王氏王维寅主动组织武装协助官军剿匪，战斗失败后王维寅被执，不屈被杀。官府上报朝廷，王氏得到朝廷的褒奖，准许其子孙世袭云骑尉一职。[②]

（2）对于明清易代：多种价值选择并存

鲁中地区大部分的仕宦望族从明朝开始发展起来，他们受明朝的恩泽深厚，对明朝有着强烈的感情。望族子弟从小接受传统的理学思想，对天人感应、三纲五常中蕴含的纲常伦理有着独特的了解。甚至一些家族的族规族训中明确规定了忠君思想，如张延登家族家训之一《忠君鉴》：

> 人生天地间，父母之外，君恩最大。夫朝廷之用人也，或隆以司牧，或委以腹心，显及祖宗，荣施三党，不过望我尽心佐治耳。人非草木，宁不知感，若身受国恩，惟知自顾身家，问心亦觉有愧。然臣道不一，为宰辅，则以格非佐治为忠；为言官，则以谏诤匡救为忠；为刑官，则以执法平允为忠；为有司，则以爱国勤职为忠；为武官，则以宣力靖乱为忠；为荐举、司文衡，则以为国得人为忠。事难枚举，务期真实对君，举心动念，全不为自己身家起见，不避豪强，不徇情面，不求忠直声誉，只要有益于国计民生，便乐而行之。且视吾君为尧舜之君，不敢萌菲薄念，方谓报君恩，尽厥职也！[③]

《忠君鉴》中明确列举了身为人臣的不同职责，只有尽心辅佐君主，才能算得上合格的臣子。甲申之变，明崇祯皇帝吊死，全国大大小小的官员殉难者众多。[④] 鲁中地区的望族成员有的也选择了殉难尽忠这条道路，如新城王氏王与胤，历官湖广道监察御史，因上疏弹劾总兵官邓玘触犯阁臣意旨罢官不仕。李自成起义军攻陷北京后，涕泣不食，与妻子、儿子王士和上吊自杀。王士和曾写《王士和绝命词》来抒发自己忠君爱国之义：

---

① 乾隆《淄川县志》卷五《世职》，清乾隆四十一年刻本。
② 民国《重修新城县志》卷一八《人物志六》，民国二十二年铅印本。
③ 《西张氏族谱·张氏家训》。
④ ［清］谷应泰：《明史纪事本末》卷八〇《甲申殉难》，中华书局1977年版，第1387—1394页。

痛予生之不辰兮，天灭我之立王；予父母闻之兮，涕滂沱以彷徨；以身殉国兮，维千古之臣纲。嗟反面而事仇兮，方臣妾之未遑；哀世界之秽浊兮，羞四维之不张；大地无容身之隙兮，愿从吾亲兮归于帝乡。①

《王士和绝命词》读来句句令人伤心不已，但这就是他选择的忠君之道。随着李自成占领北京及山东地区农民起义军的发展，明朝在山东的统治已经土崩瓦解。随后，李自成派权将军郭升和制将军董学礼以少数兵力招抚山东。郭升"以精贼数万，略行齐鲁，张官置吏，四出赴任，旬日间，遍于海岱"②，初步建立了较为完善的政权组织。鲁中地区的仕宦家族迫于形势，大部分采取了不合作不斗争的态度。后来随着清军不断南下，李自成起义军撤离北京，山东士绅看准形势，毅然选择了与农民起义军作斗争，具体表现就是大杀李自成派驻山东的伪县令等。王培荀在《乡园忆旧录》中曾对地方望族与李自成伪官员的斗争有描述：

故相国刘鸿训之子孔和，杀长山伪县令起兵。史可法、路振飞勤王北上，振飞与董学礼兵遇，三战皆捷。学礼告急贼党，而大兵已从山海关入，与吴三桂连破贼兵，自成弃京师西遁。贼兵踞济宁者方肆淫掠，绅衿潘侍郎同总兵张文昌、都司李允和统九营兵用大炮破城，擒伪防御使张问行、伪守旅傅文、伪州牧某并从贼道臣王世英收监。设龙亭香案，更孝举哀，缚五叛臣以告怀宗之灵，斩张、傅二人首，悬南北二门。③

地方望族与农民起义军进行对抗的价值选择，与南明王朝的北伐遥相呼应。但是由于南明朝廷及其众多的问题，这一价值选择最终在清军统一全国的进程中逐渐湮灭。

早在明末清军入关劫掠时，仕宦望族就为了忠于朝廷、保卫家园，坚决对抗清军。清朝建立、统一全国后，仕宦望族成员又面临多难选择。一些望族成员深受前朝恩泽，对前朝忠贞不贰，坚守"忠臣不事二主"的节操，因而义无反顾拉起"反清复明"大旗，与清朝统治者进行坚决斗争。如冯裕的七世孙冯三仕，字惟荣，于崇祯十一年（1638）清兵南下劫掠时应征从戎。当清兵围攻武城时，他领兵救援，兵败被俘，被关入沈阳监狱。冯三仕与同样因抗

① 民国《重修新城县志》卷一五《人物志三》，民国二十二年铅印本。
② 道光《济南府志》卷七一《杂记》，清道光二十年刻本。
③ ［清］王培荀著，蒲泽校点，严薇青审订：《乡园忆旧录》，齐鲁书社1993年版，第63—64页。

清被执的济南庠生王以文、通州庠生杨福吉、大同庠生裴三生、东昌庠生王美承、琅玡进士郑先甲、杭州进士中都留守黄功、大同庠生柳溪山和青州庠生王文祥等九人，被称为"九义士"。他们因反清复明而走在一起，后被朝鲜王子带入朝鲜，欲富国强兵之后共谋复明大业。可惜他们的大志没有实现。崇祯十一年，清兵入关劫掠时，张延登与儿子张万钟率领乡民保卫邹平城，清兵久攻未下而去。崇祯十五年（1642），清兵再次入关劫掠，张万钟料定清兵必然还来，便向时任辽东副将的同乡邱磊求援。十二月初果真来犯，在张万钟等望族成员的率领下，清兵败退而走。第二天，清兵增派数千甲兵、步兵攻城，张万钟仍率领乡兵奋力守城，经过激战，终于再次击退清兵。张万钟还独自承担起这次护城死难乡民的安抚、疗伤花费。邹平城得以保全，与张万钟的关系很大。明朝灭亡后，张万钟举家南下，投奔南京的寡嫂丁氏，并在南明朝廷中担任镇江府江防同知兼推官，与清朝进行对抗。可惜张万钟突然病逝，其抗清大志亦未申。

面对清朝统治无法推翻的事实，一些望族成员宁可归隐也不愿意入仕新朝。如新城王象晋与子王与敕、表亲徐夜，均为清初著名的遗民诗人。他们醉心于山水，吟诗作画，拒绝清朝的入召，以表自己对前朝的忠心。临朐冯氏家族冯士份，字于质，一字质之，幼承家学，"赋性高洁，淡于荣利，不治家人生产，取与必严。以静观自得，含虚坐照为务，超然尘埃之外。时明祚已终，士份无心仕进。世比之陶元亮云"①。

但仕宦望族就是因众多的子弟出仕为官形成，因而科举入仕是仕宦望族生命力所在。一味地抵制新王朝，就意味着家族仕宦官员数量减少，长此发展必然会导致仕宦望族的没落。一些仕宦望族成员面临着忠于前朝与家族前途的两难选择，有些不得不选择后者，到清朝任职。如临朐冯氏冯士标，崇祯进士，面对明末战乱请谒归，杜门不出。清顺治元年（1644），受新朝号令，他任兵部武选司主事，并在山西、四川多次平叛农民起义军有功。② 而据魏斐德在《洪业——清朝开国史》一书的研究，崇祯十七年（1644）接受清廷招抚，并在乾隆时期编纂的《贰臣传》中有传的50名高级官员中，大部分是京都的旧官僚，其中2/3的归降者都是北方人。在数量众多的贰臣中，有1/4的官员来自山东，因而魏斐德也将之称为"山东的投降"。他们多来自山东的仕宦望族，像王鉴永、张端、张忻父子、孙之獬、谢升、房可壮、张凤翔、刘正宗、任

---

① 光绪《临朐县志》卷一四上《人物一·先正上》，清光绪十年刻本。
② 光绪《临朐县志》卷一四上《人物一·先正上》，清光绪十年刻本。

睿、李化熙等，均出自淄川、临沂、德州、潍县、诸城、长山等地的科举世家。① 的确如此，我们可以看到大批的鲁中地区乃至山东仕宦望族成员归顺清朝的例子，但是我们不能完全否认他们所谓的"投降"。正是他们及时出仕当官，才使得地方社会在经受几十年的动荡后恢复了安定，百姓得以安居乐业。清朝人口的剧增与社会的安宁就代表着仕宦望族成员"投降"的成功。虽然士大夫讲求忠心，但逝者已矣，一味拥护日薄西山的旧明朝，使人民整天生活在水深火热之中不是儒家讲求的"天下平"。明朝与清朝的交替，是历史的大势使然。

总体来看，仕宦望族在面对战乱时，首先是从维护封建统治及家国安危的角度出发（至于明清易代只不过是统治集团内部的更新），对暴乱进行无情的镇压。有暴乱就有灾难，很多仕宦望族在灾难中失去的不仅是钱财，还有众多的家族成员，很多望族从此一蹶不振，衰落下去。但望族成员与长期生存在一起的乡民共患难，加深了乡民对望族的好感，从而获得众多的基层威望。在灾难中立功，得到朝廷众多的封奖，使家族自身得到国家的承认，也能获得众多社会威望。这样仕宦望族得以在基层社会中立足，并能更好地在基层社会中生存。

### （二）和平时期仕宦望族的价值选择

古代社会按照职业划分为"士农工商"四大等级。科举制度的产生，使得庶民阶层得以跻身上层社会，随着家族仕宦人物的不断增多，仕宦望族得以形成。仕宦望族要想保持门第长盛不衰，就需要家族子弟不断参与科举。但是受众多的因素影响，望族成员并不能全部步入仕途。他们在生存时面临的价值选择是本部分所要讨论的内容。

#### 1. 首选科举正途

一些望族子弟通过自身的努力，得以出仕为官。由于他们从小接受良好的教育，受优良家风的熏陶，故而为官都能清正廉洁，不惧权奸，敢于直言纳谏；且都有较强的工作能力，处处为百姓办实事，受百姓爱戴。如张延登，以进士出身，初授内黄县知县，后河南上蔡县知县，两县任内政绩颇深。后晋升礼部主事、兵科给事中、吏科给事中等官职，任内直言抨击朋党政治，为国家选拔了大量人才。张居正死后，颇受攻击，功绩都被掩盖。他不惧同僚反对，为其鸣不平。正是因为其出色的工作能力，最终由太仆寺少卿、大理寺左少卿任至工部尚书、都察院右都御史等高职。崇祯十四年（1641），委任刑部尚

---

① 何成：《明清新城王氏家族文化研究》，中华书局 2013 年版，第 44 页。

书，死后谥号"忠定"，世称"忠定公"。① 鲁中地区的仕宦子弟大都能像张
延登一样，很少有因贪污腐败、玩忽职守等被罢官或者被杀头者。

家资雄厚的望族成员能凭借家族实力不断参加科考，但是因家族衰落或其
他因素，一些士人不得不寻求其他谋生途径。鲁中地区士人谋生的途径主要有
做幕府或者教书，而"教书是乡村士人们既能满足日常生活、又不抛弃本业
的最好的谋生方式"②。教书主要为开馆招徒和出外坐馆两种。个中原因与鲁
中地区重文重教的文化氛围密不可分。如前文我们讲到蒲松龄先是当了一年幕
府，后在淄川毕氏坐馆达三十多年。王培荀在《乡园忆旧录》中传奇似地讲
述了一个不知是邹平还是章丘的生员到某处坐馆的情形："某生落拓不偶，出
游四方，冀得训蒙糊口。遇人与攀谈，欲请为记室，欣然从之。……赠以巨
金，归置田产，称小阜矣。"③ 利用坐馆所得报酬，该生买田置地，生活小康，
当然也有余力继续参加科举。

2. 维持传统的耕织农业

中国自古以来就有重视农业生产的传统，"以农为本"是政府一贯执行的
原则。仕宦望族成员通过做官所得大量俸禄，大部分用于买田置地，扩大产
业。大部分家族也因重视"耕读传家"，才得以跻身仕宦行列，因而农业对于
仕宦望族来说至关重要。

明清时期，士绅可享有优免赋税、徭役的待遇。虽然政府曾因徭役不均
对士绅优免权进行限制，如明朝正德、嘉靖、万历年间先后四次颁布《优免
则例》，名义上对士绅优免范围进行限制，但实际上却增加了土地的优免数
量。且限额只是形式上的政府规定，一般官户的土地大部分都在优免范围之
内。④ 明清两代因为土地兼并问题严重，平民百姓的负担较重。士绅的优免
权则使得仕宦望族随着家族科举人才的出现而不断发展壮大，士绅的地位不
断巩固。

仕宦之家一般都有较大的田产。如新城王氏"王象乾有绿野园、王象艮
有迁园、王象恒有南园、王象春有西清园、王与胤有东园，王象晋、王象春、
王象咸等还在长白山中都建有园林别墅"⑤。建造众多的园林需要大量的土地，

---

① 民国《邹平县志》卷一五《人物志上·传略》，民国三年刻本。
② 王丽亚、赵树国：《"本""末"之间：明清鲁中乡村士人的谋生之道——以〈醒世姻缘传〉〈聊
斋志异〉等为中心的考察》，《山东青年政治学院学报》2015 年第 2 期。
③ ［清］王培荀著，蒲泽校点，严薇青审订：《乡园忆旧录》，齐鲁书社 1993 年版，第 334—335 页。
④ 张显清：《明代缙绅地主浅论》，《中国史研究》1984 年第 2 期，转引自赖惠敏《清代的皇权
与世家》，北京大学出版社 2010 年版，第 14 页。
⑤ 何成：《明清新城王氏家族文化研究》，中华书局 2013 年版，第 39 页。

这也证明了新城王氏在繁盛时期家业的旺盛。此外，从毕自严写给三个儿子的分家文书中我们也可以窥见毕氏田产的规模：

> 本宦起家白屋，素守寒俭。祇以叨冒国恩，居官四十余年，总计俸赀庄农所得及先人所遗共得地一千余顷。虽田多硗确，然人生得此以糊其口。今因年及七十，遵照古人传家之意，分给三子，至公至当并无偏曲。三子宜念本宦创业之艰难，情同手足之至情。一意勤俭，守而勿失，其有地段疆界丈量未清，听田科吴复兴春月代为丈明，管业耕种。三子或因口语小嫌，形迹疑似，互相猜忌，致成戈矛，是不体本宦之心，以薄为道也，便当以不孝论矣。本宦现今有疾如侥天之幸，疾或渐愈，又当暂为管理，另除养老不在此限，其马匹牛畜书籍图画器物等项，另行分析。别有单帐各宜遵守，勿得争执。白阳老人书六叔自寅验讫七叔自强验讫。①

分家文书显示，毕自严有田产一千余顷，其他财产无算。毕氏田产众多，也证明了无论望族在朝当官，还是致仕在家，都把努力扩大田产作为谋生的重要方式。

3. 从事工商等"末业"

鲁中地区自古就有发展工商业的有利条件。从地理位置来讲，鲁中乃山东中部地区，陆路交通发达，干道纵横分布：南北干道自北京而南，入山东境，经德州、济南、泰安、兖州，直达江苏徐州；东西干道，出济南沿鲁中山地北麓大道，东行经周村、青州、潍县，东北达莱州、登州，出海至辽东。② 鲁中地区水路运输也非常发达，凭借大清河、小清河、京杭大运河等河流，密切了与各地的联系。

从明代中叶开始，鲁中地区工商业也得到了发展。随着高产粮食作物的广泛种植及两年三熟耕作制的推广，农民的粮食产量相对增加，经济作物如棉花等大量种植。政府的赋税征收方式也发生了变化，由原先的征收粮食改用白银代替，促进了货币经济的发展。加上明代的班匠银制度、清代的摊丁入亩制度，使得工匠及农民的人身依附关系大大减弱。以上种种为手工业的发展，提供了必要的原料、资本、劳动力，使得鲁中地区的棉纺织业、丝织业、烟草加工及冶炼等行业勃兴。手工业的发展也带动了商业的发展，像周村、颜神镇

---

① ［明］毕自严：《白阳老人手书》，转引自秦海滢《明清时期山东孝妇河畔的望族——以淄川地区为中心》，中山大学博士后 2006 年研究工作报告，第 89—90 页。

② 罗仑、景甦：《清代山东经营地主经济研究》，齐鲁书社 1985 年版，第 15 页。

（清代的博山县）因聚集了大量的商人交易，成为规模较大的工商业城市。①

明清时期鲁中地区仕宦望族虽以科举为先，但也有从事工商业者。如益都孙廷铨家族，"家自洪武时隶籍内廷班匠，事故世执琉璃青帘业"②。琉璃烧造是博山地区独特的手工业，孙廷铨曾在《颜山杂记》中，记录了制造琉璃的过程："琉璃者，石以为质，硝以和之，礁以锻之，铜铁丹铅以变之。……白如霜，廉削而四方，马牙石也；紫如英，札札星星，紫石也；棱而多角，其形似璞，凌子石也。……白者以为干也，紫者以为软也，凌子者以为莹也。……硝，柔火也，以和内；礁，猛火也，以攻外。……其辨色也，白五之，紫一之，凌子倍紫，得水晶；进其紫，退其白，去其凌子，得正白；白三之，紫一之，凌子如紫，加少铜及铁屑焉，得梅萼红；白三之，紫一之，去其凌，进其铜，得蓝；……得秋黄；……得映青；……得牙白；……得绿；……得鹅黄。"③ 孙氏家族正是因大力发展琉璃业，积累了雄厚财力，为家族的科举人才应举提供了保障。很多从事工商业者，发财致富后，仍然还是走科举这条途径，如历城人守约，"父以业醝起家，常以不获读书为憾，不惜重聘，延名师课诸子读"。守约也未辜负父亲的期望，在其父有生之年于同治元年（1862）中举。④

### 三、仕宦望族与地方建设

仕宦望族产生于基层社会，其成员都对自己的家乡有着深厚的感情，家乡的发展变化也与他们紧密相连。同时，他们对基层社会的影响，较之于一般家族而言要更为广泛。他们利用自身的优势，积极地参与地方的政治、经济、文化、军事、公益等各方面建设，为地方社会的发展与进步作出了重要贡献。

#### （一）望族与地方政治建设

本部分对地方政治的建设主要从望族为当地发展谋福利而向朝廷建言献策、处理地方诉讼等方面展开。

明清两代，鲁中地区仕宦望族科甲蝉联、人才辈出，他们中的多人均在中央或地方担任官职。同时因同乡、同年、同僚、师生、交游、通婚等方式，望族成员又与各级、各地官员有密切的联系，掌握了较为丰厚的政治资源，必要

① 许檀：《明清时期山东商品经济的发展》，中国社会科学出版社 1998 年版，第 17—166 页。

② 乾隆《博山县志》卷七下，清乾隆十八年刻本。

③ 孙廷铨：《颜山杂记》卷四《物产》，转引自罗仑、景甦《清代山东经营地主经济研究》，齐鲁书社 1985 年版，第 41 页。

④ 民国《续修历城县志》卷四四《一行》，《中国地方志集成·山东府县志辑》第 5 册，第 686 页上。

时可以动用这些资源为家乡谋福利。

如长山徐日升，字孟明，号海曙。先后在地方与中央为官，颇富贤良。致仕后仍关心地方时政和民间疾苦，利用自己的从政经验和在地方上的威望，为家乡兴利除弊做了很多好事。明初以来规定，各地每年往京城输送漕粮，需要征用富户的车马，他们苦不堪言甚至多有破产。徐日升建议郡守让乡民自己运输，运输路径改陆运为水运，从而使得长山一带富户得以保全。徐日升看到往天津运米为百姓负担，进言道台以银代粮，这样既减少了运粮带来的损耗与不便，又减轻了乡民的负担。按照旧制，驿站马匹由周围富户提供，徐日升建议户部，将购买马匹钱并入正常的赋税之中，以均摊的办法减轻大户的负担。①明朝中后期，由于土地兼并及不合理的税收政策等，百姓负担沉重，徐日升利用自己的政治资源积极向州县乃至中央建言献策，纠正了诸多弊端，促进了地方社会的发展。

乾隆后期，山东官场贪污腐败空前严重，其中以山东巡抚国泰、布政使于易简等的贪污受贿案最为震惊。国泰在山东称霸一方，倒行逆施，贪污国库银两以放高利贷，搜刮民脂民膏，百姓苦不堪言。乾隆四十四年（1779），山东等地区暴雨、河患成灾，国泰却谎报灾情，不及时救灾，甚至中饱私囊。长山袁守侗及诸城刘墉视察山东灾情时，了解到了这种情况，联合上书乾隆帝。最终乾隆帝在袁守侗为母亲治丧期间秘密处置了国泰。②

对于百姓爱戴的"父母官"，望族也尽量与之交游，遇有困难也尽力帮助。乾隆中期，云南人刘寄庵任新城县令，其间与新城王氏王祖昌交往过密，两者之间互有诗文唱和。"寄庵为山东循吏，署曹县，莅新城，皆有惠政。被吏议，戍军台，两县之民，汹汹震动。秋水乃挺身于两邑，募得数千金。走京师叩贵人之门，力为营救。寄庵方出关，追回。一时义声动远近，如四滇山人出卢次梗于狱也。"③两人既为好友，也为官民，新城王氏的威望避免了循吏遭受迫害。

明代山东实行六府格局，但随着人口的不断增加，这种格局不能有效地对人民进行控制。雍正年间，开始对包括山东在内的多省进行政区改革。颜神镇原为益都的一部分，随着商品经济的发展及其矿产资源的开发，成为鲁中地区重要的商业城镇。但由于益都与颜神镇相聚较远，并不能对其进行有效的控

---

① 《长山西街徐氏家族》，载卢兴国主编《邹平名门望族》，山东友谊出版社 2013 年版，第 81 页。
② 《焦桥袁氏家族》，载卢兴国主编《邹平名门望族》，山东友谊出版社 2013 年版，第 428 页。
③ ［清］王培荀著，蒲泽校点，严薇青审订：《乡园忆旧录》，齐鲁书社出版社 1993 年版，第 393 页。

制，随着市场的发展，弊端日益暴露，因而山东政区改革也将颜神镇考虑在内。雍正十二年（1734），赵执信以地方乡老的身份参与雍正年间的颜神镇设县一事的讨论，其间所写《分境议》一文，提出能在颜神镇设县的主张：

> 自原山北去，至大峪口而断，其中一水名曰石臼河，东入孝妇河，此天然与淄川分界者也。自原山南下稍远，越瓮口岭至分水岭而低，其水西流为汶，东流为淄，由青石关外入长峪道，贯乎益都之境，此天然与莱芜分界者也。尽取二界中间为新县有，西与章丘接壤，则得山得关得地利矣。山中之民近依新县，作息嘻嘻，永无劳苦，则得人和矣。县于是乎立，名于是乎定，西倚名山，北连大邑，东尽诸社之奥衍，南扼关河之险要，可以登地官之版，可以入郡国之图。将见本朝建置远过于汉唐宋明，非尽善欤？①

他的主张，被时任河东总督的王士俊作为设县的参考依据。正是在以赵执信为代表的地方仕宦望族的活动下，颜神镇最终升级为博山县。

望族也在处理地方纠纷、诉讼中发挥了重要作用。冯尔康曾经对中国古代的宗族进行研究，他认为"生活在一个社区的各宗族的人，为各自扩大生活空间，占有生产资料，利用生产资源，不可避免地要发生联系和冲突。……大大小小的事，若不能及时化解，日积月累，会结成世仇，打官司，打群架，以至械斗"②。同乡的百姓，会因种种事情产生交集，难免会发生摩擦。摩擦产生以后，如果不及时解决，矛盾就会扩大化，造成严重的后果，这时候必然会有诸多的诉讼案件的发生。如果大大小小的案件都有地方政府管理，不仅会浪费大量的人力物力财力，地方政府也会捉襟见肘，穷于应付。因而，望族对于地方诉讼的及时介入是有必要的。

在县志孝友等传记中，我们可以处处看到望族成员的影子。淄川地区尝试推举耆德公正之人调停地方纠纷，毕自严的祖父毕忠臣被推选后，"一时间里化之，稍有纰行，惟恐吾祖知也，如是十载引老家居，邑侯弁名旌善亭示劝，以是子孙相传为善人"③。博山赵课，在地方上颇有威望，被推举为乡祭酒，

① 赵执信：《分境议》，转引自李嘎《雍正十一年王士俊巡东与山东政区改革》，《历史地理》2007年第22期，第105页。
② 冯尔康：《中国古代的宗族与祠堂》，商务印书馆国际有限公司1996年版，第157—158页。
③ ［明］毕自严：《石隐园藏稿》卷三《祖善人翁传》，台湾商务印书馆1986年影印本，1293—454。

协调乡里纷争。① 黄宗皋，为人和蔼，乐于助人，善于调解邻里纷争。② 孙淳，善于周恤贫乏，捐资折券，敦睦亲族，排难解纷，被乡民推举为耆德。③ 由上我们可以看到：首先，这些望族在地方社会都有很高的威望；其次望族成员具有优良的品德，善于为人解困，深得百姓爱戴；最后，他们协调纷争时能中正不倚。

同时我们也可以看到，一些优良品性的望族成员即使牵涉入纠纷，仍心怀坦荡，能为自己洗清，赢得众人尊敬。如邹平成氏家族成朝珍，好义轻财，善于急人之困。有个外地迁来的客籍人家，其妇不知为何自杀，心怀不正之人挑唆妇女娘家人状告成朝珍。时任知县雷豫大为震惊，对此事难以相信，因而认真盘查，找出真相。告状之人向他道歉，成朝珍也不予计较。④

望族的言行举止也影响乡里。如历城朱氏始迁祖朱美先，原籍青州，明朝朱仲卿时从青州府迁到高唐县。朱美先时转迁历城，自此为历城人，以义行重于乡。有盗贼劫其仆，知道这些物品是朱美先的东西，就归还给他了。到朱宏祚居历城时，朱氏已成为县里的巨族。⑤ 冯子咸是明中后期的理学大师，他看到了资本主义萌芽促进了商品经济的发展这一好的方面，但是也看到了经商盛行的风气下，拜金主义盛行，对传统理学观念造成了极大挑战。为了扭转这种风气，他居乡后教导乡民以礼，率其教多为善良，倡立义仓差其等而赈贷之，从家而依之居者以百数，远近交口称之。⑥ 望族们的言行如果被乡民们效仿，便可推进地方教化的发展，对政治社会的稳定、发展大有裨益。

（二）望族与地方经济建设

"以农为本"是古代中国的主流价值观念。农业为百姓赖以生存之业。仕宦望族为了促进农业发展，也为了保证自己大规模田地的种植，首先大力兴修水利。如淄川孙廷枢，看到淄水经常泛滥，对农业生产和百姓生活不利，他捐资修筑堤坝，并修建石路数里，极大地方便了路人交通。⑦ 即便是风调雨顺，因有沉重的赋税徭役，百姓生活依然非常艰苦。而仕宦望族凭借赋税优免权，在乡里拥有大片的田地，经济实力雄厚。一些望族成员如毕际有见乡间百姓生

① 乾隆《博山县志》卷六上《乡贤》，清乾隆十八年刻本。
② 《汶南黄氏世谱·县志笃行传·黄宗皋》，清宣统三年刻本。
③ 乾隆《淄川县志》卷六《续孝友》，清乾隆四十一年刻本。
④ 《邹平成氏家族》，载卢兴国主编《邹平名门望族》，山东友谊出版社2013年版，第138页。
⑤ 道光《济南府志》卷五三《人物九》，清道光二十年刻本。
⑥ 光绪《临朐县志》卷一四上《人物一·先正上》，清光绪十年刻本。
⑦ 民国《续修博山县志》卷一二，民国二十六年铅印本。

活困苦，主动为贫穷百姓代完赋税。① 当面临自然灾害时，困苦百姓只能卖儿鬻女，流离他乡，更甚者饿死。孙廷枢同情他们的遭遇，"好施予，饥年社中贫不能完粮者，每代为完纳"。1901 年纳捐税于海防赈捐局，不为乡民累赘。② 望族成员的一些作为，部分程度上保证了乡里的农业生产，代完赋税更是一大义举。

工商业是农业的补充，有些望族成员还参与到工商业中，促进工商业发展。泰安、莱芜、宁阳等地有着较为丰富的煤矿资源，总体从明代就开始开采。但是由于政府对民间开矿一直有限制且税收沉重，因而规模有限。为促进煤炭资源的开发，促进家乡经济的增长。乾隆五年（1740），时任礼部尚书的泰安人赵国麟，奏上《请开煤窑疏》请求收回煤矿禁令：

> ……臣籍泰安、莱芜、宁阳诸郡悉皆产煤，此臣所素知者。特以上无明示，地方有司恐聚众滋扰，相沿禁采，遂使万民坐失其利。臣窃见京师百万户皆仰给于西山之煤，数百年于兹，未尝有匮乏之虞，聚众生事之处，何独不可行于各省乎？臣请饬下直省督抚行令各地方官查勘，凡产煤之处，无关城池龙脉及古昔帝王圣贤陵墓，并无碍堤岸通衢处所，悉听民间自行开采，以借炊爨。③

乾隆帝看了奏章后若有所悟，将开矿之事下达各省督抚议论，最终收回了民间开矿的禁令。煤炭的大量开采，为民间生活和手工业生产提供了燃料。身处煤炭产地的博山也大为受益，当地琉璃产业规模不断增加，烧制的琉璃产品质量不断提升。益都孙廷铨家族世代从事琉璃行业，为了规范颜神镇的琉璃生产，明万历三十九年（1611），孙延寿等人发起成立炉行醮会，并在城西关修建炉神庙，规定琉璃行业所有人务必于每年三月定期于此聚会，祭祀数日。炉行醮会，是颜神镇琉璃行业第一个行业性组织。④ 正是在颜山众多仕宦望族成员的不断努力下，以琉璃为代表的博山手工业不断兴盛，商人云集，俨然一大都市。

明朝中后期，全国工商业呈现出勃兴之势。周村因其独特的地理位置，四

---

① 道光《济南府志》卷五四《人物十》，清道光二十年刻本。
② 民国《续修博山县志》卷一二《人物志·义行》，民国二十六年铅印本。
③ 乾隆《泰安府志》卷之二四《艺文五》，清乾隆二十五年刻本。
④ 转引自秦海滢:《明清时期山东孝妇河畔的望族——以淄川地区为中心》,中山大学博士后研究工作报告,2006 年,第 82 页。

方商人辐辏，于清初成为鲁中地区最重要的交通枢纽和商品集散地。但市场初兴，秩序混乱，地方官吏的苛捐杂税多如牛毛，地痞流氓趁机敲诈勒索，严重影响了周村商业的健康有序发展。李化熙致仕后，对家乡事务十分关心，看到周村商业面临的困境，痛心疾首，于是他在周村设义集、代完市税，以安商抚商，振兴当地的商业。他利用自己及家族的影响力敦请官府出面整顿市场秩序，惩治不法行为，同时毅然代缴周村街市交易的税收。李化熙去世后，其后世子孙仍然继续代完市税达 200 年之久。这样，四面八方的商人云集，周村商业日益繁荣，周村也由一小市镇发展成为对全国都有巨大影响的商业中心。①

由上可见，仕宦望族与基层社会的经济有着千丝万缕的联系。他们往往凭借家族地方威望及雄厚的财力，参与到农工商业活动中去，为地方经济的发展贡献出众多的力量。他们对于地方经济的建设，理应得到人民的称赞。

（三）望族与地方文化建设

明清时期，鲁中地区的文化望族大都重视家族成员的教育，正是因为有大量的文化人才的出现，很多望族才成为著名的文化世家。如历城朱氏家族，自清初朱光祚起家，在有多人出仕的情况下，先后出现过的著名诗人、学者计有：朱纬、朱缃、朱纲、朱怀朴、朱令昭、朱琦、朱崇道、朱崇勋、朱伦翰、朱孝纯、朱照、朱晼、朱曾传、朱曾敬等数十人。博山赵氏家族，文学人才亦是辈出。除第二章表格介绍的人物写有大量著作外，县志中所载其他人才仍有大量著作，如赵作羹著有《季汉纪》20 卷、《南北宋纪》20 卷、《尚友集》16卷②，赵祜著有《地理紫囊书》③，赵恮有《绿槐轩诗集》，赵顿有《破遵集》《天然集》《南亭》，赵国秘有《小隐园诗集》④ 等。邹平张氏家族张万钟，创作了世界上第一部鸽学著作《鸽经》，比英国生物学家达尔文认定的世界鸽学研究开创者包依塔和奈什尔对鸽子的描述分别早 176 年和 83 年，在世界鸟类学乃至生物学研究史上具有开创性意义，具有较高的学术价值和文化价值。⑤这些都代表着鲁中望族成员文化水平的高度。

望族成员也利用自己较高的文化修养，参与到地方的文化建设中来。具体表现在以下几点：

第一，为促进地方科举建言献策。科举是仕宦望族的生命所在，为了家族

---

① 《古城李氏家族》，载卢兴国主编《邹平名门望族》，山东友谊出版社 2013 年版，第 325、310 页。

② 乾隆《博山县志》卷七下《文苑》，清乾隆十八年刻本。

③ 乾隆《博山县志》卷七下《隐逸》，清乾隆十八年刻本。

④ 民国《续修博山县志》卷一二《人物志·文苑》，民国二十六年铅印本。

⑤ 民国《邹平县志》卷一五《人物志上·传略》，民国三年刻本。

也为了地方社会，望族成员都会尽量争取增加科举名额。长山李斯义，字质君，号静庵，康熙年间进士。他看到长山人才济济，但按照旧例，应童子试者县内每科额取 8 人，很多人因此难有功名。康熙三十五年（1696），他上疏康熙帝，请求增加乡试名额：

> 题为乡试届期，恭请广额以育人材事。
>
> 我皇上聪明徇齐，神圣文武。山陬海澨，靡不颂覆载之仁；日照月临，罔不被汪洋之泽。武功赫濯，既已建万古之奇勋；文教宣扬，当益宏九州之雅化。臣遭逢圣世，无补高深，一得之愚，敬为我皇上陈之。
>
> 臣于癸酉科叨列顺天监试，窃见八旗英才蔚起，人文之盛美不胜收。前国子监祭酒、臣吴苑于康熙三十二年题请八旗乡会试广额，已蒙皇恩允行，钦遵在案。臣以为，八旗所加之额，未足尽所养之材，况又加以三年长育，三年磨砺乎。兹值宾兴届期，仍当再广皇恩，使应运之成材皆得以登进，此亦振兴文教之钜典也。
>
> 臣又见云贵抚臣各具题乡试广额，前来奉旨，着照该抚所题加额。而两江总督、臣范承勋，又为江南一省题请广额，业已上闻。臣窃以天下计之，京师首善之地，成均国学之躯，储各省会其被圣化而长育英才者，岂有异于云贵。云贵既已蒙恩，则京师与国学以及各省，皆应普视同仁。皇上大公为心，定不止云贵两省独霑圣泽。至于增广额数，仰祈睿断。如果臣言可采，伏乞敕部议覆施行。①

在这篇奏章中，我们了解到了增加乡试名额的缘由，但李斯义的意见似乎并没有被采纳。其他家族如博山赵氏赵玉龄，光绪岁贡，官至临邑教谕，也曾协同县内乡绅请求增加额度并建议创修试院。② 虽然没有收到多少成效，但毕竟也是仕宦望族成员为地方文教事业作出的一点贡献。

第二，担任文教官员等，推进地方教育发展。明清鲁中地区望族成员有多人担任地方州县的教谕、府学教授等职务，如汶南黄氏黄宗凤被当地推选为祭酒，黄福田担任教谕，黄开田任议叙训导。新城王氏曾担任地方教职者达 18 人之多，其他家族亦不在少数。他们在担任教职期间，以培养人才为己任，认真教育学生，为国家输送了大量人才。一些致仕官员归乡后，仍发挥余热，努

---

① 《古城李氏家族》，载卢兴国主编《邹平名门望族》，山东友谊出版社 2013 年版，第 306—307 页。

② 民国《续修博山县志》卷一二《人物志·义行》，民国二十六年铅印本。

力劝勉后辈。如长山徐日升，他因为乡试高中解元，在家乡声名远扬，临近县乡的学子都愿意跟从他学习，想要领会他学问的精髓。徐日升盛情款待他们，细致指导，受教而成名的学子众多。①

第三，对书院等文化设施的大量投入。明清历代统治者都十分重视教育，确立了"教化之道，学校为本"②的文教政策，无论是官方的府学、州学、县学，还是民间自办的社学、义学、书院等各类、各级学校，都十分健全兴盛。尤其书院是与府、州、县学教育并行存在的一种教育形式，它采用启发学生自学的教学方式，对地方士人的科举教育大有益处。仕宦望族特别重视书院的修建，并为它们作序作记，如《新城县志》中的《重修庙学记碑》《重修儒学记》等。

第四，编修地方县志。县志是对一县人情世故的记载，内容翔实，尤其是人物传涉及仕宦望族成员，因而历来被地方社会所重视。综观鲁中地区县志，编纂者大都能够秉笔直书，对人物评价中肯得当。仕宦望族成员有多人参与地方县志的编修：如博山赵敬简，于万历十九年（1591）捐资重建汉关壮缪侯庙，参与纂修嘉靖《青州府志》，崇祀乡贤祠。③临朐知县王家士创修县志延请冯惟敏主纂首部县志。④成瓘、成琅兄弟重修了《济南府志》《邹平县志》《东昌府志》。黄恩彤致仕回乡以后，受县令陈纪勋所托，从道光三十年（1850）正月至咸丰元年（1851）五月，投入了巨大精力编纂《宁阳县志》。咸丰九年（1859），黄恩彤又受邀主持修纂《滋阳县志》，历时五月而成。光绪五年（1879），黄恩彤以 79 岁高龄再次重修《宁阳县志》。在这三次修志中，黄恩彤旁征博引、认真考证，形成了自己独特的方志学思想，使其在方志学方面独树一帜。参与县志的编纂，于私能够提高家族的威望，也能尽量地增加对本家族人物生平的记录；于公是对地方人物功绩的肯定，对地方文教事业也大有益处。

（四）望族与地方军事建设

前文中，我们认识到了仕宦望族在保卫地方安全中发挥了重要作用。此处，主要是从望族修建城池和兴办团练参与地方军事建设这两个方面展开。

城池坚固与否，与所在州县的安危息息相关。鲁中望族从自身安全角度出发，对修建城池一事特别关注。但修建城池需要耗费大量的人力物力财力，非

---

① 道光《济南府志》卷五○《人物六》，清道光二十年刻本。
② ［清］谷应泰：《明史纪事本末》卷一四《开国规模》，中华书局 1977 年版，第 204 页。
③ 乾隆《博山县志》卷六上《乡贤》，清乾隆十八年刻本。
④ 光绪《临朐县志》卷一四上《人物一·先正上》，清光绪十年刻本。

一家一族所能完成，需要全城所有望族与百姓的支持。博山赵敬简，看到嘉靖年间颜神镇矿徒暴乱不断，人心躁动。他创议修筑城墙，率领乡民三个月完成。① 孙之獬于明末乡居二十年，遇乡里有义举利民之事，必捐资首倡。如倡导捐资修建县城石墙，明末战乱期间守城的任务有赖于他。② 毕自严致仕后，在邑建石城捐修数百尺。③ 明后期，在兵部尚书王象乾的号召下，新城王氏家族、张氏家族、耿氏家族共同协商集资重修了新城四门。正是因为望族重视城池的修建，使得鲁中地区在明清战乱中能够较为有效地组织人员保卫家乡，部分程度上对地方社会的稳定作出了重大贡献。

团练源于我国保甲制度下的基层自卫性的武装，并随着保甲制度的不断完善而日益成熟。太平天国运动爆发后，清廷深感军力的不足，于是敦促全国各地积极准备团练。当朝廷看到团练武装在地方自卫战争中获得成效后，又多次下诏，敦促各地积极筹办团练事宜。"自咸丰三年以后，迭奉朝旨举行乡团，已至再至三，各省官绅士民，未尝不遵旨办理。"④ 鲁中地区的仕宦望族也积极筹备，在各地大办团练。在地方志中，我们可以找到众多的望族成员筹备团练的事例，如博山赵玉龄，组织团练，抵御捻军。⑤ 清朝末期，捻军在北方为乱，致仕的黄恩彤响应国家的号召，在家乡组织团练，并写有《筑堡御寇碑记》：

> 咸丰初，发逆倡乱粤西，窜据金陵，淮北捻匪起而应之，至庚申九月而邹鲁大扰。先是廷议以贼势猖獗，饬下郡国纠合绅民，自制铳炮、火药、军械，举行团练。又仿照嘉庆初平定川楚教匪成案，令民间并村筑堡，家自为卫。贼至则入堡，贼退则力农，俾贼无食可掠，无人可协，久而自困。而官兵追剿较易，为力徇胜算也。……自堡成以迄贼平六七年间，贼往来经过不止数十次，卒无一人一骑敢近吾堡者，方知御流刦必先缮坞壁。前史所纪石勒李特之受困，不我欺也。今兹烟尘净扫，重视升平，我国家有道，万年无虞，伏莽然。而痛定思痛，安不忘危，筑堡一役不可以无述也。用事撮举梗，概勒石宗祠，以垂视后昆。总计此堡墙一周约四百丈，壕七条约数千丈，炮台更房毋庸并计，工巨费烦，土性疏恶，

---

① 乾隆《博山县志》卷六上《乡贤》，清乾隆十八年刻本。
② 乾隆《博山县志》卷七上，清乾隆十八年刻本。
③ 道光《济南府志》卷五〇《人物六》，清道光二十年刻本。
④ 《清史稿》卷一三三《乡兵志》，第3952页。
⑤ 民国《续修博山县志》卷一二《人物志·义行》，民国二十六年铅印本。

屡圮屡筑，幸底于成。余虽毁家纾难，不敢言功诚恐后难为继。维有棘梅
棘榛渐已成最，尚望族邻勠力同心，此后勤加培护，毋许翦伐，庶几生生
不已，多多益善，则不劳岁修而墙自完，不烦分析巡而守已固。计无便于
此者，后之人欲保身家，其毋忽吾言哉！其毋忘吾言哉！①

黄恩彤在这篇《筑堡御寇碑记》中总结了自己组织团练的经验，记录了
为办团练家族的巨额花费及对后人的劝勉。这种联村筑堡的策略，在一定程度
上阻止了盗贼的劫掠，保卫了宁阳地区的安全。后辈仍继续发扬这种精神，如
黄宝书，字东倩，咸丰二年（1852）举人。黄恩彤归乡后，宝书协助其督办
团练，筑建堡垒。捻军进犯时，他和众兄弟昼夜守护，终因功得校官，后提拔
为临清学正。② 为了体现当地政府对团练一事的重视，光绪《宁阳县志》还专
门设"团练"一栏，记载团练官员设置、人丁多少及财政来源等问题，不仅
创新了县志学体例，而且为当时和后人的军事建制提供了借鉴。

（五）望族与地方公益建设

好善乐施是鲁中地区仕宦望族的优良品德。有的成员迷信传统的因果报应
说，认为家族的兴旺发达与自身的善行息息相关，因而不遗余力地捐助百姓、
从事各种公益活动。博山赵济美，经常帮助乡邻解决困难。中年放弃举业学习
医道，嗜好岐黄之术，尤善于治疗痘疹，对贫穷者免费送药，得以全活者不可
胜计。③ 历城朱綵，性好施予，振人之急，周恤宗党贫困者。④ 宁阳黄尚璨，
生平慷慨，好周人之急，施恩不望报。他游玩泰山时，正值学使按试，一位贫
寒之士因没钱参加考试，尚璨将自己身上的所有钱送给寒士，使其渡过了难
关。⑤ 黄宗皋"周恤贫困，待以举火者恒数十家"。黄宗风善于调解邻里纷争，
负责办理乡里的大小丧葬事宜，不求回报。他们从小接受传统儒家伦理，因而
对于仁爱思想有着独特的体会，这种做好事不求回报的精神理应得到提倡。

此外，他们还参与地方道路桥梁、寺庙、义冢、义田等方面的建设。孙廷
枢，性好施予，村子靠近淄水，水经常四溢，导致往来经过的人很不方便。"公
捐桥木以济，且凡力役属于桥工者，公悉自任之"。光绪六年（1880）为应对不
时之需，在县里设置粮仓，但是由于粮仓弊病太多且县仓大部分荒废，他奏请朝

---

① 光绪《宁阳县志》卷二一《艺文》，《中国地方志集成·山东府县志辑》第 69 册，第 441—442 页。

② 《汶南黄氏世谱·县志文学传·黄宝书》，清宣统三年刻本。

③ 乾隆《博山县志》卷七上《义厚》，清乾隆十八年刻本。

④ 汤右曾：《朱綵墓志铭》，载光绪《高唐州志》卷八《选辑》，清光绪三十三年刻本。

⑤ 《汶南黄氏世谱·县志笃行传·黄尚璨》，清宣统三年刻本。

廷废除，减轻了乡民负担。毕自严，设义仓于王村，以备家族乡党缓急。① 道路桥梁等为百姓生活所必需，他们的修建给行人的出行带来极大的方便；义仓等的修建，则能在平常之年积存粮食，以应对灾年时的粮食短缺问题。

鲁中地区自然灾害频发，面对自然灾害，政府一般鼓励地方望族协同救济，望族也将赈灾作为自己义不容辞的责任。如汶南黄氏作为地方上的大族，也积极拯救乡民于水火。每到饥荒之年，黄氏家族会施粥施米，帮助乡邻们渡过难关。黄恩彤在居乡期间，宁阳地区经常发生蝗灾，民不聊生。他不仅亲身参与到捕蝗行动中来，还尽心探讨专门消灭蝗虫的方法。张一亨，张延登生父，孝敬父母，友善兄弟，和睦乡邻，好善乐施，扶危济困，灾年慷慨赈灾，赐爵一级。② 崇祯十三年（1640）庚辰，博山大饥，近百里范围内百姓皆赖救济。甲申间，百姓生活更加穷困，于是赵继美散尽家财周济乡邻，毫无怨言。③ 冯士标，崇祯十三年（1640）大饥，流亡载道，罄储蓄，乡邻赖以全活者甚众。④ 朱纬，康熙四十三年（1704）大饥，倡设粥场于南郊，多所全活。⑤ 望族成员的赈灾行为，使得乡民得以度过危机，避免了流离失所与死亡。被赈济者多是同族之人或其佃户，故望族通过赈济既能增强家族内凝聚力，又能维护家族财产。同时，赈灾降低了民变发生的概率，维护了地方社会的稳定。

明清仕宦家族通过家族成员为官，获得了较高的国家威望，成为地方性乃至全国性的望族。但这些望族的根基在于乡里，要想长远发展，必须得到基层百姓的拥戴，获取广泛的基层威望。鲁中地区仕宦家族与基层社会联系紧密，通过干预地方政权和参与地方事务，在基层社会中起到了举足轻重的作用。

# 第四节
# 明清鲁中仕宦望族的历史定位

明清鲁中仕宦望族能保持兴盛，在于其家族成员科名的连续性与家族文化的传承性。仕宦望族的身影时时刻刻出现在国家政权与基层社会之中，为中央

---

① 道光《济南府志》卷五〇《人物六》，清道光二十年刻本。
② 民国《邹平县志》卷一五《人物志上·传略》，民国三年刻本。
③ 乾隆《博山县志》卷七上《义厚》，清乾隆十八年刻本。
④ 光绪《临朐县志》卷一四之中《人物二·先正下》，清光绪十年刻本。
⑤ 乾隆《历城县志》卷四三《一行》，《中国地方志集成·山东府县志辑》第 4 册，第 652 页上。

和地方的发展与进步作出了重要贡献，从而获得了较高的国家威望与基层威望。同时，仕宦望族也注重家族自身建设，重视子孙后代文化的培养，保留了大量的文化遗产。因而本章主要是对仕宦望族的具体行为与家族文化遗产两方面进行分析，进而对其历史定位进行概括。

## 一、仕宦望族对基层社会的贡献及其局限性

明清鲁中地区的仕宦望族，要想在地方上立足，必须重视地方社会的建设。由于他们生于斯、长于斯，对地方社会有着深厚的感情，也愿意为家乡谋求福利。这一群体参与到地方政治、经济、文化、军事、公益建设的方方面面，为地方社会的发展作出了重大贡献。

政治上，望族经常利用家族成员在朝廷中的地位，积极为当地发展谋福利，及时向朝廷建言献策。在处理地方诉讼中，不偏不倚，常以百姓和谐相处为基准。经济上，固守以农为本的观念，重视耕读传家。对于贫寒不能纳税者，给予代完赋税的帮助。参与地方工商业发展，讲求诚实守信的原则，不恶意欺诈他人。有些家族鼓励子孙科举之外走工商之路，打破了贵农耕、轻工商的身份尊卑观念。有些家族为促进地方工商业发展，采取代缴商税、市税的举措，使得颜神镇、周村等一大批商业市镇勃兴。文化上，重视家族子弟的教育，涌现出一大批在各领域有突出贡献之人才。重视当地文化设施如书院、府州县学等的建设，参与到地方县志的纂修过程中去。地方安全上，重视地方城池的修建、维护，通过兴办团练等方式抵御清军、捻军以及其他农民起义军的攻袭，一定程度上减轻了兵燹之灾给地方带来的损失。在守卫地方安全的过程中，仕宦望族涌现出众多的典范人物，有些甚至献出了自己的生命，尤为称道。公益上，参与地方道路桥梁、寺庙、义冢、义田等方面的建设。尤其是遇天灾时，他们能及时给予援手，帮助众多的乡民免受饥饿之苦，保住乡民的性命。仕宦望族成员的积极作为，为地方社会的稳定与发展贡献了力量，获得了较高的基层威望。

尽管仕宦望族有着重大贡献，但仍有很大的局限性。

第一，他们在与地方政府打交道的过程中，成为国家众多事务的实际执行者。仕宦望族本身也属于封建地主统治阶层，他们一切行为的出发点都是从维护国家统治出发。他们通过与地方政府通力合作，达到统治目的。当遇有危害统治行为如农民起义发生时，他们会毫不犹豫地站在统治阶级立场上，对起义进行无情镇压。鲁中地区在明清两代有众多的农民起义，无论哪一次起义的平息都有仕宦望族参与的身影。

第二，望族成员多为地主阶层，他们的所作所为是出于维护自身利益的考

虑的。这些仕宦望族一般拥有大量的田产，属于大中小地主阶层。他们兴修水利等，也是为发展自身田园。同时，他们雇佣大量的佃户为自己耕种田地，因而灾年救济避免了佃户的流亡，也能招揽更多的百姓为自己耕种。明清士人阶层拥有赋役优免权，家族持续涌现的科举人才无疑壮大了家族财产的规模。但每县的政府赋税征收名额没有多少变化，从而加重了百姓的负担。至于一些望族代完市税，虽对地方工商业发展意义重大，但也有出于促进家族自身副业发展的考虑。很多家族因为战乱而一蹶不振，从此衰落下去，因而积极地修建城池、组织团练等，利于保证望族成员自身财产与生命的安全。望族成员参与县志的编写，部分程度上掌握了舆论的主导权，能够更好地为家族成员歌功颂德。许多方志中记述的地方贤达、义士、列女，不乏来自望族之家。这其中多数依照客观标准，但也难免掺杂宣扬自己家族的主观性。

第三，仕宦望族与百姓之间存在着一定的矛盾。仕宦望族多居于地方社会的核心地位，与官府有着密切联系，握有较多的公共权力，以至为自己家族谋私利、倚强凌弱、钻营取巧、武断乡曲之事的情况时有发生。有些地方官员慑于家族威望，甚至"平时奉缙绅如父母，事缙绅若天帝……故宁得罪于百姓，不敢得罪于缙绅"①。有些望族成员的蛮横行为，甚至会对家族与地方社会造成巨大的危害。如吴桥兵变的发生与新城王氏关系颇深：孔有德所率士兵行至吴桥时，滞留在新城的士兵因强取王象春家仆一鸡而发生矛盾，象春之子王与仁不肯善罢甘休，"申详抚按，必欲查首乱者戮以殉众，辽丁急至吴桥，邀前队改辕而南"。结果部队三千人声称为王氏所逼，"歃血立誓，若不雪此耻而北行者，众其杀之"②。面临兵甲之士，王与仁只因家仆一只鸡便不肯善罢甘休，足见当时新城王氏的气焰之盛。这种蛮横，激化了孔有德、李九成之乱，最终祸及新城、胶东等大半个山东。

## 二、仕宦望族文化遗产的继承与批判

明清时期鲁中地区仕宦望族之所以历经百年而长盛不衰，与这些家族厚重的文化底蕴密不可分。这些家族文化，包括家族独特的家风、家学等，其精华部分，在当今社会仍具有较高的借鉴意义，成为中华民族优秀文化的重要组成部分。

---

① 中国第一历史档案馆:《清代档案史料丛编》第 5 辑《徐乾学等被控鱼肉乡里荼毒人民状》，中华书局 1980 年版，第 40 页。

② ［明］文秉:《烈皇小识》卷三，上海书店出版社 1982 年影印本，第 70 页。转引自何成《明清新城王氏文化研究》，中华书局 2013 年版，第 42 页。

（一）家风

家风即家族的传统风尚，是家族成员的行为准则，一般体现在族规、家训中。家风对子孙后代进行规范，对一个家族发展至关重要，钱穆曾指出："一个大门第，绝非全赖于外在之权势与财力，而能保泰盈持达于数百年之久；更非清虚与奢汰，所能使闺门雍穆，子弟循谨，维护此门户于不衰。当时极重家教门风，孝弟妇德，皆从两汉儒学传来……"①

鲁中地区的仕宦望族为了凝聚宗族，一般都建有共同的祠堂祭祀祖先，并编写家谱来明世系。"联宗作为一种发生在基层社会中的活动，一方面通过联结同姓人群之间共同的姓氏符号，表现出一定程度的血缘认同关系；另一方面又通过满足共同的功能和利益，反映了各同姓宗族之间相邻或相近的地缘关系。……对地域社会的形成和运作，对民间生活的组织、活跃、协调和平衡发挥了重要作用。"② 由此可见，宗族相亲对一个家族来说有着非凡的意义。如新城王氏至少修建过忠勤祠、让德公祠、忠孝祠、善行祠等四座祠堂，从王之垣开始前后进行了七次修谱工作。临朐冯氏共同集资兴建家族祠堂，并规定每年在家族祠堂的祭祀活动有九次之多。冯氏家族还在祠堂中建立敦睦会，每当祭祀之后聚集全族成员宴会，并且处理家族中的纠纷及族中其他事务。③ 自明末至清末，先后编有《冯氏世录》《冯氏家谱》《冯氏世谱》等家谱。据《汶南黄氏世谱》记载，黄氏家族从嘉靖十一年（1532）开始先后进行了大小五次修谱、联宗工作，对家族规范、祖先世系、坟茔情况等都有明确的说明。

仕宦望族在修家谱的同时，制定了较为严格的族规，对家族成员的行为进行规范。日本多贺秋五郎在对族谱及其族规进行研究后指出"明代自嘉靖以后，族谱的内容更为完备，有世系表来确定血缘关系；以诰敕阐扬宗族名誉；利用祭祀、族规来统治族人。特别是族规的内容包含了《朱子家礼》《吕氏乡约》、皇帝六谕等，并且定期诵读族规，由族尊率领全族人聚会听讲，达到由宗族组织来协助国家国家治理百姓之目的"④。族规、家训等对家族家风的形成至关重要，综观明清时期鲁中地区仕宦望族的家风，主要包括以下内容：

---

① 钱穆：《国史大纲》（修订本），商务印书馆 1996 年版，第 309 页。

② 钱杭：《血缘与地缘之间—中国历史上的联宗与联宗组织》前言，上海社会科学版社 2001 年版，第 3 页。

③ 冯子咸：《冯氏世录·祭礼事宜》，清抄本。

④ ［日］多贺秋五郎：《中国宗谱的研究》，转引自赖惠敏《清代的皇权与世家》，北京大学出版社 2010 年版，第 10 页。

第一，为官讲求廉洁奉公、勤政爱民、正直敢言等。鲁中地区仕宦望族有众多成员出仕做官，由于他们从小接受良好教育的熏陶，对修身、治国有着深入的见解。"在他们身上，既有山东人那种典型的豪爽、热情、正直、诚信的品质，又有儒家思想中那种忠君报国、廉洁奉公、敢讲真话，为官一任、造福一方的精神。"① 如历城朱昌祚，在清军入关劫掠时被俘虏，入汉军镶白旗。清军入关后，任职清朝，于顺治十八年（1661）四月，以工部侍郎之职巡抚浙江。当他到达浙江后，看到浙江大旱，百姓困苦，便带头捐银并倡导当地士绅对灾民开展赈济，后上书康熙帝请求抚恤灾民，使浙江灾民躲过了死亡的危险。清初反清势力还经常出没于浙江沿海，对清朝的统治构成了威胁，朝廷为了镇压反清势力而下令沿海居民内迁。但一味地内迁，沿海百姓生活失去依靠，于是朱昌祚上疏请求酌情划拨一些荒田给内迁居民，让他们以农代渔，并给予三年免交赋税的优惠。他在任期间，为政清廉，多施善政，得到了当地百姓的厚待。他还勇于为民请命，不惧个人得失。清初，鳌拜专权，在北京周围地区大肆圈地，致使周围数十万人民流离失所。朱昌祚看到百姓生活困苦，急写奏折上报朝廷，并与苏纳海、王登联等联合进谏，请求停止圈地。这却得罪了鳌拜，借口将三人杀害。鳌拜伏法后，朱昌祚得以平反昭雪，谥"勤愍"，赐祭葬。② 鲁中地区其他仕宦望族代表人物在为官任上也大都能做到这一点，他们对所任官职负有使命感，颇有政绩，深得地方百姓的爱戴。

第二，为民注重父慈子孝、兄友弟恭、邻里团结等。尊老爱幼等自古就是中华民族的传统美德，很多仕宦家族也将其作为自己家训的重要内容。邹平张延登家族的家训具体翔实，有忠君鉴、孝亲鉴、夫妇鉴、兄弟鉴、朋友鉴、慈爱鉴等六大部分，其中除忠君鉴之外都是对望族成员行为的规范。张氏家族家训如此，成员更是以身作则。张延登的生父张一亨，生性孝敬。他的父亲佩弦性情暴戾，好饮酒，凡醉必斥骂家人，众人皆避之，唯有一亨不惧责骂，尽心照顾父亲。哥哥张一元在外为官，孝敬父母的重担全由一亨一人承担。一亨与哥哥一元相处融洽，一亨妻李氏生子张延登后而亡，遂将独子交由未生育的嫂子刘氏抚养，并让其作为哥嫂的嗣子。一亨还生性慷慨，和睦乡邻，好善乐施，扶危济困。到他家借贷者，能还则还，不能还者则免。灾年慷慨赈灾，捐粮千石，皇帝褒奖，赐爵一级。乡民以善人"张次公"相称，死后乡邻痛哭

---

① 朱亚非：《明清山东仕宦家族文化及其时代价值》，《齐鲁学刊》2012 年第 2 期。

② 光绪《高唐州志》卷八一《著述》，清光绪三十三年刻本。

失声。①

仕宦望族的家风，内容丰富。其讲求廉洁奉公、勤政爱民、正直敢言等的为官理念，为当时社会培养了一大批忠君尽责的能吏，保证了官僚机构的顺利运行，对百姓来说也是一种福祉；注重父慈子孝、兄友弟恭、邻里团结等的处事理念，塑造了望族成员良好的性格，为达到"老吾老以及人之老、幼吾幼以及人之幼"的理想社会奠定了基础。同时乐善好施、热心公益也使得其获得乡邻的爱戴，促进了家族在基层社会中的进一步发展。望族成员如能秉承这一优良的家风，就能使得望族的国家威望与基层威望相结合，促使仕宦望族长盛不衰，保持门第不坠。

（二）家学

家学即一个家族世代相承之学，有自己家族的特色。科举制度创立后，出现了众多的科举望族。这些望族为保证长盛不衰，因而首先将科举放在首位，创造自己独特的家学。

家学的形成有赖于家族严格的教育。如新城王氏是明清山东显赫的仕宦望族，家族人才辈出，既有高官贵胄，也有大文学家、思想家等，家学积淀深厚，被誉为"江北青箱"。王氏家族众多人才的出现，与其严格的教育密不可分，其成员"每夜五鼓即起，终年在书屋；惟元旦拜家祠，与尊长贺节毕，即入塾肄业。虽至亲近族，罕得会面。一文不佳，责有定数。初不胜苦，久久操之既熟。入闱时，人忙我闲，视在塾反为从容。科第蝉联，良有故也"②。

"明清望族的家学，总体上看是以儒学为主，但因时代背景不同，地方文化传统不同，家学在内容侧重点上会有所不同。家学内容的传承及变化，与家族在政治生活中的地位升降变化是有联系的，一个科举望族政治上走向衰落，往往与其家族家学内容的变化同时发生。"③ 明清时期，新城王氏、历城朱氏、博山赵氏、临朐冯氏、蒙阴公氏等都是著名的文学世家，这些仕宦望族成员的著作涉猎非常广泛，包括诗歌、词学、经学、史学、书画、医学、法律、武学等众多方面。这些望族成员无论是当朝做官还是寄居乡里，都有众多的著作传世。从第二章所列各家族仕宦情况表中的成员著述来看，愈是在多地为官、任职经历丰富者，愈能够考察当地的风土民情，创作出众多包含当地人物与事件

① 《明清邹平城里张氏家族》，载卢兴国主编《邹平名门望族》，山东友谊出版社2013年版，第169页。

② ［清］王培荀著，蒲泽校点，严薇青审订：《乡园忆旧录》，齐鲁书社1993年版，第4页。

③ 何成：《明清新城王氏文化研究》，中华书局2013年版，第196页。

的诗集、文集，在家族众多著作中的比例愈高。大量的文集、著作，为后人留下了一笔宝贵的财富，至今仍具有很高的价值。

然而明清时期形成的众多的仕宦家族及其家族文化，是封建时代的产物，不可避免的留有那个时代的诸多印记。我们在吸收其中精华的同时，理应摒弃一些糟粕，如社会与家族教育主要针对男性，虽有个别文学女性如赵慈、王碧莹、徐如莲等出现，但毕竟是少数，客观上压抑了女性的自由发展；仕宦望族成员虽有众多著作，但其代表的是封建统治者的立场，不可避免的夹杂封建伦理、封建道德。且鲁中地区仕宦望族多信奉佛道思想，表现在注重修建地方庙宇、灾荒救困、从事公益等众多方面，当然在某些人物著作中也有体现。

# 小　结

鲁中地区大致位于山东的中部，自然条件优越，较适宜农耕经济的发展。历史悠久，人才辈出，文化底蕴深厚。这种得天独厚的自然与人文条件孕育了这片沃土上的人们，使人们养成了勤劳勇敢、敦厚朴实的性格。在科举兴家及士人渴望通过仕途展现自己才能的推动下，大批文人才俊出仕为官。随着一代又一代科举人才的出现，最终仕宦望族这一群体形成。

明清两代，山东地区的家族亦如全国可谓是盛极一时。单就鲁中地区而言，在当时社会有影响的大家族不下数十家：有"父子褒封"的邹平"西张氏"家族，有"无徐不衙门"的长山西街徐氏家族，有享誉海内外的新城王士禛家族与临朐冯琦家族，有文学见长的章丘焦馨家族、博山赵进美家族与蒙阴公鼐家族，有号称"八阳风范"的淄川毕氏家族，有盛极清末的宁阳黄恩彤家族。这些家族的始兴者均重视"耕读传家"的传统，重视家族文化的积淀，重视家族子孙后代的培育，这可谓是这些家族兴盛的重要原因之一。

鲁中地区初见兴盛的家族，通过通婚、交游等形式，增进与其他家族之间的联系，在地方社会或至全国形成一个巨大的利益链条网络，使得家族地位不断巩固。兴盛起来的这些家族并非雄霸一方，而是积极参与国家与地方的政治、经济、文化、军事、公益等各方面建设，为国家的繁荣富强与地方社会的进步作出应有的贡献。这些家族的卓越行为，为其赢得了较高的国家威望与地方威信，这可谓是这些家族长盛不衰的根本原因。

对仕宦望族的定位，可以加深对明清时代历史的了解。明清鲁中仕宦家族的形成，与科举事业密不可分。科举人才的涌现，需要家族拥有严格的家教和渊博的家学，进而形成了他们的良好的家风。仕宦望族无论是在朝为官，还是在野为民，均能积极为民造福。在对仕宦望族进行研究时，尤其是对这些家族与其生长的地方社会之间的互动的考察，更具有历史与现实意义，需要我们进一步深入研究。

# 第五章
# 明清鲁东南仕宦望族与基层社会

## 第一节
## 鲁东南的自然环境与人文传统

自然环境是指一切可以直接或间接影响到人类生活、生产的自然界中物质和资源的总和。人类依赖于自然环境,并从中获得生存空间和物质资源。

自然环境与生活在其中的人类是对立统一的关系。一方面,人类的任何活动都受限于当地的自然环境,自然环境影响着人们生活的方方面面。另一方面,人类可以发现并利用自然规律,在一定程度上改变自然环境,使之更适合人类的生存、发展。曾子所说的"制天命而用之"就表达了此意。鲁东南地区自古多山亦多水,山水交错的自然环境影响着当地社会经济的发展与人文传统。

明清时期,鲁东南即设有沂州府,与今临沂位置相当,明清鲁东南望族即生长于此。本章以临沂为例,介绍明清时该区仕宦望族的发展历史及其与基层社会的关系等内容。

### 一、山水之地

临沂位于山东省东南部,史称为"历代州郡治所,实东省一大都会"①。以"大"形容临沂,抓住了临沂在面积上的一大特色。临沂地处鲁中南低山丘陵区和鲁东丘陵南部,境内自北向南有鲁山、沂山、蒙山、尼山四大主要山脉,沂河、沭河、中运河、滨海为分布当地的四大水系。四大山、水尤以蒙山、沂河为古今之最。史称"其山则祖脉蒙顶,蜿蜒自西北而来。水则沂流

---

① 民国《临沂县志·序》,民国二十五年铅印本。

如虹，蟠绕城下"①。又称"临沂山水大势俱分东西两条。西条山脉均起自蒙山……东条山脉均起自莒县之高柘山。……至于水，西条之水沂为大，东条之水沭为大。二水东西分流纵贯全境。若祊涑、孝感、柳青、蒙山诸水均自上游入沂。若武河、李公河、柳沟河、陈家埠河均至下游入沂。若汤河、高榆河、武阳沟均自县境入沭。若白旄河、凤墩沟均至郯境入沭。其不入沂沭者，西境惟燕子河、东西洳河，东境惟关河、石河、利城花冒等河而已"②。山水交错的环境使得临沂地区地形地貌较为复杂、差异明显，山地、丘陵、平原各占总面积的1/3。山区陡峭崎岖，重峦叠嶂；丘陵绵延起伏，蜿蜒盘旋；平原广阔无垠，坦荡如砥。流经其间的河流绵延不绝，潺潺若乐曲。此外，当地有不少由流水侵蚀而成的桌状山，被称为"崮"，素有"沂蒙七十二崮"之说，其实数量远不止此，得有百余崮之多。沂沭河平原土层深厚、土质肥沃，是粮食和蔬菜的主要产区，有"粮仓"之称。山间沟谷平原土层深厚、土质适中，多种小麦、玉米等作物及苹果、桃等水果。涝洼平原排水不畅、易涝，多种水稻、小麦和蔬菜。③ 同时，境内的山川河流、自然美景也为历史上文人学士吟诗作赋、壮志抒怀提供了独一无二的题材与媒介。唐代萧颖士在其诗《游蒙山》中有"东蒙镇海沂，合沓百余里。……此焉多深邃，贤达昔良秘。尚子捐俗缘，季随蹑遐轨"④ 等言，借蒙山景观及"周八士"之一的季随曾隐逸于蒙之典故，抒发其追逐功业而忽视山水田园之美的遗憾。宋代文彦博的《赠自然表白大师》亦提及蒙山风光，诗曰："千仞清溪绝世纷，先生高卧白云根。近来名系丹台籍，多向蒙山见羡门"⑤。明人公鼐作《东蒙山赋》，畅言："雄都巨镇，名山大川，千百万亿，绵络周环。孔穴相通，缕脉相连，轮囷堙塞，融结弥漫，积德宣气，会于兹山。其广数百里，其高八千寻，左青右兖，襟淄带浧。向淮之阳，背济之阴。首饮东阮之麓，尾入长河之津，其峰七十有二，其洞三十有六。内绝涯际，外峙嶙峋。控中华而跨江表，履海岳而戴星辰。"⑥ 天顺进士李炯然在其诗《蒙山仙洞》中有言，"仙人飞去向蓬山，洞府无人敞不关。丹灶尚余松焰黑，石林惟有藓痕斑。月明绿树猿空啸，日暝青

① 民国《临沂县志·序》，民国二十五年铅印本。
② 民国《临沂县志》卷二《山川》，民国二十五年铅印本。
③ 参见临沂市人民政府网站，http://www.linyi.gov.cn/。
④ 乾隆《沂州府志》卷三四《艺文·古诗》，清乾隆二十五年刻本。
⑤ 乾隆《沂州府志》卷三五《艺文·近体诗》，清乾隆二十五年刻本。
⑥ 宣统《蒙阴县志》卷五《艺文志·赋辩》，《中国地方志集成·山东府县志辑》第57册，第448页上至448页下。

山鹤自还。何日得捐冠冕系，此身来伴白云闲"①。抒发了其无意官场、渴望
致仕还乡、寄情山水的情怀。

临沂属温带季风区大陆性气候，四季分明、气温适宜，全年平均气温为
14.1℃，全年无霜期200天以上。降水量于全省较为丰沛，雨量受季风影响显
著，夏秋、春冬降水量悬殊，夏秋雨量充沛，春冬降水较少。由于全年降水分
布不均，常有旱、涝等自然灾害。干旱极为常见，几乎年年都有，有局部的，
也有全区的。其中又以春旱最为频繁，特别是北部山区，有"十年九旱"之
说。秋旱2—3年1次，对农业生产危害极大。涝灾主要发生在夏季的南部平
原。② 其他自然灾害，如蝗灾、冰雹、地震等也均有发生。

临沂地区的气候深受季风影响，这使得全区旱涝灾害频发，而明清时期又
值自然灾害高发期，从而给当地民众的生产生活带来不便。一方面，旱涝致使
农作物减产，尤其是大旱之后往往出现蝗灾，更给农业生产带来致命的损失。
另一方面，作物减产会引发饥荒，涝灾过后又会出现瘟疫，威胁着民众的生命
安全。多灾的现状并没有使临沂地区的民众屈服，正如马克思所言，问题和解
决问题的方法是同时产生的。面对肆虐的自然灾害，临沂民众（包括任职临
沂地区的官员）积极采取措施防灾、抗灾。如，明时阅政临沂的临潼李公因
忧心夏秋雨季之时涑水泛滥，致使民众生活不便，就主持重修迎仙桥并在此增
建堰坝以使当地百姓免遭水患之扰。明人赵克念曾撰专文记载此事，以表对李
公的敬仰之情，其文曰："沂宗岱门外，有涑水发源于费之箕山天净汪，经即
丘由州之西，折而北，又折而东入沂河焉。每夏秋水泛，输蹄莫济，里人病
之。前兵宪栗公命造石桥，题曰：迎仙桥，工垂就即以艰行。迩年以来，石圮
水啮。郡大夫临潼李公阅政之明年，惧其桥之坏，又虑其民之劳，于是委莲幕
宋君董修之。儿灰石工费，公多方处之，剂量得宜，不动官，不扰民，两月而
工竣。桥之两旁附以雁翅视堰，法为尤详。又谓滋水泛滥汹涌，骤进桥或不足
以容之，于雁翅又砌为坝，使彼此依倚，永无圮啮之患。噫！公之心其亦勤且
密矣。"③ 多灾的现状使得同心协力、团结合作抵御自然灾害成为临沂地区基
层民众社会生活的一大特色，也成为临沂地方官员的政治活动之一。明代临沂
一地知州何格就曾书《治河议》一文，提出治理沂河防水患之法。"为今之
计，循故道从公论，毅然行之而已。或谓疏马儿湾易治，长沟难。盖长沟横互

---

① 乾隆《沂州府志》卷三五《艺文·近体诗》，清乾隆二十五年刻本。
② 中共临沂地委宣传部、山东省临沂地区文联编：《临沂大全》，山东人民出版社1990年版，第10—11页。
③ 民国《临沂县志》卷一三《艺文》，民国二十五年铅印本。

沂之东，沭之西，内通左河、黄米堰河之水，外又当汶沂之交。开长沟则自沟以东，如八湖、五湖、十二湖之地，不为巨浸已乎。曰：非也。坊之不设，或设之不崇且厚。但预为巨坊以待之，遇涨可束流于坊中，旱干且用以资灌溉。孰谓汤河居仁，黑墩诸湖地不反害为利耶……夫循旧以便民，非更张之扰，一劳而永逸，均再造之仁，惟明台详加体察，勇往必行，则又沂之功不再禹下矣。"①

## 二、人文传统

每一地区都有其特定的人文传统，我们可称之为区域人文传统。探讨明清临沂基层社会现状，必须在了解该地自然环境基础之上尽量还原其人文传统原貌。笔者拟从以下几点简要介绍该地区的人文状况。

（一）明清之前的古圣先贤

对明清时期临沂人文环境具有重大影响的莫过于曾经流传或生活在该地的古圣先贤。自先秦始，临沂就是一大文化圣地，诸子集聚，大家辈出。春秋时受封于今之郯城的郯子即为德才兼备之典型。其德在孝、为人津津乐道的"鹿乳奉亲"的典故，所述主人公即为郯子；其才在其对远古历史、先祖事迹的精确掌握。郯子曾详细向鲁昭公讲解了少昊氏"以鸟名官"的具体情况。其滔滔不绝的论说表现出他对先祖所创造历史的崇敬与骄傲之情，以致孔子听闻此事，而学于郯子。春秋时鲁国人、孔门七十二贤人之一的闵子曾迁居于临沂费县，闵子德行与"复圣"颜渊齐名，孝行与"宗圣"曾参并称，被奉为"笃圣"。孔子曾赞其孝行曰："孝哉闵子骞！人不间于其父母昆弟之言。"② 闵子骞即闵子。闵子，名损，字子骞。儒学四巨匠"孔、孟、颜、曾"之一的曾参为战国时鲁国南武城人，即今之临沂平邑县魏庄乡武城村人。相传《孝经》由曾参整理，这与其孝行有关，他提出"慎终""追远"的主张。③ 此外，曾参尤为注重自身修养，著名的"吾日三省乎吾身"之说就是他提出的。④ 先秦时期影响临沂的古圣先贤，不可不提荀子。荀子虽是赵国猗氏（在今山西安泽）人，但他曾长期在齐任官，主持稷下学宫，后因谗言而离齐适楚。在楚国，荀子被任为兰陵（今临沂苍山县兰陵镇）县令，

---

① 民国《临沂县志》卷一三《艺文》，民国二十五年铅印本。
② 《论语·先进篇第十一》。
③ 《论语·学而篇第九》载："曾子曰：'慎终追远，民德归厚矣。'"
④ 《论语·学而》载："曾子曰：'吾日三省吾身：与人谋而不忠乎？与朋友交而不信乎？传不习乎？'"

之后便定居于此。荀子在苍山一带授徒讲学，韩非、李斯均于兰陵受教于荀子。众多人才齐聚此地，从而使临沂尤其是苍山一带发展为高文化区。这种影响甚至持续至魏晋，促成了魏晋琅琊王氏（以王羲之为代表）、琅琊诸葛氏（以诸葛亮为代表）、琅琊颜氏（以颜真卿为代表）等世家大族的发展及其在文化上的领先。这也是临沂苍山虽经济发展滞后，却能成为高文化区的一大原因。秦以降至元，临沂地区也屡出德才兼备之士。如：东汉末年天文、历算学家刘洪，孝子王祥，魏晋时琅琊王氏族人"书圣"王羲之，琅琊诸葛氏族人诸葛亮，唐代琅琊颜氏族人颜真卿等。

明清之前活动于临沂的古圣先贤以及有关他们的事迹和传说，影响了明清时期该地的人文环境。一是，该地民众重视道德伦理，尤其重孝。这与当地流传的有关郯子、曾子、王祥等人的传说故事有关。二十四孝中有不少典故与临沂有关，如，郯子鹿乳奉亲、闵损芦衣顺母、仲由百里负米、曾参啮齿心痛、王祥卧冰求鲤、王裒闻雷泣墓等。二是，临沂地区崇圣重教现象普遍。这又与先秦荀子的讲学及魏晋世家大族繁盛的家学渊源等历史传统密切相关。

（二）明清之际的重大事件

特定时期区域内所发生的重大事件，会对当地社会经济发展状况与趋势产生一定影响，同时也能反映出这一时期的历史大势，甚至能够牵动政府政策变化，进而影响整个政局。如明末李自成因丢失公文而被驿站裁撤，恰崇祯时因财政紧张而精简驿站，而李因失业，加上欠债难还、地方势力欺压等因素，铤而走险发动起义。陕北一带的驿卒一呼百应，揭竿而起，陕北因此成为全国动乱之地。起义逐步发展并波及全国各地，成为一股明政府不能忽视的反抗势力。明政府在对满洲作战的同时，不得不分兵镇压李自成起义，从而陷入两线作战的被动局面。以李自成为首的农民战争甚至导致了之后的明清易世。由此及彼，考察明清临沂基层社会现状，亦需了解当时该地的重大事件。

临沂战乱多发主要集中于明末清初和晚清两个阶段。前一阶段与明清易世、清政权初建相关。一方面，明清两股势力相互角逐，反清复明斗争时有发生；另一方面，为求生存而被迫起义的反抗势力与趁火打劫的投机势力在权力真空期竞相涌起。后一阶段与晚清太平天国运动有关，临沂各地捻军、幅军的兴起正好配合了太平军。从中可看出临沂民众不满现状、勇于抗争的风格品性。

明清两代临沂地区战乱多发，既有临沂当地所爆发的战乱、教案，也有他处兵灾过境、政府军队之侵扰。战乱频仍的现状对当地产生了两方面的影响。一是，基层民众积极组织团练等地方武装自卫，以抵御随时可能发生的兵灾；

二是，中央政府逐步重视临沂及其周边战乱多发区，时常派兵到此讨乱，以稳定地方。雍正时将沂州升为府，并在临沂地区附设郭县曰兰山，这与明清之际临沂战乱多发不无关系。沂州地位的提高，也在一定程度上加强了政府对临沂地区的关注。康熙、乾隆南巡多次驻足临沂，并于此作诗题词；晚清时屡次派兵至沂平乱，这都反映出中央、地方对临沂重视程度的增加。

除战乱外，疏浚河道、修筑河堤是明清时期临沂的另一大事，反映了临沂多旱涝灾害的自然环境特征，也透视出中央及地方对农业生产的重视。又，嘉靖三十三年（1554），孙镗在松江抗倭斗争中牺牲一事，既反映出明嘉靖时倭患横行，也反映出临沂民众强烈的社会责任感和除暴安良、兴利除害的侠义精神。

上述分析表明，明清临沂所发生的事件与明清时期的时代背景、临沂地区的自然人文环境紧密相连。

（三）明清政府的相关政策

明清在地方分别以里甲制度和保甲制度加强对基层民众的治理，从而将整个社会层层纳入中央政府的管辖之中。此外，明清政府均重视教化民众，在完善律法的基础之上，积极进行以忠孝节义为核心的道德伦理的宣传，以期以德化民，减少地方争讼，促进基层社会稳定。明代在地方宣讲《大诰》、推行"乡饮酒礼"；清代在地方宣传贯彻各朝圣谕，这些无不表明明清政府以教化为先。明清政府在临沂推行的一些政策措施也充分体现出其"教化为先"的统治思想。以费县为例。费县西北安靖村的先贤卜子祠所附碑文有《蠲免碑记》，记载了清代诸帝关于蠲免圣贤后裔杂项差瑶的政策。其文曰：

> 自顺治八年，钦命户部行文：凡圣贤后裔及其庙丁礼生，正供而外，一切杂项差瑶俱行蠲免。嗣后，康熙二十三年及四十年，俱蒙户部行文，转饬圣贤后裔，杂项差瑶久行蠲免，如有复行派扰，详报究处，各遵在案。乾隆五年，蒙前宪硕题请蠲免旧例宜立碑垂久，永禁扳扰。乾隆二十年三月十七日，蒙户部遵圣旨恩例：恐圣贤后裔蠲免旧例日久生弊，且其族人散处各州县，倘有捺案不行者，则有蒙恩不蒙恩之分，仍照旧例，移咨抚台移文衍圣公，转饬颜、曾、孟、卜、闵、冉、言、仲各翰博，使族人所在州、县立碑垂远，仍取具碑葊，缴部鉴核，庶所在知有恩例，不至妄行扳扰，而圣贤后裔庶得均沐殊恩。等因在案。
>
> 我卜氏一族，自宋时迁居于费，祖庙在焉。莅兹土者，往往加以优恤之仁。兹值县父台杨公讳烛莅兹任之始，上体皇仁，下恤贤裔，恩谕立石于

仪门檐下，以免风雨之蚀剥。是蠲免之例，不惟上荷国恩，而县公父台维持之功，亦与金石并垂不朽云。①

碑文对有清一朝虽不乏溢美吹捧之辞，但其所列举世祖、圣祖及高宗三朝为示崇儒重道、鼓励教化而屡屡颁发行文，强调蠲免圣贤后裔杂差的行为，确为事实。卜氏一族对费县父台杨烛"维持之功"的感激之言，也从侧面体现出清代地方官对为推崇教化而行蠲免这一政策的重视程度。

此外，清代颁行的有关立祭坛祭祀的诏诰中所涉及的惩恶劝善的内容，也在字里行间透漏出其以教化驭民的政策。其中一则如是说：

> 皇帝圣旨：（以下同告牒）故敕天下有司依时享祭……合境无祀鬼神等众灵其不昧来享此祭。凡我县境内人民倘有忤逆不孝不敬六亲者，有奸盗诈伪不畏公法者，有扭曲作直欺压良善者，有躲避差瑶耗损贫户者，似此顽恶奸邪，灵必启于城隍，发露其事，使遭官府。轻则笞决杖断，不得号为良民；重则徙流绞斩，不得生还乡里。若事未发露，必遭阴谴，使举家并染瘟疫，六畜田蚕不利。如有孝顺父母、和睦亲族、畏惧官府、遵守礼法、不作非为、良善正直之人，灵必达于城隍，阴加护佑，使其家道安和，农事顺序，父母妻子保守乡里。我等阖县官吏等如有上欺朝廷、下枉良善、贪财作弊、蠹政害民者，灵必无私，一体昭报。如此，则鬼神有鉴察之明，官府非谄谀之祭。尚飨。②

诏旨中虽充满因果报应、鬼神巫灵等宗教话语，但其所倡导内容多为儒家所主张的孝悌亲民、仁义礼智信、温良恭俭让等传统道德伦理。诏旨借助鬼神巫灵，意在使作奸犯科者有所顾忌，使正直良善者能够继续保持，从而达到教化民众的目的。

### 三、明清临沂基层社会的民众生活

临沂地域广阔、地形丰富，本身具有的季风性气候又使当地旱涝等自然灾害频发。临沂自古圣贤名家辈出，但明清战乱频仍，在明清政府教化为先的政策下，促使明清临沂形成了以道德伦理为先、崇圣重教、兴利除害、勇于抗争

---

① 《费县志》卷五下《祀典》，载费县地方史志编纂委员会办公室《费县旧志资料汇编》，1993年，第114页。

② 光绪《费县志》卷五上《祀典》，清光绪二十二年刻本。

的地域人文传统。特色鲜明的自然环境与人文传统既为明清临沂民众各项活动提供了保障，也深刻影响着本区民众生产生活的方方面面，从而使明清临沂基层社会民众生活表现出以下特点。

（一）立功立德的政治生活

"立功立德"语出《左传》，原文如是载："太上有立德，其次有立功，其次有立言，虽久不废，此之谓不朽。"① 明清临沂基层社会民众在日常生活中对社会政治活动具有强烈的参与、合作意识，一旦地方有所需求，民众即给予不遗余力的配合与支持。明清临沂多洪涝等自然灾害，故而饥荒时有发生。此时，各村各户凡有盈余者，多能周济邻里亲族。地方志对此种情况的记述不胜枚举。光绪《费县志》记明人高俊事迹有"饥，输粟于有司，全活甚众"②之语；记清人孙镇事迹有"品格端方，好济人，年荒周乡邻杂量三十余石"③之语。宣统《蒙阴县志》对类似事例也多有记载。如，面对道光年间的饥荒，蒙人邵振亭、类思高之辈多能出力。史载，邵振亭在连年大饥的情况下，"给药施衣，每岁出粟数十石，赈济贫民，全活甚众"④。类思高施粥、散济两条措施双管齐下，"为粥赈济，并出资二百五十缗，募捐五百缗，按日散给极贫之户，饥民赖以全活"⑤。明清时期临沂民众之间这种助人为乐、雪中送炭的互助方式不仅仅局限于灾荒之年，这也是基层社会民众日常生活之道。以轻财好义著称的莒人张珣，曾买刘姓产业，在了解到刘氏无法奉养老母时，在不索钱财的情况下，即刻奉还刘氏产业，"人称其有推恩锡类之仁焉"⑥。费人高暤居家时，凭借其医术救人于难，周济故人子。"后归闭户著书，尤精医，制赞化丹施治斑疹，全活无算。有流民妇生子于人家檐外，肠出，为温铁水洗之，以磁石煎汤服，肠立上，惠以钱米，其人拜谢而去。他所治率立效。有故人子饥贫泣于路，为赠以谷豆及银钱等。"⑦ 地方志记载全应旂事迹时如是说，"岁辛酉土匪起，避居郡城，贼平，村舍为墟，附近十余村麕集于万家庄，无栖止地。应旂有松数千株，慨然曰：乱离之后，得生全，幸矣。木奚惜。使乡人尽

---

① 《左传·襄公二十四年》。

② 光绪《费县志》卷一〇《人物一》，清光绪二十二年刻本。

③ 光绪《费县志》卷一〇《人物一》，清光绪二十二年刻本。

④ 宣统《蒙阴县志》卷四《人物志·名献》，《中国地方志集成·山东府县志辑》第 57 册，第 428 页下。

⑤ 宣统《蒙阴县志》卷四《人物志·名献》，《中国地方志集成·山东府县志辑》第 57 册，第 428 页下。

⑥ 民国《重修莒志》卷六五《人物十·耆德上》，民国二十五年铅印本。

⑦ 乾隆《沂州府志》卷二五《人物上·功业》，清乾隆二十五年刻本。

伐之，各修屋以敝风雨，并不索值。有马安者，单传数世，贫不能娶，资助之，使完室家"①。此等慷慨好施、仗义疏财绝非常人所能达到，这也与明清临沂以道德教化为先的人文环境相辅相成。

除乡里民众的互助周济外，明清临沂基层社会民众投入社会政治生活的另一表现是参与、营建地方团练组织，以自卫御侮。这种参与主要集中在明末清初和晚清两个时期。以明末清初为例，此时基层民众团练组织所抵御对象主要以啸聚山林的盗贼、响马为主。如，天启、万历年间郯城王英在家乡抵御史二等人的进攻，守郯城有功，"屡建奇功，后至十五年死于兵变"②。徐培基、杜之栋等郯城县民所率乡勇在明末政理不修、盗贼蜂起的现状下，更是多次击溃侵郯势力，维护了地方稳定。而且，这支以徐培基、杜之栋为代表的乡勇在后来明清易世、王孝吾之难中也在守御郯城方面立有不世之功。清人陆继辂在其所作《徐嗣爱传》中，这样记载了徐嗣爱之子徐培基的事迹：

> 培基，嗣爱子，字泰维，岁贡生。培基倜傥自喜，与嗣爱雅不相肖。明季失政，寇盗蜂起，慨然有投笔请缨之志。尝摔乡勇击贼至艾山西，贼不能支，尽弃所掠金钱妇女而遁。培基约束军士一无所取，以金钱散给妇女，使各归其乡。泰安民史二者与其党姚三聚众为乱，将攻郯城。知县金华潘文燦侦知之，与培基及杜之栋等筹守御策甚备。贼围城数日，度不可破，始解去。时文燦已丁母忧，未受代。事平将归，为之栋、培基等二百九十二人题名刻石，且嘱曰：若皆好男子，设更有变，幸努力，不可为不义屈。皆应曰：诺，不敢忘。明亡，我大清平定中原，郯城安堵如故。顺治八年复有王肖吾之难，之栋言于众曰：潘明府之约，不可背也。城陷二百九十二人皆不屈。③

上述记载在表现徐培基、杜之栋等人卓著功绩的同时，也为我们展现了临沂基层社会民众团结一致、舍生忘死护卫乡里的英勇画面。又如，面对明末盗贼肆虐的形势，沂州卫指挥韦祚兴就与指挥王九皋、石天禄，千百总魏邦后、闵廷、侯化，从训姜思明等人率乡兵守护村庄，保证了民众生命财产安全。④ 光

---

① 光绪《费县志》卷一一《人物二》，清光绪二十二年刻本。

② 乾隆《郯城县志》卷九《人物志·名贤》，《中国地方志集成·山东府县志辑》第59册，第85上。

③ 嘉靖《续修郯城县志》卷一〇《艺文》，《中国地方志集成·山东府县志辑》第59册，第242页下至243页上。

④ 乾隆《沂州府志》卷二五《人物上·功业》，清乾隆二十五年刻本。

绪《费县志》称范崇德"明季之乱公私倚重，聚义兵捍贼，沂费泗境，赖以保全"①。

与明末清初相比，晚清临沂基层社会民众的御侮斗争则要复杂得多。除了对抗盗贼、过境农民军外，还要应付军纪散漫、催征军饷的清朝政府军队以及由教案引发的外国军队的攻击。费人陈家树所办团练在咸同之际守御乡里时，发挥了重要作用。史载，"咸丰季年土匪乱，（陈家树）奉檄分办沂属团练，外联乡团，内修圩壁，战守之备俱举。同治元年春，贼出肆掠，过圩西，督勇要击之，毙贼数百，获牛羊财物甚夥，悉分给圩众之贫乏者。……次年匪平，费境肃清，奉父命出粟赈贫，前后费至二千余石"②。咸丰年间，幅军、捻军于临沂各地蜂起，崔佑所组办团练在守御方面出力甚多。民国《临沂县志》称："当是时，县之西境群盗如毛，而未蔓延于沂河以东者，（崔）佑防御之力为多。知县长赓每遇巨匪，辄调团丁随县对往剿，屡立战功，尤以余力接济邻圩，不分畛域。"③ 除办团守御外，崔佑还多次代村里纳饷资助清军军用。"血战数年，军用屡匮，佑尝筹军火钱米以助之。捻匪围攻鱼窝寨七昼夜，军火既罄，夜出求救，佑悉力助之，围始解。及官军剿匪，中村馈饷不给，佑又亲输粮米以助军需。"④ 晚清像崔佑这样资助军需的临沂民众并不少见，莒人王练亦曾资助巡抚丁宝桢追剿过境捻军。他们这样做，在为过境清军提供物资的同时，也可防止困乏的清军抢掠民财，扰乱当地民众。过境清军时有扰民之举。如，光绪十九年（1893）秋，湘军一部到达蒙阴，征车运送，为害乡民。⑤ 民国《临沂县志》记载光绪二十五年（1899）"因教案之交涉，德兵焚韩家村"⑥。在晚清各地民团盛行之时，临沂韩家村民团与德兵交战的概率应该较大，双方很可能有武力冲突。上述事例为我们展示了晚清临沂以基层社会民众为主力的民团所要应对的复杂局面，以及他们在保卫乡里方面所做的努力。

荒年赈济和团练御侮是明清临沂基层社会民众参与政治生活的主要形式，前者凸显了民众对高尚道德的追求——舍利求义，兼济邻里；后者凸显了民众对卓越功业的追求——从戎卫家，建功立业。两者的结合塑造了明清临沂基层社会民众以立功立德为追求的社会政治生活方式。临沂民众甚至将这一传统发

---

① 光绪《费县志》卷一一《人物二》，清光绪二十二年刻本。
② 光绪《费县志》卷一一《人物二》，清光绪二十二年刻本。
③ 民国《临沂县志》卷九《人物一·列传上》，民国二十五年铅印本。
④ 民国《临沂县志》卷九《人物一·列传上》，民国二十五年铅印本。
⑤ 蒙阴县志编纂委员会办公室编：《蒙阴县志》，齐鲁书社1992年版，第10页。
⑥ 民国《临沂县志》卷一《通纪》，民国二十五年铅印本。

扬开来，当面对与自己及家乡毫无关系的疾苦、动荡时，他们也能及时施以援手，尽其所能而助之。莒南人孙镗就是其中代表。嘉庆《莒州志》对其事迹有记载，现录如下：

> 孙镗，状元坊人。商贩吴越，嘉靖三十二年遇倭犯苏松，镗诣郡守，自请输财佐军，守荐之。参政翁太立试以双刀，骁健若飞，遂出击。倭出，参政任圜于围。中复遣人还莒，括家资，悉召里中豪为爪牙。吴中倚镗若长城，倭舟渡泖，镗突出，酣战竟日，援兵不至，还至石湖桥，半渡伏大起，镗堕水中，身死。奏闻，赠光禄寺署丞，荫一子入监，从祀乡贤。①

苏松倭乱原本与孙镗无甚关系，作为贩卖吴中之商贩，孙镗大可置身事外。可孙镗不但毛遂自荐加入当地抗倭队伍，还回乡集资募勇以增强苏松的抗倭力量。最后，孙镗也为苏松的抗倭斗争献出了生命。将孙镗的行为放入明清临沂基层社会民众政治生活的背景之下，我们便可理解其作为。其实，孙镗只是将临沂基层民众舍利取义、兼济邻里、从戎为家、建功立业的传统加以升华，使之超越地域、亲族的界限，发展为舍生取义、兼济天下、兴利除暴、保家卫国的侠义行为。

（二）以农为本的经济生活

以农为本是中国封建社会历朝历代在全国各地所推行的基本经济理念，而临沂因受其独有的自然人文环境之影响，当地民众对明清本末经济政策的倡导与执行表现得更为坚定与推崇。明清临沂多灾的现状，使得当地农业生产时常难以正常进行，饥馑较为普遍。民以食为天，为了获取充足的农产品来解决温饱问题，临沂民众对当地与农业生产相关的问题给予了更多的关注。水利兴修、疏浚河道是明清临沂基层社会的主要关注点之一。民国《临沂县志》对清雍乾时期临沂水利兴修情况作了如下介绍：

> 雍正八年，疏浚七沟河，又于小沙沟建修闸坝。
> 乾隆十三年，知县王垲督修沂河两岸，土工石工兼修石戗石坝，又以孝感河久淤，水不宣泄，详请挑溶。
> 十四年，挑溶卞庄河，又疏浚菊花店洼湖，令水行地中。疏浚傅家庄

---

① 嘉庆《莒州志》卷九《人物上》，清嘉庆元年刻本。

沟、南桥湖沟、张家庄沟以泄湖水，又听民按亩出夫挑溶册山沟。

十五年，以武河易于泛滥，修两岸堤工。

十六年，修白毛河堤。

十七年，知县王垲会同郯城县挑濬东泇河，又挑濬青龙河、丰城沟、泉子崖水沟、团林沟，又孤山湖一带前开渠泄水。适连年天旱，大获起科，后河浅岸低，兼以鱼梁壅阻，遂成水潦，不可种植。而已升之，粮如故。十八年，知府李希贤相度地势，立渠，长禁止鱼梁，督理每年疏浚。乃委经历张翰洲，授以方略，疏通积水，遂涸出洼地一千余倾。

二十三年，知府李希贤率知县沈玉琳逐细亲查其应行疏注之处，皆办理如左。

城北祊河南岸低矮，劝民筑堤七百丈以防异涨。

涑河南道日塞，照古道开滨一千九百八十丈。

东乡沙沟河挑长二千一百六十丈，泄入沭河。

西南乡阳阴河浚长一千二百六十丈，由是向城河之水泄入东泇河。

泉子崖水沟挑长一千四百七十丈通官桥湖，洼地之水由鱼沟、东泇河、卞庄堡。鱼沟挑长二千五百丈以通泇河，又因鱼沟接孤山湖尾，地势高则水不畅流，再挑长一千一百五十丈。

横山堡公庄沟挑长五百四十丈，泄龙卧湖洼地之水入西泇河。

兰陵堡草桥河之上游菜子堂沟系泄芦湖洼地之水，挑长五百四十丈，下流入峄县境燕子井河归运。

石城崮沟发源新兴堂浚一千三百七十丈，与菜子堂沟左右并流归燕子井河。

其西卧牛泉沟挑长九百丈，泄小燕湖水入燕子井河，卧牛泉之东、石城崮之西有陶墩庄，其南地最下而田易淹。于庄之左右掘沟二道，使水有所泄，至马家庄南入燕子井河，即以挑出之土培筑叠道，工长九百丈，沂河两岸堤埝卑矮，加筑子埝以资捍御，工长九百九十五丈。

临沂地势洼，下又处沂沭祊涑东西二泇下游，每遇上游水发，各河漫溢，更加山水四集，宣泄不及则冲涝田亩，是以民间名洼地为湖地，无所谓水利也。疏沦决排去其害即利也。故昔之官斯士者，莫不以治水为要务，特雍乾以前府志概付阙如，所可记者此耳。然近数年来吾沂水患又屡见告矣。前规具在，敢告留心水利者。①

---

① 民国《临沂县志》卷二《山川》《水利》《古迹》，民国二十五年铅印本。

上述史料为我们提供了有关临沂水利兴修的几点重要信息。其一，雍乾以前所修临沂地方志中缺少对临沂水利状况的记载，史料有"雍乾以前府志概付阙如"之言，直至民国所修《临沂县志》才对该部分进行补充。其二，前修方志缺少对临沂水利情况的介绍，可能在于修志者对水利事宜的忽略，而非临沂地区忽视当地水利所致。相反，无论是临沂地方官员还是临沂民众均对本区水利兴修、河道疏浚等问题给予了极大的关注。所谓"昔之官斯士者，莫不以治水为要务"，方志罗列雍乾时期临沂地区疏浚挑溶河道数量之多、范围之广、长度之长，也充分表明当地民众对这一事宜的积极支持与参与。如，修筑城北祊河南岸堤坝时，经历张翰洲就"劝民筑堤七百丈以防异涨"，直言临沂基层社会民众参与之功。由此及彼，其他各处河道疏浚工作必然有临沂当地民众的加入。其三，前代修志者对临沂水利记载的缺失，为我们全面了解明清时期临沂水利状况带来困难。但考虑到临沂地方官和民众对当地水利事宜的重视，结合雍乾时期的水利兴修状况，也能收到管中窥豹的效果。其四，地势低洼、河水漫溢而又宣泄不及时造成的农田被淹，是使临沂官民关注水利的一大重要影响因素。这从侧面反映出明清临沂基层社会民众关注水利源于其对农业生产的重视。

明清临沂民众的日常活动也透漏出他们以农为本的经济生活特色，这主要表现在，当地民众多以田亩为馈赠品来援助邻里或参与捐助活动。明末饥荒，刘三益捐祭田七十亩赈济灾民。① 费人吴庸裔"割己产四百余亩分与族人。其买之族人者，悉焚券还之。姊适陈氏贫窭，产业悉归于吴，至是亦还之"②。清人许印昌亦是以赎回族田之法来惠及族人，乾隆《沂州府志》为其立传，有"族有田数顷质于董姓，印昌竭力赎出，与族均分"③ 之语。除族邻间互助周济外，明清临沂民众还多以田亩为捐助品来充实义学、民团、庙宇等公共基层社会组织，为其存在和发展提供物质支持。如，清人王东成"自捐学田十数亩以充修脯"，完成了其父王衍创建义学的梦想。④ 咸丰末年盗匪兴盛之时，杨敏济"奉官府檄办团，捐腴田二百亩，筑圩于本村"⑤。顺治时张瑗隐居霞

① 参见乾隆《郯城县志》卷九《人物志·名贤》，《中国地方志集成·山东府县志辑》第 59 册，第 87 下。

② 光绪《费县志》卷一一《人物二》，清光绪二十二年刻本。

③ 乾隆《沂州府志》卷二六《人物中·孝友》，清乾隆二十五年刻本。

④ 宣统《蒙阴县志》卷四《人物志·名献》，《中国地方志集成·山东府县志辑》第 57 册，第 428 页下。

⑤ 光绪《费县志》卷一一《人物二》，清光绪二十二年刻本。

客院时，曾"倡修庙宇，捐附近大地数十亩，永作庙田"①。此外，当地民众的著述也在一定程度上折射出其对农业生产的重视。明代郯城徐嗣爱所著《家约》一卷载："一曰教孝，二曰劝友，三曰力田……"② 即要求家人积极从事农事。

与以农为本相辅相成的思想是轻徭薄赋，使民以时。这一点在明清临沂基层社会的民众间亦有所体现。明末蒙阴进士任济就曾两次请求上级减免蒙阴一带民众的赋役。一次发生在任济回家省亲之时，"明季乱作，移亲于杨广洞。归省时间蒙民有苦累事，代请上官务期必除"③。另一次发生在崇祯年间，"山东加派米豆运往天津，蒙应派三千二百石，任谓三千二百石之米豆加于八百七十二户之家民，民将不堪，力求免派，蒙民感之"④。原任御史的莒人刘璞在明季山东自然灾害频发之时，曾上《奏请均丈地亩疏》，详陈当地灾情，奏请通过均丈田亩之法来减免当地赋役。其文曰："延至乙卯丙辰山东奇荒，古今未有，莒之荒又东方未有。独江淮南北颇称丰稔，故子女赈鬻，举家逃徙，焚弃家庐，荒芜田亩，茅棘蓬蒿，盈塞道路，狼嚎狐据，颓垣皆满。洪荒之象已成，正额之供难蠲。……臣今所恳恩于皇上者，不必加派辽饷，冒昧求蠲以市恩于百姓，但均轻重苦乐乎。一州之中仍以莒州之田补莒州之额，非赠他处之轻来□□州之重也。"⑤ 这些为民请命之举在反映当地民众"达则兼济天下"、追求德行与功业的政治抱负的同时，也流露出他们重视农业生产的经济思想。不仅如此，明清临沂民众这一经济思想还影响着其在外为官、治理一方时的经济措施。如，郯城刘恒"官莆田时慎海防，兴水利"⑥。蒙阴陈腾蛟"以岁荐授保定府通判，三摄邑符……招流移，兴水利"⑦。莒南王璟"弘治十四年，理两浙盐政赈荒，奏行荒政十事，多所全活"⑧。他们都自觉或不自觉地将发展农业生产的举措应用到当地生产之中，这也是其以农为本经济思想的侧面

---

① 民国《重修莒志》卷六五《人物十·耆德上》，民国二十五年铅印本。
② 嘉庆《续修郯城县志》卷一〇《艺文·徐嗣爱传》，《中国地方志集成·山东府县志辑》第59册，第242下。
③ 宣统《蒙阴县志》卷四《人物上·流寓》，《中国地方志集成·山东府县志辑》第57册，第433页上。
④ 宣统《蒙阴县志》卷四《人物上·流寓》，《中国地方志集成·山东府县志辑》第57册，第433页上。
⑤ 乾隆《沂州府志》卷三二《艺文·明文》，清乾隆二十五年刻本。
⑥ 嘉庆《续修郯城县志》卷七《人物·循吏》，《中国地方志集成·山东府县志辑》第59册，第192上。
⑦ 乾隆《沂州府志》卷二五《人物上·功业》，清乾隆二十五年刻本。
⑧ 民国《临沂县志》卷九《人物一·列传上》，民国二十五年铅印本。

反映。

**（三）尊儒重道的文化生活**

荀子、子思子等儒家先贤曾活动于临沂地区，明清政府出于稳定统治的需
要，极力强化儒家君臣父子等级观念，推行以四书五经为基本内容的八股取
士。受当地人文传统与政府政策之影响，明清临沂基层社会民众形成了以崇奉
孔孟、重道崇儒为特色的文化生活方式。民国《临沂县志》详细介绍了明清
临沂孔子庙的修缮情况：

> 孔子庙在县治西，旧在东南。宋靖康毁于火。金守臣高召卜迁今地，
> 其后再毁再葺。元末兵燹，故址仅存。明洪武二年，知州罗希孟重建。正
> 统间知州贺祯再修。弘治间知州张凤、吴寅，正德间知州朱衮相继增修。
> 嘉靖三十五年，东兖道任希祖见庙庑圮坏，呈请拆泾府殿房重建。清乾隆
> 初知府李希贤、道光十五年知府熊遇泰、光绪九年知府锡恩重加修缮。其
> 制中为大成殿，东西为两庑。庑北为神厨、神库，南为戟门，今名大成
> 门。门南为泮池，上有石梁，东为名宦祠，西为乡贤祠，万历七年知州李
> 萼建。前为棂星门，门南为照壁庙，后迤东为崇圣祠。①

明清共五百四十余年，有准确记录的修缮共 10 次，平均 50 余年一次。修缮频
率不可谓不高。明清地方官员对临沂孔子庙的屡次修缮反映了明清临沂民众崇
奉孔子的现状。这除受政府尊儒重道文化政策影响外，也难以脱离当地人文传
统的影响。而孔子庙中配享的四配、十二哲中的曾子参、闵子损与临沂一地的
渊源，也在一定程度上强化了临沂民众对孔子庙的重视。

崇祀孔子是明清临沂民众尊儒重道文化生活中外在的礼的表现。明清临沂
民众日常生活中所奉行的"内孝悌外忠义"的准则，则是他们崇儒重道文化
生活的内在要求，也是他们平时所坚守和遵循的生活方式。临沂地方志中此类
记载屡见不鲜。如，记费县胡克九如下：

> 嘉庆初年连年荒歉，兄若弟咸出谋食，克九以母病不忍远离。绝意仕
> 进，假馆奉母。邑中士子多就之馆。谷稍丰，招兄弟同居。建家祠，置义
> 田，以及修桥补路，无不争先乐施。②

---

① 民国《临沂县志》卷四《秩祀》，民国二十五年铅印本。
② 光绪《费县志》卷一一《人物二》，清光绪二十二年刻本。

记莒人张塾如是言：

> 幼承严训，入孝出弟。父母疾，尤形于色，对案不能食，居丧行古礼。里中子弟，有可读书而无力者，塾以父师自任，周恤而教督之，多所成就。①

记郯城刘三益有：

> 崇祯元年由监生任光禄寺序班，端介孝友。父刘约，夏月痢疾，勤侍汤药，昼夜不寝，祷茹长斋，疾果得愈。父故，遗幼弟三锡，扶恤成立，遵遗嘱三世不分。施祭田七十亩以济难民，捐粟舍粥以救饥荒，设义学以教众姓子弟。②

临沂地方志记载的明清人物中兼有孝悌与忠义事迹的举不胜举，而孝悌与忠义事迹具备其一的明清人物更是汗牛充栋，以致临沂地方志列"忠义""忠节""义士""孝友""耆德"等篇专为此类人物立传。

明清临沂士农工商等基层社会民众与义学、民团、庙宇等基层社会组织共同组成了明清临沂的基层社会。受当地自然环境和人文传统影响，明清临沂基层社会民众在政治、经济、文化生活上呈现出立功立德、以农为本、崇儒重道的特点；同时，明清临沂基层社会组织存续、发展的物质基础（如土地、田亩、钱粮等）的积累方式也反映出明清临沂民众政治、经济、文化生活的主要特征。简言之，明清时期深受儒家行为规范影响的临沂基层社会民众，在这块地域广阔、山环水绕的土地上，奉行着孝敬父母、兄友弟恭的居家准则，通过仗义疏财、抗暴驱害等互助方式，积极采取各种措施削减诸如自然灾害、兵燹等天灾人祸的不良影响，以求取农业生产的顺利进行、日常生活的有条不紊。此为笔者试图探求的明清临沂基层社会原貌。

---

① 民国《重修莒志》卷六五《人物十·耆德上》，民国二十五年铅印本。
② 乾隆《郯城县志》卷九《人物志·孝友》，《中国地方志集成·山东府县志辑》第59册，第87页下。

# 第二节
# 明清鲁东南的仕宦望族群体

以秦观《王俭论》为依据，望族是某一时期地域范围内有较为雄厚的经济基础、政治上世代簪缨、文化上有一定家学渊源且对当地稳定、发展影响较大的家族。学界前辈也对"望族"概念进行了相关讨论。吴仁安总结了望族应具备的政治、经济条件，"所谓望族，即颇有声望的缙绅官僚地主阶级家族，其中不少的望族士大夫乃当时的社会精英，'其耳目好尚，衣冠奢俭，恒足以树齐民之望而转移其风俗'（张海珊：《聚民论》，载贺长龄辑《皇朝经世文编》卷五八《礼政》），他们的所作所为足可以影响一方乃至全国"①。"缙绅官僚"即要求望族政治入仕，"地主阶级"则要求望族拥有土地等经济基础。江庆柏认为，"望族，是人们对地方上有重大势力或重大影响的家族的通称"②。并指出"家族的历史、人口、规模等等，都只是一个前提，并不是这样的家族都能被公认为是地方望族。在更多的情况下，这个家族是否被社会公认，还必须具备许多其他条件，其中重要的是要有一定的优秀人才。……凡在人的文化素质、道德规范、科举仕宦等方面而表现突出、可资称道的家族，也都可认为是望族"③。他着重指出了望族需具备的文化、道德与政治条件。笔者与二位前辈对"望族"的界定有共通之处，据此，本文对"望族"的定义有一定合理性和可行性。根据本文所界定的"望族"，笔者对明清时期临沂地区的部分望族进行简要介绍，在分析各望族的基础之上，力图得出明清临沂望族的基本特征。

家族人物的功名与官职，可表现家族仕进情状；家族人物的有关著述则能透漏出其家学渊源。家族成员能够跻身政坛，而又拥有一定素养和闲暇时间从事著述等文化活动，则此家族必然是殷实之家，唯此，方能为其参与科举、从事著述提供财力支持和经济保障，所以其功名、仕进与著述情况又能折射出此家族经济实力。下面将以家族人物为考查对象，对其功名情况、历任官职及著述情况进行简要介绍。

---

① 吴仁安：《明清江南望族与社会经济文化》，上海人民出版社 2001 年版，第 3 页。
② 江庆柏：《明清苏南望族文化研究》，南京师范大学出版社 1999 年版，第 4 页。
③ 江庆柏：《明清苏南望族文化研究》，第 9 页。

## 一、繁盛于明的望族

### （一）蒙阴李氏家族

蒙阴李氏家族活跃于明宣德至弘治年间，在官场上经历了宣宗、英宗、代宗、宪宗、孝宗五朝六十余年，家族人物以李奈、李炯然、李燦然和李梦龙为代表（见表5-1）。

表5-1　蒙阴李氏家族成员仕宦表

| 主要人物 | 功名情况 | 曾任官职 | 著述 | 主要活动时期 | 资料来源 |
|---|---|---|---|---|---|
| 李奈 | 进士 | 行人、南京监察御史、陕西左参议 | 《春秋管窥》 | 宣德 | 宣统《蒙阴县志》卷四《人物志》；乾隆《沂州府志》卷二七《人物下》 |
| 李炯然 | 进士 | 户部主事、户部郎中 | 《游仙洞记》、诗《蒙山仙洞》 | 天顺 | 宣统《蒙阴县志》卷四《人物志》、卷六《艺文志》；乾隆《沂州府志》卷二五《人物上》、卷三五《近体诗·赋》 |
| 李燦然 | 举人 | 宁波府推官 | | 天顺 | 宣统《蒙阴县志》卷四《人物志》；乾隆《沂州府志》卷二五《人物上》 |
| 李梦龙 | 进士 | 宣城令、甘肃兵备副使 | | 弘治 | 宣统《蒙阴县志》卷四《人物志》；乾隆《沂州府志》卷二五《人物上》 |

### （二）郯城李氏家族

郯城李氏家族以科举起家自李骥始，活跃于洪武至正统年间，历经太祖、惠帝、太宗、仁宗、宣宗、英宗六朝近七十年（见表5-2）。

表5-2　郯城李氏家族成员仕宦表

| 主要人物 | 功名情况 | 曾任官职 | 著述 | 主要活动时期 | 资料来源 |
|---|---|---|---|---|---|
| 李聚兴 | 封赠 | 文林郎、贵州道监察御史 | | 洪武 | 乾隆《郯城县志》卷八《选举志》 |

续表

| 主要人物 | 功名情况 | 曾任官职 | 著述 | 主要活动时期 | 资料来源 |
|---|---|---|---|---|---|
| 李骥 | 举人 | 户科给事中、东安令、刑部郎中、御史、河南府知府 | 《题孝妇冢》《西庵集》 | 洪武、建文、永乐、洪熙、宣德 | 乾隆《郯城县志》卷九《人物志》,卷一一《艺文志》;嘉庆《续修郯城县志》卷九《著述》 |
| 李邻 | 举人 | 驸马都尉府学录 | | 永乐 | 乾隆《郯城县志》卷八《选举志》 |
| 李泰 | 进士 | 刑部主事 | | 正统 | 乾隆《郯城县志》卷八《选举志》 |
| 李㧑谦 | 举人 | 通判 | | 正统 | 乾隆《郯城县志》卷八《选举志》 |

## 二、跨越明清的望族

### （一）莒南庄氏家族①

莒南庄氏家族是明初迁入莒地的，自万历庄谦成进士，家族渐显于当地，此为庄氏家族读书起家之始。自明万历至清光绪，虽几经沉浮，庄氏家族一直活跃于明清政坛之上，堪称明清临沂历时最悠久的望族之一（见表5-3）。

表5-3　莒南庄氏家族成员仕宦表

| 主要人物 | 功名情况 | 曾任官职 | 著述 | 主要活动时期 | 资料来源 |
|---|---|---|---|---|---|
| 庄谦 | 进士 | 汝宁府推官、晋浙江道监察御史 | | 万历 | 民国《重修莒志》卷六三《人物八》 |
| 庄永龄 | 进士 | 兵部观政 | | 顺治 | 嘉庆《莒州志》卷八《选举》 |
| 庄若胄 | 封赠 | 修职郎、潍县教谕 | | 康熙、乾隆 | 嘉庆《莒州志》卷八《选举》 |

---

① 详细探讨莒南庄氏家族的科研成果有宋祥勇：《大店庄氏家族》，载朱亚非等编著《明清山东仕宦家族与家族文化》，山东人民出版社2009年版。

| 主要人物 | 功名情况 | 曾任官职 | 著述 | 主要活动时期 | 资料来源 |
|---|---|---|---|---|---|
| 庄庆豫 | 封赠贡生 | 修职郎、潍县教谕 | | 乾隆 | 嘉庆《莒州志》卷八《选举》;民国《重修莒志》卷六五《人物十》 |
| 庄闿 | 举人 | 淮县教谕、贵州知县、胶州学政、莱州府教授 | | 乾隆 | 民国《重修莒志》卷六四《人物九》;嘉庆《莒州志》卷八《选举》 |
| 庄咏 | 进士 | 邱县知县、沧州知县 | 《学庸困知录》《杜律浅说》 | 乾隆、嘉庆 | 民国《重修莒志》卷六四《人物九》、卷五三《艺文志》 |
| 庄耆年 | 举人 | 江苏知县、刑部员外郎、江苏清吏司主稿 | 《汉易演义》 | 嘉庆、道光、咸丰 | 民国《重修莒志》卷六四《人物九》、卷五三《艺文志》 |
| 庄恩植 | 举人 | 单县教谕 | 《读史得凡》《北史集粹》《双榴书屋诗》《古文集》《西汉诸志拾珠》 | 道光 | 民国《重修莒志》卷六五《人物十》、卷五三《艺文志》 |
| 庄恩艺 | 举人 | 新城县教谕 | 诗《前题》 | 道光 | 民国《重修莒志》卷六五《人物十》、卷五五《艺文志》 |
| 庄瑶 | 进士 | 工部都水司主事、郎中、湖北荆宜施道、河南彰怀卫道 | 《式古编》《声韵易知》《小琅玕馆古近体诗》《张勤悫公课子随笔》 | 嘉庆、咸丰 | 民国《重修莒志》卷六四《人物九》、卷五三《艺文志》 |
| 庄锡级 | 进士 | 刑部四川司主事、福建司员外郎、广东司郎中、山西大同府知府、江西赣州府知府 | | 咸丰 | 民国《重修莒志》卷六五《人物十》 |

续表

| 主要人物 | 功名情况 | 曾任官职 | 著述 | 主要活动时期 | 资料来源 |
|---|---|---|---|---|---|
| 庄锡缜 | 拔贡 | 内阁中书、江苏同知 | 诗《游玉皇顶观滴水泉》、《山蚕词》 | 咸丰 | 民国《重修莒志》卷六四《人物九》、卷五五《艺文志》 |
| 庄锡经 | 廪生 | | 诗《游浮来定林寺》 | 咸丰、同治 | 民国《重修莒志》卷六四《人物九》、卷五五《艺文志》 |
| 庄予桢 | 进士 | 礼部祠祭司主事、军机章京、四川道监察御史 | 《直庐笔记》《濂溪书院课艺》 | 同治、光绪 | 民国《重修莒志》卷六四《人物九》 |
| 庄予检 | 举人 | 馆陶县教谕 | | 光绪 | 民国《重修莒志》卷六五《人物十》 |
| 庄陔兰 | 进士 | | | 光绪 | 民国《重修莒志》卷一〇《选举表》 |

## （二）蒙阴公氏家族

蒙阴公氏家族显于明弘治公勉仁成进士，其族人历任明代孝宗、世宗、穆宗、神宗、光宗、熹宗及思宗七朝官员，活跃于明代中后期政坛。明清易代之后，家族在政治上的影响逐渐式微，但直至晚清仍有作为（见表5-4）。

### 表5-4　蒙阴公氏家族成员仕宦表

| 主要人物 | 功名情况 | 曾任官职 | 著述 | 主要活动时期 | 资料来源 |
|---|---|---|---|---|---|
| 公勉仁 | 进士 | 行人、江西道监察御史、太仆寺少卿、四川参议、都御使、郧阳推左 | 《东山集》 | 弘治、正德 | 宣统《蒙阴县志》卷四《人物志》；乾隆《沂州府志》卷二五《人物上》、卷三〇《艺文志·著书目》 |
| 公跻奎 | 进士 | 工部郎中、湖广副使 | 诗《蒙山叠翠》、诗《堂阜遗迹》《中严诗草》 | 嘉靖 | 宣统《蒙阴县志》卷四《人物志》；乾隆《沂州府志》卷三〇《艺文志·著书目》、卷三五《艺文志·近体诗》 |

续表

| 主要人物 | 功名情况 | 曾任官职 | 著述 | 主要活动时期 | 资料来源 |
|---|---|---|---|---|---|
| 公一载 | | 兴济知县 | | 嘉靖 | 宣统《蒙阴县志》卷四《人物志》 |
| 公一鸣 | | 南陵丞 | | 嘉靖 | 宣统《蒙阴县志》卷四《人物志》 |
| 公一扬 | 进士 | 工部都水司郎中 | 诗《前题》、《汶水拖蓝》 | 嘉靖 | 宣统《蒙阴县志》卷四《人物志》;乾隆《沂州府志》卷三五《艺文志·近体诗》 |
| 公一跃 | | 岷州经历 | | 嘉靖 | 宣统《蒙阴县志》卷四《人物志》 |
| 公一翔 | | 京卫千户 | | 嘉靖 | 宣统《蒙阴县志》卷四《人物志》 |
| 公家臣 | 进士封赠 | 翰林院编修、泽州判官、南京户部主事、礼部侍郎 | 诗《见蒙书屋》、《柳塘集》 | 隆庆、万历 | 宣统《蒙阴县志》卷四《人物志》;乾隆《沂州府志》卷三〇《艺文志·著书目》、卷三五《艺文志·近体诗》 |
| 公鼐 | 进士 | 翰林院编修、礼部侍郎、翰林院侍读学士 | 《东蒙山赋》《东蒙辩》《清源观三官庙碑记》《募修寿圣寺疏》《问次斋集》 | 万历、泰昌、天启 | 宣统《蒙阴县志》卷四《人物志》、卷五《艺文志》、卷六《艺文志》、卷七《艺文志》;乾隆《沂州府志》卷三〇《艺文志·著书目》 |
| 公鼏 | 举人 | | 《重修文庙启建斋署记》《小东园集》 | 万历 | 宣统《蒙阴县志》卷四《人物志》、卷六《艺文志》;乾隆《沂州府志》卷三〇《艺文志·著书目》 |
| 公光国 | 敕功得官 | 副总兵 | | 崇祯 | 宣统《蒙阴县志》卷四《人物志》 |
| 公甸 | | 南京户部郎中 | | 崇祯 | 宣统《蒙阴县志》卷四《人物志》 |

续表

| 主要人物 | 功名情况 | 曾任官职 | 著述 | 主要活动时期 | 资料来源 |
|---|---|---|---|---|---|
| 公家珍 | 贡士 | 襄城县令、黄州同守 | | 顺治 | 宣统《蒙阴县志》卷四《人物志》 |
| 公戴声 | 太学生 | | | 嘉庆 | 宣统《蒙阴县志》卷四《人物志》 |
| 公戴东 | 举人 | 鱼台训导、金乡教谕 | | 咸丰 | 宣统《蒙阴县志》卷四《人物志》 |
| 公咸 | 监生 | | | 咸丰 | 宣统《蒙阴县志》卷四《人物志》 |
| 公毓榘 | 恩贡 | | | 光绪 | 宣统《蒙阴县志》卷四《人物志》 |

### （三）兰山王氏家族

兰山王氏家族自明嘉靖王之屏中举人、万历王守正中进士隆显于当地，历经明清易代继续发展。嘉道年间有声于清代政坛，咸同之际虽有所沉寂，但仍活跃于地方（见表5-5）。

**表5-5　兰山王氏家族成员仕宦表**

| 主要人物 | 功名情况 | 曾任官职 | 著述 | 主要活动时期 | 资料来源 |
|---|---|---|---|---|---|
| 王彬 | 贡生 | 茌平县训导 | | 嘉靖 | 民国《临沂县志》卷六《登进》；义堂南楼琅琊王氏宗祠名人录 |
| 王之屏 | 举人 | | | 嘉靖 | 民国《临沂县志》卷六《登进》；义堂南楼琅琊王氏宗祠名人录 |
| 王思惠 | 选贡 | 滁州、柘城、泰安、滨州学正，以子王守正累赠中宪大夫 | | 嘉靖 | 民国《临沂县志》卷六《登进》；乾隆《沂州府志》卷二五《人物上》 |
| 王守正 | 进士 | 天津兵备副御史 | | 万历 | 乾隆《沂州府志》卷二五《人物上》 |

| 主要人物 | 功名情况 | 曾任官职 | 著述 | 主要活动时期 | 资料来源 |
|---|---|---|---|---|---|
| 王之翰 | 进士 | 兴山县令、常熟县令 | 《金丹秘诀》《别墅集》 | 万历 | 乾隆《沂州府志》卷二五《人物上》、卷三〇《艺文志·著书目》 |
| 王用模 | 恩贡 | | | 崇祯 | 乾隆《沂州府志》卷二五《人物上》 |
| 王昌时 | 进士 | 任行人出守淮扬 | | 崇祯 | 民国《临沂县志》卷九《人物一》 |
| 王卣 | 庠生 | | 《敬陈利弊以供采择疏》 | 康熙 | 乾隆《沂州府志》卷二五《人物上》、卷三三《艺文志·国朝文》 |
| 王曰璐 | 岁贡 | 邱县训导 | | | 乾隆《沂州府志》卷二七《人物下》 |
| 王鹏翥 | 进士 | 阳春知县 | 《经说诗文稿》 | 乾隆 | 民国《临沂县志》卷一〇《人物二》 |
| 王寿 | 进士 | 柳城知县、龙腾通判、平乐同知、雄州知州 | | 嘉庆、道光 | 民国《临沂县志》卷一〇《人物二》 |
| 王评 | 进士 | 浙之淳安令 | 《塞北游》《草瘦香亭集》《环翠山房外集》《归耕呓语》 | 嘉庆 | 民国《临沂县志》卷一〇《人物二》 |
| 王晓荣 | 进士 | 崇明、金坛、奉贤知县 | | 嘉庆、道光 | 民国《临沂县志》卷一〇《人物二》 |
| 王樗 | 拔贡 | 武城训导、直隶甯津知县 | | 道光 | 民国《临沂县志》卷一〇《人物二》 |
| 王元者 | 拔贡 | 河南县令、同知 | | 道光 | 民国《临沂县志》卷一〇《人物二》 |
| 王绍奎 | 武举进士 | 广西桂林府守备、抚标中军参将 | | 道光、咸丰 | 民国《临沂县志》卷一〇《人物二》 |

续表

| 主要人物 | 功名情况 | 曾任官职 | 著述 | 主要活动时期 | 资料来源 |
|---|---|---|---|---|---|
| 王薪传 | 举人 | 知县、翰林院编修 | | 同治 | 义堂南楼琅琊王氏宗祠名人录 |
| 王藉传 | 太学生 | 翰林院编修 | | 同治 | 义堂南楼琅琊王氏宗祠名人录 |

**（四）费县王氏家族①**

　　费县王氏家族历史可追溯至汉魏，所谓"王氏自汉魏以来为琅琊望族"②。自成化间王玫开始，费县王氏渐入明政坛，万历以后影响扩大。明清鼎革后家族进入繁盛期，活跃于清代政坛之上直至光绪年间。费县王氏是明清临沂望族中历世最为悠久、影响最为广泛的家族之一（见表5-6）。

表5-6　费县王氏家族成员仕宦表

| 主要人物 | 功名情况 | 曾任官职 | 著述 | 主要活动时期 | 资料来源 |
|---|---|---|---|---|---|
| 王玫 | | 大兴经历 | | 成化 | 光绪《费县志》卷一〇《人物一》 |
| 王景泰 | 征辟 | 大名府知府 | | | 光绪《费县志》卷七《选举》 |
| 王桓 | 征辟 | 费县训导 | | | 光绪《费县志》卷七《选举》 |
| 王雅量 | 进士 | 光禄寺卿 | 《曾子子羽费人考辨》 | 万历 | 光绪《费县志》卷七《选举》；乾隆《沂州府志》卷三三《艺文志·国朝文》 |
| 王政敏 | 进士 | 行人司行人 | | 崇祯 | 光绪《费县志》卷七《选举》 |

---

　　① 费县王氏家族的分布区与兰山王氏家族的主要分布区兰山义堂互相接壤，不少王氏族人既属于费县王氏一族又属于兰山王氏一族。实际上费县王氏家族与兰山王氏家族一脉相承，两大家族同一个祠堂、同一本家谱，在临沂地区一般称之为义堂南楼琅琊王氏家族。

　　② 光绪《费县志》卷一一《人物二》，清光绪二十二年刻本。

续表

| 主要人物 | 功名情况 | 曾任官职 | 著述 | 主要活动时期 | 资料来源 |
|---|---|---|---|---|---|
| 王壎 | 进士 | 中书舍人 | 《一隅诗草》 | 崇祯、顺治 | 乾隆《沂州府志》卷二五《人物上》；民国《临沂县志》卷一〇《人物二》、卷一二《著述》 |
| 王佩瑀 | 武举举人 | | | 顺治 | 民国《临沂县志》卷一〇《人物二》 |
| 王佩玿 | 拔贡 | 县令 | | 康熙 | 民国《临沂县志》卷一〇《人物二》 |
| 王者聘 | 进士 | 镶黄旗教习、温江县知县 | | 顺治、康熙、雍正 | 光绪《费县志》卷一一《人物二》 |
| 王淑龙 | 拔贡 | 候选教谕 | 《涑村诗稿》 | 乾隆 | 光绪《费县志》卷一一《人物二》 |
| 王者臣 | 进士 | 翰林检讨 | | | 乾隆《沂州府志》卷二五《人物上》 |
| 王者栋 | 举人 | 内阁中书 | | 康熙 | 民国《临沂县志》卷一〇《人物二》 |
| 王者彌 | 优贡 | 教习、陕西金县令 | | 雍正 | 民国《临沂县志》卷一〇《人物二》 |
| 王步曾 | 举人 | 教习、鱼台教谕、知县 | | 乾隆 | 民国《临沂县志》卷一〇《人物二》 |
| 王铣 | 拔贡 | 宗人府教习、武城县教谕 | | 乾隆 | 光绪《费县志》卷一一《人物二》 |
| 王凤梧 | 监生 | 山西石楼县同知、张兰镇分防同知、汾州府知府 | | 乾隆 | 光绪《费县志》卷一一《人物二》 |
| 王凤文 | 贡生 | 贵州天柱县知县、顺天顺义县知县 | | 道光 | 光绪《费县志》卷一一《人物二》 |
| 王凤冈 | 进士 | | | 道光 | 光绪《费县志》卷一一《人物二》 |

| 主要人物 | 功名情况 | 曾任官职 | 著述 | 主要活动时期 | 资料来源 |
|---|---|---|---|---|---|
| 王庆远 | 举人 | 诸城教谕、济南教授 | | 道光 | 光绪《费县志》卷七《选举》、卷一一《人物二》 |
| 王楷 | 举人 | 江西星子、泸西、宜黄、建昌、庐陵、崇仁、南城等县知县,定南厅同知,南康府知府 | | 嘉庆、道光、咸丰 | 光绪《费县志》卷七《选举》、卷一一《人物二》 |
| 王玉麟 | 廪贡生 | 新泰、齐东、朝城教谕,潍县训导 | | | 光绪《费县志》卷一一《人物二》 |
| 王慕麟 | 乡荐举人 | 登州招远县学正、广西岭西知县 | | 道光、咸丰、同治、光绪 | 光绪《费县志》卷七《选举》、卷一一《人物二》 |
| 王嘉麟 | 乡荐进士 | 峄县训导、江西瑞州府知府、按察使 | 《七律四章》 | 嘉庆、道光、咸丰、同治、光绪 | 光绪《费县志》卷七《选举》、卷一一《人物二》 |
| 王殿麟 | 进士 | 广西权武缘、昭平、隆安、宣化知县 | | 道光、咸丰、同治、道光 | 光绪《费县志》卷七《选举》、卷一一《人物二》 |
| 王兴麟 | 拔贡封赠 | 湖北松滋知县、中宪大夫 | | 道光 | 光绪《费县志》卷一一《人物二》 |
| 王耀奎 | 庠生 | 西南隅练长 | | 咸丰 | 民国《临沂县志》卷一〇《人物二》 |
| 王肇修 | 进士 | 刑部主事 | | 光绪 | 光绪《费县志》卷七《选举》 |
| 王肇敏 | 进士 | 户部主事 | | 光绪 | 光绪《费县志》卷七《选举》 |
| 王景禧 | 进士 | 翰林院编修、二品资政大夫、山东省参议长 | | 光绪 | 光绪《费县志》卷七《选举》义堂南楼琅琊王氏宗祠名人录 |

图5-1　义堂南楼王氏宗祠外景

图5-2　南楼琅琊王氏祖系图，挂于兰山区义堂镇南楼村的王氏宗祠内

图5-3 南楼王氏家族记事碑林，位于王氏宗祠东侧

## （五）沂水刘氏家族

沂水刘氏家族兴起于明朝末年，有明一代以刘纯庆、刘云庆为家族代表。入清后，刘氏族人历任清世祖、圣祖、世宗、高宗四朝官员，活跃于清初政坛（见表5-7）。

### 表5-7 沂水刘氏家族成员仕宦表

| 主要人物 | 功名情况 | 曾任官职 | 著述 | 主要活动时期 | 资料来源 |
|---|---|---|---|---|---|
| 刘纯庆 | 乡荐举人 | 河南息县知县 | | 万历 | 乾隆《沂州府志》卷二二《仕进上》、卷二五《人物上》 |
| 刘云庆 | | 阳曲尉、朝邑丞 | | 明末 | 乾隆《沂州府志》卷二五《人物上》 |
| 刘瓒 | | 鸿胪寺序班 | | 明末清初 | 乾隆《沂州府志》卷二六《人物中》 |
| 刘励 | 贡生封赠 | 寿张训导、邱县教谕、奉政大夫、吏部郎中 | | 明末清初 | 乾隆《沂州府志》卷二三《仕进中》、卷二六《人物中》 |

续表

| 主要人物 | 功名情况 | 曾任官职 | 著述 | 主要活动时期 | 资料来源 |
|---|---|---|---|---|---|
| 刘弼明 | 贡生 | 光禄寺署丞 | | 万历 | 乾隆《沂州府志》卷二三《仕进中》、卷二六《人物中》 |
| 刘守才 | 贡生 | 恩选县丞 | | 天启 | 乾隆《沂州府志》卷二三《仕进中》 |
| 刘翰明 | 贡生 | 大名府知府 | 《平山堂集》 | 崇祯 | 乾隆《沂州府志》卷二三《仕进中》、卷三〇《艺文志·著书目》 |
| 刘应宾 | 进士 | 吏部文选郎、通政使、徽宁巡按 | 《平山堂集》 | 天启、崇祯、清初 | 乾隆《沂州府志》卷二五《人物上》 |
| 刘玮 | 进士 | | 《龙麓诗稿》 | 明末清初 | 乾隆《沂州府志》卷二六《人物中》、卷二二《仕进上》 |
| 刘玠 | 廪贡封赠 | 中大夫、福建监运司副使 | 《口省录》 | | 乾隆《沂州府志》卷二六《人物中》 |
| 刘泽芳 | 进士 | | | 顺治 | 乾隆《沂州府志》卷二二《仕进上》 |
| 刘鲁桧 | 进士 | 江西南安府推官、邑丞 | | 顺治 | 乾隆《沂州府志》卷二二《仕进上》、卷二五《人物上》；民国《临沂县志》卷九《人物二》 |
| 刘令闻 | 贡生 | 苏州府长洲县知县 | | 顺治 | 乾隆《沂州府志》卷二三《仕进中》 |
| 刘珙 | 贡生 | 海澄县知县、安吉州知州 | | 顺治 | 乾隆《沂州府志》卷二三《仕进中》 |
| 刘侃 | 进士 | 内阁中书、刑部江西司主事 | 《检身积德》《临民须知》《道德经注》《请复热审减等疏》 | 康熙 | 乾隆《沂州府志》卷二二《仕进上》、卷二五《人物上》、卷三三《艺文志·国朝文》 |

续表

| 主要人物 | 功名情况 | 曾任官职 | 著述 | 主要活动时期 | 资料来源 |
|---|---|---|---|---|---|
| 刘方直 | 举人 | | | 康熙 | 乾隆《沂州府志》卷二二《仕进上》 |
| 刘鲁洙 | 孝廉 | | | 康熙 | 乾隆《沂州府志》卷二六《人物中》 |
| 刘鲁楷 | 贡生 | 教习、同知 | | 康熙 | 乾隆《沂州府志》卷二三《仕进中》 |
| 刘绍武 | 进士 | | 《闵仲山即浮来山考》 | 康熙、雍正 | 乾隆《沂州府志》卷二三《仕进中》、卷二六《人物中》、卷三三《艺文志·国朝文》 |
| 刘任 | 贡生 | 定陶训导 | | 雍正 | 乾隆《沂州府志》卷二三《仕进中》 |
| 刘逊 | 贡生 | 直隶定兴县知县 | | 雍正 | 乾隆《沂州府志》卷二三《仕进中》 |
| 刘怀素 | 贡生 | 胶州训导 | | 乾隆 | 乾隆《沂州府志》卷二三《仕进中》 |

**（六）苍山杨氏家族**

杨氏在临沂分两大家族：一个是宣德年间由湖广石门县迁入苍山的杨氏家族（见表5-8）。自洪武时以武功起家，世袭卫指挥同知，宣德年间调守沂州卫，自此定居临沂。家族成员以明末杨肇基、杨御蕃父子为代表。明清鼎革后，族人隐居不仕，家族逐渐沉寂。另一个是世居临沂的杨氏家族（见表5-9）。以读书起家，明末因参与地方事务闻名于乡里。入清以后，家族成员渐入政坛。

1. 以武功起家的苍山杨氏家族

**表5-8 苍山杨氏家族成员仕宦表（武官部分）**

| 主要人物 | 功名情况 | 曾任官职 | 著述 | 主要活动时期 | 资料来源 |
|---|---|---|---|---|---|
| 杨秀 | 世袭 | 卫指挥同知 | | 洪武 | 民国《临沂县志》卷九《人物一》 |

| 主要人物 | 功名情况 | 曾任官职 | 著述 | 主要活动时期 | 资料来源 |
|---|---|---|---|---|---|
| 杨宣 | 世袭 | 沂州卫指挥同知 | | 宣德 | 民国《临沂县志》卷九《人物一》 |
| 杨肇基 | 世袭 | 沂州卫指挥同知、左都督 | | 天启、崇祯 | 乾隆《沂州府志》卷二五《人物上》 |
| 杨御蕃 | 世袭 | 沂州卫镇抚、曹州守备、北通州副将、山东总兵官、江南总兵官 | | 崇祯 | 乾隆《沂州府志》卷二五《人物上》 |

### 2. 以读书起家的苍山杨氏家族

**表5-9　苍山杨氏家族成员仕宦表（文官部分）**

| 主要人物 | 功名情况 | 曾任官职 | 著述 | 主要活动时期 | 资料来源 |
|---|---|---|---|---|---|
| 杨魁春 | 贡生 | | | 顺治 | 民国《临沂县志》卷六《登进》 |
| 杨御珍 | | 大名游击 | | 顺治 | 民国《临沂县志》卷一〇《人物二》 |
| 杨富春 | 贡生 | | | 康熙 | 民国《临沂县志》卷六《登进》 |
| 杨生春 | 贡生 | | | 康熙 | 民国《临沂县志》卷六《登进》 |
| 杨德裕 | 廪贡 | 历城训导 | | | 乾隆《沂州府志》卷二六《人物中》 |
| 杨德懿 | | 鸿胪鸣赞 | | | 乾隆《沂州府志》卷二六《人物中》 |
| 杨宏 | 武科进士 | 重庆游击、都司 | | 雍正 | 民国《临沂县志》卷六《登进》、卷一〇《人物二》 |
| 杨大任 | 武科进士 | 副将 | | 雍正 | 民国《临沂县志》卷六《登进》 |

续表

| 主要人物 | 功名情况 | 曾任官职 | 著述 | 主要活动时期 | 资料来源 |
|---|---|---|---|---|---|
| 杨大勇 | 武科举人 | | | 雍正 | 民国《临沂县志》卷六《登进》 |
| 杨大魁 | 武科举人 | | | 乾隆 | 民国《临沂县志》卷六《登进》 |
| 杨慰 | 进士 | 福安知县 | | 乾隆 | 民国《临沂县志》卷六《登进》、卷一〇《人物二》 |
| 杨朝楫 | 进士 | | | 乾隆 | 民国《临沂县志》卷六《登进》 |
| 杨朝端 | 武科举人 | | | 乾隆 | 民国《临沂县志》卷六《登进》 |
| 杨朝栋 | 武科举人 | | | 乾隆 | 民国《临沂县志》卷六《登进》 |
| 杨永泽 | 举人 | 清涧县令、商州同知 | | 乾隆 | 民国《临沂县志》卷六《登进》、卷一〇《人物二》 |
| 杨元儒 | 贡生 | 教谕 | | 乾隆 | 民国《临沂县志》卷六《登进》 |
| 杨奎甲 | 举人 | | | 乾隆 | 民国《临沂县志》卷六《登进》 |
| 杨恺 | 举人 | 山西汾隰等县知县 | | 乾隆 | 民国《临沂县志》卷六《登进》 |
| 杨思济 | 举人 | 教谕 | | 乾隆 | 民国《临沂县志》卷六《登进》 |
| 杨佾 | 举人 | 平庆州学正 | | 乾隆 | 民国《临沂县志》卷六《登进》 |
| 杨汉源 | 贡生 | 定州州同 | | 乾隆 | 民国《临沂县志》卷六《登进》 |
| 杨宇奇 | 贡生 | 高唐州训导 | | 乾隆 | 民国《临沂县志》卷六《登进》、卷一〇《人物二》 |

续表

| 主要人物 | 功名情况 | 曾任官职 | 著述 | 主要活动时期 | 资料来源 |
|---|---|---|---|---|---|
| 杨绩① | | 儒林郎、候选州同 | | 嘉庆 | 苍山县庄坞镇刘氏节孝牌坊② |
| 杨学秉 | 举人 | | | 嘉庆 | 民国《临沂县志》卷六《登进》 |
| 杨兆熊 | 贡生 | | | 道光 | 民国《临沂县志》卷六《登进》 |
| 杨淑时 | 举人 | 汶上教谕 | | 同治 | 民国《临沂县志》卷六《登进》 |

### （七）苍山宋氏家族

苍山宋氏家族崛起于明万历年间，自此至清嘉庆都活跃于政坛，前后持续二百余年，是明清临沂影响较大的望族之一，族人以宋鸣梧最为有名（见表5-10）。

表5-10 苍山宋氏家族成员仕宦表

| 主要人物 | 功名情况 | 曾任官职 | 著述 | 主要活动时期 | 资料来源 |
|---|---|---|---|---|---|
| 宋希哲 | 举人 | 通判 | | 嘉靖 | 民国《临沂县志》卷六《登进》 |
| 宋日就 | 举人 | 陕西富平令 | 《自淑集》 | 万历 | 乾隆《沂州府志》卷二二《仕进上》；卷二五《人物上》；卷三〇《艺文志·著书目》 |
| 宋日振 | 岁贡 | 莱州教谕、陕西平凉府通判 | | 万历 | 乾隆《沂州府志》卷二五《人物上》；民国《临沂县志》卷六《登进》 |
| 宋日乾 | 贡生 | | | 万历 | 民国《临沂县志》卷六《登进》 |

---

① 杨绩之父为杨德裕。
② 苍山庄坞镇节孝牌坊上书"敕建例授儒林郎候选州同杨绩继妻例封安人刘氏节孝坊"字样，此牌坊建于嘉庆九年（1804）。

续表

| 主要人物 | 功名情况 | 曾任官职 | 著述 | 主要活动时期 | 资料来源 |
|---|---|---|---|---|---|
| 宋鸣梧① | 进士 | 行人疏参、都察院佥御史 | 《琅邪集》《近圣居文集》《义易集成》 | 万历、天启、崇祯 | 乾隆《沂州府志》卷二五《人物上》 |
| 宋鸣彤 | 贡生 | | | 康熙 | 民国《临沂县志》卷六《登进》 |
| 宋先立 | 例监 | 州司马 | | | 乾隆《沂州府志》卷二六《人物中》 |
| 宋之普 | 进士 | 侍郎 | | 天启、崇祯 | 乾隆《沂州府志》卷二二《仕进上》 |
| 宋之韩 | 征辟 | 东昌教谕、庐州通判 | 《海沂诗集》后附宋契学妻王氏《缘窗诗草》 | 顺治 | 乾隆《沂州府志》卷二七《人物下》；民国《临沂县志》卷六《登进》、卷一二《著述》 |
| 宋之郊 | 举人 | 江西乐平县知县 | | 崇祯 | 乾隆《沂州府志》卷二二《仕进上》；民国《临沂县志》卷一〇《人物二》 |
| 宋念祖 | 恩荫 | 直隶安肃县令、广东琼州牧 | | | 民国《临沂县志》卷一〇《人物二》 |
| 宋瞻祖 | 太学生 | 刑部员外郎 | | | 民国《临沂县志》卷一〇《人物二》 |
| 宋朝立 | 征辟 | 教谕 | | 乾隆 | 民国《临沂县志》卷六《登进》、卷一〇《人物二》 |
| 宋成立 | 廪贡 | 实录馆议叙、宝应令 | | 乾隆 | 民国《临沂县志》卷六《登进》、卷一〇《人物二》 |

---

① 其存世文章有《琅琊城东新创李公庄记》《山东巡抚晋大司马赵公生祠记》《大中丞前充东观察使朱公生祠记》《观察沈公平乱记》等，见乾隆《沂州府志》卷三二《艺文志·明文》。

| 主要人物 | 功名情况 | 曾任官职 | 著述 | 主要活动时期 | 资料来源 |
|---|---|---|---|---|---|
| 宋名立 | 例贡 | 河南禹州知州、直隶汝州知州 | | 乾隆 | 民国《临沂县志》卷六《登进》、卷一〇《人物二》 |
| 宋大龄 | 举人 | | | 乾隆 | 民国《临沂县志》卷六《登进》 |
| 宋天麒 | 举人 | | | 乾隆 | 民国《临沂县志》卷六《登进》 |
| 宋天相 | | | 《韵篁馆诗稿》 | | 民国《临沂县志》卷一二《著述》 |
| 宋康年 | 贡生 | | | 乾隆 | 民国《临沂县志》卷六《登进》 |
| 宋嘉谟 | 贡生 | | | 乾隆 | 民国《临沂县志》卷六《登进》 |
| 宋作梅 | 贡生 | | | 乾隆 | 民国《临沂县志》卷六《登进》 |
| 宋作霖 | 贡生 | | | 乾隆 | 民国《临沂县志》卷六《登进》 |
| 宋澍 | 进士 | 吏部主事、江南道监察御史、京畿道监察御史、刑科给事中 | 《易图汇纂诗文稿》 | 乾隆、嘉庆 | 民国《临沂县志》卷六《登进》、卷一〇《人物二》 |
| 宋潢 | 进士 | 郓城县训导、户部主事 | 《明恕堂诗稿》① | 乾隆、嘉庆 | 民国《临沂县志》卷一〇《人物二》、卷一二《著述》 |
| 宋兴起 | 贡生 | | | 乾隆 | 民国《临沂县志》卷六《登进》 |
| 宋俊起 | 进士 | 知县 | | 嘉庆 | 民国《临沂县志》卷六《登进》、卷一〇《人物二》 |

① 《明恕堂诗稿》共二卷,由宋洪和宋潢合著而成。

续表

| 主要人物 | 功名情况 | 曾任官职 | 著述 | 主要活动时期 | 资料来源 |
|---|---|---|---|---|---|
| 宋开勋 | 拔贡 | 河南县令 | | 嘉庆 | 民国《临沂县志》卷一〇《人物二》 |
| 宋开蕊 | 贡生 | 教谕 | | 嘉庆 | 民国《临沂县志》卷六《登进》 |
| 宋毓琦 | 举人 | | | 嘉庆 | 民国《临沂县志》卷六《登进》 |
| 宋献章 | | 光禄寺署正、江宁同知、扬州知府 | | | 民国《临沂县志》卷一〇《人物二》 |
| 宋瀛 | 封赠 | 朝议大夫、中宪大夫 | | | 民国《续修临沂县志》卷一六《人物》 |
| 宋洪 | 贡生 | | 《明恕堂诗稿》 | 嘉庆 | 民国《临沂县志》卷六《登进》、卷一二《著述》 |
| 宋沅 | | | 《赋梅轩诗稿》 | | 民国《临沂县志》卷一二《著述》 |

## 三、兴之于清的望族

### （一）莒南管氏家族

莒南管氏兴起于清光绪年间，其间家族屡出进士，科宦名著一时，是晚清临沂一大望族（见表5-11）。之后，随着清末新政废除科举，家族也逐渐衰落，可谓是旋起旋灭。

**表5-11　莒南管氏家族成员仕宦表**

| 主要人物 | 功名情况 | 曾任官职 | 著述 | 主要活动时期 | 资料来源 |
|---|---|---|---|---|---|
| 管廷献 | 进士 | 顺天乡试同考官、江南道监察御史、兵刑工三科给事中 | 《莒州志搞》《梅园奏议》《梅园诗文集》 | 光绪 | 民国《重修莒志》卷六四《人物九·名绩下》卷五三《艺文志》 |

续表

| 主要人物 | 功名情况 | 曾任官职 | 著述 | 主要活动时期 | 资料来源 |
|---|---|---|---|---|---|
| 管廷鹗 | 进士 | 翰林院编修,湖北乡试副考官,山西学政,河南、山西乡试正考官,国子监司业祭酒,光禄太常,大理寺卿,都察院副都御史 | 《凤山诗钞》 | 光绪 | 民国《重修莒志》卷六四《人物九·名绩下》;卷五三《艺文志》 |
| 管廷纲 | 进士 | 广西雒容县知县 | | 光绪 | 民国《重修莒志》卷六四《人物九·名绩下》 |
| 管象颐 | 进士 | 户部主事、户部员外郎郎中、江南财政监理官 | 诗《咏康节妇》 | 光绪 | 民国《重修莒志》卷六四《人物九·名绩下》;卷五五《艺文志附录下》 |
| 管象晋 | 进士 | 编修、安徽知府 | | 光绪 | 民国《重修莒志》卷六四《人物九·名绩下》 |

（二）兰山赵氏家族

兰山赵氏是明时由山西迁入临沂的家族,有明一代不甚显赫,至康熙渐显于乡里,乾隆时族人有功名显著者步入政坛,此后,赵氏对地方影响持续至清同治年间（见表5-12）。

表5-12　兰山赵氏家族成员仕宦表

| 主要人物 | 功名情况 | 曾任官职 | 著述 | 主要活动时期 | 资料来源 |
|---|---|---|---|---|---|
| 赵光昊 | 贡生 | | | 顺治 | 乾隆《沂州府志》卷二三《仕进中》 |
| 赵淑扸 | 岁贡 | 训导 | | 康熙 | 乾隆《沂州府志》卷二六《人物中》;民国《临沂县志》卷六《登进》,卷一○《人物二》 |
| 赵淑雍 | 贡生 | | | 康熙 | 民国《临沂县志》卷六《登进》 |

续表

| 主要人物 | 功名情况 | 曾任官职 | 著述 | 主要活动时期 | 资料来源 |
|---|---|---|---|---|---|
| 赵德润 | 举人 | 陕西褒城知县、安徽太平府同知、江西南康府知府 | | 乾隆 | 民国《临沂县志》卷六《登进》、卷一〇《人物二》 |
| 赵德懋 | 贡生 | 道员 | | 乾隆 | 民国《临沂县志》卷六《登进》 |
| 赵秉仁 | 贡生 | 堂邑训导 | | 乾隆 | 乾隆《沂州府志》卷二三《仕进中》;民国《临沂县志》卷六《登进》 |
| 赵若骞 | 贡生 | | | 乾隆 | 民国《临沂县志》卷六《登进》 |
| 赵宗彦 | 举人 | | | 乾隆 | 民国《临沂县志》卷六《登进》 |
| 赵宗权 | 举人 | 河南灵宝知县、陕州知州 | | 嘉庆 | 民国《临沂县志》卷一〇《人物二》 |
| 赵宗仑 | 举人 | 湖南新化知县 | | 嘉庆、道光 | 民国《临沂县志》卷六《登进》 |
| 赵德懋 | 拔贡 | 云南知县、云南知府 | 《妙香斋诗》 | 乾隆、嘉庆 | 民国《临沂县志》卷一〇《人物二》 |
| 赵嘉肇 | 举人 | 陕西知县、渭南同知 | 《华山游记》《潜德幽光》 | 咸丰 | 民国《临沂县志》卷一〇《人物二》 |
| 赵宗穆 | 贡生 | 沾化县训导、招远教谕 | | 道光 | 民国《临沂县志》卷一〇《人物二》 |
| 赵映宸 | 贡生 | | | 道光 | 民国《临沂县志》卷六《登进》 |
| 赵允则 | 贡生 | | | 咸丰 | 民国《临沂县志》卷六《登进》 |
| 赵惇统 | 举人 | 刑部小京官、刑部主事 | | 咸丰 | 民国《临沂县志》卷六《登进》 |

续表

| 主要人物 | 功名情况 | 曾任官职 | 著述 | 主要活动时期 | 资料来源 |
| --- | --- | --- | --- | --- | --- |
| 赵昌基 | 贡生 | 候选训导 | | 同治 | 民国《临沂县志》卷一○《人物二》 |
| 赵善全 | 举人 | 临淄教谕 | | 同治 | 民国《临沂县志》卷六《登进》 |
| 赵宝善 | 举人 | | | 同治 | 民国《临沂县志》卷六《登进》 |
| 赵映哲 | 贡生 | 训导 | | 同治 | 民国《临沂县志》卷六《登进》 |
| 赵映阶 | 贡生 | 甯阳训导 | 《带星堂诗草》 | 同治 | 民国《临沂县志》卷六《登进》、卷一○《人物二》 |
| 赵霁峰 | 举人 | | | 光绪 | 民国《临沂县志》卷六《登进》 |
| 赵书堂 | 贡生 | 县丞 | | 光绪 | 民国《临沂县志》卷六《登进》 |
| 赵廷璋 | | | 《洗退轩诗稿》 | | 民国《临沂县志》卷一○《人物二》 |

## （三）郯城侯氏家族

郯城侯氏兴起于清乾隆年间，因族人侯长熺功绩骤显于乡里，从而成为清初临沂一大望族（见表5-13）。

**表5-13　郯城侯氏家族成员仕宦表**

| 主要人物 | 功名情况 | 曾任官职 | 著述 | 主要活动时期 | 资料来源 |
| --- | --- | --- | --- | --- | --- |
| 侯湧 | 封赠 | 州判、征仕郎 | | 乾隆 | 嘉庆《续修郯城县志》卷六《选举》 |
| 侯若栋 | 封赠 | 州判、知县、同知、征仕郎、文林郎、奉政大夫 | | 乾隆 | 嘉庆《续修郯城县志》卷六《选举》 |

续表

| 主要人物 | 功名情况 | 曾任官职 | 著述 | 主要活动时期 | 资料来源 |
| --- | --- | --- | --- | --- | --- |
| 侯长熺 | 举人<br>武科<br>封赠 | 景山教习、陇州州同、略阳县署事、绛州州判、山西曲沃县知县、奉政大夫、同知 | 《自考编》 | 乾隆 | 嘉庆《续修郯城县志》卷六《选举》、卷一〇《艺文》 |
| 侯奉扆 | 武科 | 安徽甯国府同知、庐州府同知 | | 乾隆 | 嘉庆《续修郯城县志》卷六《选举》、卷七《人物》、卷一〇《艺文》 |

## 四、明清临沂望族的特点

上述若干家族虽规模大小不一、持续时间长短不同、参与政治的广度和深度各异，但其沉浮兴衰基本纵贯明清两代，家族分布大体涵盖了临沂的四治八方，故而，从时间和空间的二维角度来说，由上述望族组成的群体对于考察明清临沂望族相关问题有一定代表性。笔者以上述望族群体为研究对象进行考察，总结出明清临沂仕宦望族之特点如下：

### （一）力田起家的经济基础

无论是对“望族”的界定，还是透过上述所列望族成员的情况，我们都可以把望族与政治上的世代簪缨联系在一起。就明清而言，参加科举考试是人们踏入仕途的普遍途径，明清临沂望族亦多凭科举跻身政坛并渐成数代仕宦之势，为成为地方望族打下政治基础。参加科举并非一蹴而就之事，需要经历漫长的过程，其间的花费对于大多数民众来说是难以负担的。张杰在《清代科举家族》一书中就以康熙十六年（1677）江西道监察御史何凤歧的奏折内容为证，说明了这一点。由童生考到秀才，由秀才考到举人，再由举人考到进士，其间需经乡试、会试、殿试层层选拔，应举花费可见一斑。这也从侧面论证了一地望族为何需具备较为雄厚的经济基础，唯此，方可为其参加科举以跻身政坛提供经济保障。望族积累财富的途径多种多样，或从事农耕，或发展商业，或行医济世，或参与手工业活动等等，不同时期各地望族有所不同。明清临沂望族起家的经济基础是如何确立的？他们积累财富的途径是多样的还是单一的？有无共同之处？关于这一点，我们将以涉及明清临沂望族经济情况的材料为依据逐一考察。

其实，临沂地方志中有关望族起家时经济基础的描述并不多。目前，笔者所能找到的直接描述上述若干明清临沂望族起家情况的记载仅有两条。其一是关于莒南庄氏家族的。"庄氏自明初迁莒，世业农，以读书起家自谦始。"① 另一则是关于费县王氏家族的。"自乾隆初年居马山社北马庄，世业读耕，为邑望族。"② 两则材料字数不多，但却是莒南庄氏与费县王氏家族通过从事农业生产，农耕力田起家的直接证明。

由于地方志中材料的局限，其他望族起家时的经济基础，我们不得而知。但是通过考察这些望族日后发展过程中的经济行为，或许可从中发现端倪，帮助我们了解这些望族承载财富的主要载体以及其蓄积财富的主要途径，并从中考察明清临沂望族的主要经济基础。

关于繁盛于明前中期的蒙阴李氏、郯城李氏，兴之于清代的兰山赵氏、郯城侯氏这四个家族，地方志中缺少对其具体经济活动的记载。在此，暂不做考察。现在我们将视线集中于其他几个望族，笔者将分别摘录这些望族经济行为的资料以资分析、考察。其一，关于蒙阴公氏经济活动的材料。

公戴声，太学生。嘉庆八年，捐义学田百亩，以充经费。③

其二，关于兰山王氏经济活动的材料。

1. 王中淳，字震川，世居下庄……李某死无葬所，其子来求，任其选地以葬，并给墓周林地亩余。④

2. 王懋，字德菴，中淳子也……与弟分产，阄得华屋良田，举以让诸两弟，自择瘠田种焉。⑤

其三，关于沂水刘氏经济活动的材料。

1. 刘励，沂水人……性孝友，田宅悉推其美者以与伯季。⑥

---

① 民国《重修莒志》卷六三《人物八·名绩上》，民国二十五年铅印本。
② 光绪《费县志》卷一一《人物二》，清光绪二十二年刻本。
③ 宣统《蒙阴县志》卷四《人物志·名献》，《中国地方志集成·山东府县志辑》第 57 册，第 428 页下。
④ 民国《续修临沂县志》卷一六《人物志》，民国二十四年铅印本。
⑤ 民国《续修临沂县志》卷一六《人物志》，民国二十四年铅印本。
⑥ 乾隆《沂州府志》卷二六《人物中·耆德》，清乾隆二十五年刻本。

2. 刘继善……嘉靖壬子大饥，散粥活人甚多，更给牛种，以补不足。①

其四，关于苍山杨氏经济活动的材料。

1. 杨德裕，沂州廪生……捐田百亩入普济堂。②
2. 杨鸣春，字青雷……有北人仇围，因年荒流落至沂，赡以膏田五顷，数年礼貌不衰。③
3. 杨字奇，贡生，任高唐州训导，时岁饥，鬻田自给，厚恤贫士。④

其五，关于苍山宋氏经济活动的材料。

1. 宋夔学，字益友，监生……性笃友爱，以膏田让兄弟，仅受安乐庄瘠土数顷，所居房屋不蔽风雨。⑤
2. 宋康年，字用昭，岁贡生……给姑族子以田，姑殁，俾世守抚幼甥成立。⑥

其六，关于莒南管氏经济活动的材料。

管镇，字静齐……族中义举，如宗祠祭田，多所擘画。⑦

仔细观察上述材料，不难发现，以田产、牛种作为馈赠物品救济族里、援助他人是明清临沂望族的一大特色。这在反映明清临沂民众以农为本经济生活特点的同时，也向我们透露出一条重要信息，即明清临沂望族大多拥有足够数量的田产。否则，当族里或他人面临困境之时，望族成员不可能及时捐献动辄百亩或数顷的土地。望族成员分爨而居时，也多以土地作为重要的固定资产进行分割，可见，田亩已成为承载他们财富的一大物质载体。此外，某些望族成员的名字也反映出本族族人对农耕的重视、对田亩的热衷。如，庄锡级三子分别被

① 乾隆《沂州府志》卷二六《人物中·耆德》，清乾隆二十五年刻本。
② 乾隆《沂州府志》卷二六《人物中·耆德》，清乾隆二十五年刻本。
③ 民国《临沂县志》卷一〇《人物二·列传下》，民国二十五年铅印本。
④ 民国《临沂县志》卷一〇《人物二·列传下》，民国二十五年铅印本。
⑤ 民国《临沂县志》卷一〇《人物二·列传下》，民国二十五年铅印本。
⑥ 民国《临沂县志》卷一〇《人物二·列传下》，民国二十五年铅印本。
⑦ 民国《重修莒志》卷六五《人物十·耆德上》，民国二十五年铅印本。

命名为庄畩、庄畴和庄畱，其字分别为鹤田、寿田和汉侯，均以"田"作为名或字的偏旁或组成部分。① 故此，可以这样说，尽管这些望族最先起家的经济手段，我们不得而知。但是，积极从事农业生产，热衷于购蓄田产的经济行为一直存在于这些望族之间，这使得土地成为明清临沂望族的主要经济基础，力田起家成为明清临沂望族发家之后继续积蓄财富的主要手段。

无论是直接力田起家以确立经济基础，还是最终将经济基础转化为力田起家的形式，这在中国封建社会是一种普遍流行的情状，并不能称之为某一地望族发展经济的特点。因为自战国商鞅变法就确立了重农抑商的思想，这种耕战政策随着秦始皇统一全国而被推广，随后被历代统治者所继承。所谓"夫商君为秦孝公明法令，禁奸本，尊爵必赏，有罪必罚，平权衡，正度量，调轻重，决裂阡陌，以静生民之业而一其俗，劝民耕农利土，一室无二事，力田稽积，习战陈之事，是以兵动而地广，兵休而国富，故秦无敌于天下，立威诸侯，成秦国之业"②。"僇力本业，耕织致粟帛多者复其身。事末利及怠而贫者，举以为收孥。"③ 但具体到明清时期，尤其是明朝中后期以后，随着商品经济的广泛发展、资本主义萌芽的出现，固守力田起家以致眼界受束缚。此时其他地区尤其是江南望族早已冲破传统本末思想的限制，将从事商业作为积蓄财富的一大途径。晚明江西宋应星在《天工开物》自序中描述了当时商业的繁荣，"滇南车马纵贯辽阳，岭徼宦商衡游蓟北"④。嘉靖年间何良俊在《四友斋丛说》中记载，"昔日逐末之人尚少，今去农而改业为工商者，三倍于前矣"⑤。面对工商业的快速发展，明代余继登甚至在其著作《典故纪闻》中发出"恐数岁之后，民皆弃本趋末，为患非细"⑥ 的感慨。为与商业的繁荣相适应，南方望族投身工商业者屡见不鲜。晚明江苏人黄省曾在《吴风录》中称江苏地区"至今缙绅士夫多以货殖为急，若京师官店六郭开行债典，兴贩盐酤，其术倍克于齐民"⑦。于慎行在《谷山笔尘》中记载了晚明江南一带士大夫之家经商致富的情况，"吴人以织作为业，即士大夫家多以纺织求利，其俗勤啬好殖以故富庶……如华亭相在位，多蓄织妇，岁计所积，与市为贾"⑧。

---

① 民国《重修莒志》卷六四《人物九·名绩下》，民国二十五年铅印本。
② 《史记》卷七九《蔡泽列传》，第2422页。
③ 《史记》卷六八《商君列传》，第2230页。
④ ［明］宋应星：《天工开物》自序，岳麓书社2002年版，第1页。
⑤ ［明］何良俊：《四友斋丛说》卷一三《史九》，中华书局1997年版，第112页。
⑥ ［清］余继登：《典故纪闻》卷一三，中华书局1981年版，第233页。
⑦ ［明］黄省曾：《吴风录》，《学海类编》第114册。
⑧ ［明］于慎行：《谷山笔尘》卷四《相鉴》，中华书局1997年版，第39页。

明末清初四川人唐甄毫不隐晦自己经商的事实，在其《潜书》中言"吕尚卖饭于孟津，唐甄为牙于吴市，其义一也"①。李贽在其《焚书》中就直接追问"且商贾亦何可鄙之有？挟数万之资，经风涛之险，受辱于关吏，忍诟于市易，辛勤万状，所挟者重，所得者末。然必交结于卿大夫之门，然后可以收其利而远其害，安能傲然而坐于公卿大夫之上哉！"② 所有这些都反映出江南文人及士大夫之家对经商致富之道的认可。

（二）积极入仕的政治追求

既然政治上世代簪缨是望族必备的条件之一，那么，积极入仕就成为望族成员在所难免的一大人生追求。自隋唐渐行科举，科举取士便逐步成为之后历朝历代选拔官员的主要手段，参加科举亦成为士子跻身官场、平步青云的主要途径。江庆柏就指出，"明清时期，科举与入仕是紧密结合在一起的。在当时的条件下，只要考中举人，即可获得相应的进身机会，甚至只要取得贡生资格，也可出仕，更不用说考中进士了。许多望族子弟正是通过这一途径，才步入仕途的。有些人还因此入阁拜相，位至三公，或出为封疆大吏。'朝为田舍郎，暮登天子堂'的现象，是很普遍的"③。明清临沂望族积极入仕的一大表现就是家族成员广泛参与科举，以图求取功名，步入政坛。明清临沂望族在科举上取得的卓著成就是其热衷科举、渴望入仕最有力的证明。如，繁盛于明前中期的蒙阴李氏自李奈起至李炯然再到李梦龙，祖孙三代同为进士。④ 蒙阴公氏家族从公跻奎至公甸，四代人出了 4 个进士（公跻奎、公一扬、公家臣和公鼐），1 个举人（公鼏），而且他们多是父子同为进士，如公跻奎、公一扬父子，公一扬、公家臣父子，公家臣、公鼐父子。⑤ 莒南庄氏家族从明末至清后期，共出了 7 个进士、13 个举人。⑥ 明清时期考中举人已非易事，考中进士更是难上加难。以清朝末年北京考试为例，当时在北京的美国人称："在北京每三年一次的考试中，应试的人数一般都在 14000 人左右，而被录取者通常不会超过 500 人。从以上的事实可以看出，科举考试的要求相当苛刻，竞争也异常

---

① ［清］唐甄：《潜书》上篇下《食难》，四川人民出版社 1984 年版，第 263—264 页。
② ［明］李贽：《焚书》卷二《书答·又与焦弱侯》，中华书局 1975 年版，第 49 页。
③ 江庆柏：《明清苏南望族文化研究》，南京师范大学出版社 1999 年版，第 117—118 页。
④ 宣统《蒙阴县志》卷四《人物志·名献》，《中国地方志集成·山东府县志辑》第 57 册，第 427 页上下。
⑤ 宣统《蒙阴县志》卷四《人物志·名献》，《中国地方志集成·山东府县志辑》第 57 册，第 427 页下至 428 页下。
⑥ 参见民国《重修莒志》卷一〇《选举表》，民国二十五年铅印本。其中七位进士是庄谦、庄永龄、庄咏、庄瑶、庄锡级、庄予桢、庄陔蓝，十三位举人是庄均、庄间、庄许、庄允观、庄鸿渠、庄书田、庄锡纶、庄恩艺、庄瑗、庄恩植、庄潍、庄畏、庄予检。

激烈残酷。事实上，每次考试中能够获得梦寐以求的学位资格者，不超过总应试人数的 10%。据说，审阅试卷的标准主要看书写是否规范，文体是否八股、内容是否孔孟。任何丁点超出儒家学说的独立见解都被视为异端邪说，都会受到严厉的谴责。如果出现这种情况，绝不可能期望判官给出好的成绩。除此之外，对其他两点阅卷官也异常重视。仅仅写错一个字，或者卷面上有星点的墨渍，便会导致一个人名落孙山……"① 由此可知，明清临沂望族成员取得功名的背后，必然经历了常人无法体味的劳苦辛酸；支撑他们坚持不懈的动力在于其对科举、功名的执着与热衷。当然，望族成员的科举之路并非畅通无阻，他们也会遭遇科举不第的窘境。如，兰山赵氏族人赵德懋就"弱冠入泮，屡试不第"②。不过，一个"屡"字也从侧面印证了这样一个事实：即使像赵德懋一样遭遇举业瓶颈的明清临沂望族成员依然有着对科举锲而不舍的追求和对功名不可自拔的苦恋。

如果说参加科举以求取功名是明清临沂望族积极入仕的直接反映，那么，取得官职、权力之后，望族成员心系黎庶安危、效忠朝廷的为政之道则是其积极入仕政治追求的必然升华和最终归属。如，民国《临沂县志》在介绍苍山杨氏族人杨慰时如是载：

图 5-4 杨慰安临公画像，挂于苍山庄坞杨氏家祠内

慰，字安临。通督修永济桥成而慰生。天资颖异，年十六入邑庠。乾隆己卯举于乡，癸未成进士。于书无所不读，敬事伯兄，抚养孤侄，乡里称之。部铨山西夏县令补调福安令，甫抵，值年饥，请免逋赋，民赖以安。邑有数大姓，恃祠堂公款余资滋讼人，多株连，胥吏因缘为奸。慰为立条规，以其余分惠族人之贫者，讼顿息。有贩户夜行遇害成疑狱，慰详纠其实，得杀人者，爰书上，因夜逸，忽自投归曰：畏公神明，不敢逃也。又有童子被害于荔枝园，殊暧昧，慰廉得其实，执园丁一讯而服。尝解重囚十余，赴漳郡过龙溪，囚与龙溪囚角狱中，大哗。龙溪

---

① ［美］何天爵：《真正的中国佬》中译本,鞠方安译,光明日报出版社 1988 年版,第 188—189 页。
② 民国《临沂县志》卷一〇《人物二·列传下》,民国二十五年铅印本。

令不能制，慰至皆伏地不敢起，旋调惠安。行有日而诏安海盗发，慰毅然自任，渠酋十五人一时擒获，大吏嘉焉。居惠安九月，调诸罗。诸罗为台湾严邑，土番杂处，号难治。慰教养兼施，二年民咸便之。以卓异荐。先是慰在诏安时，值海澄公黄仕简与民争田界，慰命民数百户请于仕简之门，事遂解。而仕简衔之甚。会漳化有纵盗事，仕简嘱其党媒蘖坐慰罪，遂削职被逮。①

上述记载向我们展示了一个不畏强权、坚守道义、治域有方、及民所需、为民所信的清官形象。其实，杨慰并非个例，他的为官之道代表了明清临沂望族这一群体的仕宦作风。临沂地方志中对如杨慰一样为官有道的望族族人的记载举不胜举。如，兰山王氏族人王评任浙之淳安令时，"平反冤狱，邑人服神明"②。费县王氏族人王埙从总兵官阎翰实于邳州平叛之时，以"民多贼少，未可概诛"③ 劝解阎翰实不可将叛乱之人尽行诛灭，最终保全人命数百条。沂

图5-5 临沂市苍山县庄坞镇杨氏族人督修的永济桥④

① 民国《临沂县志》卷一〇《人物二·列传下》，民国二十五年铅印本。
② 民国《临沂县志》卷一〇《人物二·列传下》，民国二十五年铅印本。
③ 乾隆《沂州府志》卷二五《人物上·功业》，清乾隆二十五年刻本。
④ 主桥长七十三米，宽三点九米，桥面双向通行，桥洞三十一孔。桥翅之上，北立一对张口石狮，南卧一双哈嘴石兽，为镇邪避灾之用。笔者调研时发现，当地村民已不用"永济桥"之名称此石桥，当地八旬老人多称此桥为"六铜碑三十一孔桥"（音译）。

水刘氏族人刘云庆为朝邑丞时,不肯同上级同流合污"诬人以盗",选择弃官而归。① 郯城侯氏族人侯长熺署事略阳县,深感民众差役之苦,"即日蠲俸雇骡易马,于是民马应差永行停止"②。凡此种种,不一而足。

望族之所以成为一地典范与表率,并非单单取决于其经济、政治抑或文化上的优越性,更重要的是隐藏于这些表象之后的强大的家族道德规范。唯如此,方能为其人才培养、经久不衰提供软实力支撑。正如江庆柏先生所说,"更多的时候,人们是以道德的标准来作为衡量望族的尺度的……道德的标准对望族来说,是十分重要的,一个无道德可言的家族,无论其仕宦文章取得多大成就,人们仍难以将它与作为人们心目中'偶像'的望族联系起来……"③这也是清代李敬修纂修光绪《费县志》时,称费县"王氏自汉魏以来为琅琊望族",强调其"世有隐德"的原因。④ 有了这种世代相传、融入骨血的道德律,就不难解释明清临沂望族成员入仕之后所坚守的为政之道。

(三) 读书传世的文化传统

文化上具备一定的家学渊源是望族需具备的重要条件,这在客观上对望族提出了世代治学的要求。"家学"绝非朝夕即可形成,必经数代之努力钻研与传承发展,方可显现。与此相应,明清临沂望族形成了读书传世的文化传统。以上述若干望族为例,其族人大多嗜经好文,热衷于读书治学。如,方志载蒙阴李氏"世业春秋"⑤。莒南庄氏族人代表庄谦"生而颖敏,苦志读书,不事家人生产。甫就外傅。即能属文,及壮嗜古。好左氏、班马家言。故其文疏宕有奇气,名噪诸生间"⑥。庄庆豫在继承其父之学的基础之上,还承担起教育幼弟、传承家学的重任。史载,庄庆豫"年十四而孤,勤读父书,惟恐失坠……严督幼弟,望其成名,课文或未合法,辄为之废食"⑦。蒙阴公氏族人公一鸣"勤学能文,采葺故实蒙志考"⑧。记公鼐则称其

① 参见乾隆《沂州府志》卷二五《人物上·功业》,清乾隆二十五年刻本。

② 嘉庆《续修郯城县志》卷一〇《艺文》,《中国地方志集成·山东府县志辑》第59册,第245页下。

③ 江庆柏:《明清苏南望族文化研究》,南京师范大学出版社1999年版,第10—11页。

④ 光绪《费县志》卷一一《人物二》,清光绪二十二年刻本。

⑤ 宣统《蒙阴县志》卷四《人物志·名献》,《中国地方志集成·山东府县志辑》第57册,第427页上。

⑥ 民国《重修莒志》卷六三《人物八·名绩上》,民国二十五年铅印本。

⑦ 民国《重修莒志》卷六五《人物十·耆德上》,民国二十五年铅印本。

⑧ 宣统《蒙阴县志》卷四《人物志·名献》,《中国地方志集成·山东府县志辑》第57册,第427页下。

"博学工书，以经济自负"①。兰山赵氏族人赵淑抃"好学乐道"，"博学能文，尤善钟王书法"②。兰山王氏族人王绍奎虽系武进士出身，其文化素养亦不容小觑，他"性高朗强记忆，读书数行并下，善书画工笔札，在军中未尝废书"③。王承思为不失先世书香之学，亲去费县"从名进士族兄殿麟学"④。费县王氏族人王楠"博通经史"⑤。王者聘"读书颖悟，勤苦专精"⑥。沂水刘氏族人刘励对于易学多有研究，他"好读书，校雠古今文字，尤潜心易学"⑦。郯城侯氏族人侯长熺"以文学知名"⑧。苍山杨氏族人杨蕃"为学根柢程朱"⑨。杨永泽则"自幼嗜学，多读书"⑩。苍山宋氏族人宋之韩"孝弟嗜学，精天文地理"⑪。宋景祖则"读书励行，善赋诗，能文章"⑫。以上是明清临沂诸望族所具读书传世文化传统的直接证明。正是这一传统保证了望族家学的源远流长和望族成员文化教育的持续传承，同时也为望族参加科举、求取功名奠定了较为坚实的文化基础。

如果嗜经好文、勤于治学是明清临沂望族形成、巩固和传承家学的方式，开门授徒、著书立说就成为他们扩大家学影响、全面发展家学的必经之路。明清临沂望族成员多能诱掖后进，为师讲学从事教育，闲散之余参与著述也是他们日常生活的一部分。苍山宋氏族人宋开勋"教授多成名"，其"殁后，门人立碑以示不忘"⑬。费县王氏族人王克振"训及门以实行，一时茂才多出其门"⑭。蒙阴公氏族人公廷芳"建及泉书院，教授生徒多所成就"⑮。莒南庄氏

---

①　宣统《蒙阴县志》卷四《人物志·名献》，《中国地方志集成·山东府县志辑》第57册，第428页上。

②　民国《临沂县志》卷一〇《人物二·列传下》，民国二十五年铅印本。

③　民国《临沂县志》卷一〇《人物二·列传下》，民国二十五年铅印本。

④　民国《续修临沂县志》卷一七《志外篇》，民国二十四年铅印本。

⑤　光绪《费县志》卷一一《人物二》，清光绪二十二年刻本。

⑥　光绪《费县志》卷一一《人物二》，清光绪二十二年刻本。

⑦　乾隆《沂州府志》卷二六《人物中》，清乾隆二十五年刻本。

⑧　嘉庆《续修郯城县志》卷一〇《艺文》，《中国地方志集成·山东府县志辑》第59册，第245页下。

⑨　民国《临沂县志》卷九《人物一·列传上》，民国二十五年铅印本。

⑩　民国《临沂县志》卷一〇《人物二·列传下》，民国二十五年铅印本。

⑪　乾隆《沂州府志》卷二七《人物下·文学》，清乾隆二十五年刻本。

⑫　乾隆《沂州府志》卷二七《人物下·文学》，清乾隆二十五年刻本。

⑬　民国《临沂县志》卷一〇《人物二·列传下》，民国二十五年铅印本。

⑭　光绪《费县志》卷一一《人物二》，清光绪二十二年刻本。

⑮　乾隆《沂州府志》卷二六《人物中·耆德》，清乾隆二十五年刻本。

族人庄瑶"以诱掖后进为乐"①。关于望族成员的著述情况,可参见上文所列表格中"著述"一栏。此外,临沂地方志中的艺文篇也对一些望族成员的主要著述做了简要介绍,民国《重修莒志》就罗列出不少莒南庄氏族人的著述,包括庄咏的《学庸困知录》《杜律浅说》,庄瑶的《式古编》(二卷)、《声韵易知》(二卷)、《小琅玕馆古近体诗》(一卷),庄恩植的《读史得凡》《北史集粹》《西汉诸志拾珠》《双榴书屋诗》《古文集》,庄恩黼的《尚书义解》《四书典物辑要》《愚山日记》,庄达的《枫岚碎事》(一卷)、《红豆青松吟舍诗文集》(四卷)、《浔西诗草》(一卷),庄耆年的《汉易演义》(三卷),庄廷璐的《莒志山水订误》(一卷)、《小石樵语录》(一卷)等。② 从为师以掖后进的规模和望族著作的数量看,无论是授徒讲学还是著书立说,都不仅仅是望族某个成员的个人行为,而是已发展成为明清临沂望族集体的活动。通过践行孟子"得天下英才而教育之"的理念和孔子所倡"三立"中的"立言"之说,借助门徒和著作,明清临沂望族家学中蕴含的学术文化逐步扩展至各地,并为更广泛阶层的民众所接触,这在传扬、扩大家学影响的同时,也为家族带来了更广泛的声望。

力田起家的经济基础、积极入仕的政治追求以及读书传世的文化传统,此三点的结合,体现的仍然是中国传统社会"耕读传家"的家族发展模式。在明清社会尤其是明朝中后期商品经济发展、思想观念变迁的时代背景下,临沂望族很少或者说并没有表现出与之相应的时代特色。明清江南望族则不同,他们已较早打破"士农工商"等级身份的束缚,将发展家族经济的视野扩展至商业领域,积极从事商业活动。如,"凤湖汪氏,世以诗礼承家,文人高士,抱节明经,代不乏人。有以计然致富者,有以盐筴起家者,连檐比屋,皆称素封。……诚望族也"③。又如,"新安汪氏,设益美字号于吴阊,巧为居奇。密嘱衣工,有以本号机头缴者,给银二分。缝人贪得小利,遂群誉布美,用者竞市。计一年消布约以百万匹,论匹赢利百文,如派机头多二万两,而增息二十万贯矣。十年富甲诸商,而布更遍行天下。嗣汪以宦游辍业,属其戚程,程后复归于汪。二百年间,滇南漠北,无地不以益美为美也"④。在这里,经济上的力田起家与政治上的入仕为官不再是其唯一的追求。与之相应,家族在文化教育上亦不再局限于教授单一的儒家经典,开始注重较为实用的习业教育,以

① 民国《重修莒志》卷六四《人物九·名绩下》,民国二十五年铅印本。
② 民国《重修莒志》卷五三《文献志·艺文》,民国二十五年铅印本。
③ 谢国桢:《明代社会经济史料选编》中册,福建人民出版社1980年版,第96—97页。
④ 谢国桢:《明代社会经济史料选编》中册,福建人民出版社1980年版,第97—98页。

求取家族发展模式的多元化和发展途径的多样性。如，反映明清社会生活的文学作品中，甚至出现了倡导家族子弟进行职业分工的记载。冯梦龙在《警世恒言》第十七卷《张孝基陈留认舅》中记载了一位官拜尚书的贵人对其五子的教育之法。

> 尝闻得老郎们传说，当初有个贵人，官拜尚书，家财万贯，生得五个儿子。只教长子读书，以下四子农工商贾，各执一艺。那四子心下不悦，却不知甚么缘故，央人问老尚书："四位公子何故都不教他习儒？况且农工商贾劳苦营生，非上人之所为。府上富贵安享有余，何故舍逸就劳，弃甘即苦？只恐四位公子不能习惯。"老尚书呵呵大笑，叠着两指，说出一篇长话来，道是：
>
> 世人尽道读书好，只恐读书读不了。读书个个望公卿，几人能向金阶跑？郎不郎时秀不秀，长衣一领遮前后。畏寒畏暑畏风波，养成娇怯难生受。算来事事不如人，气硬心高妄自尊。稼穑不知贪逸乐，那知逸乐会亡身。农工商贾虽然贱，各务营生不辞倦……老夫富贵虽然爱，戏场纱帽轮流戴。子孙失势被人欺，不如及早均平派。一脉书香付长房，诸儿恰好四民良。
>
> 老尚书这篇话，至今流传人间，人多服其高论。

梦龙所载向我们透露出两点信息。其一，晚明之前就存在仕宦之家不以儒业教子的现象，但人们对此存有疑问，不敢苟同。否则不会有"四子心下不悦"和他人所述那段重儒轻农工商贾之论。其二，到了晚明至少是天启以后①，人们已经普遍认同这种不以仕进为本、诸子各执一艺的教子方法，否则不会有梦龙"老尚书这篇话，至今流传人间，人多服其高论"的记载。梦龙小说中所载人物、事件可能纯属虚构，但他所反映的社会风气在当时却是事实——晚明时期，仕宦之家以习儒为本的家教观正逐步瓦解。

又如，以利玛窦为代表的西方传教士采用上层传教路线，即用与士大夫和皇帝直接接触的方式传教，并借用西方科技来吸引中国上层人士。所以生活在北京地区的士大夫能够更广泛地了解西方文化，特别是其先进科学技术。这一因素在其家庭教育中就有体现。如，徐光启就在家书中向其家人介绍西药制造法，"庞先生（庞迪我）教我西国用药法，俱不用渣滓，采取诸药鲜者，如作

---

① 《警世恒言》以明代天启七年(1627)苏州叶敬池刻本为最早。参见冯梦龙编，丁如明标校：《警世恒言》前言，上海古籍出版社1992年版，第4页。

蔷薇露法收取露，服之神效。此法甚有理，所服者皆药之精英，能透入脏腑肌骨间也。……又，各种要用之药，凡成熟时，便可取了露，各种收藏，又经久不坏，待用时合来便是，所以为妙"①。

与之相反，明清临沂望族却坚守传统的"耕读传家"模式，不允许发展与举业相悖的事业。史载：

> 八代祖默，字圭峰，期承父志，啖苦下帷□于庠者独早，尝写"书经魁"三字于壁以自期。然家传医理尽得蕴奥。先是与眉峰姚君不相能。厥后姚君病笃，庠师以两人皆门墙高足，邀公往视，一匕而愈。于是释廉蔺之嫌，缔秦晋之好焉。然终以医妨举业，每戒子孙勿学，故失其传。②

万历时中进士的王雅量是费县王氏家族的十代祖，据此推断其八代祖王默生活的年代应大体在嘉靖年间，此时已近晚明。而家族成员这种以举业为本的家教模式仍然根深蒂固。这与江南和北京望族形成鲜明对比。

# 第三节
# 明清鲁东南望族与基层社会的关系

在对明清鲁东南基层社会的自然环境、人文传统以及若干望族有了一定了解之后，我们将思路转入对两者关系的探讨——明清鲁东南基层社会环境与望族经济、政治、文化特点的形成有无关联？明清鲁东南望族在基层社会主要开展了哪些活动？又如何影响当地？本节仍以临沂为例，重点论证这些问题。

## 一、基层社会环境与望族特点的形成

以法国社会学家博丹、启蒙思想家孟德斯鸠为代表的地理环境决定论者，虽过分强调地理环境对人类社会历史发展的作用，却为我们提供了从环境角度考查问题的思路。在《论法的精神》第三卷中，孟德斯鸠向我们阐述了这样一种观点，即人的性格、嗜好、心理、生理特点的形成与人所处的环境或气候

---

① [明]徐光启：《家书》，《徐光启集》，上海古籍出版社1984年版，第488页。
② 王雅量：《长馨轩集》，载《山东文献集成》第二辑第28册，山东大学出版社2008年版，第534页。

有密切的关系。因此，不同环境的民族有不同的精神风貌和性格特点。这在解决某些问题上可取得事半功倍之效。明清临沂望族在经济基础、政治追求、文化传统上集体表现出的共同特征，难以脱离其生活环境的影响。在一定意义上可以这样说，正是明清临沂基层社会特有的自然环境与人文传统塑造出该地望族具有地域内涵的各项特征。

（一）经济基础的确立

临沂地处鲁中南丘陵区东南部和鲁东丘陵区南部，山区、丘陵、平原面积占 1/3，不同地形为种植各种林果、蔬菜、粮食，从事农业生产提供可能。境内发达的沂河、沭河、中运河及滨海四大水系，保证了农业灌溉用水。温带大陆季风性气候使得临沂地区四季分明，也利于种植适合不同季节的作物。虽然具有季风性特点的气候使得全年降水分布不均，容易造成洪涝灾害，危害作物生长，给农业生产带来不利，但当地民众重视疏浚河道、兴修水利的传统在一定程度上减轻了洪涝灾害对农业生产的危害。

明清政府继续推行、强化"以农为本"的经济政策，以期保证政府赋税收入、徭役来源，同时将民众与土地紧密结合，防止变乱的发生。无论是明代的里甲厢坊制以丁粮多者为里长，抑或清初实行的"更名田"，无疑都是要民众积极从事本业，这种鼓励农业生产的事例在明清社会屡见不鲜。为将少田无田者迁徙至其他地区以屯垦荒地，明初出台了若干优惠政策。史载"明祖初定鼎，尝迁苏、松、杭、嘉、湖民之无田者往耕临豪，官给牛种，免赋三年。成祖亦徙太原、平阳、泽、潞、辽、沁丁多田少及无田之家，以实北平。用闲民耕旷土，固善政也"①。清顺治十七年（1660）题准："垦地百顷以上，考试文义优通者以知县用，疏浅者以守备用；垦地二十顷以上，文义优通者以县丞用，疏浅者以百总用。"② 即采用授予官职之法奖励各地民众垦荒。

适合农耕的自然环境、明清政府的政策鼓励，结合临沂当地民众本身具有的"以农为本"的经济生活传统，使生活在明清时期临沂地区的望族不得不深受影响，从而自觉或不自觉地形成了其重视农业生产的思想，逐步确立起力田起家的经济基础。

（二）政治追求的形成

无论是闵子、郯子、曾子、荀子，还是琅琊诸葛氏、琅琊王氏、琅琊颜氏

---

① 赵翼著，王树民校正：《廿二史札记》卷三二《明初徙民之令》，中华书局 1984 年版，第 746 页。
② 《康熙会典》卷八《吏部六·汉缺选法》，转引自朱绍侯等主编《中国古代史》下册，福建人民出版社 2004 年版，第 330 页。

等，这些生活、活动在临沂的历代先贤都与做官为政有着解不开的情结。前者与儒家学派多有关联，难免受到儒家强烈出仕入世追求的影响，我们常说的"孔席不暖"就是时人对孔子热衷政治的评价。后者多为魏晋隋唐世家大族，家族成员出将入相、恩威显于朝堂，与魏晋隋唐政治有着剪不断的联系。这些促使明清临沂望族在心理和观念上不得不对政治仕途有所关注。

明清临沂基层社会民众立功立德的政治生活特征，在一定程度上催化了该地望族对仕途的热衷之情。因为当政为官是能够广泛影响地方、建功立业进而获取声望的一条较为便捷的途径。有时民众竭尽全力、精疲力竭完成赋役的行为，效果尚不及为官者一条蠲赈请疏。如地方志记载了有关兰山赵淑抃一事，"康熙壬午癸未大祲，民困征输。适州牧郎到任，下学讲布缕之征一章，词意恺切，州牧欣聆，力请赈济"①。州牧一纸请疏便可免民众征输之苦，其功德之大、泽众之广自不待说，为官对于提高立功立德政治生活效率、扩大立功立德政治生活范围的作用是显而易见的。作为地方乡绅势力的临沂望族为更好地发挥其在立功立德政治生活上的表率作用，难免会对入仕为官表现出较大的兴趣。

除受历史人文传统与地方民众政治生活影响外，明清政府对取得功名者的优惠政策是临沂望族热衷仕途的重要原因。以明朝为例，"明朝士大夫享有的特权，比前朝列代更为优厚，只要进了学成为生员或秀才，法律上就许可役使奴婢，免除户内两个差役，清寒的还可豁免田粮，犯了法不能随意用刑，死罪也可能特赦，连出门也有门斗张伞引路。在宋朝和元朝，举人只有一次中举的资历，不是终身的身份，明朝的生员公认有终身的资格，除非被学校除名，永远享有上述特权。所以当个士大夫是非常威风的事，一旦中了举，送银两、送田地、系宗谱、联姻、拉关系的络绎不绝，连住所也要打烂了重建，以示改换门庭。这种特权随着品级的升高，愈来愈多，足可以使一个寒士平步青云，它刺激庶民追求梦寐以求的功名，也吸引没有功名的地主或商人，不惜重金购买官衔"②。这些特权与利益对于巩固望族的政治、经济地位不可或缺，为了家族的持续发展，家族成员必然会为进入仕途而对功名马首是瞻、不遗余力。以上因素使明清临沂望族逐步形成了积极入仕的政治追求。

（三）文化传统的传承

声名显赫的历代先贤、先秦荀子的聚众讲学、魏晋隋唐世家大族繁盛的家学文化，使临沂当地形成了崇圣重教的人文传统。与崇圣重教这一人文传统相

① 乾隆《沂州府志》卷一○《人物二·列传下》，清乾隆二十五年刻本。
② 刘志琴：《城市民变与士大夫》，《晚明史论》，江西高校出版社 2004 年版，第 139—140 页。

适应，纪录圣人事迹、宣扬先贤言行以推进临沂当地教化成为各个时期纂修临沂方志者的主观动机之一。这一点在地区名流为方志所作的序中表露无遗。如，乾隆《沂州府志》所载赐博学宏词出身通议大夫、山东按察使仁和沈廷芳于乾隆庚辰年（1760）春三月既望撰写的序如是说，"沂州盖禹贡青徐地，其升为郡自雍正十二年始，领一州六邑。顾州邑皆有志而郡特阙如。一切物情风尚与凡名臣硕彦之奇迹异能杂见于经籍者，虽尚可考而求其上下古今汇为一集，卒未之见。岂真□吏少文，抑操笔者之难其选也。长寿李君洿庵以贤能守兹土，公退之暇，斐然有述作之志。乃延方闻之士而征引采摭得卷三十六，分门一十有五。既成问序于余……此志之作也，事核而文详，目张而纲举，有开设之美，无冗滥之条。盖诸君子才擅三长，郡伯又后而增损焉。将与施武子之志会稽，范致能之志吴郡，堪以并传。非徒备采风者之观览，且令今后之人按籍披图，了如指掌。其裨益岂浅鲜哉。昔朱子守南康，甫下车即征郡志。论者以为急所先务，余谓若李君者非有德于先贤之遗意者欤！"① 该志总汇、备查沂州风土人情，以方便百姓了解当地圣贤事迹及推动沂州地区民众教化。沈兆祎在民国《临沂县志》的序中就直截了当地指出"余摄篡临沂，窃意此地壤错齐鲁，居近圣人代有名流，地多遗迹，志书纪录，必灿然大备"②。光绪二十二年（1896）知县李敬修为光绪《费县志》所作之序也表露了此志在辑录功名节义之士的事迹。

钻研传统经典、重视科本教育与崇圣重教的人文传统如影随形。临沂一地自古就不乏研习经典、注释经传的博学之才，精于著述、以文章传世的硕儒也屡见不鲜。如，汉代孟喜有《易章句》10卷，晋代陈邵著《周官礼异同评》12卷、缪播著《论语旨序》3卷，南北朝的王弘有《书仪》10卷、王韶之著《孝子传》15卷、颜延之有《论语说》、王俭有《尚书音义》4卷、《礼仪答问》10卷、《吉书仪》2卷，唐代颜师古有《注汉书》120卷、颜真卿著《礼乐集》10卷，等等③。这些浩如烟海的经史著作既是著述者自身崇尚文章、重视教化的反映，也提高了当地民众当时乃至后世的文化生活品质。生活于此的明清临沂望族在此种文化传统的影响、熏陶下，必然热衷于读阅经典，从而出现了诸如莒南庄氏的庄闿"读书能刻苦，弱冠登贤书"④ 的现象以及苍山杨

---

① 乾隆《沂州府志·序》，清乾隆二十五年刻本。
② 民国《临沂县志·序》，民国二十五年铅印本。
③ 民国《临沂县志》卷一二《著述》，民国二十五年铅印本。
④ 民国《重修莒志》卷六四《人物九·名绩下》，民国二十五年铅印本。

氏的杨永泽"自幼嗜学，多读书"① 的事例。同时，明清以四书五经等儒家经典为主要内容的科举考试在一定程度上推进了临沂望族对传统经典、儒家教育的重视。

另一方面，为家族成员能够持续步入仕途，同时保持家族文化在尊儒重道、崇圣重教的临沂当地的优势地位，明清临沂望族必须世代读书，为其家族文化的传承提供保障。这与我们通常所说的"道德传家，十代以上；耕读传家，次之；诗书传家，又次之；富贵传家，不过三代""忠厚传家久，诗书继世长"有异曲同工之处。因此，14 岁而孤的莒南庄庆豫仍"勤读父书，惟恐失坠"②，他"严督幼弟，望其成名，课文或未合法，辄为之废食"③。蒙阴公咏在"少孤弟幼，身任家务"的情势下，仍然坚持读书，"不废学"④。由此可见，临沂一地崇圣重教的人文传统与明清临沂望族读书传世文化传统的传承密不可分。

明清临沂基层社会中特色的自然环境与人文传统深刻影响着明清临沂各大望族经济、政治、文化生活的方方面面，并在一定程度上促使明清临沂望族力田起家经济基础的确立、积极入仕政治追求的形成与对读书传世文化传统的传承。

## 二、望族在基层社会活动状况

称之为望族者，必拥有一定族众、具备较大势力，与普通家族相比，望族的各项活动对地方基层社会的影响会更为广泛、深入。明清时期活跃于临沂地区的诸望族所从事的政治、经济、文化、军事活动，望族成员之间的交游以及望族对家族内部事务的处理都深刻影响着当地的基层社会群众与基层社会组织，基层社会就在望族与基层社会群众、基层社会组织的互动中变化、发展。为方便考察望族活动如何影响基层社会，笔者做了如下分类并进行简要介绍：

（一）参与地方行政事务

本文所涉地方行政事务特指与朝廷、官府、官员有紧密联系的地方事务，这些地方事务或是朝廷、官府下发的政策律令，或是某一官吏的请托、支持。明清临沂望族主要以两种形式参与当地行政事务。其一，在奉旨或官方主动要

---

① 民国《临沂县志》卷一〇《人物二·列传下》，民国二十五年铅印本。
② 民国《重修莒志》卷六五《人物十·耆德上》，民国二十五年铅印本。
③ 民国《重修莒志》卷六五《人物十·耆德上》，民国二十五年铅印本。
④ 乾隆《沂州府志》卷二六《人物中·耆德》，清乾隆二十五年刻本。

求的情况下，望族成员被动参与当地行政事务。如，莒南庄瑶于"咸丰十一年，奉旨在籍办团练"①。"土寇猖獗，窥窃仓库，官吏以伯英德行足以服人，请与共守。"② 其二，面对地方弊政与地方灾害，望族成员积极主动联系朝廷、官府和官员，请求当道解决本地困难。如，史载"赵符（淑）扗，兰山岁贡。值沂流坏堤，力请补筑。康熙壬午癸未，岁大祲，民困征输。適州牧郎到任，下学讲布缕之征一章，词意恺切，州牧欣聆，力请赈济"③。咸同"幅匪倡乱"之际，兰陵"陷贼已久"，兰山王绍虞主动"请兵自为乡导，夜抵贼巢俘获二十余人，兰陵以安"④。沂州两次大灾，费县王垠均主动与监司商议赈济、救荒之事。所谓"戊申，沂大灾，指困倡捐，白监司徐惺请蠲请赈，沂人无死徙者……沂大水，又与监司李梦庚议救荒数策，皆举行"⑤。

　　无论是被动受邀，还是主动参与，望族成员之所以能够从事地方行政事务，是与其能力和声望分不开的。一方面，参与行政事务的望族成员本人或其族人都有一定的任官从政经历，在身体力行、耳濡目染之中，他们积累了一定的行政经验，具备了成功参与地方行政事务的能力。如，莒南庄瑶是嘉庆丙子科举人，丁丑科进士，曾任工部都水司主事、湖北荆宜施道、河南彰怀卫道。⑥ 这些经历为他奉旨办团练提供了保障。费县王绍虞的族兄弟王绍奎"道光时由武进士授侍卫，官广西桂林府守备，累擢至抚标中军参将，加副将衔。洪杨乱起，随督师办理行营营务处，权理太平府事"⑦。而王绍虞本人也曾为陈国瑞围剿幅军出谋划策。"咸同间幅匪倡乱，各据巢穴勾连发捻，陈帅国瑞自淮上率师北来，初克长城，传檄沂郡，官长令献舆图为内应，绍虞时避乱郡城，私绘舆图，绕道抵长城献策陈帅，直取中村。陈帅用其计，卒擒逆酋孙化祥于中村。幅匪以次削平，绍虞有力焉。"⑧ 对族兄弟王绍虞战斗经历的耳闻目睹以及对自身战斗经历的总结，是王绍虞有"请兵自为乡导"之行的重要原因。另一方面，望族成员和整个家族在地方上拥有一定的势力和声望，容易引起朝廷、官府和地方官员的关注；而望族的这种势力与声望也能使其更容易且有效地开展地方行政工作。费县王伯英之所以受到地方官吏的重视，被委以

① 民国《重修莒志》卷六四《人物九·名绩下》，民国二十五年铅印本。
② 光绪《费县志》卷一一《人物二》，清光绪二十二年刻本。
③ 乾隆《沂州府志》卷二六《人物中·义士》，清乾隆二十五年刻本。
④ 民国《临沂县志》卷一〇《人物二·列传下》，民国二十五年铅印本。
⑤ 民国《临沂县志》卷一〇《人物二·列传下》，民国二十五年铅印本。
⑥ 民国《重修莒志》卷六四《人物九·名绩下》，民国二十五年铅印本。
⑦ 民国《临沂县志》卷一〇《人物二·列传下》，民国二十五年铅印本。
⑧ 民国《临沂县志》卷一〇《人物二·列传下》，民国二十五年铅印本。

看管仓库之职，就是因为伯英"孝友睦娴，里党共仰"，"德行足以服人"，伯英虽非主动要求看管仓库，但他仍全力以赴，最终"衣不解带，寝食几废，劳瘁而终"。①

其实，无论望族成员是否直接参与地方行政事务，望族在地方上的势力和声望都使其与朝廷、地方官府和官员紧密地联系在一起。考虑到望族在当地的影响力，上任行政官员都会积极主动地拜访一地名门望族，争取他们对自身工作的支持。如地方志中为费县王耀奎立传，有"耀奎性刚直，喜扶善类，当事重之，每有公事，必与闻"② 之言。当道与王耀奎商议公事的过程就是争取耀奎对其工作支持的过程。若是到任官吏不能全面掌握当地大族名单，及时进行拜谒，则被视为失职，需尽快弥补。民国《临沂县志》就记载了兰山令未访苍山杨永泽而及时补谒的情形。"知府欧焕书旧与（杨永泽）同官，莅任初，访于兰山令，令愕然不能对，盖不知邑中有是人也。及访见拜谒，语不及私，乡里咸以古人目之。"③ 地方官何以如此尊崇乃至敬畏一方望族？冯尔康是这样解释的："综观祠堂及其公有经济的建设者、族长及管事、祭祀的对象和祭祀中优待的成员，我们知道，清代宗祠所尊崇的人物是官员及其致仕者、有功名的读书人，热心于家族建设的有钱的田主和商人。这中间高官少，中下级官员和有功名的人多，而不论是什么官，他们对祠堂的经营和掌握，多半是在做官以前或致仕之后，即在为绅衿的时候。……换句话说，是这类人控制着祠堂，祠堂实际上是属于他们的。……雍正朝河东总督田文镜说：'绅为一邑之望，士为四民之首'（田文镜等：《钦颁州县事宜·圣谕条例事宜·待绅士》，《宦海指南》丛书本，光绪十二年刊），地方官'平时奉缙绅如父母，事缙绅若天帝……故宁得罪于百姓，不敢得罪于缙绅'（中国第一历史档案馆编：《清代档案史料丛编》第 5 辑《徐乾学等被控鱼肉乡里荼毒人民状》，中华书局 1980 年版，第 40 页）。绅衿在清代是农村，也是城镇社会力量的主宰，宗族也自然成为他们的囊中物……"④ 可见，处理好与望族主要成员（冯尔康笔下的"绅衿"）的关系，获得他们对自身工作的支持，是地方官能够有效治理地方的重要条件。

（二）建立地方人际网络

人际网络通过人与人之间的交往逐渐形成，也可以称之为人脉。合理利用

---

① 光绪《费县志》卷一一《人物二》，清光绪二十二年刻本。
② 民国《临沂县志》卷一〇《人物二·列传下》，民国二十五年铅印本。
③ 民国《临沂县志》卷一〇《人物二·列传下》，民国二十五年铅印本。
④ 冯尔康：《18 世纪以来中国家族的现代化转向》，上海人民出版社 2005 年版，第 39—40 页。

人脉，人们可以获得一定的信息、资源来促进自身发展。个人发展尚且如此，望族的持续发展亦离不开这种网络。明清临沂望族之间通过一定的交流，彼此建立起一定的联系，逐步形成了望族间的地方人际网络。这种人际网络主要以婚姻的形式确立起来。如，地方志在介绍兰山王寿时称其"世居兰陵"，为"宋澍之甥"。① 可见，苍山宋澍的某一姐妹曾嫁与王寿的父亲，兰山王氏与苍山宋氏两大望族之间有联姻。民国《临沂县志》在介绍费县王氏族人王步曾时有"王步曾，自阶先。者选孙也……表兄宋澍视学关中，不曾随校文卷，所引拔多知名士"② 之言。由此可知，王步曾与宋澍是表兄弟，费县王氏与苍山宋氏两大望族之间亦有联姻。

除联姻外，交游是明清临沂望族建立人际网络的另一主要形式。如，宋鸣珂与杨肇基通过联合共同抵御徐鸿儒之乱，逐步建立起苍山宋氏与苍山杨氏两大望族之间的联系。方志载：

> 徐鸿儒乱作，东窥沂，杨肇基援峄，鸣珂遮说三策，肇基用之，峄贼宵遁。既而海贼又乘虚西行，蜂聚于沂峄之间，势将掠向城。向城为沂之门户，向城亡则沂不守。鸣珂约同社文学结营向城之阳。一日饮马于河，尘起翳天，贼侦以为南援，拔寨而西。远近避兵者多依碧溪馆，积三百余户，乃结木栅于外，时其饮食以亲知卫之，众恃以无恐，匪徒相戒不敢入境。及肇基凯旋，大吏将上其事，酬以赏，鸣珂不受。③

又如，宋澍曾为郯城侯长熺撰写墓志铭④，该篇墓志铭对侯长熺一生的为官经历、代表言行、主要著述及家庭成员做了较为详细的记载。可见，宋澍与侯长熺曾有过一段时间的交游。二人的交游建立起了临沂宋氏与郯城侯氏两个家族的人际网络。

通过建立地方人际网络，各望族之间扩大了联系，也方便了望族之间的沟通、交流，同时还有利于望族彼此联合以解决所遇困境。明清临沂望族能够在当地长盛不衰、影响能够经久不息，也在一定程度上依赖于彼此间建立的这种地方人际网络。

---

① 民国《临沂县志》卷一〇《人物二·列传下》，民国二十五年铅印本。
② 民国《临沂县志》卷一〇《人物二·列传下》，民国二十五年铅印本。
③ 民国《临沂县志》卷九《人物一·列传上》，民国二十五年铅印本。
④ 墓志铭原文载嘉庆《续修郯城县志》卷一〇《艺文》，《中国地方志集成·山东府县志辑》第59册，第245页下至246页上。

（三）组织地方文化活动

明清临沂望族自身往往具备深厚的文化基础和较高的文化素养。以莒南庄氏为例，嘉庆己卯科举人庄耆年"才敏好学，诗文皆有根柢……居家不事生产，读书外无他嗜。著述颇富，身后尽散佚"①。道光辛卯科举人庄恩艺"文学优长，书法虞永兴，能自成体。手写十三经全文，惜毁于火，烬余残页，得者珍如拱璧"②。这种文化上的优势使望族在地方文化活动中脱颖而出，成为地方文化活动的倡导者和组织者。

以方志、文集的记载为依据，笔者发现明清临沂望族主要参与组织以下两种地方文化活动。一是主持、参与纂修地方志。如，宣统《蒙阴县志》的商订人员有蒙阴公氏族人监生公巍东、附生公元准。③ 费县王氏族人光绪辛卯科举人王景祜与陈景星、沈兆祎共同主持了民国《临沂县志》的修订。④ 此外，王景祜还与候选教谕乙酉科拔贡王咸昌，廪生王承绪，附生王肇炜、王光彦、王者香、王咸和，监生王右文、王玉瑞等族人参与了光绪《费县志》的撰写工作；而附生王邦杰、王启昌、王采臣，监生王魁三、王邦昌，武生王开吉等族人则积极筹款，为光绪《费县志》的纂修提供了资金支持。⑤ 沂水刘氏族人进士刘绍武，兰山王氏族人候选州同王者任、赠广生王愫，蒙阴公氏族人廪膳生公浙参与纂修了乾隆《沂州府志》。⑥ 纂修嘉庆《莒州志》时，修志人员采访了莒南庄氏族人举人庄闾、岁贡庄位中；而族人庄宅中则参与了该志的监刻工作。⑦

二是组织文学社团。如，兰山赵映阶"嗜吟咏，家居时邀四方名士结诗社，人目为诗痴"⑧。苍山宋鸣梧为费县王雅量《长馨轩集》作序时提到了雅量与宋鸣梧父子三代人结社为文的盛况。其文称"少司徒王太公少先给谏七岁，视余十岁以长，视余男三十岁以长，盖三世而缔文社、古文词社、诗赋社，若比肩也。……惟余长男弱而癖诗，抗礼太公，更唱迭和，几白马石屋大小圣堂遍为题咏。太公忻然呼为诗社韵友。尝自喜以一身又琅琅三世云"⑨。

---

① 民国《重修莒志》卷六四《人物九·名绩下》，民国二十五年铅印本。
② 民国《重修莒志》卷六五《人物十·耆德上》，民国二十五年铅印本。
③ 宣统《蒙阴县志》，《中国地方志集成·山东府县志辑》第57册，第400页下。
④ 民国《临沂县志·纂修官绅职名》，民国二十五年铅印本。
⑤ 光绪《费县志·职位姓氏》，清光绪二十二年刻本。
⑥ 乾隆《沂州府志·纂修姓氏》，清乾隆二十五年刻本。
⑦ 嘉庆《莒州志》卷首《修志姓氏》，清嘉庆元年刻本。
⑧ 民国《临沂县志》卷一○《人物二·列传下》，民国二十五年铅印本。
⑨ 宋鸣梧：《长馨轩集序》，王雅量：《长馨轩集》，载《山东文献集成》第二辑第28册，山东大学出版社2008年版，第558—559页。

宋鸣梧曾为乡里文人组织的琅琊文社写序，序文中介绍了该地结社的具体情况。其文如下：

> 曾子，仁以为己任者也。静安止善，恂慄守约，真为仁丝已。嫡派而其紧切着已，乃谓仁以友辅，友以文会。……初创社会时，则黄翊明、周濂浦、王稚公、任仲乐暨余长男之普，并各夙夜琢砥，夏陈致新，后先南宫。次则颜心卓、刘心余、孙六子，信而极，俱登贤书，殿封自奋。又次则任叔玉、全贞乙、颜飞虹、周吉人、刘胤隆、王范之、周五千、杨严矶暨余次长男诸弟数辈，不能悉举，并皆却利绝罢，烨掌逊志，专精搜研，一时文人之旧，发勃不可御如此。……诸公慷慨奋发，尚友千古，而上不宗述圣，下不希武侯，则焉用风云月露之藻绘取甲第高贵以自肥润，不佞固尝叨侍从为近臣矣。平生内省内讼尝若自愧千古，无以自容，岂甲第之未取，仕宦之未美哉。鸡鸣孳孳，老而无闻，未免为乡人亦大可见矣。曾子曰：堂堂乎张难与，并为仁夫。友以辅仁，而又难与并为仁。正谓其文太胜而不能定静，以钦厥止。虽日日会文，仁固日远。夫博文约礼，尼父之所以示颜子为仁者具在。吾愿诸公于会文时详求仁方，以仁天下，毋小之为求富贵利达地。①

《琅琊文社序》向我们透露出以下几点信息。一是，结社人员以临沂当地文人和望族成员为主，即宋鸣梧笔下所称的"琅琊英少"和"长男诸弟数辈"。文社社员并没有突破地域限制。二是，文社的主要活动方式是诸友会集，谈论文章。即所谓的"专精搜研""日日会文"。三是，宋鸣梧希望文社社员能效仿琅琊先贤，"于会文时详求仁方，以仁天下"。

明末临沂望族的结社活动正与全国范围内的结社风气遥相呼应。正如谢国桢所论"结社这一件事在明末已成风气，文有文社，诗有诗社，普遍了江、浙、福建、广东、江西、山东、河北各省，风行了百数十年，大江南北，结社的风气犹如春潮怒上，应运勃兴。那时候不但读书人们要立社，就是士女们也要结起诗酒文社，提倡风雅，从事吟咏（见《照世杯》小说），而那些考六等的秀才也要夤缘加入社盟了（见二刻《增补警世通言》小说）"②。不过，与大江南北、浙中、闽中和粤中诸社相比，临沂结社有其自己的特点。一是，以王雅量与宋鸣梧父子所结诗文社及临沂当地著名的琅琊文社为例可知，临沂诸

---

① 民国《临沂县志》卷一三《艺文·琅琊文社序》，民国二十五年铅印本。
② 谢国桢：《明清之际党社运动考》，上海书店出版 2004 年版，第 7 页。

社社员主要以当地文人学士为主，外地文士及当地农工商阶层、女性群体很少参与其中，社员没有突破地域局限和身份阶层局限，结社规模亦有限。二是，临沂一地社团较为温和，如上所述，社员只论道德文章，没有涉及当下刑名钱谷，更没有因诗文的结合而发展政治运动。而此时南方一些社团，如松江惊隐诗社、淮上望社、赣州南屏文社、轰动一时的江南几社、复社，不仅社员突破地域限制，结社规模日益壮大，社集活动也已渐趋激进，甚至发展成轰轰烈烈的党社政治运动。谢国桢这样总结了南方社团的变化，"结社这件事本来是明代士大夫以文会友很清雅的故事。他们一方面学习时艺来揣摩风气，一方面来择选很知己的朋友……所以明季几社的成立，他们只师生通家子弟在一块结合，外人是不能参加的。后来才门户开放，'社集之日，动辄千人'。不意一件读书人的雅集却变成了一种社会上政治的运动"①。谢老将明清之际的社集活动分为三个时期，嘉靖到万历初年的社集以文会友，是社集萌芽的时代；崇祯年间社局，由诗文的结合而变为政治的运动；弘光以后，由政治的运动而变为社会革命的运动。② 临沂一地的结社始终处于社集的萌芽时期，并未进入第二、第三阶段。

此外，明清临沂望族成员在组织地方文化活动的同时，也对基层百姓的思想行为进行控制，禁止基层民众任何逾矩行为的发生。如，费县王氏族人王芝茂"尝见一胥吏着蓝绸袄，立命碎之，曰：'尔以胥吏着丝绸，我辈当何耶？'又见一人衿短袖长，伞置袖中，扇荷肩上。立命毁其伞，碎其扇，裂其衣裳。人问之，曰：'此妖物也。衿宜长也，而偏短。袖宜短也，而偏长。伞宜荷也，而乃置诸袖中。扇宜袖，而乃荷之肩。如此妖行，不毁何待。'"③

### （四）主持地方公共事务

本文所称的地方公共事务是指与某一地区大多数民众生产或生活相关的、非个人性质的各项事务。与一般事务相比，地方公共事务涉及的利益层面更为广泛，它往往影响到某一地区、每个家庭甚至每个民众的日常生活。发动、组织地方公共事务就更为复杂，它需要协调各方面的利益，处理多方面的关系。明清临沂望族凭借其雄厚的实力基础，当仁不让地成为地方公共事务的主持者。具体而言，其成员主要参与了以下几种地方公共事务的发动组织工作。一是，在灾荒之年，组织赈济工作。他们或设义仓，或出谷物，

---

① 谢国桢：《明清之际党社运动考》，第99页。
② 谢国桢：《明清之际党社运动考》，第8页。
③ 王雅量：《长馨轩集》，载《山东文献集成》第二辑第28册，山东大学出版社2008年版，第544页。

或施米粥，或捐巨资，帮助受灾民众顺利度过灾年，缓解地方灾情。"同治五年，大饥"，费县"旭龄会同族侄承恩、姊丈闫泮林设义仓于龙泉寺赈济贫困，全活无算"①。临沂"杨德裕，沂州廪贡……值岁饥，出麦一百八十石分给流亡。沂水泛涨，出粟五百石济贫，复贷他人麦豆二千石，令贫民往取而自偿之。又岁大旱，贷人粟八百石拯贫民"②。地方志载，"嘉靖丙子大饥"，沂水刘继善"散粥活人甚多"③；"乾隆五十一年，岁饥"，莒南庄汝艺"于䀉恤族邻，设施糜粥外，输谷辇公庭以助赈"。④ 苍山宋氏家族曾多次于荒年捐资赈济贫乏：宋景祖时，"岁饥，赈贫倾囊不吝"⑤；"乾隆丙午沂大饥，（宋）熊图输千金助赈"⑥。

　　二是，于战乱频仍之季，发动组织地方团练，保卫乡里，使地方民众免遭屠戮。晚清时期的临沂地区战乱多发，莒南庄氏族人庄锡经同其父庄瑶、其兄庄锡缜于本村倡办乡团，御敌卫家。文献如是记载了庄锡经组织民团的情况，"咸同间莒多寇患，陈玉标掠于前，捻匪继之。人民东西奔窜，靡有定所。父瑶既奉督办乡团之旨，乃同兄锡缜，约族老议修村圩，为坚壁清野计。议甫定，困难蜂起，不为动。刻日兴工。凡捐田宅，庀材料，皆先己后人。遇事能断，工赖以成。复筹备子药，选练丁壮。同治二三年，逋寇屡至，守御有方，阖堵无警"⑦。在庄锡经等人的筹划下，莒南一地出现了"迄寇平后，二十余年，宵小敛迹，犹服其威望云"⑧ 的现象。又，"同治七年九月，南匪北上"，兰山赵昌基"捐资筑圩"。⑨ 在筑圩自卫之际，望族成员往往能身先士卒，积极参与到抵御入犯者的战斗中。在"圩成匪至"之际，兰山赵昌基"亲率防守八昼夜，风雨无间"。⑩ "咸丰十年，捻匪至"，蒙阴公咸"率民团御之，手刃数十人"。⑪ 除发动组织民团自卫外，望族成员还常担负起安抚乡里民众和过境官兵的职责，以防不法民众和过境官兵乘势劫掠。"咸丰甲寅，股匪陈玉

---

① 民国《续修临沂县志》卷一六《人物志》，民国二十四年铅印本。
② 乾隆《沂州府志》卷二六《人物中·耆德》，清乾隆二十五年刻本。
③ 乾隆《沂州府志》卷二六《人物中·耆德》，清乾隆二十五年刻本。
④ 民国《重修莒志》卷六五《人物十·耆德上》，民国二十五年铅印本。
⑤ 乾隆《沂州府志》卷二七《人物下·文学》，清乾隆二十五年刻本。
⑥ 民国《续修临沂县志》卷一六《人物志》，民国二十四年铅印本。
⑦ 民国《重修莒志》卷六四《人物九·名绩下》，民国二十五年铅印本。
⑧ 民国《重修莒志》卷六四《人物九·名绩下》，民国二十五年铅印本。
⑨ 民国《临沂县志》卷一〇《人物二·列传下》，民国二十五年铅印本。
⑩ 民国《临沂县志》卷一〇《人物二·列传下》，民国二十五年铅印本。
⑪ 宣统《蒙阴县志》卷四《人物志·名献》，《中国地方志集成·山东府县志辑》第 57 册，第 432 页上。

标煽乱，乡里中无籍辈，乘势啸聚，将肆劫掠。镇闻之，召其众，晓以祸福，发廪粟徧给之，帖然立散。"① 文献载，同治"二年有大兵过境，颇侵扰，村人骇。文澜亲见其帅，为陈利害，帅感悟，立下令戢其众，一方获安"②。"辛巳王公弼、刘泽清统兵三万追剿巨寇李清山，过蒙阴，军饷告艰，官兵肆行劫掠"，蒙阴公"匄出粟千石犒师，地方乃得安堵"③。

三是，调解乡里纠纷，稳定社会秩序。莒南庄氏的庄留、庄庆豫、庄凤韶都以善于调解纠纷、平息争端闻名于时。现将有关史料节录如下：

> （庄）留，字汉侯，廪生，鸿胪序班……而遇事涉公益，必多方匡助。乡里时有纠纷，历任排遣，劳怨不辞。④
>
> 庄庆豫，字介贞，乾隆癸巳科岁贡生……族党服其诚，有不平事，得片言即解。⑤
>
> 庄凤韶，字仪廷……遇事而自尽焉，生平不为畸异之行。而乡人矜式，偶有过失，惟恐其闻之。争讼者不决于公庭，每和解于凤韶之一言。则戒之曰：讼则终凶，家训不汝欺也，今事幸息，后无复而。⑥

除直接调解纷争，望族成员自身的言行亦能起到感化民众、化解纷争的作用。兰山王绍嵩就具备这种人格魅力。史称，王绍嵩"性不忤物，有以非义干者，婉辞谢绝，不作疾遽之色，乡人化之，争斗为稀"⑦。其实，通过劝人为善、化情于理等调解方式来消弭争端、排难解纷，是明清临沂望族处理地方民众矛盾冲突的主要原则。以费县王氏族人为例，王承思居家时就训诫后辈"以孝慈消弭争端"，从而起到"诉讼以息"的效果。⑧ 王者瑞在调解纷争时多能感化民众，史称其"家居排难解纷，人多感化，无颂者"⑨。又如，遇有纷争，王士斐则"以理谕之"，于是有纷争"辄解"之效。⑩ 王旭龄"为人排难解

① 民国《重修莒志》卷六五《人物十·耆德上》，民国二十五年铅印本。
② 民国《临沂县志》卷一〇《人物二·列传下》，民国二十五年铅印本。
③ 宣统《蒙阴县志》卷四《人物志·名献》，《中国地方志集成·山东府县志辑》第57册，第428页上至428页下。
④ 民国《重修莒志》卷六四《人物九·名绩下》，民国二十五年铅印本。
⑤ 民国《重修莒志》卷六五《人物十·耆德上》，民国二十五年铅印本。
⑥ 民国《重修莒志》卷六五《人物十·耆德上》，民国二十五年铅印本。
⑦ 民国《临沂县志》卷一〇《人物二·列传下》，民国二十五年铅印本。
⑧ 民国《续修临沂县志》卷一六《人物》，民国二十四年铅印本。
⑨ 光绪《费县志》卷一一《人物二》，清光绪二十二年刻本。
⑩ 光绪《费县志》卷一一《人物二》，清光绪二十二年刻本。

纷"时，能以"片言折服"他人，史称其"有古君子风"。①

四是，修建书院、学堂，补路葺桥，开渠通河，进行地方基础设施建设。如，兰山赵昌基于"本邑修学宫"之际"捐助一千六百金"。② 苍山宋名立因病致仕归家后，"修理学宫，急公睦族"③。宋熊图曾捐资修葺地方桥梁，"郡北青驼寺为南北通衢，桥圮坏。熊图输五百金助工"④。苍山杨氏也为完善地方基础设施作了一定贡献。杨德裕"捐田百亩入普济堂，督修湾河口，自捐钱九万散河夫"⑤。杨通"积善好施，捐钱二百千修马湾河堤，创建庄坞永济桥费千金"⑥。

明清临沂望族能够及时有效地主持地方公共事务，这与其在地方上世代累积的雄厚力量密不可分。唯有强大的经济基础方能支撑望族成员的荒年赈济行动和基础设施修筑工作，否则动辄数十百石的出谷、千钱百金的捐资则无从所出。缺乏必要的行政、领导能力，也难以有效组织、指挥民团。如，组织民团之际，庄锡经表现出的"遇事能断"的应变力，"筹备子药，选练丁壮"时所需的执行力和领导力，这些均非朝夕可得，而是家族成员在参与各项地方事务的过程中累积而来的。没有令人信服的声望和威信，更不能有效地调解纠纷，使民众的争端偃旗息鼓。如前所述，庄庆豫能以"片言"解决"不平事"，在于"族党服其诚"。争讼者能够"和解于（庄）凤韶之一言"，在于其"遇事能自尽，生平不为畸异之行"，为"乡人矜式"。

**（五）完善家族内部事务**

为保障家族的持续发展，明清临沂望族特别注重完善家族内部事务。以分配、处理家族财产为例，望族成员往往坚持以孝悌为先、以公益为重的原则，先人后己，先公后私。在分配财产时，屡屡出现兄弟相让的现象。如，苍山宋氏族人宋梯、宋夔学。

> 宋梯，字子生，沂州人。事亲色养，与妻赵氏恭奉菽水，食□亲尝始进。析产时自取瘠瘦，友爱庶弟，兼养族中贫病。⑦
> 宋夔学，字益友，监生，以德齿举寿官。性笃友爱，以膏田让兄弟，

① 民国《续修临沂县志》卷一六《人物》，民国二十四年铅印本。
② 民国《临沂县志》卷一〇《人物二·列传下》，民国二十五年铅印本。
③ 民国《临沂县志》卷一〇《人物二·列传下》，民国二十五年铅印本。
④ 民国《续修临沂县志》卷一六《人物》，民国二十四年铅印本。
⑤ 乾隆《沂州府志》卷二六《人物中·耆德》，清乾隆二十五年刻本。
⑥ 民国《临沂县志》卷一〇《人物二·列传下》，民国二十五年铅印本。
⑦ 乾隆《沂州府志》卷二六《人物中·孝友》，清乾隆二十五年刻本。

仅受安乐庄瘠土数顷，所居房屋不蔽风雨。①

费县王氏族人王佩珩。

> 王佩珩，费人。弥月失恃，事慈母高氏至孝。以贡任金乡县训导。兄弟九人，式好无尤。析产时尽以祖业让其兄，自购朱保村居之……族党中贫不能娶，死不能葬者，皆助以金。待哺者悉给以粟。②

蒙阴公氏族人公咏。

> 公咏，蒙阴人。少孤弟幼，身任家务，不废学。析产时，任弟拣择而自取荒瘠者……姻党族人资其赡养者数十家。③

上述材料表明，在分配家庭财产时，明清临沂望族具有兄友弟恭、相互谦让与重义让利的传统；同时也反映出明清临沂望族日常生活中的团结互助、相互扶持。对于家族中的贫困者，族人乐意施以援手，帮助其渡过难关。如，苍山宋康年"睦姻自任。赡祖母、继母，为置产居宅，使世其业，而代为纳税。养孀姑、孀姊于家。给姑族子以田，姑殁，俾世守抚幼甥成立"④。方志记费县王旭龄事迹时有"至族中吉凶大事，凡无力措办者，旭龄悉资助之"⑤ 之语。莒南管镇"晚年务施济，三党赖以婚葬。族有贞女，湮没三十年，人无知者，镇为上其事于州，题请如制"⑥。沂水刘鲁洙"性乐周急，族人及亲故待以举火者甚众，岁多施棺木及棉衣之属"⑦。

明清临沂望族成员还热衷于捐资修族祠、设族田、修族谱，为整个家族的兴旺发达出力尽责。莒南管镇"佐治家政，事皆谘白而行。族中义举，如宗祠祭田，多所擘画"⑧。费县王氏族人王淑经"以祖祠祭田无多，特置田四顷

---

① 民国《临沂县志》卷一〇《人物二·列传下》，民国二十五年铅印本。
② 乾隆《沂州府志》卷二六《人物中·耆德》，清乾隆二十五年刻本。
③ 乾隆《沂州府志》卷二六《人物中·耆德》，清乾隆二十五年刻本。
④ 民国《临沂县志》卷一〇《人物二·列传下》，民国二十五年铅印本。
⑤ 民国《续修临沂县志》卷一六《人物》，民国二十四年铅印本。
⑥ 民国《重修莒志》卷六五《人物十·耆德上》，民国二十五年铅印本。
⑦ 乾隆《沂州府志》卷二六《人物中·耆德》，清乾隆二十五年刻本。
⑧ 民国《重修莒志》卷六五《人物十·耆德上》，民国二十五年铅印本。

供祀事，以垂永久"①。"修族谱，建家祠"之时，王步曾均能"捐资为倡"。②
这种为修家祠出资尽力的风气一直延续至今。苍山庄坞杨氏家祠内及义堂南楼
王氏宗祠旁的碑林内都立有若干石碑，上面均刻有为修家祠而捐款的族人的姓
名和捐款金额。

　　此外，教育家族子孙是明清临沂望族的重要族内事务。明清临沂望族成员
尤为注重族内子弟的教育问题。莒南管廷鹗、管廷纲、管象缙分中光绪二年
（1876）丙子科、光绪十八年（1892）壬辰科、光绪二十四年（1896）戊戌科
进士，三人有此成就，均得益于族人管廷献的指导。文献如是载，"弟廷鹗、
廷纲，侄象缙，皆从廷献受业以就功名"③。苍山宋瀛则"延师讲学以诲子
弟"④。而费县王氏族人如王梓、王楷、王佩琚等更是身体力行地教诲子弟。
史称，王梓"患子弟不能实力为学，乃身任教读，口讲指画不惮烦劳，督责
严厉。一门中科第蝉联庭闱肃睦，皆其教也"⑤。王楷"后解组归田，守勤俭
遗风，自宗族以至戚党，莫不饮食教诲，俾有所成立"⑥。王佩琚"延师督课
子侄，族中科弟多赖成立"⑦。

（六）从事地方公益活动

　　明清临沂望族成员乐善好施、急公好义，对处于困境之中的基层社会民众
施以援手，雪中送炭，积极从事乡里公益活动。地方志中关于此类活动的记载
举不胜举。如，苍山杨氏族人杨鸣春、杨字奇、杨德懿。

　　　　杨鸣春，字青雷。明祀乡贤蓄季子也。性豪迈，能为人所不敢为。
崇祯十六年，都督刘泽清拥兵跋扈，不奉朝命，自临清南下，所至焚
掠。有曾某者，其所弃妇嫁庄坞土人，已死。曾投泽清麾下，以军令驻
兵庄坞，索妇，无以应，祸且不测。鸣春，年二十余，具酒币造军门，
言状，泽清嘉之，赠以驴四十头，事解。清初，有自南赴都儒生孙光
祀，资竭不能进，鸣春慨助资斧，后得擢弟，官至司马。有北人仇围，
因年荒流落至沂，赡以膏田五顷，数年礼貌不衰。族人奎春为寇劫，即
捐五百金赎之。吴公，兴祚知州，事罢官，匮乏，鸣春济以五百金。后

① 光绪《费县志》卷一一《人物二》，清光绪二十二年刻本。
② 民国《临沂县志》卷一〇《人物二·列传下》，民国二十五年铅印本。
③ 民国《重修莒志》卷六三《人物八·名绩上》，民国二十五年铅印本。
④ 民国《续修临沂县志》卷一六《人物》，民国二十四年铅印本。
⑤ 光绪《费县志》卷一一《人物二》，清光绪二十二年刻本。
⑥ 光绪《费县志》卷一一《人物二》，清光绪二十二年刻本。
⑦ 民国《临沂县志》卷一〇《人物二·列传下》，民国二十五年铅印本。

吴公总督两广，赠之倍其数，不受。里人有素侵侮者，因岁饥求贷，即赠麦五石。郯邑刘松侣，其父曾以孤相托。后大兵过境，按地派出河夫三百五十名，无以应，将干军法，遣使告急，即星夜出资募人助之。其好义多类此。①

（杨）字奇，贡生，任高唐州训导，时岁饥，鬻田自给，厚恤贫士。有江南蒋美涵，父子寄居庄坞，贷银二百两贸易，尽丧其资。美涵欲赴水，字寄止之，自鬻田得银二百两为代偿。②

杨德懿，字天美，邑庠生，授鸿胪鸣赞……每逢冬月，德懿制棉衣以施，无告之。穷民其有生不能养，死不能葬者，不待请求，即施与焉。京都同仁堂散丸颇著奇效，德懿不惜重价购买，广为施济，全活甚众。③

兰山王氏族人王中淳、王懋、王元功。

王中淳，字震川，世居下庄。镣之曾孙也。例入太学。遇亲邻贫困者，不惜重资恤之。陈某因业矿家落，曾助百金。李某死无葬所，其子来求，任其选地以葬，并给墓周林地亩余。某除夕之夜，盗入其家，事觉被执，问因何为盗，答以家有老母，业不举火者三日。中淳怜其情，给金纵之。④

王懋，字德菴，中淳子也。例入太学。生平自奉俭约，周急则从厚焉。有刘某者，年荒无以为生，欲售其宅于懋，懋辞，给粮若干，家宅因以保存。⑤

王元功，字子铭，中书科中书，赠中宪大夫。生平乐善好施……岁饥馑，凡贫困亲邻，生待举火，死给棺木者甚多。一生不茹荤，见有捕获鱼鸟者，即买而放之。承遗资数万，未尝购买田产，悉供一生之施散。⑥

苍山宋氏族人宋康年。

① 民国《临沂县志》卷一〇《人物二·列传下》，民国二十五年铅印本。
② 民国《临沂县志》卷一〇《人物二·列传下》，民国二十五年铅印本。
③ 民国《续修临沂县志》卷一六《人物志》，民国二十四年铅印本。
④ 民国《续修临沂县志》卷一六《人物》，民国二十四年铅印本。
⑤ 民国《续修临沂县志》卷一六《人物》，民国二十四年铅印本。
⑥ 民国《续修临沂县志》卷一六《人物志》，民国二十四年铅印本。

（宋）康年，字用昭，岁贡生……代捐资入国家。施药苏道溺者，养之家，俟行，步如常，乃命之去，并不问其姓氏。①

上述材料生动地刻画了一群急人所需、扶危救困的望族成员形象。这也是这些家族在地方上长期享有声望，被乡里称道和敬重的原因之一。

通过涉及与朝廷、官府和官员的相关活动，明清临沂望族参与到地方行政事务当中；在与其他望族联姻、交游的过程中，明清临沂望族于当地建立起人际网络；借助修志、开办文学社团，明清临沂望族成员成为地方文化活动的组织者；在组织赈济、办理团练、调解乡里纠纷和完善地区基础设施建设的过程中，明清临沂望族成员成为地方公共事务的主持倡导者；注重族众互助、修宗祠、设族田、修族谱、强调族内子弟教育，成为明清临沂望族完善家族内部事务的主要落脚点；以乐善好施、急公好义、扶危救困的善行活动乡里，明清临沂望族成员成为地方公益活动的重要力量。可见，明清临沂望族在乡里的活动涉及基层社会的政治、经济、军事、文化等各个领域，其参与的各项活动在一定程度上推动了基层社会组织建设，也为基层社会民众的生产、生活提供了方便。

### 三、望族参与地方事务的原因

在完善家族内部事务的同时，明清临沂望族还广泛参与到发动、组织和管理基层社会各项事务之中。分析上一节的论述，不难看出，明清临沂望族从事的各项基层社会事务均需要耗费本家族和家族成员一定的精力、时间和财富，占用家族的人力、财力、物力资源，而且这种消耗通常是无偿的，即基层社会组织或基层社会民众并不需要支付给望族或望族成员任何实物报酬。在缺乏应有报偿的前提下，明清临沂望族成员为何会孜孜不倦地投入到各项基层社会事务中去？以临沂地方志中的材料为依据，结合明清社会的特点，笔者从以下四个方面进行简要分析。

（一）历史传统的影响

明清以前，临沂地区的不少先贤也热衷于参与基层社会事务。如，汉代王良"少好学，习小夏，俟尚书。王莽时，寝病不仕，教授诸生"②。南宋费县杨政为死者收葬、率村民祈雨。"杨政，埠阴村人。正隆之末，盗贼纵横，残

---

① 民国《临沂县志》卷一〇《人物二·列传下》，民国二十五年铅印本。
② 民国《临沂县志》卷九《人物一·列传上》，民国二十五年铅印本。

骸遍野，政悉收葬之。天旱，率村众祷雨，蒙顶岁沛甘霖。"① 同时期的蒙阴"刘元哲，倜傥好义。值宋元拘兵邑境，疲于奔命，劝民安业，修守备，故祸乱相继，蒙不被兵。嘉定中以保障有功辟守颍州，不就"②。胡义则于金末大乱之际"捐资建文庙，率豪右百余家保聚石城山，从而归者如市"③。元代管仲禄"好施与，贷不能偿者，辄弃券"④。

这些先贤积极从事基层社会事务，完善基层组织，帮助基层民众，在地方上发挥着举足轻重的作用。在听闻先贤事迹之后，受其影响和熏陶，明清临沂望族也必然会有相应的效法之举，在基层社会各项事务中作出贡献、发挥作用。

明清临沂基层社会民众的生活特色也在一定程度上催化了明清临沂望族不计报偿参与乡里建设、救助乡里民众的行为。他们在政治生活上追求立功立德，在文化生活上讲求尊儒重道。对功名和道德追求的强化将在一定程度上弱化人们对利益的关注，而孔孟之道强调"重义轻利"，讲求"达则兼济天下，穷则独善其身"，认为人人都有"恻隐之心"。身处其中的望族族众作为基层社会民众的一员必然受此人文传统渲染，在处理基层社会事务时不计利益得失。以乐善好施之行著称乡里的苍山杨德懿就有"人生及时行乐，不如及时行善"⑤ 之言。

（二）政策律例的激励

为有效统治基层社会，确保基层民众安分守法，地方百姓循规蹈矩，稳定基层社会秩序，除颁布律法惩治危害基层社会统治秩序的奸恶之徒外，明清帝王还颁发了若干诏令，以此来要求乡里民众团结互助。如，洪武二十八年（1368）二月，明太祖就诏谕户部曰：

> 古者风俗淳厚，民相亲睦，贫穷患难，亲戚相救；婚姻死丧，邻保相助。近世教化不明，风俗颓敝，乡邻亲戚不相周恤，甚者强凌弱，众暴寡，富吞贫，大失忠厚之道。朕即位以来，恒申明教化，于今未臻其效。岂习俗之固未易变耶？朕置民百户为里，一里之间有贫有富，凡遇婚姻、死丧、疾病、患难，富者助财，贫者助力，民岂有穷苦急迫之忧？又如春

---

① 光绪《蒙阴县志》卷一〇《人物一》，第 267 页下。
② 宣统《蒙阴县志》卷四《人物志·隐德》，《中国地方志集成·山东府县志辑》第 57 册，第 429 页上。
③ 民国《临沂县志》卷九《人物一·列传上》，民国二十五年铅印本。
④ 民国《临沂县志》卷九《人物一·列装上》，民国二十五年铅印本。
⑤ 乾隆《沂州府志》卷二六《人物中·耆德》，清乾隆二十五年刻本。

秋耕获之时，一家无力，百家代之，推此以往，百姓宁有不亲睦者乎？尔户部其谕以此意使民知之。①

此外，明清政府还推行了若干奖励政策，以对为基层社会稳定作出贡献的良善之人进行表彰，鼓励广大民众效法其行。在参与地方各项事务的过程中，明清临沂望族也受到明清朝廷、地方官府和官员的相应奖励，这主要表现在两个方面。其一，对御敌卫乡，有功于民众生命、财产安全者授予官职。以南楼王氏为例，其族人王荫远、王耀奎、王旭龄、王承思等均因保卫乡里有功而被朝廷授予职衔。具体情况如下所述：

> （王）荫远，庠生。内操家政，外襄义举，饶有父风。咸丰末年奉檄办团。土匪三次围城，荫远捐资募勇，督率巡逻，日夜无间。时乡民纷纷避难城中，几无隙地，乃开拓基址为谋栖止。出历年积储以济其贫困，俾乡民专历守御，无内顾忧。立尖固距城十余里，贼据之俯瞰城中，屡次攻扑，荫远督率乡团，亲冒矢石，力挫狂氛。匪平以功保五品衔候选州同。②

> 王耀奎，字辉五，武庠生，本城人……土匪起，派充西南隅练长。咸丰九年九月捻匪焚掠城外村庄。十年道员黄良楷勇变，城门昼闭，人心惶惶。耀奎均处以镇定，人恃以安。十一年三月捻匪围城，率民团随官吏守御，贼百计环攻，城内随方应之，贼攻围十九日，历尽解去。事后以功得六品职衔，因积劳身病，举曹光先自代。③

> 王旭龄，字晓亭，清太学生。世居义堂南楼村。咸同间捻匪蜂起，协族孙肇震破岐望、武磊、孙化祥诸匪，得军功，奖给五品衔。④

> 王承思，字子俨，世居义堂南楼村。父鹤龄早卒，母杜氏扶之成立。咸同间从母避乱沂城，失学。乱定，众推为圩长，因办军需，赏五品衔。⑤

---

① 《明太祖实录》卷二三六，洪武二十八年二月乙丑条，台北"中研院"历史语言研究所1962年版。

② 光绪《费县志》卷一一《人物二》，清光绪二十二年刻本。

③ 民国《临沂县志》卷一〇《人物二·列传下》，民国二十五年铅印本。

④ 民国《续修临沂县志》卷一六《人物》，民国二十四年铅印本。

⑤ 民国《续修临沂县志》卷一七《烈女·志外篇》，民国二十四年铅印本。

如前所述，明清临沂望族热衷于入仕为官，而科举入仕并非易事。朝廷奖励职衔之策对望族成员来说无疑具有相当的诱惑力，从而成为推动望族御敌卫乡的有效动力。而且，在保卫乡里民众的同时，望族成员也维持了家族本身的安全稳定。

其二，对德行高尚者实施旌表。旌表是古代统治者对提倡封建伦理道德者的一种激励方式，自秦汉以来，历代王朝对忠孝节义之士及义门都大加推崇。明初规定，"凡有孝行节义为乡里所推重者，据各地方申报，风宪官核实奏闻，即与旌表"①。以清朝为例，"清朝政府大力表彰'孝子义士''节妇烈女'。被旌表的人，要由其家族、家庭申报，这就需要一些费用，经济拮据的人家难于申报，有的地方官为防止漏报，亲自采访，皇帝也特意下令采取措施，促使贫民申报。对申报获准的，政府发给银两，在被表彰者的村镇城厢建立牌坊，以示荣耀，并在州县学内建设忠义祠，在学堂附近建立节孝祠，各立石碑，刊刻被表彰者的姓名，祠内设置牌位，供人瞻仰祭祀"②。明清临沂望族成员受官府、地方官员旌表者不在少数。如，莒南庄氏的庄捷、庄汝艺。

> 庄捷，字连飞，庠生。赋性刚方，持身严整。虽衰居衣冠必饬，为乡里矜式。幼析居，让分产。后遇贫乏者，仍以己产分赡之。戚里有缓急，辄倾囊资助，无德色。绍义吴公目为魁梧奇伟，堪重任，特荐引。捷逊谢曰：家居务农读书，督子弟完国税足矣，何仕为。辞还籍。寿至八十六岁。知州贾旌曰：令德寿恺。③

> 庄汝艺，字君游。朱陈村人。器宇恢宏，天性孝友。村东旧惠水，躬亲督工，开渠通河，至今赖之。乾隆五十一年，岁饥，于䦅恤族邻，设施糜粥外，输谷辇公庭以助赈。历任知州重其德，列举优行上之，旌其闾曰：硕德遐年。④

费县王氏的王楠、王寅祚。

> 王楠，字让齐，增贡生……赋性机敏，博通经史，与人处和平乐

---

① ［明］申时行：万历《重修大明会典》卷七九《旌表》，《续修四库全书·史部·政书类》第789册，上海古籍出版社2002年版，第425页上。
② 《清朝通典》卷五○《礼典》，转引自冯尔康《18世纪以来中国家族的现代转向》，上海人民出版社2005年版，第52页。
③ 民国《重修莒志》卷六五《人物十·耆德上》，民国二十五年铅印本。
④ 民国《重修莒志》卷六五《人物十·耆德上》，民国二十五年铅印本。

易，无疾言遽色。尤敦信义，重然诺，周急济阨，乐善好施。邑中修文庙、建书院、劝义谷，楠咸董其事。县令舒化民尝褒以"荫垂桑梓"匾额。①

　　王寅祚，费县庠生。父母早故，浮柩北郊，寅祚流离他乡，年二十六归，竭力营葬。给叔兄产，代胞兄输粮，复与田为娱老资。邑宰给匾以旌。②

苍山杨氏的杨通。

　　（杨）通，字纤灵，鸣春兄富春子也。积善好施，捐钱二百千修马湾河堤，创建庄坞永济桥费千金。地方官并额旌之。③

苍山宋氏的宋之张。

　　宋之张，字景渠，莒州生员。父病，尤劳几毙。兄之韩，有积逋，将鬻产以偿，张出己囊代偿，州守旌其门。④

被旌表的望族成员不仅会成为一地楷模受到乡里民众的敬重，还可在赋税徭役方面享受一定的优惠政策。如，洪武元年（1368）明太祖所下旌表节妇的诏令中，就有"民间寡妇，三十以前夫亡守制，五十以后不改节者，旌表门闾，除免本家差役"⑤。此外，被旌表的忠孝节义之人还能获得政府的物质抚恤。嘉靖三年（1524），明世宗下诏"孝子顺孙义夫节妇已旌表年及六十者，孝子冠带荣身，节妇照八十以上例，给赐绢帛米肉"⑥。这些都在一定程度上激励了望族成员的善举义行。

---

　　① 光绪《费县志》卷一一《人物二》，清光绪二十二年刻本。
　　② 乾隆《沂州府志》卷二六《人物中·孝友》，清乾隆二十五年刻本。
　　③ 民国《临沂县志》卷一〇《人物二·列传下》，民国二十五年铅印本。
　　④ 乾隆《沂州府志》卷二六《人物中·孝友》，清乾隆二十五年刻本。
　　⑤ ［明］申时行：万历《重修大明会典》卷七九《旌表》，《续修四库全书·史部·政书类》第789册，上海古籍出版社2002年版，第425页上。
　　⑥ ［明］申时行：万历《重修大明会典》卷七九《旌表》，《续修四库全书·史部·政书类》第789册，上海古籍出版社2002年版，第426页上。

图 5-6 临沂市苍山县庄坞镇节孝牌坊①

（三）家法族规的劝导

明清临沂望族成员在家庭生活中敦亲睦族、敬孝长辈、兄友弟恭，在处理乡里矛盾时倾向于化解纷争、避免诉讼，在社会生活中乐善好施、急公好义、扶危救困。这种为人处事之道并非朝夕形成的，而是寓于家族世代相传的家法族规之中。明清临沂望族将家法族规的传承寓于日常家庭教育之中。这种教育的实施主要体现在三个方面。

一是，通过家训、箴言，直接劝诫家族成员敦品励行。莒南庄许就以敬、谦、俭、礼，重农桑、诗书、孝友等训诫弟子。文献载"其训弟子箴言曰：敬者，德之聚，勿肆。谦者，德之柄，勿盈。俭者，德之共，勿奢。礼者，身之干，勿替。农桑者，生之源，勿弃。诗书者，义之府，勿戢。孝友者，仁之本，勿拨。言语者，祸福之缘，勿易。辨义利，严欺慊者，存诚之基，勿伪。亲君子，远小人者，保世之要，勿忽"②。费县王锡麟"教诲子侄必苦口告诫。常书格言为座右铭"③。沂水刘玠"著有家训《口省录》"④，

① 杨氏族人于嘉庆九年（1804）奉旨修建，整座牌坊自下而上共分六层。第一层是二龙戏珠图案，第二层上书"敕建例授儒林郎侯选州同杨绩续例封安人刘氏节孝坊"，第三层是上书"光扬彤史"的横匾，第四层是凯旋图，第五层是双凤戏牡丹图案，第六层是上书"圣旨"的立匾。
② 民国《重修莒志》卷六五《人物十·耆德上》，民国二十五年铅印本。
③ 光绪《费县志》卷一一《人物二》，清光绪二十二年刻本。
④ 乾隆《沂州府志》卷二六《人物中·耆德》，清乾隆二十五年刻本。

用以教育后辈子弟。苍山杨锦春以忠恕之道培养子孙，"尝著家箴曰：忠则能立，恕则能成"①。杨德懿对出任广宗县知县的长子杨苞和出任四川守备都司游击的次子杨弘的教育亦从未放松过，"每寄家书，必训以洁己奉公，勤慎厥职。以故二子均能秉承家训，有政声于时"②。苍山宋瀛"以清廉训勉"任江宁同知的儿子宋献章，并"书座右铭曰：勿营华屋，勿谋良田，勿讼勿争"。③

此外，临沂望族成员还将训诫族人的箴言录于家祠之内，以此使正气家风代代相传，让子孙后代铭记于心。如，庄坞杨氏家祠内书一联曰："守成不易，子孙宜戒奢华；创业维艰，祖辈备尝辛苦。"④

图 5-7　庄坞杨氏家祠

二是，培养家族成员的家族责任感和荣誉感，让其认识到其一言一行均代表整个家族。这样，家族成员在行事时便会有所顾忌，积极从事利于提高家族声望之事。莒南庄留、庄虎变就以"勿坠家声""不愧见先人于地下"之言勉

① 乾隆《沂州府志》卷二六《人物中·耆德》，清乾隆二十五年刻本。
② 民国《续修临沂县志》卷一六《人物志》，民国二十四年铅印本。
③ 民国《续修临沂县志》卷一六《人物》，民国二十四年铅印本。
④ 此联载于苍山庄坞杨氏家祠大厅内。

励后辈。民国《重修莒志》这样记载了二人事迹：

> （庄）留，字汉侯，廪生，鸿胪序班。随宦南北，克敦孝养……而训谕子弟则勉以敦品力行，期勿坠家声云。①
>
> 庄虎变，字炳文。善事父母，友爱兄弟……训子弟尝有言曰：凡人当尽其所以为人之道，不愧见先人于地下可矣。②

蒙阴李炯然宦海沉浮一生，劳瘁而亡。他遗诗一首，以自身经历劝诫后辈子弟敦品励行，以便清白传家。史载：

> （李）炯然，李奈子。天顺丁丑进士，授户部主事，升郎中。奉命赈江北饥，劳瘁成卒，卒于徐州。遗诗一首，云：强颜人世已多年，一事无成馆遽捐。仕路那知终粉署，宦囊谁信只青毡。死生有命吾何恨，俯仰无惭世漫怜。寄与故国诸子弟，好将清白继家传。③

三是，通过身教，以自身德善之行直接影响家族成员。莒南管象颐就是受其父管廷献的影响才捐资组织义赈。民国《重修莒志》载：

> 管象颐，字养山，廷献子。光绪庚寅科进士，翰林院庶吉士，改户部主事，历员外郎郎中……先是山东水患、陕西旱灾，廷献皆躬历灾区，散放义赈。象颐继其志，前后倡办义赈数百万，自捐款亦万金。尝自言：为善最乐，活人便佳。④

莒南庄沛思亦以自身的孝友之行影响了其后辈子侄。方志载：

> 庄沛思，字云集，纸房村人，恩贡生。选高苑教谕，以母年届九旬，辞不就职，时沛思亦七十余。事老母不少怠。母疾，衣不解带，昼夜侍汤药。与弟析居，田庐什物自取敝恶者。家居常端坐，拱手出内斋，衣冠未

---

① 民国《重修莒志》卷六四《人物九·名绩下》，民国二十五年铅印本。
② 民国《重修莒志》卷六五《人物十·耆德上》，民国二十五年铅印本。
③ 宣统《蒙阴县志》卷四《人物志·名献》，《中国地方志集成·山东府县志辑》第57册，第427页上。
④ 民国《重修莒志》卷六三《人物八·名绩上》，民国二十五年铅印本。

尝不整。尝曰：非敢希圣贤，但奉老母遗体不敢衰耳。至今子侄辈及里中后生犹守其教云。①

为奉养年事已高的生母而辞官不就；"与弟析居"时，谦让有度；为尊奉老母遗体，居家时端坐拱手如常，衣冠齐整。庄沛思的身体力行不仅教诲了其族内子弟，还影响了其家乡后生。

（四）隐性利益的驱使

除明清政府奖励官职、实施旌表等政策可激励明清临沂望族长期无偿参与基层社会事务、帮助乡里民众外，某些隐性利益也在一定程度上推动了望族成员的此种行为，驱使着他们积极投入到这类活动中去。其一，获得姓名、事迹载于地方志的机会。如前所述，明清临沂望族的许多成员参与了地方志的编修工作，他们深知方志中的人物志专为一地名人立传，这些人物或功名显著，或德行高尚，或才学出众，在当地享有盛名。望族成员积极参与地方各项事务，在日常行为处事的过程之中积累名望、扩大影响，就有可能被载入地方志。莒南庄宅中被载入莒州志与其"一时义声倾动乡里"紧密相连。② 费县王凤冈被载入费县地方志与"人至今颂其德"的声望密不可分。③ 苍山杨公衍被载入临沂地方志与当地传颂的"心地光明杨公衍"之语密切相关。④ 其实，本文所搜集的有关明清临沂望族成员的诸多事迹都是从临沂地区的地方志中获得的，后世修志者所列"名绩""忠节""孝友""耆德""义士""经学""文学""隐逸"等诸多名目亦对有功于地方、有名于乡里的望族成员及其事迹进行了详尽记载。

其二，生前有机会成为乡饮酒礼的座上宾，死后可能获得"祀乡贤"之荣耀，显盛于当时乃至后世。这种情况不绝于书。如，关于沂水刘氏族人刘瓒、刘弼明的介绍。

> 刘瓒，沂水人，任鸿胪寺序班。明季悠游林下，施谷焚券，人感其德。康熙六年，从祀乡贤。⑤
>
> 刘弼明，沂水人。光禄寺署丞，性孝友，兼笃姻戚，置立义塾，蠲租

---

① 嘉庆《莒州志》卷一〇《人物下》。
② 民国《重修莒志》卷六五《人物十·耆德上》，民国二十五年铅印本。
③ 光绪《费县志》卷一一《人物二》，清光绪二十二年刻本。
④ 民国《临沂县志》卷一〇《人物二·列传下》，民国二十五年铅印本。
⑤ 乾隆《沂州府志》卷二六《人物中·耆德》，清乾隆二十五年刻本。

赈贫，收养遗孤，掩埋枯骨。祀乡贤。①

关于费县王氏族人王垠、王如升的介绍。

> 王垠，沂州人。由进士任中书舍人，值兵乱，依总兵官阎翰实。尝从阎破贼邳州，阎欲尽诛之。垠白以民多贼少，未可概诛，全活数百人。沂州灾，垠指囷倡捐，又力白监司徐请蠲赈，与监司李条议救荒数策，皆举行，所全甚众。举乡饮大宾，崇祀乡贤。②
>
> 王如升，字景曦，之屏曾孙。性孝友，济急周贫，州牧举为乡饮大宾，卒祀乡贤。③

关于苍山杨氏族人杨蕃的介绍。

> 杨蕃，字遇阳，世居邑之庄坞。幼失怙，事母以孝闻。为学根柢程朱，操行端厚。周急拯难，惟恐弗及。举乡饮者三，卒祀乡贤。④

关于苍山宋氏族人宋鸣鹗的介绍。

> 宋鸣鹗，字太跻，明岁贡生。日乾从子，父日永卒，终身抱痛，节忌致祭，涕泣如新丧。族中婚嫁丧祭之资及荒年不能存活者，周之无德色。好积书，收藏甚富。举乡饮大宾，年九十二岁卒。⑤

不难看出，上述望族族人均因义举善行、才德出众而成为乡饮大宾，或被祀乡贤。宴会中，座次的排列严格按照长幼贤良之序，才德高行者可居上位，有过之人则只能居下位。可见，紧随"举乡饮大宾"或"祀乡贤"而来的将是显耀的声望，获此荣耀者会成为地区模范和表率。这有助于推动望族管理基层事务，服务乡里民众。

其三，使自身和家族免遭祸患，利于家族的持续发展。望族拥有较为雄厚

---

① 乾隆《沂州府志》卷二六《人物中·耆德》，清乾隆二十五年刻本。
② 乾隆《沂州府志》卷二五《人物上·功业》，清乾隆二十五年刻本。
③ 民国《临沂县志》卷九《人物以·列传上》，民国二十五年铅印本。
④ 民国《临沂县志》卷九《人物一·列传上》，民国二十五年铅印本。
⑤ 民国《临沂县志》卷一〇《人物二·列传下》，民国二十五年铅印本。

的经济基础，这使其在战乱之际常常成为造反民众和乱兵劫掠、搜刮的对象。但面对清廉孝义之人，造反民众和乱兵常常望而却步，不予扰乱。如，兰山王氏族人王晓荣任官奉贤时，就因清廉而免遭土匪肆扰。

> 王晓荣，字春旭。嘉庆丙子举人，道光甲辰以知县分发江苏，历署崇明、金坛、奉贤，所至有惠政。任奉贤时，洪杨乱起，嘉定土匪乘机肆扰，连陷城邑，至奉贤闻其名曰清官也，遂引去。后以积劳卒于任。①

王朗先亦因行义乐善而免遭造反民众劫掠。

> 王朗先，字云章，世居兰陵。食饩于庠，不务仕进，行义乐善，远近悦孚。康熙三十七年费人林三卓啸聚劫掠，其党欲犯兰陵，三卓曰：王云章先生所居，岂可犯耶。遂约束其党，敢去兰陵十里樵采者，死不赦。其感人如此。②

沂水刘氏族人刘珅因孝义之行而免遭盗贼掳掠。

> 刘珅，沂水人。明季盗贼蜂起，珅方十岁，郡寇突至，家人仓皇奔散，珅独与母偕，途中遇贼数十人，张弓露刃将杀之。珅迎谓曰：欲虏虏我，欲杀杀我，勿惊吾母。贼义之而去。③

上述若干事例表明，望族成员平时处理基层社会事务时所做诸多清廉孝义之行，不仅有利于基层民众的生产、生活，在战乱之际也能感化盗贼、匪众，成为保全自身及家族的护身符。这种现象源于中国古代根深蒂固的传统文化。自庄子撰文为盗跖立传，就确立了我国盗贼合理而又荒谬的职业道德，其文曰："故跖之徒问于跖曰：'盗亦有道乎？'跖曰：'何适而无有道邪？夫妄意室中之藏，圣也；入先，勇也；出后，义也；知可否，知也；分均，仁也。五者不备而能成大盗者，天下未之有也。'"④ 可见，就是盗匪也有他们所坚守的圣、勇、义、知、仁等伦理道德。民间流传的"侠盗敬清官""闻大孝而泣鬼神"

① 民国《临沂县志》卷一〇《人物二·列传下》，民国二十五年铅印本。
② 民国《临沂县志》卷一〇《人物二·列传下》，民国二十五年铅印本。
③ 乾隆《沂州府志》卷二六《人物中·孝友》，清乾隆二十五年刻本。
④ 《庄子·外篇·胠箧》，山西古籍出版社2003年版，第102页。

等俗语，也从另一方面印证了这一点。

此外，若一地望族富户只顾自身发展，忽视基层民众的忧劳疾苦，为富不仁，则会成为广大百姓的众矢之的，继而招致民怨。费县王氏族人王佩琚就目睹过此类事件。费县徐吉人为富不仁，导致众怒，以致险遭大狱，招来无妄之灾。具体情况如下：

> 王佩琚，沂州人，候选县丞。值岁荒，请于道宪牟施粥救饥，多设粥厂。牟即委以施粥，琚按口给食，均沾实惠。牟自兖回沂，经费境，接呈词三十纸，皆告沂头徐吉人，牟疑为土豪，将成大狱。询及琚，琚曰：富而吝，故众怒归之耳。及鞠讯，事多罔，遂释。①

在听闻、经历此类事件之后，明清临沂望族成员必然有所警悟，从而更多参与基层建设、帮助基层民众，避免重蹈徐吉人事件的覆辙。

明清临沂望族以消耗巨大的人力、物力和财力资源为代价，积极参与地方各项事务，建设基层社会，服务乡里民众，是有着深厚的历史渊源和社会现实原因的。其一，受明清以前生活在临沂地区的先贤之举和孔孟儒家思想的影响。其二，受明清政府对御敌卫乡、德行高尚之人给予奖励官职、实施旌表政策的激励。其三，受以敦品励行为主要内容的家法族规的劝导。其四，受荣誉的激励，如被载入地方志、成为乡饮酒礼的座上宾、被祀乡贤等。此外，还可能免遭祸患。

# 小　结

通过考察明清时期以临沂为代表的鲁东南地区基层社会的自然、人文风貌，望族的功名、任官、著述情况及其在地方基层社会中的各项活动，我们可以得出以下几点结论。

第一，明清时期该地区的自然环境和人文传统共同塑造了这一时期该地基层社会民众的生活特点。首先，明清临沂多灾的现状，严重影响了当地农业生产的正常进行，饥馑盛行，以致临沂民众对当地的农业生产及与农业生产相关的问题给予了更多的关注，形成了临沂民众以农为本的经济生活特色。其次，

① 乾隆《沂州府志》卷二六《人物中·耆德》，清乾隆二十五年刻本。

明清临沂自然灾害频发、战乱不断，为顺利渡过难关，临沂民众往往互相帮助、彼此周济，参与地方民团以自卫御侮，这一过程中，形成了临沂民众立功立德的政治生活特色。第三，荀子、子思子等儒家先贤曾于临沂一带活动，明清政府又极力强化儒家思想，受当地人文传统和政府政策的影响，明清临沂民众频繁修缮孔子庙，日常生活中积极奉行"孝悌""节义"之道，从而形成了其尊儒重道的文化生活特色。

第二，明清时期该地区生活着若干望族，如繁盛于明代的蒙阴李氏、郯城李氏，跨越明清两朝的莒南庄氏、蒙阴公氏、兰山王氏、费县王氏、沂水刘氏、苍山杨氏、苍山宋氏，兴之于清代的莒南管氏、兰山赵氏、郯城侯氏，等等。这些望族虽规模大小不一、持续时间长短不同，但却表现出一定的同一性。经济上，他们积极从事农业生产，或直接以务农起家，或通过购蓄田产以保障家族经济的持续发展，确立起力田起家的经济基础。政治上，他们积极参加科举考试以求取功名，为官后能够心系百姓安危、忠心为朝廷效力，形成了积极入仕的政治追求。文化上，他们往往世代治学、嗜经好文，热衷于开门授徒、著书立说，具有读书传世的文化传统。

第三，明清该地区望族与地方基层社会相互影响、相辅相成。一方面，明清临沂望族的经济、政治和文化特征的形成深受明清临沂自然环境、人文传统及基层社会民众生活的影响。正是适宜农耕的自然环境、明清政府鼓励农业政策的推行及当地民众以农为本的经济生活传统，使明清临沂望族形成了重视农业生产的思想，逐步确立起其力田起家的经济基础；正是生活在临沂地区的先秦诸子及魏晋隋唐世家大族强烈的出仕入世状态，结合明清临沂民众立功立德政治生活的现状以及明清政府对有功名者的优惠政策，共同催化出明清临沂望族积极入仕的政治追求；正是明清临沂崇圣重教的人文传统与明清八股取士政策的推行，激励着明清临沂望族成员积极钻研传统经典、重视课本教育，从而确立起明清临沂望族读书传世的文化传统。另一方面，明清临沂望族在参与地方行政事务、建立地方人际网络、组织地方文化活动、主持地方公共事务、完善家族内部事务及从事地方公益活动的过程中，不断促进了地方基层社会组织的建立、完善和基层社会民众生活的改良、提高，为明清临沂基层社会的稳定发展出力献策作出了贡献。

第四，明清该地区望族在与基层政权、基层社会百姓的关系上表现出两面性。就望族与基层政权的关系而言，一方面，他们凭借自身的能力与声望办团练、除弊政、赈济救荒，积极支持基层政权事务，维护基层政权稳定；另一方面，他们凭借家族势力与声望直接或间接干预基层政权事务，令基层政府官吏不得不对其敬畏参半，逢事必与之商议，从而破坏了基层政府行政权、司法权的完整性，对基层政权有一定的限制作用。就望族与基层社会百姓的关系而言，经济上，望族凭借其雄厚的经济实力，既是各项生产的引导者，又是榨取基层百姓剩余价值的剥削者；政治上，他们是敦亲睦族、和睦乡里的主导力量，对基层百姓起表率作用；思想文化上，望族凭借其深厚的家学渊源和文化素养，成为地方文化活动的倡导者和组织者，他们在影响基层百姓文化活动的同时，又对基层百姓的思想行为进行控制，防止任何逾矩行为的发生。明清该地区望族的两面性，有助于我们更好地理解明清中央政府对宗族家族政策的两面性，即一方面在律例、基层社会建设上支持族权，允许家族积极参与地方事务并保护其族产、族田，另一方面又对豪宗强族进行削弱、打击。

# 第六章
# 明清鲁西南武功出身的仕宦望族与基层社会

## 第一节
## 明清鲁西南地区的地理环境和人文风貌

任何文化的产生都与独特的地理环境分不开，鲁西南四省相接的地理位置以及平原地貌，促使不同文化的交流更加便捷且频繁，造就了鲁西南地区成为重要文化思想的产生地以及民间习武的盛行地。

### 一、鲁西南行政区划的演变

先秦时期，鲁西南地区分布有奄国、曹国、鲁国、郜国、茅国、贯国、黎国、戎国、极国、任国、邾国等诸侯国。秦朝时期，鲁西南地区主要受东郡、砀郡、薛郡的管辖。汉朝时期，鲁西南地区主要受东郡、定陶国、山阳郡、东平国、鲁国的管辖。三国时期，鲁西南地区主要受济阴郡、山阳郡、鲁郡、东郡、东平国管辖。西晋时期，鲁西南地区主要受济阴郡、濮阳国、高平国、任城国、鲁国、东平国的管辖。东晋时期，鲁西南地区主要受濮阳郡、高平郡、任城郡、鲁郡、东平郡的管辖。隋朝时期，鲁西南地区主要受济阴郡、东平郡的管辖。唐朝时期，鲁西南地区主要受河南道（郓州、兖州、曹州、濮州）的管辖；唐末主要受义成节度使、天平节度使、兖海节度使的管辖。宋朝时期，鲁西南地区主要受京东西路（单州、济州、濮州）的管辖。元朝时期，鲁西南地区主要受曹州、济宁路、东平路的管辖。

明朝时期，鲁西南地区主要受兖州府管辖。明初，兖州属于济阳府，后升为府，隶属于山东布政使司，府治在滋阳，领四州二十三县。

清朝时期，鲁西南地区为当时兖州府的大部分区域、济宁直隶州的全部区域、曹州府的大部分区域。清朝建国之后，不断调整了鲁西南的行政区划，划济宁州为直隶州，升曹州为府，兖州府只领十县。

综合来讲，明清时期鲁西南地区的大致区域是两朝行政区划的重合区域，具体包括：滋阳县（明清两代兖州府治所，今兖州区）、曲阜县（今曲阜市）、邹县（今邹城市）、泗水县（今泗水县）、汶上县（今汶上县）、金乡县（今金乡县）、嘉祥县（今嘉祥县）、鱼台县（今鱼台县）、济宁州（后为济宁县，今任城区）、曹县（今曹县）、定陶（今定陶区）、荷泽县（清代曹州府治所，今牡丹区）、濮州（一部分为今鄄城县）、城武县（今成武县）、单县（今单县）、巨野县（今巨野县）、郓城县（今郓城县）等 17 州县。

其他州县，如原属明朝东平州的东阿县（今东阿县），明清时期属于鲁西地区；平阴县（今平阴县），明清时期属于鲁中地区；原属明朝沂州的郯城县（今郯城县），明清时期属于鲁南地区；费县（今费县），明清时期属于鲁南地区。原属清朝曹州府的范县（今河南范县），明清时期属于鲁西地区；观城县（已撤县），明清时期属于鲁西地区；朝城县（已撤县），明清时期属鲁西地区。原属明朝、清朝兖州府：宁阳县（今宁阳县），明清时期属于鲁中地区；滕县（今滕州市）明清时期属于鲁南地区；峄县（今峄城区），明清时期属于鲁南地区。原属于明朝东平州、清朝兖州府：阳谷县（今阳谷县），明清时期属于鲁西地区；寿张县（已撤县），明清时期属于鲁西地区。而如今的东明县在明清时期属于大名府，不是鲁地。

## 二、四省相接的地理环境

鲁西南地区与苏、豫、皖三省接壤，因黄河流经此处，当地地势平缓，黄河所携带的大量泥沙在此沉积，故鲁西南地区逐渐形成了黄河冲积平原。鲁西南地区地势东北高，西南低，地形相对单一，与鲁中地区的交接带，地貌多为低山丘陵；南部地区为湖泊湿地。

鲁西南地区有梁山、龟山、孟良山、金山、青山、禹梁山（红土山）等海拔相对较低的矮山。

鲁西南地区既有黄河水系，亦有淮河水系，该地区处于黄淮流域的分界线上，以淮水水系为主。境内黄河、（新、老）万福河、赵王河、东鱼河、洙水河、梁济运河等主要河流自西向东流淌。淮河水系的南四湖（微山湖、昭阳湖、独山湖、南阳湖）是中国北方最大的淡水湖，是重要的水上航道，京杭大运河从此穿过，将中国五大水系串联起来。

黄河自河南省兰考县入境，流经辖区内的东明、牡丹区、鄄城、郓城四县区，"明季黄河屡决，盗贼猖狂，兼以连年大祲，饿莩载道，人无室家之乐，而风俗一变"①。因受到黄河经常决口的影响，留下了 4 条古河道：单县古河道、菏泽古河道、定陶古河道、鄄城古河道，明清时期民众生活亦受到恶劣影响。"万福河、洙赵新河、东鱼河流域内，从南宋到 1950 年以前的 750 年间，平均每 100 年间发生涝灾 70 余次，旱灾 50 余次。"②

鲁西南地区是四省相接的中原地区，自古以来兵祸不断，加之黄河屡决，给当地人民造成了深重的灾难，为了保护家园，民间习武之风盛行，先后爆发了黄巢起义、宋江起义、徐鸿儒起义、义和团运动。民间还有很多武术团体，如大刀会、长枪会。

### 三、名人辈出的秀美之地

鲁西南地区历史悠久，文化氛围浓厚，产生了很多历史名人，他们在政治、经济、文化诸领域对中华民族的发展进步做出过重要的贡献。

早在春秋战国时期，思想上百家争鸣，在鲁西南地区出现了影响深远的儒家学派创始人至圣孔子，及儒家学派其他代表人物：复圣颜子、宗圣曾子、述圣子思、亚圣孟子。美国学者认为"儒家政治哲学对于中国文化生命所占的支配地位，西方世界没有任何哲学可与之比拟"，儒家思想是"支配中国文化的三大思想体系"之一。③吴起是战国时期著名的改革家、军事家，对魏国、楚国的富强都作出了巨大的贡献。孙膑是战国时期的军事家，著有《孙膑兵法》，先后在桂陵、马陵之战中，带领齐国军队，打败了魏国。

两汉时期，孔子的裔孙孔安国，曾跟从伏生学习《尚书》，在研究鲁壁中的《尚书》后，开创了《古文尚书》之学，历史学家司马迁也曾向他求学问教。著名农学家氾胜之是曹县人，曾在长安地区指导农业生产，并根据当地的农事条件，著有《氾胜之书》，该书记载了一些作物的栽培技术，反映了当时农业技术的最高水平，对中国古代农业生产、农业技术水平的提高具有重要作用。孔融为建安七子之一，著名的文学家，主要文学成就是散文，其议论锋利尖锐，不合流俗，终因讽谩曹操，被其杀害。

三国两晋时期，东晋名臣卞壶是济阴郡冤句县（今山东省曹县西北）人，为官刚正不阿、敢于直言，坚决抵制崇尚清谈，消极无为的价值观，在苏峻之

---

① ［清］陈嗣良总修，［清］孟广来、［清］贾洒延纂：光绪《曹县志》卷 1《风俗》，凤凰出版社编选：《中国地方志集成·山东府县志辑》第 84 册，凤凰出版社 2004 年版，第 44 页。

② 《中国地理百科》编委会编著：《鲁西南平原》，世界图书出版广东有限公司 2014 年版，第 19 页。

③ ［美］布鲁克·诺埃尔·穆尔、［美］肯尼思·布鲁德著，李宏昀、倪佳译：《思想的力量》（第 9 版），北京联合出版公司 2017 年版，第 494 页。

乱爆发后，身先士卒，与二子奋战而亡，留下了流传千年的忠孝美谈。

隋唐时期，在鲁西南地区出现了三位农民起义军领袖，其中单雄信是曹州济阴（今山东省菏泽市）人，隋末加入瓦岗军反隋，骁勇善战，军中称为"飞将"；王仙芝是濮州濮阳（今山东省菏泽市鄄城县）人，因唐末官吏贪墨无度，大肆征敛，百姓无法存活，便聚集义军反抗唐王朝的封建统治，后曹州冤句（今山东省菏泽市）人黄巢响应王仙芝的起义队伍，并在其战殁后继续领导起义军与唐王朝军队作战，最终攻入长安。

宋元时期，著名文学家王禹偁是北宋济州巨野（今山东省菏泽市巨野县）人，为人正直，仕途多舛，是北宋诗文革新运动的先驱。北宋末年的农民起义军领袖宋江是山东郓城人，带领农民起义军转战楚州、海州，打击了宋王朝的统治。南宋藏书家、目录学家晁公武是济州巨野（今山东省菏泽市巨野县）人，著有《郡斋读书志》。

明清时期，政治家秦纮是明朝单县（今山东省菏泽市单县）人，他不畏权贵，多次弹劾肆意妄为的太监、地方豪强；蒙古大军内侵平凉时期，他总制三边，实施有力的措施，稳定了边疆的局势。政治家路迎是山东汶上（今山东省济宁市汶上县）人，师从王阳明，有文武之才，为人清正，不尚奢靡。明末农民起义的领袖徐鸿儒是山东巨野（今山东省菏泽市巨野县）人，后迁居郓城。天启年期，聚拢群众发动起义，先后攻占郓城、巨野、滕县、邹县等地，虽因准备不足、敌强我弱而招致失败，但起义席卷了鲁西南地区，沉重打击了明王朝的统治。清朝末年，鲁西南地区有两人考中武状元，分别是巨野人田在田、郓城人张宪周，他们在当地习武之风的浸润下，相继考取功名。

# 第二节
## 明清鲁西南武功出身的仕宦望族群体

明清时期是科举考试的鼎盛时期，世人多通过科举考试走上仕途，很多家族累世应举子试，以谋求代代为官，不断巩固其家族地位，这就逐步形成了仕宦望族，当然这更多的是以文为主的科举望族的形成方式，如王珣家族、李秉家族。

武科举考试是明清时期重要的科举形式，人们常把武科举视为武生仕进的正途。明清鲁西南地区中试举子也不少，出现了一些武举兴盛的家族，但是相关人员的资料却很少，一定程度上反映了明清社会轻视武举。武生仕进还有

"军功、赀选、征辟、荫袭、恩赐、特诏、捐纳等方法"①，所以相应的武功出身的仕宦望族，仕进方式就不仅仅在武科举一途之上。明代实行武官世袭制，在这种武官职位代代承袭的特殊制度之下，武科举考试正式确立又较晚，武科举考试也只不过是武官选拔的重要补充。清代虽有完备的武科举考试制度，但武官晋升的正途并不是科举，而是要在行伍中立下军功。

### 一、明清鲁西南武功出身的主要仕宦望族

明清鲁西南武功出身的仕宦望族是山东仕宦望族中的重要组成部分。这些家族中有的以军功起家，在后人荫袭其职、其爵的基础上，后辈继续从军立功，家族逐渐发展壮大起来；也有的以武科举起家，家族不断地供其子弟练习武艺，子弟然后参加科举考试，通过科考进入仕途，在军中效力，在立功后其子弟也可获得恩荫的权力。在不断科考、恩荫的过程中，家族也越来越兴旺。

（一）泗水县乔钦家族

乔钦在明朝立国之初"从戎立功，授千户，后夹河阵亡"②而后子孙有了世袭恩荫武职的特权。乔钦家族③主要活跃于明朝，现将其家族代表人物列表6-1：

表6-1　泗水县乔钦家族仕宦表

| 主要人物 | 科贡情况 | 官职 | 著述 | 主要活动时期 | 资料来源 |
|---|---|---|---|---|---|
| 乔钦<br>（乔守忠） | | 千户 | | | 光绪《泗水县志》卷10《选举》 |
| 乔能 | 贡生 | （世袭）指挥 | | | 光绪《泗水县志》卷10《选举》 |

---

① 王凯贤：《序：武闱武状元刍议》，载王鸿鹏等编著《中国历代武状元》，解放军出版社2002年版，第12页。

② 光绪《泗水县志》卷十《选举》，凤凰出版社编选《中国地方志集成·山东府县志辑》第74册，凤凰出版社2004年版，第371页。

③ 此处笔者参阅了顺治年间和光绪年间所修的《泗水县志》，发现顺治年间所修的《泗水县志》更多地沿袭了明代县志的体例，保留了明代县志的内容。主要有两点不同：其一，所属的二级条目不同，顺治年间所修的《泗水县志》中的乔钦及其后人列于"武胄"之后，而光绪年间所修的《泗水县志》中的乔钦及其后人列于"武宦"之后。其二，顺治年间所修的《泗水县志》保留了明代修撰者的评论，而光绪年间所修的《泗水县志》删去了明代修撰者的评论，其中明代修撰者的评论——"泗地故不多世胄之家"，更表明世代为武官的乔钦家族之显贵。

续表

| 主要人物 | 科贡情况 | 官职 | 著述 | 主要活动时期 | 资料来源 |
|---|---|---|---|---|---|
| 乔刚 | | （世袭）指挥 | | | 光绪《泗水县志》卷10《选举》 |
| 乔年 | | （世袭）指挥 | | | 光绪《泗水县志》卷10《选举》 |
| 乔献 | | （世袭）指挥 | | | 光绪《泗水县志》卷10《选举》 |
| 乔志道 | | （世袭）指挥 | | | 光绪《泗水县志》卷10《选举》 |
| 乔明 | | （世袭）指挥 | | | 光绪《泗水县志》卷10《选举》 |
| 乔松 | | （世袭）羽林指挥使 | | | 光绪《泗水县志》卷10《选举》 |
| 乔祐 | | （世袭）羽林指挥使 | | | 光绪《泗水县志》卷10《选举》 |
| 乔崀 | | （世袭）羽林指挥使 | | | 光绪《泗水县志》卷10《选举》 |
| 乔激 | | （世袭）扬州卫指挥使 | | | 光绪《泗水县志》卷10《选举》 |

### （二）城武县惠延祖家族

惠氏族人"其先世直隶永平人"①，惠应诏在顺治元年（1644）投诚清军，助清军剿灭流寇，后因其子惠占春在山东地方，立业年久，山东巡抚蒋陈锡上疏奏言康熙皇帝，"请免伊子孙等回籍，应不准行"②，于是其孙惠延祖将家迁到了城武县。惠延祖家族主要活跃于清初至清中期，家族中连续出现了4位军功卓著的总兵官，子弟也受其军功荫袭，累世为武官。现将其家族代表人物列表如下：

---

① 道光《城武县志》卷九《人物》，凤凰出版社编选《中国地方志集成·山东府县志辑》第82册，凤凰出版社2004年版，第459页。

② 《清实录·圣祖仁皇帝实录（三）》卷二五五，《清实录》第6册，中华书局1985年影印本，第528页。

表6-2　城武县惠延祖家族仕宦表

| 主要人物 | 科贡情况 | 官职 | 著述 | 主要活动时期 | 资料来源 |
|---|---|---|---|---|---|
| 惠应诏 | | 蓟辽督标副将（明）、西安城守营参将、四川成都总兵 | | 崇祯、顺治 | 道光《城武县志》卷9《人物》 |
| 惠占春 | | 承袭二等阿达哈哈番，固原城守营参将、徐州副总兵、山东沂州总兵 | | 康熙 | 道光《城武县志》卷9《人物》 |
| 惠延祖 | | 承袭二等阿达哈哈番，河屯协副将、灵夏东路花马池副将、陕西延绥总兵官 | | 雍正、乾隆 | 道光《城武县志》卷8《选举》 |
| 惠世溥 | | 承袭二等阿达哈哈番，澧州营参将、即墨营参将、广西左江镇总兵 | | 乾隆 | 道光《城武县志》卷8《选举》 |
| 惠之荣 | | 承袭二等轻车都尉，高唐州游击 | | | 道光《城武县志》卷8《选举》 |
| 惠之渠 | | 承袭云骑尉，范县营守备 | | | 道光《城武县志》卷8《选举》 |
| 惠之杰 | | 苏州城守营把总 | | | 道光《城武县志》卷8《选举》 |
| 惠普恩 | | 两江督标副将 | | | 道光《城武县志》卷8《选举》 |
| 惠昌运 | | 承袭二等轻车都尉，曹州营都司 | | | 道光《城武县志》卷8《选举》 |
| 惠昌耀 | | 承袭云骑尉，胶州水司营游击 | | | 道光《城武县志》卷8《选举》 |
| 惠庆培 | | 承袭轻车都尉 | | | 道光《城武县志》卷8《选举》 |

#### （三）郓城县仝松家族

郓城仝氏族人是"东北女真族夹谷氏12世纪初进入中原汉化后的后裔"，[1]

---

[1]　仝道荣主编：《女真族的一支后裔——仝姓》，凤凰出版社2009年版，前言第2页。

郓城仝氏始祖为仝福新，明初由莒迁郓，居于郓之北原，而后"耕读传家，历数世而门祚克振"，仝浴称仝家"田产之富，著于明季；书香之称，籍于清初"。① 也就是明末郓城仝氏便富甲一方"千余顷环绕郓邑"，并"亲结曲阜于衍圣"②，由此到清初迎来了科甲相盛，家族内考取了 2 名武进士。现将其家族代表人物列表如下：

表 6-3　郓城县仝松家族仕宦表

| 主要人物 | 科贡情况 | 官职 | 著述 | 主要活动时期 | 资料来源 |
|---|---|---|---|---|---|
| 仝金 | | 光禄寺录事官 | | | 《郓城文献考略》 |
| 仝济渊 | 恩贡 | | | 隆庆 | 光绪《郓城县志》卷 7《恩贡》 |
| 仝济川 | | 鸿胪寺序班 | | | 《郓城文献考略》 |
| 仝文炳 | 顺治丁亥岁贡 | 恩县教谕 | | 顺治 | 光绪《郓城县志》卷 8《岁贡》，《女真族的一支后裔——仝姓》 |
| 仝文蔚 | 顺治庚子科举人 | 武定州学正、成山卫教授 | | 顺治 | 光绪《郓城县志》卷 7《举人》，第 124 页 |
| 仝沆 | 康熙庚子科举人 | 枝江县知县、当阳县知县 | | 康熙 | 光绪《郓城县志》卷 7《举人》，《女真族的一支后裔——仝姓》 |
| 仝松 | 康熙丙子科武举人 / 康熙丁丑科武进士 | 贵州铜仁守备 | | 康熙 | 光绪《郓城县志》卷 8《武进士》 |
| 仝若鲁 | 康熙丙子科武举人 / 康熙甲戌科武进士 | 湖广永定卫守备 | | 康熙 | 光绪《郓城县志》卷 8《武进士》 |

---

① 仝浴：《〈仝氏族谱〉重修序》，载仝道荣主编《女真族的一支后裔——仝姓》，凤凰出版社 2009 年版，第 103 页。

② 仝象谦：《〈仝氏族谱〉二次合谱序》，载仝道荣主编《女真族的一支后裔——仝姓》，凤凰出版社 2009 年版，第 108—109 页。

续表

| 主要人物 | 科贡情况 | 官职 | 著述 | 主要活动时期 | 资料来源 |
|---|---|---|---|---|---|
| 仝于淑 | 岁贡 | 候选训导 | | | 光绪《郓城县志》卷 8《岁贡》 |
| 仝于泌 | 岁贡 | 候选训导 | | | 光绪《郓城县志》卷 8《岁贡》 |
| 仝大巩 | 拔贡 | 候选教谕 | | | 光绪《郓城县志》卷 7《拔贡》 |

#### （四）巨野县田在田家族

田氏族人尊田完为始祖，永乐前田氏的一支族人居住在诸城县，到了永乐年间，鲁西平原由泽国变成良田，于是田子纪"自山东诸城占田巨北"，① 从此田氏族人在这里安家立业，友邻乡党，至清中后期，族中子弟"入文武庠列成均者蝉联鹊起"，田氏家族也"蔚为城北望族"。② 田氏族人明清两代共考中 2 名武进士，2 名武举人，5 名武庠生，1 人崇祀昭忠祠。田在田家族主要活跃于清朝后期，晚清重臣李鸿章、左宗棠、吴棠以及民国总统徐世昌都与田在田交好，都曾为田氏家族拜题立碑。现将其家族代表人物列表如下：

#### 表6-4　巨野县田在田家族仕宦表

| 主要人物 | 科贡情况 | 官职 | 著述 | 主要活动时期 | 资料来源 |
|---|---|---|---|---|---|
| 田文英 | 天启元年辛酉科武举人 | | | 明末 | 万历《巨野县志》卷5《选举》（崇祯年间增刻本） |
| 田凤图 | 太学生 | 候选守御所千总 | | | 《田庄村志》 |
| 田常裕 | | 候选守备署兖州府守备 | | 咸丰 | 《田庄村志》 |
| 田璞珍 | | 六品军功 | | 咸丰 | 《田庄村志》 |
| 田烈 | | 六品军功 | | 咸丰 | 《田庄村志》 |
| 田士珍 | | 五品军功 | | 咸丰 | 《田庄村志》 |

---

① 巨野县田庄镇田庄村志编纂委员会编：《田庄村志》，方志出版社 2017 年版，第 134 页。

② 民国《续修巨野县志》卷七《艺文志》，凤凰出版社编选《中国地方志集成·山东府县志辑》第 83 册，凤凰出版社 2004 年版，第 699 页。

续表

| 主要人物 | 科贡情况 | 官职 | 著述 | 主要活动时期 | 资料来源 |
|---|---|---|---|---|---|
| 田学雅 | | 布政司理问 | | 咸丰 | 民国《续修巨野县志》卷四《恩赐封赠》 |
| 田振清 | 武庠生 | 议叙守备、千总 | | 咸丰 | 《田庄村志》、《清实录·文宗显皇帝实录（五）》卷七三 |
| 田殿选 | 武庠生 | | | 咸丰 | 《田庄村志》 |
| 田殿甲 | | 翰林院待诏 | | 咸丰 | 《田庄村志》 |
| 田殿三 | 武庠生 | | | 咸丰 | 《田庄村志》 |
| 田殿元 | 武庠生 | | | 咸丰 | 《田庄村志》 |
| 田殿杰 | | 世袭云骑尉 | | 咸丰 | 《田庄村志》 |
| 田殿俊 | 监生 | | | 咸丰 | 《田庄村志》 |
| 田在田 | 咸丰元年辛亥科武举人<br><br>咸丰二年壬子科武状元 | 钦点头等侍卫、直隶开州协副将、山西太原镇总兵、四川重庆镇总兵、甘肃肃州镇总兵 | | 咸丰 | 民国《续修巨野县志》卷五《武功》 |
| 田蕙田 | 同治九年庚午并科武举人<br><br>光绪二年丙子科武进士 | 都司 | | 咸丰 | 民国《续修巨野县志》卷五《武功》 |
| 田玉田 | 武庠生 | 武定游击副将、登州游击副将、濮州游击副将 | | 咸丰 | 民国《续修巨野县志》卷五《武功》 |
| 田蓝田 | 同治三年甲子科武举人 | 镇海卫守备、金山卫守备 | | 咸丰 | 民国《续修巨野县志》卷五《武功》 |
| 田公田 | | 兖州镇守备 | | 咸丰 | 民国《续修巨野县志》卷五《武功》 |

续表

| 主要人物 | 科贡情况 | 官职 | 著述 | 主要活动时期 | 资料来源 |
|---|---|---|---|---|---|
| 田金田 | 监生 | 候选知县加五品衔 | | 咸丰 | 民国《续修巨野县志》卷四《职衔》 |
| 田务本 | 荫生 | 历办军务要差于霆军会办全军营务处，并分统副中营；虞城知县、孟津知县、永宁知县、新安知县、芦氏知县、嵩县知县、遂平知县、洛阳知县、孟县知县、鲁山知县 | | 同治、光绪 | 《田庄村志》 |
| 田毓本 | | 候补直隶州知州加知府衔 | | | 《田庄村志》 |
| 田忠本 | | 候补知县 | | 同治、光绪 | 《田庄村志》 |

## 二、明清鲁西南武功出身的仕宦望族的成因

明清鲁西南武功出身的仕宦望族的形成主要有三点，首先是鲁西南地区盛行的习武风俗，很多人都曾在这样的文化氛围中浸润，而后通过入伍从军或武举考试入仕；其次是练习武艺者要有物质基础，他们大多都有着殷实的家境；最后是习武者个人或家族都需要重要的机遇，那就是战争环境，以展示自己的才能，也是通过战争来立功受赏。

### （一）习武的文化环境

鲁西南地区位于四省交接之处，人口流动性比较大，且处于黄泛区，自古人为、自然的灾祸不断，民众为了保护家园，多练习武艺。明清时期日益完善的武举制度，一定程度上又促进了当地习武之风的盛行。新中国成立后，鲁西南地区的菏泽市、郓城县、单县、巨野县先后被评为"武术之乡"，可见其习武文化之盛。

著名的军事家吴起、孙膑都出生在鲁西南地区。北宋官方收录的兵法丛书——《武经七书》中的《吴子兵法》就是吴起所著，这也成为明清两代武学生员必学的教材。历史上的很多农民运动出自鲁西南，唐末的黄巢起义、北宋末年的宋江起义、明末的徐鸿儒起义、清末的义和团运动，都对时局产生过重要的影响，所以这也侧面反映出当地民众的斗争精神。

（二）殷实的家庭环境

封建社会，有"富不教书，贫不习武"的说法。所谓"贫不习武"其实是反映了学习武艺，需要殷实的家境。练习武艺一般情况下需要拜师，特别是要拜武艺高强的武师；还要购买练武的行头，修建跑马的马道和骑射用的射圃，在练武的过程中还要注重营养，养护好习武者的身体，所以殷实的家境成了习武必要的基础。如：清末郓城县武状元张宪周，便出身豪门，自幼喜欢练武，"其父兄于村外置 96 杆长的场地，供其跑马射箭。15 岁，拜武解元李凤山为师，习练刀术、箭术和志石"。①

《凌霄一士随笔》是民国掌故史料巨著，由出身清末仕宦家庭的徐凌霄、徐一士兄弟合署，作者幼年时随父亲徐致愉在山东长山县任所生活，曾目睹了文、武童生的应试情况：

> 武童应试之状，幼年随先父山东长山县任所获睹，与试者以翩翩少年居多数，装束华美，甚有面施脂粉者，以视文童之寒畯为多衣服蓝缕（褴褛）者迥不侔。讶而询人以故，盖习文贫家力尚能办，习武则非素封不可，所习弓刀石马步箭诸技，延教师，辟场所，置具购马，必需相当资力，寒士岂能任之。素封之家所以愿令子弟习武，则以便于保护财产之故，苟能得一武举武生，亦足为乡曲之健者。是以虽当右文之世，武科远不若文科之足重，而若辈仍甘于从事劳费较甚之弓石刀马步箭也。②

他看到了应试时的文童生衣衫褴褛，而武童生则装束华美，看到文、武童生这样大的差别后一头雾水，通过询问他人，才得知练习武艺要出自素封之家，只有家境殷实才能支撑起练武所需的一切花销，而习武者日后也可以保护自己的家财。

而文中所列的仝松家族和田在田家族，在他们考中进士前，家族就是当地的望族，有着雄厚的经济实力。明末郓城仝氏便富甲一方"千余顷环绕郓邑"，并"亲结曲阜于衍圣"③；清代中后期巨野田氏"蔚为城北望族"④，这就为子弟练习武艺、参加科考打下了扎实的物质基础。武状元田在田，不仅有

---

① 杨彩云、刘瑞川：《清末武状元张宪周》，《春秋》2010 年第 5 期。
② 徐凌霄、徐一士：《凌霄一士随笔》，山西古籍出版社 1997 年版，第 55—56 页。
③ 仝象谦：《〈仝氏族谱〉二次合谱序》，载仝道荣主编《女真族的一支后裔——仝姓》，凤凰出版社 2009 年版，第 108—109 页。
④ 民国《续修巨野县志》卷七《艺文志》，第 699 页。

着殷实的家境，其父田殿珍"教子义方，早授豹韬之略"①，其二叔父田殿元"武举出身，熟谙兵法，刀枪剑戟无所不精，平时指导几位子侄习武"②，可见其父辈对其习武的帮助。田在田的二弟田玉田在有了武庠生的功名后，"报捐千总"，在咸丰十年（1860）也效力于军营，足可见其家境殷实。③

（三）特殊的战争环境

武官家族的形成很重要的一个因素就是国家有战事发生。军人在随军征战的过程，如果立下战功，很容易擢升官阶，如果立下重要的战功，子弟还有恩荫的机会。而且，在战争的环境下，很多人也走上了习武的道路，如巨野县田在田家族的田殿三，"幼读书以国家多事，弃文就武，遂入武庠"。④明清两朝，一般在立国之初和发生内乱时才有战事发生，而这就成了武官家族形成的重要机遇。

元末，爆发了推翻元朝统治的农民起义，朱元璋也参与其中，他不断发展自己的势力，在四处征战的过程中逐渐扩大了统治的区域，并最终取得了全国政权，于1368年建立了明朝，随后还进行了多年战争，消除了农民军、北元势力对国家的隐患，稳定了政权。泗水县的乔钦便是在这样的大背景下起家，在跟随朱元璋征战立功后，授予千户，而后又参加了靖难之役，阵亡于夹河，而后子孙便有了世袭武职的特权。可见在特殊的战争环境下，从戎立功是进入武官阶层的重要途径，而且明代实行的是军籍世袭，武官为世职，代代相承，于是在特殊的战争环境与特殊的政策制度结合后，武官家族便最终形成。

明末，后金崛起，后金军队不断南犯，明军与其交战于辽东，明王朝在不断恶化的财政状况下，继续向农民横征暴敛，而后便兴起了大规模的农民起义，最后明王朝也被起义军卷起的洪流所吞噬。但李自成进京之后，一系列错误的政策，致使其很快败退，随即清朝定都北京，清军开始南下征战，稳定政权，在这个过程中吸纳了很多汉军。城武县惠延祖的祖父惠应诏，原本是明朝的蓟辽督标副将，在顺治元年（1644），他归诚于英亲王阿济格，并在顺治二年（1645）招降了部分明朝将领，清军得以不费一兵一卒占领了很多地方。惠应诏在担任西安城守营参将期间，他率兵打败了围困西安的贺珍余孽，因功升为成都总兵官，并在清军收潼关和绵州的战役中立功，被授予二等阿达哈哈

---

① 巨野县田庄镇田庄村志编纂委员会编：《田庄村志》，方志出版社2017年版，第131页。
② 巨野县田庄镇田庄村志编纂委员会编：《田庄村志》，方志出版社2017年版，第187页。
③ 民国《续修巨野县志》卷五《人物志》，第591页。
④ 民国《续修巨野县志》卷七《艺文志》，第699页。

番，允许世袭四次，在此之后，清朝"绿营武职，始有承袭罔替之例"①。而后惠应诏的子孙承袭了其爵位，并且子孙战功卓著，家族里连续出现了四位总兵官。惠应诏之曾孙惠世溥在小金川战役中阵亡，其子孙可荫袭云骑尉两次，承袭满之后，仍承袭恩骑尉，并且世袭罔替。城武县惠延祖家族就是在先辈军功起家后，后辈不断承袭爵位，而且还能再立新功，武官家族就这样一步步形成。

清军入关后，逐渐建立起了全国性的政权，国家总体趋于安定，但内部仍然存在兵祸，如三藩之乱、大小和卓叛乱、准噶尔叛乱、罗卜藏丹津叛乱、大小金川之乱、太平天国运动、捻军起义等。郓城县的仝松在担任贵州铜仁守备时，就参与防剿红苗之乱。而田在田家族不仅在武举道路上发展顺利，而且在局部战乱爆发之后，能抓住机遇帮助清政府防剿，以致满门将才辈出，家族中的田振清曾率领乡团击杀捻军，后于国家庙一战中战殁，其子田殿杰荫袭云骑尉，武状元田在田也受朝廷任命防剿捻军，其官阶的擢升很大程度得益于对捻作战。与此同时，家族中的田士珍有五品军功、田璞珍有六品军功、田烈有六品军功，其品位不论是因战功所得，还是捐纳所得，他们都对攻剿捻军起到积极作用。

# 第三节
# 仕宦望族之间的互动

仕宦望族不是孤立的群体，总是要与其他的仕宦望族进行密切联络，其中既有结成姻亲的行动，也有结交友人的现实需要，还有相互之间的扶持。仕宦望族通过彼此的互动，实现了地方精英的利益交结，有助于家族利益的维护和壮大。

## 一、联姻

联姻是古代望族寻求强强联合，保障家族利益的重要方式。明清鲁西南仕宦望族之间建立了联姻关系，联姻对他们维系门第发挥着重要作用。仕宦望族之间的联姻注重门当户对，有着明显的地域特征。通过联姻，仕宦望族在政治、经济上相互支持，成为他们发展兴盛的重要保障。

---

① [清]梁章钜撰，吴蒙校点：《浪迹丛谈》，上海古籍出版社2012年版，第42页。

（一）联姻的方式

仕宦望族之间联姻的方式大致可以分为两种类型：

一是交游联姻。家族长辈之间相互熟络，交游密切，对彼此家庭情况、子女情况了解，所以在其主导下许下亲事。郓城的仝松家族中的仝琦曾说过"吾年友双岩樊兵书许可甚艰独敬之，与结姻好。"① 仝琦与樊继祖为朋友，交际密切，仝琦很敬重他，所以其子仝实便娶樊继祖的侄女为妻。

二是同僚联姻。官场同僚在一起工作，彼此之间或因政治利益而结为儿女亲家。巨野县武状元田在田长期在军营中迁转，结交的武官自然不少，其四子田廉本招赘给湖南提督鲍超，这也恰恰反映出武官家族联姻的特点。田在田长子田务本曾在鲍超所创立的霆军会办营务处办理要差，还曾统领部队。同治元年（1862），田在田想要筹建状元府，回乡与兄弟商议，产生分歧后，便与鲍超商议，最终在鲍超的祖籍地奉节选址，建设了状元府。

（二）联姻的特点

明清鲁西南仕宦望族之间的联姻讲究门当户对，这是基本的原则，而且具有明显的地域性，联姻的对象主要集中于本县或是本府之中，有的家族还存在世代联姻的情况，这就他们联姻的重要特点。

县域内的联姻多是家族兴起之初的选择，这时的家族交际范围较小，家族的影响力不大，所以会选择本地家族进行联姻。田在田家族中的田臻，"德配州同康九王公之长女"②，仕宦望族与县域内的家族联姻巩固了其家族地位及县域内的影响力。

府域内的联姻多是家族兴起之后的选择，随着家族影响力、交际范围的扩大，仕宦望族多会与其他地区的更为强大的家族联姻。郓城县仝松家族的仝朝式之女嫁给孔胤植，"胤植少从祖父居汶阳时，闻仝氏名门，以媒氏聘焉。"③ 仝孔两家的联姻，体现了仝家的家族实力，在两家联姻之后，孔胤植袭封衍圣公，对仝家的发展有重要影响。巨野县田氏家族状元田在田"德配张太夫人，系汶上县前登州游府张公英轩之女"④，田氏家族与武官联姻，对田在田在军界的发展也极有帮助，且其二弟也曾担任登州游府。

在仕宦望族联姻的过程中，也不乏世代联姻的案例。郓城县仝松家族与郓

① 许成名：《六世双楼公墓表》，载仝道荣主编《女真族的一支后裔——仝姓》，凤凰出版社2009年版，第108—109页。
② 巨野县田庄镇田庄村志编纂委员会编：《田庄村志》，方志出版社2017年版，第209页。
③ 孔胤植：《泰岳仝朝式号恒岩墓碑铭》，载郓城县政协文史资料委员会编《郓城文献考略》，中国文化出版社2018年版，第67页。
④ 巨野县田庄镇田庄村志编纂委员会编：《田庄村志》，方志出版社2017年版，第133页。

城县樊继祖家族的联姻，樊银的二女儿"适全公讳实"①；樊学曾有四个女儿"长适全公讳朝存，庠生敬修，生子二，长岁进士讳文炳，字光旭，受恩县教谕；次顺治庚子（1660）举人讳文蔚，字晴麓，初任武定州学正，升成山卫教授。"② 樊世经的女儿"适全公，字振先，生子四，长漱石，庠生；次尊石；三中石；四文石，字若鲁，甲戌进士授湖广永定卫守备"③。

## 二、交游

明清时期是中国封建社会走向衰落的时期，但明朝中叶以后，商品经济繁荣，社会进一步发展，开放活跃的社会氛围越来越浓厚。而仕宦望族是地方社会的重要组成部分，他们有一定的经济基础，有相对充裕的时间，这些因素推动了他们与其他群体联系更加密切且频繁，他们的交游范围也在不断扩大。

仕宦望族之间的交游也有不同的原因，有的是志趣相投，因为相互认可，逐渐成了朋友，有的则出于自身利益的长远打算，将交游与政治、经济利益联系在一起，并以此为基础，通过结党、联姻等方式，将这层关系更加固化。

业缘是交游的重要纽带，师生之间的交游是非常频繁的。巨野县田在田家族中的田殿三其德行为当地人所敬重，巨野人魏自励就曾为其题写《德望碑》之序，究其缘由，就是魏自励曾于"乙酉丙戌之岁，馆于先生仲兄殿甲公之家"④，在求学的过程中才得知了田殿三的生平，后来才慢慢了解了他的事迹。

官员身在官场，自然与同僚的交游更为普遍。在巨野县田在田家族碑林中，有很多名人为其家族成员的墓碑题词，如：吴棠、李鸿章、徐世昌。官场中的同乡，因同乡之情谊更会相互扶持，马新贻与田在田便是如此。从这些交游对象也可见其家族之兴盛。

吴棠，字仲宣，晚清重要的政治人物，后官至四川总督，曾与田在田多年在徐宿之间剿捻，作为并肩战斗过的同僚，田在田与吴棠之间的交游，不仅可以从吴棠曾为田在田的祖父田学雅题写过墓碑这件事上看出，还可以从谕旨中看出：

---

① 《樊氏族谱·郓系 13 卷》（农圃堂本），出版地点、出版者不详，第 4 页。
② 《樊氏族谱·郓系 29 卷》（农圃堂本），出版地点、出版者不详，第 6 页。
③ 《樊氏族谱·郓系 30 卷》（农圃堂本），出版地点、出版者不详，第 7 页。
④ 民国《续修巨野县志》卷七《艺文志》，第 699 页。

（同治元年四月）又谕，有人奏，田在田驻军徐宿，不能御贼，而且为民害，前在安东杀死民团，捏报战功。本年捻匪东窜，不即赴援，擅将扬州饷银截留。又因接家眷，滥用马队，骚扰地方，纵其所部抢掠等语。著僧格林沁、吴棠、据实查明，按款详查，迅速覆奏，毋得稍涉徇隐。吴棠与田在田共事最久，必能知其底蕴，更不准有一字讳饰，如该总兵实有此等款迹，而带兵又不能得力，即著会同参奏。并著僧格林沁酌保得力将弁，一面具奏，一面驰往接统其众。毋稍延缓。原片著钞给僧格林沁、吴棠阅看。将此由六百里各谕令知之。①

田在田遭人弹劾后，皇帝想通过吴棠去查实田在田是否有那些情况，根本原因就是吴棠与田在田长期共事，肯定是知根知底的，还专门提及不准隐讳田在田的情况，可见当权者知道两人关系要好。随后，僧格林沁、吴棠开始调查，调查结果呈奏给皇帝后，皇帝又下了一道谕旨：

（同治元年七月）又谕，前因光禄寺卿潘祖荫、给事中卞宝第先后奏参总兵田在田驻军徐宿，杀团冒功，总兵抢掠各情。当经降旨交僧格林沁、吴棠查明严参，兹据僧格林沁等奏，田在田在宿迁剿贼，有与民团口角，并无开枪攻毁民圩抢夺器械情事。惟于千总田蓝田抢夺民物殴辱委员等事，经吴棠咨查，并未具覆。显系心存迴护。六月间追剿会捻各匪。该总兵迁延落后，所带勇队抢掳财物，并不即时查办。追捻逆残败，该总兵自认追剿，总以兵疲饷绌为词，观望不进，且性耽安逸，日晡未起，难期得力等语。田在田以专阃大员督办军务，委任不为不重，乃庸懦无能，既不知约束兵勇，又不能实力攻剿，一味巧饰希图安逸，沾染军营恶习，实属辜恩溺职。田在田著即革职，以为怠玩军务者戒。②

在这道谕旨中可以看出，吴棠的上疏对潘祖荫、卞宝第弹劾田在田的各项事情进行了否定，皇帝认为他存心保护田在田，最终将田在田革职。从这两道谕旨确实能看出二者关系要好，在重要的政治关头，还是会去偏护对方。

李鸿章，字渐甫，晚清重臣，曾与田在田在安徽攻剿捻军，田在田因弹劾落职后，曾去拜访曾国藩，或受其指点，在疏通李鸿章后，又重新回到军队任

---

① 《清实录·穆宗毅皇帝实录（一）》卷二六，中华书局1987年影印本，第716页。
② 《清实录·穆宗毅皇帝实录（一）》卷三四，中华书局1987年影印本，第921页。

总兵，在《武状元田在田墓表碑》中有："逾五年，为李文忠公奉请襄办军务"①，也证实了田在田与李鸿章的交游。李鸿章还曾在同治十一年（1872）为田在田的曾祖父田来仪题写墓碑。

徐世昌，字卜五，曾任民国的国务总理和大总统，田在田的墓碑题词就是由他题写。

马新贻，字谷山，官至两江总督，他与田在田都是曹州人，经马新贻奏请，田在田曾襄办金陵营务，二人"宾敬弥加，事无巨细，必再咨而后行"②，田在田也竭尽心力帮助马新贻，屡立奇功。

仕宦望族成员在交游的过程中，不仅促进了彼此利益的融合，而且在地方的社会生活领域也起着积极作用。

## 三、互助

家族之间进行互助，把家庭问题放在家族内部解决，能有效帮助相关的困难人群，为社会承担责任，能增强社会对家族的认同感，在互助的过程中家族内部的凝聚力也会越来越强，形成家族特有的文化。而且家族之间的互助是很多族人经年累月的习惯，也是他们义不容辞的责任。

教育是仕宦望族最重视的事情，只有学而优，才能更好地入仕为官，才能使本家族长盛不衰，但家族内部成员也并非都家境优渥，都能够读得起书，所以很多经济条件好、文化水平高的族人会去帮助族人去习字、习武，巨野县田在田家族中的田宗泰能"持身孝悌，立业勤俭，训子侄以读书"③；田在田的二叔父田殿元是武举出身，"熟谙兵法，刀枪剑戟无所不精"④，平时他会指导自己的子弟习武，其子田蕙田考中武进士；其子田蓝田考中武举人。而且他还会指导侄子习武，这对其家族晚辈更好地走向武举之路，产生了重要的影响。在其教导下，侄子田在田考中武进士，而且是武状元；侄子田玉田成为武庠生。在教育的过程中，田殿三还注重"量才授职，不强其所难，故其子若侄，各有专业，入文武庠列成均者蝉联鹊起"⑤，田氏家族很快便成了城北的望族。

---

① 巨野县田庄镇田庄村志编纂委员会编：《田庄村志》，方志出版社 2017 年版，第 132 页。
② 巨野县田庄镇田庄村志编纂委员会编：《田庄村志》，方志出版社 2017 年版，第 132 页。
③ 巨野县田庄镇田庄村志编纂委员会编：《田庄村志》，方志出版社 2017 年版，第 210 页。
④ 巨野县田庄镇田庄村志编纂委员会编：《田庄村志》，方志出版社 2017 年版，第 187 页。
⑤ 民国《续修巨野县志》卷七《艺文志》，第 699 页。

# 第四节
# 仕宦望族与基层社会的关系

"在中国历史上存在着一个皇权不下乡的现象,这指的是中国封建社会政权分布仅到达县一级,县级以下是没有行政机构的。但传统的皇权不下乡仅对国家机构而言,而非指国家权力不渗入乡村社会。传统社会中的官僚机器在县级以下比较薄弱,无法实施强有力的控制,社会治安的责任在很大程度上要靠宗族维持。"①

仕宦望族在"皇权不下乡"的封建社会,发挥了稳定和治理基层社会的重要作用,其本质就是在维系家族利益。基层社会的治理正是在国家行政权力的间接统治下和仕宦望族的直接参与下,实现了"双轨政治"。

## 一、仕宦望族与地方官的互动

仕宦望族在地方具有重要的影响,仕宦望族成员更了解地方社会。地方官不是本县之人,所以就任之后多会与仕宦望族成员交流,有时会问政于仕宦望族成员。仕宦望族成员也会支持地方官的工作,从而稳固自己在地方的利益。

地方官到任之后,多会有所政绩,在这些政绩中就有仕宦望族成员的参与。巨野县田在田家族的田振清,在道光二十六年(1846),曾捐"制钱千缗"修建曹州府的魁星阁,② 后来在曹州知府的奏请下,朝廷议叙其为守备。田振清在征剿捻军的过程中,不幸战殁,巨野县知县还为其勒碑,把他的忠义之事宣传给四乡。田励清是名贡生,为人公正廉明,平时参与保护乡里。光绪年间,巨野知县毕炳炎改建麟州书院,增修考棚,田励清就曾"襄办公务",而且是"勤劳不倦"。③ 巨野县知县史恩培还曾在光绪二十四年(1898)为武状元田在田之父田殿珍题写墓碑。由此可见,田在田家族与曹州知府、巨野知县都有互动,关系非常密切。

当然,仕宦望族成员与地方官的互动过程中,也不完全是和谐的。田在田的三弟田金田,曾在清末与城北的很多人一同领导抵抗当时知县张济所推行的

---

① 黄宝权:《家族教育与文化传承:江州"义门陈"家族的教育活动》,华中科技大学出版社2016年版,第203页。

② 民国《续修巨野县志》卷七《人物志》,第596页。

③ 民国《续修巨野县志》卷五《人物志》,第602页。

修筑城墙政策，"以警告贪官县知事张济借以榨取民脂民膏"。① 可见，仕宦望族成员也不会一味地迎合地方官，当地方官不诚心为民办事时，望族成员也会进行抵制，其实这样才能更好地去稳定地方社会。

## 二、仕宦望族与地方风教

仕宦望族在地方社会的地位显耀，对地方风教的影响也就更多，其参与地方风教的主要方式是参编县志、传道授业、调解基层矛盾。

地方县志具有存史、资政、教化的重要作用，史家埋头书海、呕心沥血地编订史志，能为后人知兴替、鉴古今提供基础。仕宦望族中的部分家族成员有较高的文化水平，有能力去参编县志。而且参编县志是其家族青史留名的好机会，很多家族成员都会积极参与编修县志，将本家族的精英人物纳入县志之中。道光年间，巨野县续修县志，田在田家族中的田学雅和田凤图都曾受采访。

仕宦望族成员中文化程度较高的人，会从事文教工作，郓城县仝松家族的仝文蔚，自晴麓，曾任武定州学正、成山卫教授，持己端正，在"司铎两庠"期间，受当地士子敬重。仕宦望族成员中的德高望重者，还可能会被推为"乡饮宾"，在进行乡饮酒礼的过程中，儒家思想中的"仁""义""孝"理念会贯穿其中，以春风化雨的方式完成教化，其风教效果是良好的。田在田家族中的田殿俊，字灼三，天性孝友，与物无竞，曾为乡饮大宾；田璞珍，字荆山，居心谦逊，处事诚实，也曾为乡饮大宾。

仕宦望族部分成员在地方上享有一定的声望，他们在家庭为伦常之表率，在宗族为长幼之模范，为乡党所推崇景仰，在基层生活中出现矛盾的时候，他们往往也会出面调解。郓城县仝松家族的仝锜在听闻乡里之间的不平之事后，会积极调解处理，当事情结束的时候，当事之人评价："见官不悉愧，见双楼殆有陈太丘之风"。② 田在田家族中的田励清处事公正，"为二十余村之领袖，排难解纷"③；田殿杰曾担任团练领袖，遇到邻里矛盾的情况，在他的调解下，邻里息讼止纷；田殿选"有端人正士之目，处宗族尤和睦"，在面对乡邻争端的时候，他会"指陈大义，反复开导"，在他的开导下，邻里间的矛盾便涣然

---

① 巨野县田庄镇田庄村志编纂委员会编：《田庄村志》，方志出版社 2017 年版，第 213 页。

② 许成名：《六世双楼公墓表》，载仝道荣主编《女真族的一支后裔——仝姓》，凤凰出版社 2009 年版，第 219 页。

③ 巨野县田庄镇田庄村志编纂委员会编：《田庄村志》，方志出版社 2017 年版，第 211 页。

冰释了①；田殿三擅于处理附近乡邻的纷争，"凡附近之大事化成小事，小事化为无事"②，使"四方无雀角鼠牙之讼"③。

### 三、仕宦望族的价值选择

价值选择是在价值判断的基础上做出的。武功卓异的仕宦望族，他们的价值选择往往与国家的政治军事形势相关联。

光绪二十年（1894），中日甲午战争爆发，日本的侵略气焰嚣张，田在田立即向光绪皇帝上奏请求上前线抗倭杀敌，并为此作《为中东战事呈上》④一诗：

> 蕞尔小岛寇东瀛，犯境杀掠岂可容。
> 请缨疆场效元敬，誓为圣朝作干城。

可以看出，他要效法明朝抗倭名将戚继光，有誓死保卫清朝的决心。随即，光绪皇帝便下旨：

> （光绪二十年八月）又谕，现在近畿一带，防务紧要亟需添兵驻守。即著田在田前往山东，召募四五营统带北上，听候调遣，所需粮饷枪械，著李秉衡妥筹办理。将此谕知李秉衡、并传谕田在田知之。（洋务）⑤

田在田接到圣旨后立即起行，前往山东招募兵勇。他还曾对人说："蕞尔小邦，辱我至极，宁为玉碎，毋为瓦全"⑥，从中也可见其气节。他能在国家危难之际，挺身而出，可见其极力维护清朝统治，有着浓厚的封建忠君报国思想。

当然，仕宦望族成员的选择不一定都与田在田一样。在明清更替之际，明朝蓟辽督标副将惠应诏便向清军投诚，成为"识时务者"，而后惠应诏又追随清军南征，立下汗马功劳，这种做法本质是要维护其家族的地位和利益。

---

① 巨野县田庄镇田庄村志编纂委员会编：《田庄村志》，方志出版社 2017 年版，第 213 页。
② 民国《续修巨野县志》卷七《艺文志》，第 700 页。
③ 民国《续修巨野县志》卷七《艺文志》，第 211 页。
④ 巨野县田庄镇田庄村志编纂委员会编：《田庄村志》，方志出版社 2017 年版，第 194 页。
⑤ 《清实录·德宗景皇帝实录（五）》卷三四七，中华书局 1987 年影印本，第 457 页。
⑥ 巨野县田庄镇田庄村志编纂委员会编：《田庄村志》，方志出版社 2017 年版，第 132 页。

### 四、仕宦望族与地方治安

明清时期仕宦望族与地方社会有着紧密的联系。仕宦望族在地方上有很大的影响力，地方的安全稳定和他们的利益交织在一起，所以在地方出现安全危机时，特别是爆发农民起义时，家族成员往往会挺身而出，维护地方社会的稳定。

鲁西南地区是四省相接之地，历史上爆发了很多农民起义。为保卫家乡、保护家族的利益，当地的仕宦望族多在农民起义军袭扰的情况下维护地方治安，有的族人甚至付出了生命的代价。

明朝天启二年（1622），徐鸿儒率领农民起义军转战鲁西南，在进攻巨野县时，田在田家族中的武举人田文英（天启元年中举），就在南门值守，在起义军靠近城门时，"武举田文英、兵头赵大湖等齐说：'快放'，连三铳，贼兵即退"，① 这只是他守城的一个情形。在《田庄村志》中还记载他："明智刚勇，征白莲之乱，两挫其锋，三捣其巢，多著劳绩。"②

清朝咸丰年间，太平天国起义军、捻军曾袭扰鲁西南地区。巨野当地便开始大办团练，各村落之间相互守护、瞭望，互相帮助，以达到抵御农民起义军的目标。田在田之父田殿珍曾率领乡团，在其家附近的城北一带，保护巨野。咸丰四年（1854），太平天国起义军由临清回窜至巨野，武状元田在田正值"请假回籍省亲"期间，于是他就率领当地乡团击杀起义军，并从起义军那缴获了大量的旗帜、枪炮、衣物。同样在这一年，田振清整顿乡团，率众将太平军追杀至单县的白浮圃，从此以后与其他团练互相声援，保障了巨野的安全。到了咸丰九年（1859），太平军突然从汶上县进入巨野，田振清立即率领八百练勇截击，在孟姑集因身入重围，力竭而殉。后僧格林沁上奏朝廷，田振清得以入祀昭忠祠，子孙得以世袭云骑尉，田振清之子田殿杰也在中年领袖乡团。田氏族人田芬田，也在中年办理团练，当地的治安得到了保障。

在外地担任军职的仕宦望族成员，在维护外地治安方面也起着重要的作用。郓城县的仝松在担任贵州铜仁守备时，"防剿红苗，边境宁静"。③ 城武县的惠世溥在平定小金川叛乱时，三战三捷，有效地维护了清朝对地方的统治，后为国捐躯。田在田在家乡率团练剿杀太平军后，在朝廷的赏识任命下，长期

---

① 万历《巨野县志》，载马小林、孟繁裕主编，国家图书馆地方志和家谱文献中心编辑《明代孤本方志选》，中华全国图书馆文献缩微复制中心，2000 年，第 345 页。

② 巨野县田庄镇田庄村志编纂委员会编：《田庄村志》，方志出版社 2017 年版，第 209 页。

③ 光绪《郓城县志》卷八《选举志下》，第 140 页。

在徐宿一带剿捻，有效地遏制了捻军的发展势头。

### 五、仕宦望族与地方公益

古人思想中非常重视积德行善，他们常常把后代的昌荣，归因于先辈的行善积德，巨野县田在田家族中的田河清"其后曾孙食饩入庠者九人"①，大家都认为这是他好善乐施的回报。所以仕宦望族成员更去重视积德行善，能积极投身地方公益。仕宦望族参与地方公益的方式多种多样，如赈济贫民、捐资助学、捐修庙宇、修建桥梁。仕宦望族成员往往代际接力地做地方公益。

仕宦望族注重赈济贫民，田凤图，字瑞符，慷慨好施，通过捐钱，去赈恤贫民，曾得到郡守的奖赏。田殿甲，字光第，不仅自己喜施予，而且在听到"子孙有周济孤苦者"②，就会喜不自胜，可见其重视培养子孙积善。

自古人才之兴，必由学校。学校要兴办，资金是不可短缺的，所以捐资助学就成为行善的重要方式，仕宦望族成员通过捐建书院等方式投身地方文教事业。同时，仕宦望族扩大了其在士林中的影响力。办学需要资金的支撑，田凤图曾"慷慨好施，以曹州重华书院报捐京蚨一千吊"。③

捐修庙宇是古人积德行善的重要方式，郓城县仝松家族的仝式锦曾捐"郓城县圣庙衮龙石柱一根，竖于大成殿门左，柱上有仝式锦三字为记"。④ 田振清于道光二十六年（1846），"捐修曹郡魁星阁制钱千缗"。⑤ 城武县惠延祖家族的惠占春任徐州副总兵期间，曾重建兴化寺，并改名为开化寺。

鲁西南地区是黄泛区，黄河经常泛滥，修筑堤坝、桥梁，开渠排水是仕宦望族成员经常从事的活动。光绪三年（1877），赵王河决口，"安兴大将军墓几被水冲殁"，田河清，乐善好施，"捐砖千余块，柴薪数万斤，赖以无恙。又于墓东独修桥一座，以便往来"。⑥ "壬申六月，洪流横溢，绕圩三匝"，田殿三主动修筑堤坝，以此阻挡文明桥下的流水，附近的村落都避免了水灾侵害。⑦

"积善之家，必有余庆。"仕宦望族在地方上积德行善，人念其好，赢得

---

① 民国《续修巨野县志》卷五《人物志》，第602页。
② 巨野县田庄镇田庄村志编纂委员会编：《田庄村志》，方志出版社2017年版，第212页。
③ 民国《续修巨野县志》卷五《人物志》，第602页。
④ 李友兰：《十七世讳裕字振衣碑记》，载仝道荣主编《女真族的一支后裔——仝姓》，凤凰出版社2009年版，第224页。
⑤ 民国《续修巨野县志》卷五《人物志》，第597页。
⑥ 民国《续修巨野县志》卷五《人物志》，第602页。
⑦ 民国《续修巨野县志》卷七《艺文志》，700页。

了民心、士心，减少了民变的发生，为其兴盛奠定了稳定的社会基础，成为其长期兴盛的重要因素。

### 第五节
### 仕宦望族的历史影响及其当代启示

明清鲁西南武功出身的仕宦望族在维护基层秩序、推动地方风教、参与地方公益等方面产生过积极影响，但他们也是在特定的历史环境中形成，受特殊的封建政治体制影响，自然会出现一些消极影响。我们要辩证地看待仕宦望族的影响，也要从仕宦望族的身上学到历史的经验。

### 一、仕宦望族的历史影响

明朝武官世袭制下形成的仕宦望族，子弟多耽于安乐，无益于国防。明朝实行卫所武官世袭制，武举考试只不过是选用武官的一个次要途径。最初的武官素质还很高，能够胜任南征北战，而他们的后代，在获得荫袭机会后，很多都躺在了功劳簿上，过上了骄奢淫逸的生活，他们已经不能担负保卫国家的责任。在泗水县的乔钦家族中可以看到，乔钦在明朝立国之初立有重大军功，其子弟可以荫袭，但其子弟多是无名之辈。顺治年间重修《泗水县志》，在列举乔钦家族的相关人物后面，有这样的一段评论：

> 论曰：我国家文臣虽极品不得世爵，惟军功子弟无论贤不肖皆世其官，绍厥职者不思所为报乎！夫武者以武为职，故鞍马欲娴，弓矢欲精，韬略欲讲，世世受恩，期以备一朝缓急之称武胄耳。泗地故不多世胄之家，余念今海上多故，实不能默默，聊述所闻以示之云。①

这其实就反映了，明代武官世袭制度下武官的素质在下降，由此形成的世胄之家，拿着国家的丰厚俸禄，却起不到保国卫疆的作用。而明代武举正式开科又晚，取士相对又少，通过这一途径所选用的将才实则不多。在万历《巨野县志》中，武举条目下的武举人也仅有五人，而且均在明末，这其后的按语更引人深思：

①　顺治《泗水县志》卷五，康熙元年刻本。

按：射圃久废，士不执弓。孙吴之书，虽博雅者不视也，安在文事武备乎？即武举一科，前无其人，有之自张奇策始，今稍稍进于技矣。记曰："四郊多垒，士大夫之羞，矧以马上得之，可惜无虑者"。昔郭子仪以武举进为唐元勋，诚不可求一二于千百，亦不可谓无一二于千百也。系组、请缨皆少年事，是在诸士勉之。①

这其实也反映了在国内严峻的军事压力下，明朝政府匮乏军事人才。在明代武官世袭制下，世袭武官家族当然长盛不衰，但在国家危难之际，这些家族起不到作用，而且基本堵塞了有才之士的仕进之路。

仕宦望族中武官长期任职，会出现怠玩军务的现象。巨野县田在田家族中的田蓝田，在徐宿一带剿杀捻军的过程中，不能有效约束兵勇，以致出现兵勇抢夺民众财务的现象，使得战争年代下的民众生活更加雪上加霜。城武县惠延祖家族中的惠世溥在广西左江镇任总兵期间，不去视察部队操演，试想军队需要练兵备战，但作为军事主官不去检阅，指陈问题，这就造成军务废弛。

仕宦望族为维护自己的家族利益，充当了镇压农民起义军的刽子手。基层的民众与仕宦望族在各个方面都有很大的差距，而二者在经济上的巨大差距是爆发农民起义的根本原因。鲁西南地区特殊的地理环境，使得这一地区洪涝灾害频发，本身脆弱的小农经济更遭到摧残，在加之当地习武之风盛行，贫民在贫苦无依的状况下，为了生存被迫揭竿而起，极大地冲击了基层社会的统治秩序，而此时仕宦望族成员多会与朝廷站在一起剿杀起义军。

## 二、仕宦望族对当今社会的启示

论述仕宦望族对当今社会的启示，有两个重要的方面。一是要从仕宦望族的优秀的家训家风角度去发掘；二是要从仕宦望族的消极影响反向去发掘。取其精华，去其糟粕，要把好的家训家风继承下来，把其发展中不好的影响用制度合理的规避。

家训家风是长辈对子孙的有形无形的训诫教诲，仕宦望族的发展壮大也赖于此。巨野县田在田家族在其家乘中便载有族训、族规。关于祭祀祖先，族训中有"祖宗虽远，祭祀不可不诚"，② 在其族规中，也明确规定每年实行春秋两祭，春天在清明祭祀，秋天在十月初一祭祀。正所谓"事死如事生，事亡

---

① 万历《巨野县志》，载马小林、孟繁裕主编，国家图书馆地方志和家谱文献中心编辑《明代孤本方志选》，中华全国图书馆文献缩微复制中心，2000 年，第 313—314 页。

② 巨野县田庄镇田庄村志编纂委员会编：《田庄村志》，方志出版社 2017 年版，第 273 页。

如事存"，永远要尊崇祖先。当下社会我们还要践行尊老观念，让老人得到应有的尊重与照料。关于家庭关系，族训中有"家门和顺，虽饔飧不继，亦有余欢"① 族规中还提到"兄弟有序。以弟犯兄，不恭；以兄凌弟，不友。违者交族训示"②。今天我们也要先努力营造和谐的家庭、家族氛围，由此扩展到整个社会，促使社会变得更加和谐温暖。关于读书习业，族训中有"子孙虽愚，经书不可不读。"而且特别谈到"读书志在圣贤，非图科第"，说明其族人更认为读书更重要的是修身而非功利的追求应试。③ 今天我们依然要倡导读书，通过读书去充实自己，涵养修养。关于勤俭居家，族训中有"自奉必须俭约，宴客切勿流连。一粥一饭，当思来之不易；半丝半缕，恒念物力维艰"④。勤俭作为一种价值观念、一种生活方式，今天仍要积极践行，要坚决抵制铺张浪费的不良风气。关于积德施善，族训中有"施惠无念，受恩莫忘"⑤。族人要在他人危难之际，积极帮助。今天我们还要颂扬这种美德，积极投身于公益事业。关于职业要求，族规中要求田氏子孙，要认真做人，为民要尽力劳作；为商要讲求诚信，童叟无欺，不取不义之财；为官要清正廉洁，尽职尽责。今天我们也要努力做好本职工作。

明清时期，鲁西南武功卓异的仕宦望族在自身发展的过程中，想方设法地攫取了社会的政治、经济、文化诸领域的资源，成为影响基层社会的重要力量，而普通民众所拥有的资源少得可怜，仕宦望族慢慢走向了人民大众的对立面，当二者的矛盾发展到不可调和的时候，就会通过战争打破这个"恶性循环"的僵局，对社会资源进行重新分配。当下，我们可以借鉴其中的历史经验，去让社会变得更加公平有序。

公平的教育机会是调解社会矛盾的重要手段。仕宦望族成员通过不断地考学、荫袭、捐纳等途径，不断地入仕，不断地买房置地，实现了利益的"良性循环"，而贫民一直处于饥寒交迫的"恶性循环"中，只有少数人才可以突破，究其原因，我认为在于科举只实现了考试的公平，没有实现教育的相对公平，才导致了这样的局面。

封建统治者通过科举选拔了治国理政的大量人才，世人也认为科举实现了士子的垂直流动，但这种流动的机会却很少，因为古代没有成熟的公共教育体

---

① 巨野县田庄镇田庄村志编纂委员会编：《田庄村志》，方志出版社2017年版，第273页。
② 巨野县田庄镇田庄村志编纂委员会编：《田庄村志》，方志出版社2017年版，第274页。
③ 巨野县田庄镇田庄村志编纂委员会编：《田庄村志》，方志出版社2017年版，第273页。
④ 巨野县田庄镇田庄村志编纂委员会编：《田庄村志》，方志出版社2017年版，第273页。
⑤ 巨野县田庄镇田庄村志编纂委员会编：《田庄村志》，方志出版社2017年版，第273页。

系，教育的经费需要完全由个人支付，而忙于生计的贫民却无法支付庞大的教育经费，这就直接导致了他们没有入学入仕的机会，社会的两极分化就此开始。当今社会，教育更加公平，九年义务教育为很多贫困学生提供了受教育的机会，加之国家、地方社会以及个人为贫困学生提供了各种各样的助学帮助，贫困学生也可以不断的完成学业，他们在毕业后通过自己学到的知识，可以在社会上谋一份工作，这样就可以改善他们的家庭状况，由此社会也朝着公平的方向发展，社会也更加友爱和谐。所以今天我们依然要不断地去完善公共教育制度，不断促进教育机会的公平、教育资源的公平。

公益慈善事业是缓和社会矛盾的重要补充。仕宦望族在基层社会出现灾荒、民众出现生活困难，教育困难时，多选择去帮扶，这样就可以缓解社会矛盾，减少民变的可能性。当下社会，也需要弘扬慈善文化，通过政府、社会、企业、个人的帮助，让弱势群体得到有效的救助和保障，让社会的各阶层能享受社会发展的福利，不断缩小贫富的差距，才能形成一个和谐的社会。

# 小　结

以上主要说明了明清鲁西南武功出身的仕宦望族的孕育条件，探讨了 4 个武功出身的仕宦望族，并从联姻、交游、互助等方面分析仕宦望族之间的互动，考查了仕宦望族与基层社会的关系，并对仕宦望族的影响进行评价。由此得出了一些认识，主要有以下三点：

第一，明清鲁西南武功出身的仕宦望族，主要可以分为两类，一是军功起家的望族，二是通过武举考试发展起来的望族。鲁西南地区虽然习武之风盛行，但应试中举并形成仕宦望族的相对较少，这与当时重文举轻武举的思想文化有关，民间习武的主要意图还是保护家园，多在改朝换代之际，防卫农民起义。

第二，明清鲁西南武功出身的仕宦望族，通过军功荫袭、武举考试等途径在特殊的历史环境中崛起，与望族联姻是其兴盛的重要保障，德泽乡里是其兴盛的稳定因素。这对当今的家族建设，优良家风的传承具有重要的启示。

第三，明清鲁西南武功出身的仕宦望族在政治、经济、文化诸领域对基层社会产生过积极影响，但在封建体制下，他们也攫取了大量的社会资源，随着时间的推移，仕宦望族与下层民众的两极分化越来越严重，甚至成为镇压民众的刽子手，最终很多家族都湮没于历史的长河中。

# 结　语

　　明清时期仕宦大家族（望族）作为一个特殊的社会群体，在明清政治生活中起到了重要的作用，这种作用通过政治、经济、文化、军事和家族事务等不同方面表现出来，相当大程度上影响着明清社会的各个层面，尤其是在基层社会，仕宦大家族靠自己家族在当地社会长期形成的地位、权势和影响，在封建体制中起到了承上启下的关键作用。一方面，他们作为封建王朝在基层的支柱，全力维护封建王朝的统治秩序、伦理纲常和各种制度，维护封建社会地方政权在基层的正常运转；另一方面，为了确保地位和影响，他们又要全力处理好与地方广大下层百姓之间的关系，让朝廷的政令在基层社会得以全面贯彻执行，并对百姓起到宣传、教化和表率作用，仕宦大家族成为维系封建朝廷和广大百姓之间的桥梁和纽带。

　　明清仕宦大家族，在政治上是封建制度的维护者，在经济上是小农经济的引领者，在文化教育上是儒家思想的倡导者，在地方安全上是稳定社会的凝聚者，在社会生活中是地方安定融合的推动者。作为一个社会群体，山东仕宦大家族表现出了极为鲜明的特征。他们中入仕为官的大多数人自幼受到儒家思想熏陶，自科举起家，在为官任上，他们正直敢言、忠于职守、克己奉公、清正廉洁，借机参与政治生活和地方文化建设；为官一任，造福一方，真正实践了儒家思想"修身、齐家、治国、平天下"的政治理念。

　　明清仕宦大家族也是地方望族，他们凭借极为雄厚的政治、经济实力以及数代为官的从政经历所结下的人脉关系，在基层社会尤其是家乡一带具有极大的影响力和号召力，这些家族可以影响到朝廷对当地地方官的任命，以及地方官员的施政。地方官员上任伊始，往往去拜访这些地方望族的头面人物，以得到他们对自己为官一方的支持，顺利地推行各项政策。和平的环境下，仕宦大族成员以自己家族的威望，协助地方官员推行教化，兴办学校、书院，宣传朝廷法规政策，平息民间矛盾与冲突，协助地方官赈济荒灾，兴修水利，征收赋税，发展生产，是地方官的得力助手和施政所依赖的重要中坚力量。一旦遇到战乱，便要组织乡兵聚众自保，维护自己家族的利益免受因外敌入侵或兵匪、盗贼带来的侵害，担负起保卫家园的重要责任。

为了保证家族势力长盛不衰，这些仕宦望族除了要依赖朝廷的支持，还往往凭以门生、婚姻相互结成有力的同盟，他们依赖有大片的土地以及从事各种经营活动，有较强大的经济实力，望族之间的结盟使得他们在政治上也能相互依托，遇事可以遥相呼应。由于他们中的成员长期在朝中为官，其佼佼者还获得皇帝赐封、表彰，因此在地方上也形成极为强大的影响力，对地方官的施政既有推动作用，也有监督作用。这也让地方官在某种程度上必须要依赖这些望族的支持。

明清之际的山东仕宦大族重视教育，重视文化传承，从各个大家族所遗存的家规、家训中可以看出，他们对其子女的培养是不遗余力的，除了进入府县学等正规学校读书外，还开办各种私塾、义学，让自己的后代有充分受教育的机会。另外家规、家训又世代传承，家族长辈对后代要求严格，读书考科举入仕为官是他们坚信不疑的正途，只有难以取得功名者，才回家乡从事文化教育事业。重视对家族灌输入学传统思想和封建伦理，重视对子女后代进行严格的教育，是这些明清望族世代相传、长盛不衰的重要原因。当然重视教育、重视地方文化建设也在很大程度上影响了当地百姓，百姓子女可以从这些仕宦大家族所兴建的学校中受益，可以参与地方上各种文化活动，这也极大提升了仕宦家族在基层社会的影响力。

明清山东仕宦大家族为了在地方上保持长久的影响力和号召力，除了争取地方政权官员的支持外，还必须要得到地方上广大民众的支持，有时也需要牺牲自己的部分利益以稳定自己在基层社会的长久控制力，因此散发家财、赈济灾荒、兴修水利、修路筑桥、组织乡勇团练自保的行为，也时有发生。这样既能得到当地民众的信赖和好感，也能得到封建朝廷和地方官的表彰，虽然失去了部分资财，但赢得了荣誉，赢得了民心，为望族势力长久发展奠定了坚实的基础。

从山东仕宦大家族在明清社会的生存和发展轨迹看，他们作为封建王朝在基层社会的依靠力量，在维护封建政权在稳定基层社会统治中，起到了举足轻重的作用。然而，作为占有大量土地和财富的地方望族，其行事也有不可避免的阴暗面，如仗势侵占平民土地，包揽狱讼，利用家族势力干预地方官施政，用家法替代国法惩治族人等。如此种种都是在封建政权统治下，地方望族、乡绅势力壮大所带来的弊端，这种弊端也因此影响了社会公平和公正，激起了广大下层民众的不满，严重者聚众闹事、不断抗争以至于有小规模民变产生。因此仕宦大家族这一阶层在基层社会犹如一把双刃剑，地方政权如利用和监督得当，他们对地方社会稳定、经济发展和文化进步有很好的推动作用，反之如果地方政权放任某些仕宦大家族成员违法行事，也会有适得其反的结果，导致地方的不稳定。

深入研究明清山东仕宦大家族的历史及其在基层社会的作用，对于我们今天美好乡村建设、乡村振兴战略的实施仍有极为重要的借鉴作用。党的十八大以来，国家十分重视社区、乡镇基层政权的建设以及人民群众生活水平的不断改善。满足人民群众日益增长的物质和精神文化的需求与社会的安定是息息相关的。社会的稳定，尤其是基层社会的稳定、人民群众和谐相处是未来中国社会走向美丽、富饶、民主、文明的康庄大道。当今的基层社会尤其是农村，同宗同姓大家族仍然在政治生活、经济生活、文化生活中占据着重要地位，在当地民众中有重要影响。因此，基层党组织和政权组织如何将党的方针、政策贯彻落实，全面调动广大人民群众在新时代建设中的积极性和创造性，化解民间潜在的矛盾和争端，创造和谐稳定的社会环境，仍是十分艰巨的任务。这一研究课题对其也有十分重要的历史借鉴与启迪作用。

本课题针对明清时期覆盖山东全省各地众多的仕宦家族，选择胶东、鲁西北、鲁南、鲁中、鲁东南不同地域板块上的 30 多个望族作为研究对象，从不同地域这些望族的群体自身发展及与基层社会的关系进行深入探讨，从而得出明清时期山东仕宦大家族（望族）的整体状况，不同地区之间望族也表现出差异性。课题组在进行调研的过程中，多次深入这些仕宦大家族的家乡，走访这些家族的后人，寻找相关资料，包括族谱、族规、族训以及碑刻等出土文物，搜集到了大量的第一手资料，再结合正史、文集及地方志等文献资料，爬梳整理，去粗取精，去伪存真，对各地仕宦大家族有了更深入的了解，为完成这一研究课题奠定了非常坚实的基础。

# 参考文献

（一）历史文献

[1]［汉］司马迁:《史记》,中华书局 1982 年版。

[2]［汉］班固:《汉书》,中华书局 1962 年版。

[3]［后晋］刘昫等:《旧唐书》,中华书局 1973 年版。

[4]［宋］欧阳修等:《新唐书》,中华书局 1975 年版。

[5]［清］张廷玉等:《明史》,中华书局 1974 年版。

[6]［清］赵尔巽等:《清史稿》,中华书局 1977 年版。

[7]［元］马端临:《文献通考》,中华书局 1986 年版。

[8]［清］夏燮:《明通鉴》,中华书局 1959 年版。

[9]［明］谈迁:《国榷》,中华书局 1958 年版。

[10]《明会要》,中华书局 1956 年版。

[11]《明太祖实录》,台北"中研院"历史语言研究所,1962 年。

[12] 万历《重修大明会典》,载《续修四库全书·史部·政书类》789 册,上海古
籍出版社 2002 年版。

[13]［清］顾炎武撰,华忱之点校:《顾亭林诗文集》,中华书局 1959 年版。

[14]［明］陈子龙等选辑:《明经世文编》,中华书局 1962 年版。

[15]［清］谷应泰:《明史纪事本末》,中华书局 1977 年版。

[16]《洪武御制全书》,黄山书社 1995 年版。

[17]《大明律点校本》,法律出版社 1999 年版。

[18]《明伦汇编》,载《古今图书集成》第 333 册,中国戏剧出版社 2008 年版。

[19]《全明文》,上海古籍出版社 1992 年版。

[20]《明太祖集》,黄山书社 1991 年版。

[21] 赵之恒等主编:《大清十朝圣训》,北京燕山出版社 1998 年版。

[22]［清］赵德懋:《妙香斋诗集》,载《山东文献集成》第四辑第 29 册,山东大学

出版社 2008 年版。

[23] [明]沈德符:《万历野获编》,中华书局 1997 年版。

[24] [清]赵翼:《陔余丛考》,商务印书馆,1957 年版。

[25] [清]赵翼:《廿二史札记》,中华书局 1984 年版。

[26] [明]计六奇:《明季北略》,中华书局 1984 年版。

[27] [明]王世贞:《弇山堂别集》,中华书局 1985 年版。

[28] 《清实录》,中华书局 1986 年版。

[29] 《钦定大清会典(嘉庆朝)》,台北文海出版社 1992 年版。

[30] 《续通典》,商务印书馆 1935 年版。

[31] 《清朝通典》,商务印书馆 1935 年版。

[32] 中国第一历史档案馆编:《清代档案史料丛编》,中华书局 1980 年版。

[33] [清]纪昀:《历代职官表》,上海古籍出版社 1989 年版。

[34] 《清经世文编》,中华书局 1992 年版。

[35] [明]徐光启:《农政全书》,中华书局 1956 年版。

[36] [清]毕自严:《石隐园藏稿》,台湾商务印书馆 1986 年版。

[37] [明]王圻:《续文献通考》,浙江古籍出版社 2000 年版。

[38] [清]张尔岐著,张翰勋点校:《蒿庵闲话》,齐鲁书社 1991 年版。

[39] [明]王雅量:《长馨轩集》,载《山东文献集成》第二辑第 28 册,山东大学出版社 2008 年版。

[40] [清]庄咏:《学庸困知录》,载《山东文献集成》第三辑第 6 册,山东大学出版社 2008 年版。

[41] [清]庄瑶:《声韵易知》,载《山东文献集成》第四辑第 12 册,山东大学出版社 2008 年版。

[42] [清]王培荀著,蒲泽校点:《乡园忆旧录》,齐鲁书社 1993 年版。

[43] [清]徐珂编撰:《清稗类钞》,中华书局 1984 年版。

[44] 《四库全书总目》,中华书局 1997 年版。

[45] [清]蒲松龄:《蒲松龄全集》,学林出版社 1998 年版。

[46] [清]王士禛:《王士禛全集》,齐鲁书社 2007 年版。

[47] 董光和、张国乔编:《孤本明代人物小传》,全国图书馆文献缩微中心 2003 年版。

[48] 宣统《蒙阴志》,《中国地方志集成·山东府县志辑》第 57 册,凤凰出版社 2004 年版。

[49] 光绪《费县志》,清光绪二十二年刻本,《中国地方志集成·山东府县志辑》第 57 册,凤凰出版社 2004 年版。

[50] 嘉庆《莒州志》,清嘉庆元年刻本,《中国地方志集成·山东府县志辑》第 61 册,凤凰出版社 2004 年版。

[51] 乾隆《郯城县志》,《中国地方志集成·山东府县志辑》第 59 册,凤凰出版社 2004 年版。

[52] 嘉庆《续修郯城县志》,清嘉庆十五年刻本,《中国地方志集成·山东府县志辑》第 59 册,凤凰出版社 2004 年版。

[53] 乾隆《沂州府志》,清乾隆二十五年刻本,《中国地方志集成·山东府县志辑》第 61 册,凤凰出版社 2004 年版。

[54] 道光《博平县志》,清道光十五年刻本,《中国地方志集成·山东府县志辑》第 85 册,凤凰出版社 2004 年版。

[55] 道光《东阿县志》,清道光九年刻本,《中国地方志集成·山东府县志辑》第 92 册,凤凰出版社 2004 年版。

[56] 道光《观城县志》,《中国地方志集成·山东府县志辑》第 91 册,凤凰出版社 2004 年版。

[57] 道光《济南府志》,清道光二十年刻本,《中国地方志集成·山东府县志辑》第 1—3 册,凤凰出版社 2004 年版。

[58] 道光《武城县志续编》,清道光二十一年刻本,《中国地方志集成·山东府县志辑》第 18 册,凤凰出版社 2004 年版。

[59] 光绪《博平县续志》,清光绪二十六年刻本,《中国地方志集成·山东府县志辑》第 85 册,凤凰出版社 2004 年版。

[60] 光绪《朝城县志》,《中国地方志集成·山东府县志辑》第 94 册,凤凰出版社 2004 年版。

[61] 光绪《德平县志》,清光绪十九年刻本,《中国地方志集成·山东府县志辑》第 8 册,凤凰出版社 2004 年版。

[62] 光绪《高唐州志》,清光绪三十三年刻本,《中国地方志集成·山东府县志辑》第 88 册,凤凰出版社 2004 年版。

[63] 光绪《陵县志》,清光绪元年刻本,《中国地方志集成·山东府县志辑》第 11 册,凤凰出版社 2004 年版。

[64] 光绪《宁津县志》,清光绪二十六年刻本,《中国地方志集成·山东府县志辑》第 20 册,凤凰出版社 2004 年版。

[65] 光绪《惠民县志》,清光绪二十五年刻本,《中国地方志集成·山东府县志辑》第 22 册,凤凰出版社 2004 年版。

[66] 光绪《莘县志》,清光绪十三年刻本,《中国地方志集成·山东府县志辑》第 95 册,凤凰出版社 2004 年版。

［67］光绪《寿张县志》,清光绪二十六年刻本,《中国地方志集成·山东府县志辑》第 93 册,凤凰出版社 2004 年版。

［68］光绪《阳谷县志》,《中国地方志集成·山东府县志辑》第 93 册,凤凰出版社 2004 年版。

［69］光绪《沾化县志》,《中国地方志集成·山东府县志辑》第 25 册,凤凰出版社 2004 年版。

［70］嘉靖《武城县志》,《天一阁藏明代方志选刊》第 43 册,上海古籍书店 1982 年版。

［71］嘉靖《武定州志》,《天一阁藏明代方志选刊》第 43 册,上海古籍书店 1982 年版。

［72］嘉靖《夏津县志》,《天一阁藏明代方志选刊》第 43 册,上海古籍书店 1982 年版。

［73］嘉庆《东昌府志》,清嘉庆十三年刻本,《中国地方志集成·山东府县志辑》第 87—88 册,凤凰出版社 2004 年版。

［74］嘉庆《禹城县志》,清嘉庆十三年刻本,《中国地方志集成·山东府县志辑》第 10 册,凤凰出版社 2004 年版。

［75］康熙《齐东县志》,清康熙年间刻本,《中国地方志集成·山东府县志辑》第 30 册,凤凰出版社 2004 年版。

［76］康熙《堂邑县志》,《中国地方志集成·山东府县志辑》第 89 册,凤凰出版社 2004 年版。

［77］康熙《阳谷县志》,《中国地方志集成·山东府县志辑》第 93 册,凤凰出版社 2004 年版。

［78］乾隆《德州志》,《中国地方志集成·山东府县志辑》第 10 册,凤凰出版社 2004 年版。

［79］乾隆《乐陵县志》,清乾隆二十七年刻本,《中国地方志集成·山东府县志辑》第 16 册,凤凰出版社 2004 年版。

［80］乾隆《临清直隶州志》,清乾隆五十年刻本,《中国地方志集成·山东府县志辑》第 94 册,凤凰出版社 2004 年版。

［81］乾隆《平原县志》,清乾隆十四年刻本,《中国地方志集成·山东府县志辑》第 16 册,凤凰出版社 2004 年版。

［82］乾隆《蒲台县志》,清乾隆二十八年刻本,《中国地方志集成·山东府县志辑》第 28 册,凤凰出版社 2004 年版。

［83］乾隆《武城县志》,《中国地方志集成·山东府县志辑》第 18 册,凤凰出版社 2004 年版。

[84] 乾隆《夏津县志》,《中国地方志集成·山东府县志辑》第 19 册,凤凰出版社 2004 年版。

[85] 同治《临邑县志》,清同治十三年刻本,《中国地方志集成·山东府县志辑》第 15 册,凤凰出版社 2004 年版。

[86] 咸丰《庆云县志》,清咸丰五年刻本,《中国地方志集成·山东府县志辑》第 20 册,凤凰出版社 2004 年版。

[87] 咸丰《武定府志》,清咸丰九年刻本,《中国地方志集成·山东府县志辑》第 21—22 册,凤凰出版社 2004 年版。

[88] 宣统《重修恩县志》,清宣统元年刻本,《中国地方志集成·山东府县志辑》第 18 册,凤凰出版社 2004 年版。

[89] 宣统《聊城县志》,清宣统二年刻本,《中国地方志集成·山东府县志辑》第 82 册,凤凰出版社 2004 年版。

[90] 正德《莘县志》,《天一阁藏明代方志选刊》第 44 册,上海古籍书店 1982 年版。

[91] 乾隆《兖州府志》,清乾隆三十五年刻本,《中国地方志集成·山东府县志辑》第 71 册,凤凰出版社 2004 年版。

[92] 道光《滕县志》,清道光二十六年刻本,《中国地方志集成·山东府县志辑》第 75 册,凤凰出版社 2004 年版。

[93] 宣统《滕县续志》,清宣统三年铅印本,《中国地方志集成·山东府县志辑》第 75 册,凤凰出版社 2004 年版。

[94] 民国《续滕县志》,《中国地方志集成·山东府县志辑》第 75 册,凤凰出版社 2004 年版。

[95] 光绪《峄县志》,清光绪三十年刻本,《中国地方志集成·山东府县志辑》第 9 册,凤凰出版社 2004 年版。

[96] 乾隆《掖县志》,清光绪十九年刻本,《中国地方志集成·山东府县志辑》第 45 册,凤凰出版社 2004 年版。

[97] 嘉庆《续掖县志》,清光绪十九年刻本,《中国地方志集成·山东府县志辑》第 45 册,凤凰出版社 2004 年版。

[98] 道光《再续掖县志》,清光绪十九年刻本,《中国地方志集成·山东府县志辑》第 46 册,凤凰出版社 2004 年版。

[99] 光绪《三续掖县志》,清光绪十九年刻本,《中国地方志集成·山东府县志辑》第 46 册,凤凰出版社 2004 年版。

[100] 民国《四续掖县志》,民国二十四年铅印本,《中国地方志集成·山东府县志辑》第 46 册,凤凰出版社 2004 年版。

[101] 民国《牟平县志》,民国二十五年石印本,《中国地方志集成·山东府县志辑》第 55 册,凤凰出版社 2004 年版。

[102] 乾隆《海阳县志》,清乾隆七年刻本,《中国地方志集成·山东府县志辑》第 56 册,凤凰出版社 2004 年版。

[103] 光绪《海阳县志》,清光绪六年刻本,《中国地方志集成·山东府县志辑》第 56 册,凤凰出版社 2004 年版。

[104] 道光《荣城县志》,清道光二十年刻本,《中国地方志集成·山东府县志辑》第 56 册,凤凰出版社 2004 年版。

[105] 道光《重修胶州志》,清道光二十五年刻本,《中国地方志集成·山东府县志辑》第 39 册,凤凰出版社 2004 年版。

[106] 乾隆《昌邑县志》,清乾隆七年刻本,《中国地方志集成·山东府县志辑》第 39 册,凤凰出版社 2004 年版。

[107] 光绪《昌邑县续志》,清光绪三十三年刻本,《中国地方志集成·山东府县志辑》第 56 册,凤凰出版社 2004 年版。

[108] 乾隆《潍县志》,清乾隆二十五年刻本,《中国地方志集成·山东府县志辑》第 40 册,凤凰出版社 2004 年版。

[109] 民国《潍县志稿》,民国三十年铅印本,《中国地方志集成·山东府县志辑》第 40—41 册,凤凰出版社 2004 年版。

[110] 民国《高密县志》,民国二十四年铅印本,《中国地方志集成·山东府县志辑》第 41 册,凤凰出版社 2004 年版。

[111] 光绪《文登县志》,民国二十二年铅印本,《中国地方志集成·山东府县志辑》第 54 册,凤凰出版社 2004 年版。

[112] 同治《重修宁海州志》,清同治三年刻本,《中国地方志集成·山东府县志辑》第 54 册,凤凰出版社 2004 年版。

[113] 民国《增修胶志》,民国二十年铅印本,《中国地方志集成·山东府县志辑》第 42 册,凤凰出版社 2004 年版。

[114] 道光《重修平度州志》,清道光二十九年刻本,《中国地方志集成·山东府县志辑》第 43 册,凤凰出版社 2004 年版。

[115] 民国《平度县续志》,民国二十五年铅印本,《中国地方志集成·山东府县志辑》第 43 册,凤凰出版社 2004 年版。

[116] 乾隆《莱州府志》,清乾隆五年刻本,《中国地方志集成·山东府县志辑》第 44 册,凤凰出版社 2004 年版。

[117] 康熙《靖海卫志》,钞本影印,《中国地方志集成·山东府县志辑》第 44 册,凤凰出版社 2004 年版。

［118］乾隆《威海卫志》,民国十八年铅印本,《中国地方志集成·山东府县志辑》第 44 册,凤凰出版社 2004 年版。

［119］同治《即墨县志》,清同治十二年刻本,《中国地方志集成·山东府县志辑》第 47 册,凤凰出版社 2004 年版。

［120］顺治《招远县志》,清顺治十七年刻本,《中国地方志集成·山东府县志辑》第 47 册,凤凰出版社 2004 年版。

［121］道光《招远县续志》,清道光二十六年刻本,《中国地方志集成·山东府县志辑》第 47 册,凤凰出版社 2004 年版。

［122］光绪《增修登州府志》,清光绪七年刻本,《中国地方志集成·山东府县志辑》第 49 册,凤凰出版社 2004 年版。

［123］同治《黄县志》,清同治十年刻本,《中国地方志集成·山东府县志辑》第 49 册,凤凰出版社 2004 年版。

［124］道光《重修蓬莱县志》,清道光十九年刻本,《中国地方志集成·山东府县志辑》第 50 册,凤凰出版社 2004 年版。

［125］光绪《栖霞县续志》,清光绪五年刻本,《中国地方志集成·山东府县志辑》第 51 册,凤凰出版社 2004 年版。

［126］乾隆《福山县志》,清乾隆二十八年刻本,《中国地方志集成·山东府县志辑》第 51 册,凤凰出版社 2004 年版。

［127］民国《福山县志稿》,民国二十年铅印本,《中国地方志集成·山东府县志辑》第 52 册,凤凰出版社 2004 年版。

［128］康熙《莱阳县志》,清康熙十七年刻本,《中国地方志集成·山东府县志辑》第 53 册,凤凰出版社 2004 年版。

［129］民国《莱阳县志》,民国二十四年铅印本,《中国地方志集成·山东府县志辑》第 53 册,凤凰出版社 2004 年版。

［130］嘉靖《山东通志》,《四库全书存目丛书·史部》第 187 册,齐鲁书社 1996 年版。

［131］乾隆《历城县志》,《中国地方志集成·山东府县志辑》第 4 册,凤凰出版社 2004 年版。

［132］民国《续修历城县志》,民国十三至十五年铅印本,《中国地方志集成·山东府县志辑》第 5 册,凤凰出版社 2004 年版。

［133］乾隆《淄川县志》,清乾隆四十一年刻本,《中国地方志集成·山东府县志辑》第 6 册,凤凰出版社 2004 年版。

［134］乾隆《博山县志》,清乾隆十八年刻本,《中国地方志集成·山东府县志辑》第 7 册,凤凰出版社 2004 年版。

［135］民国《临淄县志》,民国九年石印本,《中国地方志集成・山东府县志辑》第 8 册,凤凰出版社 2004 年版。

［136］民国《邹平县志》,民国三年刻本,《中国地方志集成・山东府县志辑》第 26 册,凤凰出版社 2004 年版。

［137］民国《重修博兴县志》,民国二十六年铅印本,《中国地方志集成・山东府县志辑》第 27 册,凤凰出版社 2004 年版。

［138］民国《重修新城县志》,民国二十二年铅印本,《中国地方志集成・山东府县志辑》第 28 册,凤凰出版社 2004 年版。

［139］咸丰《青州府志》,清咸丰九年刻本,《中国地方志集成・山东府县志辑》第 31—32 册,凤凰出版社 2004 年版。

［140］光绪《益都县图志》,清光绪三十三年刻本。《中国地方志集成・山东府县志辑》第 33 册,凤凰出版社 2004 年版。

［141］光绪《临朐县志》,清光绪十年刻本。《中国地方志集成・山东府县志辑》第 36 册,凤凰出版社 2004 年版。

［142］康熙《泰安州志》、乾隆《泰安府志(一)》,《中国地方志集成・山东府县志辑》第 63 册,凤凰出版社 2004 年版。

［143］乾隆《泰安府志(二)》、民国《重修泰安县志》,《中国地方志集成・山东府县志辑》第 64 册,凤凰出版社 2004 年版。

［144］光绪《肥城县志》、嘉庆《平阴县志》、光绪《平阴县志》,《中国地方志集成・山东府县志辑》第 65 册,凤凰出版社 2004 年版。

［145］民国《东平县志》、乾隆《新泰县志》,《中国地方志集成・山东府县志辑》第 66 册,凤凰出版社 2004 年版。

［146］民国《莱芜县志》、民国《续修莱芜县志》,《中国地方志集成・山东府县志辑》第 67 册,凤凰出版社 2004 年版。

［147］道光《章丘县志》,《中国地方志集成・山东府县志辑》第 68 册,凤凰出版社 2004 年版。

［148］光绪《东平州志》,清光绪五至七年刻本,《中国地方志集成・山东府县志辑》第 70 册,凤凰出版社 2004 年版。

［149］蒙阴县志编纂委员会办公室编:《蒙阴县志》,齐鲁书社 1992 年版。

［150］民国《临沂县志》,民国二十五年铅印本,《中国地方志集成・山东府县志辑》第 58 册,凤凰出版社 2004 年版。

［151］民国《续修临沂县志》,民国二十四年铅印本,《中国地方志集成・山东府县志辑》第 58 册,凤凰出版社 2004 年版。

［152］民国《重修莒志》,民国二十四年铅印本,《中国地方志集成・山东府县志

辑》第 62 册,凤凰出版社 2004 年版。

[153] 民国《朝城县续志》,民国九年刻本,《中国地方志集成·山东府县志辑》第 94 册,凤凰出版社 2004 年版。

[154] 民国《在平县志》,《中国地方志集成·山东府县志辑》第 90 册,凤凰出版社 2004 年版。

[155] 民国《德平县续志》,民国二十五年铅印本,《中国地方志集成·山东府县志辑》第 8 册,凤凰出版社 2004 年版。

[156] 民国《东阿县志》,民国二十三年铅印本,《中国地方志集成·山东府县志辑》第 92 册,凤凰出版社 2004 年版。

[157] 民国《德县志》,民国二十四年铅印本,《中国地方志集成·山东府县志辑》第 12 册,凤凰出版社 2004 年版。

[158] 民国《冠县志》,民国二十三年铅印本,《中国地方志集成·山东府县志辑》第 91 册,凤凰出版社 2004 年版。

[159] 民国《临清县志》,民国二十三年铅印本,《中国地方志集成·山东府县志辑》第 95 册,凤凰出版社 2004 年版。

[160] 民国《陵县续志》,民国二十五年铅印本,《中国地方志集成·山东府县志辑》第 11 册,凤凰出版社 2004 年版。

[161] 民国《齐东县志》,《中国地方志集成·山东府县志辑》第 30 册,凤凰出版社 2004 年版。

[162] 民国《齐河县志》,民国二十二年铅印本,《中国地方志集成·山东府县志辑》第 13 册,凤凰出版社 2004 年版。

[163] 民国《清平县志》,民国二十五年铅印本,《中国地方志集成·山东府县志辑》第 89 册,凤凰出版社 2004 年版。

[164] 民国《庆云县志》,民国四年石印本,《中国地方志集成·山东府县志辑》第 20 册,凤凰出版社 2004 年版。

[165] 民国《无棣县志》,民国十四年铅印本,《中国地方志集成·山东府县志辑》第 24 册,凤凰出版社 2004 年版。

[166] 民国《夏津县志续编》,民国二十三年铅印本,《中国地方志集成·山东府县志辑》第 19 册,凤凰出版社 2004 年版。

[167] 民国《续修东阿县志》,民国二十三年铅印本,《中国地方志集成·山东府县志辑》第 92 册,凤凰出版社 2004 年版。

[168] 民国《续修临邑县志》,《中国地方志集成·山东府县志辑》第 15 册,凤凰出版社 2004 年版。

[169] 民国《续修平原县志》,民国二十五年铅印本,《中国地方志集成·山东府

县志辑》第 16 册,凤凰出版社 2004 年版。

[170] 民国《阳信县志》,民国十五年铅印本,《中国地方志集成·山东府县志辑》第 23 册,凤凰出版社 2004 年版。

[171] 民国《增订武城县志续编》,民国元年刻本,《中国地方志集成·山东府县志辑》第 18 册,凤凰出版社 2004 年版。

[172] 民国《沾化县志》,民国二十四年铅印本,《中国地方志集成·山东府县志辑》第 25 册,凤凰出版社 2004 年版。

[173] 民国《邹平县志》,民国三年刻本,《中国地方志集成·山东府县志辑》第 26 册,凤凰出版社 2004 年版。

[174] 山东省莒南县地方史志编纂委员会编:《莒南县志》,齐鲁书社 1998 年版。

[175] 山东省临沭县史志编纂委员会编:《临沭县志》,齐鲁书社 1993 年版。

[176] 山东省平邑县史志编纂委员会编:《平邑县志》,齐鲁书社 1997 年版。

[177] 山东省郯城县地方史志编纂委员会编:《郯城县志》,深圳特区出版社 2001 年版。

[178] 山东省沂南县地方史志编纂委员会编:《沂南县志》,齐鲁书社 1997 年版。

[179] 山东省沂水县地方史志编纂委员会编:《沂水县志》,齐鲁书社 1997 年版。

[180] 山东省地方史志编纂委员会:《山东省志·自然地理志》,山东人民出版社 1996 年版。

[181] 苍山县志编纂委员会办公室编:《苍山县志》,中华书局 1998 年版。

[182] 费县地方史志编纂委员会办公室:《费县旧志资料汇编》,1993 年版。

[183] 崇祯《郓城县志》,《明代孤本方志选》,中华全国图书馆文献缩微复制中心 2000 年版。

[184] 光绪《郓城县志》,《中国地方志集成·山东府县志辑》第 85 册,凤凰出版社 2004 年版。

[185] 光绪《郓城县乡土志》,《中国方志丛书·华北地方·第三十二号》,台北成文出版社 1968 年版。

[186] 万历《巨野县志》,《明代孤本方志选》,中华全国图书馆文献缩微复制中心 2000 年版。

[187] 道光《巨野县志》,《中国地方志集成·山东府县志辑》第 83 册,凤凰出版社 2004 年版。

[188] 民国《续修巨野县志》,凤凰出版社编选《中国地方志集成·山东府县志辑》第 83 册,凤凰出版社 2004 年版。

[189] 道光《城武县志》,《中国地方志集成·山东府县志辑》第 82 册,凤凰出版社 2004 年版。

［190］光绪《泗水县志》,《中国地方志集成·山东府县志辑》第 74 册,凤凰出版社 2004 年版。

［191］光绪《曹县志》,《中国地方志集成·山东府县志辑》第 84 册,凤凰出版社 2004 年版。

（二）今人著作

［1］安作璋主编,朱亚非、陈冬生撰:《山东通史》明清卷,人民出版社 2009 年版。

［2］毕诚:《中国古代家庭教育》,商务印书馆 1997 年版。

［3］陈支平:《近 500 年来福建的家族社会与文化》,三联书店 1991 年版。

［4］陈寅恪:《隋唐制度渊源略论稿》,三联书店 2001 年版。

［5］常建华:《明代宗族研究》,上海人民出版社 2005 年版。

［6］常建华:《清代的国家与社会研究》,人民出版社 2006 年版。

［7］戴逸主编,张研著:《清史研究丛书:清代族田与基层社会结构》,中国人民大学出版社 1991 年版。

［8］戴逸主编,秦宝琦、张研著:《18 世纪的中国与世界:社会卷》,辽海出版社 1999 年版。

［9］丁钢:《近世中国经济生活与宗族教育》,上海教育出版社 1996 年版。

［10］董建辉:《明清乡约:理论演进与实践发展》,厦门大学出版社 2008 年版。

［11］范文澜:《中国通史简编(第二编)》,人民出版社 1949 年版。

［12］傅衣凌:《明清农村社会经济明清社会经济变迁论》,中华书局 2007 年版。

［13］冯尔康、常建华:《清人社会生活》,天津人民出版社 1990 年版。

［14］冯尔康:《中国古代的宗族与祠堂》,商务印书馆国际有限公司 1996 年版。

［15］冯尔康:《18 世纪以来中国家族的现代转向》,上海人民出版社 2005 年版。

［16］冯尔康等:《中国宗族史》,上海人民出版社 2009 年版。

［17］费孝通:《乡土中国　生育制度》,北京大学出版社 1998 年版。

［18］国家档案局二处、南开大学历史系编:《中国家谱综合目录》,中华书局 1997 年版。

［19］胡文楷:《历代妇女著作考》,上海古籍出版社 2008 年版。

［20］何成:《明清新城王氏家族文化研究》,中华书局 2013 年版。

［21］侯玉杰、冯美荣、刘雪燕等:《滨州杜氏家族研究》,齐鲁书社 2003 年版。

［22］黄宽重:《家族与社会》,中国大百科全书出版社 2005 年版。

［23］黄宝权:《家族教育与文化传承:江州"义门陈"家族的教育活动》,华中科技大学出版社 2016 年版。

［24］江庆柏:《明清苏南望族文化研究》,南京师范大学出版社 1999 年版。

［25］蒋惠民:《黄城丁氏家族》,山东大学出版社 2004 年版。

［26］巨野县田庄镇田庄村志编纂委员会编:《田庄村志》,方志出版社 2017年版。

［27］吕思勉:《中国制度史·中国宗族制度小史》,上海教育出版社 1985 年版。

［28］罗仑、景胜:《清代山东经营地主经济研究》,齐鲁书社 1985 年版。

［29］赖惠敏:《清代的皇权与世家》,北京大学出版社 2010 年版。

［30］李伯齐、王勇、徐文军:《山东文学史》,山东人民出版社 2011 年版。

［31］李伟、魏永生:《山东教育史》,山东人民出版社 2011 年版。

［32］罗时进:《地域·家族·文学——清代江南诗文研究》:上海古籍出版社 2010 年版。

［33］卢兴国:《邹平名门望族》,山东友谊出版社 2013 年版。

［34］临沂市委员会编:《临沂文史集粹·社会民情卷 民族宗教卷》,山东人民出版社 1997 年版。

［35］临沂市委员会编:《临沂文史集粹·政治军事卷》,山东人民出版社 1997年版。

［36］临沂县志编纂委员会办公室编:《临沂县志资料》,临沂县志编纂委员会办公室出版 1983 年版。

［37］刘英华主编:《沂蒙文化发展研究》,山东人民出版社 1994 年版。

［38］罗一星:《明清佛山经济发展与社会变迁》,广东人民出版社 1994 年版。

［39］罗香:《中国族谱研究》,香港中国学社 1971 年版。

［40］李进莉、潘荣胜:《明清山东进士》,齐鲁书社 2009 年版。

［41］来新夏、徐建华:《中国的年谱与家谱》,商务印书馆 1997 年版。

［42］马宗晋等:《灾害与社会》,地震出版社 1990 年版。

［43］孟祥才:《山东思想文化史》,山东人民出版社 2011 年版。

［44］毛佩琦编:《中国社会通史·明代卷》,山西教育出版社 1996 年版。

［45］潘光旦:《明清两代嘉兴的望族》(影印本),上海书店 1991 年版。

［46］瞿同祖:《清代地方政府》,范忠信、晏锋译,法律出版社 2003 年版。

［47］瞿同祖:《中国法律与中国社会》,中华书局 1981 年版。

［48］陶希圣:《婚姻与家族》,知识产权出版社 2006 年影印本。

［49］全道荣主编:《女真族的一支后裔——全姓》,凤凰出版社 2009 年版。

［50］王献唐:《山东古国考》,齐鲁书社 1983 年版。

［51］王日根:《明清民间社会的秩序》,岳麓书社 2003 年版。

［52］王克奇:《山东政治史》,山东人民出版社 2011 年版。

［53］王勇:《明清博山赵氏家族文化研究》,中华书局 2013 年版。

［54］王树春:《家庭文化补遗——胶东文化研究》,中国社会科学出版社 2007

年版。

[55] 王志民主编:《山东区域文化通览·枣庄卷》,山东人民出版社 2012 年版。

[56] 魏斐德著:《洪业:清朝开国史》,江苏人民出版社 2010 年版。

[57] 吴蕙芳:《万宝全书:明清时期的民间生活实录》,台北:花木兰文化工作坊 2005 年版。

[58] 吴琦主编:《明清地方力量与地方社会》,中国社会科学出版社 2009 年版。

[59] 吴仁安:《明清江南著姓望族史》,上海人民出版社 2009 年版。

[60] 吴仁安:《明清江南望族与社会经济文化》,上海人民出版社 2001 年版。

[61] 王鸿鹏等编著:《中国历代武状元》,解放军出版社 2002 年版。

[62] 徐蜀、张志清主编:《地方志人物传记资料丛刊·华东卷·上编》,北京图书馆出版社 2007 年版。

[63] 徐扬杰:《中国家族制度史》,人民出版社 1992 年版。

[64] 徐扬杰:《宋明家族制度史论》,中华书局 1995 年版。

[65] 徐雁平:《清代文学世家姻亲谱系》,凤凰出版社 2010 年版。

[66] 徐建华:《中国的家谱》,百花文艺出版社 2002 年版。

[67] 徐茂明:《江南士绅与江南社会(1368—1911 年)》,商务印书馆 2004 年版。

[68] 许檀:《明清时期山东商品经济的发展》,中国社会科学出版社 1998 年版。

[69] 许华安:《清代宗族组织研究》,中国人民公安大学出版社 1999 年版。

[70] 谢国桢:《明清之际党社运动考》,上海书店出版社 2004 年版。

[71] 谢国桢:《明代社会经济史料选编》,福建人民出版社 1980 年版。

[72] 徐凌霄、徐一士:《凌霄一士随笔》,山西古籍出版社 1997 年版。

[73] 严文明主编,北京大学考古学系、烟台市博物馆编:《胶东考古》,文物出版社 2000 年版。

[74] 杨国桢、陈支平:《明清时代福建的土堡》,台北:台北国学文献馆 1993 年版。

[75] 杨开道:《中国乡约制度》,商务印书馆 2015 年版。

[76] 杨知勇:《家族主义与中国文化》,云南大学出版社 2000 年版。

[77] 郓城县政协文史资料委员会编:《郓城文献考略》,中国文化出版社 2018 年版。

[78] 中国第一历史档案馆:《清代档案史料丛编》,中华书局 1980 年版。

[79] 邹逸麟:《黄淮海平原历史地理》,安徽教育出版社 1997 年版。

[80] 张杰:《清代科举家族》,社会科学文献出版社 2003 年版。

[81] 张秉国:《临朐冯氏家族文化研究》,中华书局 2013 年版。

[82] 张研:《清代社会的慢变量:从清代基层社会组织看中国封建社会结构与经

济结构的演变趋势》,山西人民出版社 2000 年版。

[83] 中共临沂地委宣传部、山东省临沂地区文联编:《临沂大全》,山东人民出版社 1990 年版。

[84] 周天游编:《地域中国与传统中国》,西北大学出版社 1995 年版。

[85] 朱铭、王宗廉编:《山东重要历史事件·宋元明清时期》,山东人民出版社 2004 年版。

[86] 朱铭、王宗廉编:《山东重要历史事件·晚清时期》,山东人民出版社 2004 年版。

[87] 朱勇:《清代宗族法研究》,湖南教育出版社 1987 年版。

[88] 朱亚非等:《明清山东仕宦家族与家族文化》,山东人民出版社 2009 年版。

[89] 宗韵:《明代家族上行流动研究——以 1595 篇谱牒序跋所涉家族为案例》,华东师范大学出版社 2009 年版。

[90] 朱保炯、谢沛霖编:《明清进士题名碑录索引》,上海古籍出版社 2006 年版。

[91] 《中国地理百科》编委会编著:《鲁西南平原》,世界图书出版广东有限公司 2014 年版。

[92] [加]卜正民:《明代的社会与国家》,陈时龙译,黄山书社 2009 年版。

[93] [美]施坚雅:《中国农村的市场和特别结构》,史建云、徐秀丽译,中国社会科学出版社 1998 年版。

[94] [日]森正夫、野口铁郎、滨岛敦俊等编:《明清时代史的基本问题》,商务印书馆 2013 年版。

[95] [美]布鲁克·诺埃尔·穆尔、[美]肯尼思·布鲁德著:《思想的力量》(第 9 版),李宏昀、倪佳译,北京联合出版公司 2017 年版。

(三)学术论文

[1] 白宝福:《20 世纪 80 年代以来明代家族史研究述略》,《中国史研究动态》2010 年第 2 期。

[2] 白丽萍:《清代长江中游地区的宗族、乡绅与社仓》,《求索》2011 年第 2 期。

[3] 曹国庆:《明代乡约发展的阶段性考察——明代乡约研究之一》,《江西社会科学》1993 年第 8 期。

[4] 曹国庆:《明代乡约推行的特点》,《中国文化研究》1997 年第 1 期。

[5] 曹国庆:《明代乡约研究》,《文史》1999 年第 46 辑。

[6] 曹国庆:《明代江西科第世家的崛起及其在地方上的作用——以铅山费氏为例》,《中国文化研究》1999 年冬之卷第 4 期。

[7] 曹凤祥:《论明代族田》,《社会科学战线》1997 年第 2 期。

[8] 曹立前、张占力:《明清宗族保障与基层政权运行关系浅析》,《山东师范大

学学报》(人文社会科学版)2010 年第 5 期。

[9] 曹树基:《洪武时期山东东三府地区的人口迁移》,《中国社会经济史研究》1996 年第 4 期。

[10] 晁中辰、陈风路:《明代的武举制度》,《明史研究》(第三辑),黄山书社 1993 年版。

[11] 程浩:《明代胶东半岛的四川移民——以掖县为中心》,《鲁东大学学报》(哲学社会科学版)2010 年第 2 期。

[12] 陈爽:《近年来有关家族问题的社会史研究》,《中国史研究动态》1997 年第 5 期。

[13] 陈祥龙:《莒南县大店庄氏家族教育成功的原因及启示》,《山东教育学院学报》2010 年第 2 期。

[14] 陈珂云:《明清徽州的修谱建祠活动》,《安徽社会科学》1993 年第 4 期。

[15] 陈珂云:《明清徽州族产的发展》,《安徽大学学报》1996 年第 2 期。

[16] 常建华:《二十世纪的中国宗族研究》,《历史研究》1999 年第 4 期。

[17] 常建华:《明代徽州的宗族乡约化》,《中国史研究》2003 年第 3 期。

[18] 常建华:《近十年明清宗族研究综述》,《安徽史学》2010 年第 1 期。

[19] 常建华:《明代江浙赣地区的宗族乡约化》,《史林》2004 年第 5 期。

[20] 董文强:《简论嘉靖首辅毛纪的宗族思想——以大礼议与明代士大夫日常生活为视角》,《济南大学学报》(社会科学版)2015 年第 5 期。

[21] 董文强:《明清胶东望族的道德文化生态考察——以传统文化与日常生活为视角》,《鲁东大学学报》(社会科学版)2015 年第 1 期。

[22] 杜立晖:《家学文化传承形式探析——以滨州杜氏家学为例》,《滨州学院学报》2009 年第 2 期。

[23] 冯尔康:《简论清代宗族的"自治"性》,《华中师范大学学报》(人文社会科学版)2006 年第 1 期。

[24] 冯尔康:《清代宗族、村落与自治问题》,《河南师范大学学报》2005 年第 6 期。

[25] 冯尔康:《清代宗族祖坟疏略》,《安徽史学》2009 年第 1 期。

[26] 冯尔康:《清代宗族的兴学助学及其历史意义》,《清史研究》2009 年第 2 期。

[27] 傅衣凌:《论明清社会与封建土地占有形式》,《厦门大学学报》1978 年第 2、3 合期。

[28] 关传友:《徽州宗谱家法资料中的植树护林行为》,《北京林业大学学报》(社会科学版)2003 年第 4 期。

［29］关传友:《论清代族规家法保护生态的意识》,《北京林业大学学报》(社会科学版)2007 年第 3 期。

［30］宫泉久:《论清初山左诗人的结社交游》,《理论学刊》2008 年第 10 期。

［31］洪璞:《试述明清以来宗族的社会救助功能》,《安徽史学》1998 年第 4 期。

［32］黄金元:《明清之际济南府望族与诗歌研究》,山东师范大学 2010 年博士学位论文。

［33］何成:《新城王氏:对明清时期山东科举望族的个案研究》,山东大学 2002 年博士毕业论文。

［34］韩荣钧、孙才顺:《无棣吴氏家族婚姻关系的特点》,《滨州学院学报》2013 年第 2 期。

［35］韩大成:《明代的族权与封建专制主义》,《历史论丛》1981 年第 2 辑。

［36］江庆柏:《明清苏南望族与地方关系初探》,《常熟高专学报》1999 年第 1 期。

［37］刘凤鸣:《胶东文化的形成和发展》,《烟台师范学院学报》(哲学社会科学版)2005 年第 1 期。

［38］刘雪燕:《滨州杜氏家族思想简论》,《光明日报》2007 年 3 月 30 日第 9 版。

［39］刘燕:《苦命天子的好命老师——简论咸丰帝师杜受田》,《河北工程大学学报(社会科学版)》2010 年第 4 期。

［40］刘宗棠:《论清代宗族法规的文化内涵和社会功能》,《福建论坛》(人文社会科学版)2009 年第 6 期。

［41］刘少华、张雯:《明清时期日照丁氏科举家族成因探析》,《山东教育学院学报》2007 年第 3 期。

［42］李建军、谭莲秀:《论明代沐氏家族对云南社会经济发展的贡献》,《湖南师范大学社会科学学报》2007 年第 4 期。

［43］李文治:《明代宗族制的体现及其基层政权作用——论封建所有制是宗法宗族制发展变化的最终根源》,《中国经济史研究》1988 年第 1 期。

［44］李文治:《论明清时代的宗族制》,《中国社会科学院经济研究所集刊》第 4 辑,中国社会科学出版社 1983 年版。

［45］李向群:《唐代皇室婚媾中的不计行辈婚》,《陕西师大学报(哲学社会科学版)》1989 年第 3 期。

［46］李全生:《农村中社会互助现象初探》,《山东农业大学学报(社会科学版)》2003 年第 2 期。

［47］李嘎:《雍正十一年王士俊巡东与山东政区改革》,《历史地理》2007 年 00 期。

[48] 李井铭:《汶南黄氏家族与基层社会探究》,《牡丹江师范学院学报》(社会科学版)2016 年第 3 期。

[49] 梁洪生:《家族组织的整合与乡绅——乐安县流坑村"彰义堂"祭祀的历史考察》,载周天游主编《地域社会与传统中国》,西北大学出版社 1995 年版。

[50] 栾成显:《成化二十三年休宁李氏阄书研究》,载《明清论丛》第 2 辑,紫禁城出版社 2001 年版。

[51] 倪静雯:《清末山东广饶杜氏地契研究》,《档案与建设》2013 年第 3 期。

[52] 邱汉生:《批判"家训""宗规"里反映的地主哲学和宗法思想》,《历史教学》1964 年第 4 期。

[53] 邱汉生:《宋明理学与宗法思想》,《历史研究》1979 年第 11 期。

[54] 秦海滢:《明清时期山东孝妇河畔的望族——以淄川地区为中心》,中山大学博士后研究工作报告,2006 年。

[55] 秦海滢:《明代山东乡约与社会教化》,《东岳论丛》2011 年第 8 期。

[56] 钱杭:《关于同姓联宗组织的地缘性质》,《史林》1998 年第 3 期。

[57] 任雅堂:《地方礼俗教化权利的分享与边界——以清前期士绅赵执信(礼俗权衡)为例》,《民俗研究》2016 年第 4 期。

[58] 宋祥勇:《明清大店庄氏家族文化述略》,《山东省农业管理干部学院学报》2011 年第 28 卷第 3 期。

[59] 宋祥勇:《明末民初大店庄氏家族转型初探》,《山东教育学院学报》2007 年第 6 期。

[60] 宋汉理:《徽州地区的发展与当地的宗族——徽州休宁范氏宗族研究》,见刘森辑议《徽州社会经济史研究译文集》,黄山书社 1987 年版。

[61] 唐力行:《明清徽州的家庭与宗族结构》,《历史研究》1991 年第 1 期。

[62] 唐力行:《论徽州宗族社会的变迁与徽商的勃兴》,《中国社会经济史研究》1997 年第 2 期。

[63] 谭莲秀、李建军:《论明代沐氏家族对云南文化教育事业的影响》,《曲靖师范学院学报》2007 年第 4 期。

[64] 陶陶:《傅以渐生平学行述论》,《聊城大学学报》(社会科学版)2009 年第 2 期。

[65] 王兰荫:《明代之乡约与民众教育》,《师大月刊》第 21 期,1935 年 5 月。

[66] 王日根:《论明清乡约属性与职能的变迁》,《厦门大学学报》(哲学社会科学版)2003 年第 2 期。

[67] 王日根:《论明清时期福建家族内义田的发展及其社会背景》,《中国社会

经济史研究》1990 年第 2 期。

[68] 王耀生:《明清时期山东进士地域分布特点及与经济、区位、民风的关系》,《中国地方志》2005 年第 9 期。

[69] 王丽亚、赵树国:《"本""末"之间:明清鲁中乡村士人的谋生之道——以(醒世姻缘传)(聊斋志异)等为中心的考察》,《山东青年政治学院学报》2015 年第 2 期。

[70] 王志明:《明清家族社会认同准则》,《华东师范大学学报》1992 年第 6 期。

[71] 王玉波:《启动、中断、复兴——中国家庭、家族史研究述评》,《历史研究》1993 年第 2 期。

[72] 王日根:《明清福建与江南义田的比较》,《学术月刊》1996 年第 1 期。

[73] 王培华:《明中期吴中故家大族的盛衰》,《安徽史学》1997 年第 3 期。

[74] 吴霓:《明清南方地区家族教育考察》,《中国史研究》1997 年第 3 期。

[75] 吴欣:《明清京杭运河区域仕宦宗族的社会变迁——以聊城"阁老傅、御史傅"为中心》,《东岳论丛》2009 年第 30 卷第 5 期。

[76] 吴仁安:《上海地区明清时期的望族》,《历史研究》1992 年第 1 期。

[77] 吴仁安:《明清上海地区的望族及其盛衰消亡探微》,《谱牒学研究》1992 年第 3 期。

[78] 吴滔:《宗族与义仓:清代宜兴荆溪社区赈济实态》,《清史研究》2001 年第 2 期。

[79] 徐扬杰:《宋明以来的封建家族制度述论》,《中国社会科学》1980 年第 4 期。

[80] 徐晓望:《试论明清时期官府和宗族的相互关系》,《厦门大学学报》(哲学社会科学版)1985 年第 3 期。

[81] 谢贵安:《明代西器东传探研》,《兰州大学学报》(社会科学版)2006 年第 34 卷第 1 期。

[82] 许华安:《清代宗族势力的膨胀及其原因探析》,《清史研究》1992 年第 4 期。

[83] 萧纲:《明清家族共同体组织民俗论纲》,《湖北民族学院学报》(哲学社会科学版)2005 年第 6 期。

[84] 叶显恩:《徽州和珠江三角洲的宗法制比较研究》,《中国经济史研究》1996 年第 4 期。

[85] 杨彩云、刘瑞川:《清末武状元张宪周》,《春秋》2010 年第 5 期。

[86] 于瑞恒、何成:《明末清初新城王氏婚姻简论》,《烟台大学学报》(哲学社会科学版)2002 年第 2 期。

［87］于建嵘：《清末乡村皇权、族权和绅权的联结》,《探索与争鸣》2003 年第
3 期。

［88］阎爱民：《"大礼议"之争与明代的宗法思想》,《南开史学》1991 年第 1 期。

［89］郑振满：《中国家族史研究：历史学与人类学的不同视野》,《厦门大学学
报》(哲学社会科学版)1991 年第 4 期。

［90］郑振满：《宋以后福建的祭祖习俗与宗族组织》,《厦门大学学报》1987 年
增刊。

［91］郑振满：《明清福建沿海农田水利制度与乡族组织》,《中国社会经济史研
究》1987 年第 4 期。

［92］赵克生：《明代地方庙学中的乡贤祠与名宦祠》,《中国社会科学院研究生
院学报》2005 年第 1 期。

［93］赵克生：《家礼与家族整合：明代东山葛氏的个案分析》,《求是学刊》2009
年第 36 卷第 2 期。

［94］赵毅、秦海湟：《明清时期淄川士人的社会交往与空间转换》,《辽宁师范大
学学报》(社会科学版)2008 年第 5 期。

［95］朱端强：《(明初移民山东的云南地望考)商榷》,《云南师范大学学报》(哲
学社会科学版)1998 年第 2 期。

［96］风良：《明初移民山东的云南地望考》,《中国历史地理论丛》1993 年第
2 期。

［97］朱亚非：《明清山东仕宦家族与家族文化》,《山东师范大学学报》(人文社
会科学版)2009 年第 6 期。

［98］朱亚非：《明清山东仕宦家族文化及其时代价值》,《齐鲁学刊》2012 年第
3 期。

［99］朱忠飞,温春香：《国家与地方宗族社会——从(本庙缘田碑记)看明代九
峰曾氏家族的发展》,《赣南师范学院学报》2009 年第 1 期。

［100］朱勇：《论清代江南宗族法的经济职能》,《中国经济史研究》1987 年第
4 期。

［101］赵园：《明清之际士人的"世族论"》,《中国文化研究》1996 年第 4 期。

［102］张杰：《清代科举世家与地方政务——以婺源县程允中家族为例》,《辽宁
大学学报》(哲学社会科学版)2001 年第 1 期。

［103］张金俊：《宗族组织在乡村社会控制中的运作逻辑——以清代徽州宗族社
会为中心的考察》,《江西社会科学》2011 年第 2 期。

［104］张烨：《明清时期山东地区基层士人研究》,华东师范大学 2013 年博士学
位论文。

[105] 张彩霞:《明初军户移民与即墨除夕祭祖习俗》,《民俗研究》2002 年第 4 期。

[106] 张立高:《试论明清宗族恤孤》,《喀什师范学院学报》2005 年第 1 期。

[107] 衷海燕:《清代江西的家族、乡绅与义仓——新城县广仁庄研究》,《中国社会经济史研究》2002 年第 4 期。

[108] 衷海燕:《清代江西的乡绅、望族与地方社会——新城县中田镇的个案研究》,《清史研究》2003 年第 2 期。

[109] 周新颜、李沈阳:《明清杜氏家族兴衰的社会学诠释》,《辽宁行政学院学报》2010 年第 12 卷第 12 期。

[110] [英]科大卫、刘志伟:《宗族与地方社会的国家认同——明清华南地区宗族发展的意识形态基础》,《历史研究》2003 年第 3 期。

[111] [韩]元廷植:《明末清中期闽南的市场和宗族》,载《第七届明史国际学术讨论会论文集》,东北师范大学出版社 1999 年版。

[112] [韩]元廷植:《明代宗族的形成与地域社会——以福建永春县桃源刘氏为中心》,《中国社会经济史研究》2007 年第 4 期。

[113] [韩]金钟博:《明清时代乡村组织与保甲制之关系》,《中国社会经济史研究》2002 年第 2 期。

（四）谱牒资料

[1] 长山北关《李氏族谱》。

[2] 《梁邹西张氏族谱》。

[3] 王象晋:《王氏族谱》,北京国家图书馆藏。

[4] 《颜山孙氏家承》,清道光二十二年修。

[5] 《淄川毕氏世谱》,清光绪十三年刻,淄川西铺家祠藏版。

[6] 《汶南黄氏世谱》,清宣统三年修。

[7] 高之婓:《高氏家模》,淄博市图书馆馆藏。

[8] 邢其典:《青州邢氏族谱》,青州市三友印刷厂,2013 年版。

[9] 《东莱程氏族谱》,民国五年修。

[10] 《东莱刘氏族谱》,清康熙四十六年修。

[11] 《东莱宿氏家谱》,清道光六年续修。

[12] 《东莱林氏支谱》,1988 年修。

[13] 《东莱翟氏族谱》,民国二十五年续修。

[14] 《登州张氏族谱》,清光绪十三年修,民国二十二年刊刻。

[15] 《鳌山卫南里刘氏族谱》,民国二十六年续修。

[16] 《灵山卫薛氏家谱》,1963 年残本。

[17] 杨金山:《招远杨氏族谱》,2012 年续修,自印本。

［18］《黄城丁氏族谱》,清乾隆三年修。

［19］《东莱崇儒毛氏族谱》,明嘉靖十一年修。

［20］赵琪等:《东莱赵氏家乘》,民国二十四年铅印本。

［21］《蓬莱李氏族谱》,清乾隆五十一年修。

［22］《东莱吕氏家谱》,清乾隆五十三年修。

［23］《福山王氏家谱》,清道光二十六年续修。

［24］《即墨郭氏族谱》,清光绪三十一年修。

［25］《青岛北屯马氏支谱》,清咸丰十一年修。

# 后　记

　　《明清山东仕宦家族与基层社会》是由我主持的国家社会科学基金项目的结项成果，也是前些年出版的《明清山东仕宦家族与家族文化》的姊妹篇。本书主要从明清山东仕宦大家族与基层社会互动方面来探讨这些大家族生存、成长、发展的历史轨迹，以及他们对于地方政权机构的运作和民众生活所产生的影响。因为明清时期山东仕宦大家族众多，难以一一加以研究，因此本书将这些仕宦大族按其籍贯分为若干地区，每一个地区选择若干有代表性的大家族群体进行研究探讨。山东不同地区的仕宦大家族在发展的过程中，既有其共性，也有其独特性。它们均深受中国传统文化及儒学思想的熏陶，同样也受到各地不同的自然环境、经济发展状况、民风民俗的影响，形成了不同的成长轨迹。这种按地域划分来研究山东仕宦大家族群体的方式，在写作方法上也是一种新的尝试。

　　自课题立项后，课题组成员全力以赴投入这项工作中，除了搜集、查阅大量历史文献，还深入部分明清仕宦大家族籍贯所在地进行实地调查，走访家族后人，参观家祠，寻找家谱、族谱、碑文等资料，也搜集到一些过去研究者没有使用或鲜为人知的资料，对许多大家族代表人物在当时的活动有了更加深入的认识，为完成课题奠定了坚实的基础。

　　本书撰稿人分工如下：朱亚非，提出全书编写思路，列出编写大纲，撰写总论部分并为全书统稿；董文强，撰写第一章；吴亮，撰写第二章；董兴华，撰写第三章；李井铭，撰写第四章；马小洋，撰写第五章；赵欣，撰写第六章。此外，董文强承担了全书整合和参考书目整理工作，赵树国参与了早期文献的搜集工作。

在本书文献搜集过程中，山东省方志馆、山东省图书馆及部分市、县的史志、文物等部门的专家学者提供了大力帮助，山东人民出版社领导及第五编辑室主任、编审马洁，编辑胡桂生、孟双为本书的顺利出版付出了辛勤劳动，特表示衷心感谢！

朱亚非

2023 年 6 月